国家卫生健康委员会"十三五"规划教材

全国高等学校教材

供健康服务与管理专业及相关专业用

健康营养学

Health Nutrition

主　编　李增宁

副主编　夏　敏　潘洪志　焦广宇　叶蔚云

人民卫生出版社

图书在版编目（CIP）数据

健康营养学 / 李增宁主编 . —北京：人民卫生出版社，2019

全国高等学校健康服务与管理专业第一轮规划教材

ISBN 978-7-117-29187-3

Ⅰ. ①健… Ⅱ. ①李… Ⅲ. ①营养学 – 高等学校 – 教材 Ⅳ. ①R151

中国版本图书馆 CIP 数据核字（2019）第 247846 号

人卫智网　www.ipmph.com	医学教育、学术、考试、健康，购书智慧智能综合服务平台	
人卫官网　www.pmph.com	人卫官方资讯发布平台	

健康营养学

主　　编：李增宁

出版发行：人民卫生出版社（中继线 010-59780011）

地　　址：北京市朝阳区潘家园南里 19 号

邮　　编：100021

E - mail：pmph @ pmph.com

购书热线：010-59787592　010-59787584　010-65264830

印　　刷：人卫印务（北京）有限公司

经　　销：新华书店

开　　本：850×1168　1/16　　印张：22　　插页：1

字　　数：621 千字

版　　次：2019 年 12 月第 1 版　2025 年 4 月第 1 版第 10 次印刷

标准书号：ISBN 978-7-117-29187-3

定　　价：78.00 元

打击盗版举报电话：010-59787491　E-mail: WQ @ pmph.com

质量问题联系电话：010-59787234　E-mail: zhiliang @ pmph.com

编　者

（以姓氏笔画为序）

马　玲（西南医科大学公共卫生学院）

叶蔚云（广东药科大学公共卫生学院）

任菁菁（浙江大学医学院附属第一医院）

李增宁（河北医科大学第一医院）

连福治（杭州师范大学医学院）

陈　伟（北京协和医院）

欧凤荣（中国医科大学附属第一医院）

周　莉（苏州大学附属第一医院）

周春凌（哈尔滨医科大学第四临床医学院）

荣　爽（武汉科技大学医学院公共卫生学院）

荣胜忠（牡丹江医学院公共卫生学院）

胡　鹏（成都中医药大学养生康复学院）

骆　彬（河北医科大学第一医院）

夏　敏（中山大学公共卫生学院）

徐　刚（江西中医药大学生命科学学院）

席元第（首都医科大学公共卫生学院）

蒋立勤（浙江中医药大学药学院）

焦广宇（黑龙江省疾病预防控制中心）

焦凌梅（海南医学院国际护理学院）

潘洪志（上海健康医学院医学技术学院）

编写秘书　杜红珍（河北医科大学第一医院）

全国高等学校健康服务与管理专业
第一轮规划教材编写说明

《"健康中国 2030"规划纲要》中指出,健康是促进人的全面发展的必然要求,是经济社会发展的基础条件。实现国民健康长寿,是国家富强、民族振兴的重要标志,也是全国各族人民的共同愿望。推进健康中国建设,是全面建成小康社会、基本实现社会主义现代化的重要基础,是全面提升中华民族健康素质、实现人民健康与经济社会协调发展的国家战略。

要推进落实健康中国战略,大力促进健康服务业发展需要大量专门人才。2016 年,教育部在本科专业目录调整中设立了"健康服务与管理"专业(专业代码 120410T);本专业毕业授予管理学学位,修业年限为四年;目前逐步形成了以医学类院校为主、综合性大学和理工管理类院校为辅、包括不同层次院校共同参与的本科教育体系,各院校分别在不同领域的专业比如中医、老年、运动、管理、旅游等发挥优势,为本专业适应社会发展和市场需求提供了多样化选择的发展模式,充分体现了健康服务业业态发展充满活力和朝阳产业的特色。

我国"健康服务与管理"专业理论和实践教学还处于起步阶段,具有中国特色的健康服务与管理理论体系和实践服务模式还在逐渐完善中。为此,2016 年 4 月和 8 月,人民卫生出版社分别参与"健康服务与管理"专业人才培养模式专家研讨会和"健康服务与管理"专业教材建设会议;2017 年 1 月,人民卫生出版社组织召开了"健康服务与管理"专业规划教材编写论证会议;2018 年 2 月,人民卫生出版社组织召开了"健康服务与管理"专业规划教材评审委员会一届一次会议。在充分调研论证的基础上,根据培养目标、课程设置确定了第一轮规划教材的编写品种,部分编写品种也与《"健康中国 2030"规划纲要》中"要积极促进健康与养老、旅游、互联网、健身休闲、食品融合,催生健康新产业、新业态、新模式,发展基于互联网的健康服务,鼓励发展健康体检、咨询等健康服务,促进个性化健康管理服务发展,培育一批有特色的健康管理服务产业;培育健康文化产业和体育医疗康复产业;制定健康医疗旅游行业标准、规范,打造具有国际竞争力的健康医疗旅游目的地;大力发展中医药健康旅游"相对应。

本套教材编写特点如下:

1. **服务健康中国战略** 本套教材的编撰进一步贯彻党的十九大精神,将"健康中国"战略贯穿教材编写全过程,为学科发展与教学改革、专业人才培养提供有力抓手和契机,为健康中国作出贡献。

2. **紧密围绕培养目标** 健康服务与管理专业人才培养定位是为健康服务业培养既懂业务又懂管理的实用性管理型人才。人才培养应围绕实际操作技能和解决健康服务问题的能力要求,用医学和管理学手段为健康服务业健康、有序、科学发展提供专业支持。本套教材的编撰紧密围绕培养目标,力求在各部教材中得以体现。

3. **作者团队多样** 本套教材的编者不仅包括开设"健康服务与管理"专业院校一线教学专

家,还包括本学科领域行业协会和企业的权威学者,希望能够凝聚全国专家的智慧,充分发挥院校、行业协会及企业合作的优势,打造具有时代特色、体现学科特点、符合教学需要的精品教材。

4. 编写模式创新　为满足教学资源的多样化,教材采用了"融合教材"的编写模式,将纸质教材内容与数字资源内容相结合,教材使用者可以通过移动设备扫描纸质教材中的"二维码"获取更多的教材相关富媒体资料,包括教学课件、思考题解题思路、高清彩图以及视频等。

本套教材共16种,均为国家卫生健康委员会"十三五"规划教材,预计2019年秋季陆续出版发行,数字内容也将同步上线。希望全国广大院校在使用过程中能够多提供宝贵意见,反馈使用信息,为下一轮教材的修订工作建言献策。

全国高等学校健康服务与管理专业
第一届教材评审委员会

全国高等学校健康服务与管理专业
第一轮教材目录

序号	书名	主编		副主编			
1	健康服务与管理导论	郭 清		景汇泉	刘永贵		
2	健康管理学	郭 姣		王培玉	金 浪	郑国华	杜 清
3	健康经济学	毛振华		江启成	杨 练		
4	健康保障	毛 瑛		高广颖	周尚成		
5	健康信息管理	梅 挺		时松和	牟忠林	曾 柱	蔡永铭
6	健康心理学	孙宏伟	黄雪薇	于恩彦	孔军辉	朱唤清	
7	健康运动学	张志勇	刘忠民	翁锡全	骆红斌	吴 霜	徐峻华
8	健康营养学	李增宁		夏 敏	潘洪志	焦广宇	叶蔚云
9	健康养生学	傅南琳		谢 甦	夏丽娜	程绍民	
10	健康教育与健康促进	李浴峰	马海燕	马 莉	曹春霞	闵连秋	钱国强
11	职业健康服务与管理	杨 磊	李卫东	姚 华	汤乃军	刘 静	
12	老年健康服务与管理	曾 强	陈 垦	李 敏	武 强	谢朝辉	张会君
13	社区健康服务与管理	曾 渝	王中男	李 伟	丁 宏	任建萍	
14	健康服务与管理技能	许亮文	关向东	王淑霞	王 毅	许才明	
15	健康企业管理	杨大光	曹 煜	何 强	曹维明	邱 超	
16	健康旅游学	黑启明	向月应	金荣疆	林增学	吴海波	陈小勇

主 编 简 介

李增宁

　　教授,主任医师,博士生导师,河北医科大学第一医院副院长兼临床营养科主任,河北省营养专业质量管理与控制中心主任。中国营养学会常务理事,中国营养学会社区营养与健康管理分会主任委员,中国医师协会营养医师专业委员会副主任委员,中国抗癌协会肿瘤营养专业委员会副主任委员,中国医促会营养与代谢管理专业委员会副主任委员,国家临床营养质控中心专家委员会委员,《肿瘤代谢与营养电子杂志》副主编、《中国社区医师》和《中华预防医学杂志》编委。

　　主持与参加国家卫生健康委员会《脑卒中患者膳食指导》等多项营养标准编写;参加《营养科建设与管理指南》等多项有关临床营养工作规范制定;主编与参编《临床营养学》多部教材;承担国家自然科学基金等多项课题;在国内外发表论文百余篇。

副主编简介

夏 敏

教授,博士生导师,中山大学公共卫生学院副院长。兼任中国营养学会基础营养学分会副主任委员、广东省营养学会常务理事等。主要从事营养膳食防控心血管疾病的基础与应用研究。

主持国家重点研发计划精准医学专项、国家自然科学基金面上项目等多项国家级和省部级科研项目。入选中组部国家"万人计划"科技创新领军人才、科技部创新人才推进计划中青年科技创新领军人才、"长江学者奖励计划"青年学者、广东省高等学校"千百十人才培养工程"国家级培养对象。近5年共发表SCI论文50余篇,获教育部自然科学奖励一等奖、中华医学会科技进步奖二等奖等奖项。参编人民卫生出版社出版论著及教材3部。

潘洪志

上海健康医学院教授,硕士生导师。中国微量元素科学研究会常务理事,中国营养学会骨健康与营养分会副主任委员,全国卫生化学教育学组副主任委员。主要从事营养与慢性病及食品营养成分分析与功能研究等工作。

从事教学工作26年,先后主持3项国家自然科学基金项目,3项达能营养与宣教基金项目,1项肯德基餐饮健康基金,2项中国营养学会帝斯曼专项科研基金。发表国家级教学科研论文90余篇,其中SCI收录论文20余篇。获黑龙江省科技进步三等奖1项,副主编或参编6部原卫生部规划教材,副主编人民卫生出版社出版论著2部。

副主编简介

焦广宇

主任医师,营养学博士,黑龙江中医药大学中西医结合科研流动站博士后。2019 年 4 月起任黑龙江省疾病预防控制中心主任。

先后担任中国医师协会营养医师专业委员会第一、二届副主任委员,中国营养学会第七、八届理事会理事、学术交流工作委员会委员,中国食品科学技术学会营养支持专业委员会理事,第六届黑龙江省科技经济顾问委员会食品药品组专家,黑龙江省食物与营养咨询指导委员会专家顾问团专家,黑龙江省医院协会第二届理事会常务理事。参与 10 余部《临床营养学》教材的编写,获得省政府科技进步奖、省医药卫生科技进步奖及新技术奖 11 项。

叶蔚云

广东药科大学营养与食品卫生学教授,硕士生导师。广东省科技咨询专家、广东省食品安全专家委员会专家、广东科技成果评价专家、广东医学微量元素学会理事。

从事营养与食品卫生学及食品理化检验的教学和科研工作至今 30 多年。研究方向为营养、基因与疾病关系,膳食暴露风险评估,食品理化检测。主持和参加科研课题 30 多项,发表论文 50 多篇。获教育部科技成果奖 1 项,广东省科学技术三等奖 2 项,教学成果三等奖 1 项。先后多次获得优秀教师、先进教学工作者等称号。主编、副主编及参编教材和著作 8 部。

前　言

　　健康是一个全面的概念,不仅包括没有疾病、具有良好的工作状态,还包括完整的身心状态和具备对环境的适应能力。为达到健康的目的,需要合适的营养状态作为健康机体的物质基础。

　　21世纪以来,各种慢性疾病肆虐,甚至超过"突飞猛进"的医学发展的程度,逐步造成严重的社会问题。近年来,我国人民生活水平不断提高,营养供给能力显著增强,国民营养健康状况明显改善。但仍面临居民营养不足与过剩并存、营养相关疾病多发、营养健康生活方式尚未普及等问题,成为影响国民健康的重要因素。推进健康中国建设,是全面建成小康社会,基本实现社会主义现代化的重要基础,是全面提升中华民族健康素质、实现人民健康与经济社会协调发展的国家战略。《"健康中国2030"规划纲要》提出制定实施国民营养计划,深入开展食物(农产品、食品)营养功能评价研究,全面普及膳食营养知识,发布适合不同人群特点的膳食指南,引导居民形成科学的膳食习惯,推进健康饮食文化建设。建立健全居民营养监测制度,对重点区域、重点人群实施营养干预,重点解决微量营养素缺乏、部分人群油脂等高热能食物摄入过多等问题,逐步解决居民营养不足与过剩并存问题。实施临床营养干预。加强对学校、幼儿园、养老机构等营养健康工作的指导。开展示范健康食堂和健康餐厅建设。

　　营养学是指研究机体营养规律以及改善措施的科学,即研究食物中对人体有益的成分及人体摄取和利用这些成分以维持、促进健康的规律和机制,在此基础上采取具体的、宏观的、社会性措施改善人类健康、提高生命质量。因此,它主要涉及公共营养、食物营养、人体营养等领域。以往的营养问题主要是热量不足,营养素缺乏,现在的营养问题是以营养不均衡、热量过剩和微量营养素缺乏为主。本书为健康服务与管理专业人员从事健康相关等工作而编写。

　　本书结合当下时代背景,主要涵盖一些营养饮食的基础知识,特殊人群的营养和饮食推荐,常见慢性疾病的营养治疗原则和饮食推荐,以及营养相关的学习研究方法和相关法律法规等内容,通过合理营养、平衡膳食和营养治疗等达到促进健康、促进疾病康复的目的。整体从基础到深入,详细介绍了营养健康的相关知识。希望我们的学生作为未来的健康服务与管理专业人员能在各类健康管理机构、医疗卫生事业单位、社区卫生服务机构、卫生健康管理部门、健康保险机构、健康养老机构、卫生信息等部门中将营养风险管理、营养评估、营养干预、营养教育、营养监测、营养服务与营销的知识应用到实践中。通过合理营养、平衡膳食和营养治疗等达到促进健康、加快疾病康复的目的。

　　作为教师,我们要在以下几个方面为学生提供帮助:

　　1.坚持以问题为导向,突出营养基础上的健康,针对国民健康与营养问题交织,营养不足与过剩并存,营养失衡增加健康风险,带来疾病谱的变化,加强营养科学的基础研究,监测评估、健康生活方式的普及。指导学生从问题着手,带着问题学习。

　　2.坚持以目标为导向,指导学生建立自己的学习目标,有明确的目标才能更好地掌握学习到的知识方法。

　　3.坚持以需求为导向,培养学生对待不同人群,不同需求应变的能力,更好地帮助大众制定适合自己的饮食行为习惯。

4.坚持以创新为导向,充分利用媒体资源,培养学生应用互联网获得知识的技能,让学生学会如何应用融媒体帮助自己学习,并指导他人的健康营养习惯。

本书的编写得到了从事临床营养、营养教学、食品等领域很多专家、教授的关心和指导。各位编者在总结自身工作经验的同时也收集了大量资料,付出了很多努力,在此一并感谢。最后,衷心感谢各级领导对本书编著工作的支持。在本书的完成中限于时间紧迫、经验不足,可能存在错误与疏漏,也请各位老师、同学不吝指正!

李增宁
2019 年 6 月

目　录

第一篇　营养学基础理论

第二篇　营养与健康

第三篇　营养与疾病

第四篇　营养学方法与应用

第五篇　营养政策与法规

营养学基础理论

第一章 营养学基础

本章要点

1. **掌握** 能量的单位;氨基酸、必需氨基酸和限制氨基酸的概念;氮平衡和蛋白质互补作用的概念及营养学意义;蛋白质营养不良;蛋白质推荐摄入量及食物来源;必需脂肪酸的概念与生理功能;膳食纤维、血糖生成指数、血糖负荷的概念及营养学意义;钙、铁、锌、碘缺乏与过量的危害;维生素的概念、分类及特点;维生素 A、维生素 D、维生素 E、维生素 K、硫胺素(维生素 B₁)、核黄素(微生物 B₂)、叶酸以及维生素 C 的缺乏与过量的危害;植物化学物的概念、分类。

2. **熟悉** 能量的消耗;宏量营养素的生理功能、分类、参考摄入量及食物来源;微量营养素参考摄入量及食物来源;植物化学物的生物活性。

3. **了解** 能量的来源与供能比;宏量营养素的消化吸收和代谢;微量营养素吸收和利用的影响因素;营养素的营养学评价;其他生物活性成分。

第一节　能量与宏量营养素

一、能量

(一) 概述

1. **能量单位** 能量的国际单位是焦耳(Joule,简称为 J),营养学上常用的能量单位一般是千卡(kcal),其换算关系如下:1kcal=4.184kJ,1kJ=0.239kcal。

2. **能量系数** 能量系数(energy coefficient)是指每克产能营养素在体内氧化产生的能量值。在实际应用时,按如下关系换算产能营养素产生的能量:

1g 蛋白质产生 18.2kJ × 98%=16.47kJ/g(4kcal/g)能量;

1g 脂肪产生 39.54kJ × 95%=37.56kJ/g(9kcal/g)能量;

1g 碳水化合物产生 17.15kJ × 98%=16.81kJ/g(4kcal/g)能量。

(二) 人体的能量消耗

成年人每日的能量消耗主要包括维持基础代谢、身体活动以及食物热效应三个方面。对于特殊阶段或特殊年龄的人群,还包括生长发育等额外的能量消耗。

1. **基础代谢** 基础代谢(basal metabolism)是指人体在空腹(饭后 10~12h)、清醒、静卧、适宜气温(18~25℃)的状态下用以维持生命最基本的活动所消耗的能量,例如心脏跳动、肺的呼吸、腺体分泌、神经活动等所需要的能量,又称基础能量消耗(basic energy expenditure, BEE)。通常,基础代谢所消耗的能量占总能量的 60%~70%,是人体能量最主要的消耗途径。目前,计算基础代谢消耗的方法包括体表面积计算法、直接计算法和体重计算法。

基础代谢率(basal metabolic rate, BMR)是指单位时间内单位体表面积所消耗的基础代谢。

影响人体基础代谢消耗的因素包括:体型与体质、生理与病理状况、生活和作业环境等,见表 1-1。年龄越小,相对基础代谢率越高;随着年龄的增加,基础代谢率则缓慢降低。机体发热与甲状腺功能亢进时,基础代谢率明显增加。

表1-1　人体基础代谢率表　　　　　　　　　　　　　单位:kcal/(m^2·h)

性别	年龄 / 岁											
	1	5	10	15	20	25	30	35	40	50	60	70
男	53.0	49.3	44.1	41.8	38.6	37.5	36.8	36.5	36.3	35.8	34.9	33.0
女	53.0	48.4	42.4	37.9	35.3	35.2	35.1	35.0	34.9	33.9	32.7	31.7

2. **身体活动**　身体活动(physical activity)所消耗的能量通常占人体总能量的 15%~30%。身体活动水平直接影响人体的能量需要量。身体活动能量消耗受活动强度、持续时间及动作熟练程度等的影响;另外活动者的肌肉发达水平以及体重均是身体活动能量消耗的影响因素。国际上,身体活动强度的通用单位是能量代谢当量(metabolic equivalence of energy,MET),1MET 相当于能量消耗 1kcal/(kg·h)。高强度身体活动为 7~9MET,中等强度身体活动为 3~6MET,低等强度身体活动为 1.1~2.9MET。常见身体活动见表 1-2。

表1-2　常见身体活动强度(MET)和能量消耗表

活动项目 (一般强度)	身体活动强度 / MET	千步当量数	能量消耗量 / [kcal/(标准体重)·10min]	
			男(66kg)	女(56kg)
慢速步行 /(3km·h^{-1})	2.5	4.5	27.5	23.3
中速步行 /(5km·h^{-1})	3.5	7.5	38.5	32.7
快速步行 /(5.5~6km·h^{-1})	4.0	9.0	44.0	37.3
走跑结合	6.0	15.0	66.0	56.0
慢速跑	7.0	18.0	77.0	65.3
乒乓球	4.0	9.0	44.0	37.3
篮球	6.0	15.0	66.0	56.0
羽毛球	4.5	10.5	49.5	42.0
网球	5.0	12.0	55.0	46.7
蛙泳	10.0	27.0	110.0	93.3
跳绳	10.0	27.0	110.0	93.3
太极拳	3.5	7.5	38.5	32.7
手洗衣服	3.3	6.9	36.3	30.8
扫地 / 拖地板 / 吸尘	3.5	7.5	38.5	32.7
做饭 / 收拾餐桌	2.2	4.5	27.5	23.3

注:1MET=1kcal/(kg·h);MET<3 为低强度,MET 3~6 为中强度,MET 7~9 为高强度,MET 10~11 为极高强度。

3. **食物热效应**　食物热效应(thermic effect of food,TEF)是指人体摄食过程中因消化、吸收利用以及代谢过程中额外消耗的能量,又称食物特殊动力作用(specific dynamic action,SDA)。食物热效应即摄食使基础代谢率升高,3~4h 后恢复正常。影响食物热效应的因素包括食物营养成分、进食量、进食频率等。摄入脂肪消耗的能量相当于本身产能的 4%~5%;碳水化合物为 5%~6%;蛋白质的食物热效应最大,相当于本身产能的 30%。成人摄入一般的混合性膳食时,食物的特殊动力作用所消耗的能量相当于总能量的 10%。

4. 特殊生理阶段的能量消耗 孕妇因其特殊的生理阶段,子宫、乳房、胎盘的生长发育,孕妇自身的体脂储备以及胎儿的生长发育能量消耗增加。乳母合成和分泌乳汁也需要补充额外的能量。

婴幼儿、儿童和青少年处于生长发育阶段,需要补充额外的能量消耗。新生儿每增加 1kg 体重,约需 5kcal 的能量;3~6 个月的婴儿,每天有 15%~23% 的摄入的能量用于机体的生长发育。

(三) 膳食能量需要量及来源

1. 能量的参考摄入量 能量需要量(estimated energy requirement, EER)是指能达到能量平衡所需的膳食能量摄入量,是可以使机体长期保持良好的健康状态、维持良好机体构成以及理想的活动水平的能量摄入量。能量消耗受多种因素影响,包括年龄、性别、生理状态以及劳动强度等。中国营养学会推荐的能量需要量见表 1-3。

表 1-3　中国居民膳食能量不同身体活动水平需要量　　　　　　　　　　　单位:kcal/d

人群	男			女		
	轻体力活动水平	中体力活动水平	重体力活动水平	轻体力活动水平	中体力活动水平	重体力活动水平
1 岁 ~		900			800	
2 岁 ~		1 100			1 000	
3 岁 ~		1 250			1 200	
4 岁 ~		1 300			1 250	
5 岁 ~		1 400			1 300	
6 岁 ~	1 400	1 600	1 800	1 250	1 450	1 650
7 岁 ~	1 500	1 700	1 900	1 350	1 550	1 750
8 岁 ~	1 650	1 850	2 100	1 450	1 700	1 900
9 岁 ~	1 750	2 000	2 250	1 550	1 800	2 000
10 岁 ~	1 800	2 050	2 300	1 650	1 900	2 150
11 岁 ~	2 050	2 350	2 600	1 800	2 050	2 300
14 岁 ~	2 500	2 850	3 200	2 000	2 300	2 550
18 岁 ~	2 250	2 600	3 000	1 800	2 100	2 400
50 岁 ~	2 100	2 450	2 800	1 750	2 050	2 350
65 岁 ~	2 050	2 350	—[a]	1 700	1 950	—
80 岁 ~	1 900	2 200	—	1 500	1 750	—
孕妇(早)	—	—	—	+0[b]	+0	+0
孕妇(中)	—	—	—	+300	+300	+300
孕妇(晚)	—	—	—	+450	+450	+450
乳母	—	—	—	+500	+500	+500

数据摘自《中国居民膳食营养素参考摄入量》(2013 版)。

[a] 未制定参考值用“—”表示。

[b] “+”表示在同龄人群参考值基础上额外增加量。

2. 能量的来源与供能比 食物中的蛋白质、脂肪和碳水化合物是人体能量的主要来源,这三种产能营养素普遍存在于各类食物中。动物性食物含有较多的脂肪和蛋白质。植物性食物中的油料作物的籽仁含有丰富的脂肪;谷类中则以碳水化合物为主。大豆除含脂肪外还含有丰富的蛋白质;坚果,如花生、核桃等与大豆近似。蔬菜水果中含产能营养素相对较少。

蛋白质、脂肪和碳水化合物这三种产能营养素因各自独有的生理功能,而不能相互替代。在我国成年人膳食中,这三种产能营养素应该保持适当的供给能量的比例。目前认为蛋白质提供的能量应占食物供给总能量的 10%~15%,脂肪占 20%~30%,碳水化合物占 55%~65% 为宜。

二、蛋白质

(一) 概述

1. 蛋白质的组成　蛋白质(protein)是一切生命的物质基础,是构成人体的基本物质,是最重要的营养素之一。氨基酸是蛋白质的基本构成单位,组成蛋白质的氨基酸有 20 种,分为以下三类:

(1) 必需氨基酸(essential amino acid,EAA):在人体内不能合成或合成速度不能满足人体需要,必须由食物供给的氨基酸称为必需氨基酸。人体的必需氨基酸共 9 种,其中成人必需氨基酸包括 8 种,即缬氨酸、苏氨酸、亮氨酸、异亮氨酸、甲硫氨酸、苯丙氨酸、色氨酸、赖氨酸;婴幼儿必需氨基酸除了成人的 8 种必需氨基酸外,还包括组氨酸。食物蛋白质中一种或几种必需氨基酸含量相对较低,导致其他的必需氨基酸在体内不能被充分利用而浪费,造成其蛋白质营养价值较低,这些含量相对较低的必需氨基酸称限制氨基酸(limiting amino acid),其中含量最低的一种称为第一限制氨基酸,如谷类的第一限制氨基酸为赖氨酸。

(2) 非必需氨基酸(nonessential amino acid):非必需氨基酸并非机体不需要,而是指人体可以自身合成。不一定必须由食物供给的氨基酸。

(3) 条件必需氨基酸(conditionally essential amino acid):正常情况下,某些氨基酸可以在体内合成,为非必需氨基酸;但在特定条件下,因合成能力有限或需要量增加,不能够满足机体的需要,必须由食物供给而成为必需氨基酸,即条件必需氨基酸。如谷氨酰胺和精氨酸,正常条件下为非必需氨基酸;但谷氨酰胺在患病期间为必需氨基酸,精氨酸在肠道代谢异常条件下也成为必需氨基酸。另外,半胱氨酸和酪氨酸在体内分别可以由甲硫氨酸和苯丙氨酸合成,如果这两种氨基酸在膳食中含量丰富,则可以减少人体对甲硫氨酸(减少 30%)和苯丙氨酸(减少 50%)的需要;但如果膳食中该两种氨基酸供给不足或由于特定原因机体不能转化(例如苯丙酮尿症患者),则半胱氨酸和酪氨酸就成为必需氨基酸。

2. 氨基酸模式及蛋白质的分类　人体在利用食物蛋白质中的必需氨基酸时,对各种必需氨基酸的需要和利用都按一定的比例和数量进行,营养学上用氨基酸模式(amino acid pattern)来反映人体蛋白质以及各种食物蛋白质在必需氨基酸的种类和含量上的差异,其计算方法是将该蛋白质中色氨酸的含量设定为 1,分别计算出其他必需氨基酸相对于色氨酸的比值,即为该蛋白质的氨基酸模式(表 1-4)。

表 1-4　几种食物与人体的蛋白质氨基酸模式

氨基酸	人体	全鸡蛋	牛奶	猪瘦肉	大豆	标准小麦面粉
异亮氨酸	5.0	3.2	3.4	3.5	4.1	4.5
亮氨酸	9.8	5.1	6.8	6.3	6.2	9.6
赖氨酸	7.5	4.1	5.6	5.7	4.9	3.2
甲硫氨酸 + 半胱氨酸	3.7	3.4	2.4	2.5	2.0	5.4
苯丙氨酸 + 酪氨酸	6.3	5.5	7.3	6.0	6.6	10.6
苏氨酸	3.8	2.8	3.1	3.5	3.2	3.8
缬氨酸	6.5	3.9	4.6	3.9	3.8	5.4
色氨酸	1.0	1.0	1.0	1.0	1.0	1.0

食物蛋白质的氨基酸模式越接近人体蛋白质氨基酸模式,其必需氨基酸被机体利用的程度就越高,该食物蛋白质的营养价值就相对较高。因此,根据食物蛋白质的氨基酸模式不同,常将食物蛋白质划分为以下三类:

(1) 完全蛋白质(complete protein):这类蛋白质的必需氨基酸种类齐全,数量充足,氨基酸模式与人体蛋白质氨基酸模式接近,营养价值较高,不但可以维持人体健康,还可以促进儿童的生长发育,又称优质蛋白质。如:奶制品中的酪蛋白,肉中的白蛋白、肌蛋白,小麦中的麦谷蛋白,大豆中的大豆球蛋白,蛋类中的卵白蛋白、卵黄蛋白等。

(2) 半完全蛋白质(partially complete protein):这类蛋白质所含氨基酸虽然种类齐全,但氨基酸模式与人体蛋白质氨基酸模式差异较大,其中某些氨基酸的含量不能满足人体的需要,存在限制氨基酸,使得它们可以维持生命,但不能促进生长发育。如:大多数植物蛋白。

为了提高植物蛋白质的营养价值,常将两种或两种以上的食物混合食用,这种不同食物间相互补充其必需氨基酸不足的作用称为蛋白质互补作用(protein complementary action)。

(3) 不完全蛋白质(incomplete protein):这类蛋白质所含氨基酸种类不全,既不能促进生长发育,也不能维持生命,例如胶原蛋白和玉米胶蛋白等。

(二) 蛋白质的功能

1. 人体组织的构成成分　蛋白质是构成人体细胞和组织的重要成分,在人体生长的过程中蛋白质不断增加。另外,婴幼儿、儿童和青少年的生长发育的过程中以及人体组织器官损伤和疾病的过程中均离不开蛋白质。蛋白质是人体内唯一的氮来源,碳水化合物和脂肪均不能替代蛋白质。

2. 构成人体重要生物活性物质,参与生理功能的调节　蛋白质参与构成体内多种重要的生理活性成分,包括:①体内新陈代谢过程中起催化作用的酶;②调节生长和代谢的各种激素;③细胞膜和血液中负责各种物质运输和交换的转运体蛋白;④发挥免疫调节的抗体;⑤体液中维持体内酸碱平衡和水分的正常分布的可溶性蛋白质等。

3. 供给能量　蛋白质在体内分解代谢时产生的能量,是人体的能量来源之一。1g 蛋白质在体内彻底氧化分解可释放 16.7kJ(4kcal)的能量。蛋白质的这种功能可以被脂肪、碳水化合物所代替,其功能作用是次要的,机体所消耗的能量,仅约 14% 由蛋白质供给。

4. 肽类的特殊生理功能　肽是蛋白质被水解后的次级结构。近年来,越来越多的研究证据发现肽具有许多重要功能,不仅作为氨基酸的供体,也是一类生理调节物。

(1) 参与免疫调节:营养调控是增强机体免疫功能的重要措施。由食物蛋白转化具有免疫调节活性的小分子活性肽可以增强机体免疫功能。这种免疫调节肽可以从牛的 κ 酪蛋白、$α_1$ 酪蛋白和 β 酪蛋白中获取。

(2) 降血压:降压肽主要通过抑制血管紧张素 I 转换酶(ACE)的活性调节肾素 - 血管紧张素系统(RAS)的生理功能来达到降血压的效果。降压肽主要有三种来源:来自乳酪蛋白、植物源及鱼贝类。

(3) 促进矿物质的吸收:酪蛋白磷酸肽被发现可以促进钙,铁的吸收。它是利用酶技术分离乳中的酪蛋白所得的肽片段,可以用于钙、镁、铁等矿物质为原料的营养补充剂的配料。

(4) 清除自由基:一些肽类可以作为自由基清除剂来保护细胞膜,避免氧化性破坏,如:谷胱甘肽(GSH)是一个三肽化合物,它由谷氨酸、半胱氨酸和甘氨酸通过肽键缩合而成的,其发挥清除自由基活性在于分子中含有一个活泼的巯基(—SH)。

(三) 蛋白质的代谢

食物中的蛋白质都要水解为氨基酸才能被机体吸收利用,体内蛋白质也要先分解为氨基酸才能继续氧化分解或转化。膳食中的蛋白质消化首先从胃开始,胃酸使蛋白质变性破坏其空间结构,同时胃酸可激活胃蛋白酶将蛋白质及大分子多肽水解成小分子多肽和游离氨基酸。然后蛋白质进入其主要消化吸收场所——小肠,经由胰蛋白酶和糜蛋白酶分解为寡肽和少量氨基酸后,被小肠黏膜细胞吸收。最终在小肠黏膜细胞中,被寡肽酶水解为氨基酸。氨基酸通过黏膜细胞进入肝门静脉,被运输至肝脏和各组织器官被利用。

吸收的氨基酸先储存于人体内各组织、器官和体液中的游离氨基酸统称为氨基酸池(amino acid pool),其中的游离氨基酸除食物来源外,大部分来自于体内蛋白质的水解。氨基酸出入细胞与葡萄糖类似,细胞膜上有可以识别各种氨基酸构型及性质的氨基酸转运子。每种氨基酸转运子识别氨基酸的构型和性质不同,转运子对氨基酸的亲和力及转运机制决定了细胞内氨基酸水平。

游离氨基酸主要用来合成自身蛋白,也可氧化分解释放能量和合成其他生物活性物质。合成人体蛋白质的游离氨基酸中,约50%用于体液、器官蛋白质的合成,30%用于肌肉蛋白质的合成,其余20%用于白蛋白、血红蛋白等其他蛋白质的合成。未被利用的氨基酸则经过代谢,由尿,粪便以及皮肤等其他途径排出体外,其中尿氮占总排出氮的80%以上。

氨基酸也可通过特殊代谢来合成一些体内重要的含氮化合物,如神经递质、嘌呤、磷脂、辅酶等。氨基酸脱羧产生的胺类常有特殊的作用,如5-羟色胺是神经递质,缺少则可能发生抑郁、自杀,组胺与过敏反应有密切联系等。

(四) 氮平衡

营养学上将摄入蛋白质的量和排出蛋白质的量之间的关系称为氮平衡(nitrogen balance),关系式如下:

$$B=I-(U+F+S)$$

其中 B 为氮平衡,I 为摄入量,U 为尿素氮,F 为粪氮,S 为皮肤等氮损失。当 B=0 时,即摄入氮与排出氮相等,则为零氮平衡(zero nitrogen balance),健康的成年人应维持在零氮平衡并富裕5%。当 B>0 时,即摄入氮多于排出氮,则为正氮平衡(positive nitrogen balance),女性孕期、儿童生长发育期、运动和高强度劳动需增加肌肉时以及恢复期的病人均应适当保持正氮平衡。当 B<0 时,即摄入氮少于排出氮,则为负氮平衡(negative nitrogen balance),常见于老年人、饥饿或疾病状态时,这种状态应尽量减轻或改变,以延缓衰老和促进疾病恢复。

(五) 食物蛋白质的营养学评价

1. 食物中蛋白质的含量　蛋白质含量是食物蛋白质营养价值的基础,一般采用凯氏定氮法(Kjeldahl)来测定食物中的含氮量,再乘以氮换算蛋白质的系数,即为食物中蛋白质的含量。食物中蛋白质的含氮量一般为16%,其倒数即为换算系数6.25。计算公式为:

$$食物蛋白质的含量 = 含氮量 \times 6.25$$

2. 蛋白质的消化率　蛋白质消化率(protein digestibility),吸收氮量与摄入氮量的比值。反映了蛋白质被消化酶分解以及消化后的氨基酸和肽被吸收的程度。消化率高表明该蛋白质被利用的可能性大,其营养价值也高。计算公式为:

$$蛋白质消化率(\%)= \frac{吸收氮}{食物氮} \times 100\%$$

蛋白质的消化率受多种因素影响,如蛋白质在不同食物中存在的形式和结构或食物中含有的不利于蛋白质吸收的因素等。一般而言,动物性食物蛋白质消化率高于植物性食物。另外,不同的加工方式对同种食物蛋白质的消化率也具有较大影响,如整粒大豆消化率为60%,加工成豆腐或豆浆后其消化率可提高到90%以上,另外混合膳食可提高蛋白质消化率,详见表1-5。

表1-5　几种食物蛋白质消化率 /%

食物	鸡蛋	牛奶	肉、鱼	大米	玉米	花生	小米	马铃薯	中国混合膳食
消化率	97	95	94	87	85	94	79	74	96

3. 蛋白质的利用率

(1) 生物价(biological value,BV):是指食物蛋白质消化吸收后,在体内储留利用的氮量与被吸收氮量的比值,是蛋白质在体内被利用程度的反映。生物价越高,则该蛋白质的利用率越高,即食物中的氨基酸主要用来合成人体蛋白质,可减轻肝肾负担。

$$生物价 = \frac{储留氮}{吸收氮} \times 100\%$$

(2) 蛋白质净利用率(net protein utilization,NPU):是反映食物蛋白质被利用程度的指标,包括消化和利用两方面。

$$蛋白质净利用率(\%) = 消化率 \times 生物价 = \frac{储留氮}{食物氮} \times 100\%$$

(3) 经消化率修正的氨基酸评分(protein digestibility corrected amino acid score,PDCAAS):氨基酸评分(amino acid score,AAS)是目前广为应用的一种食物蛋白质营养价值评价方法,不仅适用于单一食物蛋白质的评价,还可用于混合食物蛋白质的评价,是最简单的评估蛋白质质量的方法。但该方法未考虑食物蛋白质的消化率,为此美国食品药品管理局(FDA)通过经消化率修正的氨基酸评分的方法,可对除孕妇及婴儿以外的所有人群进行评价。

$$氨基酸评分 = \frac{被测蛋白质每克氮(或蛋白质)中氨基酸量(mg)}{理想模式或参考蛋白质中每克氮(或蛋白质)中氨基酸量(mg)}$$

$$经消化率修正的氨基酸评分 = 氨基酸评分 \times 消化率$$

(六) 蛋白质的参考摄入量及食物来源

膳食营养素参考摄入量(dietary reference intakes,DRIs)是一组评价膳食营养素供给量能否满足人体需要、是否存在过量摄入风险以及有利于预防某些慢性非传染性疾病的参考值。推荐摄入量(recommended nutrient intake,RNI)为可以满足某一特定性别、年龄及生理状况群体中绝大多数个体需要的营养素摄入水平;平均需要量(estimated average requirement,EAR)为群体中各个体营养素需要量的平均值。中国营养学会发布的蛋白质平均需要量及推荐摄入量见表1-6,其中成人的蛋白质推荐摄入量为:男性 65g/d,女性 55g/d。成人蛋白质摄入量应占总能量的 10%~15%。

蛋白质的食物来源可分为两大类:一类为动物性食物,如牲畜的奶,包括牛奶、羊奶等;肉类,包括牛肉、羊肉、猪肉、鸡肉、鸭肉、鹅肉、鹌鹑肉等;蛋类,包括鸡蛋、鸭蛋、鹌鹑蛋等;水产,包括鱼、虾、蟹等,这类食物富含完全蛋白质,是优质蛋白质的重要来源。另一类为植物性食物,包括粮谷类、豆类、水果、蔬菜等,除大豆所含蛋白质为优质蛋白质外,其余如米、面、杂豆、蔬果中的植物蛋白质均为非优质蛋白质。

表1-6 中国居民膳食蛋白参考摄入量

人群	EAR/(g/d)		RNI/(g/d)	
	男性	女性	男性	女性
0 岁 ~	—[a]	—	8(AI)	9(AI)
0.5 岁 ~	15	15	20	20
1 岁 ~	20	20	25	25
3 岁 ~	25	25	30	30
7 岁 ~	30	30	40	40
9 岁 ~	40	40	45	45
11 岁 ~	50	45	60	55

续表

人群	EAR/（g/d）		RNI/（g/d）	
	男性	女性	男性	女性
14 岁～	60	50	75	60
18 岁～	60	50	65	55
孕妇（早）	+0[b]		+0	
孕妇（中）	+10		+15	
孕妇（晚）	+25		+30	
乳母	+20		+25	

数据摘自：《中国居民膳食营养素参考摄入量》（2013 版）。

[a] 未制定参考值用"—"表示。

[b] "+"表示在同龄人群参考值基础上额外增加量。

（七）蛋白质营养不良

1. 蛋白质的缺乏　胎儿期蛋白质供应不足,可影响大脑的功能,导致出生后记忆力差,观察能力差,智力低下。成人缺乏蛋白质则出现消瘦,肌肉萎缩,严重时出现营养不良性水肿。

蛋白质缺乏常与能量缺乏同时存在,称为蛋白质 - 能量营养不良（protein-energy malnutrition, PEM）。此病在儿童和成人中均可发生,多发于婴幼儿,是影响儿童健康、引起死亡的重要原因之一。临床上将儿童 PEM 分为两种类型,即消瘦型（marasmus）和水肿型（Kwashiorkor）。消瘦型蛋白质营养不良主要是由蛋白质和能量均长期严重缺乏导致,表现为生长发育迟缓、明显消瘦、肌肉萎缩、皮肤干燥、毛发细黄无光泽、对疾病的抵抗力降低等。水肿型蛋白质营养不良则主要是由蛋白质严重缺乏而能量勉强维持机体需要的营养不良症,表现为精神萎靡、哭声低弱、食欲减退、体重减轻、下肢凹陷性水肿、毛发稀少无光泽、肝脾大等。

2. 蛋白质摄入过量　蛋白质摄入过多同样对人体有害,尤其是动物性蛋白质摄入过多。主要原因包括:动物蛋白质的摄入必定伴随着动物脂肪与胆固醇的摄入,导致脂肪与胆固醇摄入过量;过多摄入蛋白质本身也会产生危害,如过多的蛋白质无法在体内储存,经脱氨分解,由尿排出多余的氮,加重肾脏的负荷。

三、脂类

（一）概述

1. 脂质的分类　脂类（lipids）包括脂肪（fats）和类脂（lipoids）,占人体体重的 10%~20%,肥胖者可达体重的 30%。

脂肪,又称甘油三酯（triglycerides）,约占人体脂类总量的 95%,主要储存在皮下、肌肉、腹腔及内脏周围包膜中,是体内重要的储能及供能物质。

类脂,主要包括磷脂（phospholipids）和固醇类（sterols）,约占人体脂类总量的 5%,是细胞膜、组织器官尤其是神经组织的重要组成成分。磷脂主要存在于脑、神经组织和肝脏中;固醇类多见于动物内脏,蛋黄等食品中。

2. 脂肪、脂肪酸及分类　食物中的脂类以脂肪为主,由一分子甘油和三分子脂肪酸组成。脂肪酸（fatty acid）是构成脂肪的重要部分,脂肪因其所含的脂肪酸碳链的长短、饱和程度以及空间结构的不同,呈现不同的特性和功能。

（1）脂肪酸的分类:脂肪酸因碳链长短、饱和程度及空间结构不同,可分为以下几类。

1）以碳链长度分类:分为长链脂肪酸（14~24 碳）、中链脂肪酸（8~12 碳）和短链脂肪酸（6 碳以下）。食物中所含的脂肪酸以长链脂肪酸为主。另外,还有一些极长链脂肪酸分布在大脑和特殊组织中,如视网膜和精子等。

2) 以饱和程度分类:分为饱和脂肪酸和不饱和脂肪酸。不饱和脂肪酸又可根据不饱和双键的数量分为单不饱和脂肪酸(如油酸)和多不饱和脂肪酸(如亚油酸和 α- 亚麻酸)。饱和脂肪酸过量摄入会升高血脂,促进动脉粥样硬化,而不饱和脂肪酸有降血脂的功效,但易生成自由基和活性氧等物质,过多摄入对细胞和组织可造成一定的损伤。

3) 以空间结构分类:分为顺式脂肪酸和反式脂肪酸。自然状态下的大多数脂肪酸是顺式脂肪酸,油脂的氢化过程和高温加热会使一些不饱和脂肪酸由顺式转化为反式,反式脂肪酸的含量随氢化程度增加而增加。有研究发现,反式脂肪酸摄入过多可使血液胆固醇增高,从而增加心血管疾病发生的风险。

(2) 必需脂肪酸、n-6 和 n-3 多不饱和脂肪酸:脂肪酸因结构不同而拥有不同的功能。其中,必需脂肪酸以及由必需脂肪酸转化而来的 n-6 多不饱和脂肪酸和 n-3 多不饱和脂肪酸对人体的健康具有重要的生理功能。

1) 必需脂肪酸(essential fatty acid,EFA):指人体不可缺少且自身不能合成,必须通过食物供给的脂肪酸,包括亚油酸和 α- 亚麻酸。EFA 的主要功能包括:构成磷脂的组成成分;前列腺素合成的前体;参与胆固醇代谢。例如,磷脂是细胞膜的主要结构,磷脂中的 EFA 与细胞膜结构和膜流动特性等功能直接相关;EFA 作为前体,合成的前列腺素具有血管扩张和收缩、神经传导等多种生理功能;体内 70% 的胆固醇由脂肪酸酯化成,然后被转运代谢。

2) n-6 多不饱和脂肪酸:机体可以利用母体脂肪酸合成更长链的脂肪酸,亚油酸是 n-6 系列多不饱和脂肪酸的母体,亚油酸和花生四烯酸是 n-6 系列多不饱和脂肪酸中重要的脂肪酸,对人体来说是必需的。n-6 多不饱和脂肪酸的主要来源是植物,主要是植物油,具有调节血脂、参与磷脂组成、促进生长和发育等功能。

3) n-3 多不饱和脂肪酸:α- 亚麻酸是 n-3 系列多不饱和脂肪酸的母体,EPA 和 DHA 是 n-3 系列多不饱和脂肪酸中重要的脂肪酸。n-3 多不饱和脂肪酸的主要来源包括植物油(亚麻酸)和鱼油(EPA、DHA),具有维持视觉功能、促进大脑发育、调节血脂等重要功能。

需要注意的是,虽然机体可以利用 EFA 合成更长链的脂肪酸,但这一过程速度较慢,从食物中直接获取长链多不饱和脂肪酸仍是满足机体需要的最有效途径。在哺乳动物组织中,n-3 多不饱和脂肪酸的水平低于 n-6 多不饱和脂肪酸。

(3) 中链和短链脂肪酸:中链脂肪酸具有特殊的营养学作用,它可直接与甘油酯化形成甘油丁酯,不需要催化剂,不需要胆汁乳化,可直接被小肠吸收,且吸收后不形成乳糜微粒,由门静脉直接进入肝脏,并在细胞内可快速氧化产生能量。因此,该种脂肪常用于特殊食品,如运动员食品以及临床治疗食品等。但是,中链脂肪酸会因快速氧化可产生较多的酮体,不可以过量食用。

人体内短链脂肪酸主要来源于食物中膳食纤维、抗性淀粉、低聚糖和糖醇等在结肠内被肠道微生物发酵的产物,同样具有重要的生理功能,如:提供能量、促进膜脂类物质合成、预防治疗溃疡性结肠炎、抑制内源性胆固醇的合成等。

(二) 脂类的功能

1. 脂肪的功能

(1) 储存和供给能量:脂肪是人体重要的储备能源,当人体能量摄入过多不能完全利用时,就会转化为脂肪储存起来;当机体需要时,就会分解进入血液,满足机体的需要。1g 脂肪在体内氧化会产生 39.7kJ(9.46kcal)能量。

(2) 构成人体细胞和组织:细胞膜中含有大量脂肪酸,是细胞维持正常功能的重要成分。

(3) 润滑及保温作用:脂肪组织在器官组织之间起支撑作用,减少器官与器官间的摩擦,避免内部脏器受外力损伤以及减少摩擦,也可起到防震作用,臀部皮下脂肪可以使得久坐而不觉局部劳累,皮脂腺分泌脂肪对皮肤也起到润滑保护作用。脂肪能防止散热,维持体温恒定,还有抵御寒冷的作用。故肥胖的人由于在皮肤下及肠系膜等处储存大量脂肪,体温散发较慢,在冬天不觉得冷,但在夏日因体温不易散发而怕热。

(4) 节约蛋白质作用:脂肪本身可以为机体提供能量,也可促进碳水化合物的能量代谢,所以充足的脂肪可以保护体内蛋白质不作为供能物质使用,使其有效发挥其他生理功能。

(5) 促进脂溶性维生素的吸收:脂肪是维生素 A、维生素 D、维生素 E、维生素 K 等的良好溶剂。有些脂肪含量高的食物本身就含有丰富的脂溶性维生素,如鱼油和肝脏脂肪中含丰富的维生素 A、维生素 D,麦胚油含丰富的维生素 E,这些维生素随着脂肪的吸收同时被吸收。当膳食中脂肪缺乏时,脂溶性维生素亦有缺乏的风险。

(6) 对内分泌的作用:脂肪组织是机体内重要的内分泌和旁分泌器官,可分泌多种脂肪细胞因子,包括瘦素(leptin)、白细胞介素 -6(IL-6)、白细胞介素 -8(IL-8)、雌激素(estrogen)、脂联素(adiponectin)、抵抗素(resistin)等,这些因子参与机体代谢和生长发育等过程。

2. 磷脂的功能

(1) 提供能量:磷脂与甘油三酯可提供能量。

(2) 构成细胞膜:磷脂是细胞膜的重要组成成分。

(3) 乳化作用:磷脂具有乳化的作用,使体液中的脂肪悬浮于体液中,利于其吸收利用。

(4) 稳定脂蛋白:磷脂是血浆脂蛋白的重要组成成分。因此组织中脂类,如脂肪和固醇在血液中的运输,需要有足够的磷脂才能进行。

(5) 改善心血管作用:磷脂能改善脂肪的吸收和利用。在胆汁中磷脂与胆盐、胆固醇一起形成胶粒,以利于胆固醇的溶解和排泄,防止胆固醇沉积,降低血液黏度,促进血液循环。

(6) 改善神经系统功能:食物磷脂可经消化吸收释放胆碱,可用于合成神经递质乙酰胆碱,有利于改善神经系统功能。

3. 固醇类的功能

(1) 细胞膜和细胞器膜的重要结构成分:胆固醇是细胞膜和细胞器膜的重要结构成分,它不仅关系到膜的通透性,而且是某些酶在细胞内有规律分布的重要条件,可以保证物质代谢的酶促反应顺利进行。

(2) 抗癌活性:有研究发现,胆固醇在体内转变成的 7- 脱氢胆固醇,表现出良好的抗癌活性和对肿瘤细胞的选择性。

(3) 合成维生素 D_3:胆固醇是体内合成维生素 D_3 和胆汁酸的原料。胆固醇在体内转变成的 7- 脱氢胆固醇,在皮肤中经紫外线照射可转变为维生素 D_3。

人体自身可以合成内源性胆固醇,由于机体既可以从食物中获得胆固醇,又可以利用内源性胆固醇,所以一般不存在胆固醇缺乏,反而摄入更多胆固醇容易引发各种慢性病。

(三) 脂类的代谢

食物中的脂类在成人口腔和胃中几乎不能被消化,只能被部分水解,胃中虽有少量脂肪酶,但此酶只有在中性 pH 时才有活性,因此在正常胃液中此酶几乎没有活性。脂类的消化及吸收主要在小肠中进行,首先在小肠上段,通过小肠蠕动,由胆汁中的胆汁酸盐使食物脂类乳化,使不溶于水的脂类分散成水包油的小胶体颗粒,提高溶解度,增加酶与脂类的接触面积,有利于脂类的消化及吸收。食物中的脂肪乳化后,被胰液中的脂肪酶水解,生成甘油一酯和脂肪酸。脂肪水解后的小分子(甘油、中链和短链脂肪酸)很容易被小肠细胞吸收直接进入血液。甘油一酯和长链脂肪酸被吸收后,在小肠细胞中先重新合成甘油三酯,与类脂和蛋白质形成乳糜微粒,由淋巴系统进入血液循环。血中的乳糜微粒是食物脂肪的主要运输形式,最终被肝脏吸收。

食物中的磷脂被催化水解生成溶血磷脂和游离脂肪酸,通过与甘油三酯水解产物相似的途径被吸收。胆固醇一部分可被直接吸收,如果与食物中的其他脂类呈结合状态,则先水解为游离胆固醇再被吸收,合成胆酸。胆酸在乳化脂肪后一部分被吸收,通过肝肠循环再利用,一部分同未被吸收的胆固醇一起随粪便排出体外。

(四)膳食脂肪的营养学评价及食物来源

1. 脂肪的消化率 食物脂肪的消化率与其熔点有密切关系,而熔点与脂肪中所含的脂肪酸组成有关。植物油熔点低于体温,消化率可达 97%~98%;一些熔点高于 50℃ 的动物脂肪,则较难消化。不饱和脂肪酸所含比例越高,熔点越低。一般植物油脂消化率高于动物油脂。

2. 脂肪酸含量及比例 一般植物油脂中含有较多的亚油酸与α-亚麻酸,营养价值比动物油脂高,椰子油除外。机体对饱和脂肪酸、单不饱和脂肪酸、多不饱和脂肪酸的需要不仅要求数量,还要求比例,目前认为三者的比例以 1:1:1 为宜,适宜的脂肪酸比例还在进一步研究中。

3. 脂溶性维生素含量 植物油脂中含有较多的维生素 E,而动物脂肪中几乎不含维生素,但是脏器中的脂肪往往含有多种维生素。

(五)脂类的参考摄入量和食物来源

由于缺乏脂肪平均需要量的研究,无法推算其 RNI。适宜摄入量(adequate intake,AI)是通过观察或实验获得的健康人群某种营养素的摄入量,当无法推算 EAR 或 RNI 时,可通过设定 AI 来代替 RNI。宏量营养素可接受范围(acceptable macronutrient distribution ranges,AMDR)是指脂肪、蛋白质和碳水化合物理想的摄入量范围,摄入量在该范围内可提供这些宏量营养素的需要,且有利于降低慢性病发生的风险,常用占能量摄入量的百分比表示。中国营养学会推荐成人脂肪摄入量应占总能量的 20%~30%。成人亚油酸的适宜摄入量为占总能量的 4%,宏量营养素可接受范围为占总能量的 2.5%~9%;α-亚麻酸的 AI 为 0.6%,AMDR 为 0.5%~2%。膳食中注意摄入一定量的植物油,预防必需脂肪酸出现缺乏。

膳食脂类主要来源于动物的脂肪组织、肉类和植物的种子。动物脂肪中饱和脂肪酸含量高,如肥肉、奶油等,但鱼虾贝类富含多不饱和脂肪酸,尤其深海冷水鱼体内富含 EPA 和 DHA。植物性油脂多富含不饱和脂肪酸,特别是必需脂肪酸含量丰富,如高油脂坚果和植物油等,但椰子油和棕榈油中含较多饱和脂肪酸。动物内脏、蛋黄、鱼子、虾卵、蟹黄中胆固醇含量较高。

(六)脂类的缺乏与过剩

1. 必需脂肪酸的缺乏 必需脂肪酸是细胞膜的组成成分,其在细胞膜和线粒体内参与磷脂的合成,缺乏时将影响细胞的正常功能,导致婴儿生长发育迟缓,以及血小板减少、脱发及全身鳞屑性皮炎(与先天性鱼鳞病类似)症状,从皮肤途径水分丢失增加。成年人可见以下现象:毛细血管通透性及脆性增加,红细胞脆性增加,易发生渗透性溶血;皮肤呈现干燥、脱屑、肥厚、鳞皮,毛发稀疏,发生红色斑疹或丘疹;胃肠道及肝、肾异常;血小板功能失常;易感染。

2. 脂肪摄入过量 脂肪摄入过量首先会造成能量堆积,导致超重或肥胖,增加慢性病的发病概率。饱和脂肪酸摄入量过高是导致甘油三酯、胆固醇、低密度脂蛋白胆固醇(LDL-C)升高的主要原因,继发引起动脉管腔狭窄,形成动脉粥样硬化,增加患冠心病的风险。但是,多不饱和脂肪酸过多摄入也会使体内的氧化物、过氧化物等增加,同样对机体可产生多种慢性危害。

四、碳水化合物

(一)概述

1. 碳水化合物的概念及分类 碳水化合物是由碳、氢、氧三种元素组成的一大类化合物。碳水化合物是人类膳食能量的主要来源,对人类营养具有重要意义。根据联合国粮农组织(FAO)/世界卫生组织(WHO)的报告,碳水化合物分为糖、寡糖和多糖三类。

(1)糖:包括单糖,双糖和糖醇。单糖是结构最简单的不能被水解的碳水化合物,是构成各种寡糖和多糖的基本组成单位,易溶于水,可不经消化酶的作用直接被人体吸收和利用,最常见的为葡萄糖、果糖和半乳糖。双糖是两个相同或不相同的单糖分子生成的糖苷,最常见的为蔗糖、乳糖和麦芽糖。糖醇是单糖的重要衍生物,是单糖还原后的产物,因其代谢不需要胰岛素,常用于糖尿病人饮食中。

(2) 寡糖:由 3~10 个单糖分子通过糖苷键构成的聚合物,又称低聚糖,多数不能被人体消化酶所分解,但可被结肠益生菌利用,产生短链脂肪酸。

(3) 多糖:由 10 个或以上单糖分子构成的高分子聚合物,无甜味,一般不易溶于水,主要包括淀粉和膳食纤维。

1) 淀粉:淀粉是由葡萄糖分子组成的,可分为直链淀粉和支链淀粉。不同食物所含直链和支链淀粉的量不同,淀粉的来源和加工方式均可以影响食物中二者的含量。直链淀粉遇碘呈蓝色,易老化形成难以消化的抗性淀粉;支链淀粉遇碘呈棕色,易糊化进而提高食物的消化率。

2) 膳食纤维:膳食纤维主要是指不能被人体利用的多糖,即不能被胃肠道消化酶所分解,且不被人体吸收利用的多糖,按其在水中的溶解性可分为可溶性膳食纤维(果胶、树胶、戊聚糖等少数半纤维素)和不可溶性膳食纤维(纤维素、大多半纤维素)。可溶性纤维在大麦、豆类、胡萝卜、柑橘、燕麦等食物中含量较为丰富。不可溶性纤维主要存在于麦麸、坚果、蔬菜中。木质素虽不属于碳水化合物,但也纳入膳食纤维,主要来自于动植物的细胞壁,虽不能被人体消化用来提供能量,但仍有其特殊的生理功能。

2. 益生元 是指不被机体消化和吸收,能够选择性地促进宿主肠道内原有的一种或几种有益菌生长繁殖的物质。它通过促进有益菌的繁殖进而抑制有害菌的生长,进而达到促进肠道健康的作用,如异麦芽低聚糖、乳果糖等。

3. 血糖生成指数 血糖生成指数(glycemic index,GI)是表示某种食物在食用后 2h 的血糖曲线下面积与相当含量葡萄糖食用后 2h 血糖曲线下面积之比,通常反映一个食物被消化吸收后引起血糖升高的程度。当血糖生成指数在 55 以下时,可认为该食物为低 GI 食物;当血糖生成指数在 55~75 之间时,该食物为中等 GI 食物;当血糖生成指数在 75 以上时,该食物为高 GI 食物。高 GI 食物的特点为消化快、吸收率高,葡萄糖释放快,葡萄糖进入血液后峰值高;低 GI 食物可在胃肠中停留时间较长,吸收率低,葡萄糖释放缓慢,葡萄糖进入血液后的峰值低、下降速度也慢。GI 可以为糖尿病、肥胖等患者的饮食提供参考依据。

4. 血糖负荷 血糖负荷(glycemic load,GL),评价某种食物摄入量对人体血糖影响的幅度。计算公式为:GL= 摄入食品中碳水化合物的重量 × 食品的 GI 值 /100。食物中的碳水化合物对血糖的影响除了可以参考 GI 以外,还与食物中碳水化合物的含量有关。GI 高的食物,碳水化合物的含量如果很少,尽管其容易转化为血糖,但对血糖总体水平的影响并不大。因此,当食物的 GL 小于 10 时,可认为该食物为低 GL 食物;GL 在 10~20,为中 GL 食物;GL 大于 20,为高 GL 食物。GL 提示食用相应重量的食物对血糖的影响不同,与 GI 结合可更接近实际地反映特定食品的一般摄入量中所含可消化碳水化合物的数量和质量。

(二) 碳水化合物的功能

1. 提供能量 膳食碳水化合物是机体最主要的能量来源。1g 碳水化合物在体内氧化可产生 16.7kJ(4kcal)能量。糖原是碳水化合物在肝脏和肌肉中的储存形式,一旦机体需要,糖原可快速分解为葡萄糖来提供能量。心脏活动主要靠磷酸葡萄糖和糖原供给能量,脑组织所需要的能量几乎全部由葡萄糖氧化来供给。碳水化合物对维持心脏、神经系统的正常功能,提高工作效率具有重要意义,所以当血糖降低到一定水平时,会出现头晕、心悸、出冷汗,甚至昏迷等症状。

2. 构成组织结构及生理活性物质 碳水化合物是细胞膜的糖蛋白、神经组织的糖脂以及传递遗传信息的脱氧核糖核酸(DNA)的重要组成成分。另外,糖蛋白还是抗体、某些酶和激素的组成成分。

3. 调节血糖 碳水化合物的含量、类型和摄入量是影响血糖的主要因素。摄入不同类型的碳水化合物,会对血糖的变化过程有不同的影响。因此,在糖尿病病人膳食中,合理使用和调节碳水化合物的种类和数量是关键。

4. 节约蛋白质作用和抗生酮作用 机体所需的能量主要由碳水化合物供给,但当碳水化合物供给不足时,机体会通过糖异生作用动用蛋白质供能。所以当碳水化合物充足时,可减少蛋白质作为能量的消耗,使更多的蛋白质参与构成组织、调节生理功能等重要的生理功能,因此碳水化合物具有节约蛋白质的作用。

脂肪在体内的分解代谢需要碳水化合物参与。当膳食中碳水化合物供给不足时,脂肪酸由于草酰乙酸不足而不能彻底氧化,会产生过多的酮体中间产物,酮体在体内蓄积就会造成酮症酸中毒。膳食中有充足的碳水化合物可以防止酮体在体内蓄积,因此称碳水化合物具有抗生酮作用。

5. 膳食纤维的功能 膳食纤维虽然不能被人体所消化和吸收,但它们仍有其重要的生理功能。

(1) 促进排便:膳食纤维有很强的吸水能力或与水结合的能力,可使肠道中粪便的体积增大,加快其转运速度;膳食纤维在肠道易被细菌酵解,而酵解后产生的短链脂肪酸如乙酸、丙酸和丁酸均可作为肠道细胞和细菌的能量来源,可促进肠道蠕动,减少胀气,改善便秘;膳食纤维可增加粪便含水量,减少粪便硬度,利于排便。

(2) 增加饱腹感:膳食纤维在胃中吸水膨胀后体积增大,在胃肠中占据空间较大,增加胃内容物容积,减缓胃排空速率,同时使人有饱食感,有利于减肥。

(3) 控制血糖:膳食纤维能抑制机体对胆固醇的吸收和增加胆酸的排泄,降低血清胆固醇水平,从而预防动脉粥样硬化和心血管病的发生,还可以延缓淀粉在小肠的消化,减少葡萄糖在小肠内的吸收,从而降低餐后血糖水平,有利于糖尿病的控制。

(4) 预防结肠癌:有研究表明膳食纤维具有预防结肠癌的作用,主要是因为膳食纤维能够延缓和减少重金属等有害物质的吸收,减少和预防有害化学物质对人体的毒害作用。此外,纤维在大肠中被肠道细菌代谢分解产生一些短链脂肪酸,对肠道具有保护作用。

(三) 碳水化合物的代谢

碳水化合物的消化和吸收主要有两种形式:小肠消化吸收和结肠发酵。碳水化合物的消化从口腔开始,口腔分泌的唾液中含有 α- 淀粉酶可部分分解碳水化合物。胃液不含任何能水解碳水化合物的酶,其所含的胃酸只能水解少量碳水化合物。碳水化合物的消化吸收主要是在小肠进行。单糖可被直接消化吸收;双糖需要经酶水解后吸收;一部分寡糖与多糖水解为葡萄糖后吸收。极少部分非淀粉多糖需在结肠内通过发酵消化。

葡萄糖的吸收途径主要包括 3 种:主动运输、易化扩散以及通过细胞间隙直接吸收,其中主动运输是主要途径。碳水化合物经消化吸收后,在肠壁和肝脏几乎全部转变为葡萄糖,葡萄糖主要合成为肝糖原储存,也可氧化分解供给肝脏本身所需的能量。一部分葡萄糖,则经肝静脉进入体循环,由血液运送到各组织细胞,进行代谢或合成糖原储存,也可氧化分解供能或转变成脂肪等。

(四) 碳水化合物的参考摄入量及食物来源

中国营养学会建议成人碳水化合物占膳食总能量的 55%~65% 为宜;一般成年人膳食纤维的适宜摄入量为 25~30g/d;限制添加糖的摄入,小于 50g/d。

食物中碳水化合物的来源有五大类:谷物、蔬菜、水果、奶和糖。单糖和双糖的主要来源于甜味水果、蜂蜜、糖果、糕点、蜜饯、含糖软饮料等;淀粉主要来源于植物性食物,如谷类、杂豆类、薯类等,一般谷类含碳水化合物为 60%~80%,杂豆类为 45%~60%,薯类为 15%~40%;可溶性膳食纤维来源于水果、豆类、海藻等;不溶性膳食纤维来源于谷类、杂粮和豆类种子的外皮,如麦麸、豆皮、豆渣、米糠及蔬菜的茎和叶等。

第二节 微量营养素

一、矿物质

(一) 概述

1. 矿物质的分类及特点 现已发现有 20 多种矿物质 (mineral) 是构成人体组织、维持生理功能及生化代谢所必需的元素。通常按照矿物质元素在体内含量的多少分为两类,即常量元素 (macroelement) 和微量元素 (microelement)。占人体总重量的 0.01% 以上的矿物质称常量元素或宏量元素,有钙、磷、钠、钾、镁、硫和氯 7 种;占人体总重量的 0.01% 以下的矿物质称为微量元素,有铁、锰、锌、铜、碘、硒、氟、钼、铬、镍、锡、矾、硅、钴 14 种。它们是人体构成(如酶或蛋白质)的关键成分,是机体代谢和多种生理功能所必需的元素。经联合国粮农组织(FAO)、国际原子能机构(IAEA)、世界卫生组织(WHO)三个国际组织的专家委员会重新界定必需微量元素的定义,按生物学的作用将其分为三类:①人体必需的微量元素,共 8 种,包括碘、锌、硒、铜、钼、铬、钴和铁;②人体可能必需的微量元素,共 5 种,包括锰、硅、硼、钒和镍;③具有潜在的毒性,但在低剂量时,可能具有人体必需功能的微量元素,共 7 种,包括氟、铅、镉、汞、砷、铝和锡。

矿物质在体内不同成分中的分布极不均匀,骨骼和牙齿中的钙、磷含量比较高,而铁主要分布在红细胞。与三种产能营养素不同,矿物质在体内不能合成,必须从外界摄取,因此需要不断地从饮食和水中得到补给,才能补充机体矿物质的损失,满足生理需要,是唯一可以通过天然水获取的营养素。矿物质在体内的吸收和利用存在协调和拮抗作用,如过量摄入铁或铜可以抑制锌在体内的吸收和利用,而过量的锌同样可以抑制铁的吸收。另外,矿物质元素摄入过多易产生毒性,其生理剂量和中毒剂量的范围较窄。

2. 矿物质的生理功能 矿物质的生理功能主要有以下几点:

(1) 构成机体组织的重要成分:钙、磷、镁是构成骨骼和牙齿的主要成分,而蛋白质中含有磷、硫、氯等,也是人体构成的重要成分。

(2) 多种酶的活化剂、辅助因子或组成成分:钙为凝血酶的活化剂;锌是超氧化物歧化酶、碱性磷酸酶等多种酶的组成成分;铁是细胞色素氧化酶的组成成分;硒是谷胱甘肽过氧化物酶的组成成分。

(3) 维持机体的酸碱平衡及组织细胞渗透压:酸性无机盐(氯、硫、磷等形成的无机盐)和碱性(钾、钠、镁等形成的无机盐)无机盐适当配合,加上重碳酸盐和蛋白质的缓冲作用,维持着机体的酸碱平衡。无机盐与蛋白质一起维持组织细胞的渗透压,缺乏铁、钠、碘、磷可能会引起疲劳等症状。

(4) 维持神经肌肉兴奋性和细胞膜的通透性:适量的钾、钠、钙、镁可以维持神经肌肉兴奋性和细胞膜通透性,以维持细胞的正常功能。

(二) 常量元素

1. 钙 钙是人体含量最多的元素之一,成人体内钙含量为 1 000~1 200g,约占体重的 2%,其中约 99% 的钙集中在骨骼和牙齿中,其余约 1% 存在于软组织、细胞外液及血液中,以游离的或结合的离子状态存在,统称为混溶钙池(miscible calcium pool)。

(1) 钙的生理功能:①构成骨骼和牙齿的成分:钙是构成骨骼和牙齿的主要成分,起支持和保护作用。机体内的钙与混溶钙池保持相对动态平衡,骨中的钙不断释放入混溶钙池,混溶钙池中的钙又不断沉积于成骨细胞,使得骨骼不断更新。②维持正常神经和肌肉功能:钙离子具有调节细胞受体结合和离子通透性及参与神经信号传递物质释放等作用,来维持神经递质的释放、神经肌肉的兴奋、神经冲动的传导等功能。③血液凝固:钙可以直接作为凝血复合因子,促进凝血过程,还可以直接促进血小板的释放,促进血小板介导的凝血过程。④调节体内多种酶的活动:腺苷酸环化酶、鸟苷酸环化酶、磷酸二酯酶、酪氨酸羧化酶和色氨酸羧化酶等都受钙离子的调节。

⑤维持细胞膜稳定:钙对维持细胞膜的通透性及完整性是十分必要的。钙可降低毛细血管的通透性,防止液体渗出,控制炎症与水肿。很多过敏性疾病,如哮喘、荨麻疹、湿疹都与缺钙有关。钙调节细胞内信号的触发,改变细胞膜对钾、钠等阳离子的通透性。

(2) 影响钙吸收的主要因素:影响钙吸收的因素有很多,主要包括机体因素、膳食因素及药物因素等,详见表1-7。

表1-7 影响钙吸收的主要膳食因素

因素分类	促进钙吸收	抑制钙吸收
机体因素	儿童、孕期、哺乳期等	老年人、腹泻等疾病状态
膳食因素	维生素 D、酸性氨基酸、乳糖、低磷饮食	植酸、草酸、脂肪酸、膳食纤维
其他因素	一些青霉素等药物	一些抗酸的碱性药物

(3) 缺乏与过量:①缺乏:儿童时期长期钙缺乏合并维生素 D 缺乏,可导致生长发育迟缓、龋齿;严重者可发展成为佝偻病,出现 X 型或 O 型腿、串珠肋、鸡胸等症状。成年期长期钙缺乏易患骨质疏松和龋齿。②过量:导致肾结石、高钙血症、碱中毒等患病风险增加。并且高钙摄入可以影响其他矿物质如铁、锌、镁和磷的吸收。

(4) 钙的来源及参考摄入量:奶及奶制品含钙丰富且钙磷比例适宜,钙的吸收率高,是钙的良好来源;海产品中的虾皮、海带,以及蛋类、大豆及其制品、芝麻酱等均含丰富的钙,吸收利用率较高。某些蔬菜中的钙含量虽然较高,但受草酸、膳食纤维等物质影响,钙的吸收利用率较低。可耐受最高摄入量(tolerable upper intake level,UL)是平均每日可以摄入营养素的安全上限,对一般健康人群中的几乎所有个体都不会产生毒副作用。钙的推荐摄入量成人为 800mg/d,孕妇、乳母及儿童钙摄入量需适量增加,可耐受最高摄入量为 2 000mg/d,详见表1-8。

表1-8 中国居民膳食钙的参考摄入量

人群	EAR/(mg/d)	RNI/(mg/d)	UL/(mg/d)
0 岁 ~	—[a]	200(AL)	1 000
0.5 岁 ~	—	250(AL)	1 500
1 岁 ~	500	600	1 500
4 岁 ~	650	800	2 000
7 岁 ~	800	1 000	2 000
11 岁 ~	1 000	1 200	2 000
14 岁 ~	800	1 000	2 000
18 岁 ~	650	800	2 000
50 岁 ~	800	1 000	2 000
65 岁 ~	800	1 000	2 000
80 岁 ~	800	1 000	2 000
孕妇(早)	+0[b]	+0	2 000
孕妇(中)	+160	+200	2 000
孕妇(晚)	+160	+200	2 000
乳母	+160	+200	2 000

数据摘自:《中国居民膳食营养素参考摄入量》(2013 版)。

[a] 未制定参考值用"—"表示。

[b] "+"表示在同龄人群参考值基础上额外增加量。

2. 磷

(1) 磷的生理功能：①构成骨骼和牙齿的成分：磷在骨及牙齿中的存在形式主要是无机磷酸盐，主要成分是羟磷灰石，不仅起到机体支架和承担负重的作用，同时也是磷的储存库，其重要性与骨、牙中钙盐的作用相同；②组成生命的重要物质：是核酸(如 DNA、RNA)、磷脂、磷蛋白、细胞内重要第二信使(cAMP)、酶(如 NAD$^+$、NADP$^+$、TPP)、环鸟苷酸(cGMP)等的组分；③参与代谢过程：碳水化合物必须经过磷酸化过程，才能进入代谢过程，体内能量以高能量磷酸键的形式储存于三磷酸腺苷和磷酸肌酸的分子中，此外，B 族维生素只有经过磷酸化才具有活性而发挥辅酶作用；④参与酸碱平衡的调节：磷酸盐缓冲体系是体内重要的缓冲体系，磷以不同量或不同形式的磷酸盐从尿中排出，从而调节液体的酸碱平衡。

(2) 影响磷吸收的主要因素：机体磷摄入不足时，维生素 D$_3$ 水平升高，促进小肠对磷的吸收；合理的钙磷比例(2:1)利于磷吸收。植酸及一些金属离子(钙、镁、铁、铝)可以抑制磷的吸收。

(3) 缺乏与过量：因食物中含磷较为普遍，机体较少缺乏磷，仅在禁食者、长期大量使用抗酸药或仅以母乳喂养的早产儿等特殊情况下可能会出现。过量的磷会对机体产生不利的影响，如低钙血症等。

(4) 磷的来源及参考摄入量：磷在食物中分布很广，无论动物性食物或植物性食物，在其细胞中，都含有丰富的磷，动物的乳汁中也含有磷，所以磷是与蛋白质并存的，在瘦肉、蛋、奶、动物的肝、肾中磷含量都较高，海带、紫菜、芝麻酱、花生、干豆类、坚果粗粮中含磷也较丰富。磷的推荐摄入量成人为 720mg/d，详见表 1-9。

表 1-9 中国居民膳食磷的参考摄入量

人群	EAR/(mg/d)	RNI/(mg/d)	UL/(mg/d)
0 岁~	—[a]	100(AL)	—
0.5 岁~	—	180(AL)	—
1 岁~	250	300	—
4 岁~	290	350	—
7 岁~	400	470	—
11 岁~	540	640	—
14 岁~	590	710	—
18 岁~	600	720	3 500
50 岁~	600	720	3 500
65 岁~	590	700	3 000
80 岁~	560	670	3 000
孕妇(早)	+0[b]	+0	3 500
孕妇(中)	+0	+0	3 500
孕妇(晚)	+0	+0	3 500
乳母	+0	+0	3 500

数据摘自：《中国居民膳食营养素参考摄入量》(2013 版)

[a] 未制定参考值用"—"表示。

[b] "+"表示在同龄人群参考值基础上额外增加量。

3. 镁

(1) 镁的生理功能：①与钙、磷构成骨盐：钙与镁既协同又拮抗。当钙不足时，镁可略为代替钙；而当摄入镁过多时，又阻止骨骼的正常钙化。②多种酶的激活剂：在体内许多重要的酶促反应中，镁像辅基一样起着决定性的作用，参与 300 多种酶促反应。③心血管系统的保护因子：镁是心血管系统的保护因子,为维护心脏正常功能所必需。缺镁易发生血管硬化,心肌损害。补充镁盐可降低心肌梗死的死亡率。④细胞内液的主要阳离子:镁是细胞内液的主要阳离子,与钙、钾、钠一起和相应的负离子协同维持体内酸碱平衡和神经肌肉的应激性,保持神经肌肉兴奋与抑制平衡。血清镁浓度下降,镁钙失去平衡,易出现激动、心律不齐、神经肌肉兴奋性极度增强等症状,幼儿可发生癫痫、惊厥。⑤维护胃肠道功能:碱性镁盐可以中和胃酸。镁离子在肠道中吸收缓慢,促使水分滞留,具有导泻作用。低浓度的镁可减少肠壁张力和蠕动,有解痉作用。

(2) 影响镁吸收的主要因素:镁摄入量不足时吸收率增加,摄入过多时则吸收率减少。氨基酸、乳糖等促进镁的吸收。草酸、植酸、膳食纤维及过多的磷可抑制镁的吸收。另外,镁的吸收与饮水量有关,饮水多可促进镁离子的吸收。

(3) 缺乏与过量:摄入不足、吸收障碍、丢失过多可引起镁的缺乏。镁缺乏可引起神经肌肉兴奋性亢进,血清钙下降以及心脑血管疾病等。

(4) 食物来源及需要量:镁的膳食来源主要是植物性食物,粗粮、大豆、坚果及绿叶蔬菜中均含丰富的镁,动物性食品、精制加工的食品及油脂中镁的含量较低。镁的推荐摄入量成人为330mg/d,详见表 1-10。

表 1-10　中国居民膳食镁的参考摄入量

人群	EAR/(mg/d)	RNI/(mg/d)	人群	EAR/(mg/d)	RNI/(mg/d)
0 岁 ~	—[a]	20(AL)	50 岁 ~	280	330
0.5 岁 ~	—	65(AL)	65 岁 ~	270	320
1 岁 ~	110	140	80 岁 ~	260	310
4 岁 ~	130	160	孕妇(早)	+30[b]	+40
7 岁 ~	180	220	孕妇(中)	+30	+40
11 岁 ~	250	300	孕妇(晚)	+30	+40
14 岁 ~	270	320	乳母	+0	+0
18 岁 ~	280	330			

数据摘自:《中国居民膳食营养素参考摄入量》(2013 版)。
[a] 未制定参考值用"—"表示。
[b] "+"表示在同龄人群参考值基础上额外增加量。

(三) 微量元素

1. 铁

(1) 铁的生理功能:①与酶的关系:铁参与血红蛋白、肌红蛋白、细胞色素、细胞色素酶等的合成。红细胞的作用是输送氧,每个红细胞约含 2.8 亿个血红蛋白,每个血红蛋白分子又含 4 个铁原子,铁是携带与输送氧的重要载体。肌红蛋白是肌肉贮存氧的地方,每个肌红蛋白含一个亚铁血红素,当肌肉运动的时候,它可以提供或补充血液输氧的不足。②参与能量代谢和造血功能:因铁在人体中有非常多类的存在形式,其生理功能也相当的广泛。如细胞色素可转运电子,铁结合各类酶可分解过氧化物,解毒抑菌,并且参与三羧酸循环,释放能量。铁的释放能量作用和细胞膜线粒体聚集铁的数量多少有关,线粒体聚集的铁愈多,释放的能量也就愈多。③免疫功能:研究表明,铁可以提高机体免疫力,增加中性粒细胞吞噬功能,增强机体抗感染能力。

(2) 影响铁吸收的主要因素:影响铁吸收的因素有很多,主要包括机体因素、膳食因素及药物因素等,详见表 1-11。

表 1-11　影响铁吸收的主要膳食因素

因素分类	促进铁吸收	抑制铁吸收
机体因素	贫血、孕期、生长发育等需要量增加 月经过多、痢疾等丢失增加	胃肠道 pH;萎缩性胃炎、胃酸缺乏等疾病
膳食因素	蛋白质、氨基酸、适当脂类、乳糖、维生素 C、维生素 A、叶酸、维生素 B$_2$ 和 B$_{12}$、钙、柠檬酸、琥珀酸	植酸、草酸、丹宁、多酚、膳食纤维、铅、镉、锰等矿物质、大量钙
其他因素	—[a]	抗酸药、金属络合物 EDTA 等

[a] "—"代表无。

（3）缺乏与过量:①缺乏:常见的膳食铁缺乏症为缺铁性贫血,主要多见于婴幼儿、孕妇及乳母。体内铁缺乏可分为三个阶段:第一阶段是铁减少期,第二阶段是红细胞生成缺铁期,第三个阶段是缺铁性贫血期。儿童期铁缺乏的患儿身体发育受阻,体力下降,易烦躁、注意力与记忆力调节过程障碍,学习能力降低,严重者可以损害儿童认知能力,且在以后补铁也难以恢复。成年人铁缺乏易出现呆板冷漠,免疫功能障碍,抗感染能力下降。孕早期贫血会导致早产、低出生体重儿及胎儿死亡。②过量:铁过量的原因主要包括原发性铁过量(遗传学血色素沉积症)以及继发性铁过量(铁剂治疗、反复输血)。铁过量损伤的靶器官为肝脏,会导致肝纤维化甚至肝硬化。另外,铁过量可以使活性氧和自由基过量生成,引起线粒体损伤以及脂质过氧化等的发生。

（4）铁的食物来源及参考摄入量:含铁丰富的食物来源有牛肾、鱼子酱、鸡内脏、肝脏、土豆、精白米、黄豆粉、麦糠、麦胚和小麦黄豆混合粉;良好的食物来源包括牛肉、红糖、干果、蛋黄和羊肾脏;一般的食物来源有芦笋、豆类、强化面包、羊肉、花生类、香肠、菠菜和全蛋。铁的推荐摄入量根据年龄及生理状态不同而不同,详见表 1-12。

表 1-12　中国居民膳食铁的参考摄入量

人群	EAR/(mg/d)		RNI/(mg/d)		UL/(mg/d)
	男性	女性	男性	女性	
0 岁 ~	—[a]	—	0.3（AI）		—
0.5 岁 ~	7		10		—
1 岁 ~	6		9		25
4 岁 ~	7		10		30
7 岁 ~	10		13		35
11 岁 ~	11	14	15	18	40
14 岁 ~	12	14	16	18	40
18 岁 ~	9	15	12	20	42
50 岁 ~	9	9	12	12	42
65 岁 ~	9	9	12	12	42
80 岁 ~	9	9	12	12	42
孕妇（早）	+0[b]		+0		42
孕妇（中）	+4		+4		42
孕妇（晚）	+7		+9		42
乳母	+3		+4		42

数据摘自:《中国居民膳食营养素参考摄入量》(2013 版)。

[a] 未制定参考值用"—"表示。

[b] "+"表示在同龄人群参考值基础上额外增加量。

Note

2. 锌

(1) 锌的生理功能:①参加人体内许多金属酶的组成:锌是人机体中200多种酶的组成部分,在按功能划分的六大酶类(氧化还原酶类、转移酶类、水解酶类、裂解酶类、异构酶类和合成酶类)中,每一类中均有含锌酶。人体内重要的含锌酶有碳酸酐酶、胰羧肽酶、DNA聚合酶、醛脱氢酶、谷氨酸脱氢酶、苹果酸脱氢酶、乳酸脱氢酶、碱性磷酸酶、丙酮酸氧化酶等。它们在组织呼吸以及蛋白质、脂肪、糖和核酸等的代谢中有重要作用。②维持人体正常食欲:动物和人缺锌时,会出现食欲降低。③促进机体的生长发育和组织再生:锌是调节DNA复制、翻译和转录的DNA聚合酶的必需组成部分,对于蛋白质和核酸的合成以及细胞的生长、分裂和分化的各个过程都是必需的。④参加免疫功能过程:在参加包括免疫反应细胞在内的细胞复制中起着重要作用。机体缺锌使免疫力降低,机体易受细菌感染。

(2) 影响锌吸收的主要因素:锌的吸收与机体锌的营养水平有关,锌在体内浓度高时,与金属硫蛋白结合存于肠黏膜细胞内;体内锌水平下降时,再释放入肠腔,以调节锌的平衡。特殊生理阶段时锌的吸收率也会增加,如孕期、哺乳期等。动物性食物中锌的生物利用率较高;组氨酸、甲硫氨酸、半胱氨酸、维生素D、葡萄糖可以促进锌的吸收;某些药物如碘喹啉,苯妥英钠也可以促进锌的吸收。

疾病状态会使锌的吸收率下降,如吸收障碍、贫血、恶性肿瘤等。膳食纤维、植物性食物中含有的植酸/鞣酸等不利于锌的吸收;铜、钙及亚铁离子可抑制锌的吸收。

(3) 缺乏与过量:①缺乏:锌缺乏会导致食欲减退、异食癖、生长发育停滞等。锌对于正处于生长发育旺盛期的婴儿、儿童和青少年,以及组织创伤患者,是重要的营养素,儿童长期缺乏可导致侏儒症。成人长期缺乏会导致精子减少,性功能减退,免疫力低下、胎儿畸形等。②过量:一般来说,人体不易发生锌中毒,但职业中毒,盲目过量补锌,或误服锌污染的食物等也曾有发生。急性中毒的主要表现是对胃肠道的直接作用,包括腹泻、恶心、呕吐等。长期补充大量锌可能干扰铜、铁和其他微量元素的吸收和利用,抑制细胞杀伤能力,损害免疫功能。

(4) 锌的来源及参考摄入量:锌的食物来源较广泛,但含量差异较大。牡蛎、鲱鱼等海产品含锌丰富,其次为牛肉、动物肝脏、蛋类等。牛乳的锌含量高于人乳,但吸收率低于人乳。植物食品中锌吸收率低。锌的推荐摄入量根据年龄及生理状态不同而不同,详见表1-13。

表1-13 中国居民膳食锌的参考摄入量

人群	EAR/(mg/d)		RNI/(mg/d)		UL/(mg/d)
	男性	女性	男性	女性	
0 岁 ~	—[a]	—	2.0(AI)		—
0.5 岁 ~	2.8		3.5		—
1 岁 ~	3.2		4.0		8
4 岁 ~	4.6		5.5		12
7 岁 ~	5.9		7.0		19
11 岁 ~	8.2	7.6	10	9.0	28
14 岁 ~	9.7	6.9	11.5	8.5	35
18 岁 ~	10.4	6.1	12.5	7.5	40
50 岁 ~	10.4	6.1	12.5	7.5	40
65 岁 ~	10.4	6.1	12.5	7.5	40
80 岁 ~	10.4	6.1	12.5	7.5	40

续表

人群	EAR/(mg/d)		RNI/(mg/d)		UL/(mg/d)
	男性	女性	男性	女性	
孕妇(早)	+1.7[b]		+2.0		40
孕妇(中)	+1.7		+2.0		40
孕妇(晚)	+1.7		+2.0		40
乳母	+3.8		+4.5		40

数据摘自:《中国居民膳食营养素参考摄入量》(2013版)。

[a] 未制定参考值用"—"表示。

[b] "+"表示在同龄人群参考值基础上额外增加量。

3. 碘

(1) 碘的生理功能:碘主要参与甲状腺素的合成,故其生理功能主要通过甲状腺素的生理功能体现出来,主要包括:①参与能量代谢:甲状腺素能促进三羧酸循环中的生物氧化,协调生物氧化和磷酸化的偶联,调节能量转换。②调节蛋白质合成和分解:当蛋白质摄入不足时,甲状腺素有促进蛋白质合成作用;当蛋白质摄入充足时,甲状腺素可促进蛋白质分解。③促进糖和脂肪代谢:甲状腺素能加速糖的吸收利用,促进糖原和脂肪分解氧化,调节血清胆固醇和磷脂浓度等。④调节水盐代谢:甲状腺素可促进组织中水盐进入血液并从肾脏排出,缺乏时可引起组织内水盐潴留,在组织间隙出现含有大量黏蛋白的组织液,发生黏液性水肿。⑤促进维生素的吸收利用:甲状腺素可促进烟酸的吸收利用,胡萝卜素转化为维生素 A 过程及核黄素合成黄素腺嘌呤二核苷酸等。⑥增强酶的活力:甲状腺素能活化体内 100 多种酶,如细胞色素酶系、琥珀酸氧化酶系、碱性磷酸酶等,在物质代谢中起作用。⑦促进生长发育:甲状腺素促进骨骼的发育和蛋白质合成,维护中枢神经系统的正常结构。

(2) 影响碘吸收的主要因素:蛋白质、能量不足时,会妨碍碘在胃肠道内的吸收。有的食物本身存在抗甲状腺素物质,如洋白菜、菜花、萝卜、木薯等,长期摄入可以干扰甲状腺对碘的吸收。膳食钙、镁及一些药物,如磺胺等,也对碘的吸收有一定阻碍影响。

(3) 缺乏与过量:①缺乏:胎儿及婴幼儿缺碘会引起生长发育迟缓、智力低下,严重者可导致呆小症(克汀病)。成人碘缺乏的典型症状为甲状腺肿大。孕妇严重缺碘可影响胎儿神经、肌肉的发育,甚至导致流产、死胎,使胚胎期和围生期死亡率增高。②过量:长时间的高碘摄入会导致高碘性甲状腺肿,还可能引起碘性甲状腺功能亢进、甲状腺功能减退,桥本氏甲状腺炎等。

(4) 碘的来源及参考摄入量:碘的食物来源主要为海带、紫菜、海蛤及海蜇等海产品。缺碘的地区应改良水土,提高环境碘的质量,并摄入碘盐进行预防,但要防止矫枉过正。碘的推荐摄入量根据年龄及生理状态不同而不同,详见表 1-14。

表 1-14　中国居民膳食碘的参考摄入量

人群	EAR/(μg/d)	RNI/(μg/d)	UL/(μg/d)
0 岁 ~	—[a]	85(AL)	
0.5 岁 ~	—	115(AL)	
1 岁 ~	65	90	—
4 岁 ~	65	90	200
7 岁 ~	65	90	300
11 岁 ~	75	110	400

续表

人群	EAR/(μg/d)	RNI/(μg/d)	UL/(μg/d)
14 岁 ～	85	120	500
18 岁 ～	85	120	600
50 岁 ～	85	120	600
65 岁 ～	85	120	600
80 岁 ～	85	120	600
孕妇(早)	+75[b]	+110	600
孕妇(中)	+75	+110	600
孕妇(晚)	+75	+110	600
乳母	+85	+120	600

数据摘自：《中国居民膳食营养素参考摄入量》(2013 版)。

[a] 未制定参考值用"—"表示。

[b] "+"表示在同龄人群参考值基础上额外增加量。

二、维生素

(一) 概述

维生素(vitamin)是一类维持机体正常生理功能和细胞内特异代谢反应所必需的微量低分子有机化合物,它既不属于构成机体组织的主要原料,也不产生能量。在天然食物中,维生素大多以本体或可被机体利用的前体形式存在,机体内不能合成,也不能在组织中大量储存,因此食物供给是不可或缺的。

维生素的种类很多,主要分为两大类:脂溶性维生素和水溶性维生素。脂溶性维生素包括维生素 A、维生素 D、维生素 E 和维生素 K。脂溶性维生素的特点是不溶于水而溶于脂肪及有机溶剂,进入体内的脂溶性维生素主要贮存于肝脏中,过量摄入可造成体内积聚,引起中毒;摄入过少,又会出现营养缺乏病。脂溶性维生素在食物中与脂肪共存,其吸收效率与肠道中的脂类相关。

水溶性维生素主要包括 B 族维生素和维生素 C。B 族维生素包括维生素 B_1(硫胺素)、维生素 B_2(核黄素)、维生素 PP(烟酸)、维生素 B_5(泛酸)、维生素 B_6(吡哆素)、维生素 B_7(生物素)、维生素 B_9(叶酸)和维生素 B_{12}(钴胺素)8 种。其共同特点是溶于水,易随尿排出(维生素 B_{12} 例外),不易在体内贮存,但供给不足时易出现缺乏症。水溶性维生素一般无毒副作用,但维生素 C 和维生素 B_6 等摄入过量也可出现毒性作用。

(二) 脂溶性维生素

1. 维生素 A

(1) 维生素 A 的生理功能:①维持上皮细胞的正常生长与分化:维生素 A 能保护全身内外的一切上皮,包括内分泌腺体的上皮。当缺乏维生素 A 时,腺体分泌减少,导致上皮组织细胞萎缩。②维持正常视觉:维生素 A 具有保护夜间视力,维持视紫红质的正常功能,缺乏时,暗适应能力下降,严重时可致夜盲症。③加强免疫力:维生素 A 有助于维持免疫系统功能正常,能加强对传染病特别是呼吸道感染及寄生虫感染的身体抵抗力。④清除自由基:维生素 A 也有一定的抗氧化作用,可以中和有害的自由基。⑤维持正常的生殖功能:动物实验证明,食物中缺乏维生素 A,生殖能力明显降低,精子停止产生。孕妇膳食中如缺乏维生素 A,可能会导致先兆流产。女性缺乏维生素 A 使输卵管无法产生黏液,无法吸收卵子,造成不孕。

(2) 影响维生素 A 吸收的主要因素:慢性消化道疾病如慢性腹泻、慢性痢疾、结肠炎等可影响维生素 A 的吸收。蛋白质和锌的摄入量会影响维生素 A 的利用,如蛋白质和锌摄入不足,会使维生素 A 的吸收、贮存和运送发生障碍,而摄入充足的蛋白质会促进维生素 A 的吸收。维生素 E 和卵磷脂等抗氧化剂也可以促进维生素 A 吸收利用。另外,酗酒或长期服用考来烯胺、新霉素和秋水仙碱等药物也可影响维生素 A 的吸收和代谢。

(3) 缺乏与过量:①缺乏:维生素 A 缺乏以儿童青少年较为常见,男性多于女性。眼部症状最先出现,最早为暗适应能力下降,进一步发展为夜盲症,严重缺乏时还可导致眼干燥症,甚至失明。由于角膜、结膜上皮组织、泪腺等退行性变,可致角膜干燥、发炎、溃疡等一系列变化,球结膜上可出现毕脱氏斑(泡状银灰色斑点)。缺乏维生素 A 也会使机体不同组织的上皮干燥、增生及角化,以致出现"蟾皮症",呼吸道炎症等亦有表现。维生素 A 缺乏还会影响骨骼系统正常功能,导致儿童骨组织停止生长,发育迟缓。另外,机体细胞免疫功能低下也与维生素 A 缺乏有关。②过量:过量摄入维生素 A 可引起急性、慢性及致畸毒性。急性中毒常表现为恶心,呕吐,头痛,视觉模糊等,一旦停止服用,症状会消失,然而极大剂量(12g,约为成人 RNI 的 15 000 倍)摄入可以致命。慢性中毒较为常见,主要表现为头痛、食欲降低、脱发、肌肉酸痛、复视、出血以及昏迷等。孕妇在孕早期每天大剂量摄入维生素 A,会增加娩出畸形儿的风险。

(4) 维生素 A 的来源及参考摄入量:维生素 A 最好的来源是动物肝脏、鱼肝油、蛋黄、奶油。维生素 A 的推荐摄入量根据年龄及生理状态不同而不同,详见表 1-15。

表 1-15　中国居民膳食维生素 A 的参考摄入量

人群	EAR/(μgRAE/d)		RNI/(μgRAE/d)		UL/(μgRAE/d)[c]
	男性	女性	男性	女性	
0 岁 ~	—[a]		300(AI)		600
0.5 岁 ~	—		350(AI)		600
1 岁 ~	220		310		700
4 岁 ~	260		360		900
7 岁 ~	360		500		1 500
11 岁 ~	480	450	670	630	2 100
14 岁 ~	590	450	820	630	2 700
18 岁 ~	560	480	800	700	3 000
50 岁 ~	560	480	800	700	3 000
65 岁 ~	560	480	800	700	3 000
80 岁 ~	560	480	800	700	3 000
孕妇(早)	+0[b]		+0		3 000
孕妇(中)	+50		+70		3 000
孕妇(晚)	+50		+70		3 000
乳母	+400		+600		3 000

数据摘自:《中国居民膳食营养素参考摄入量》(2013 版)。

[a] 未制定参考值用"—"表示。

[b] "+"表示在同龄人群参考值基础上额外增加量。

[c] 不包括来自膳食维生素 A 原类胡萝卜素的 RAE。

2. 维生素 D

(1) 维生素 D 的生理功能:①促进肠对钙和磷的吸收:维生素 D 作用于肠细胞的刷状缘表面,促进钙进入细胞内。同时,活性维生素 D 可与肠黏膜细胞中的特异受体结合后激活基因转录,促进肠黏膜上皮细胞合成钙结合蛋白,对肠腔中的 Ca^{2+} 有较强的亲和力,促进钙通过黏膜的转运过程。维生素 D 也能激发肠道对磷的转运,促进肠对磷的吸收。②促进骨钙动员:当饮食中的钙含量极低时,肠道内钙运输系统不能维持血钙的过饱和水平情况下,为防止低血钙抽搐,维生素 D 与甲状旁腺素协同使未成熟的破骨细胞前体转变为成熟的破骨细胞,使旧骨中的骨盐溶解,钙和磷转运到血内,提高血钙和血磷浓度。③促进肾脏重吸收钙和磷:维生素 D、降钙素和甲状旁腺素协同调节远端肾小管,由肾脏回收尿液中 1% 的钙。尽管从尿液中回收的钙量微乎其微,但对钙稳态的贡献是必不可少的。

(2) 缺乏与过量:①缺乏:维生素 D 缺乏会影响钙、磷的吸收,造成骨骼和牙齿的矿物质异常。儿童缺乏维生素 D 会引起佝偻症,胸骨外凸,"肋骨串珠"等,也易发生龋齿。成人,尤其是孕妇、乳母和老人维生素 D 缺乏时,会使成熟的骨骼脱钙导致骨质软化症和骨质疏松症。另外,缺乏维生素 D 还可引起手足痉挛症。②过量:通过膳食摄入维生素 D 一般认为不会引起中毒,但是滥用维生素 D 补充剂有中毒的可能。维生素 D 摄入过多可能出现恶心、呕吐、头痛、腹泻、多尿、关节疼痛等,可发展为动脉、心肌、肺、气管等软组织转移性钙化和肾结石,引起功能障碍。

(3) 维生素 D 的来源及参考摄入量:维生素 D 的良好来源是鱼肝油、各种动物肝脏和蛋黄,奶类也含有少量的维生素 D。经常接受日光照射者一般无需补充维生素 D。婴幼儿经常晒太阳是获得维生素 D 的最好途径。维生素 D 推荐摄入量成年人为 $10\mu g/d$,可耐受最高摄入量为 $50\mu g/d$,详见表 1-16。

表 1-16　中国居民膳食维生素 D 的参考摄入量

人群	EAR/(μg/d)	RNI EAR/(μg/d)	UL EAR/(μg/d)
0 岁 ~	—[a]	10(AL)	20
0.5 岁 ~	—	10(AL)	20
1 岁 ~	8	10	20
4 岁 ~	8	10	30
7 岁 ~	8	10	45
11 岁 ~	8	10	50
14 岁 ~	8	10	50
18 岁 ~	8	10	50
50 岁 ~	8	10	50
65 岁 ~	8	15	50
80 岁 ~	8	15	50
孕妇(早)	+0[b]	+0	50
孕妇(中)	+0	+0	50
孕妇(晚)	+0	+0	50
乳母	+0	+0	50

数据摘自:《中国居民膳食营养素参考摄入量》(2013 版)。
[a] 未制定参考值用"—"表示。
[b] "+"表示在同龄人群参考值基础上额外增加量。

3. 维生素 E

(1) 维生素 E 的生理功能:①维持生育功能:维生素 E 是哺乳动物维持生育必不可少的营养物质。缺乏维生素 E 会造成大鼠繁殖性能下降,胚胎死亡率增高。人类缺乏维生素 E 非常少见,因此多年来一直没有人体缺乏维生素 E 对生育功能影响的依据。②抗氧化:维生素 E 是非酶抗氧化系统中重要的抗氧化剂,能清除体内的自由基并阻断其引发的链反应,保护生物膜、脂蛋白、细胞骨架及其他蛋白质疏基,因此也有抗衰老作用。③维持免疫功能:维生素 E 对维持正常免疫功能,特别是 T 淋巴细胞的功能很重要,它还有调节血小板的黏附力及聚集作用的功能。

(2) 影响维生素 E 吸收的主要因素:维生素 E 是一种脂溶性维生素,故脂肪摄入量的多少以及影响脂肪吸收的因素也会影响维生素 E 的吸收,例如肝炎、胆囊炎、胆石症等疾病。消化脂肪的胆汁分泌不足,也会使维生素 E 的吸收率下降。

(3) 缺乏与过量:①缺乏:维生素 E 的缺乏较为少见,但也可出现在低体重早产儿,脂肪吸收障碍的病人中。维生素 E 缺乏会导致视网膜退行性病变、溶血性贫血、肌无力、小脑共济失调等。②过量:维生素 E 毒性相对较小,但摄入大剂量维生素 E(0.8~3.2g)有可能出现中毒症状,如出现肌无力、视觉模糊、恶心、呕吐等情况并影响维生素 K 的吸收利用等。补充维生素 E 制剂时,应避免过量,每天不超过 400mg。

(4) 维生素 E 的来源及参考摄入量:维生素 E 的食物来源广泛,在各种油料种子及植物油如麦胚油、芝麻油、花生油及坚果中含量丰富,乳、肉、蛋类、豆类、蔬菜、水果中也都含有维生素 E。尚没有足够的关于人体维生素 E 需要量的研究来确定维生素 E 的平均需要量,适宜摄入量见表 1-17。

表 1-17　中国居民膳食维生素 E 的参考摄入量

人群	AI/(mgα-TE/d)	UL/(mgα-TE/d)	人群	AI/(mgα-TE/d)	UL/(mgα-TE/d)
0 岁 ~	3	—[a]	50 岁 ~	14	700
0.5 岁 ~	4	—	65 岁 ~	14	700
1 岁 ~	6	150	80 岁 ~	14	700
4 岁 ~	7	200	孕妇(早)	+0[b]	700
7 岁 ~	9	350	孕妇(中)	+0	700
11 岁 ~	13	500	孕妇(晚)	+0	700
14 岁 ~	14	600	乳母	+3	700
18 岁 ~	14	700			

数据摘自:《中国居民膳食营养素参考摄入量》(2013 版)。

[a] 未制定参考值用"—"表示。

[b] "+"表示在同龄人群参考值基础上额外增加量。

4. 维生素 K

(1) 维生素 K 的生理功能:①促进血液凝固:维生素 K 有凝血功能,又称为凝血维生素,许多凝血因子的合成依赖于维生素 K。另外,由于其凝血功能,维生素 K 还可以防止新生儿出血疾病。②参与骨代谢:维生素 K 参与合成维生素 K 依赖蛋白质(BGP),可以调节骨骼中磷酸钙的合成。

(2) 影响维生素 K 吸收的主要因素:天然的维生素 K 是一种脂溶性维生素,脂肪摄入量的多少以及影响脂肪吸收的因素也会影响维生素 K 的吸收。同样,消化脂肪的胆汁分泌不足也会使维生素 K 的吸收率下降。过量摄入维生素 E 也可能导致维生素 K 的吸收和利用障碍。另外,由于维生素 K 部分来源于肠道内细菌的合成,某些抑制消化道细菌生长的抗生素也会影响维生素 K 的吸收。

(3) 缺乏与过量:①缺乏:除新生婴儿外,维生素 K 的缺乏较为少见。维生素 K 缺乏会导致新生儿出血疾病,小儿慢性肠炎等,还可能导致成人凝血功能异常,出现牙龈出血、尿血、胃出血等症状。②过量:天然的维生素 K 的毒性小,膳食摄入维生素 K 通常不会引起中毒,但是通过补充维生素 K 来治疗疾病时,过量使用就会出现严重的后果,如:孕妇或老人可能出现溶血性贫血,婴幼儿可能出现神经系统、血液系统以及消化系统的不良反应或中毒症状。

(4) 维生素 K 的来源及参考摄入量:维生素 K 的来源有两方面,一方面由肠道细菌合成;另一方面来自食物,绿叶蔬菜含量高,其次是奶及肉类,水果及谷类含量低。2013 版的《中国居民膳食营养素参考摄入量(DRIs)》新增了维生素 K 的适宜摄入量,详见表 1-18。

表 1-18 中国居民膳食维生素 K 的参考摄入量

人群	AI/(μg/d)	人群	AI/(μg/d)
0 岁 ~	2	50 岁 ~	80
0.5 岁 ~	10	65 岁 ~	80
1 岁 ~	30	80 岁 ~	80
4 岁 ~	40	孕妇(早)	+0[a]
7 岁 ~	50	孕妇(中)	+0
11 岁 ~	70	孕妇(晚)	+0
14 岁 ~	75	乳母	+5
18 岁 ~	80		

数据摘自:《中国居民膳食营养素参考摄入量》(2013 版)。
[a] "+"表示在同龄人群参考值基础上额外增加量。

(三) 水溶性维生素

1. **维生素 B_1** 又称硫胺素(thiamine)、抗神经炎因子或抗脚气病因子。由嘧啶环和噻唑环通过亚甲基桥连接而成,主要以焦磷酸硫胺素(TPP)的形式存在体内。

(1) 维生素 B_1 生理功能:①辅酶功能:TPP 是氧化脱羧酶和转酮醇酶的辅酶,并且参与 α- 酮酸的氧化脱羧反应和磷酸戊糖途径的转酮醇反应;②非辅酶功能:可以作为胆碱酯酶的抑制剂,影响乙酰胆碱的合成和代谢等。

(2) 维生素 B_1 的缺乏与过量:维生素 B_1 缺乏直接影响氨基酸、核酸和脂肪酸的合成及代谢。长期缺乏维生素 B_1 可引起成人脚气病,包括:①干性脚气病:主要症状是多发性周围神经炎,表现为肢端麻痹或功能障碍,肌肉酸痛压痛,尤其是腓肠肌压痛较为明显。②湿性脚气病:主要症状是充血性心力衰竭引起的水肿和心脏功能的改变。③婴儿脚气病:初起为心跳加快,呼吸急促、困难,继而出现发绀、水肿、心脏扩大以及心力衰竭等。过量摄入维生素 B_1 引起的中毒较为少见。

(3) 维生素 B_1 的来源及参考摄入量:维生素 B_1 良好的食物来源是动物内脏、瘦肉类、禽蛋、豆类、酵母和坚果以及粮谷类。中国营养学会建议维生素 B_1 的推荐摄入量成年男性为 1.4mg/d,女性为 1.2mg/d,详见表 1-19。

表 1-19 中国居民膳食维生素 B_1 的参考摄入量

人群	EAR/(mg/d)		RNI/(mg/d)	
	男性	女性	男性	女性
0 岁 ~	—[a]		0.4(AI)	
0.5 岁 ~	—		0.5(AI)	
1 岁 ~	0.5		0.6	
4 岁 ~	0.6		0.7	
7 岁 ~	0.8		1.0	

Note

续表

人群	EAR/(mg/d)		RNI/(mg/d)	
	男性	女性	男性	女性
11 岁 ~	1.1	0.9	1.3	1.1
14 岁 ~	1.3	1.0	1.5	1.2
18 岁 ~	1.2	1.0	1.4	1.2
50 岁 ~	1.2	1.0	1.4	1.2
65 岁 ~	1.2	1.0	1.4	1.2
80 岁 ~	1.2	1.0	1.4	1.2
孕妇(早)	+0[b]		+0	
孕妇(中)	+0.1		+0.2	
孕妇(晚)	+0.2		+0.3	
乳母	+0.2		+0.3	

数据摘自:《中国居民膳食营养素参考摄入量》(2013 版)。

[a] 未制定参考值用"—"表示。

[b] "+"表示在同龄人群参考值基础上额外增加量。

2. 维生素 B_2 又称核黄素(riboflavin),由一个咯嗪环与一个核糖衍生的醇连接而成。维生素 B_2 常以黄素单核苷酸(FMN)和黄素腺嘌呤二核苷酸(FAD)辅酶的形式与特定蛋白结合形成黄素蛋白,发挥其生物学作用。

(1) 维生素 B_2 的生理功能:①以 FMN 和 FAD 辅酶的形式参与生物氧化和能量代谢,维持蛋白质、脂肪和碳水化合物的正常代谢并促进生长发育等;②参与烟酸的代谢;③参与体内抗氧化过程、红细胞形成、糖原合成和药物代谢等。

(2) 维生素 B_2 的缺乏与过量:缺乏的表现以口腔、眼和皮肤的炎症反应为主。口腔症状有口角炎、口唇炎、舌炎(典型改变为地图样改变);眼部症状有眼球结膜充血、角膜血管增生、睑缘炎、畏光以及视物模糊等;皮肤症状有鼻唇沟、眉间以及腹股沟等部位出现脂溢性皮炎。一般情况下,维生素 B_2 不会引起过量中毒。

(3) 维生素 B_2 的食物来源与参考摄入量:维生素 B_2 的良好食物来源是动物性食物,如动物内脏、乳类、蛋类以及鱼类,植物性食物以蘑菇、豆类以及绿叶蔬菜中含量较多。中国营养学会建议维生素 B_2 的推荐摄入量成年男性 1.4mg/d,女性 1.2mg/d,详见表 1-20。

表 1-20　中国居民膳食维生素 B_2 的参考摄入量

人群	EAR/(mg/d)		RNI/(mg/d)	
	男性	女性	男性	女性
0 岁 ~	—[a]		0.1(AI)	
0.5 岁 ~	—		0.3(AI)	
1 岁 ~	0.5		0.6	
4 岁 ~	0.6		0.8	
7 岁 ~	0.8		1.0	
11 岁 ~	1.1	1.0	1.3	1.1
14 岁 ~	1.3	1.1	1.6	1.3

续表

人群	EAR/（mg/d）		RNI/（mg/d）	
	男性	女性	男性	女性
18 岁 ~	1.2	1.0	1.4	1.2
50 岁 ~	1.2	1.0	1.4	1.2
65 岁 ~	1.2	1.0	1.4	1.2
80 岁 ~	1.2	1.0	1.4	1.2
孕妇（早）	+0[b]		+0	
孕妇（中）	+0.1		+0.2	
孕妇（晚）	+0.2		+0.3	
乳母	+0.2		+0.3	

数据摘自：《中国居民膳食营养素参考摄入量》（2013 版）。
[a] 未制定参考值用"—"表示。
[b] "+"表示在同龄人群参考值基础上额外增加量。

3. **维生素 B_9** 又称叶酸（folic acid），由蝶啶、对氨基苯甲酸和谷氨酸组成。在天然存在的叶酸形式中，只有四氢叶酸（THFA）具有生理活性。叶酸摄入量以膳食叶酸当量（DFE）表示。

（1）叶酸的生理功能：THFA 作为一碳基团（甲酰基、亚甲基、甲基）的载体，参与嘌呤、嘧啶核苷酸的代谢促进二碳和三碳氨基酸相互转化，并参与甲基化反应过程。

（2）叶酸的缺乏与过量：典型缺乏症状是巨幼细胞贫血、舌炎和腹泻。孕早期叶酸缺乏可引起胎儿神经管畸形（neural tube defect，NTD），主要表现为脊柱裂、无脑儿、脑膨出等中枢神经系统发育异常。此外，叶酸缺乏导致同型半胱氨酸向胱氨酸转化障碍，血中同型半胱氨酸水平增加，形成高同型半胱氨酸血症（hyperhomocysteinemia），是动脉粥样硬化形成的危险因素。过量摄入叶酸还可影响锌的吸收、干扰维生素 B_{12} 的吸收。

（3）叶酸的食物来源和参考摄入量：叶酸良好的食物来源有动物肝脏、蛋类、豆类、坚果、绿叶蔬菜、水果和小麦胚芽等。中国营养学会建议成人叶酸的推荐摄入量为 400μg DFE/d，孕妇在同龄人群参考值的基础上额外增加 200μg DFE/d，乳母增加 1 150μg DFE/d，成人叶酸可耐受最高摄入量为 1 000μg DFE/d，详见表 1-21。

表 1-21 中国居民膳食叶酸的参考摄入量

人群	EAR/（μg DFE/d）	RNI/（μg DFE/d）	UL/（μg DFE/d）
0 岁 ~	—[a]	65（AL）	—
0.5 岁 ~	—	100（AL）	—
1 岁 ~	130	160	300
4 岁 ~	150	190	400
7 岁 ~	210	250	600
11 岁 ~	290	350	800
14 岁 ~	320	400	900
18 岁 ~	320	400	1 000
50 岁 ~	320	400	1 000
65 岁 ~	320	400	1 000

续表

人群	EAR/(μg DFE/d)	RNI/(μg DFE/d)	UL/(μg DFE/d)
80 岁 ~	320	400	1 000
孕妇(早)	+200[b]	+200	1 000
孕妇(中)	+200	+200	1 000
孕妇(晚)	+200	+200	1 000
乳母	+130	+150	1 000

数据摘自:《中国居民膳食营养素参考摄入量》(2013 版)。

[a] 未制定参考值用"—"表示。

[b] "+"表示在同龄人群参考值基础上额外增加量。

4. 维生素 C

(1) 维生素 C 的生理功能:①抗氧化作用:维生素 C 是机体内一种很强的抗氧化剂,可直接与氧化剂作用,使氧化型谷胱甘肽还原为还原型谷胱甘肽,从而发挥抗氧化作用。维生素 C 也可还原超氧化物、羟基、次氯酸及其他活性氧化剂,这类氧化剂可能影响 DNA 的转录或损伤 DNA、蛋白质或膜结构。②改善铁、钙和叶酸的利用:维生素 C 能使难以被吸收利用的三价铁还原成二价铁,促进肠道对铁的吸收,提高肝脏对铁的利用率,有助于治疗缺铁性贫血。维生素 C 可将叶酸还原成有生物活性的四氢叶酸,防止发生巨幼细胞贫血。③促进类固醇的代谢:维生素 C 参与类固醇的羟基化反应,促进代谢进行,如由胆固醇转变成胆酸、皮质激素及性激素,降低血清胆固醇,预防动脉粥样硬化的发生。④参与合成神经递质:维生素 C 充足时大脑中可产生两种神经递质——去甲肾上腺素和 5- 羟色胺。如果维生素 C 缺乏,则神经递质的形成受阻。⑤其他:维生素 C 能促进抗体形成,增加人体抵抗力。对于进入人体内的有毒物质如汞、铅、砷、苯及某些药物和细菌毒素,给予大量的维生素 C 可缓解其毒性。

(2) 影响维生素 C 吸收的主要因素:维生素 C 的吸收率与摄入量有关,摄入量为 30~60mg 时可完全吸收,摄入量为 90mg 时,吸收率下降为 80% 左右,摄入量超过 1 500mg 时,吸收率会降至 50% 以下。维生素 C 的吸收率除了受到摄取量影响外,也会受到发热、压力、长期注射抗生素或皮质激素等因素影响而降低。

(3) 缺乏与过量:①缺乏:维生素 C 缺乏起病缓慢,一般缺乏 4~7 个月后会出现体重减轻、全身乏力、食欲减退、牙龈炎等现象,婴幼儿会出现烦躁、四肢疼痛、生长发育迟缓等状况;全身会出现点状出血,血肿或瘀斑;会引起胶原蛋白合成障碍,而导致骨质疏松。②过量:维生素 C 毒性很小,但一次服用过多(>2g) 可能引起腹泻、腹胀。长期摄入过量也会出现恶心、腹部痉挛、红细胞破坏、泌尿道结石等不良反应。

(4) 维生素 C 食物来源及需要量:维生素 C 体内不能合成,主要从新鲜蔬菜、水果中取得。由于维生素 C 在体内不能积累,每天都要摄入一定量蔬菜和水果,一般来说,酸味较重的水果含维生素 C 较多。含维生素 C 丰富的食物有花菜、青辣椒、橙子、葡萄汁、西红柿等。维生素 C 推荐摄入量成年人为 100mg/d,详见表 1-22。

表 1-22　中国居民膳食维生素 C 的参考摄入量

人群	EAR/(mg/d)	RNI/(mg/d)	UL/(mg/d)
0 岁 ~	—[a]	40(AL)	—
0.5 岁 ~	—	40(AL)	—
1 岁 ~	35	40	400
4 岁 ~	40	50	600

Note

人群	EAR/(mg/d)	RNI/(mg/d)	UL/(mg/d)
7 岁 ~	55	65	1 000
11 岁 ~	75	90	1 400
14 岁 ~	85	100	1 800
18 岁 ~	85	100	2 000
50 岁 ~	85	100	2 000
65 岁 ~	85	100	2 000
80 岁 ~	85	100	2 000
孕妇(早)	+0[b]	+0	2 000
孕妇(中)	+10	+15	2 000
孕妇(晚)	+10	+15	2 000
乳母	+40	+50	2 000

数据摘自：《中国居民膳食营养素参考摄入量》(2013 版)。

[a] 未制定参考值用"—"表示。

[b] "+"表示在同龄人群参考值基础上额外增加量。

第三节　食物中的生物活性成分

一、植物化学物

(一) 概述

1. **植物化学物的分类及食物来源**　植物中存在着许多化学物质,根据其代谢的产生过程可将代谢产物分为初级代谢产物(primary metabolites)和次级代谢产物(secondary metabolites)。植物中的初级代谢产物,一般是植物的营养物质,主要包括蛋白质、脂肪和碳水化合物。次级代谢产物即为植物化学物(phytochemicals)。

植物化学物种类繁多,估计有 6 万 ~10 万种。按照化学结构或功能特点分类,常见的植物化学物有 10 类。其分类、食物来源及主要生理功能见表 1-23。

表 1-23　植物化学物的分类、常见食物来源及主要生理功能

分类	常见食物	主要生物学作用
类胡萝卜素	玉米、常见红、绿、黄色蔬菜及水果	抑制肿瘤、抗氧化、免疫调节、降胆固醇
多酚类化合物	蔬菜、水果、整粒谷物、茶、红酒及橄榄油	抑制肿瘤、抗微生物、抗氧化、抗血栓、免疫调节、抑制炎症过程、影响血压、调节血糖
皂苷类化合物	豆类、酸枣、枇杷	抑制肿瘤、抗微生物、免疫调节、降胆固醇
有机硫化物	大蒜及其他球根状植物	抑制肿瘤、抗微生物、抗氧化、抗血栓、免疫调节、抑制炎症过程、影响血压、调节血糖
植物固醇	植物种子及其油料	抑制肿瘤、降胆固醇
蛋白酶抑制剂	几乎所有植物,尤其是豆类、谷类等种子	抑制肿瘤、抗氧化

续表

分类	常见食物	主要生物学作用
植物雌激素	大豆及其制品、葛根、亚麻种子和粮食制品	抑制肿瘤、抗微生物
植酸	谷物和粮食作物	抑制肿瘤、抗氧化、免疫调节、调节血糖
芥子油苷	十字花科植物	抑制肿瘤、抗微生物、降胆固醇
单萜类	调料类植物,如:薄荷、柑橘油、柑橘类水果	抑制肿瘤、抗微生物

2. 植物化学物的生物活性

(1) 抑制肿瘤作用:蔬菜和水果中所富含的植物化学物有抑制人类癌症发生的潜在作用,癌症的发生是一个多阶段过程,植物化学物几乎可以在每一个阶段抑制肿瘤的发生。日常摄入含植物化学物丰富的食物较多的人群比摄入量较少的人群癌症发生率低 50% 左右。

(2) 抗氧化作用:癌症和心血管疾病的发病机制与反应性氧分子及自由基的存在有关。已发现多种植物化学物,如类胡萝卜素、多酚、黄酮类、植物雌激素、蛋白酶抑制剂和有机硫化物等具有明显的抗氧化作用。在所有植物性食物中的抗氧化植物化学物中,多酚无论在含量上还是在自由基清除能力上都是最高的。饮茶可明显降低抽烟者的 DNA 氧化性损伤,这一效应与茶叶中富含的多酚类物质有关。

(3) 免疫调节作用:免疫系统主要具有抵御病原体的作用,同时也在癌症及心血管疾病的病理过程中起到保护作用。目前进行的很多动物实验和干预性研究均表明类胡萝卜素对免疫功能有调节作用,部分研究表明类黄酮具有免疫抑制作用,而皂苷、硫化物和植酸具有增强免疫功能的作用,由于缺少人群研究,目前还不能准确对植物化学物影响人体免疫功能的作用进行评价,但可以肯定类胡萝卜素及类黄酮对人体具有免疫调节作用。

(4) 抗微生物作用:研究已证实,球根状植物中的硫化物具有抗微生物作用。蒜素,也就是大蒜中的硫化物,具有很强的抗微生物作用。在日常生活中可用一些浆果,如酸莓、黑莓等来预防和治疗感染性疾病。一项人群研究发现,每日摄入 300ml 酸莓汁就能增加具有清除尿道上皮细菌作用的物质,可见经常食用这类水果可能同样会起到抗微生物作用。

(5) 降胆固醇作用:动物实验和临床研究发现,以皂苷、硫化物、植物固醇和生育三烯酚为代表的植物化学物具有降低血胆固醇水平的作用,血清胆固醇降低的程度与食物中的胆固醇和脂肪含量有关。植物化学物可抑制肝中胆固醇代谢的关键酶,其中最重要的是羟甲基戊二酸单酰辅酶 A(HMG-CoA)还原酶,其在动物体内可被生育三烯酚和硫化物所抑制。也有报道显示,在动物实验中,花色素中的茄色苷和吲哚 -3- 甲醇也有降胆固醇作用。

3. 常见植物化学物的参考摄入量 特定建议值(specific proposed levels, SPL)是指为维护人体健康,而对除必需营养素以外的某些生物活性成分的每日推荐摄入量。中国营养学推荐的常见植物化学物的特定建议值和可耐受最高摄入量详见表 1-24。

(二) 类胡萝卜素

1. 类胡萝卜素的结构与分类 类胡萝卜素(carotenoids)是一类重要的脂溶性色素,普遍存在于动物、植物、微生物及人体内,迄今被发现的天然类胡萝卜素已达 700 多种。

根据其分子组成,类胡萝卜素可分为两类,一类为不含有氧原子的碳氢族类胡萝卜素,称为胡萝卜素类,主要包括:α- 胡萝卜素、β- 胡萝卜素、γ- 胡萝卜素、叶黄素、玉米黄素、β- 隐黄素、番茄红素等。另一类为含氧原子的类胡萝卜素,称为叶黄素类。β- 异构体的含量在胡萝卜素三种异构体中最高,α- 异构体含量次之,γ- 异构体含量最少。α、β、γ- 胡萝卜素及 β- 隐黄素可分解形成维生素 A,也被称为维生素 A 原,而叶黄素、玉米黄素和番茄红素则不具有维生素 A 原的活性。

表1-24　常见植物化学物的参考摄入量

分类	代表化合物	参考摄入量	
		SPL	UL
类胡萝卜素	叶黄素	10mg/d	40mg/d
	番茄红素	18mg/d	70mg/d
多酚类化合物	大豆异黄酮	55mg/d	120mg/d（绝经后女性）
	花色苷	50mg/d	—[a]
	原花青素	—	800mg/d
植物固醇	β-谷固醇、豆固醇	0.9g/d	2.4g/d

数据摘自：《中国居民膳食营养素参考摄入量》(2013版)。

[a] 未制定参考值用"—"表示。

2. 类胡萝卜素的生物学作用

（1）对视觉系统的保护：叶黄素是视网膜黄斑的主要色素，增加其摄入可预防和改善老年性眼部退行性病变的作用。此外，类胡萝卜素还可以预防夜盲症、眼干燥症、角膜溃疡症以及角膜软化症。

（2）抗氧化作用：类胡萝卜素中的大量双键具有显著的抗氧化作用，可以减少自由基对细胞DNA，蛋白质和细胞膜的损伤，预防多种疾病，如心血管疾病、肿瘤等。其中，番茄红素的抗氧化活性最强，有研究表明，番茄红素可以很好地预防动脉粥样硬化的发生。

（3）对免疫功能的影响：类胡萝卜素能增强机体免疫力，通过促进某些白细胞介素（IL）的产生来发挥免疫调节功能。

（4）抗癌作用：蔬果中所含的类胡萝卜素对降低癌症的发生率有重要作用，目前较多的研究集中在番茄红素和β-胡萝卜素中。其抗癌机制可能与其抗氧化、调控细胞信号转导、抑制癌细胞增殖、诱导细胞分化及凋亡、增强免疫功能等有关。

（三）多酚类化合物

多酚类化合物主要指酚酸和黄酮类化合物（flavonoids），本书重点介绍黄酮类化合物。

1. 黄酮类化合物的结构与分类　黄酮类化合物是一类存在于植物界的，具有2-苯基色原酮结构的化合物。其基本结构为苷元，绝大多数黄酮以糖苷的形式存在于植物体中。

根据其结构的特点，黄酮类化合物可分为下列几类：黄酮和黄酮醇、黄烷酮和二氢黄酮醇类、黄烷醇类、异黄酮和二氢异黄酮类、花青素类、双黄酮类、黄烷类、二氢查耳酮等。

2. 黄酮类化合物的生物学作用

（1）抗氧化作用：大多数黄酮类化合物因其结构中含有酚羟基，均有较强的清除自由基作用。黄酮类化合物既可以直接清除自由基链引发阶段以及反应链中的自由基，还可以间接清除体内自由基。

（2）抗肿瘤作用：黄酮类化合物的抗肿瘤机制多种多样，如槲皮素的抗肿瘤活性与其抗氧化作用、抑制相关酶的活性、降低肿瘤细胞耐药性、诱导肿瘤细胞凋亡及雌激素样作用等有关。染料木素可以选择性地抑制增殖的肿瘤细胞，茶多酚对肺癌、肝癌、白血病细胞等具有抑制作用。目前已开始进行多项黄酮类化合物对肿瘤化学防治的作用的人群研究。

（3）保护心血管作用：不少有效治疗冠心病的中成药均含黄酮类化合物，其保护机制有，降血脂、抑制低密度脂蛋白的氧化、促进血管内皮细胞一氧化氮的生成、抑制炎症反应等。研究发现芦丁、槲皮素、葛根素以及人工合成的乙氧黄酮等均有扩张心血管的作用，槲皮素、芦丁、金丝桃苷、葛根素、灯盏花素对缺血性脑损伤有保护作用，葛根素、大豆苷元等对心肌缺氧性损伤有明显

Note

保护作用。

(四) 皂苷类化合物

1. 皂苷类化合物的结构与分类 皂苷(saponin)由皂苷元与糖、糖醛酸或其他有机酸构成。组成皂苷的糖常见的有葡萄糖、半乳糖、鼠李糖、阿拉伯糖、木糖、葡糖醛酸和半乳糖醛酸等。

皂苷按皂苷配基的结构分为两类:①甾体皂苷多存在于百合科和薯蓣科植物中;②三萜皂苷分为四环三萜和五环三萜,这类皂苷多存在于五加科、豆科、石竹科等植物中。

2. 皂苷类化合物的生物学作用

(1) 抗氧化作用:大豆皂苷可抑制血清中脂类氧化,减少过氧化脂质的生成,从而防止过氧化脂质对细胞的损伤。大豆皂苷能通过自身调节增加 SOD 含量,清除自由基,来减轻自由基对机体的损伤。人参皂苷则是通过减少自由基的生成来发挥抗氧化作用。

(2) 抗病毒作用:大豆皂苷具有广谱抗病毒能力,不仅对单纯疱疹病毒和腺病毒等 DNA 病毒有作用,对脊髓灰质炎病毒等 RNA 病毒也有明显作用。国外也有报道,大豆皂苷对人类艾滋病病毒也具有一定的抑制作用。

(3) 对心脑血管作用:皂苷类化学物具有溶血的功能,说明它具有抗血栓作用。大豆皂苷可降低血清胆固醇含量,将大豆皂苷掺入高脂饲料同时喂饲大鼠,可使其血清总胆固醇及甘油三酯水平下降。此外,大豆皂苷还可降低冠状动脉和脑血管阻力、增加冠状动脉和脑的血流量。

(五) 有机硫化物

1. 有机硫化物的结构与分类 有机硫化物(organosulfur compounds, OSCs)是一类含有硫元素的有机化合物,主要分为存在于百合科植物中的烯丙基硫化物,和存在于十字花科植物中的芥子油苷及其水解产物异硫氰酸盐两类。

2. 有机硫化物的生物学作用

(1) 抗氧化和延缓衰老作用:大蒜及其水溶性提取物对羟自由基、超氧阴离子自由基等活性氧有较强的清除能力,从而阻止体内的氧化反应和自由基的产生。大蒜素对化学性肝损伤具有保护作用,这与其具有抗氧化活性及抑制脂质过氧化产物有关。

(2) 调节机体免疫:大蒜能够提高小鼠淋巴细胞的转化率,促进血清溶血素的形成,说明大蒜对小鼠具有提高细胞免疫、体液免疫、非特异性免疫功能的作用。

(3) 抗癌作用:鲜蒜泥和蒜油均可抑制黄曲霉毒素 B_1 诱导的肿瘤发生并延长肿瘤生长的潜伏期。大蒜能抑制胃液中硝酸盐还原为亚硝酸盐,从而阻断亚硝胺的合成。实验证实,蒜叶、蒜瓣、蒜油、鲜蒜汁、蒜泥、蒜片以及蒜粉等均有抗癌效果。流行病学研究表明,十字花科蔬菜能降低多种癌症患病风险,主要通过影响细胞周期、减缓肿瘤细胞生长、促进凋亡、提高机体免疫功能实现。

(4) 其他:大蒜硫化物还有调节脂代谢,抗突变,抗血栓,降血压,抗微生物等作用。

(六) 其他植物化学物

1. 植物固醇 植物固醇(phytosterols)是一类甾体化合物,主要来源于植物油、坚果、种子、豆类等,也少量存在于蔬菜、水果等植物性食物中,虽然水果、蔬菜中植物固醇含量相对较低,但由于日常食用量较大,也为人类提供了不少植物固醇。

它的主要作用有:①降低胆固醇作用:是其主要的生物学作用,但植物固醇仅能降低血清胆固醇水平,对降低甘油三酯或升高高密度脂蛋白没有作用;②抗癌作用:其机制可能包括阻滞细胞周期、诱导细胞凋亡、阻止肿瘤细胞转移、激素样作用、调节免疫、影响细胞膜结构和功能等;③调节免疫功能:可选择性的促进辅助性 T 细胞 1(helper T cells 1, TH1)的细胞免疫功能,激活NK 细胞,增加嗜酸性粒细胞、淋巴细胞和单核细胞的数量;④其他:植物固醇还有一定抗炎作用,还可能影响类胡萝卜素的吸收等。

2. 蛋白酶抑制剂 蛋白酶抑制剂(protease inhibitors, PI)存在于植物、动物和微生物中,可分为丝氨酸蛋白酶抑制剂,半胱氨酸蛋白酶抑制剂,金属蛋白酶抑制剂和酸性蛋白酶抑制剂。

它具有抑制某些蛋白酶活性和调控蛋白酶基因表达的作用,可以通过抑制炎症反应来降低自由基生成,还能够通过抑制蛋白质的水解而限制肿瘤生长所需的过量氨基酸。蛋白酶抑制剂也可以通过促进一氧化氮的释放,从而对心血管起到保护作用。

3. 植物雌激素 植物雌激素(phytoestrogens)是植物中具有类似雌激素的结构和功能的多酚类化合物。其通过与甾体雌激素受体以低亲和度结合而发挥类雌激素或抗雌激素效应。含植物雌激素的植物主要有大豆(大豆异黄酮)、葛根及亚麻籽等。

它的主要作用有:预防骨质疏松,如大豆异黄酮;抗氧化作用,通过酚羟基清除机体内的自由基,以防止细胞过氧化损伤;保护心血管系统;抑制肿瘤;对中枢神经系统的损伤有保护作用等。

4. 植酸 植酸(phytic acid)广泛存在于植物种子的胚层和谷皮内,被机体吸收后参与调节细胞的重要功能。它具有螯合、抗氧化、抗肿瘤、免疫调节等作用。

二、其他生物活性成分

(一) 辅酶 Q

辅酶 Q(coenzyme Q,CoQ)是生物体内广泛存在的脂溶性醌类化合物,不同来源的辅酶 Q 其侧链异戊烯单位的数目不同,人类和哺乳动物是 10 个异戊烯单位,故也称辅酶 Q10。辅酶 Q 是呼吸链中的组分之一,在 ATP 的合成中起重要作用,也是重要的抗氧化剂和非特异性的免疫增强剂。另外还有保护心血管,提高运动能力以及抗炎等作用。

(二) 硫辛酸

硫辛酸(lipoic acid,LA)是一种主要来源于肉类和动物内脏的一类天然的二硫化合物,水果和蔬菜中也有少量存在。它可以调节糖代谢,改善糖尿病的并发症,增加胰岛素的敏感性,并且减少自由基对血管、神经的损伤,减轻多发性神经病变;它也可以直接清除自由基、螯合金属离子来抑制金属离子催化的自由基反应和促进其他内源性抗氧化剂来发挥抗氧化作用;还可以通过促进一氧化氮的合成来引起血管舒张,保护心血管系统;硫辛酸还有抗炎和保护神经损伤等作用。

(三) 褪黑素

褪黑素(melatonin)主要是由哺乳动物和人类的松果体产生的一种胺类激素,植物性食物如玉米、苹果、萝卜及百合等高等植物也含有褪黑素。褪黑色素可以改善睡眠质量,有较强的调节生物学节律的作用。国内外对褪黑激素的生物学功能,尤其是作为膳食补充剂的保健功能进行了广泛研究,表明其还具有抗衰老、调节免疫、抗肿瘤等多项生理功能。国内外研究表明褪黑激素的保健功能包括调节内分泌作用、对脑炎病毒感染有保护作用(降低其感染后的死亡率)、艾滋病的治疗、心血管的保护作用等。

第四节 水

一、概述

水(water)是生命之源,是人类赖以生存的重要营养物质。为维持正常生命活动,人体必须每天摄入一定量的水。健康的机体可通过自我平衡机制来调节水分的摄入与排出,以维持组织中的水分处于最佳水平。人体如果缺水,生命只能维持几天,如果几天喝不上水,机体失水 6% 以上,就会感到乏力、无尿,失水达 20%,就会死亡。

二、水的生理功能

(一) 人体组织的主要组成部分

水在人体内的含量与性别、年龄有关,新生儿含水量占体重的 75%~80%,成年含水量占体重的 65%。血液内含水量 90%,肌肉内含水量 70%,水还广泛分布于细胞组织外构成人体内环境。

(二) 参与人体的物质代谢

由于水的溶解性好,流动性强,又包含于体内各个组织器官,充当了体内各种营养物质的载体,在营养物质的运输和吸收、气体的运输和交换、代谢产物的运输与排泄中起着重要的作用。

(三) 调节体温

呼吸和出汗时都会排出一些水分,如炎热季节,环境温度往往高于体温,人就靠出汗,使水分蒸发带走一部分热量来降低体温,免于中暑。在体温 37℃时,蒸发 1g 水可以带走 2.4kJ 热量。而在天冷时,由于水储备热量的潜力很大,人体不会因外界温度低而使体温发生明显的波动。

(四) 润滑作用

水能滋润皮肤,皮肤缺水就会变得干燥失去弹性,体内一些关节囊液、浆膜液可使器官之间免于摩擦受损,且能转动灵活。眼泪、唾液也都是相应器官的润滑剂。

三、水的需要量及来源

(一) 水的需要量

水的需要量受代谢情况、性别、年龄、身体活动水平、温度和膳食等因素的影响,个体差异会较大,且同一个体在不同环境或生理条件下水的需要量也有不同。目前,根据我国的饮水量相关研究的结果,《中国居民膳食营养素参考摄入量》(2013 版)建议的我国居民的总水摄入量和饮水量的适宜摄入量见表 1-25。

表 1-25 中国居民水适宜摄入量

人群	饮水量 /(L/d)		总摄入量 /(L/d)	
	男性	女性	男性	女性
0 岁 ~	—[a]		0.7	
0.5 岁 ~	—		—	
1 岁 ~	—		1.3	
4 岁 ~	0.8		1.6	
7 岁 ~	1.0		1.8	
11 岁 ~	1.3	1.1	2.3	2.0
14 岁 ~	1.4	1.2	2.5	2.2
18 岁 ~	1.7	1.5	3.0	2.7
孕妇(早)	+0.2[b]		+0.3	
孕妇(中)	+0.4		+0.3	
孕妇(晚)	+0.4		+0.3	
乳母	+0.6		+1.1	

数据摘自《中国居民膳食营养素参考摄入量》(2013 版)。

[a] 未制定参考值用 "—" 表示。

[b] "+" 表示在同龄人群参考值基础上额外增加量。

(二) 影响水需要量的因素

一般情况下,人体的最低需水量是 1 500ml。在高温或强体力劳动的条件下,应适当增加饮水量。婴幼儿由于单位体重的体表面积相对较大,而且体内含水百分比较高、新陈代谢速度快、肾功能发育尚不完全,因此婴幼儿单位体重的需水量通常大于成人。某些膳食或疾病因素也可以影响人体对水的需要量,如高蛋白、低碳水化合物饮食可造成体内水丢失增加,使人体对水的需要量相应增加。

(三) 水的来源

每日摄入的水来源于日常的饮水及食物中所含的水。其中,饮用水及各类饮料是水摄入的主要来源,提倡饮用白开水和茶水。虽然酒精饮料、咖啡也是水的来源之一,但这些饮料具有利尿剂的作用,会促进水从肾脏排出,果汁饮料这样的含糖饮料,不仅会导致水分的流失,还会破坏机体血糖的平衡,而且所含能量也较高,所以建议不喝或少喝。食物中的水来自于主食、菜、零食和汤,包括食物本身含的水分和烹调过程中的水。常见含水分较多的食物主要有液态奶、豆浆、蔬菜类、水果类等(表1-26),还有汤类和粥类。

人体水的主要来源分布为:①饮水获取水分约1 200ml;②摄入食物(饭菜与水果)可获得水分约1 000ml;③蛋白质、脂肪、碳水化合物分解代谢时产生的水约300ml。

表1-26 部分食物中水的含量

食物名称	含水量 /(g/100g)	食物名称	含水量 /(g/100g)
小麦	10.0	苹果	85.9
稻米	13.3	西瓜	93.3
馒头	43.9	橙子	87.4
米饭	70.9	葡萄	88.7
马铃薯	79.8	香蕉	75.8
大豆(黄豆)	10.2	猪肉	46.8
豆腐	82.8	牛肉	72.8
茄子	93.4	鱼肉	74.1
柿子椒	93.0	鸡蛋	74.1
胡萝卜	90.0	液态奶	89.8
西红柿	94.4	酸奶	84.7
油菜	95.6	花生(鲜)	48.3
蘑菇(鲜)	92.4	花生仁(干)	6.9
蘑菇(干)	13.7		

四、水的缺乏与过量

因为在细胞内液和外液中,除了水之外,还存在着 Na^+、Ca^{2+}、Cl^-、HCO_3^- 等这样的电解质,因此在失水过程中,根据水与电解质流失的比例不同,临床上常将脱水分为三种类型。

(一) 高渗性脱水

以水的流失为主,电解质流失较少,多见于多汗而饮水不足者。主要表现为口渴,尿少,脑细胞脱水等。

(二) 低渗性脱水

以电解质流失为主,水的流失较少。表现为细胞外液容积减少,且渗透压低于细胞内液,因此细胞外液的水进入细胞内,导致循环血量下降、血浆蛋白质浓度增加,也可引起脑细胞水肿等。常见于长期禁盐而又反复使用利尿剂的患者,如慢性肾炎、慢性充血性心力衰竭的患者。主要表现为休克,脑细胞水肿等。

Note

（三）等渗性脱水

此类脱水临床较为常见，体液中水和电解质丢失基本平衡，细胞内、外渗透压无较大差异。其特点是细胞外液减少，细胞内液一般不减少，血浆 Na^+ 浓度正常。常见于婴幼儿腹泻、急性胃肠炎、胃肠减压等大量丢失消化液的患者，主要表现为口渴、尿少及休克等。

人体内水分过多会造成乏力、肌肉痉挛、细胞外液体积下降等表现。大脑细胞发生水中毒会因脑细胞肿胀、脑组织水肿、颅内压增高，而引起头痛、恶心、呕吐、记忆力减退等，严重者还会发生惊厥、昏迷等，还可能因呼吸衰竭而死亡。

任何原因造成的人体内水分增加超过正常水平的 10% 或以上时，都会表现为水肿。某些特定组织的局部水肿会引起多种损伤和疾病，特别是会影响到血液循环和淋巴引流。

（夏　敏　席元第）

思考题

1. 从营养学评价和生理学意义角度试述为何不法分子会往奶粉中添加三聚氰胺？

2. 膳食纤维因可以缓解便秘、清洁肠道、防止脂肪堆积，近年来受到人们的喜爱。目前对膳食纤维有以下几种认识：①口感粗糙的食物中才有膳食纤维；②膳食纤维可以排出废物，也可以留住营养；③肠胃不好的人要多补充膳食纤维。上述三种认识是否正确？为什么？

3. 某老年女性，62 岁，近半年多来常出现腿疼和腰背痛，小腿"抽筋"，一周前由于下楼梯踩空发生小腿骨折，该女性可能为哪种疾病？从营养学角度判断可能由于什么原因导致？并给出改善症状的膳食建议。

|第二章| 各类食物的营养价值

本章要点

1. **掌握** 食品营养价值和营养质量指数的概念以及营养价值的评价指标。
2. **熟悉** 谷类、豆类、蔬菜水果、动物性食品的营养价值。
3. **了解** 食品分类和各类食物的主要营养成分。

食物的营养价值(nutritional value)是指某种食物所含营养素和能量能满足人体营养需要的程度。食物营养价值既取决于其所含营养素的种类、数量,也取决于各营养素间的相互比例是否适宜以及是否易被人体消化吸收和利用。食物的产地、品种、气候、加工工艺和烹调方法等因素均可影响食物的营养价值。根据食物来源,可分为植物性食物(及制品)和动物性食物(及制品)。《中国居民膳食指南》(2016 版)中将食物分为五大类:第一类为谷薯类,包括谷类(包含全谷物)和薯类,杂豆(如花豆、绿豆、芸豆等)通常保持整粒状态食用,且常作为主食的材料,因此把杂豆类与谷薯类归为一类;第二类为蔬菜和水果类;第三类为动物性食物,包括畜、禽、鱼、奶和蛋等;第四类为大豆类和坚果类,大豆类指黄豆、青豆和黑豆,坚果类如花生、核桃、杏仁及葵花籽等;第五类为纯能量食物,包括动植物油、淀粉、食用糖和酒类。

每一种食物都有其独特的营养价值,除母乳对于 4~6 个月以内婴儿属于营养全面的食物外,没有一种食物能够满足人体对所有营养素的需要,因此食物多样、平衡膳食对满足机体的营养需求非常重要。

第一节 食物营养价值的评价及意义

一、食物营养价值的评价及常用指标

食物营养价值的评价主要从食物所含的能量、营养素的种类及含量、营养素的比例、烹调加工的影响等几方面考虑。随着食物中生物活性物质的研究深入,食物中的其他有益活性成分的含量和种类也可以作为食物营养价值评价的依据,如植物化学物的种类和含量。

(一) 营养素的种类及含量

食物所提供的营养素种类和含量是评价食物营养价值的重要指标。食物所含营养素种类不全或部分营养素含量很低,或者营养素之间的比例不当,都会影响食物的营养价值。如谷类食物蛋白质中缺乏赖氨酸,从而降低了谷类蛋白质的营养价值。所以当评定食物的营养价值时,首先应对其所含营养素的种类及含量进行分析确定。

(二) 营养素质量

在评价某种食物的营养价值时,所含营养素的质与量同样重要,主要体现在所含营养素被人体消化吸收利用的程度。营养素消化吸收率和利用率越高,其营养价值就越高。

营养质量指数（index of nutrition quality，INQ）是指某食物中营养素能满足人体营养需要的程度（营养素密度）与该食物能满足人体能量需要的程度（能量密度）的比值。INQ 是常用的评价食物营养价值的指标，是在营养素密度的基础上提出来的。

$$INQ=\frac{某营养素密度}{能量密度}=\frac{某营养素含量/该营养素参考摄入量}{所产生能量/能量参考摄入量}$$

若 INQ=1，说明该食物提供营养素和提供能量能力相当，当人们摄入该种食物时，满足能量需要的程度和满足营养素需要的程度是相当的；若 INQ>1，表示该食物营养素的供给能力高于能量的供给能力，当人们摄入该种食物时，满足营养素需要的程度大于满足能量需要的程度；若 INQ<1，表示该食物中该营养素的供给能力低于能量的供给能力，当人们摄入该种食物时，满足营养素需要的程度小于满足能量需要的程度。一般认为 INQ>1 和 INQ=1 的食物营养价值高，INQ<1 的食物营养价值低，长期摄入 INQ<1 的食物会发生该营养素不足或能量过剩。INQ 的优点在于它可以根据不同人群的需求来分别进行计算。由于不同人群的能量和营养素参考摄入量不同，所以同一食物对不同人群而言，其营养价值是不同的。

以成年男子（轻体力劳动）的营养素与能量的膳食营养素参考摄入量（dietary reference intakes，DRIs）计算出鸡蛋、大米、大豆中的蛋白质、视黄醇、硫胺素和核黄素的 INQ 值，见表 2-1。

表 2-1 鸡蛋、大米、大豆中几种营养素的 INQ

	能量 /kcal	蛋白质 /g	视黄醇 /µg	硫胺素 /mg	核黄素 /mg
成年男子轻体力劳动参考摄入量	2 250	65	800	1.4	1.4
鸡蛋 100g	144	13.3	234	0.11	0.27
INQ		3.2	4.57	1.23	3.01
大米 100g	347	8	—[a]	0.22	0.05
INQ		0.8	—[a]	1.02	0.23
大豆 100g	359	35	37	0.41	0.20
INQ		3.37	0.29	1.84	0.90

[a] "—"代表无。

（三）营养素在加工烹调过程中的变化

多数情况下，过度加工会引起某些营养素损失，但某些食物如大豆通过加工可提高蛋白质的利用率。因此，食物加工处理应选用适当的加工技术，尽量减少食物中营养素的损失。

（四）食物抗氧化能力

随着食物营养研究的深入，食物的抗氧化能力也是评价食物营养价值的重要内容。食物中抗氧化的成分包括维生素 E、维生素 C、硒、类胡萝卜素、番茄红素、多酚类化合物及花青素等。这些物质进入人体后，可以防止体内自由基产生过多，并清除体内的自由基，从而预防自由基水平或总量过高，有助于增强机体抵抗力和预防营养相关慢性病，所以这类抗氧化成分含量高的食物通常被认为营养价值也较高。

（五）食物血糖生成指数

不同食物来源的碳水化合物进入机体后，因其消化吸收的速率不同，对血糖水平的影响也不同，可用血糖生成指数来评价食物碳水化合物对血糖的影响，从而评价食物碳水化合物的营养价值。食物血糖生成指数低的食物具有预防超重和肥胖以及其他营养相关慢性病的作用，因此可以认为食物血糖生成指数低的食物营养价值较高。

（六）食物中的抗营养因子

有些食物中存在有抗营养因子，如植物性食物中所含的植酸、草酸等可影响矿物质的吸收，大豆中含有蛋白酶抑制剂及植物红细胞凝血素等,所以在进行食物营养价值评价的时候,还要考虑这些抗营养因子的存在。

二、评价食物营养价值的意义

对食物的营养价值进行评价具有重要意义:

1. 全面了解各种食物的天然组成成分,包括所含营养素种类、生物活性成分及抗营养因子等;发现各种食物的主要缺陷,为改造或开发新食品提供依据;解决抗营养因子问题,充分利用食物资源。

2. 了解在食物加工过程中食物营养素的变化,采取相应的有效措施,最大限度保存食物中的营养素。

3. 指导人们科学选购食物及合理配制平衡膳食,以达到促进健康、增强体质、延年益寿及预防疾病的目的。

第二节 各类食物的营养价值

每种食物各有其营养特点,因此了解各类食物的营养价值是选择食物并搭配出平衡膳食的关键。

一、谷类、薯类及杂豆类

谷类食物主要包括小麦、大米、玉米、小米及高粱等;薯类包括马铃薯、红薯、木薯等;杂豆类包括红小豆、绿豆、花豆和芸豆等。我国居民膳食以大米和面粉为主,故称之为主食,而我国居民所称的杂粮通常包括了除米面以外的谷类和杂豆类。谷类食物也是能量、蛋白质、部分矿物质及B族维生素的重要来源。

(一) 谷类

1. **谷类结构和营养素分布** 谷粒由谷皮、糊粉层、胚乳和胚等四个部分构成。尽管各种谷类种子形态大小不一,但结构相似,最外层为谷皮,谷皮内为糊粉层,再内为胚乳和位于一端的胚。各种营养成分在谷粒中的分布不均匀。

(1) 谷皮:为谷粒外面的多层被膜,主要由纤维素、半纤维素等组成,含较高的矿物质和脂肪。

(2) 糊粉层:糊粉层介于谷皮与胚乳之间,含丰富蛋白质、脂肪、矿物质和B族维生素,但在碾磨加工时,易与谷皮同时混入糠麸中丢失。

(3) 胚乳:胚乳是谷类的主要部分,占谷粒总重的83%~87%,含大量淀粉和一定量蛋白质,还含有少量的脂肪、矿物质和维生素。

(4) 胚:位于谷粒一端。胚芽富含脂肪、蛋白质、矿物质、B族维生素和维生素E。胚芽柔软且韧性强,不易粉碎,在加工过程中易与胚乳脱离,与糊粉层一起混入糠麸。

2. **谷类的营养成分及特点** 谷类食物中的营养素种类和含量因谷物的种类、品种、产地、施肥以及加工方法的不同而有差异。

(1) 蛋白质:谷类蛋白质含量一般在7.5%~15.0%,根据溶解度不同,可将谷类蛋白分为四类,即:清蛋白、球蛋白、醇溶蛋白、谷蛋白,其中醇溶蛋白和谷蛋白是谷类中含量较丰富的蛋白质。小麦的谷蛋白和醇溶蛋白具有吸水膨胀性,适宜于制作成各种面点。

将谷类与豆类等含丰富赖氨酸的食物混合食用,以弥补谷类食物赖氨酸的不足,从而提高谷类蛋白质的营养价值。另外还可通过食物强化赖氨酸,并且目前已培育出了高赖氨酸玉米,其赖氨酸和色氨酸的含量比普通玉米高50%以上。

(2) 碳水化合物:谷类中碳水化合物含量高,是最经济的能量来源,主要为淀粉(starch),其他为糊精、戊聚糖、葡萄糖和果糖等。

谷类淀粉分为直链淀粉和支链淀粉。直链淀粉是由数千个葡萄糖分子通过 α-1,4- 糖苷键线性连接而成,黏性差,遇碘呈现蓝色,容易出现"老化"现象,形成难消化的抗性淀粉。支链淀粉除 α-1,4- 糖苷键连接的葡萄糖残基主链外,由 24~30 个葡萄糖残基组成的支链与主链以 α-1,6- 糖苷键连接,黏性大,遇碘发生棕色反应,容易"糊化",提高了消化率,其血糖生成指数较直链淀粉大。直链淀粉和支链淀粉的比例因谷类品种不同而有差异,如普通玉米淀粉约含 26% 的直链淀粉,而糯玉米、黏高粱和糯米淀粉几乎全为支链淀粉。

(3) 脂肪:谷类脂肪含量普遍较低,为 1%~4%,主要集中在糊粉层和胚芽,在谷类加工中,易转入糠麸中。玉米胚芽中脂肪含量一般在 17% 以上,常用来加工成玉米胚芽油,其中不饱和脂肪酸含量达 80% 以上,且主要为亚油酸和油酸。

(4) 矿物质:含量为 1.5%~3.0%,主要是磷和钙,多以植酸盐形式存在,消化吸收较差,主要存在于谷皮和糊粉层中,加工容易损失。

(5) 维生素:谷类是 B 族维生素摄入重要来源,如维生素 B_1、维生素 B_2、烟酸、泛酸以及维生素 B_6,主要存在于糊粉层和胚芽中,精加工后,易大量损失。玉米和小米含少量胡萝卜素,玉米和小麦胚芽中含有较多的维生素 E。玉米中的烟酸为结合型,不易被人体利用,经加碱后可转化为游离型烟酸,提高吸收率。

3. 谷类食物中的植物化学物 谷类含有多种植物化学物,包括黄酮类化合物、酚酸类物质、植物固醇、类胡萝卜素等,主要存在于谷皮部位,含量因不同品种有较大差异。在所有谷类食物中,荞麦中黄酮类化合物最高。花色苷广泛存在于黑米、黑玉米等黑色谷物中,具有抗氧化、抗癌、抗突变、改善近视、保护肝脏和减肥等作用。在谷物麸皮中酚酸的含量由高到低的顺序依次为玉米 > 小麦 > 荞麦 > 燕麦,酚酸可以预防结肠癌等慢性病。玉米黄素属于类胡萝卜素,以黄玉米含量最高,营养价值较高。

(二) 薯类

薯类包括马铃薯、芋头、山药、豆薯等,淀粉含量 8%~29%,蛋白质和脂肪含量较低,含一定量的维生素和矿物质,并富含各种植物化学物。马铃薯中酚类化合物含量较高,多为酚酸物质,包括水溶性的绿原酸、咖啡酸、没食子酸和原儿茶酸。山药块茎主要含山药多糖(包括黏液质及糖蛋白)、胆甾醇、麦角甾醇、油菜甾醇、β- 谷甾醇、多酚氧化酶、植酸及皂苷等多种活性成分,这些化学成分是山药营养价值和生物活性作用的主要物质基础。

(三) 杂豆类

杂豆类主要有豌豆、蚕豆、绿豆、红豆、豇豆、小豆以及芸豆等。其碳水化合物占 50%~60%,主要以淀粉形式存在,蛋白质为 20% 左右,脂肪含量仅为 1%~2%,其营养素含量与谷类更接近。杂豆类蛋白质的氨基酸模式优于谷类。由于杂豆类淀粉含量较高,常制作成粉条、粉皮、凉皮等,这些产品大部分蛋白质被去除,故以碳水化合物为主,如粉条含淀粉 90% 以上,但凉粉中碳水化合物含量仅为 4.5%。

二、大豆类及其制品

大豆按种皮的颜色可分为黄、黑、青豆;豆制品是大豆类作为原料制作的发酵或非发酵的食品,如豆酱、豆浆、豆腐、豆腐干等,是膳食优质蛋白质的重要来源。

(一) 大豆的营养价值

1. 大豆的营养素种类及特点 大豆的蛋白质含量高达 35%~40%,由球蛋白、清蛋白、谷蛋白和醇溶蛋白组成,其中球蛋白含量最多。大豆蛋白质赖氨酸含量多,氨基酸模式较好,具有较高的营养价值,属于优质蛋白质。大豆脂肪含量为 15%~20%,以黄豆和黑豆较高。大豆油中不饱和脂肪酸约占 85%,其中油酸含量为 32%~36%,亚油酸为 52%~57%,亚麻酸 2%~10%,还含有 1.64% 的磷脂。大豆含碳水化合物 25%~30%,其中一半为可供利用的阿拉伯糖、半乳聚糖和蔗糖,淀粉含量较少;另一半为人体不能消化吸收的寡糖,存在于大豆细胞壁中,如棉子糖和水苏糖。大豆含有丰富的钙、铁、维生素 B_1 和维生素 B_2,还富含维生素 E。

2. 大豆中的其他成分 大豆中的其他成分包括植物化学物类及抗营养因子。

(1) 大豆异黄酮:大豆异黄酮主要分布于大豆的子叶和胚轴中,含量为 0.1%~0.3%,目前共发现 12 种,具有多种生物学作用。

(2) 大豆皂苷:大豆皂苷在大豆中的含量为 0.62%~6.12%,具有广泛的生物学作用。

(3) 大豆甾醇:大豆甾醇在大豆油脂中含量为 0.1%~0.8%,能够阻碍胆固醇的吸收,抑制血清胆固醇的上升,因此有降血脂的作用,从而发挥其预防和治疗高血压、冠心病等心血管疾病的作用。

(4) 大豆卵磷脂:大豆卵磷脂可以在豆油精炼过程中得到,对营养相关慢性病如高脂血症和冠心病等具有一定的预防作用。

(5) 大豆低聚糖:大豆中的水苏糖和棉子糖,人体不能将其消化吸收,但在肠道细菌作用下可产酸产气,引起胀气,故也称之为胀气因子或抗营养因子。但近年来发现大豆低聚糖可被肠道益生菌所利用,具有维持肠道微生态平衡、提高免疫力、降血脂、降血压等作用,故又被称为"益生元"。

(6) 植酸:大豆中含植酸 1%~3%,是很强的金属离子螯合剂,在肠道内可与锌、钙、镁、铁等矿物质螯合,影响其吸收利用。但近年来进一步发现植酸的有益的生物学作用,如具有防止脂质过氧化损伤和抗血小板凝集作用。

(7) 蛋白酶抑制剂:大豆中胰蛋白酶抑制剂可抑制胰蛋白酶的活性,降低大豆的营养价值。但近来发现蛋白酶抑制剂也具有有益的生物学作用,如抗艾滋病病毒作用。

(8) 豆腥味:生大豆的豆腥味和苦涩味是由豆类的不饱和脂肪酸经脂肪氧化酶氧化降解,产生醇、酮、醛等小分子挥发性物质所致。日常生活中将豆类加热、煮熟及烧透后即可破坏脂肪氧化酶和去除豆腥味。

(9) 植物红细胞凝血素:是一种能凝集人和动物红细胞的蛋白质,含量随成熟度而增加,发芽时含量迅速下降。大量食用数小时后可引起头晕、头疼、恶心、呕吐、腹痛、腹泻等症状。可影响动物的生长发育,加热即被破坏。

(二) 豆制品的营养价值

豆制品包括非发酵性豆制品和发酵豆制品两类,前者如豆浆、豆腐、豆腐干、干燥豆制品(如腐竹等);后者如腐乳、豆豉及臭豆腐等。

1. 豆腐 豆腐是大豆经过浸泡、磨浆、过滤、煮浆等工序而加工成的产品,去除了大量的粗纤维和植酸,同时胰蛋白酶抑制剂和植物血细胞凝集素被破坏,所以营养素的利用率有所提高。豆腐蛋白质含量 5%~6%,脂肪 0.8%~1.3%,碳水化合物 2.8%~3.4%。

2. 豆腐干 由于加工中去除了大量水分,使得营养成分得以浓缩;豆腐丝、豆腐皮、百叶的水分含量更低,蛋白质含量可达 20%~45%。

3. 豆浆 豆浆是将大豆用水泡后磨碎、过滤、煮沸而成,其营养成分的含量因制作过程中加入水的量不同而不同,易于消化吸收。

4. 发酵豆制品 豆豉、豆瓣酱、腐乳、酱油等是由大豆发酵制作而成的发酵豆制品。发酵使蛋白质部分降解,消化率提高;还可产生游离氨基酸,使口味更加鲜美;并且使豆制品中的维生素 B_2、维生素 B_6 及维生素 B_{12} 的含量增高;大豆的棉子糖、水苏糖被发酵用微生物(如曲霉、毛霉和根霉等)分解,故发酵豆制品不引起胀气。

5. 大豆蛋白制品 以大豆为原料制成的蛋白质制品主要有四种:

(1) 大豆分离蛋白:蛋白质含量约为 90%。

(2) 大豆浓缩蛋白:蛋白质含量 65% 以上,其余为纤维素等不溶成分。

（3）大豆组织蛋白：将油粕、分离蛋白质和浓缩蛋白质除去纤维，加入各种调料或添加剂，经高温高压膨化而成。

（4）油料粕粉：用大豆或脱脂豆粕碾碎而成。

以上四种大豆蛋白制品的氨基酸组成和蛋白质功效比值较好，目前已广泛应用于肉制品、烘焙食品、奶类制品等食品加工业中。

三、蔬菜、水果类

蔬菜和水果种类繁多，富含人体所必需的维生素、矿物质，含水分和酶类较多，含有一定量的碳水化合物，膳食纤维丰富，蛋白质、脂肪含量较少。由于蔬菜、水果中含有多种有机酸、芳香物质和色素等成分，使水果具有良好的感官性质，对增进食欲、促进消化、丰富食物种类具有重要意义。此外，蔬菜和水果富含多种植物化学物，具有多种有益的生物学作用。

（一）蔬菜及其制品的营养价值

蔬菜按其结构和可食部位不同，分为叶菜类、根茎类、瓜茄类、鲜豆类、花芽类和菌藻类，因种类不同，蔬菜的营养素含量差异较大。

1. 蔬菜的营养素种类与特点

（1）蛋白质：大部分蔬菜蛋白质含量很低，一般为 1%~2%，鲜豆类平均可达 4%。菌藻类中发菜、干香菇和蘑菇的蛋白质含量可达 20% 以上，必需氨基酸含量较高，组成均衡，营养价值较高。

（2）脂肪：大多数蔬菜脂肪含量不超过 1%。

（3）碳水化合物：蔬菜碳水化合物含量差异较大，一般为 4% 左右，但藕、南瓜等含量较高。蔬菜所含碳水化合物包括单糖、双糖、淀粉以及膳食纤维。蔬菜所含纤维素、半纤维素等是膳食纤维的主要来源，其含量在 1%~3% 之间，叶菜类和茎类蔬菜中含有较多的纤维素和半纤维素，而南瓜、胡萝卜、番茄等则含有一定的果胶。

（4）矿物质：蔬菜中含量丰富的矿物质有钙、磷、铁、钾、钠、镁以及铜等，其中以钾含量最多，其次为钙和镁，是我国居民膳食中矿物质的重要来源。绿叶蔬菜的钙、铁含量一般比较丰富，如菠菜、雪里蕻、油菜、苋菜等，但草酸会影响膳食中钙和铁的吸收。

（5）维生素：蔬菜中的维生素含量与品种、鲜嫩程度和颜色有关，一般叶部含量较根茎部高，嫩叶比枯老叶高，深色菜叶比浅色菜叶高。嫩茎、叶、花菜类蔬菜（如油菜、菠菜、青花菜）富含 β-胡萝卜素、维生素 C、维生素 B_2 和矿物质；胡萝卜素在绿色、黄色或红色蔬菜如胡萝卜、南瓜和苋菜中含量较多。维生素 B_2 和叶酸以绿叶菜中含量较多。总体来说，深色蔬菜中维生素的含量高于浅色蔬菜，建议日常摄入蔬菜深色蔬菜应占一半。

2. 蔬菜中的其他成分

（1）植物化学物：有类胡萝卜素、植物固醇、皂苷、芥子油苷、多酚、蛋白酶抑制剂、单萜类、有机硫化物、植酸等。

萝卜、胡萝卜、大头菜等根茎类蔬菜的类胡萝卜素、硫代葡萄糖苷含量相对较高，胡萝卜中类胡萝卜素含量丰富，卷心菜中含有硫代葡萄糖苷，经水解后能产生挥发性芥子油，具有促进消化吸收的作用。

白菜（大白菜、小白菜）、甘蓝类（结球甘蓝、花椰菜、青花菜）、芥菜类（榨菜、雪里蕻、结球芥菜）等含有芥子油苷。

绿叶蔬菜如莴苣、芹菜、菠菜等含有丰富的类胡萝卜素和皂苷，如茼蒿中胡萝卜素的含量为 1.51mg/100g。

葱蒜类如洋葱、大蒜、大葱、香葱、韭菜等含有丰富的含硫化合物及一定量的类黄酮、洋葱油树脂、苯丙素酚类和甾体皂苷类等。紫皮洋葱的黄酮类化合物含量最高。大蒜的大蒜素含量达（370~580）mg/100g。番茄含有丰富的番茄红素和 β-胡萝卜素；辣椒中含辣椒素和辣椒红色素；茄子中含有芦丁等黄酮类物质。瓜类蔬菜含有皂苷、类胡萝卜素和黄酮类,冬瓜中皂苷类物质主要为 β- 谷甾醇,苦瓜中含有多种活性成分,如苷类、甾醇类和黄酮类,但主要是苦瓜皂苷。南瓜中含有丰富的类胡萝卜素,同时还含有丰富的南瓜多糖。

水生蔬菜如藕、茭白、慈姑、荸荠、水芹、菱等含有的植物化学物主要为萜类、黄酮类物质。藕节中含有一定量的三萜类成分。

食用菌类含有丰富的多糖,如香菇多糖、金针菇多糖、木耳多糖等。香菇中还有一定量的硫化物、三萜类化合物,其中硫化物是其风味的重要组成成分。

(2) 抗营养因子和有害物质:蔬菜中也存在抗营养因子,如植物血细胞凝集素、皂苷、蛋白酶抑制剂、草酸等,而木薯中的氰苷可抑制人和动物体内细胞色素酶的活性;甘蓝、萝卜和芥菜中的硫苷化合物在大剂量摄入时可致甲状腺肿;茄子和马铃薯表皮含有的茄碱可引起喉部瘙痒和灼热感;有些毒蕈中含有能引起中毒的毒素等;一些蔬菜中硝酸盐和亚硝酸盐含量较高,尤其在不新鲜和腐烂的蔬菜中更高。

3. 蔬菜制品的营养价值 常见的蔬菜制品有酱腌菜,在加工过程中可造成营养素的损失,尤其维生素 C、叶酸的损失较大,但对矿物质及部分植物化学物的影响不大。另外,近年来冷冻保藏的蔬菜得到发展,如冷冻豌豆、胡萝卜粒、茭白、各类蔬菜拼盘等,既较好地保留了原有的感官性状和营养价值,又给居民提供了方便。

(二) 水果的营养素种类及特点

根据果实的形态和生理特征,水果可分为仁果类、核果类、浆果类、柑橘类和瓜果类等。新鲜水果的营养价值和新鲜蔬菜相似,是人体矿物质、维生素和膳食纤维的重要来源之一。

1. 水果的营养素种类与特点 新鲜水果水分含量多,营养素含量相对较低,蛋白质及脂肪含量均不超过 1%。

(1) 碳水化合物:水果中所含碳水化合物在 6%~28% 之间,主要是果糖、葡萄糖和蔗糖,不同种类和品种有较大差异,还富含纤维素、半纤维素和果胶。仁果类如苹果和梨以含果糖为主,核果类如桃、李、柑橘以含蔗糖为主,浆果类如葡萄、草莓则以葡萄糖和果糖为主。水果在成熟过程中,淀粉逐渐转化为可溶性糖,甜度增加。

(2) 矿物质:水果含有人体所需的各种矿物质如钾、钠、钙、镁、磷、铁、锌及铜等,以钾、钙、镁和磷含量较多。

(3) 维生素:新鲜水果中含维生素 C 和胡萝卜素较多,而维生素 B_1、维生素 B_2 含量较少。鲜枣、草莓、橘、猕猴桃中维生素 C 含量较多,芒果、柑橘和杏等含胡萝卜素较多。

2. 水果中的其他成分

(1) 有机酸:水果因含有多种有机酸而呈酸味,其中柠檬酸、苹果酸、酒石酸相对较多,还有少量的苯甲酸、水杨酸、琥珀酸和草酸等。在同一种果实中,往往是数种有机酸同时存在,如苹果中主要为苹果酸,同时含有少量的柠檬酸和草酸。

(2) 植物化学物:水果中富含各类植物化学物,不同种类的水果含有的植物化学物不同。

浆果类如草莓、桑葚、蓝莓、猕猴桃等富含花青素、类胡萝卜素和多酚类化合物;柑橘类如橘子、金桔、柠檬、葡萄柚等富含类胡萝卜素和黄酮类物质;核果类如樱桃、桃、杏、李、梅、枣、橄榄、龙眼、荔枝等主要含有多酚类化合物;樱桃、蓝莓、黑莓等富含花青素、花色苷、槲皮素、异槲皮素等;多酚类化合物是橄榄中最重要的功效成分,橄榄的苦涩以及许多药理作用都跟多酚类化合物有关;仁果类如苹果、梨、山楂等主要含有黄酮类物质;瓜果类如西瓜、香瓜、哈密瓜等主要含有类胡萝卜素,其中西瓜主要含番茄红素,哈密瓜主要含胡萝卜素。石榴、山楂、红提中类黄酮物质含量丰富。

四、畜、禽、水产品

畜肉、禽肉和水产品是人类膳食的重要组成部分，能为人体提供优质蛋白质、脂肪、矿物质和部分维生素，还可加工成各种制品和菜肴。随着我国居民膳食结构的变化，该类食物的摄入量逐渐增加。

(一) 畜禽肉类的营养素种类及特点

畜肉是指猪、牛、羊、马等牲畜的肌肉、内脏及其制品；禽肉则包括鸡、鸭、鹅等的肌肉、内脏及其制品。畜禽肉类主要提供优质蛋白质、脂肪、矿物质和维生素。畜禽肉类中营养素的分布与含量因动物的种类、年龄、肥瘦程度及部位的不同而差异较大。

1. **蛋白质**　畜禽肉蛋白质大部分存在于肌肉组织中，含量为 10%~20%，属于优质蛋白质。动物的品种、年龄、肥瘦程度及部位不同，蛋白质含量有较大差异，如猪肉蛋白质平均含量为 13.2%，牛肉和鸡肉为 20%，鸭肉为 16%。畜禽内脏如肝、心、禽胗等蛋白质含量较高。成年动物含氮浸出物含量高于幼年动物。禽肉的质地较畜肉细嫩且含氮浸出物多，故禽肉炖汤的味道较畜肉更鲜美。

2. **脂肪**　畜禽肉脂肪含量同样因牲畜的品种、年龄、肥瘦程度以及部位不同有较大差异，如猪肥肉脂肪含量高达 90%，猪里脊肉为 7.9%，牛五花肉为 5.4%。畜肉中脂肪含量以猪肉最高，其次是羊肉，牛肉和兔肉较低；在禽类中鸭和鹅肉的脂肪含量较高，鸡和鸽子次之。畜禽内脏中脑组织的脂肪含量最高。

畜肉类脂肪以饱和脂肪酸为主，主要为甘油三酯，还含有少量卵磷脂、胆固醇和游离脂肪酸，动物内脏含较高胆固醇。与畜肉相比，禽肉类脂肪含量较少，而且熔点低（23~40℃），并含有 20% 的亚油酸，易于消化吸收。

3. **碳水化合物**　畜禽肉中的碳水化合物以糖原形式存在于肌肉和肝脏中，含量极少。

4. **矿物质**　畜禽肉矿物质含量为 0.8%~1.2%，瘦肉中的矿物质含量高于肥肉，内脏高于瘦肉。畜禽肉和动物血中铁含量丰富，且主要以血红素铁的形式存在，生物吸收利用率高，是膳食铁的良好来源。牛肾和猪肾中硒的含量较高，是其他一般食物的数十倍。此外，畜肉还含有较多的磷、硫、钾、钠、铜等。禽肉中也含钾、钙、钠、镁、磷、铁、锰、硒及硫等，其中硒的含量高于畜肉。

5. **维生素**　畜禽肉可提供多种维生素，其中以 B 族维生素和维生素 A 为主，尤其内脏含量较高，其中肝脏的维生素 A 和核黄素的含量特别丰富。

(二) 畜禽肉类制品的营养价值

肉类制品是以畜禽肉为原料，经加工而成，包括腌腊制品、酱卤制品、熏烧烤制品、干制品、油炸制品、香肠、火腿和肉类罐头等。腌腊制品、干制品因水分减少，蛋白质、脂肪和矿物质的含量升高，但易出现脂肪氧化以及 B 族维生素的损失。酱卤制品饱和脂肪酸的含量降低，B族维生素也有所损失，但游离脂肪酸的含量升高。制作熏烤制品时，含硫氨基酸、色氨酸和谷氨酸等因高温而分解，营养价值降低。肉类罐头的加工过程使含硫氨基酸、B 族维生素分解破坏。

香肠、火腿、罐头等作为方便食品有其独特的风味，但有的肉类制品可能含有危害人体健康的因素，如腌腊、熏烧烤、油炸等制品亚硝胺类或多环芳烃类物质的含量增加，应控制其摄入量，尽量食用鲜畜禽肉类。

(三) 水产品的营养素含量和特点

水产品可分为鱼类、甲壳类和软体类。鱼类有海水鱼和淡水鱼之分，海水鱼又分为深海鱼和浅海鱼。

1. **蛋白质**　鱼类中蛋白质含量因鱼的种类、年龄、肥瘦程度及捕获季节等不同而有区别，一般为15%~25%。含有人体必需的各种氨基酸,尤其富含亮氨酸和赖氨酸,属于优质蛋白质。鱼类肌肉组织中肌纤维细短,间质蛋白少,水分含量多,柔软细嫩,较畜、禽肉更易消化。鱼类还含有较多的其他含氮物质,如游离氨基酸、肽、胺类、嘌呤等化合物,是鱼汤的呈味物质。

其他水产品中河蟹、对虾、章鱼的蛋白质含量约为17%,软体动物的蛋白质含量约为15%,酪氨酸和色氨酸的含量比牛肉和鱼肉高。

2. **脂肪**　鱼类脂肪含量低,不同种类的鱼脂肪含量差别较大,一般为1%~10%,主要分布在皮下和内脏周围。鳗鱼含脂肪可高达12.8%,而鳕鱼仅为0.5%。

鱼类脂肪不饱和脂肪酸丰富(占80%),消化吸收率可达95%。一些深海鱼类脂肪含长链多不饱和脂肪酸高,其中含量较高的有二十碳五烯酸和二十二碳六烯酸,具有调节血脂、防治动脉粥样硬化、辅助抗肿瘤等作用。鱼类胆固醇含量一般约为100mg/100g,但鱼子中含量较高,如鲳鱼子胆固醇含量为1 070mg/100g。

3. **碳水化合物**　鱼类碳水化合物的含量低,仅为1.5%左右,主要以糖原形式存在。有些鱼不含碳水化合物,如草鱼、青鱼、鳜鱼、鲈鱼等。其他水产品中海蜇、牡蛎和螺蛳等含量较高,可达6%~7%。

4. **矿物质**　鱼类矿物质含量为1%~2%,含量最高的是磷,占总灰分的40%,钙、钠、氯、钾及镁含量也较丰富。钙的含量较畜、禽肉高,为钙的良好来源。海水鱼类含碘丰富。此外,鱼类含锌、铁、硒也较丰富,如白条鱼、鲤鱼、泥鳅、鲑鱼、鲈鱼、带鱼、鳗鱼和沙丁鱼中锌含量均超过2.0mg/100g。

5. **维生素**　鱼类肝脏是维生素A和维生素D的重要来源,也是维生素B_2的良好来源,维生素E、维生素B_1和烟酸的含量也较高,但几乎不含维生素C。黄鳝中维生素B_2含量较高为0.98mg/100g,河蟹和海蟹分别为0.28mg/100g和0.39mg/100g。一些生鱼中含有硫胺素酶,当鱼生吃时可破坏维生素B_1,此酶在加热时可被破坏。

软体动物维生素的含量与鱼类相似,但维生素B_1较低。另外贝类食物中维生素E含量较高。

五、乳及乳制品

乳是营养素齐全、容易消化吸收的一种优质食品,也是各年龄组健康人群及特殊人群(如婴幼儿、老年人、病人等)的理想食品。乳包括牛乳、羊乳及马乳等。乳制品是以乳为原料经浓缩、发酵等工艺制成的产品,如乳粉、酸乳及炼乳等。

(一)乳的营养价值

鲜乳主要是由水、脂肪、蛋白质、乳糖、矿物质、维生素等组成的一种乳胶体,水分含量占86%~90%,因此其营养素含量与其他食物比较相对较低。牛乳的比重一般为1.028~1.034。稍有甜味,具有特有的乳香味。

1. **乳的营养素种类和特点**

(1) 蛋白质:牛乳蛋白质含量约为2.8%~3.3%,主要由酪蛋白(79.6%)、乳清蛋白(11.5%)和乳球蛋白(3.3%)组成。酪蛋白属于结合蛋白,与钙、磷等结合。乳球蛋白与机体免疫有关。乳的蛋白质消化吸收率为87%~89%,属优质蛋白质。

牛乳、羊乳与人乳的营养成分比较见表2-2,人乳较牛乳蛋白质含量低,且酪蛋白比例低于牛乳,以乳清蛋白为主。利用乳清蛋白改变牛乳中酪蛋白与乳清蛋白的构成比,使之近似母乳的蛋白质构成,可生产出适合婴幼儿生长发育需要的配方乳粉。

表2-2　每100g不同乳中主要营养素含量比较

营养成分	人乳	牛乳	羊乳
水分 /g	87.6	89.8	88.9
蛋白质 /g	1.3	3.0	1.5
脂肪 /g	3.4	3.2	3.5
碳水化合物 /g	7.4	3.4	5.4
热能 /kJ	272	226	247
钙 /mg	30	104	82
磷 /mg	13	73	98
铁 /mg	0.1	0.3	0.5
视黄醇当量 /μg	11	24	84
硫胺素 /mg	0.01	0.03	0.04
核黄素 /mg	0.05	0.14	0.12
烟酸 /mg	0.20	0.10	2.10
抗坏血酸 /mg	5.0	1.0	—[a]

[a] "—"代表无。

　　(2) 脂类:乳中脂肪含量一般为3.0%~5.0%,主要为甘油三酯,少量磷脂和胆固醇。乳脂肪呈高度乳化状态,以微粒分散在乳浆中,吸收率高达97%。乳脂肪中油酸、亚油酸和亚麻酸分别占30%、5.3%和2.1%,短链脂肪酸(如丁酸、己酸、辛酸)含量也较高,这是乳脂肪风味良好易于消化的重要原因。

　　(3) 碳水化合物:乳中碳水化合物主要为乳糖,含量为3.4%~7.4%,人乳中含乳糖最高,羊乳居中,牛乳最少。乳糖有调节胃酸、促进胃肠蠕动和促进消化液分泌作用,还能促进钙的吸收和促进肠道乳酸杆菌繁殖,对肠道健康具有重要意义。

　　(4) 矿物质:乳中矿物质含量丰富,富含钙、磷、钾、镁、钠、硫、锌、锰等,钙含量104mg/100ml,且吸收率高,是钙的良好来源。乳中铁含量很低,喂养婴儿时应注意铁的补充。

　　(5) 维生素:牛乳中维生素含量与饲养方式和季节有关,如夏秋放牧期牛乳中维生素A、维生素D、胡萝卜素和维生素C含量,较冬春季棚内饲养明显增多。牛乳中维生素D含量较低,但夏季日照多时,其含量少量增加。牛乳是B族维生素的良好来源,特别是维生素B_2。

　　2. 乳中其他成分

　　(1) 酶类:牛乳中含多种酶类,主要是氧化还原酶、转移酶和水解酶。水解酶包括淀粉酶、蛋白酶和脂肪酶等,可促进营养物质的消化。牛乳还含有具有抗菌作用的成分如溶菌酶和过氧化物酶。

　　(2) 有机酸:主要是柠檬酸及微量乳酸、丙酮酸及马尿酸等。

　　(3) 生理活性物质:较为重要的有生物活性肽、乳铁蛋白、免疫球蛋白、激素和生长因子等。生物活性肽类是乳蛋白质在消化过程中经蛋白酶水解产生的,包括镇静安神肽、抗高血压肽、免疫调节肽以及抗菌肽等。牛乳中乳铁蛋白具有调节铁代谢、促生长和抗氧化等作用,经蛋白酶水解形成的肽片段具有一定的免疫调节作用。

　　(4) 细胞成分:乳类含有白细胞、红细胞和上皮细胞等,属于来自乳牛的体细胞。体细胞数越低,生鲜乳质量越高。

　　(二) 乳制品的营养价值

　　乳制品因加工工艺的不同营养素含量有很大差异。

1. 巴氏杀菌乳、灭菌乳 巴氏杀菌乳(pasteurized milk)是指仅以生牛(羊)乳为原料,经巴氏杀菌等工序制得的液体产品。灭菌乳又分为超高温灭菌乳和保持灭菌乳。超高温灭菌乳定义为以生牛(羊)乳为原料,添加或不添加复原乳,在连续流动的状态下,加热到至少132℃并保持很短时间的灭菌,再经无菌灌装等工序制成的液体产品;保持灭菌乳则为以生牛(羊)乳为原料,添加或不添加复原乳,无论是否经过预热处理,在灌装并密封之后经灭菌等工序制成的液体产品。巴氏杀菌乳和灭菌乳除维生素 B₁、维生素 C 有损失外,营养价值与新鲜生牛乳差别不大。

2. 发酵乳 发酵乳(fermented milk)指以生牛(羊)乳或乳粉为原料,经杀菌、发酵后制成的pH 降低的产品。其中以生牛(羊)乳或乳粉为原料,经杀菌、接种嗜热链球菌和保加利亚乳杆菌发酵制成的产品称为酸乳(yoghurt)。

发酵乳经过乳酸菌发酵后,乳糖变为乳酸,蛋白质凝固,游离氨基酸和肽增加,脂肪不同程度的水解,形成独特的风味,营养价值更高,如蛋白质的生物价提高,叶酸含量增加 1 倍。酸乳更容易消化吸收,还可刺激胃酸分泌。发酵乳中的益生菌可抑制肠道腐败菌的生长繁殖,防止腐败胺类产生,对维护人体的健康有重要作用。

3. 炼乳 炼乳(condensed milk)是一种浓缩乳,有三种不同类型。

(1) 淡炼乳:以生乳和 / 或乳制品为原料,添加或不添加食品添加剂和营养强化剂,经加工制成的黏稠状产品。

(2) 加糖炼乳:以生乳和 / 或乳制品、食糖为原料,添加或不添加食品添加剂和营养强化剂,经加工制成的黏稠状产品。成品中蔗糖含量为 40%~45%。

(3) 调制炼乳:以生乳和 / 或乳制品为主料,添加或不添加食糖、食品添加剂和营养强化剂,添加辅料,经加工制成的黏稠状产品,也有加糖调制炼乳和淡调制炼乳之分。

淡炼乳经高温灭菌后,维生素受到一定的破坏,因此常用维生素加以强化,按适当的比例冲稀后,其营养价值基本与鲜乳相同。

4. 乳粉 乳粉(powder milk)是以生牛(羊)乳为原料,经加工制成的粉状产品。以生牛(羊)乳或及其加工制品为主要原料,添加其他原料,添加或不添加食品添加剂和营养强化剂,经加工制成的乳固体含量不低于 70% 的粉状产品称为调制乳粉。目前市场上的产品多为调制乳粉。

根据鲜乳是否脱脂又可分为全脂乳粉和脱脂乳粉。一般全脂乳粉的营养素含量约为鲜乳的8 倍。脱脂乳粉脂肪含量仅为 1.3%,损失较多的脂溶性维生素,其他营养成分变化不大,适合于腹泻的婴儿及要求低脂膳食的病人食用。

调制乳粉根据不同人群的营养需要特点,对牛乳的营养成分加以调整和改善,可分为婴幼儿配方奶粉、儿童奶粉和中老年奶粉等。

5. 奶油 有三种类型,主要用于佐餐和面包、糕点等的制作。

(1) 稀奶油(cream):以乳为原料,分离出的含脂肪的部分,添加或不添加其他原料、食品添加剂和营养强化剂,经加工制成的脂肪含量 10.0%~80.0% 的产品。

(2) 奶油(黄油)(butter):以乳和 / 或稀奶油(经发酵或不发酵)为原料,添加或不添加其他原料、食品添加剂和营养强化剂,经加工制成的脂肪含量不小于 80.0% 产品。

(3) 无水奶油(无水黄油):以乳和 / 或奶油或稀奶油(经发酵或不发酵)为原料,添加或不添加食品添加剂和营养强化剂,经加工制成的脂肪含量不小于 99.8% 的产品。

6. 奶酪(cheese) 是一种营养价值较高的发酵乳制品,是在原料奶中加入适量的乳酸菌发酵剂或凝乳酶,使蛋白质发生凝固,并加盐、压榨排除乳清之后的产品。

六、蛋类及其制品

蛋类主要包括鸡蛋、鸭蛋、鹅蛋、鹌鹑蛋和鸽蛋等。蛋制品是以蛋类为原料加工制成的产品,如皮蛋、咸蛋、糟蛋、冰蛋、干全蛋粉、干蛋清粉及干蛋黄粉等。

(一) 蛋的结构

各种蛋类大小不一但结构相似,由蛋壳、蛋清、蛋黄三部分组成。蛋壳的颜色从白色到棕色,蛋壳的颜色由蛋壳中的原卟啉色素决定,与蛋的营养价值关系不大。蛋黄的颜色受禽类饲料成分的影响,如饲料中添加β-胡萝卜素可以增加蛋黄中的β-胡萝卜素水平,而使蛋黄呈现黄色至橙色的鲜艳颜色。

(二) 蛋的营养价值

蛋类的宏量营养素含量稳定,微量营养素含量受品种、饲料、季节等多方面的影响。蛋类各部分的主要营养素含量,见表2-3。

表2-3　蛋类各部分的主要营养素含量

营养成分	全蛋	蛋清	蛋黄
水分 /(g/100g)	74.1	84.4	51.5
蛋白质 /(g/100g)	13.3	11.6	15.2
脂类 /(g/100g)	8.8	0.1	28.2
碳水化合物 /(g/100g)	2.8	3.1	3.4
钙 /(mg/100g)	56	9	112
铁 /(mg/100g)	2.0	1.6	6.5
锌 /(mg/100g)	1.10	0.02	3.79
硒 /(μg/100g)	14.34	6.97	27.01
视黄醇当量 /(μg/100g)	234	—[a]	438
硫胺素 /(mg/100g)	0.11	0.04	0.33
核黄素 /(mg/100g)	0.27	0.31	0.29
烟酸 /(mg/100g)	0.2	0.2	0.1

[a] "—"代表无。

1. **蛋白质**　蛋白质含量一般在10%以上。蛋清中较低,蛋黄中较高,加工成咸蛋或皮蛋后,蛋白质含量变化不大。蛋黄中蛋白质主要是卵黄磷蛋白和卵黄球蛋白。鸡蛋蛋白的必需氨基酸组成与人体接近,是蛋白质生物学价值最高的食物,常被用作参考蛋白。

2. **脂肪**　蛋清中含脂肪极少,98%的脂肪集中在蛋黄中,呈乳化状,分散成细小颗粒,易消化吸收。甘油三酯占蛋黄中脂肪的62%~65%,磷脂占30%~33%,固醇占4%~5%,还有微量脑苷脂类。蛋黄中的磷脂主要是卵磷脂和脑磷脂,除此之外还有神经鞘磷脂,是磷脂的良好食物来源。卵磷脂具有降低血胆固醇的作用,并能促进脂溶性维生素的吸收。蛋类胆固醇含量较高,主要集中在蛋黄。但适量摄入鸡蛋并不明显影响血清胆固醇水平和心血管疾病的发病风险。

3. **碳水化合物**　蛋类含碳水化合物较少,蛋清中主要是甘露糖和半乳糖,蛋黄中主要是葡萄糖,多与蛋白质结合形式存在。

4. **矿物质**　蛋类的矿物质主要存在于蛋黄内,蛋清中含量极低。其中以磷、钙、钾、钠含量较多,如磷为240mg/100g,钙为112mg/100g。此外还含有丰富的铁、镁、锌、硒等矿物质。蛋黄中的铁含量虽然较高,但由于是非血红素铁,并与卵黄高磷蛋白结合,生物利用率仅为3%左右。

5. **维生素**　蛋类维生素含量较为丰富,主要集中于蛋黄。蛋类的维生素含量受到品种、季节和饲料的影响,以维生素A、维生素E、维生素B_2、维生素B_6和泛酸为主,也含有一定量的维生素D、维生素K等,维生素种类相对齐全。

(三) 蛋制品的营养价值

新鲜蛋类经特殊加工制成风味特异的蛋制品,宏量营养素与鲜蛋相似,但不同加工方法对一些微量营养素的含量产生影响,如皮蛋在加工过程中加碱和盐,使矿物质含量增加,但造成 B 族维生素较大损失,且会增加铅的含量,对维生素 A、维生素 D 的含量影响不大,咸蛋主要是钠含量的增加;糟蛋在加工过程中蛋壳中的钙盐可以渗入蛋内,钙含量比鲜蛋高 10 倍左右。

七、坚果类

坚果指富含油脂的种子类食物,如花生、瓜子、核桃、腰果、松子、杏仁、开心果等,其特点是高热量、高脂肪,脂肪中不饱和脂肪酸的含量较高,同时富含维生素 E,对预防营养相关慢性病有益。

1. **蛋白质**　坚果的蛋白质含量为 12%~25%,但坚果中有些必需氨基酸相对较低,如核桃蛋白质甲硫氨酸和赖氨酸含量不足。

2. **脂肪**　坚果中油脂含量可高达 44%~70%,以不饱和脂肪酸为主。如常见的核桃脂肪含量为 60% 以上,其中亚油酸为 47%~73%,并富含亚麻酸和油酸。

3. **碳水化合物**　坚果的碳水化合物含量依不同种类而异,含量较高的如栗子为 77.2%,其他较低,如核桃为 9.6%、榛子为 14.7%。

4. **微量营养素**　坚果中的矿物质比较丰富,含有大量的维生素 E 和硒等具有抗氧化作用的营养成分。如核桃、榛子、栗子等富含维生素 E、B 族维生素和钾、钙、锌和铁等矿物质,榛子的钾、钙、铁和锌等矿物质元素含量高于核桃、花生等,为矿物质的极佳膳食来源。另外葵花籽仁和花生仁中维生素 B_1 的含量分别为 1.89mg/100g 和 0.72mg/100g,是常见食物中含量较高的,葵花籽仁中维生素 B_6 的含量高达 1.25mg/100g,核桃仁为 0.73mg/100g。

第三节　食物营养价值的影响因素

食物的营养价值除了受到食物种类的影响外,在很大程度上还受到食物的加工、烹调以及储藏的影响。食物经过烹调、加工可改善其感官性状,增加风味,去除或破坏食物中的一些抗营养因子,提高其消化吸收率,延长保质期,但同时也可使部分营养素受到破坏和损失,从而降低食物的营养价值。因此应采用合理的加工、烹调、储藏方法,最大限度地保存食物的营养素,提高食物的营养价值。

一、加工对食物营养价值的影响

(一) 谷类加工

谷类加工主要有制米、制粉两种。由于谷类结构的特点,其所含的各种营养素分布极不均匀,加工精度越高,糊粉层和胚芽损失越多,营养素损失也越多,尤以 B 族维生素损失显著。不同种类小麦粉中营养素的变化见表 2-4。

表 2-4　不同种类小麦粉的营养成分变化(以 100g 可食部计,食部 100%)

食物名称	蛋白质 /g	脂肪 /g	碳水化合物 /g	不溶性膳食纤维 /%	硫胺素 /mg	核黄素 /mg	烟酸 /mg
小麦	11.9	1.3	75.2	0.8	0.40	0.10	4.00
小麦粉(标准粉)	15.7	2.5	70.9	—[a]	0.46	0.05	1.91
小麦粉(特二粉)	10.4	1.1	75.9	1.6	0.15	0.11	2.00
小麦粉(特一粉)	10.3	1.1	75.2	0.6	0.17	0.06	2.00

[a] "—"代表无。

谷类加工粗糙时,虽然出粉(米)率高、营养素损失减少,但感观性状差,而且消化吸收率也相应降低。此外,因植酸和纤维素含量较多,还会影响矿物质的吸收。根据国家标准 GB/T1355—

1986《小麦粉》的规定,我国小麦粉按照加工精度从高到低依次为特制一等、特制二等、标准粉和普通粉。根据国家标准 GB/T1354—2018《大米》的规定,按加工精度分为一级、二级、三级和四级。加工精度是用加工后米胚残留以及米粒表面和背沟残留皮层的程度来判断。日常生活中人们倾向于选择精白米、面,为保障人民的健康,应采取对米面的营养强化措施,改良谷类加工工艺,提倡粗细粮搭配等方法来克服精白米、面在营养方面的缺陷。

(二)豆类加工

多数大豆制品的加工需经浸泡、磨浆、加热、凝固等多道工序,去除了纤维素、抗营养因子,还使蛋白质的结构从密集变成疏松状态,蛋白质的消化率提高。如干炒大豆蛋白质消化率只有 50% 左右,整粒煮熟大豆的蛋白质消化率为 65%,加工成豆浆后为 85%~90%,制成豆腐后可提高到 92%~96%。

大豆经发酵工艺可制成豆腐乳、豆瓣酱、豆豉等,发酵过程中酶的水解作用可提高营养素的消化吸收利用率,并且某些营养素和有益成分含量也会增加,如豆豉在发酵过程中,由于微生物的作用可合成维生素 B_2,豆豉中含维生素 B_2 可达 0.61mg/100g,活性较低的糖苷型异黄酮中的糖苷被水解,成为抗氧化活性更高的游离态异黄酮。另外豆类在发酵过程中可以提高蛋白营养价值,使大豆蛋白质分子量降低,游离氨基酸和肽含量大幅增加,如谷氨酸增多,增加发酵豆制品的鲜味。

大豆经浸泡和保温发芽后制成豆芽,在发芽的过程中维生素 C 从 0 增至 5~10mg/100g 左右,豆芽中维生素 B_{12} 的含量为大豆的 10 倍。在发芽的过程中由于酶的作用还促使大豆中的植酸降解,更多的钙、磷、铁等矿物元素被释放出来,增加矿物质的消化率和利用率。

(三)蔬菜、水果的深加工

首先需要清洗和整理,如摘去老叶及去皮等,可造成不同程度的营养素丢失。蔬菜水果经加工可制成罐头食品、果脯、菜干等,加工过程中受损失的主要是维生素和矿物质,特别是维生素 C。

(四)畜、禽、鱼类加工

畜、禽、鱼类食物可加工制成罐头食品、熏制食品、干制品、熟食制品等,与新鲜食物比较更易保藏且具有独特风味。在加工过程中对蛋白质、脂肪、矿物质影响不大,但高温制作时会损失部分 B 族维生素。

二、烹调对食物营养价值的影响

食物经过烹调处理,起到杀菌及增进食物色、香、味的作用,使之味美且容易消化吸收,提高人体对食物营养素的利用率;同时烹调过程中食物会发生一系列的物理化学变化,使某些营养素遭到破坏;因此,在烹饪过程中要尽量利用其有利因素,提高营养价值,促进消化吸收,另一方面要控制不利因素,尽量减少营养素的损失。

(一)谷类烹调

米类食物在烹调前一般需要淘洗,在淘洗过程中一些营养素特别是水溶性维生素和矿物质有部分丢失,淘洗次数越多,水温越高、浸泡时间越长,营养素的损失就越多。

谷类的烹调方法有煮、焖、蒸、烙、烤、炸及炒等,不同的烹调方法引起营养素损失的程度不同,主要是对 B 族维生素的影响。如制作米饭,采用蒸的方法 B 族维生素的保存率比弃汤捞蒸方法要高,米饭在电饭煲中保温时,随时间延长,维生素 B_1 的损失增加,可损失所余部分的 50%~90%;在制作面食时,一般用蒸、烤、烙的方法,B 族维生素损失较少,蒸馒头时营养素几乎无损失,烙饼和烤烧饼的维生素 B_1 丢失率为 20%~30%,但用高温油炸(>120℃)时损失较大。如油条因加碱及高温油炸使维生素 B_1 全部损失,维生素 B_2 和烟酸仅保留一半。

(二)豆类烹调

生大豆中有多种抗营养因子,其中最重要的是胰蛋白酶抑制因子,它对热不稳定,水煮

30min,所含胰蛋白酶抑制因子已大多灭活,但加热过度会使大豆中的蛋白质发生变性,而降低蛋白质的消化利用率。其他常规烹调方式对维生素 B_1 和维生素 B_2 的损失比谷类小,可使植酸相对浓缩。

(三)畜、禽、鱼、蛋类烹调

畜、禽、鱼等肉类的烹调方法多种多样,常用有炒、焖、蒸、炖、煮、煎炸、熏烤等。在烹调过程中,蛋白质含量变化不大,而且经烹调后,蛋白质变性更有利于消化吸收。无机盐和维生素在用炖、煮方法时,损失不大;在高温制作过程中,B族维生素损失较多。上浆挂糊、急火快炒可使肉类外部蛋白质迅速凝固,减少营养素的外溢损失。蛋类烹调除B族维生素损失外,其他营养素损失不大。

(四)蔬菜烹调

蔬菜烹调中应注意水溶性维生素及矿物质的损失和破坏,特别是维生素C。烹调对蔬菜中维生素的影响与烹调过程中洗涤方式、切碎程度、用水量、pH、加热的温度及时间有关。如蔬菜煮5~10min,维生素C损失达70%~90%。爆炒(150~180℃)1~2min时蔬菜中的多酚类和黄酮类物质损失率最低,营养物质总体保留率较高,是较好的烹饪方式。

用合理加工烹调方法,即先洗后切,急火快炒,现做现吃是降低蔬菜中维生素损失的有效措施。

三、保藏对食物营养价值的影响

食物在保藏过程中营养素含量可以发生变化,这种变化与保藏条件如温度、湿度、氧气、光照、保藏方法及时间长短有关。

(一)谷类保藏对营养价值的影响

谷物保藏期间,由于呼吸、氧化、酶的作用可发生许多物理化学变化,其程度大小、快慢与储存条件有关。在正常的保藏条件下,谷物蛋白质、维生素、矿物质含量变化不大。当保藏条件不当,谷物易发生霉变,感观性状及营养价值均降低,严重时完全失去食用价值。由于粮谷保藏条件和水分含量不同,各类维生素在保存过程中变化不尽相同,如谷粒水分为 17% 时,储存 5 个月,维生素 B_1 损失 30%;水分为 12% 时,损失减少至 12%;谷类不去壳储存 2 年,维生素 B_1 几乎无损失。

(二)蔬菜、水果保藏对营养价值的影响

蔬菜、水果在采收后仍会不断发生生理、生化、物理和化学变化。当保藏条件不当时,蔬菜、水果的鲜度和品质会发生改变,使其营养价值和食用价值降低。

蔬菜、水果采摘后会发生三种作用:水果中的酶参与的呼吸作用,尤其在有氧存在下加速水果中的碳水化合物、有机酸、糖苷、鞣质等有机物分解,从而降低蔬菜、水果的风味和营养价值;蔬菜的春化作用即蔬菜打破休眠而发生发芽或抽薹变化,如马铃薯发芽、洋葱大蒜的抽薹等,这会大量消耗蔬菜体内的养分,使其营养价值降低;水果的后熟作用是水果脱离果树后的成熟过程,大多数水果采摘后可以直接食用,但有些水果刚采摘时不能直接食用,需要经过后熟过程才能食用。水果经过后熟进一步增加芳香和风味,使水果变软、变甜适合食用,对改善水果质量有重要意义。

蔬菜、水果常用的保藏方法有:

(1)低温保藏法:以不使蔬菜、水果受冻为原则,根据其不同特性进行保藏。如热带或亚热带水果对低温耐受性差,绿色香蕉(未完全成熟)应储藏在 12℃ 以上,柑橘在 2~7℃,而秋苹果可在 −1~1℃ 保藏。近年来速冻蔬菜在市场上越来越多,大多数蔬菜在冷冻前进行漂烫预处理,在漂烫过程中会造成维生素和矿物质的丢失,在预冻、冻藏及解冻过程中水溶性维生素将进一步受到损失。

(2)气调保藏法:是指改良环境气体成分的冷藏方法,利用一定浓度的二氧化碳(或其他气体

如氮气等)使蔬菜、水果呼吸变慢,延缓其后熟过程,以达到保鲜的目的,是目前国际上公认的最有效的果蔬储藏保鲜方法之一。

(3)辐照保藏法:辐照保藏是利用了射线或高能(低于10kGy)电子束辐照食品以达到抑制生长(如蘑菇)、防止发芽(如马铃薯、洋葱)、杀虫(如干果)、杀菌,便于长期保藏的目的。在辐照剂量恰当的情况下,食物的感官性状及营养成分很少发生改变。大剂量照射可使营养成分尤其是维生素C造成一定的损失。但低剂量下再结合低温、低氧条件,能够较好地保存食物的外观和营养素。

(三)动物性食物保藏对营养价值的影响

畜、禽、鱼等动物性食物一般采用低温储藏,包括冷藏法和冷冻法。

冷藏是冷却后的食品在冷藏温度(常在冰点以上)下保藏食品的一种保藏方法,尤其对于果蔬,主要是使它们的生命代谢过程尽量延缓,保持其新鲜度。冷冻法是保持动物性食物营养价值、延长保藏期的较好方法。冷冻肉质的变化受冻结速度、储藏时间和解冻方式的影响。"快速冷冻,缓慢融化"是减少冷冻动物性食物营养损失的重要措施。

(马 玲)

思考题

1. 食物营养价值的影响因素有哪些?
2. 食物营养价值的评价指标有哪些?
3. 油炸食品(主食)对健康产生哪些影响?

第三章 | 食品营养与安全

🍀 **本章要点**

1. **掌握** 各种食品营养强化、营养补充剂、保健食品、特殊医学用途配方食品的概念和内涵;食物中毒的概念、特征与分类。

2. **熟悉** 食品营养强化、营养补充剂的主要目的;使用营养强化剂的要求、应用方法和使用中的注意要点;食品污染的种类、来源与防治措施。

3. **了解** 保健食品的要求及特殊医学用途配方食品的使用人群;食物中毒的调查处理程序。

在不同生命周期、特殊生活环境、特殊工作环境和特殊职业人群的生理代谢特点、营养需要不同,因而可能需要通过特殊的食品营养强化或摄入保健食品以满足这些特殊人群的营养需求。另一方面,食品在生产、运输、储存、销售、加工及食用等环节可能受到生物性、化学性及物理性有毒有害物质的污染,威胁人体健康,因此需要通过研究和掌握各类食品及加工的卫生问题和卫生管理要求,采取适当措施以确保食品安全。

第一节 食品营养强化

一、概述

在某些食品中强化人体所必需的营养既能提高食品中营养素的价值,又能增强机体对营养素的生物利用率,是改善人民营养状况既经济又有效的途径,这在很多国家的实践中已经得到验证。根据营养需要向食品中添加一种或多种营养素或者某些天然食品,提高食品营养价值的过程为食品营养强化,或简称食品强化。这种经过强化处理的食品称为强化食品。为了增加食品的营养成分(价值)而加入到食品中的天然或人工合成的营养素和其他营养成分称为营养强化剂。我国《中华人民共和国食品安全法》规定,"食品营养强化剂是指为增强营养成分而加入食品中的天然的或者人工合成的属于天然营养素范围的食品添加剂"。食品强化目的是保证人们在各生长发育阶段及各种劳动条件下获得全面的合理的营养,满足人体生理、生活和劳动的正常需要,以维持和提高人类的健康水平。营养强化的主要目的包括以下几点:

1. 弥补食物在正常加工、储存时造成的营养损失,使其营养趋于均衡。食用精白米、精白面的地区缺少维生素 B_1,可通过营养强化来解决;单一食物导致人体所需的某些营养素缺陷,可通过食品强化可以克服达到均衡营养目的。

2. 在一定的地域范围内,有相当规模的人群出现某些营养素摄入低或缺乏,通过营养强化可以改善其摄入水平低或缺乏导致的健康影响。

3. 某些人群由于饮食习惯和/或其他原因可能出现某些营养素摄入量水平低或缺乏,通过强化可以改善其摄入水平低或缺乏导致的健康影响。如从事矿井、高温、低温作业及某些易引起职业病的工作人员，由于劳动条件特殊，所需要的高能量、高营养的特殊食品常通过食品强化达到。

4. 补充和调整特殊膳食用食品中营养素和/或其他营养成分的含量。

二、食品营养强化的基本要求和注意事项

在食品加工过程中，并非每种产品都需要强化，营养强化剂的使用要有针对性，食品营养强化不能盲目进行，必须符合一些基本要求，主要包括以下几方面：

1. **不得随意进行食品营养强化**　营养强化剂的使用不应导致人群食用后营养素及其他营养成分摄入过量或不均衡，不应导致任何营养素及其他营养成分的代谢异常。食品中强化的营养素，必须是根据我国历年营养调查的情况和某些地区已暴露出来的与营养缺乏有关的健康问题，或满足特殊人群对某些营养素供给量需要的原则确定。如于 1935 年在我国黑龙江省克山县发现地方性心肌病（亦称克山病），表现为急性和慢性心功能不全、心脏扩大、心律失常以及脑、肺和肾等脏器的栓塞。调查发现克山病全部发生在低硒地带，患者头发和血液中的硒明显低于非病区居民，经口服亚硒酸钠可以预防克山病的发生。

2. **营养强化剂必须控制使用范围和使用剂量**　营养强化剂的使用不应鼓励和引导与国家营养政策相悖的食品消费模式。营养强化剂的使用必须根据应用的对象、地区、营养素的需要及载体的性质、工艺等特点来决定。特别是对一些脂溶性营养素，要注意保证人体长期食用而不会引起蓄积性副作用。

3. **加到食品中营养强化剂具有稳定性**　在特定的储存、运输和食用条件下食品强化剂应保持稳定，强化剂不应转化成其他物质，或其性质不应受到影响。经强化的食品应能在一定时期内不变质，保持有效作用。

4. **强化对食品感官不造成影响**　添加营养强化剂后，应不影响该食品中其他成分的及该食品的色、香、味等感观性状。

5. **保证卫生安全性**　营养强化剂应有质量卫生标准，包括物理形状、杂质限度、纯度及相应的检测方法。不应通过使用营养强化剂夸大食品中某一营养成分含量或作用误导和欺骗消费者。

三、食品营养强化剂种类

可强化食品类别应选择目标人群普遍消费且容易获得的食品进行强化。作为强化载体的食品消费量应相对比较稳定。我国居民膳食指南中提倡减少食用的食品不宜作为强化的载体。营养强化剂在食品中的使用范围、使用量应符合国家食品营养强化剂使用标准（GB 14880—2012）要求。食品强化剂主要包括维生素、矿物质、氨基酸和其他天然食品级制品。

1. **维生素类**　包括维生素 A、维生素 D、维生素 E、维生素 C、B 族维生素、叶酸、生物素等。
2. **矿物质类**　包括钙、铁、锌、硒、镁、钾、钠、铜等。
3. **氨基酸类**　包括牛磺酸、赖氨酸等。
4. **其他营养素类**　二十二碳六烯酸（DHA）、膳食纤维、卵磷脂等。

四、保持营养强化剂的稳定和强化方法

在食品加工过程中，有些强化剂不稳定，如维生素 C 及氨基酸等遇光、热等易被氧化，被破坏损失；而有些强化剂会与食品中的其他成分结合，导致强化剂的损失。因此应选择合适添加方法和强化载体，采取合理的强化措施以保证强化的有效性和稳定性。一般可采用以下几种方法：①强化剂的改性；②添加各种稳定剂；③加强食品的食用指导。

食品的营养强化，除应根据不同的食品选取适当的营养强化剂之外，还应根据食品种类的不

同,采取不同的强化方法。通常有三种方法:①在食品原料中添加;②在加工过程中添加;③在成品中添加。

第二节 营养补充剂

一、概述

营养补充剂(dietary supplement,DS),又称营养补充品、营养剂、饮食补充剂等。它既不同于食品(food)也异于健康食品(health food),作为饮食的一种辅助手段,它用以补充人体正常膳食可能摄入不足同时又是人体所必需的营养素。主要包括氨基酸、微量元素、维生素和草药类等几类产品。该产品在说明书中可提及其防止疾病和改善人体功能方面的作用。对其特殊要求包括:在包装说明上,标明每种成分的名称、含量或成分混合物含总量,膳食热量等。适用人群包括以下几类:

1. **身体需要调整人群** 如人们摄入食物热量超过人体需要量,又缺乏锻炼,将导致肥胖问题日益严重。严格实施减肥方案的个体由于过度控制饮食会导致食物中营养素含量不足,可以建议服用复合维生素及矿物质补充剂。

2. **生理特殊阶段人群** 如准备怀孕的女性服用强化叶酸的食物或额外摄入叶酸补充剂,可以降低胎儿出现某些严重的先天性缺陷的危险性。在生长发育快速阶段,特别需要增加营养素的摄取,必要时可借助营养补充剂。

3. **存在营养吸收不良等健康问题人群** 如肝脏疾病可能影响食欲,或影响营养素的吸收、利用及排出;某些被手术者对某些营养素的需求量可能会提高;一些药物如抗酸剂、抗生素、缓泻剂和利尿剂等会干扰营养素的吸收。这些人应当考虑使用营养补充剂。

二、营养补充剂的基本要求

经批准的营养素补充剂不得以提供能量为目的,只能宣传补充某某营养素,不得声称具有其他特定保健功能。

1. **不能代替正常的三餐饮食** 平时的饮食和生活习惯对健康影响最大,像蔬菜、水果、肉类等天然食物中的营养素含量不是均匀分布的,所以首先应当做到营养均衡地吃好三餐,从平衡的膳食中获取所需的营养素。正常情况下,如果一个人没有不良嗜好,饮食搭配合理且吸收良好则营养素一般不会缺乏,而一些人群由于某些原因对营养素吸收差,或者对营养素吸收量增大时应当适当补充营养素。

2. **根据人群生理状态进行考察** 儿童在生长发育时期对营养素的需求增多,需要适当补充营养素,尤其是常量元素钙和铁、锌等微量元素,必需氨基酸等各类营养素。对于食欲减退、厌食、生长发育迟缓、个子矮小、易发生感染的儿童可食用含锌丰富的食品或适量服用膳食补充剂。

3. **需要考察食物中营养素比例** 通过对食物的选择可以达到选择性补充营养素的目的,一些人群需要适当补充维生素,补锌时应当多吃富含锌的食物,如肉类,动物内脏等。在此基础上再选择合适的营养补充剂。

4. **补充营养素时要注意营养素间的比例** 促进吸收减少副作用产生,如补钙和铁时补充维生素 C,有助于钙、铁元素的吸收和利用。

5. **其他** 对于平时缺乏运动的城市人群,补充营养素的同时应当适当增加体育活动以促进营养素的吸收。补充营养素不是越多越好,任何东西都有一个适当的度,超过这个范围就会引起不良后果。如维生素 D 服用过多可能引起维生素 D 过多症,表现为口渴、眼睛发炎、皮肤瘙痒、呕吐、腹泻、尿频等症状。维生素 E 过量使用会引起血小板聚集、血栓形成等。

三、营养补充剂种类

营养素补充剂由一种或多种维生素或矿物质组成,产品形式一般为片剂、胶囊、颗粒剂或口服液。

1. 以产品功效成分分类　营养补充剂可以是由氨基酸、多不饱和脂肪酸、矿物质与维生素组成,或仅由一种或多种维生素组成,也可以是由一种或多种膳食成分组成,其中除氨基酸、维生素、矿物质等营养素之外,还可以有草本植物或其他植物成分,或以上成分的浓缩物、提取物或组合物组成。常见的营养补充剂有补充维生素的维生素 A 胶丸、复合维生素片、维生素 C 片、维生素 E 胶囊等,补充微量元素的钙剂、锌剂,补充不饱和脂肪酸的鱼油胶囊以及补充必需氨基酸的口服液和注射液等。

2. 按产品的剂型分类　营养补充剂主要以类似药品的产品形态存在,大多制成丸、片、胶囊、颗粒剂或口服液等,在进餐时随餐服用。包装形态有瓶装、桶(盒)装、袋装、铝塑泡罩板状等预包装形式。

第三节　保 健 食 品

一、概述

保健食品亦称功能性食品。它具有调节人体功能的作用,但不以治疗疾病为目的,适于特定人群食用。《中华人民共和国食品安全法》中说明:保健食品是指声称具有特定保健功能或者以补充维生素、矿物质为目的的食品,即适宜于特定人群食用,具有调节机体功能,不以治疗疾病为目的,并且对人体不产生任何急性、亚急性或者慢性危害的食品。

二、保健食品功效成分和药食两用材料

保健食品的原料和辅料应符合相应食品标准和有关规定。色泽、滋味、气味和状态等要求符合正常感官要求。理化指标、真菌毒素、微生物限量应符合相应类属食品的食品安全国家标准的规定。

1. 保健食品功效成分　保健食品应具有与功能作用相对应的功效成分及其最低含量。功效成分是指能通过激活酶的活性或其他途径,调节人体功能的物质,主要包括 9 种类型:

(1) 多糖类:如大豆低聚糖、酵母葡聚糖等。

(2) 功能性甜味料(剂):如山梨糖醇、木糖醇、低聚果糖等。

(3) 功能性油脂(脂肪酸)类:如花生四烯酸、磷脂、二十二碳六烯酸等。

(4) 自由基清除剂类:如超氧化物歧化酶(SOD)、谷胱甘肽过氧化酶等。

(5) 维生素类:如维生素 A、维生素 C、维生素 E 等。

(6) 肽与蛋白质类:如小麦低聚肽,初乳蛋白。

(7) 活性菌类:如聚乳酸菌、双歧杆菌等。

(8) 微量元素类:如硒、锌等。

(9) 其他类:植物甾醇等。

2. 药食两用材料　原卫生部公布的《关于进一步规范保健食品原料管理的通知》中,对药食同源物品、可用于保健食品的物品和保健食品禁用物品作出具体规定。

(1) 既是食品又是药品的物品名单:丁香、八角茴香、刀豆、土人参(人参菜)、小茴香、小蓟、山药、山楂、马齿苋、乌梢蛇、乌梅、木瓜、火麻仁、代代花、玉竹、甘草、白芷、白果、白扁豆、白扁豆花、龙眼肉(桂圆)、决明子、百合、肉豆蔻、肉桂、余甘子、佛手、杏仁(甜、苦)、沙棘、牡蛎、芡实、花椒、赤

小豆、阿胶、鸡内金、麦芽、昆布、枣(大枣、酸枣、黑枣)、罗汉果、郁李仁、金银花、青果、鱼腥草、姜(生姜、干姜)、枳椇子、枸杞子、栀子、砂仁、胖大海、茯苓、香橼、香薷、桃仁、桑叶、桑椹、桔红、桔梗、益智仁、荷叶、莱菔子、莲子、高良姜、淡竹叶、淡豆豉、菊花、菊苣、黄芥子、黄精、紫苏、紫苏籽、葛根、黑芝麻、黑胡椒、槐米、槐花、蒲公英、蜂蜜、榧子、酸枣仁、鲜白茅根、鲜芦根、蝮蛇、橘皮、薄荷、薏苡仁、薤白、覆盆子、藿香、玫瑰茄。

(2) 可用于保健食品的物品名单:人参、人参叶、人参果、土人参(人参菜)、三七、土茯苓、大蓟、女贞子、山茱萸、川牛膝、川贝母、川芎、马鹿胎、马鹿茸、马鹿骨、五加皮、五味子、升麻、天门冬、天麻、太子参、巴戟天、木香、木贼、牛蒡子、牛蒡根、车前子、车前草、北沙参、平贝母、玄参、生地黄、生何首乌、白及、白术、白芍、白豆蔻、石决明、石斛(需提供可使用证明)、地骨皮、当归、竹茹、红花、红景天、西洋参、吴茱萸、怀牛膝、杜仲、杜仲叶、沙苑子、牡丹皮、芦荟、苍术、补骨脂、诃子、赤芍、远志、麦门冬、龟甲、佩兰、侧柏叶、制大黄、制何首乌、刺五加、刺玫果、泽兰、泽泻、玫瑰花、知母、罗布麻、苦丁茶、金荞麦、金樱子、青皮、厚朴、厚朴花、姜黄、枳壳、枳实、柏子仁、珍珠、绞股蓝、胡芦巴、茜草、荜茇、韭菜子、首乌藤、香附、骨碎补、党参、桑白皮、桑枝、浙贝母、益母草、积雪草、淫羊藿、菟丝子、野菊花、银杏叶、黄芪、湖北贝母、番泻叶、蛤蚧、越橘、槐实、蒲黄、蒺藜、蜂胶、酸角、墨旱莲、熟大黄、熟地黄、鳖甲。

(3) 保健食品禁用物品名单:八角莲、八里麻、千金子、土青木香、山莨菪、川乌、广防己、马桑叶、马钱子、六角莲、天仙子、巴豆、水银、长春花、甘遂、生天南星、生半夏、生白附子、生狼毒、白降丹、石蒜、关木通、农吉痢、夹竹桃、朱砂、米壳(罂粟壳)、红升丹、红豆杉、红茴香、红粉、羊角拗、羊踯躅、丽江山慈菇、京大戟、昆明山海棠、河豚、闹羊花、青娘虫、鱼藤、洋地黄、洋金花、牵牛子、砒石(白砒、红砒、砒霜)、草乌、香加皮(杠柳皮)、骆驼蓬、鬼臼、莽草、铁棒槌、铃兰、雪上一枝蒿、黄花夹竹桃、斑蝥、硫黄、雄黄、雷公藤、颠茄、藜芦、蟾酥。

三、保健食品的分类

保健食品按食用对象不同分为两大类:

1. 以健康人群为对象,主要为了补充营养素,满足生命周期不同阶段的需求,如老年人奶粉中可补充钙、卵磷脂等。

2. 主要供给某些生理功能有缺陷的人群食用,强调其在预防疾病和促进康复方面的调节功能,如糖尿病人适用的木糖醇产品。

四、保健食品的功能

目前我国批准受理的保健食品的保健功效有 27 条。

1. 增强免疫力。
2. 辅助降血脂。
3. 辅助降血糖。
4. 抗氧化。
5. 辅助改善记忆。
6. 缓解视疲劳。
7. 促进排铅。
8. 清咽。
9. 辅助降血压。
10. 改善睡眠。
11. 促进泌乳。
12. 缓解体力疲劳。

13. 提高缺氧耐受力。

14. 对辐射危害有辅助保护功能。

15. 减肥。

16. 改善生长发育。

17. 增加骨密度。

18. 改善营养性贫血。

19. 对化学性肝损伤的辅助保护作用。

20. 祛痤疮。

21. 祛黄褐斑。

22. 改善皮肤水分。

23. 改善皮肤油分。

24. 调节肠道菌群。

25. 促进消化。

26. 通便。

27. 对胃黏膜损伤有辅助保护功能。

除以上，营养素类也纳入保健食品的管理范畴，称为营养素补充剂，以补充人体营养素为目的。2016 年国家食品药品监督管理总局会同国家卫生计生委和国家中医药管理局制定了《保健食品原料目录（一）》和《允许保健食品声称的保健功能目录（一）》，前者内容涵盖了营养补充剂名称、适用范围、功效成分、适宜人群、最高、最低剂量和功效等成分，后者对允许保健食品声称营养素补充剂种类进行了备注。

五、保健食品与药品和一般食品的区别

1. 食品的批号是"卫食字"，虽食用安全，但没经功能试验，不允许宣传功能。药品批号是"药准字"，具有很好的治疗作用，但同时也有副作用。

2. 保健食品包装必须注明名称、净含量及固形物含量、配料、功效成分、保健作用、适宜人群、食用方法、日期标示（生产日期及保质期）、储藏方法、执行标准、保健食品生产企业名称及地址、卫生许可证号。

3. 保健食品必须标注批准文号　正规外包装盒上标出天蓝色形如"蓝帽子"的保健食品专用标志，下方标注批准文号，如"国食健字【年号】××××号"，或"卫食健字【年号】××××号"。国产保健食品的批准文号是"卫（国）食健字"，进口保健食品是"卫（进）食健字"。

4. 批准名称允许提功效　批准保健食品通常以产品原料命名，如葛根胶囊，说明其主要成分是葛根。

第四节　特殊医学用途配方食品

一、概述

特殊医学用途配方食品（food for special medical purpose，FSMP）是为了满足进食受限、消化吸收障碍、代谢紊乱或特定疾病状态人群对营养素或膳食的特殊需要，专门加工配制而成的配方食品。该类产品必须在医生或临床营养师指导下，单独食用或与其他食品配合食用。特殊医学用途配方食品属于特殊膳食用食品。当目标人群无法进食普通膳食或无法用日常膳食满足其营养需求时，特殊医学用途配方食品可以作为一种营养补充途径，对其治疗、康复及机体功能维持等方面起着重要的营养支持作用。此类食品不是药品，不能替代药物的治疗作用，产品也不得声称

对疾病的预防和治疗功能。它以临床营养研究为基础,特别是国内研究成果,参考最新中国居民膳食营养素参考摄入量数据,制定产品中各项营养指标的限量,以满足适用人群的营养需要。

二、分类

根据不同临床需求和适用人群,《特殊医学用途配方食品通则》(GB 29922—2013)将特殊医学用途配方食品分为三类:全营养配方食品、特定全营养配方食品和非全营养配方食品。

1. **全营养配方食品** 可作为单一营养来源满足目标人群营养需求的特殊医学用途配方食品。适用于需对营养素进行全面补充且对特定营养素没有特别要求的人群。患者应在医生或临床营养师的指导下选择使用全营养配方食品。可以作为需要口服或者管饲病人的饮食替代或者营养补充。

2. **特定全营养配方食品** 可作为单一营养来源能够满足目标人群在特定疾病或医学状况下营养需求的特殊医学用途配方食品。特定全营养配方食品是在相应年龄段全营养配方食品的基础上,依据特定疾病的病理生理变化而对部分营养素进行适当调整的一类食品,单独食用时即可满足目标人群的营养需求。符合特定全营养配方食品技术要求的产品,可有针对性的适应不同疾病的特异性代谢状态,更好地起到营养支持作用。适用于特定疾病或医学状况下需对营养素进行全面补充的人群,并可满足人群对部分营养素的特殊需求(即:在特定疾病状况下,全营养配方食品无法适应疾病的特异性代谢变化,不能满足目标人群的特定营养需求,需要对其中的某些营养素进行调整)。对于伴随其他疾病或并发症的患者,均应由医生或临床营养师根据患者情况决定是否可以选用此类食品。

3. **非全营养配方食品** 可满足目标人群部分营养需求的特殊医学用途配方食品,适用于需要补充单一或部分营养素的人群,不适用于作为单一营养来源。该类产品应在医生或临床营养师的指导下,按照患者个体的特殊医学状况,与其他特殊医学用途配方食品或普通食品配合使用。

三、特定全营养配方食品

特定全营养配方食品包括以下类型:

1. **糖尿病全营养配方食品** 糖尿病患者由于遗传、内分泌功能紊乱等原因引发糖、蛋白质、脂类、水和电解质等一系列代谢紊乱。该类产品调整了宏量营养素的比例和钠含量,强调产品的低血糖生成指数,为患者提供全面均衡的营养支持。

2. **呼吸系统疾病全营养配方食品** 配方采用高脂肪低碳水化合物配方,适当增加中链甘油三酯以快速供能,添加适量 n-3 系列不饱和脂肪酸和抗氧化剂以保护肺供能、对抗全身炎症反应。

3. **肾病全营养配方食品** 配方根据透析或非透析慢性肾脏病患者对营养素的不同需求,通过调整蛋白质及电解质的水平,满足营养要求。

4. **肿瘤全营养配方食品** 手术期、恶病质期的恶性肿瘤(恶病质状态)患者由于肿瘤的消耗、阻碍进食和消化,以及肿瘤对食欲的影响、患者精神抑郁等因素,伴随以体重下降为特征的营养不良较常见,因此应尽早对患者进行营养补充。该特定全营养配方产品应适当提高蛋白质的含量并调整与机体免疫功能相关的营养素含量,为患者提供每日所需营养物质。

5. **肝病全营养配方食品**

6. **肌肉衰减综合征全营养配方食品**

7. **创伤、感染、手术及其他应激状态全营养配方食品**

8. **炎性肠病全营养配方食品** 食品配方中减少纤维素含量以及使用易消化吸收的蛋白质和脂肪。全营养配方中食品蛋白质来源是整蛋白、食物蛋白质水解物、肽类或氨基酸。

9. **食物蛋白过敏全营养配方食品** 此类食品配方应为食物蛋白质深度水解配方或氨基酸配

方,采用一定工艺将引起过敏反应的食物蛋白水解成段肽和游离氨基酸,直接或间接采用单体氨基酸代替蛋白质。

10. 难治性癫痫全营养配方食品　生酮饮食是难治性癫痫病人的主要营养支持途径。该类全营养配方食品采用高脂肪、低碳水化合物、适量蛋白质,在提供营养素的同时为大脑提供必需的能量,缓解癫痫的发作。

11. 胃肠道吸收障碍、胰腺炎全营养配方食品

12. 脂肪酸代谢异常全营养配方食品

13. 肥胖、减脂手术全营养配方食品　肥胖减脂手术病人由于代谢紊乱而导致蛋白质和微量营养素摄入不足,该类特定全营养配方食品特点为在提供较低能量的同时可以保证蛋白质和微量元素的供应。

以食代药进行营养干预可以避免长期服用药物所带来的副作用,在一定程度上缓解患者的痛苦,避免某些并发症的产生。而且,合适的营养补充更有助于患者的康复,缩短住院治疗周期,减轻患者的经济负担。随着我国各种疾病发病率的逐年提高及我国人口老龄化程度的不断加深,患者的营养问题逐渐突出,特殊医学用途配方食品在患者日常营养管理中的地位越来越重要,在辅助治疗和经济效应上,都有其必要性和必须性。

第五节　食品卫生学问题及新技术

"民以食为天,食以安为先",食品安全不仅关系到消费者的经济利益,而且直接关系着人民的生命和健康,属于重大的基本民生问题。食品安全包括食品卫生、食品质量和食品营养等相关内容和食品(食物)的种植、养殖、加工、包装、贮藏、运输、销售和消费等环节,任何一个环节不符合国家强制标准和要求,都可能引发食品安全问题。《中华人民共和国食品安全法》于 2009 年 6 月 1 日正式发布,并于 2015 年 10 月 1 日起实施修订后的《中华人民共和国食品安全法》,其对食品安全(food safety)的定义是:"食品无毒、无害,符合应当有的营养要求,对人体健康不造成任何急性、亚急性或者慢性危害。"本节主要从可能引起食品安全问题的有害因素及其控制措施、食品添加剂以及转基因食品安全方面进行阐述。

一、食品污染

食品从原料到加工成品,从种植、养殖到生产、加工、储运、销售、烹调到食用前的各个环节,都有可能受到外来某些有毒有害物质的污染,从而降低食品卫生质量并对人体造成不同程度的危害。食品污染是指食品中含有了外来的、影响其食用价值与商品价值、危害人体健康的有害物质。按有害物质的性质,食品污染可分为生物性污染、化学性污染和物理性污染三大类。

(一) 食品的微生物污染

细菌与细菌毒素、霉菌与霉菌毒素、寄生虫及虫卵、昆虫和病毒的污染是食品中最常见的污染。

1. 细菌与细菌毒素污染　自然界已知的细菌种类繁多,由于食品理化性质、所处外界条件与加工处理等因素的限制,在食品中存在的细菌只是自然界细菌的一部分。在食品卫生学上,将食品中存在的细菌称为食品细菌,其中包括致病菌、条件致病菌和非致病菌。非致病菌一般不引起疾病,但由于其中多数为腐败菌,与食品腐败变质有密切关系,所以是评价食品卫生质量的重要指标。从食品安全意义而言,食品污染中常见的食品细菌主要有 10 余种,包括:①假单胞菌属(*Pseudomonas*):典型的食品腐败细菌,革兰氏阴性无芽孢杆菌,需氧、嗜冷、能产生水溶性荧光物质,广泛存在食品中,尤其是水产、蔬菜、肉和家禽类;②微球菌属(*Micrococcus*)和葡萄球菌属(*Staphylococcus*):食品中极为常见的菌属,革兰氏阳性球菌,嗜中温,前者需氧,后者厌氧,营养要求较低,常存在于肉、水产、蛋类等食品中,可分解食物中的糖类并产生色素；③芽孢杆菌属（*Bacillus*）和梭状芽孢杆菌属（*Clostridium*）：革兰氏阳性，前者需氧或兼性厌氧，后者厌氧，均为嗜中温菌，兼或有嗜热菌，分布较广泛，是肉和罐头食品中常见的腐败菌；④肠杆菌科（*Enterobacteriaceae*）：除志贺氏菌属及沙门氏菌属外，皆为常见的食品腐败菌，革兰氏阴性无芽孢杆菌，需氧与兼性厌氧，多与水产品、肉及蛋类腐败有关；⑤弧菌属（*Vibrio*）和黄杆菌属（*Flavobacterium*）：革兰氏阴性兼性厌氧菌，主要来自海水或淡水产品；⑥嗜盐杆菌属（*Halobacterium*）和嗜盐球菌属（*Halococcus*）：革兰氏阴性需氧菌，高浓度食盐（12% 以上，甚至 28%~32%）环境中仍能生长，可产生橙红色素，多见于咸鱼等盐腌渍食品类；⑦乳杆菌属（*Lactobacillus*）：革兰氏阳性杆菌，厌氧或微需氧，乳品中多见，能使乳类酸败，可用于生产乳酸或发酵食品，也可引起食品腐败变质。

反映食品卫生质量的细菌污染指标主要包括三个方面：菌落总数（aerobic plate count）、大肠菌群（coliform group）及致病菌，前二者是本节讨论的内容。

（1）菌落总数：指在被检样品的单位重量（g）、容积（ml）或表面积（cm²）内，所含能在严格规定的条件下（培养基及其 pH、培养温度与时间、计数方法等）培养所生成的细菌菌落总数，以菌落形成单位（colony forming unit，CFU）表示。

食品菌落总数代表食品中细菌污染的数量，可反映食品的卫生质量以及食品在生产、贮存和销售过程中的卫生管理状况。菌落总数的食品卫生学意义包括：①食品清洁状态的标志，用于评价食品被细菌污染程度；②预测食品的耐保藏时间，作为评定食品腐败变质程度（或新鲜度）的指标。食品细菌在繁殖过程中可分解食品成分，其在食品中存在的数量越多越能加速食品的腐败变质过程，但关于食品细菌菌落总数与食品腐败程度之间对应关系仍有待进一步探讨。

（2）大肠菌群：指在 35~37℃下能发酵乳糖、产酸产气、需氧或兼性厌氧、无芽孢的革兰氏阴性杆菌。该菌属均来自人和温血动物的粪便，包括肠杆菌科的埃希氏菌属（*Escherichia*）、柠檬酸杆菌属（*Citrobacter*）、肠杆菌属（*Enterobacter*）和克雷伯菌属（*Klebsiella*）。其中埃希菌属为主体，又称典型大肠杆菌；其他三属除直接来自粪便外，也可能来自典型大肠杆菌排出体外 7 天至 1 个月后在环境中的变异，称为非典型大肠杆菌。

大肠菌群的主要卫生学意义：一是作为判断食品是否受到粪便污染的标志，如果在食品中检出有大肠菌群，说明该食品曾受到人或温血动物粪便的污染，其中典型大肠杆菌说明粪便近期污染，其他菌属可能为粪便的陈旧污染；二是作为肠道致病菌污染食品的指示菌，因为大肠菌群与肠道致病菌来源相同，且在一般条件下大肠菌群在外界生存时间与主要肠道致病菌一致。食品中大肠菌群的数量一般以每 100g（或 ml）食品样品中的最近似数表示，简称大肠菌群最近似数（maximum probable number，MPN），这是按一定检验方案进行检验求出的统计数值，可用于对样品中活菌密度的估测。

菌落总数、大肠菌群均为评价食品的卫生程度和安全性卫生指标菌，因大肠菌群本身不具致病作用，在不超过国标规定的限量情况下，允许在食品中存在；而致病菌与疾病有直接关系，因此，国家卫生标准规定在任何食品中不允许检出致病菌。

2. 真菌与真菌毒素污染 真菌（eumycetes）广泛分布于自然界中，其中与食品安全关系密切的真菌大部分属于产毒霉菌，主要包括曲霉菌属（*Aspergillus micheli*）、青霉菌属（*Penicillum link*）和镰刀菌属（*Fusarium link*）。影响真菌发育和产毒的因素很多，其中起重要作用的因素是食物基质及水分含量、环境的温度、湿度和空气流通等情况。真菌毒素（mycotoxin）是真菌在其所污染的食品中产生的有毒代谢产物，其产生毒素的特征为一种菌种或菌株可以产生几种不同的毒素，而同一真菌毒素可由几种真菌产生。目前已知的真菌毒素有 200 种左右，一般按其产生毒素的主要真菌名称来命名。其中与食品关系密切的有黄曲霉毒素（aflatoxin，AF 或 AFT）、赭曲霉毒素（ochratoxin）、杂色曲霉毒素（sterigmatocystin，ST）、展青霉素（patulin）、单端孢霉烯族化合物（trichothecenes）、玉米赤霉烯酮（zearalenone）、伏马菌素（fumonisin）、3- 硝基丙酸（3-nitropropionic acid,3-NPA)、岛青霉素(islanditoxin)等。

真菌及其毒素的食品卫生学意义：一是引起食品腐败变质，不仅使食品的食用价值降低或完全不能食用，还可使食品原料的加工工艺品质下降；二是引起人畜中毒，表现有急、慢性中毒、三致作用(包括致癌、致畸和致突变)，如黄曲霉毒素中毒、赤霉病麦中毒、黄变米、黄粒米和麦角中毒。不同霉菌毒素的主要毒性见表3-1。

表3-1　几种重要的霉菌毒素及其毒性

霉菌毒素	产毒霉菌	主要毒性	易污染食品
黄曲霉毒素	黄曲霉 寄生曲霉	急慢性毒性与多种癌症	花生、玉米、花生油污染为主
杂色曲霉素	杂色曲霉 构巢曲霉 离蠕孢霉	急性毒性作用主要为肝、肾的坏死；肝癌和肝硬化	杂粮及饲料、小麦、稻谷、玉米、面粉、大米
赭曲霉毒素	曲霉菌 青霉菌	肝、肾急性中毒，胚胎毒性、致畸性、致突变和致癌性	玉米、大豆、大麦、花生、火腿等
展青霉素	扩展青霉 麻青霉	造成肺水肿，肝、肾和脾淤血，中枢神经系统水肿，致畸等	面包、香肠、水果等
T-2 毒素	三线镰刀菌 拟枝镰孢刀菌	中毒性白细胞缺乏症、免疫损伤、动物胚胎毒和致癌性	各种谷类，如玉米小麦或作物、饲料等
玉米赤霉烯酮毒素	禾谷镰刀菌 黄色镰刀菌 木贼镰刀菌	类雌激素样作用，呈现生殖系统毒性作用，猪尤为敏感	玉米、小麦、大麦、大米等粮食作物

真菌毒素中毒的预防措施主要是防霉、去毒，加强食品中各类真菌毒素的检测及制定食品中限量标准。

3. **病毒污染**　病毒污染食品原料现象时有发生，但大多数不致病，故未受到重视。但近年来出现了由一些病毒污染食物引起的疾病，病毒经污染食物危害人类健康问题也引起国内外的普遍关注，如疯牛病，禽流感引起人的感染以及病毒污染的毛蚶引起的甲型肝炎大流行。

朊粒(prion)又称传染性蛋白粒子，曾译名朊病毒。疯牛病是牛海绵状脑病(bovine spongiform encephalopathy，BSE)的俗称，因健康牛食入由含有致病性朊粒的病牛、病羊的脑和脊髓等脏器制成的人工蛋白饲料所致，是一种对人、动物感染性强、诊断困难、危害极大的传染病。该病已波及世界许多国家，如英国、法国、爱尔兰、加拿大、丹麦、葡萄牙、瑞士、阿曼和德国等。食入患疯牛病的牛肉、牛脑髓的人可传染发病，称为克 - 雅病(Creutzfeld-Jakob disease，CJD)，可通过孕妇胎盘垂直传播。

禽流感是禽流行性感冒的简称，它是一种由禽流感病毒引起的传染性疾病。按病原体类型的不同，禽流感可分为高致病性、低致病性和非致病性禽流感三大类。非致病性禽流感不会引起明显症状，仅使染病的禽鸟体内产生病毒抗体。低致病性禽流感可使禽类出现轻度呼吸道症状，食量减少，产蛋量下降，引起零星死亡。高致病性禽流感最为严重，发病率和死亡率均高，感染的鸡群常常"全军覆没"。近几年，发现高致病性禽流感病毒 H_5N_1 亚型可引起人的感染，目前全世界已报道了几十例感染禽流感的死亡病例。禽流感病毒可经过呼吸道飞沫与空气传播。病禽咳嗽和鸣叫时喷射出带有 H_5N_1 病毒的飞沫在空气中飘浮，人吸入呼吸道被感染而发生禽流感。另外，人也可经消化道感染禽流感病毒，进食未充分煮熟的病禽肉、蛋及其制品、接触病禽污染的水、食物和食饮具，或用被污染的手取食物均可被污染而发病。

4. **食品的腐败变质**(food spoilage)　是指食品在微生物为主的各种因素作用下，造成其原有化学性质或物理性质变化，降低或失去其营养价值和商品价值的过程。例如肉、鱼、禽、蛋的腐臭、粮食的霉变、蔬菜水果的溃烂和油脂的酸败等。

食品腐败变质的原因：①微生物的作用是引起食品腐败变质的重要原因。主要是细菌、霉菌和酵母。②食品本身的组成和性质，包括食品中的酶类、食品本身的营养成分及水分、食品 pH 高低和渗透压的大小。食品发生腐败变质的过程中，蛋白质在微生物蛋白酶等作用下分解成胨、肽，经断链形成氨基酸，最后被相应酶分解成更小的分子；脂肪经过水解与氧化发生酸败最后被分解为醛、醇、酮、酸等小分子化合物；碳水化合物在酶作用下被最终分解成二氧化碳和水。

食品腐败变质的卫生学意义：腐败变质不仅使食品感官性状改变，如产生刺激性气味、异常颜色、酸臭味等，还会使食品营养成分分解，导致营养价值严重降低。此外，腐败变质食品由于已被微生物严重污染，可引起人体不适，甚至中毒。

食品腐败变质的处理原则及其防止措施：对腐败变质的食品要及时准确鉴定，预防和处理非常重要，以确保人体的健康为原则，也要考虑具体情况。食品腐败变质的鉴定一般采用感官、物理、化学和微生物等方面的指标。防止食品腐败变质措施的基本原理是改变食品的温度、水分、氢离子浓度、渗透压以及采取其他抑菌杀菌的措施，将食品中的微生物杀灭或减弱其生长繁殖的能力，达到防止食品腐败变质的目的。常见的方法有腌渍、加防腐剂、低温保藏、加热杀菌、脱水干燥以及食品辐照杀菌等。

(二) 食品的化学性污染

食品的化学性污染种类繁多，来源广泛，包括有来自生产和生活环境中的各种污染物，如农药、工业三废、N- 亚硝基、多环芳烃和杂环胺类化合物等；由食品容器、包装材料和涂料、运输工具等接触食品时溶入食品中的原材料质与单体等物质；滥用食品添加剂；在食品加工、贮存过程中产生的物质，如酒中有害的醇类、醛类等以及掺假、制假过程中加入的物质。

1. 农药和兽药残留　农药（pesticide）是指用于预防、消灭或者控制危害农业、林业的病、虫、草、鼠和其他有害生物以及有目的地调节植物、昆虫生长的化学合成或者来源于生物、其他天然物质的一种物质或者几种物质的混合物及其制剂。在众多的农药类型中，使用最多的是杀虫剂（insecticide）、杀菌剂（fungicide）和除草剂（herbicide）。对环境、生物体和食品造成的污染（包括农药本体物及其有毒衍生物的污染）称之为食品农药残留（pesticide residue）。由于农药广泛而大量的使用，农药可通过食物和水的摄入、空气吸入和皮肤接触等途径对人体和生活环境造成危害，如农药可引起机体的急、慢性中毒、三致作用（致癌、致畸和致突变）和生态环境失衡等。食品中常见的农药残留与毒性，见表 3-2。

表 3-2　食品中常见的农药残留与毒性

名称	常见的品种	特性	毒性
有机磷	美曲膦酯（敌百虫）、敌敌畏、乐果等	较不稳定，易降解而失去毒性，环境中不易长期残留	主要引起神经、血液系统和视觉的急、慢性中毒
氨基甲酸酯类	杀虫剂（西维因），除草剂（禾大壮）	溶于水，对光、氧较稳定，遇碱易分解，不易在生物体内蓄积	对温血动物、鱼类和人的毒性较低
有机氯	滴滴涕、六六六和林丹	脂溶性、稳定不易降解，半衰期可达 3~10 年	神经系统、肝和肾的急性损害；慢性中毒表现为肝脏、血液和神经系统损害
有机汞	西力生（氯化乙基汞）、赛力散（醋酸苯汞）	环境中难降解，半衰期 10~30 年	蓄积体内，急性中毒与慢性中毒表现为侵犯神经系统和肝脏等，有三致作用
有机砷	稻脚青、福美砷、田安	排泄慢，易蓄积，易残留	急性中毒与慢性中毒和肿瘤，有三致的报道
除草剂	2,4-D、除草醚、氟乐灵	易被微生物分解，多在农作物生长早期使用，残留低	急性毒性较低，但也有三致的报道

兽药残留(residues of veterinary drugs)是指食品动物用兽药后,动物产品的任何食用部分中与所用兽药有关的物质残留,包括原型药物和/或其代谢产物。兽药残留主要有抗生素类(包括磺胺类、呋喃类)、抗寄生虫药物(苯并咪唑类),甚至有违禁药物激素类、β-肾上腺素受体激动剂及其他促生长剂的残留。

动物性食物中兽药残留的来源:①滥用药物:治疗和预防动物疾病时不按规定用药,如品种、剂型、剂量、部位不符合规定;非医疗目的长期用药,如在集约化饲养条件下为了降低仔猪的应激反应,长期使用镇静剂氯丙嗪;不遵守休药期的规定,甚至在屠宰前仍用药,或刚用过药的动物产的蛋、乳即上市出售。②使用违禁或淘汰的药物:如在防治动物疾病时使用禁用的氯霉素、氨苯砜,呋喃它酮、呋喃唑酮;为增加肉品的瘦肉率、减少脂肪含量而在动物饲料中加入违禁的盐酸克伦特罗;为使甲鱼和鱼长得肥壮而在水中使用违禁的己烯雌酚;为防治鱼病而在水中使用违禁的孔雀石绿;用禁用的抗生素菌丝体及其残渣作为饲料添加剂饲养食用动物;使用国家明令淘汰的兽药。③不按规定使用饲料药物添加剂:如使用《饲料药物添加剂使用规范》及有关规定以外的饲料添加剂;虽然在饲料中加入的金霉素等抗生素是《饲料药物添加剂使用规范》允许使用的,但不按规定的用法与用量、注意事项使用,靠长期使用抗生素减少因饲养条件简陋、管理混乱导致的动物患病增加造成的损失。

常见兽药残留的毒性:①急性毒性:有些兽药的毒性较大,过量使用,或者非法使用禁用品种可致急性中毒,如红霉素等大环内酯类可引起急性肝损伤。②慢性毒性和"三致"作用:食用残留雌激素类的动物性食品可干扰人体内源性激素的正常代谢与功能;氯霉素可引起再生障碍性贫血;庆大霉素和卡那霉素等氨基糖苷类可损害前庭和耳蜗神经,导致眩晕和听力减退;连续长期在饲料中使用违禁的呋喃唑酮,残留在鸡肝、猪肝、鸡肉中,不但可使食用者出现出血综合征,还有致癌作用。③过敏反应:某些抗菌药物(青霉素类、四环素类、氨基糖类、胺类和呋喃类)可引起过敏反应,其中以青霉素类引起的过敏反应最为常见,也最为严重。④激素样作用:甲睾酮、丙酸睾酮、苯丙酸诺龙、苯甲酸雌二醇、雄二醇、戊酸雌二醇等性激素可产生一系列激素样作用,引起儿童性早熟、女性男性化或男性女性化,并可诱发乳腺癌、卵巢癌;这些性激素在鳝鱼、鳗鱼等水产的养殖过程中常作为促生长剂使用。⑤产生耐药菌株和破坏肠道菌群的平衡:抗生素类的大量使用可使动物体内的金黄色葡萄球菌和大肠埃希氏菌等产生耐药菌株,其抗药性R质粒可在细菌中互相传播,从而发展为多重耐药。人经常食用抗生素类残留量高的动物性食品,同样会产生耐药菌株,从而影响肠道菌群的平衡,肠内的敏感菌受到抑制或大量死亡,而某些耐药菌和条件致病菌大量繁殖,导致肠道感染、腹泻和维生素缺乏。

农药和兽药残留防治措施:建立和完善与农药兽药有关的法律法规体系是预防控制其危害的根本措施。①登记注册管理:农药生产企业、向中国出口农药的企业应当依照《农药管理条例》的规定申请农药登记,由国务院农业主管部门所属的负责农药检定工作的机构负责;符合条件的,由国务院农业主管部门核发农药登记证,兽药的注册机构为国务院兽医行政管理部门。②生产许可管理:农药生产企业应当按照国务院农业主管部门的规定向省、自治区、直辖市人民政府农业主管部门申请农药生产许可证,严格按照产品质量标准进行生产,确保农药产品与登记农药一致。设立兽药生产企业,应当向省级兽医行政管理部门提出申请,取得兽药生产许可证。③经营管理:农药经营者应当按照国务院农业主管部门的规定向县级以上地方人民政府农业主管部门申请农药经营许可证。经营兽药的企业应当取得兽药经营许可证。④使用管理:加强农药兽药安全使用的宣传和使用管理。农药使用者应当严格按照农药的标签标注的使用范围、使用方法和剂量、使用技术要求和注意事项使用农药,不得扩大使用范围、加大用药剂量或者改变使用方法。不得使用禁用的农药。标签标注安全间隔期的农药,在农产品收获应当按照安全间隔期的要求停止使用。剧毒、高毒农药不得用于防治卫生害虫,不得用于蔬菜、瓜果、茶叶、菌类、中草药材的生产,不得用于水生植物的病虫害防治。兽药使用应当遵守兽药安全使用规定;有休药期规定的兽药用于食用动物时,饲养者应当向购买者或者屠宰者提供准确、真实的用药记录;购买者或者屠宰者应当确保动物及其产品在用药期、休药期内不被用于食品消费。⑤执行残留限量标准:农业、食品药品监督管理等相关部门应加强对农产品中农药兽药的检测,禁止销售农药兽药残留量超过标准的农产品。⑥调整农药和兽药的品种结构:禁用或限用高毒、高残留的农药,促进农药产品的升级换代,完善混配制剂,发展安全、高效的新品种,重点发展控制和调节有害生物的生长、发育和繁殖过程的生物农药,应特别重视具有选择性高、低毒、易降解、不易产生抗性的植物源农药的开发及应用。加强饲料、兽药和人用药品的管理,禁止在饲料和动物饮用水中添加激素类药品和国家规定的其他禁用药品。⑦消除残留于食品中的农药和兽药。⑧尽可能减少农药和兽药的使用。

2. 有毒金属污染 自然界存在各种金属元素,它们可通过食物和饮水摄入、呼吸道吸入和皮肤接触等途径进入人体,但通过食物进入人体是主要途径。其中一些金属元素是人体必需的,但在过量摄入时对人体可产生毒性作用或潜在危害:有些金属元素即使在较低摄入量的情况下,亦可干扰人体正常生理功能,并产生明显的毒性作用,如铅、镉、汞、砷等,常称之为有毒金属。

有毒金属污染食品的途径:①农药的使用和工业"三废"的排放;②食品加工、储存、运输和销售过程中的污染;③自然环境的高本底含量。

食品中有毒金属污染的作用特点:①毒性与存在形式有关:以有机形式存在的金属及水溶性较大的金属盐类,通常毒性较大,如有机汞毒性大于无机汞。②毒性作用与机体酶活性有关:许多有毒金属可与机体酶蛋白的活性基团,如巯基、羧基、氨基、羟基等结合,使酶活性受到抑制甚至丧失,从而发挥毒作用。③蓄积性强:有毒金属生物半衰期较长,易在体内蓄积。④食物中某些营养素可影响有毒金属的毒性:膳食成分可以影响有毒金属的毒性,如膳食蛋白质可与有毒金属结合,延缓其在肠道的吸收;维生素C使六价铬还原为三价铬,降低其毒性。⑤某些有毒金属元素间也可产生协同作用:如汞和铅可共同作用于神经系统,从而加重其毒性作用。

有毒金属污染防治措施:①严格监管工业生产中"三废"的排放。②开展土壤和水源治理,源头控制。③合理使用农药,禁止使用含有毒金属的农药,严格控制有毒金属和有毒金属化合物的使用,控制食品生产加工过程有毒金属的污染,包括限制食品加工设备、管道、食品接触材料及制品中镉、铅的含量;限制油等的镉含量等;推广使用无铅汽油等。④制定食品中有毒金属的允许限量标准并加强监督检验。

3. N-亚硝基化合物(N-nitroso compounds)污染 N-亚硝基化合物是一类对动物有较强致癌作用的化学物。在已研究过的300多种亚硝基化合物中,90%以上化合物对动物有不同程度的致癌性。按其分子结构,N-亚硝基化合物可分成N-亚硝胺(N-nitrosamine)和N-亚硝酰胺(N-nitrosamide)两大类,其中N-亚硝酰胺因其化学性质活泼,在酸性或碱性条件下均不稳定,可降解成重氮化合物,与DNA结合发挥致癌致突变作用,是直接致癌物。作为N-亚硝基化合物前体物,硝酸盐、亚硝酸盐和胺类物质广泛存在于环境和食物(如蔬菜、腌制的鱼、肉、某些乳制品等)中,在适宜的条件下,这些前体物质可通过化学或生物学途径合成各种形式的N-亚硝基化合物。

国内外流行病学和多种动物实验研究已表明,N-亚硝基化合物及其前体物是对多种实验动物、多组织器官、多种途径摄入均可致癌的一种强致癌物,也是引起人类某些肿瘤(如胃癌、食管癌、肝癌等)的重要的致病因素之一。同时,N-亚硝基化合物还对动物有一定的致畸作用和致突变作用,且存在一定的剂量-效应关系。

N-亚硝基化合物污染防治措施:①防止食物被微生物污染,降低污染程度,防止食物霉变;②改进食品加工工艺,控制食品中硝酸盐或亚硝酸盐用量,使用亚硝酸盐的替代品;③施用钼肥有利于降低蔬菜中硝酸盐或亚硝酸盐含量;④阻断亚硝基化反应,维生素C、维生素E、酚类以及黄酮类化合物等成分有较强的阻断亚硝基化反应的作用;⑤制定食品中N-二甲基亚硝胺限量标准并加强监测。

4. 多环芳烃化合物(polycyclic aromatic hydrocarbons,PAH)污染　多环芳烃化合物是一类具有较强诱癌作用的食品化学污染物,其中苯并(a)芘[benzo(a)pyrene,B(a)P]和二噁英(dioxins)因其毒性与致癌性强,且化学性质稳定,研究较多。

(1) 苯并(a)芘:是由5个苯环构成的多环芳烃。大量研究表明,B(a)P对多种动物如大鼠、小鼠、地鼠、豚鼠、兔、鸭及猴等有致癌性,可引起多种肿瘤如前胃肿瘤、肺肿瘤和白血病,并可经胎盘使子代发生肿瘤,可致胚胎死亡或导致仔鼠免疫功能下降;另外,B(a)P经S-9的代谢活化后,具有体外致突变作用。人组织培养试验研究发现,B(a)P有组织和细胞毒性作用,可导致上皮分化不良、细胞损伤、柱状上皮细胞变形等。人群流行病学研究也显示,食品中B(a)P含量与胃癌等多种肿瘤的发生有一定的相关性。

(2) 二噁英:为氯代含氧三环芳烃类化合物,有200多种同系物异构体。该化合物不仅具有较强的急性毒性,而且具有多系统毒性,如肝毒性、免疫毒性、生殖毒性,发育毒性与致畸性和致癌性。2,3,7,8-四氯二苯并-对-二噁英(2,3,7,8-tetrachlorodibenzo-p-dioxin,TCDD)是目前已知此类化合物中毒性和致癌性最大的物质,其毒性远强于黄曲霉毒素,其化学性质极为稳定,不仅对光热稳定,环境中难于降解,而且脂溶性很强,可经食物链富集,故日益受到人们的广泛重视。国际癌症研究机构1997年已将TCDD确定为Ⅰ类致癌物。

多环芳族化合物污染防治措施:①加强环境治理,减少污染;②熏烤食品以及烘干粮食等加工过程应改进燃烧过程,避免食品直接接触炭火或烟;③不在柏油路上晾晒粮食和油料种子,以防沥青沾污;④食品生产加工过程中防止润滑油污染食品;⑤运用活性炭吸附食品中的B(a)P;⑥制定食品限量标准。

5. 杂环胺类化合物污染　食物中蛋白质、氨基酸在加工烹调中,由于燃烧不完全可产生杂环胺化合物。20世纪70年代,日本学者首次证实直接以明火或炭火炙烤的烤鱼具有强致突变性,以后在烤肉甚至是一般烹调加工的肉中也检出致突变性,经研究,发现了杂环胺类化合物。杂环胺类化合物包括氨基咪唑氮杂芳烃(AIAs)和氨基咔啉两类。食物中杂环胺类化合物污染主要有以下来源:

(1) 烹调方式:膳食杂环胺的污染水平主要受食品的烹调方式、烹调温度和烹调时间的影响。加热反应主要产生AIAs类杂环胺。加热温度是杂环胺形成的重要影响因素,当温度从200℃升至300℃时,杂环胺的生成量可增加5倍;烹调时间对杂环胺的生成亦有一定影响,在200℃油炸温度时,杂环胺主要在前5min形成,在5~10min形成减慢,进一步延长烹调时间则杂环胺的生成量不再明显增加;食品中的水分是杂环胺形成的抑制因素,故烧、烤、煎、炸等直接与火接触或与灼热的金属表面接触的烹调方法由于可使水分很快丧失且温度较高,产生杂环胺远远多于炖、焖、煨、煮及微波炉烹调等温度较低、水分较多的烹调方法。因此,加热温度愈高、时间愈长、水分含量愈少,产生的杂环胺愈多。

(2) 食物成分:蛋白质的含量和氨基酸构成对杂环胺的生成有较大影响。在烹调温度、时间和水分相同的情况下,蛋白质含量较高的食物产生杂环胺较多,而且蛋白质的氨基酸构成也直接影响所产生杂环胺的种类。另外,肌酸或肌酐是杂环胺中α-氨基-3-甲基咪唑基团的主要来源,故含有肌肉组织的食品可大量产生AIAs类杂环胺,且肉类中的肌酸含量也是杂环胺形成的主要限速因素之一。

(3) 美拉德反应(maillard reaction)在杂环胺的形成中可能起到催化作用,有研究表明糖中的碳原子可以进入一些杂环胺中,如糖与氨基酸、肌酸在一定条件下可产生大量杂环物质,其中一些可进一步反应生成杂环胺。不同的氨基酸在美拉德反应中生成杂环物的种类和数量不同,最终生成的杂环胺也有较大差异。

杂环胺类化合物体内代谢与毒性:杂环胺经口摄入后,很快吸收并通过血液分布于体内的大部分组织,肝脏是其重要的代谢器官,肠、肺、肾等组织也有一定的代谢能力。杂环胺需经过代谢活化后才具有致突变性和致癌性,杂环胺代谢解毒主要是经过环氧化以及与葡糖醛酸、硫酸或谷胱甘肽的结合反应。机体解毒能力与代谢活化的相对强度,是决定杂环胺致突变性、致癌性的重要因素之一。研究表明当实验所用的剂量大大超过食品中的实际含量时,杂环胺对啮齿类动物具有致癌性,并有剂量-效应关系。

杂环胺类化合物污染防治措施:①改变不良的烹调方式和饮食习惯:不要使烹调温度过高,不要烧焦食物,并应避免过多食用烧烤煎炸的食物;在烹炸的鱼、肉表面涂抹淀粉糊、肉类烹调前先用微波预热,可减少杂环胺生成。②增加蔬菜水果的摄入量:膳食纤维有吸附杂环胺并降低其活性的作用,蔬菜水果中的酚类、黄酮类等成分有抑制杂环胺的致突变性和致癌性的作用。③加强食物中杂环胺含量监测,深入研究杂环胺的生成及其影响条件、体内代谢、毒性作用及其阈剂量等,为制定食品中的杂环胺限量标准提供科学依据。

6. 食品接触材料及其制品污染 指食品在生产、加工、包装、运输、贮存和使用过程中用于食品包装的容器、材料、工具、设备以及可能直接或间接接触食品的油墨、黏合剂、润滑油等在与食品、食品添加剂接触的过程中,其中的有毒有害成分会向食品、食品添加剂迁移,特别是使用工业级原料和再生废料生产的产品而导致的污染。

(1) 食品接触材料及其制品的安全要求:①食品接触材料及制品中的物质迁移到食品中的量不应危害人体健康;②食品接触材料及制品在与食品接触时,不应造成食品成分、结构或色香味等性质的改变,不应对食品产生技术功能,但有特殊规定的除外,如新型食品接触材料(活性和智能材料);③食品接触材料及制品中使用的物质在可达到预期效果的前提下应尽可能降低在食品接触材料及制品中的用量,并应符合相应的质量规格要求;④对于不和食品直接接触的、与食品之间有有效阻隔层阻隔的、未列入相应食品安全国家标准的物质,食品接触材料及制品生产企业应对其进行安全性评估和控制,使其迁移到食品中的量不超过 0.01mg/kg;⑤致畸、致癌、致突变物质及纳米物质不适用于以上原则,需按照相关法律法规规定执行。

(2) 食品接触材料及其制品的安全监督管理:我国正在建立和完善由基础标准、产品标准、检验方法标准、生产规范构成的食品接触材料标准体系和监督管理体系。因食品接触材料所使用的化学物质以及残留物质数量巨大,多数缺乏充分毒理学资料,且迁移到食品中的量极其微量,因此对其安全进行监督管理应以风险评估为基础,以企业对生产过程的安全控制为主。监督管理的重点包括以下几个方面:①新品种的审批:生产食品接触材料的新品种、用于生产食品接触材料的新原料或新添加剂、扩大使用范围或使用量的食品接触材料及其添加剂、首次进口食品接触材料新品种的,应当按照《食品相关产品新品种申报与受理规定》向国家卫生行政部门的技术审评机构报批。对已批准的原辅料和添加剂的安全性有质疑的,或有证据表明其安全性可能存在问题的,国家卫生行政部门应当按照《食品相关产品新品种行政许可管理规定》,及时组织专家进行重新评估。②食品接触材料及制品用添加剂的管理:保证添加剂使用的安全是保证食品接触材料及制品安全的重要前提。③食品接触材料及制品的生产许可:按照国家有关工业产品生产许可证管理的规定,质量监督部门对食品接触材料及制品实施生产许可,并对其生产活动实施监督管理。④进出口食品接触材料的监督管理:出入境检验检疫部门对进出口食品接触材料实施监督管理。

具体的食品接触材料及其制品存在的主要卫生问题及其技术要求请参见相关参考书。

(三) 食品的物理性污染

物理性污染是指由于食品受到放射性污染物或外来杂物的污染,影响了食品应有的感观性状与营养价值,导致食品质量下降的过程。其中最受人们关注的是放射性污染物对食品的污染。食品中的放射性核素可以是天然存在的或因环境污染所致。食品中的天然放射性核素主要是 ^{40}K(钾)和少量的 ^{226}Ra(镭)、^{228}Ra、^{210}Po(钋)以及 ^{232}Th(钍)和 ^{238}U(铀)等。核爆炸、核废物的排放和意外事故泄漏造成的环境放射性核素的污染主要为 ^{131}I(碘)和 ^{129}I、^{90}Sr(锶)、^{89}Sr 和 ^{137}Cs(铯)等。

食品放射性污染对人体的危害主要表现为对免疫系统、生殖系统的损伤和致癌、致畸和致突性。

食品的杂物污染主要来源于食品生产、储存、运输、销售过程的污染物以及食品的掺杂掺假。食品杂物污染的防治措施主要有：①加强食品生产、储存、运输、销售过程的监督管理，执行良好生产规范（GMP）；②改进加工工艺，定期清洗食物存放场所，防尘、防虫、防鼠等；③制定食品安全标准；④严格贯彻《食品安全法》，严厉打击食品掺杂掺假违法行为。

二、食品添加剂

（一）食品添加剂的定义和功能

世界各国对食品添加剂（food additives）的定义不尽相同，按照《食品添加剂使用标准》，中国对食品添加剂定义为：为改善食品品质和色、香、味以及防腐、保鲜和加工工艺的需要而加入食品中的人工合成或者天然物质。食品用香料、胶基糖果中基础剂物质、食品工业用加工助剂也包括在内。

食品添加剂大大促进了食品工业的发展，并被誉为现代食品工业的灵魂，这主要是它给食品工业带来许多好处：①它能够改善食品的品质，提高食品的质量和保藏性，满足人们对食品风味、色泽、口感的要求；②它能够使食品加工和制造工艺更合理、更卫生、更便捷，有利于食品工业的机械化、自动化和规范化；③它能够使食品工业节约资源，降低成本，在极大地提升食品品质和档次的同时，增加其附加值，产生明显的经济效益和社会效益。

（二）食品添加剂的分类

食品添加剂可按其来源、功能和安全性评价等的不同来划分。食品添加剂按来源可分为三类：一类是天然提取物；二类是利用生物技术（酶法和发酵法）制取的物质，如柠檬酸等，它们有的虽是化学合成的但其结构和天然化合物结构相同；三类是纯化学合成物，如苯甲酸钠。目前，天然食品添加剂品种较少，价格偏高，许多价格低廉的合成食品添加剂，仍占据着食品添加应用的主流。按功能用途可将食品添加剂分为许多类别。目前，我国商品分类中的食品添加剂种类共有35类，包括增味剂、消泡剂、膨松剂、着色剂、防腐剂等，含添加剂的食品达万种以上。我国的《食品安全国家标准·食品添加剂使用标准》（GB2760—2014）将其分为22个功能类别，见表3-3。

表3-3　食品添加剂功能类别与代码（GB2760—2014）

名称	代码	名称	代码	名称	代码	名称	代码
酸度调节剂	01	胶基糖果中的基础剂	07	面粉处理剂	13	增稠剂	19
抗结剂	02	着色剂	08	被膜剂	14	食品用香料	20
消泡剂	03	护色剂	09	水分保持剂	15	食品工业用加工助剂	21
抗氧化剂	04	乳化剂	10	防腐剂	16	其他	22
漂白剂	05	酶制剂	11	稳定和凝固剂	17		
膨松剂	06	增味剂	12	甜味剂	18		

食品添加剂根据安全评价作用不同划分为GRAS物质、A、B、C四类。GRAS物质一般认为是安全的物质，不需要建立ADI值，可以按照正常需要使用的；A类是FAO/WHO设立的食品添加剂联合专家委员会（JECFA）进行安全性评价，已制定ADI值和暂定ADI值者；B类是JECFA曾进行过安全评价，但毒理学资料不足，未建立ADI值，或者未进行过安全评价者；C类是JECFA认为在食品中使用不安全或应该严格限制作为某些食品的特殊用途者。

（三）食品添加剂的使用原则和管理

1. 使用原则

（1）食品添加剂本身应该经过充分的毒理学鉴定程序，证明在使用限量范围内长期使用对人体安全无害。

（2）食品添加剂应有严格的卫生标准和质量标准，有害杂质不得检出或不能超过允许限量。

（3）不影响食品感官理化性质，对食品营养成分不应有破坏作用，也不影响食品的质量及风味。

（4）食品添加剂在达到一定使用目的后，经加工、烹调或贮存时，能消除或破坏，避免摄入人体，则更为安全。

（5）食品添加剂在进入人体后，最好能参加人体正常的物质代谢；或能被正常解毒过程解毒后全部排出体外；或因不被消化道吸收而全部排出体外；不能在人体内分解或与食品作用形成对人体有害的物质。

（6）不得使用食品添加剂掩盖食品的缺陷或作为伪造的手段。

2. 卫生管理　2009年6月1日，我国颁布《中华人民共和国食品安全法》并于2015年10月1日起实施修订后的《中华人民共和国食品安全法》，在此基础上，在安全性评价和标准方面、生产环节、流通环节，以及餐饮服务环节先后制定颁布并多次修订了一系列法律法规，如《食品添加剂使用卫生标准》(GB2760)、《食品添加剂新品种管理办法》《食品添加剂新品种申报与受理规定》《食品生产许可管理办法》《食品添加剂生产监督管理规定》《关于进一步加强整顿流通环节违法添加非食用物质和滥用食品添加剂工作的通知》《餐饮服务食品安全监督管理办法》等，对食品添加剂的生产、经营和使用进行严格管理。

三、转基因食品

近年，随着现代生物技术的发展，转基因食品作为现代生物技术的必然产物走进了我们的生活。随着转基因食品市场消费的日益增多，在赋予传统食品以新特性的同时，转基因食品的安全性及其对生态环境影响也逐渐引起了各国政府和国际组织的广泛关注。

1. 转基因食品的定义　转基因食品(genetically modified food, GMF)是指利用基因工程技术将某些生物的有利基因转移到其他动物、植物和微生物中，改造它们的遗传物质，使其在性状、营养品质、消费品质等方面向人们所需要的目标转变，以这些生物直接生产的食品或为原料加工制成的食品。我国目前明文规定的转基因食品有5类17种及其产品，包括：转基因动植物和微生物产品；转基因动植物和微生物直接加工品；以转基因动植物、微生物或者其直接加工品为原料生产的食品和食品添加剂等。

2. 转基因食品的安全管理　随着转基因食品大量投放市场，国际社会更加关注其安全性问题，当前对于转基因食品实施卫生管理，实际上主要是在这类食品的源头进行安全性管控。目前，对转基因食品安全管理，中国、美国、日本与加拿大等国先后出台了相应的法律和管理办法，主要包括食用安全性评价和实行强制标识或自愿标识，让消费者自己选择是否使用转基因食品。

我国在开始转基因技术研究的同时，国务院各部门就非常重视转基因技术的安全问题。1993年12月，原国家科学技术委员会发布了《基因工程安全管理办法》，提出了转基因技术的申报、审批和安全控制。1996年7月，原农业部发布了《农业生物基因工程安全管理实施办法》，强调登记审查制度。2001年5月国务院公布了《农业转基因生物安全管理条例》，对转基因生物的研究、试验和生产，规定了要有转基因生物安全证书、生产许可证和经营许可证等。2002年3月原农业部又发布了《农业转基因生物标识管理办法》《农业转基因生物安全评价管理办法》《农业转基因生物进口安全管理办法》。2007年12月1日《新资源食品管理办法》正式实施，1990年7月28日由原卫生部颁布的《新资源食品卫生管理办法》和2002年4月8日由原卫生部颁布的

《转基因食品卫生管理办法》同时废止。任何从事农业转基因生物加工的单位和个人,都必须依据原农业部 2006 年发布的《农业转基因生物加工审批办法》所规定的程序,取得加工所在地省级人民政府农业行政主管部门颁发的农业转基因生物加工许可证,并具备规定的生产设备和设施条件以及安全管理制度。2016 年原农业部修订了《农业转基因生物安全评价管理办法》,要求对用于农业生产或者农产品加工的植物、动物、微生物三大类农业转基因生物及其产品,要以科学为依据,以个案审查为原则,开展其对人类、动植物、微生物和生态环境构成的危险或潜在风险的安全性评价。在重新修订的《中华人民共和国食品安全法》中有三处提及转基因食品,条款修改的要义体现为:在食品包装、标签上标注农业转基因生物标识是依法作出的强制性规定,不得违反;对转基因食品进行食品安全管理,要通过严格执行针对转基因食品而制定的上述行政法规和部门规章的各项规定来实现。

3. 转基因食品的安全性评价　转基因食物从 1993 年出现到现在二十余年,并未经过长期的安全性试验,还存在许多不确定因素。转基因食品安全性评价的内容包括:免疫安全评价、营养学评价、毒理学评价、肠道微生物安全性评价及过敏性评价。除了以上评价指标外,还有一些超过预期效应之外的非预期评价,主要包括转基因食品本身的非期望效应和人体或动物服用了转基因食品后的非预期评价。随着现代生物学技术的不断发展和人们对食品安全问题的日益重视,转基因食品的安全性评价指标越来越规范和多样化,对于转基因食品的准入制度也越来越严格。

4. 转基因食品的监督管理　2006 年原卫生部颁布《新资源食品管理办法》第八条规定"卫生部建立新资源食品安全性评价制度。新资源食品安全性评价采用危险性评估、实质等同等原则。"危险性评估是指对人体摄入含有危害物质的食品所产生的健康不良作用可能性的科学评价,包括危害识别、危害特征的描述、暴露评估、危险性特征的描述四个步骤。实质等同是指如某个新资源食品与传统食品或食品原料或已批准的新资源食品在种属、来源、生物学特征、主要成分、食用部位、使用量、使用范围和应用人群等方面比较大体相同,所采用工艺和质量标准基本一致,可视为它们是同等安全的,具有实质等同性。为保证新技术食品的质量和安全,对于已有相关法律规定的转基因技术食品,一方面应依据已有的法规和标准严格监督和管理,另一方面应继续完善新技术食品相关法律、法规和安全标准体系。明确规定生产企业如何申报新技术食品生产、监督部门如何审批许可、产品应达到的安全和卫生要求及合理的烹调制作方法等。

第六节　食源性疾病

食源性疾病(foodborne disease)是一个致病因子广泛,发病频繁,波及面广,涉及人口多,对人体健康和社会经济影响较大的最常见的疾病之一,为世界范围最为突出的公共卫生问题之一,但其发生是可以有效监控及预防的。

一、食源性疾病

WHO 对食源性疾病的定义为"通过摄食进入人体内的各种致病因子引起的、通常具有感染或中毒性质的一类疾病"。其中食物中毒、食源性寄生虫病、经食物而感染的肠道传染病、人畜共患病及食物中有毒有害污染物引起的中毒性疾病等均属于食源性疾病的范畴。随着人们对疾病认识的发展和深入,由食物营养不平衡造成的某些慢性疾病(心脑血管疾病、肿瘤、糖尿病等)及食源性变态反应性疾病也被纳入食源性疾病的范畴。

食源性疾病包括三个基本要素:①食物是携带和传播病原物质的媒介;②导致人体罹患疾病的病原物质是食物中所含有的各种致病因子;③临床特征为急性、亚急性中毒或感染。

(一) 食源性疾病的致病因子
引起人类食源性疾病的致病因子多种多样,主要包括生物性、化学性和物理性三大类。

1. **生物性因素**

(1) 细菌及其毒素：细菌及其毒素是引起食源性疾病最重要的病原物。细菌主要包括：①引起细菌性食物中毒的病原菌；②引起人类肠道传染病的病原菌；③引起人畜共患病的病原菌。这些细菌及其毒素可通过其污染的食物进入人体而致病。

(2) 真菌及其毒素：包括黄曲霉、赭曲霉、镰刀菌、展青霉、杂色曲霉等及其产生的毒素。

(3) 病毒和立克次体：可引起腹泻或肠道传染病，如轮状病毒、柯萨奇病毒、埃可病毒、腺病毒、冠状病毒，诺如病毒、甲型肝炎病毒、朊粒等。

(4) 寄生虫和原虫：可引起人畜共患寄生虫病的有囊尾蚴（绦虫）、毛线虫（旋毛虫）、弓形虫以及其他寄生虫。

(5) 有毒动物及其毒素：河豚体内的河豚毒素、某些海鱼体内的雪卡毒素、贝类中的石房蛤毒素等，除此之外，还包括动物性食物储存时产生的毒性物质，如鱼体不新鲜或腐败时所形成的组胺。

(6) 有毒植物及其毒素：果仁尤其是苦杏仁及木薯中的氰苷类；粗制棉籽油中所含的毒棉酚；四季豆中的皂素；鲜黄花菜中的类秋水仙碱；马铃薯在储存时其芽眼处产生的龙葵素等。

2. **化学性因素**　主要包括农药残留；兽药（抗生素）残留；不符合要求的食品生产工具、食品接触材料以及非法添加物；有毒有害化学物质如镉、铅、砷、偶氮化合物等；食品加工中可能产生的有毒化学物质，如反复高温加热油脂产生的油脂聚合物；烘烤或烟熏动物性食物产生的多环芳烃类；食品腌制过程中产生的亚硝酸盐等。

3. **物理性因素**　主要来源于放射性物质的开采、冶炼、国防核武器以及放射性核素在生产活动和科学实验中使用时，其废弃物不合理的排放及意外性的泄漏，通过食物链的各个环节污染食品，尤其是半衰期较长的放射性核素 ^{131} 碘、^{90} 锶、^{137} 铯等污染的食品，可引起人体慢性损害及远期的损伤效应。

(二) 食源性疾病的流行病学特征

食源性疾病是一个日趋严重的公共卫生问题。2015 年，世界卫生组织首次估算了细菌、真菌毒素、病毒、寄生虫和化学品等 31 种病原体造成的食源性疾病负担，并指出全球每年有多达 6 亿人或近十分之一的人因食用受到污染的食品而患病。造成 42 万人死亡，其中 5 岁以下儿童 12.5 万人，几乎占食源性疾病死亡的 30%。该报告指出，腹泻病占食源性疾病的 50% 以上，每年有 5.5 亿人患病和 23 万人死亡。儿童是患食源性腹泻病危险性极高的人群，每年有 2.2 亿儿童患病和 9.6 万儿童死亡。

从世界范围来看，非洲和东南亚的食源性疾病发病率和死亡率均最高，我国食源性疾病的发病亦呈上升趋势。目前世界上只有少数发达国家建立了食源性疾病年度报告制度，且漏报率较高，可高达 90%，发展中国家的漏报率在 95% 以上。据 WHO 报告，食源性疾病的实际病例数要比报告的病例数多 300~500 倍，报告的发病率不到实际发病率的 10%。

腹泻病通常是因为食用受到诸如病毒、弯曲杆菌、沙门氏菌和致病性大肠埃希氏菌污染的未煮熟的肉、蛋、新鲜农产品和乳制品所致。导致食源性疾病的其他因素还有伤寒、甲肝、猪带绦虫（条虫）和黄曲霉毒素等。非伤寒沙门氏菌引起的疾病，是全世界所有地区的公共卫生问题；其他疾病如伤寒、食源性霍乱以及由致病性大肠埃希氏菌引起的疾病在低收入国家更为常见；而弯曲杆菌是高收入国家的重要病原菌。

(三) 食源性疾病的监测

无论在发达国家还是在发展中国家，食源性疾病都是重要的公共卫生问题。不仅影响到人类的健康，而且对经济、贸易甚至社会安定产生极大的影响。世界各国纷纷建立起食源性疾病监测系统，以保障全球食品安全战略的实施。

1. **国际食源性疾病监测**　国际组织和世界各国建立了多个监测网络，如 WHO 建立的全球沙门氏菌监测系统(WHO Global Salm-Surv,WHO GSS)、美国食源性疾病主动监测网(FoodNet)、美国 PulseNet 实验室网络、美国国家食源性疾病病原菌耐药性监测系统(National Antimicrobial Resistance Monitoring System,NARMS)、欧盟 Enternet、丹麦综合耐药性监测和研究项目(DANMAP)等。

2. **中国食源性疾病监测** 我国自 2000 年起建立国家食源性致病菌监测网,对食品中的沙门氏菌、肠出血性大肠埃希氏菌 O157:H7、单核细胞增生李斯特氏菌和弯曲菌进行连续主动监测,2002 年建立食源性疾病监测网,2005 年我国制订了与 5 种肠道传染病(痢疾、伤寒/副伤寒、霍乱、小肠结肠炎耶尔森菌、大肠埃希氏菌 O157:H7)相关的监测方案,在全国对暴发疫情、病原学、细菌耐药性和流行因素进行监测。

2010 年,国家开始建立全国食源性疾病(包括食物中毒)报告系统和疑似食源性异常病例/异常健康事件报告系统。食物中毒报告系统的报告对象是所有处置完毕的发病人数在 2 人及以上,或死亡人数为 1 人及以上的食源性疾病事件。异常病例报告系统所针对的是一组用目前的知识难以解释的可能与食品有关的疾病或事件。在我国的监测系统中,食源性疾病发病人数在 2 人以下者未纳入上报范畴,同时食源性慢性损害也不在上报之列,所以,我国食源性疾病的漏报率仍不容忽视。

二、人兽共患传染病

人畜共患传染病(anthropo zoonoses)是指人和脊椎动物之间自然感染和传播的疾病。该类疾病的病原体既可存在于动物体内,也可存在于人体内,人畜共患疾病通常由动物传染给人,由人传染给动物的比较少见。

(一)炭疽

炭疽(anthrax)是由炭疽杆菌(*Bacillus anthracis*)引起的烈性传染病。通常本病主要发生在畜间,以牛、羊、马等草食动物最为多见;人患本病多是由于接触病畜或染菌皮毛等所致。

1. **病原** 炭疽杆菌在未形成芽胞之前,55~58℃、10~15min 可被杀死。炭疽杆菌在空气中 6h 时形成芽胞,炭疽杆菌的芽胞具有强大的抵抗力,需 140℃ 干热、3min 或 120℃ 高压蒸汽、10min 方能杀灭,能在土壤中存活 15 年。其传染途径主要经过皮肤接触或由空气吸入,因食用被污染食物引起的胃肠型炭疽较少见。

2. **流行病学** 炭疽呈世界性分布,各大洲均有炭疽发生或流行的报道。炭疽在我国普遍存在,全国的发病数在数百至千余例,以西部地区发病较多。一年四季均可发病,7~9 月呈现高峰,多为散发。

3. **临床表现** 炭疽主要是牛、羊和马的传染病,潜伏期 1~5d,呈急性炭疽(电击型)。牲畜突然发病,知觉丧失、倒卧、呼吸困难、脾大、天然孔流血、血液呈沥青样暗黑色且不易凝固。猪多患慢性局部炭疽,病变部位在颌下、咽喉与肠系膜淋巴结,病变淋巴结剖面呈砖红色、肿胀、质硬,宰前一般无症状。

临床上常依人感染途径不同分为体表感染(皮肤)炭疽、经口感染(肠)炭疽、吸入感染(肺)炭疽。病程中常并发败血症、脑膜炎等,最终可因毒素引起机体功能衰竭而死亡,除皮肤炭疽外,肠炭疽和肺炭疽病死率较高,危害严重。

4. **病畜肉处理及预防措施** 发现炭疽病畜必须在 6h 内立即采取措施,防止芽胞形成。病畜一律不准屠宰和解体,应整体(不放血)高温化制或 2m 深坑加生石灰掩埋,同群牲畜应立即隔离,并进行炭疽芽胞疫苗和免疫血清预防注射。若屠宰中发现可疑患畜应立即停止,将可疑部位取样送检。当确证为炭疽后,患畜尸体不得再行尸解,应立即火化。屠宰人员的手和衣服需用 2% 甲酚皂液(来苏液)消毒并接受青霉素预防注射。饲养间、屠宰间需用含 20% 有效氯的漂白粉液、2% 高锰酸钾或 5% 甲醛消毒 45min。对牲畜普遍实施疫苗接种是预防牲畜感染最有效的方法,当接种头数达到畜群总数的 70% 时,能够产生有效的保护作用。

(二) 鼻疽

鼻疽(glanders)是由鼻疽假单胞菌引起的烈性传染病,主要有马、骡和驴患病,羊、猫、犬、骆驼、家兔、雪貂等也可被感染,患病动物为本病的传染源。

1. **病原** 鼻疽假单胞菌为革兰阴性需氧杆菌,是一种不形成芽胞及荚膜、无鞭毛、不能运动、生化反应不活泼的杆菌。自然感染主要通过与病畜接触,经消化道、损伤的皮肤、黏膜以及呼吸道传染。

2. **流行病学** 20 世纪以前,鼻疽病在人和动物中流行很广泛,遍及世界各国。目前许多国家已基本消灭本病,国内仍可见于各养马地区,人鼻疽病与职业有明显关系,多发生于兽医、饲养员、骑兵及屠宰工人中,多数为男性,年龄多在 20~40 岁之间。本病无季节性,多呈散发或地方性流行。

3. **临床表现** 鼻疽的潜伏期不定,一般为数小时至 3 周,部分携菌者可潜伏数月甚至几年。临床上常分为急性型和慢性型。急性型在病初表现为体温升高,呈不规则热(39~41℃)和颌下淋巴结肿大等全身性变化。病畜可表现为肺鼻疽、鼻腔鼻疽和皮肤鼻疽。典型的症状为鼻腔、喉头和气管内有粟粒状大小、高低不平的结节或边缘不齐的溃疡,在肺、肝、脾也有粟米至豌豆大小不等的结节。结节破溃后排出脓汁,形成边缘不整、喷火口状的溃疡,底部呈油脂样,难以愈合。

人感染后主要表现为急性发热,呼吸道、皮肤、肌肉处出现、坏死、脓肿和肉芽肿。有些呈慢性经过、间歇性发作,病程迁延可达数年之久。

4. **病畜处理** 对患鼻疽的病畜处理同炭疽。

(三) 口蹄疫

口蹄疫(foot and mouth disease)是由口蹄疫病毒引起的,在猪、牛、羊等偶蹄动物之间传播的一种急性传染病,是高度接触性人畜共患传染病。

1. **病原** 口蹄疫病毒由一条单链正链 RNA 和包裹于周围的蛋白质组成,病毒外壳为对称的 20 面体。口蹄疫病毒没有囊膜,对脂溶剂不敏感。对酸、碱较敏感,1%~2% 的氢氧化钠溶液、4% 碳酸钠溶液 1min 可灭活病毒。其耐热性差,60℃经 15min、70℃经 10min 和 80℃经 1min 可被杀灭。而病畜的肉只要加热超过 100℃也可将病毒全部杀死。人对口蹄疫病毒有易感性,主要经消化道、呼吸道、皮肤黏膜感染。

2. **流行病学** 患病动物是主要的传染源,患病初期的排毒量最大、毒力也最强。人患口蹄疫的病例很少,1965 年首次报道了人体感染口蹄疫病例,我国也有人感染口蹄疫的报道。

3. **临床表现** 病畜以蹄部的水疱为主要特征,患肢不能站立,常卧地不起,表现为体温升高,在口腔黏膜、牙龈、舌面和鼻翼边缘出现水疱或形成烂斑,口角线状流涎等,未断奶仔猪的口蹄疫常表现为急性胃肠炎或心肌炎而突然死亡。人经口蹄疫病毒传染,经过 2~18 天的潜伏期后突然发病,表现为发热,口腔干热,唇、齿龈、舌边、颊部、咽部潮红,出现水疱(手指尖、手掌、脚趾),同时伴有头痛、恶心、呕吐或腹泻。病人在数天后痊愈,愈后良好,但有时可并发心肌炎。病人对人基本无传染性,但可把病毒传染给牲畜,再度引起畜间口蹄疫流行。

4. **病畜肉处理及预防措施** 一旦发现牲畜患病,应立即对患畜隔离,并对饲养场所进行随时和终末消毒,必要时应对患口蹄疫的同群牲畜予以无出血法扑杀,所有病死牲畜、被扑杀牲畜尸体及其产品、排泄物以及被污染或可能被污染的垫料、饲料和其他物品应当进行深埋、焚烧等无害化处理。同时还应做好健康动物和人群的预防工作,屠宰场所、工具和工人衣服均应进行消毒。屠宰时体温正常的病畜,则去骨肉及内脏经后熟处理,即在 0~6℃时经 48h 时或大于 6℃经 30h、或 10~12℃时经 24h 存放后方可食用。饲养员、兽医、屠宰工作者,要注意个人卫生,加强自我防护,同时要做好环境卫生工作,以减少感染发病。要加强卫生防疫,定期对饲养场所进行消毒,并对饲养动物及时有效地给予疫苗接种。

（四）结核病

结核病（tuberculosis）是由结核杆菌引起的慢性传染病，牛、羊、猪和家禽均可感染。牛型和禽型结核可传染给人。

1. **病原**　结核分枝杆菌为长 1.5~4.0μm，宽 0.2~0.6μm 的细长、正直或微弯曲的杆菌，有时菌体末端有不同的分枝，有的两端钝圆，无鞭毛、无荚膜、无芽胞，没有运动性。结核分枝杆菌由于含有大量的类脂和蜡质成分，对外界的抵抗力较强。它在干燥状态可活 2~3 个月，在腐败物和水中可存活 5 个月，在土壤中可存活 7 个月到 1 年。但此菌对湿热抵抗力较差，60℃、30min 即失去活力。结核病主要通过咳嗽的飞沫及痰干后形成的灰尘而传播，人还会通过喝含菌牛乳而被感染。

2. **流行病学**　结核病分布广泛，世界各国均有发生，尤其在南美及亚洲国家流行较为严重。

3. **临床表现**　病畜表现为消瘦、贫血、咳嗽，呼吸音粗糙、有啰音。颌下、乳房及体表淋巴结肿大变硬。如为局部结核，有大小不一的结节，呈半透明或灰白色，也可呈干酪样钙化或化脓等。

4. **病畜肉处理及预防措施**　全身性结核且消瘦的病畜肉全部销毁，不消瘦者则病变部分切除销毁，其余部分经高温处理后食用。个别淋巴结或脏器有结核病变时，局部废弃，肉尸不受限制。

预防结核病传播的重要措施是：早发现、严隔离、彻底治疗。牛乳应煮后食用，婴儿普种卡介苗。对畜群结核病的预防通过加强检疫、隔离，防止疫病扩散；对患病动物全部扑杀；对受威胁的畜群（病畜的同群畜）实施隔离。病死和扑杀的病畜，进行焚毁或掩埋。对病畜和阳性畜污染的场所、用具、物品进行严格消毒。

（五）布鲁氏菌病

布鲁氏菌病（brucellosis）是由布鲁氏菌引起的慢性接触性传染病，绵羊、山羊、牛及猪易感。

1. **病原**　布鲁氏菌属是一类革兰氏阴性的短小杆菌，有荚膜，无芽胞，无鞭毛，为需氧菌。在自然界中抵抗力较强，土壤中可存活 24~40 天，在病畜肉制品中可存活 40 天，水中可生存 5~150 天。对一般消毒剂敏感。可通过消化道感染，也可以经皮肤、黏膜和呼吸道感染。

2. **流行病学**　布鲁氏菌病具有分布广泛、侵犯多宿主的特点，它既侵犯人群，也伤害家畜，又能感染多种野生动物。在世界上 200 多个国家和地区中有近 170 个国家和地区的人畜中存在布鲁氏菌病。布鲁氏菌病有明显的季节性高发，以及间隔不定多发年的特点；流行的形式以多发的、分散的点状流行代替了大规模的暴发流行形式；人的发病分布与畜类发病分布一致，在我国青海、内蒙古等几大牧区均为流行疫区。

3. **临床表现**　布鲁氏菌一般容易在生殖器官——子宫和睾丸中繁殖，特别是怀孕的子宫，致使胚胎绒毛发生坏死，胎盘松动，引起胎儿死亡或流产。布鲁氏菌靠较强的内毒素致病，尤以羊布鲁氏菌的内毒素毒力最强。家畜感染布鲁氏菌后临床症状轻微，有的几乎不表现任何症状，但能通过分泌物和排泄物不断向外排菌，成为最危险的传染源。患畜症状轻微，个别表现为关节炎，雄畜多出现睾丸炎，雌畜表现为传染性流产、阴道炎、子宫炎等。人感染布鲁氏菌较家畜严重，病情复杂，表现为乏力，全身软弱，食欲缺乏，失眠，咳嗽，有白色痰，可听到肺部干鸣音，多呈波浪热，也有稽留热、不规则热或不发热。盗汗或大汗，睾丸肿大，一个或多个关节发生无红肿热的疼痛、肌肉酸痛等。

4. **病畜肉处理及预防措施**　无论宰杀前还是宰杀后发现布鲁氏菌病，其肉品与内脏均应高温处理或盐腌等无害化处理后再用。如牲畜生前血清学诊断为阳性，但无临床症状，宰后也未发现病变，其生殖器官与乳房必须废弃，其余不受限制。阉牛、公牛和猪的肉尸和内脏可以食用，母牛和母羊的肉尸和内脏均须高温处理后食用。

（六）疯牛病

疯牛病是牛海绵状脑病（bovine spongiform encephalopathy，BSE）的俗称，其病理改变是脑海绵状变性,并伴有严重的神经系统症状和体征。疯牛病属于"可传播性海绵状脑病(transmissible spongiform encephalopathy, TSE)"中的一种,病死率100%。TSE在人类表现为克-雅病,在动物还表现为羊瘙痒病等。

1. **病原** 疯牛病是由一种非常规的病毒——朊病毒(prion)引起的。朊病毒又称朊蛋白或朊粒,它不含有一般病毒所含有的核酸,也没有病毒的形态,却能在动物体内复制,从没有感染性转化为具有感染性。其主要成分是一种蛋白酶抗性蛋白,能够抵抗蛋白酶的作用。正因为这种结构特点,它对现有杀灭一般病毒的物理化学方法均有抵抗力,即现在的消毒方法对它都不起作用。

2. **流行病学** 20世纪80年代中期至90年代中期是疯牛病暴发流行期,主要的发病国家为英国和其他欧洲国家。英国于1986年首次确认BSE,英国在1987—1999年期间证实的疯牛病病牛达17万头,整个牛群的发病率为2%~3%。后来其他欧洲国家、北美洲和亚洲国家也出现了疯牛病。

3. **临床表现** 在BSE之前,人类早有海绵状脑病,称为克-雅病(Creutzfeldt-Jakob disease, CJD),它是一种早老性痴呆病,发病率极低,仅为百万分之一。1995年英国报告的2例"CJD病例",其发病年龄、临床表现和病理变化与经典的CJD有很大差别,根据这些病例特征将其正式命名为新变异型克-雅病,新变异型CJD的发病与BSE感染有关,食用被疯牛病病毒污染了的牛肉、牛脑髓的人,有可能患CJD,造成致命性神经变性。CJD是疯牛病在人类的表现形式,病人最初表现为冷漠、进行性共济失调、记忆受损、阵发性痉挛,多在1年内死于全身感染。

4. **病畜处理和预防措施** 对所有病畜及同群易感畜以无出血方法扑杀,病死和扑杀的病畜,予以焚化后深埋处理,不得直接掩埋。对可能污染了TSE因子的物品应尽可能焚烧处理,虽然热处理对TSE因子不能彻底灭活,但可降低其感染性。5.25%的次氯酸钠(未稀释的漂白粉)、2mol/L或更高浓度的氢氧化钠也可有效降低TSE因子的感染性。

(七) 猪链球菌病

猪链球菌病(swine streptococcicosis)是人畜共患的、由多种致病性链球菌感染引起的急性传染病。

1. **病原** 猪链球菌属于链球菌属中的一类,菌体呈圆形或椭圆形,直径小于2.0μm,一般呈链状或成双排列,革兰氏染色呈阳性。菌落小,呈灰白色透明。多数致病菌株具有溶血能力。猪链球菌分为35个血清型,即1~34型和1/2型,引起猪发病的链球菌以2型为主。溶菌酶释放蛋白和细胞外蛋白因子是猪链球菌2型的两种重要的毒性因子。猪链球菌2型在环境中的抵抗力较强,25℃时在灰尘和粪便中分别可存活24h和8d;0℃时分别可以存活1个月和3个月;在4℃的动物尸体中能存活6周;在22~25℃可存活12d;加热50℃、2h,60℃、10min和100℃可被直接杀灭。猪链球菌对一般消毒剂敏感,常用的消毒剂和清洁剂能在1min内杀死该菌。猪链球菌主要经呼吸道和消化道感染,也可以经损伤的皮肤、黏膜感染。该病可通过破损皮肤、呼吸道传染给人,严重感染时可引起人的死亡。

2. **流行病学** 猪链球菌病在世界上广泛分布。猪链球菌感染最早见于荷兰(1951年)和英国(1954年)的报道。此后,猪链球菌病在所有养猪业发达的国家都有报道。20世纪50~60年代,猪链球菌病在我国养猪场开始发生,80年代后逐渐严重。猪链球菌病流行无明显的季节性,一年四季均可发生,尤其是重症猪链球菌2型感染暴发时,致病性强,传播迅速,猪病死率高。

3. **临床表现** 猪链球菌病在临床上常见有猪败血症和猪淋巴结脓肿两种类型。其主要特征是急性出血性败血症、化脓性淋巴结炎、脑膜炎以及关节炎,其中以败血症的危害最大。在某些特定诱因作用下,发病猪群的死亡率可以达到80%以上。病猪和带菌猪是该病的主要传染源,其排泄物和分泌物中均有病原菌。

4. **病畜处理及预防措施** 本病呈零星散发时,应对病猪作无血扑杀处理,对同群猪立即进行强制免疫接种或用药物预防,并隔离观察 14d。必要时对同群猪进行扑杀处理。对被扑杀的猪、病死猪及排泄物、可能被污染的饲料、污水等按有关规定进行无害化处理;对可能被污染的物品、交通工具、用具、畜舍进行严格彻底消毒。

(八) 禽流感

禽流感是由禽流感病毒(avian influenza virus, AIV)引起的禽类感染性疾病,极易在禽鸟间传播。

1. 病原　甲型流感病毒呈多形性,其中球形直径 80~120nm,有囊膜。基因组为分节段单股负链 RNA。依据其外膜血凝素(H)和神经氨酸酶(N)蛋白抗原性的不同,目前可分为 15 个 H 亚型(H_1~H_{15})和 9 个 N 亚型(N_1~N_9)。甲型流感病毒除感染人外,还可感染猪、马、海洋哺乳动物和禽类。感染人的禽流感病毒亚型主要为 H_5N_1、H_7N_9、H_9N_2,其中感染 H_5N_1、H_7N_9 的病人病情重,病死率高。禽流感病毒对热比较敏感,65℃加热 30min 或 100℃、2min 可灭活。它在粪便中能够存活 105d,在羽毛中能存活 18d,在水中可存活 1 个月,在 pH<4.1 条件下也具有存活能力。病毒对低温抵抗力较强,在有甘油保护的情况下可保持活力 1 年以上。病毒在直射阳光下 40~48h 可灭活,如果用紫外线直接照射,可迅速破坏其传染性。禽流感病毒对乙醚、氯仿、丙酮等有机溶剂均敏感。常用消毒剂容易将其灭活,如氧化剂、稀酸、十二烷基硫酸钠、卤素化合物(如漂白粉和碘剂)等都能迅速破坏其传染性。人类主要通过接触染病的禽鸟(活鸟或死鸟)或其粪便,或接触受污染的环境(如活家禽市场)而感染禽流感病毒。

2. 流行病学　禽流感最早于 1878 年发生在意大利,随后在其他欧洲国家、南美和东南亚、美国和前苏联也有发生,现在几乎遍布全世界。1997 年我国香港地区报道了我国首例人感染禽流感病毒(H_5N_1)病例,1998 年从 1 例我国香港地区儿童体内分离到一种新的人流感病毒——禽流感病毒甲型,这是历史上第一次从人类分离出禽流感病毒。我国内地自 2004 年年初开始发生动物禽流感疫情,2005 年 10 月,湖南省报告了我国内地首例人禽流感确诊(H_5N_1)病例。甲型 H_7N_9 病毒亚型是一种低致病性禽流感病毒,于 2013 年 3 月首次在我国报告感染人,我国以外尚未见报告。人感染 H_5N_1 禽流感病例以女性居多,年龄普遍在 50 岁以下;2009—2010 年世界大流行的甲型 H_1N_1 流感主要侵袭儿童和青年;人感染 H_7N_9 禽流感病例三分之二为男性,年龄多在 50 岁以上。

3. 临床表现　人患禽流感后,早期症状与重症流感非常相似,表现为高热、流涕、鼻塞、咳嗽、咽痛、头痛、全身不适,部分病人可有恶心、腹痛、腹泻、稀水样便等消化道症状。有些病人可见眼结膜炎等眼部感染,体温大多持续在 39℃以上。部分病人有单侧或双侧肺炎,少数病人伴胸腔积液。重症病人可发生急性呼吸窘迫综合征及其他严重威胁生命的综合征。

4. 病禽肉处理及预防措施　患高致病性禽流感的动物肉品一律销毁。确认家禽患高致病性禽流感时,在动物防疫监督机构的监督指导下对疫点内所有的禽只进行扑杀。对所有病死禽、被扑杀禽、禽类产品以及禽类排泄物和被污染或可能被污染的垫料、饲料等物品均需进行无害化处理。禽类尸体需要运送时,应使用防漏容器,须有明显标志,并在动物防疫监督机构的监督下实施。对疫点内畜舍、场地以及所有运载工具、饮水用具等必须进行严格彻底消毒。

(九) 猪水疱病

猪水疱病(swine vesicular disease, SVD)是猪的一种烈性传染病,病原体为猪水疱病毒。猪水疱病流行性强,发病率高。

1. 病原　猪水疱病毒属于细小 RNA 病毒,其核酸是单链 RNA,球型,直径为 30~32nm,呈晶体状排列,只有 1 个血清型,与人柯萨奇病毒 B5 有共同抗原。猪是唯一的自然宿主,病毒主要存在于水疱皮和疱液中,内脏和肌肉含病毒量极微。疱皮中的病毒能抗强酸强碱。人的感染途径以接触感染为主。

2. 流行病学　水疱病毒主要侵犯猪,肥猪尤易得病,人也可感染。在牲畜集中、调运频繁的地区易于流行此病,如猪场和仓库传播较快,发病率可以达到70%。

3. **临床症状** 猪水疱病是一种急性、接触性传染病,经伤口感染。主要在猪的蹄部、口腔、鼻端、腹部及乳头周围皮肤和黏膜发生水疱,临床症状与猪口蹄疫相似,家畜中仅猪感染发病。

4. **病畜肉处理及预防措施** 凡发现病猪,应立即与同群的猪一起屠宰,肉尸、内脏、头、蹄、血及骨均经高温处理后方可出厂,毛皮应消毒,胃肠内容物及屠宰场所用2%~4%氢氧化钠处理,衣服用高压蒸气消毒。消毒药以5%氨水效果好,1%过氧乙酸1h可以使病毒灭活。

(十) 猪瘟、猪丹毒、猪出血性败血症

猪瘟(classical swine fever, CSF)、猪丹毒(swine erysipelas)、猪出血性败血症(swine hemorrhagic septicemia)是猪的三大传染病。由猪瘟病毒、猪丹毒杆菌、猪出血性败血症杆菌所致。

1. **病原** 猪瘟病毒是ssRNA病毒,黄病毒科瘟病毒属,其RNA为单股正链。病毒粒子呈圆形,大小为38~44nm,核衣壳是立体对称二十面体,有包膜。该病毒对乙醚敏感,对温度、紫外线、化学消毒剂等抵抗力较强。猪丹毒杆菌是革兰氏阳性小杆菌,平直或微弯,需氧,不形成芽胞和荚膜,不能运动,常单在、成对或成丛状排列。猪出血性败血症杆菌是一种两端钝圆,中央微突的短杆菌或球杆菌,不形成芽胞,不运动,无鞭毛,革兰氏染色阴性的需氧或兼性厌氧菌。

2. **流行病学** 猪瘟于1833年首先发现于美国的俄亥俄州。猪瘟遍布于全世界,具有高度接触传染性。一年四季都能发生,不分猪种、年龄、大小都可感染。由于各国的诊断和防治手段比较得力,目前许多国家和地区已先后宣布消灭了猪瘟。猪丹毒主要发生于猪,1982年首次从病猪体内分离到丹毒杆菌。猪丹毒在世界各地均有发生和流行,我国主要在农村散养户中有散发,规模化养猪场发生较少。猪出血性败血症一年四季都可发生,但在早春、晚秋多见。

3. **临床表现** 感染猪瘟的猪临床症状和病理变化,因病毒株致病力、感染时间和宿主等因素的不同而有很大差异,因此猪瘟的确诊依赖于对猪瘟病毒的实验室诊断。猪丹毒是一种急性传染病,死亡率可达80%~90%,病程多为急性败血型或亚急性的疹块型,可转为慢性,多发生关节炎和心内膜炎。人的病例多由损伤的皮肤感染,称为类丹毒,一般经2~3周而自愈。猪出血性败血症也称为猪肺疫,以急性败血症及组织和器官出血性炎症为特征。人的病例比较少,多以伤口感染。

4. **病畜肉处理及预防措施** 患病猪的肉尸和内脏有显著病变时做工业用或销毁。有轻微病变的肉尸和内脏应在24h内经高温处理后出厂,血液做工业用或销毁,猪皮消毒后可利用,脂肪炼制后方可食用;若超过24h即需延长高温处理半小时,内脏改工业用或销毁。

三、食物过敏

食物过敏(food allergy),也称为食物的超敏反应,是指摄入体内的食物中的某组成成分,作为抗原诱导机体产生免疫应答而发生的一种变态反应性疾病。存在于食品中可以引发人体食品过敏的成分称为食物致敏原(allergen)。由食物成分引起的人体免疫反应主要是由免疫球蛋白E(IgE)介导的速发过敏反应。已知结构的过敏原都是蛋白质或糖蛋白,分子量常为10~60kDa。

食物不耐受是不涉及免疫系统的、对食物的不良反应,如摄食某食物后出现胀气、打嗝、腹泻或不愉快的反应等。食物过敏和食物不耐受容易混淆,诊断时应注意区分。

(一) 流行病学特征

据WHO估计,至少有30%的人在一生中会经历一次或多次食物过敏事件,食物过敏患病率在成人中为1%~3%,在儿童中为4%~6%。

1. **婴幼儿及儿童的发病率高于成人** 婴幼儿过敏性疾病以食物过敏为主,4岁以上儿童对吸入性抗原的敏感性增加。

2. **发病率随年龄的增长而降低** 比如患病儿童随着年龄的增长对牛奶不再过敏;但对花生、坚果、鱼虾则多数为终身过敏。

3. 人群实际发病率较低　由于临床表现难以区分,常常把各种原因引起的对食物的不良反应误认为食物过敏。

(二) 常见的致敏食物以及食物过敏的症状

引起食物过敏的食物约有 160 多种,但常见的致敏食品主要有 8 类:①牛乳及乳制品(干酪、酪蛋白、乳糖等);②蛋及蛋制品;③花生及其制品;④大豆和其他豆类以及各种豆制品;⑤小麦、大麦、燕麦等谷物及其制品;⑥鱼类及其制品;⑦甲壳类及其制品;⑧坚果类(核桃、芝麻等)及其制品。

食物过敏症状一般在食用致敏食物后几分钟至一小时内出现,可持续数天甚至数周。过敏反应的特定症状和严重程度受摄入致敏原的量以及过敏者敏感性的影响。食物过敏者可出现皮肤症状,如发痒、发红、肿胀等;胃肠道症状,如腹痛、恶心、呕吐、腹泻、口腔发痒和肿胀等;呼吸道症状,如鼻和喉发痒和肿胀、哮喘等;眼睛发痒和肿胀;心血管系统症状,如胸部疼痛、心律不齐、血压降低、昏厥、丧失知觉甚至死亡。

(三) 防治措施和处理原则

1. 避免食物致敏原　预防食物过敏易感者发生食物过敏的唯一办法是避免食用含有致敏原的食物。一旦确定了致敏原应严格避免再进食,从食物中排除该食物致敏原,即不会发生过敏反应。

对含有麸质蛋白的谷物过敏的病人,要终身禁食全谷类食物,应食用去除谷类蛋白的谷类。此外,生食物都比熟食物更易致敏,烹调或加热使大多数食物抗原失去致敏性。比如,对牛奶、鸡蛋、香蕉等过敏者,可采用加热的方法降低过敏的发生。

2. 致敏食物标签　食物致敏原的标识已经成为许多国家法规的强制性要求。美国 FDA 自2000 年已经开始提供食物致敏原的信息,并提出了食物进行标签标识的要求,从而有利于食物过敏者避免食用。

3. 一旦发生食物过敏需对症处理　对 IgE 介导的过敏反应,可适当给予抗组胺类药物。

四、食物中毒

食物中毒(food poisoning)是指摄入了含有生物性、化学性有毒有害物质的食品或者把有毒有害物质当作食品摄入后出现的非传染性(不属于传染病)的急性、亚急性疾病。食物中毒不包括因暴饮暴食而引起的急性胃肠炎、食源性肠道传染病(如伤寒)和寄生虫病,也不包括因一次大量或长期少量多次摄入某些有毒有害物质引起的以慢性毒害为主要特征(如致癌、致畸、致突变)的疾病。

食物中毒发生的原因各不相同,但发病具有以下共同的特点:①有共同食物史:中毒病人有食用过共同的污染食品,发病范围和这种有毒食物分布区域范围相一致,停止食用中毒食品后,发病也很快停止;②发病潜伏期短:短期内大量用食者突然发病,来势急骤,呈暴发过程,一般病程亦较短;③无人与人之间直接传染:食物中毒的流行曲线常于发病后突然急剧上升又很快下降,只有一个高峰,无尾端余波,亦无二代病人出现;④中毒表现和治疗方法相似:这与中毒病人有相同的致病因素有关。

依据病原物分类,一般可分为以下四类:①细菌性食物中毒:指摄入含有细菌或细菌毒素的食品而引起的急性或亚急性疾病,是一类发生频数和发病人数最多、病死率较低、常发生在夏秋季的食物中毒;②真菌毒素和霉变食物中毒:指食用含有受产毒霉菌污染并产生大量霉菌毒素的食物所引起的中毒,发病率和病死率均较高,有明显的地区性和季节性的特点;③有毒动植物性食物中毒:是由于摄入含有有毒成分的动植物性食品引起的中毒,其发病率较高,病死率因动植物种类而异;④化学性食物中毒:指食用了化学性有毒食物引起的中毒,发病的季节性和地区性不明显,发病率和死亡率均较高,包括农药、鼠药、有毒金属化合物、亚硝酸盐等。

第七节　常见食物中毒的防治

一、细菌性食物中毒

细菌性食物中毒是最常见的食物中毒,分为感染型、毒素型和混合型。感染型食物中毒是指病原菌随食物进入肠道,在肠道内繁殖、附于肠黏膜或侵入黏膜及黏膜下层,引起肠黏膜的充血、白细胞浸润、水肿、渗出等炎性病理变化。某些病原菌进入黏膜固有层后可被吞噬细胞吞噬或杀灭,死亡的病原菌可释放内毒素,内毒素可作为致热原刺激体温调节中枢引起体温升高,亦可协同致病菌作用于肠黏膜,使机体产生胃肠道症状。毒素型食物中毒则是食品中的病原菌大量生长繁殖并产生肠毒素(外毒素),这些外毒素激活肠壁上皮细胞的腺苷酸环化酶或鸟苷酸环化酶。该酶催化细胞内 ATP 和 GTP 转变成 cAMP 和 cGMP,使小肠细胞的分泌功能亢进和吸收能力的降低而致腹泻。某些病原菌(如副溶血性弧菌)进入肠道除侵入黏膜引起肠黏膜的炎性反应外,还产生引起急性胃肠道症状的肠毒素。引起的食物中毒是致病菌对肠道的侵袭力及其产生的肠毒素的协同作用,因此,其发病机制为混合型。

(一) 沙门菌食物中毒

1. **病原**　沙门菌(*Salmonella*)为肠杆菌科,菌种繁多、分布广泛,已发现约 2 500 个血清型。据统计,我国发现有二百余种,主要是 A~F 群的各菌型。常引起食物中毒的有猪霍乱沙门菌(*Salmonella cholerae suis*)、鼠伤寒沙门菌(*Salmonella typhimurium*)和肠炎沙门菌(*Salmonella enteritidis*)等。

本菌为需氧或兼性厌氧的革兰阴性杆菌,生长繁殖的最适温度 20~30℃,适宜 pH 为 6.8~7.8;水中可生存 2~3 周,潮湿土壤中可越冬不死,蛋及蛋制品中也可存活数月;70℃水中经 5min 可被杀灭,煮沸立即死亡,在含盐 12%~19% 的咸肉中可生存 75d。该菌不分解蛋白质、不产生靛基质,食物被污染后无感官性状变化,常常没有可察觉的腐败现象,易被忽视。

2. **流行病学**　本菌食物中毒在许多国家占细菌性食物中毒的首位,其传染源主要是人和各种动物的肠道内容物。①季节性:全年均有发生,以 6~9 月份发生最多;②引起中毒的食品:主要是动物性食品,如肉类(特别是病死畜肉类)、蛋类、家禽、水产类以及乳类等。

3. **发病机制**　随食物进入肠道的沙门菌在小肠和结肠,特别在回盲部大量繁殖,附着于肠黏膜上皮细胞并侵入黏膜下固有层,使肠黏膜出现充血、水肿、渗出等炎性病理变化。然后经淋巴系统进入血液循环而引起一过性菌血症的全身感染。由于大量菌体在肠系膜淋巴结和网状内皮细胞内被破坏,释放出菌体内毒素,引起机体发热。此外,肠炎沙门菌、鼠伤寒沙门菌可产生肠毒素,肠毒素激活小肠黏膜细胞膜上腺苷酸环化酶,改变小肠黏膜细胞对水及电解质的吸收,使 Na^+、Cl^- 和水在肠腔潴留而致腹泻。

4. **临床表现**　潜伏期一般为 12~36h,最长 72h。中毒开始为头痛、恶心、倦怠、全身酸痛和面色苍白;以后出现腹泻、腹痛和呕吐,严重者可产生脱水症状。腹泻主要为黄绿色水样便,恶臭,间有黏液或血,一日数次至十余次。腹痛多在上腹部,伴有压疼。体温一般在 38~40℃。重症者可出现烦躁不安,昏迷谵妄、抽搐等中枢神经症状,也有出现尿少、尿闭、呼吸困难、发绀、血压下降等循环衰竭症状,甚至休克,如不及时救治,可致死亡。

沙门菌食物中毒按其临床特点分为胃肠炎型、类伤寒型、类霍乱型、类感冒型和败血症型。一般仍以胃肠炎型为主而伴随程度不同的各类型掺杂发病为最常见。

5. **诊断与治疗**　中毒判定原则:符合本菌的流行病学特点及临床表现;实验室检查从可疑食品、病人呕吐物或腹泻便中检出血清学型别相同的沙门菌;无可疑食品,从几个病人呕吐物或腹泻便中检出血清学型别相同的沙门菌也可。治疗:以对症处理为主,因吐泻较重致失水失盐者,补充水和电解质。一般病例不必使用抗生素,重症患者可考虑使用抗生素。

6. 预防措施 主要包括:①防止污染:加强对肉类食品生产企业的卫生监督及家畜、家禽屠宰前的兽医卫生检验,防止肉尸和熟肉类制品被带菌生食物、带菌容器及食品从业人员带菌者的污染。②控制繁殖:低温储存食品,加工后的熟肉制品应尽快出售。③彻底杀灭:加热杀死病原菌是防止控制沙门菌繁殖的最有效措施。在60℃加热10min可被杀死。加热肉块重量应不超过1kg,并持续煮沸2.5~3h,蛋类应煮沸8~10min。

(二)副溶血性弧菌食物中毒

1. 病原 副溶血性弧菌(*Vibrio parahaemolyticus*)为嗜盐性的革兰阴性杆菌,需氧兼性厌氧,在3%~4%氯化钠培养基和食物中生长良好,最适生长温度30~37℃,pH 7.4~8.2。本菌对酸及温热敏感,在1%醋酸中1min,60℃加热5min;90℃加热1min可将其杀死。在各种天然淡水中,生存一般不超过2d,而在海水中则可存活47d以上。

2. 流行病学 ①季节性:大多发生于5~11月,高峰在7~9月;②中毒食品:主要是海产食品,其中以各种海鱼和贝蛤类如黄花鱼、带鱼、墨鱼、海蟹、海蜇等,也多见于咸菜食品;③引起中毒的原因:主要是烹调时未烧熟煮透,烹调后又被污染且存放不当,食前加热不充分所致。此外,不卫生的凉拌拼盘及生食或半生食鱼和贝蛤类以及被染菌的厨具或容器污染的食品也可以引起中毒。

沿海地区饮食从业人员、健康人群及渔民带菌率为0~11.7%,有肠道病史者可达31.6%~88.8%,构成了人群带菌者对食品的直接污染。

3. 发病机制 副溶血性弧菌食物中毒主要为大量活菌侵入肠道及其所产生的耐热性溶血毒素对肠道的共同作用。副溶血弧菌产生的耐热性溶血素能使血琼脂培养基上出现β溶血带,即"神奈川现象"(Kanagawa phenomenon,KP)阳性。

4. 临床表现 潜伏期一般为10~24h,与摄入食物的含菌量密切相关,含菌量多则潜伏期短。发病急骤,主要表现上腹部阵发性绞痛,继而腹泻,每天5~10次。粪便为水样或糊状,少数有黏液或黏血样便,约15%的患者出现洗肉水样血水便。多数患者在腹泻后出现恶心、呕吐。体温一般37.7~39.5℃。回盲部有明显压痛。病程一般1~3d。

5. 诊断与治疗 中毒判定原则:符合本菌的流行病学特点与临床表现,经细菌学检验确定为副溶血性弧菌的即可作出诊断,有条件时进行血清学检验或动物实验。按WS/T81—1996《副溶血性弧菌食物中毒诊断标准及处理原则》进行。

本病临床以对症和抗生素进行治疗,预后一般良好,极少数严重患者,可由于休克昏迷未及时抢救而死亡。

6. 预防措施 ①防止污染:接触过海产食品的厨具、容器和手以及水池等用后均应洗刷冲净,避免造成交叉污染;②控制繁殖:低温冷藏各种食品,尤其是海产食品和各种熟制品;③杀灭病原菌:对蟹贝等海产品要煮透,达到100℃后需30min;凉拌海产品应在沸水中烫浸后先加醋拌渍,放置10~30min,然后再调拌。

(三)变形杆菌食物中毒

1. 病原 变形杆菌(*proteus*)为革兰氏阴性、需氧或兼性厌氧腐败菌,对营养要求不高,普通培养基上生长良好,4~7℃即可繁殖,属低温菌。本菌广泛分布于自然界中,在土壤、污水和垃圾中均可检出。对热抵抗力较弱,55℃经1h或煮沸数分钟即死亡,在1%石炭酸中30min可被杀死。引起食物中毒的变形杆菌主要是普通变形杆菌和奇异变形杆菌,二者分别有100多个血清型。

2. 流行病学

(1)季节性:多发生于夏秋季节,以7~9月最多见。

(2)引起中毒的食品:主要是动物性食品,特别是熟肉和内脏制品冷盘。此外,豆制品、凉拌菜和剩饭等亦间有发生。变形杆菌与其他腐败菌共同污染生食品,会使生食品感官上的改变,但被污染的熟制品通常无感官上的变化,易被食用者忽视。

(3) 食物被污染的原因:①人类带菌者对食品的污染:正常人带菌率为 1.3%~10.4%,以奇异变形杆菌最常见。腹泻患者带菌率较高,为 13%~52%。②生熟交叉污染:处理生熟食品的工具、容器未严格分开,使熟食品受到重复污染,在较高温度下长时间存放,食用前未回锅加热或加热不彻底。

3. **发病机制** 主要是随食物食入大量活菌引起,属于感染型中毒;其次,也有一些菌可形成肠毒素,是一种具有抗原性的蛋白质和碳水化合物的复合物,能引起毒素型急性胃肠炎。

4. **临床表现** 潜伏期一般为 10~12h,最短为 2~5h。症状主要为恶心、呕吐、腹痛、腹泻、发热、头痛、头晕等。以上腹部(脐周围)阵发性刀绞样痛和急性腹泻为主,腹泻物常伴有黏液和恶臭,腹泻一般在数次至 10 余次,体温一般在 38~40℃。发病率较高,病程较短,为 1~3d,多数患者在 24h 内恢复,一般预后良好。

5. **诊断与治疗** 诊断依据中毒的流行病学特点与临床表现以及实验室检验的各项指标检定。具体实验操作见卫生部行业标准 WS/T9《变形杆菌食物中毒诊断标准及处理原则》。变形杆菌食物中毒以对症治疗为主。轻症患者无须治疗。过敏型组胺中毒采用抗过敏治疗。

6. **预防措施** 应严格按食品卫生要求,食物的加工要做到生熟分开,防止食品被污染。熟食最好不要放置过夜,残剩食物食用前必须充分加热。

(四) 金黄色葡萄球菌食物中毒

1. **病原学**

(1) 病原菌:葡萄球菌为革兰氏阳性兼性厌氧菌,最适温度为 30~37℃,最适 pH 为 6.0~7.0,耐盐性强,在含 7.5% 的 NaCl 培养基上亦可生长。能产生肠毒素(enterotoxin)的葡萄球菌主要是金黄色葡萄球菌(*Staphylococcus aureus*)。

(2) 肠毒素:肠毒素是一种可溶性蛋白质,耐热,经 100℃煮沸 30min 不破坏,也不受胰蛋白酶的影响。根据抗原性可分为 A、B、C_1、C_2、C_3、D、E、F 8 个血清型,其中以 A、D 型引起的食物中毒较多见,其次为 B、C 型,F 型为引起毒性休克综合征的毒素。食物的肠毒素需煮沸 120min 方能被完全破坏,故一般烹调方法不能将其破坏。

2. **流行病学特点**

(1) 季节性:全年均有发生,一般以夏秋季多见。

(2) 中毒食品:一般以剩饭、凉糕、奶油糕点、奶类及其制品、鱼虾与熟肉等为常见,其他食品亦有发生。

(3) 食品被污染的原因及肠毒素形成的条件。食物中葡萄球菌的来源:①人类带菌者对各种食物的污染:健康人带菌率为 20%~30%,上呼吸道金黄色葡萄球菌感染的患者,鼻咽带菌率可高达 83.3%,医院病人和医护人员带菌率可高达 60%~80%;②奶牛患化脓性乳腺炎时,其乳汁中可能带有葡萄球菌;③畜、禽患其他化脓性感染时,感染部位的葡萄球菌对其肉尸的污染。食物受葡萄球菌污染的程度高、在 37℃范围的适宜温度、当通风不良氧分压降低、在含蛋白质丰富,含水分较多,同时含一定淀粉的食物(如奶油糕点、冰激凌、剩米饭、凉糕等)或含油脂较多的食物(如油炸鱼罐头、油煎荷包蛋)易形成毒素。

3. **发病机制** 中毒剂量的肠毒素作用于胃肠道黏膜引起充血、水肿与糜烂等炎症变化及水电解质代谢紊乱,引起腹泻;此外,以完整的分子经消化道吸收入血,刺激迷走神经和交感神经腹腔丛到达呕吐中枢从而引起反射性呕吐。

4. **临床表现** 潜伏期 1~5h,平均 3h 左右。主要症状为恶心、剧烈而频繁呕吐,并伴有上腹部剧烈的疼痛。约有 80% 病人发生腹泻,多为水样便或黏液便。体温正常或稍有微热。病程一般较短,多在 1~2d 内恢复正常,预后一般良好。儿童对肠毒素比成人敏感,故发病率高、病情重。

5. **诊断与治疗** 中毒判定原则:符合该菌的流行病学特点及临床表现;实验室从中毒食品、

Note

患者吐泻物中经培养检出金黄色葡萄球菌,菌株经肠毒素检测证实在不同样品中检出同一型别肠毒素;或从不同患者吐泻物中检出金黄色葡萄球菌,其肠毒素为同一型别。轻者一般无需治疗;重症患者严重失水者可补充水和电解质,一般不需用抗生素。

6. 预防措施

(1) 防止污染:禁止患有疮疖,化脓性创伤或皮肤病以及上呼吸道炎症、口腔疾病等者从事直接的食品加工和食品供应工作;患乳房炎奶牛的奶不得供饮用或制造奶制品。

(2) 防止肠毒素形成:剩余饭菜应及时低温(5℃以下)冷藏或放阴凉通风处,尽量缩短存放时间,最好不要超过4h,食用前必须充分加热。

(五) 其他细菌性食物中毒

肉毒梭菌毒素、蜡样芽孢杆菌、致病性大肠杆菌等引起的食物中毒亦常见。其主要病原的中毒特征及预防措施见表3-4。

表3-4　常见细菌性食物中毒

中毒名称	病原体	中毒表现	中毒食物	预防措施
肉毒梭菌毒素中毒	肉毒梭菌	潜伏期12~48h,表现为运动神经麻痹症状,病人症状轻重可不同,病死率较高	发酵豆类、谷类制品为主,其次是肉类和罐头食品	不吃生酱,彻底加热
蜡样芽孢杆菌中毒	蜡样芽孢杆菌	摄入活菌潜伏期6~14h,表现为胃肠炎症状,少数患者发热;摄入毒素潜伏期1~5h,多为自限性,病程4~24h	含淀粉多的各类食物	不食腐败变质的剩饭、剩面。充分加热、低温保存
$O_{157}:H_7$大肠杆菌食物中毒	$O_{157}:H_7$大肠杆菌	潜伏期2~9d,主要表现为突发性腹部痉挛,伴有呼吸道症状,老人和儿童死亡率高	动物性食品、不洁水果和蔬菜	防止生熟交叉感染、彻底加热、加强食品卫生法规宣传

二、真菌性食物中毒

真菌及其毒素食物中毒是指食用被真菌及其毒素污染的食物而引起的食物中毒。中毒发生主要由被真菌污染的食品引起,用一般的烹调方法加热处理不能破坏食品中的真菌毒素,发病率较高,死亡率也较高,发病的季节性及地区性较明显。

食用黄曲霉菌污染、赤霉菌病麦、霉变甘蔗等食物引起的中毒其主要的中毒特征和预防措施见表3-5。

表3-5　常见真菌毒素和霉变食物中毒

中毒名称	中毒表现	预防措施
黄曲霉菌及其毒素中毒	主要损伤肝脏,引发肝炎、肝硬化、肝坏死。具有极强的毒性和致癌性	控制粮食及其制品中水分,保证通风顺畅
赤霉菌病麦中毒	主要症状恶心、呕吐、腹痛、头痛、嗜睡、流涎、乏力,少数病人有发热、畏寒,又称"醉谷病"	勿食被镰刀菌污染的病麦
霉变甘蔗中毒	初期消化道功能紊乱,重者出现阵发性抽搐,继而进入昏迷。患者可死于呼吸衰竭,幸存者则留下严重后遗症,导致终身残疾	勿食被甘蔗节菱孢霉污染的甘蔗

三、有毒动、植物性食物中毒

有毒动植物性食物中毒是指某些动植物本身含有天然有毒成分或由于贮存条件不当产

生大量有毒成分,被人食用后引起的中毒。动物性中毒食品可分为两类:将天然含有有毒成分的动物或动物的某一部分当作食品(如河豚鱼);在一定条件下,产生了大量的有毒成分的动物性食品(如鲐鱼等)。植物性中毒食品可分为三类:将天然含有有毒成分的植物或其加工制品当作食品(如大麻油、桐油等);在加工过程中未能破坏或除去有毒成分的植物当作食品(如木薯、苦杏仁等);在一定条件下,产生了大量的有毒成分的植物性食品(如发芽马铃薯等)。

自然界有毒的动植物种类很多,所含的有毒成分也较复杂,现就一些常见的动植物食物中毒分别介绍如下:

(一) 河豚中毒

河豚(puffer fish)又称河鲀,是一种味道鲜美又含剧毒的鱼类。引起中毒的种类主要是东方鲀,我国中毒多发区为沿海各地及长江下游,均系误食引起。

1. **有毒成分**　河豚体内有毒成分为河豚毒素(tetrodotoxin,TTX),是一种毒性极强的非蛋白质的神经毒素。对热稳定,煮沸、盐腌、日晒均不能破坏。

河豚毒素主要存在于肝、脾、肾、卵巢、眼球等组织,其中以卵巢毒性最大,肝脏次之。新鲜洗净的鱼肉一般不含毒素,但如鱼刚死不久,毒素可从内脏渗入肌肉中。每年春季 2~5 月,为生殖产卵期,毒素含量最多,毒性最强。

2. **中毒机制**　河豚毒素主要作用于神经系统,是一种钠通道的强阻滞剂,可抑制神经细胞膜对钠离子的通透性,从而阻断神经肌肉间冲动的传导,使神经末梢和中枢神经麻痹。首先是知觉神经麻痹,继而运动神经麻痹,最后是呼吸中枢和血管运动中枢麻痹。

3. **中毒表现和治疗**　河豚中毒的特点是发病急,潜伏期一般为 10min 至 3h,患者摄食初期,即感觉全身不适,出现恶心、呕吐、腹痛、腹泻等消化系统症状。随后出现感觉神经麻痹症状,口唇、舌尖、指端麻木刺痛,感觉消失而麻痹。继而出现运动神经麻痹症状,手、臂肌肉麻痹,抬手困难;腿部肌肉无力致运动失调,身体摇摆、平衡失调、最后全身麻痹呈瘫痪状态。出现舌头发硬、言语不清、瞳孔散大、血压和体温下降、昏迷、呼吸先迟缓浅表,后渐困难,常因呼吸衰竭、循环衰竭而于 4~6h 内死亡。病程超过 8h 者多能恢复。病死率较高,可达 40%~60%。河豚毒素中毒尚无特效解毒剂。一旦发生河豚中毒必须迅速抢救,以催吐、洗胃和导泻为主,以排出尚未吸收的毒素,并辅以对症治疗。

4. **预防措施**

(1) 加强宣教,说明河豚鱼的毒性及其形态特点,严格禁止出售和食用河豚。

(2) 渔业水产部门对出售的海杂鱼,应严格仔细地检查,将挑出的河豚鱼交有关部门集中处理,不可随便乱扔放,以防被人捡食后中毒。

(3) 某些新鲜的河豚去除头、内脏、剥去鱼皮,肌肉反复冲洗加工成罐头或盐腌晒干后方可食用,去掉的鱼头、内脏、鱼皮及漂洗的血水也要集中妥善处理。但这种加工方法应在专门单位集中加工,不可自行处理。

(二) 毒蕈中毒

蕈类亦称蘑菇,属真菌植物,种类繁多,资源丰富。蕈类又分为可食蕈、条件可食蕈和毒蕈三类。我国约有可食蕈有 300 余种,毒蕈则有 100 余种,其中含有剧毒能使人致死的不到 10 种,常见的有黑伞蕈属、乳菇属、毒肽和毒伞肽、光盖伞属、橘黄裸伞与鹿花菌等。

1. **有毒成分**　毒蕈所含毒素种类,可因地区、季节、品种、生长条件和形态大小不同而异。毒蕈的有毒成分十分复杂,一种毒蕈可含有几种毒素,一种毒素又可能存在于多种毒蕈中。引起胃肠毒型中毒毒素主要为黑伞蕈属和乳菇属的某些蕈种毒素——类树脂物质、苯酚、苯甲酚类物质;神经、精神型毒素主要包括毒蝇碱、蜡子树酸及其衍生物、光盖伞素及脱磷酸光盖伞素和幻觉原;溶血型毒素主要为鹿花蕈素,而脏器损害型毒素主要是毒伞肽类和毒肽类。

2. 中毒表现

(1) 胃肠炎型:潜伏期较短,一般为 0.5~6h,主要为胃肠炎症状,恶心、呕吐、剧烈腹泻、每日可达十余次,多为水样便,上腹部或脐部阵发性疼痛,体温不高。病程较短,一般持续 2~3d,预后良好,死亡率低。

(2) 神经、精神型:潜伏期短,10min 至 4h,主要表现为副交感神经兴奋的症状,如流涎、大汗、流泪、瞳孔缩小、对光反射消失、脉缓、呼吸急促等,有部分病人出现胃肠道症状。重症患者表现出谵妄、幻视、幻听、狂笑、行动不稳、意识障碍、精神错乱,甚至出现特有的"小人国幻视症"。病程一般 1~2d,死亡率低。

(3) 溶血型:潜伏期一般为 6~12h,最短 2h。开始表现为胃肠道症状,恶心、呕吐、腹泻与腹痛。发病 3~4d 后出现溶血性黄疸、血红蛋白尿、急性贫血、肝脾大等。严重者可昏迷、肾衰竭。一般病程 2~6d,死亡率不高。

(4) 脏器损害型:潜伏期 6h 至数日,进入恶心、呕吐、腹痛、腹泻水样便等胃肠炎症状期,继而转入无明显症状的假愈期,轻者由此进入恢复期,而重者则进入肝肾损害期,表现为肝、肾、心、脑等实质性器官的损害。以急性中毒性肝炎为主要症状,严重者出现肝坏死;肾脏受损时,肾脏水肿、变性、坏死。

(5) 精神症状期:可因肝性脑病引起的烦躁不安、抽搐、惊厥、昏迷、休克甚至死亡,死亡率高达 60%~80%。

(6) 恢复期:经过积极治疗的患者,一般在 2~3 周后进入恢复期,各项症状和体征逐渐好转并痊愈。

3. 急救与治疗原则

(1) 应及时采用催吐、洗胃和灌肠等方法,迅速排除未吸收的毒素。

(2) 及时应用特效解毒剂和对症治疗 胃肠炎型可按一般食物中毒对症处理;神经精神型可用阿托品拮抗;溶血型毒蕈中毒可用肾上腺皮质激素,贫血严重者应及时输血;一般情况差或出现黄疸者应使用较大量的氢化可的松,同时注意保护肝肾。肝肾损害型用二巯基丙磺酸钠或二巯基丁二酸钠。

4. 预防措施 广泛宣传有关毒蕈知识,提高对毒蕈的鉴别能力,防止误食中毒。

(三) 其他有毒动植物中毒

常见有误食有毒贝类、鱼类组胺、新鲜黄花菜、生豆浆等引起的中毒。其主要的中毒特征和预防措施见表 3-6。

表 3-6 常见有毒动植物食物中毒

中毒食物	有毒成分	中毒表现	预防措施
有毒贝类	石房蛤毒素	潜伏期 0.5~3h,神经麻痹症状,初期唇、舌、指端麻木,继而四肢和颈部麻痹,小脑受损,运动失调甚至呼吸困难而死亡	食用前除去贝类内脏及周围暗色部分
鱼类组胺	组胺	潜伏期 0.5~1h,表现为局部或全身毛细血管扩张、通透性增加、支气管收缩为主的过敏性症状	不吃腐败鱼,尤其是腐败青皮红肉鱼
鲜黄花菜	类秋水仙碱	潜伏期 0.5~4h,以胃肠症状为主	鲜黄花菜用水浸泡或开水烫后弃水炒煮食用
生豆浆	胰蛋白酶抑制素、皂苷	潜伏期 0.5~1h,恶心、呕吐、腹胀、腹泻,一般不发热	将豆浆彻底煮开,出现泡沫后继续加热至泡沫消失,沸腾后继续煮几分钟

四、化学性食物中毒

化学性食物中毒，是指由于食用了含有化学性有毒有害物质的食品或化学物质引起的食物中毒。中毒食品主要包括：①被有毒有害化学物质污染的食品；②误为食品、食品添加剂、营养强化剂的有毒有害的化学物质；③添加非食品级的或伪造的或禁止使用的食品添加剂和营养强化剂的食品；④超量使用食品添加剂的食品；⑤食物营养素发生化学变化的食品。常见的化学性食物中毒有亚硝酸盐、毒鼠强、砷、锌以及农药中毒等，其具有潜伏期短、中毒症状严重、预后不良与病死率高的特点。

（一）亚硝酸盐中毒

1. **中毒的原因**　①误将外观与食盐相似的亚硝酸钠和亚硝酸铵等用做调料；②大量进食了保存不当、腐烂变质、煮后放置过久的蔬菜及腌制菜；③食用加工肉制品时，过多添加亚硝酸盐；④苦井水做饮用水。

2. **中毒机制**　亚硝酸盐对血管运动中枢和血液呈现毒性作用。它使血液中正常的低铁（二价）血红蛋白氧化成高铁（三价）血红蛋白，使血液内的高铁血红蛋白增加，形成高铁血红蛋白症。这种高铁血红蛋白不仅失去了携带氧的作用，还能阻止正常血红蛋白释放氧的功能，因而出现组织缺氧，出现青紫症状而中毒。

3. **中毒表现与急救**　中毒表现的主要特点是由组织缺氧所发生的发绀现象，潜伏期短，如直接性亚硝酸盐引起的中毒为 10~30min；腐烂蔬菜性亚硝酸盐中毒，一般为 1~3h。主要中毒特征为口唇、指甲以及全身皮肤出现青紫等组织缺氧表现。并伴有头昏、头痛、乏力、心律失常、呼吸困难、昏迷不醒、并出现痉挛、血压下降、心律不齐，大小便失禁等症状，亦可发生循环衰竭及肺水肿，最后因呼吸麻痹而死亡。临床治疗可采取及时洗胃、催吐和导泻，结合特效药甲蓝（美蓝）和维生素 C 等措施。

4. **诊断及治疗**　有进食亚硝酸盐或含亚硝酸蔬菜史。流行病学特点及临床表现符合亚硝酸盐中毒，从中毒剩余食品或呕吐物中检出超过限量的亚硝酸盐。测定血液中高铁血红蛋白含量超过 10%。对可疑食物、呕吐物等检验详见 GB/T 5009.33《食品中亚硝酸盐与硝酸盐的测定方法》。

5. **预防措施**　①防止误食亚硝酸盐；②不吃腐烂蔬菜；③腌制要腌透，至少 20d 以上再吃。

（二）毒鼠强中毒

毒鼠强（tetramine）又名没鼠命、四二四、三步倒；化学名为四亚甲基二砜亚胺，其化学性质稳定，可经口腔和咽部黏膜迅速吸收。毒鼠强对所有温血动物都有剧毒，没有选择性毒力，且可滞留体内，易造成二次药害。此外还有内吸作用，可长期滞留在植物体内。

1. **中毒机制及临床表现**　毒鼠强可阻断中枢神经系统的 γ-氨基丁酸受体，尤其是脑干有强烈刺激作用，主要引起抽搐。急性中毒潜伏期短，误食后数分钟即可发病。主要症状为：进食后即感上腹不适，轻者头晕、恶心、呕吐，四肢无力；重者在数分钟内出现阵发性强直性抽搐，双目上吊，口吐白沫，颈项强直、四肢抽动，意识障碍，小便失禁（癫痫样大发作）。发作持续数分钟后自然缓解，意识可完全恢复，但反复发作。

2. **诊断及治疗**　对本症尚无特效解毒药，临床可作对症处理。

3. **预防措施**　①配制毒饵时要戴手套，遵守规程，工作完毕后要洗手洗脸，同时，工作时严禁吸烟及饮食；②加强毒饵的管理，存放的容器不用时要用肥皂水清洗，洗后禁装食品；③不能食用中毒死亡的畜禽。

（三）其他化学性食物中毒

误食某些金属、类金属及其化合物、有机磷农药等污染的食物而引起的中毒主要的中毒特征和预防措施见表 3-7。

表3-7 常见化学性食物中毒

中毒名称	中毒表现	预防措施
铅中毒	体内蓄积的铅主要损害造血系统、神经系统、胃肠道和肾脏	控制工业"三废"排放,严防食品加工机械设备、包装材料、容器、食品添加剂对食品的铅污染
汞中毒	表现为头晕、疲乏,继而手指、嘴唇及舌头麻木,重者精神错乱、全身发抖甚至剧烈痉挛而死亡	控制工业"三废"排放,避免食用含汞食物
镉中毒	镉在肾脏蓄积最多,主要损害肾脏,可造成肾小管重吸收功能降低,并造成骨质疏松或骨质软化症	控制工业"三废"排放,避免含镉工业废水污染水体和农作物,不使用含镉金属容器盛放食物
有机磷农药中毒	神经系统损害为主,典型症状为肌肉震颤、痉挛、瞳孔缩小、血压升高、心跳加快、肺水肿、呼吸困难以及昏迷	加强宣传教育,正确使用有机磷农药,做好防护措施

五、食物中毒的调查与处理

(一) 食物中毒的报告

1. 目的和意义 目的是为了掌握食物中毒发生的情况,及时控制食物中毒的蔓延和事态的扩大,尽快明确中毒的原因,分析发生的规律,为有效地减少和控制食物中毒的发生,采取预防措施;此外,进行现场调查取证,为追究肇事者的法律责任,履行法律职责,保障人民群众身体健康。

2. 法定报告人与法定接受单位 发生食物中毒的单位和接收病人进行治疗的单位是法定食物中毒的报告人。发生食物中毒的单位包括造成食物中毒的单位和中毒病人发生单位;接收病人进行治疗的单位是指各级各类医疗卫生机构。食物中毒报告的法定接受单位是县级以上人民政府食品药品监督管理、卫生行政部门。

3. 报告时限 发生食物中毒安全事件的单位应当在了解到食物中毒或疑似食物中毒后2h内向所在地的县级食品药品监督管理、卫生行政部门报告。医疗机构发现其收治的病人可能与食品安全事件有关的,应当在2h内向所在地的县级食品药品监督管理、卫生行政部门报告。食品安全事件的报告应当及时、客观、真实,任何单位或个人不得隐瞒、谎报、缓报。

食品药品监督管理部门接到食品安全事件报告或通报后,应当立即进行初步核实,报告本级人民政府和上级食品药品监督管理部门。各级食品药品监督管理部门应当按照食品安全事件级别逐级上报,每级上报时间不得超过2h。

4. 报告内容 应包括中毒单位、地址、中毒发生的时间、中毒和死亡人数、可疑中毒食品、主要的临床症状和病人所在的医疗机构进行救治情况、已采取措施等。卫生行政部门在接到报告时应尽量多加询问,为组织赶赴现场进行调查处理提供线索和做好必要的准备工作,如取证器材、采样器具等。

(二) 食物中毒的调查和原因分析

1. 调查内容

(1) 对中毒病人的调查:①基本情况,如姓名、性别、年龄、地址单位等;② 24h、48h 或 72h 时内的膳食史,如进食时间、食谱、同餐人员情况等;③发病情况,如发病时间、临床症状及体征,治疗和服药的情况等。

(2) 对可疑中毒食品生产经营现场的调查:又称卫生学调查,主要内容有:①一般食品卫生状况:如单位名称、地址、法定代表人,从业人员是否经健康检查合格上岗、有无卫生许可证等;②对可疑中毒食品的调查:如原料来源、原料质量、加工过程、贮存条件和时间、生产加工场所的一般卫生状况;③调查食物中毒发病期间可疑中毒食物单位的行为:引起中毒的食品生产经营者是否主动配合调查等;④有助查明原因的工作:到达现场之后,保护好现场,停止食用和出售剩余的可疑食品,剩余的可疑食品及工具不得清洗、消毒和销售,并协助搜集病人的排泄物和呕吐物。

2. **中毒样品的采集** 常见样品的采集有 6 种:

(1) 剩余食物:采取可疑食物时,最好采取餐桌上的剩余食物,但必须注意灭菌和无菌操作,以备后来的实验室检查如细菌检验。对体积较大的肉食及鱼类等,可将其表面消毒后,取内部材料作为样品,放入灭菌容器内。必要时也可采取半成品及原料送检。

(2) 患者呕吐物、排泄物及洗胃液:采取患者的呕吐物、排泄物及洗胃液样品,应取新鲜的,并避免混入其他杂质和细菌。若怀疑为细菌性食物中毒,采粪便时应用肛门拭子采样,已用抗生素治疗后采取粪便样品,可能会影响检验结果。

(3) 炊具、容器:锅、盆、桶、刀、砧板、抹布等样品的采集,可用棉拭沾灭菌生理盐水反复涂擦,然后置于灭菌容器内。

(4) 病人的血液或尿液:当怀疑是感染性细菌性食物中毒时,可在发病初期采血直接培养病原体。观察患者血液、排泄物中分离出的菌株,是否与可疑食物中分离出的菌株为同一型。亦可进行血清凝集试验。怀疑为化学性食物中毒时,应采集病人的尿液检验,并记录 24h 尿量。

(5) 带菌者:对直接接触食品的从业人员,可根据不同的目的进行带菌检查,采取其粪便、鼻腔分泌物、疮疖的浓液等进行检验。

(6) 尸体解剖标本:必要时,征得病人家属同意,对中毒死亡病人作尸解,可采取胃肠内容物、脏器、肠系膜淋巴结及血液等样品进行检验。

3. **调查方法**

(1) 中毒病人个案调查:认真调查并填写《个案调查登记表》,应有两名监督员签字,被调查人必须签字,如果中毒患者是未成年或重症病人不能自己签字,则应由法定监护人签字。个案调查记录制作必须是逐个询问。尽量收集病人就诊的记录、病史等资料。

(2) 制作现场检查笔录:应由两名或两名以上食品卫生监督员的签名和被检查人的签名。采样应出具采样单。对经营者或操作人员及相关人员的调查应制作询问笔录。对某些环节样品不能出具采样单的也应在检查笔录上注明,以保证实验室结果与本案件的关联性。

(3) 当食物中毒的患者、中毒单位分布在两个或两个以上的管辖区内,应由所在地的卫生行政部门机构共同进行调查,必要时由其共同上级部门组织调查组进行调查,尤其是在中毒食品的生产单位与直接造成中毒的销售单位不在同一行政管辖区时,应及时上报情况,并相互主动配合,这对控制中毒食品源头,防止事故扩大是非常重要的。对造成食物中毒的单位调查一般以具有管辖权的所在地卫生行政部门为主。

4. **调查资料分析**

(1) 绘制流行曲线:将食物中毒调查中获得的数据,分别绘制成统计图,以便直观和形象地进行描述。

(2) 潜伏期计算:潜伏期是指摄入被病原菌或毒素污染,其数量足以引起发病的食物至出现疾病最初症状和体征之间的间隔时间。潜伏期时间应按人进行,以小时为单位,潜伏期平均数计算多采用中位数、众数等(偏态分布),一般不采用均数。

(3) 确定中毒餐次:根据餐次,可用频数分布图来描述。以不同日期的餐次为横坐标,以进餐和不进餐者发病人次数为纵坐标,以频数分布集中或居多者确定为中毒餐次。

5. **确定中毒食品及原因** 确定中毒食品时,可根据患者吃剩食物的检验结果和动物急性毒性试验结果;食物产运贮销或饲养种植过程的卫生学调查,用对比方法比较所吃食物种类、数量与发病的关系或用统计分析的方法。同时,要特别注意发现共同进食者发病的流行病学特点。

(三) 食物中毒诊断和事故处理

1. 食物中毒诊断

(1) 诊断机构:食物中毒患者的诊断由食品卫生医师以上(含食品卫生医师)诊断确定;食物中毒事件的确定由食品卫生监督机构根据食物中毒诊断标准及技术处理总则确定。

(2) 诊断依据:诊断基础就是食物中毒调查资料,将这些资料用流行病学方法进行分析,结合各类各种食物中毒的特点进行综合判断。对原因不明的食物中毒,流行病学的分析报告至关重要,该报告必须满足食物中毒流行病学特征性的要求,必要时可由三名副主任医师以上的食品卫生专家进行评定。

2. 食物中毒事故处理　对食物中毒事故的处理可分为技术处理和行政处理。前者如救治中毒病人,对中毒场所的清洁、消毒;后者如行政控制措施(强制措施)和行政处罚。处理对象可包括中毒病人、中毒食品和造成中毒的责任人等,关于食物中毒的技术处理和行政处理,按有关规定执行。

需要注意的几个问题强调如下:

(1) 食物中毒行政控制措施要求及时有效,这对控制食物中毒的发展具有重要意义,但必须按法定的程序使用法定的形式。对于已售出或外流的中毒食品及原料应责令追回封存或就地封存。责令追回应有书面的责令追回通知书,封存应下达行政控制决定书。

(2) 封存措施实施后,被封存者就处于全部或部分停产、停业状态,这是对生产经营者行为的严格限制,将会影响生产经营者的利益,另外还有食品有腐败变质的问题,所以采取行政控制措施后应注意时限。

(3) 在严重食物中毒原因调查中,若怀疑有人为因素时,应及时与公安部门联系,并做好案件的移交工作。

(4)《中华人民共和国食品安全法》第七十五条规定,调查食品安全事故,除了查明事故单位的责任,还应当查明负有监督管理和认证职责的监督管理部门、认证机构的工作人员失职、渎职情况。

(蒋立勤　徐　刚)

 思考题

　　1. 食品营养强化的概念是什么?以牛奶粉为例,说明针对婴儿食用的奶粉需要进行哪些营养强化?

　　2. 什么是保健食品?保健食品与药品和一般食品有什么区别?

第二篇

营养与健康

第四章 合理营养与膳食指南

 本章要点

1. **掌握** 合理营养、平衡膳食及膳食结构的概念；平衡膳食的基本要求；中国居民膳食指南核心推荐。
2. **熟悉** 膳食结构类型及其与健康关系；我国居民的膳食结构与营养健康现状；中国居民平衡膳食宝塔及应用。
3. **了解** 中国居民平衡膳食餐盘与算盘；食物的份量。

第一节 合 理 营 养

一、合理营养与平衡膳食

(一) 合理营养与平衡膳食的概念

合理营养(rational nutrition)是指人体每日从食物中摄取的营养素种类、数量及其相互比例能够满足不同生理阶段、不同劳动负荷及不同健康状态等情况的需要。各种营养素均有其特定功能，一般不能相互取代，且在代谢过程中密切联系，相辅相成，相互之间要有维持平衡的比例。因此，合理营养是全面而平衡的营养，摄入的营养素要种类齐全，数量适宜且相互间的比例平衡。合理营养可维持人体的正常生理功能，促进健康及生长发育，提高机体的免疫力，有利于某些疾病的预防和治疗。如果摄入的一种或一种以上营养素过多或过少可造成营养不良(malnutrition)。营养不良是一种不正常的营养状态。是由能量、蛋白质及其他营养素不足或过剩造成的组织、形体和功能改变及相应的临床表现。营养不良包括营养缺乏(nutrition deficiency)以及营养过剩(nutrition excess)。

平衡膳食(balanced diet)又称为合理膳食(rational diet)，是指提供的营养素种类齐全，数量适宜且相互间比例平衡，能够满足人体营养和健康需求的膳食。平衡膳食是一个综合性概念，是在保证食物安全的前提条件下，通过选择和搭配适宜数量的不同种类食物，采用合理的加工烹调方法和膳食制度，提供适合用膳者情况的能量和各种营养素，使机体处于良好的健康状态，避免出现某些营养素的缺乏或过剩。平衡膳食是合理营养的物质基础，是达到合理营养的根本途径。

(二) 平衡膳食的要求

1. **食物多样，数量适宜，比例平衡** 依据食物的营养特征，食物可分为五大类：第一类为谷薯类，包括谷类、薯类和杂豆；第二类为蔬菜水果类；第三类为动物性食物，包括畜、禽、鱼、蛋及奶类；第四类为大豆坚果类；第五类为纯能量食物如烹调油等。不同食物中的营养素及有益膳食成分的种类及数量不同，除母乳基本能满足 6 月龄内婴儿营养需要外，没有其他任何一种食物可以全面满足人体的营养需要。食物多样是平衡膳食的基本原则与要求。膳食必须由多种适宜数量的食物组成,并保持各种食物间比例平衡才能满足用膳者的营养需要。

(1)营养素种类齐全:目前已知,人体不可缺少但自身不能合成或合成数量不能满足机体需要,必须从食物中获得的营养素有40多种,其中包括9种必需氨基酸:异亮氨酸、亮氨酸、赖氨酸、甲硫氨酸、苯丙氨酸、苏氨酸、色氨酸、缬氨酸、组氨酸;2种必需脂肪酸:亚油酸、α-亚麻酸;8种必需微量元素:铁、碘、锌、硒、铜、钼、铬、钴;7种常量元素:钾、钠、钙、镁、硫、磷、氯;14种维生素:维生素A、维生素D、维生素E、维生素K、维生素B_1、维生素B_2、维生素B_6、维生素B_{12}、维生素C、烟酸、泛酸、叶酸、胆碱、生物素;还有碳水化合物等。

近些年研究还显示,除传统营养素和水以外的其他膳食成分,如膳食纤维、番茄红素、叶黄素、植物甾醇、原花青素、花色苷、大豆异黄酮、姜黄素、氨基葡萄糖等对降低慢性病的发病风险具有重要的作用。

(2)营养素及能量的数量适宜:不同的人群营养需要不同,应根据不同的年龄、性别、生理、劳动强度等获得充足而又不过量的营养素及能量。传统营养素以达到《中国居民膳食营养素参考摄入量》设定的 RNI 或 AI 水平而又不超过 UL 为宜,其他膳食成分达到 SPL 水平而又不超过 UL,有利于预防慢性疾病,维护人体健康。

(3)营养素之间比例平衡:各种营养素在代谢过程中密切联系,相互影响,它们之间要保持适当的比例,维持一种平衡的关系才能充分发挥各自特定的功能,保证人体处在健康状态。主要有以下几方面的平衡:优质蛋白与总蛋白之间的比例适宜,必需氨基酸之间平衡;饱和脂肪酸、单不饱和脂肪酸、多不饱和脂肪酸之间的平衡,n-3 与 n-6 多不饱和脂肪酸之间的平衡;复合碳水化合物与总碳水化合物平衡;三大产能营养素之间的平衡;B族维生素与能量消耗间的平衡;维生素之间的平衡;钙磷比例及其他矿物质之间的平衡;无机盐与维生素间的平衡,如钙与维生素 D,铁与维生素 C、维生素 B_2 及维生素 A 间的平衡。

2. **食物安全** 食物安全是平衡膳食的前提条件,要防止食物从种植或养殖到餐桌的各个环节中被有毒有害物质污染。食品中的微生物及其毒素、有毒化学物质、食品添加剂及食品接触材料等均应符合食品安全标准。确保食品无毒、无害,符合应当有的营养要求,保证其对人体健康不造成任何急性、亚急性或慢性的危害。如果食物受到有毒有害物质污染或发生腐败变质,不仅降低食物的营养价值,而且会造成健康危害。

3. **科学的加工烹调** 科学地进行食物的加工烹调,可以避免营养素破坏与损失,避免食物本身发生化学反应而产生有毒有害物质;可以消除食物中的抗营养因子与有害微生物,并使食物具有良好的感官性状,促进食欲,提高消化吸收率。

4. **合理的膳食制度** 根据不同人群的生理特点、生活环境及作息时间,合理安排用膳者的进餐时间,进餐次数以及各餐次的食物分配。例如成人一般采用一日三餐制,做到定时定量,三餐的能量比例大约是:早餐占30%,午餐占40%,晚餐占30%。合理的膳食制度,能使各种营养素得到充分消化、吸收和利用,是达到合理营养的一个重要环节。

5. **良好的饮食习惯** 饮食习惯可以影响人体的营养素的摄入与利用,例如偏食、挑食、暴饮暴食、大量饮用碳酸饮料等不良的饮食习惯可造成营养失衡,从而影响人体的生长发育,增加营养相关疾病的发生风险,危害人体健康。应按照《中国居民膳食指南》推荐养成良好的饮食习惯。

二、膳食结构与健康

(一)膳食结构的概念

膳食结构(dietary pattern)亦称膳食模式,是指一个国家、一个地区或个体日常膳食中各类食物的品种、数量及其比例。一般根据膳食中的各类食物所能提供的能量及各种营养素满足人体需要的程度来衡量该膳食结构是否合理。

膳食结构的形成是一个长期的过程,受一个国家或地区的人口、农业生产、食物流通、食品加工、消费水平、饮食习惯、文化传统、科学知识等多种因素的影响。不同的历史时期、不同的国家或地区、不同的社会阶层,膳食结构往往有很大的差异。膳食结构是一个国家和地区的经济发展水平、社会文明程度及饮食习惯等方面的综合反映。膳食结构不是一成不变的,当影响膳食结构的各种因素变化时,膳食结构也会逐渐改变。可以通过科学的干预促使膳食结构向更利于健康的方向发展。

(二)膳食结构类型及其与健康关系

理想的膳食结构是平衡膳食结构,平衡膳食结构是指一段时间内膳食组成中的食物种类和比例可以最大限度地满足不同年龄、不同能量水平的健康人群的营养和健康要求。平衡膳食结构可降低心血管疾病、高血压、2 型糖尿病、结直肠癌、乳腺癌的发病风险。

一个国家或地区的膳食结构是长期形成的结果,在没有科学设计和干预的情况下,每一种膳食结构都会因食物的资源、文化、民族、经济及自然环境的不同而有其各自的特点、优势或不足。典型的膳食结构依据食物的主要来源不同,一般认为可分为 4 种类型:

1. 植物性食物为主的膳食结构 又称为东方膳食结构,大多数发展中国家如印度、巴基斯坦、孟加拉国和非洲部分国家和地区的膳食结构属此类型。膳食组成以植物性食物为主,动物性食物较少。谷物食物消费量大,平均每天 550g 以上,动物性食物消费量小,平均每天 25~50g。平均能量摄入为 2 000~2 400kcal,植物性食物提供的能量占总能量的近 90%;蛋白质仅 50g 左右,动物性蛋白质一般占蛋白质总量的 10%~20%;脂肪仅 30~40g。这种类型的膳食结构蛋白质及脂肪摄入较低,蛋白质以植物来源为主,来自动物性食物的某些矿物质及维生素如铁、钙、维生素 A 等摄入量往往不足,容易出现蛋白质、能量营养不良、缺铁性贫血等营养缺乏病。但膳食纤维充足,动物性脂肪较低,有利于糖尿病、冠心病等慢性病的预防。

2. 动物性食物为主的膳食结构 又称经济发达国家膳食结构,是多数欧美发达国家如美国及西欧、北欧诸国的典型膳食结构。该膳食结构以动物性食物为主,人均每天摄入肉类 300g 左右,奶和奶制品 300g,蛋类 50g。粮谷类食物消费量小,人均每天 150~200g,蔬菜、水果摄入少。人均日摄入能量高达 3 300~3 500kcal,蛋白质 100g 以上,脂肪 130~150g,食糖高达 100g。该膳食结构具有高能量、高脂肪、高蛋白质、低膳食纤维,即"三高一低"的特点,属于营养过剩型的膳食。尽管以动物性食物为主的膳食结构蛋白质、矿物质及维生素等含量丰富,但增加肥胖、高脂血症、冠心病、糖尿病、脂肪肝等营养过剩相关慢性病的发病风险。

3. 动植物食物较为平衡的膳食结构 又称为日本膳食结构,以日本为代表的一些国家和地区的膳食结构趋于该类型。膳食中动物性食物与植物性食物的比例较适当,植物性食物占较大比重,又有适当数量的动物性食物。谷类的消费量平均每天 300~400g 左右,豆类约 60g;动物性食物的消费量平均每天 100~150g 左右,其中海产品的比例达到 50%,奶和奶制品 100g 左右,蛋类 40g 左右。平均每天能量摄入约为 2 000kcal,宏量营养素的供能比为:碳水化合物 58%,脂肪 36%,蛋白质 16%。平均每天蛋白质约为 70~80g,动物蛋白质占总蛋白的 50% 左右,脂肪50~60g,能量和脂肪的摄入量低于欧美发达国家。该膳食结构既保留了东方膳食的特点,又吸取了西方膳食的长处。少油、少盐、多海产品,蛋白质、脂肪和碳水化合物的供能比合适,是基本合理的膳食结构。这种膳食结构有利于避免营养缺乏病和营养过剩性疾病。

4. 地中海膳食结构 该膳食结构以地中海命名,因为该膳食结构是居住在意大利、希腊等地中海地区的居民所特有。该膳食结构富含植物性食物,包括谷类(每天 350g 左右)、水果、蔬菜、土豆、豆类、果仁等;每天食用适量的鱼、禽,少量的蛋、奶酪和酸奶,畜肉每月只食用几次;大部分成年人有饮用葡萄酒的习惯,橄榄油是主要的食用油。脂肪提供的能量占膳食总能量的25%~35%,饱和脂肪所占的比例较低,在 7%~8%。此膳食结构的突出特点是高膳食纤维、高维生素及低饱和脂肪酸。

地中海地区居民心血管疾病的发生率很低,研究发现,地中海膳食是影响地中海地区居民健康的重要因素,该膳食结构可以降低心脑血管疾病、2 型糖尿病、代谢综合征和某些肿瘤的发生风险。目前一些国家和地区参照这种膳食结构改进自己国家的膳食结构。

膳食结构除上述 4 种典型类型外,还有一些具有其他特点的膳食结构,例如素食、降血压膳食(dietary approaches to stop hypertension,DASH)等。DASH 膳食源于 1997 年在美国开展的一项大型高血压防治计划,该膳食强调摄入足够的全谷、蔬菜、水果、低脂(或脱脂)奶,而甜食、含糖饮料和红肉较少,尽量减少盐和动物性油脂。DASH 饮食的特点是提供足够的膳食纤维和钾、镁、钙等矿物质,可以有效地降低血压。素食参见本章第二节素食人群膳食指南相关内容。

三、中国居民膳食结构与营养健康现状

(一) 中国居民的膳食结构

中国居民传统的膳食结构是以谷类等植物性食物为主,具有高碳水化合物、高膳食纤维和低脂肪的特点。根据 1982—2012 年全国调查和监测结果,我国居民膳食最大占比是谷类,其次为蔬菜类、畜类;但谷类食品的消费量逐年降低,蔬菜摄入量有所减少,肉类等动物性食品及油脂类摄入量逐年增高,水果、豆类和奶类的摄入量没有明显变化,长期低下。城市和农村差别显著。2012 年我国居民膳食摄入能量及营养素情况如下:

1. 能量及宏量营养素　中国居民摄入平均能量为 2 172kcal,蛋白质摄入量 65g,脂肪 80g,碳水化合物 301g。蛋白质的食物来源中谷类食物占 47.3%,动物性食物和大豆类食物占 36.1%,脂肪的食物来源中植物性食物占 64.1%,动物性食物占 35.9%。蛋白质、脂肪及碳水化合物供能比分别为 12.18%、32.9%、55.0%。其中脂肪供能比城市为 36.1%,农村为 29.7%,城市及全国平均膳食脂肪均已经超过可接受范围(AMDR)规定的上限 30.0%。能量主要食物来源为:谷类食物占 53.1%,动物性食物占 15.0%,纯能量食物占 18.3%。城市和农村有明显的差异,城市居民能量来源于谷类的比例为 47.1% 低于农村的 58.8%,来源于动物性食物和纯能量食物的比例为 17.6% 高于农村的 12.5%。与 2002 年比较,城乡居民谷类食物提供的能量减少,动物性食物、食用油和糖的供能比增加。

2. 维生素与矿物质　我国平均每标准人日维生素 A 摄入量为 443.5μg 视黄醇当量(RE),维生素 B_1、维生素 B_2、维生素 C 分别为 0.8mg、0.8mg、80.4mg,均未达到各自的推荐摄入量。钙的摄入量平均只有 366.1mg,不到推荐量的一半,且低于 2002 年的 388.8mg,其中农村(321.4mg)显著低于城市(412.4mg);钠摄入 5.7g,其中盐的摄入量为 10.5g,提供钠 4.1g,占膳食提供钠的 72%。虽然比 2002 年的钠摄入 6.3g 减少,但还是远高于适宜摄入量 1.5g。

近 30 多年,中国居民的膳食结构总体上仍是以谷类和植物性食物为主,但正在发生变化,且不同地区差异显著。贫困和偏远地区居民保持了中国传统的膳食结构,其他地区居民尤其是大城市居民则从传统膳食结构向经济发达国家膳食结构转变。膳食结构与健康关系密切,引导居民采用平衡的膳食结构是一项紧迫而艰巨的任务。

(二) 中国居民营养与健康状况

随着我国经济的发展和卫生服务水平的提高,居民人均预期寿命逐年增加,营养和健康状况不断改善,一些营养缺乏病大幅减少。但是,由于经济发展不均衡,城乡差别及其膳食结构的不同,我国居民营养缺乏和营养过剩并存,与营养相关的慢性非传染病对健康的威胁日益凸显。

1. 营养不良问题依然存在　贫血状况虽然得到显著改善,但仍较高,2013 年 6 岁以下儿童贫血患病率为 11.6%(城市 10.6%,农村 12.4%,其中贫困农村 16.6%),6 岁及以上居民贫血率为 9.7%,孕妇贫血率为 17.2%,城乡相近,乳母贫血率为 9.3%(城市 7.9%,农村 10.2%,贫困农村 14.4%),钙及维生素 A、D 缺乏依然存在;无论成人还是儿童青少年,超重和肥胖率均呈现上升趋势,2012 年成人超重率为 30.1% 高于 2002 年的 22.8%,肥胖率为 11.9% 高于 2002 年的 7.1%;

6~17岁儿童超重率和肥胖率分别为9.6%和6.4%高于2002年的4.5%及2.1%。男性高于女性，城市高于农村。

2. **与营养相关的慢性非传染性疾病发病率上升**　2012年慢性病死亡率为533.0/10万，心脑血管病、癌症和慢性呼吸系统疾病占全部死亡数的79.4%。2012年18岁及以上居民平均血压、血糖、总胆固醇和甘油三酯均呈上升趋势，血脂异常率为40.4%（男47.0%，女33.5%），平均高血压发病率为25.2%（城市26.8%，农村23.5%），糖尿病发病率为9.7%（城市12.3%，农村8.4%）与2002年比上升了5.5个百分点。据2013年全国肿瘤登记数据，癌症发病率为235/10万（男268.7/10万，女200.6/10万）。

第二节　膳　食　指　南

一、膳食指南发展简史

膳食指南（dietary guideline，DG）是根据营养学原则和百姓的健康需要，结合当地人群生活实践及食物生产等情况，为教育群众采用平衡膳食而提出的食物选择和身体活动的指导意见。各国的膳食指南均由政府或国家级的营养专业团体研究制定，是健康教育和公共政策的基础性文件，是有效的营养宣传普及资料，是国家实施和推动食物合理消费、改善人群健康、预防和控制疾病战略的一个重要组成部分。

膳食指南是由早期的食物目标演变而来的，至今已有一百多年的历史。1918年，英国推荐儿童膳食必须包含一定量的牛乳。1968年，瑞典出版了第一部膳食目标。20世纪70年代膳食与心脏病的关系促使发达国家颁布了不少有关膳食建议的材料，美国于1977年提出了膳食目标，由政府颁布。1980年改为膳食指南，每5年修订一次，由美国卫生及公共服务部（HHS）和美国农业部（USDA）研究制定。其他国家也纷纷于20世纪70年代和80年代提出了各自的膳食指南，如加拿大于1976年、日本于1984年、印度于1988年第一次制定自己国家的膳食指南。

中国营养学会于1989年制定了我国第一个膳食指南，随着社会的发展、我国居民膳食结构和营养健康状况的改变，中国营养学会于1997年、2007年及2016年先后进行了3次修订，2016年5月发布了《中国居民膳食指南（2016）》系列指导性文件。《中国居民膳食指南（2016）》以人类应该通过平衡膳食来满足营养和健康需要为指导思想，依据国内外食物与健康科学证据报告以及近些年我国居民膳食结构改变和营养与健康状况，结合我国经济发展及百姓生活实际情况，参考国际组织与其他国家膳食指南修订经验，并广泛征求相关领域的专家、管理者、食品行业及消费者的意见最终形成的。

《中国居民膳食指南（2016）》由一般人膳食指南、特定人群膳食指南和中国居民平衡膳食实践三部分组成。与《中国居民膳食指南（2007）》相比，该版指南修订了食物摄入量，突出了平衡膳食结构及实践，强调了良好习惯培养和饮食文化的支撑，增加了对素食人群的膳食指南及中国居民平衡膳食餐盘和中国儿童平衡膳食算盘两个可视化图形，还提出了食物标准"份量"等新概念，更具可操作性。

二、中国居民膳食指南

（一）一般人群膳食指南

一般人群膳食指南适用于2岁以上健康人群。根据该人群的生理特点和膳食营养素参考摄入量，针对我国当前存在的主要膳食营养问题，并结合我国的食物资源和饮食特点，提出了共6条核心推荐条目，以指导群众通过平衡膳食达到合理营养，促进我国居民的营养健康水平、降低疾病发生风险和实现健康中国的发展目标。

1. **食物多样,谷类为主**　平衡膳食是最大程度保障人体营养促进健康的基础,食物多样是平衡膳食的基本要求和重要特征。建议我国居民每天的膳食应包括五大类食物,平均每人每天摄入 12 种以上食物,每周 25 种以上(烹调油和调味品不计算在内)。其中谷、薯、杂豆类的食物品种平均每天 3 种以上,每周 5 种以上;蔬菜及水果类的品种每天 4 种以上,每周 10 种以上;畜、禽、鱼、蛋类的品种每天 3 种以上,每周 5 种以上;奶、大豆、坚果类的品种每天 2 种以上,每周 5 种以上。注意粗细搭配、荤素搭配及色彩搭配,达到改善膳食的感官,提高食物的消化利用率,提供全面而平衡营养的目的。

谷类为主是指谷薯类食物所提供的能量占膳食总能量的一半以上,也是中国居民平衡膳食结构的重要特征。坚持谷类为主保留了我国传统膳食的优点,防止发达国家膳食的弊端,也能满足平衡膳食结构中碳水化合物提供能量占 50%~60% 的要求。研究表明,增加全谷物的摄入有利于降低 2 型糖尿病、结直肠癌、心血管疾病等与膳食相关的慢性病的发病风险,减少体重增加的风险;增加薯类的摄入可改善便秘,全谷类、薯类及杂豆的血糖生成指数远低于精制米面。建议一般成人每天摄入谷薯类食物 250~400g,其中全谷物和杂豆类 50~150g,薯类 50~100g。

2. **吃动平衡,健康体重**　食物摄入量和身体活动量是保持能量平衡、维持健康体重的两个主要因素。当能量的摄入与消耗失衡时可导致体重过高或过低,疾病发生风险增加,寿命缩短。如超重、肥胖增加 2 型糖尿病、冠心病、乳腺癌的发病风险,低体重增加老年死亡风险。增加身体活动不仅可以降低 2 型糖尿病、冠心病、结肠癌发病风险及全因死亡风险,还有助于调节心理平衡,消除压力,缓解抑郁和焦虑等不良精神状态;而久坐不动会增加全因死亡风险,是独立危险因素。目前我国大多数居民身体活动不足,能量摄入相对过多,导致超重和肥胖的发生率逐年增加。因此建议:2 岁以上的各个年龄段人群都应天天运动,保持健康体重;食不过量,控制总能量摄入,保持能量平衡;坚持日常身体活动,每周至少进行 5d 中等强度身体活动,累计 150min 以上;主动身体活动最好每天 6 000 步,如每天游泳或网球 30min,快走或慢跑 40min,太极拳或瑜伽 40~60min。减少久坐时间,每小时起来动一动。

体重变化是判断一段时期内能量是否平衡的最简易的指标,我国 18~64 岁成人健康体重的体质指数应(BMI)在 18.5~23.9 之间;65 岁以上老人体重及 BMI 应略高,有利于降低死亡风险。对于运动员等肌肉比例高的人,健康体重的 BMI 范围不一定适用。个人可根据自身体重的变化情况适当调整食物的摄入量和身体活动量,维持动态平衡。

3. **多吃蔬果、奶类、大豆**　新鲜的蔬菜水果、奶类、大豆及其制品是平衡膳食的重要组成部分,坚果是膳食的有益补充。蔬菜水果提供丰富的微量营养素、膳食纤维和植物化学物,增加摄入可维持机体健康,降低心血管疾病、胃肠道癌症及糖尿病的发病风险。增加奶类摄入有利于儿童少年的生长发育,增加成人骨密度,酸奶可以缓解便秘。大豆及其制品对降低绝经期和绝经后妇女乳腺癌、骨质疏松的发生风险有一定的益处。适量食用坚果有助于改善血脂及降低心血管疾病的发病风险。但我国居民蔬菜摄入量却逐年下降,水果、大豆及奶类长期摄入不足。建议增加蔬菜水果、奶类及大豆的摄入。推荐餐餐有蔬菜,每天摄入 300~500g 蔬菜,深色蔬菜应占 1/2;天天吃水果,每天摄入 200~350g 新鲜水果,果汁不能代替鲜果;吃各种各样的奶制品,相当于每天液态奶 300g;经常吃豆制品,适量吃坚果,平均每天大豆及坚果类 25~35g。

4. **适量吃鱼、禽、蛋、瘦肉**　鱼、畜禽肉和蛋类富含蛋白质、脂类及脂溶性维生素、B 族维生素和矿物质,但能量高,有些含有较多的饱和脂肪酸和胆固醇,摄入过多会增加肥胖和心血管等疾病发病风险,应当适量摄入。水产品和禽类脂肪含量相对较低,水产品还含有较多的不饱和脂肪酸,有些鱼富含 EPA 和 DHA,对预防血脂异常及心血管疾病有一定的作用,应优先选择鱼和禽。蛋类营养成分较全面,但胆固醇含量高,摄入量不宜过多,蛋黄是蛋类维生素和矿物质集中部位,而且富含磷脂和胆碱,吃鸡蛋不应弃蛋黄。畜肉类肥肉基本为脂肪,少吃肥肉,选择瘦肉。烟熏和腌制肉制品在加工过程中易受到多种有害物质的污染,食用过多增加肿瘤发生风险,应少吃。

目前我国多数居民摄入畜肉较多,禽和鱼类较少,需要调整比例。建议成人平均每天摄入水产类40~75g,畜禽肉类40~75g,蛋40~45g,平均每天摄入总量120~200g。

5. **少盐少油,控糖限酒** 高盐(钠)摄入可增加血压、脑卒中和胃癌的发生风险,油脂摄入量过多增加肥胖,摄入过多的反式脂肪酸增加冠心病的发生风险。我国居民油盐摄入量居高不下。因此要培养清淡饮食习惯,少吃高盐或油炸食品。成人每天食盐不超过6g,每天烹调油25~30g,脂肪提供能量占总能量的比例不超过30%;每天反式脂肪摄入量不超过2g。

糖是单糖(葡萄糖、果糖、半乳糖)、双糖(蔗糖、乳糖、麦芽糖)及糖醇的统称。食品中糖来源于天然存在的糖和添加糖。添加糖是指在加工和制备食品时添加到食物或饮料中的糖和糖浆,包括蔗糖、葡萄糖、果糖及各种糖浆。添加糖不是平衡膳食的基本组成部分,是纯能量物质,除果糖外,升血糖指数较高,而且过多摄入可增加龋齿及超重肥胖的发生风险。建议每天摄入添加糖提供的能量不超过总能量的10%,最好不超过5%。即成人平均每天不超过50g,最好控制在25g以下。含糖饮料是添加糖的主要来源,不喝或少喝含糖饮料。

酒的主要成分是乙醇,乙醇俗称酒精,过量饮用可增加肝损伤,直肠癌、痛风、心血管疾病和胎儿酒精综合征的发生风险。因此,儿童、青少年、孕妇及乳母不应饮酒,成人如饮酒一天饮用酒的酒精量男性不超过25g,女性不超过15g。

水是膳食的重要成分,生命活动离不开水。建议足量饮水,成人每天7~8杯(1 500~1 700ml),提倡饮用白开水和茶水。饮水时间可早、晚各一杯,有利于预防血液黏稠度增加,其他在日常时间里均匀分布。老年人及儿童喝水要少量多次。高温、运动等条件下,应根据需要及时补充足量的水。

6. **杜绝浪费,兴新食尚** 珍惜食物资源,减少浪费是人类社会可持续发展的重要环节。我国人多地少,人均食物资源并不丰富,且随着经济的发展,浪费食物的问题比较突出,应发扬我国勤俭节约的优良传统,珍惜食物,按需备餐,提倡分餐不浪费。各种食物具有其特定的营养价值,从农田到餐桌有可能受到有毒有害物质污染,应学会阅读食品标签,合理选择食物及采用适宜的保存烹调方式,保障食物安全。从每个人做起,多回家吃饭,享受食物和亲情,树饮食文明新风尚。

(二) 特定人群膳食指南

特定人群膳食指南包括孕妇、乳母膳食指南、婴幼儿喂养指南、儿童青少年膳食指南、老年人膳食指南以及素食人群膳食指南。婴幼儿喂养指南全面地给出了核心推荐和喂养指导,其他特定人群膳食指南是根据各人群的生理特点及营养需要,在一般人群膳食指南基础上给予的补充说明。不同生理年龄人群的膳食指南详见第五章,在此重点介绍素食人群膳食指南。

1. **素食的概念及类型** 素食是一种不包含肉、禽、鱼等动物性食物的膳食结构。根据不同膳食组成,素食又可以分为全素、蛋素、蛋奶素、奶素、鱼素、果素、生素和半素等类型。全素人群完全戒食动物性食物及其产品,只靠植物类食品维持生命。蛋奶素人群戒食畜、禽、鱼类但食用蛋奶类及其相关产品。目前我国素食人群的数量约5 000万人。素食人群应认真设计膳食,合理利用食物以满足营养需要。如果膳食组成不合理,发生蛋白质、维生素B_{12}、维生素D、n-3多不饱和脂肪酸、钙、铁和锌等营养素缺乏的风险就会增加。因此指导素食人群采用合理膳食很有必要。

2. **素食人群膳食指南** 我国膳食指南中的素食人群指南仅涉及全素食人群及蛋奶素人群。为了弥补因动物性食物缺乏带来的某些营养素不足,关键推荐如下:

食物多样,谷类为主,适量增加全谷物。建议全素成人每天摄入谷类250~400g,其中全谷类120~200g,蛋奶素人群谷类225~350g,其中全谷类100~150g。

增加大豆和豆制品的摄入,选用发酵豆制品。大豆优质蛋白质丰富,豆制品发酵过程中会产生一定量的维生素B_{12}。建议全素成人每天摄入大豆50~80g,其中发酵豆制品5~10g;蛋奶素人群每天摄入大豆20~60g。

常吃坚果、海藻和菌菇。坚果富含蛋白质、不饱和脂肪酸、维生素和矿物质;海藻含有EPA及

DHA 及多种矿物质,菌菇富含矿物质和真菌多糖。建议全素及蛋奶素成人每天摄入坚果分别为 20~30g、15~25g,每天摄入藻类或菌菇 5~10g。

蔬菜水果充足。食用量同一般人群一致,蔬菜 300~500g,水果 200~350g。

合理选择烹调油。应多种植物油搭配食用,满足脂肪酸需要,注意选择富含 n-3 多不饱和脂肪酸的食用油,如亚麻籽油、紫苏油。

素食是一种饮食文化,应尊重基于信仰的素食者,对于自由选择者,不主张孕妇、婴幼儿及儿童选择全素膳食,因这些人群需要充足的各种营养素保障生长发育。对于基于信仰而选用素食的孕妇、婴幼儿及儿童需要定期进行营养状况监测,尽早发现潜在的问题及时进行干预。

三、中国居民平衡膳食宝塔与算盘

(一) 中国居民平衡膳食宝塔

中国居民平衡膳食宝塔(Chinese food guide pagoda)(以下简称宝塔,图 4-1)是根据《中国居民膳食 2016》的核心内容和推荐,结合中国居民膳食的实际情况,把平衡膳食的原则转化为各类食物的数量和比例的图形化表示。

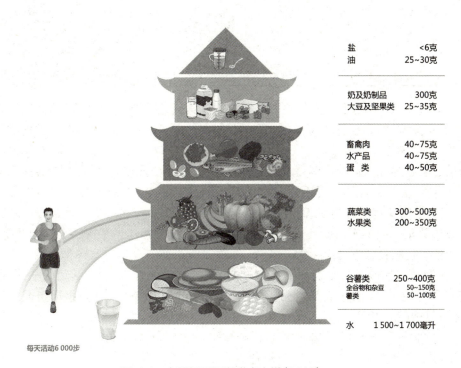

图 4-1 中国居民平衡膳食宝塔(2016)

1. **中国居民平衡膳食宝塔说明** 宝塔形象直观地表达了中国居民平衡膳食结构,中国居民平衡膳食结构是中国营养学会 DG 修订专家委员会根据营养学原理和中国居民膳食营养素参考摄入量,并结合中国食物资源和饮食特点所设计。该结构所推荐的食物种类和比例可以最大限度地满足不同年龄、不同能量水平的健康人群的营养和健康要求。表 4-1 为涵盖了中国 2 岁以上人群的能量需要水平范围 1 000~3 000kcal 的平衡膳食结构及食物量,食物量为可食部的生重量。平衡膳食结构由 5 大类 12 种类食物组成,各类食物都可以有多样化的选择。该膳食结构具有植物性食物为主、动物性食物为辅、少油盐糖等特点。各个能量水平的膳食结构提供的主要营养素与中国居民膳食营养素参考摄入量接近,蛋白质、脂肪和碳水化合物,能量来源均在合理范围内。

表 4-1　不同能量水平的平衡膳食结构及食物量　　　　　　　　　　　　　　　　　　　单位：g/（d·人）

食物种类	不同能量摄入水平 /kcal										
	1 000	1 200	1 400	1 600	1 800	2 000	2 200	2 400	2 600	2 800	3 000
谷类	85	100	150	200	225	250	275	300	350	375	400
—全谷物及杂豆	适量		50~100								
薯类	适量		50~100					125	125	125	
蔬菜	200	250	300	300	400	450	450	500	500	500	500
—深色蔬菜	占所有蔬菜的二分之一										
水果	150	150	150	200	200	300	300	350	350	400	400
畜禽肉类	15	25	40	40	50	50	75	75	75	100	100
蛋类	20	25	25	40	40	50	50	50	50	50	50
水产品	15	20	40	40	50	50	75	75	75	100	125
奶类	500	500	350	300	300	300	300	300	300	300	300
大豆	5	15	15	15	15	15	25	25	25	25	25
坚果	—	适量	10	10	10	10	10	10	10	10	10
烹调油	15~20		20~25		25	25	25	30	30	30	35
食盐	<2	<3	<4	<6	<6	<6	<6	<6	<6	<6	<6

　　宝塔共分 5 层，第一层谷薯类、第二层蔬菜水果类、第三层畜禽鱼蛋类、第四层奶类及大豆坚果类、第五层烹调油和盐。各层面积大小不同，体现了平衡膳食结构包括的 5 类食物和食物量的相对构成；宝塔旁边的文字注释，标示了能量在 1 600~2 400kcal 之间时，一段时间内健康人群平均每天的各类食物摄入量的范围；膳食宝塔还包括身体活动量和饮水量的图示，强调增加身体活动和足量饮水的重要。添加糖和酒不是膳食组成的基本食物，未在膳食宝塔中标示。

　　2. 应用平衡膳食结构及宝塔计划膳食　计划膳食（dietary planning）是指根据用膳者对能量和各种营养素的需要而进行膳食配方的设计。可以利用中国居民平衡膳食结构及宝塔等图示，采用五步法进行膳食配方设计。

　　（1）确定适宜的能量需要水平：了解个人或人群的年龄、性别、身体活动水平，根据中国居民膳食能量参考摄入量确定相应的能量需要水平。在实际应用中，要注意根据个人的不同的生理状态、体重等情况适当调整。

　　（2）确定食物种类与用量：根据能量需要水平，查表 4-1 不同能量水平的平衡膳食结构及食物量或参考宝塔推荐食物量，确定一日膳食中每类食物的建议量。

　　（3）合理分配各餐次食物，同类互换：根据不同人群的生理特点，合理安排进餐次数及各餐次食物分配，每餐食物种类与比例可参照中居民平衡膳食餐盘（图 4-2/ 文末彩图 4-2）安排。每类食物包含许多品种，同类食物可以互换（表 4-2），使膳食更加丰富多彩，并注意因地制宜充分利用当地资源，首选当地当季食物。

　　（4）科学加工烹调，清淡饮食：食物在清洗、切配、烹调、贮存等过程中要保证食品安全，避免营养素的损失，赋予食物诱人的感官性状。少用煎炸、烧烤、腌制、烟熏等加工烹调方法，建议使用量具控制油盐的用量。

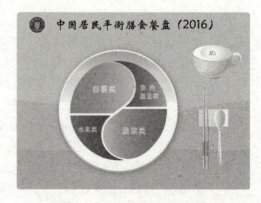

图 4-2　中国居民平衡膳食餐盘

（5）确认与核查，养成习惯：通过核查体重变化或计算膳食能量与营养素的含量评价设计的膳食是否满足营养需求。膳食对健康的影响是长期的结果，应采用平衡膳食养成习惯，坚持不懈。

（二）中国居民平衡膳食餐盘及算盘

1. 中国居民平衡膳食餐盘（food guide plate）（以下简称餐盘，图 4-2/ 文末彩图 4-2）是按照平衡膳食原则，在不考虑烹调用油盐的前提下，描述一个人一餐中膳食的食物组成和大致比例，适用于 2 岁以上人群。餐盘分成 4 部分，图形设计比例分别是谷薯类占 30%，水果类占 20%，蔬菜类占 35%，畜禽鱼蛋和大豆共占 15%，这些比例与表 4-1 平衡膳食结构的食物构成接近。餐盘旁设置了一杯牛乳以突出其重要性。全谷及薯类、盐油等细节餐盘中没有表达，需要参见宝塔进行解读。

2. 中国儿童平衡膳食算盘（food guide abacus）（以下简称算盘，图 4-3/ 文末彩图 4-3）是根据儿童膳食指南核心推荐，把平衡膳食的原则转化为食物份量的图形化表示，并采用直观的算盘形式表现。算盘份量适用于 8~11 岁中等体力活动水平的儿童。

图 4-3　中国儿童平衡膳食算盘

算盘分六行，从下往上依次是：橘色代表谷薯类（5~6 份），绿色代表蔬菜类（4~5 份），蓝色代表水果类（3~4 份），紫色代表动物性食物类（2~3 份），黄色代表大豆坚果奶类（2~3 份），红色代表油和盐。此外，算盘中跑步的儿童身挎水壶，表明了鼓励喝白开水、每天户外运动、积极活泼的生活和学习。

（三）食物份量

食物份量（serving size）是指标准化的一份食物的数量。不同的标准化规定，一份相同的食物其数量不同。《中国居民膳食指南（2016）》提出的食物"标准份量"是根据食物的能量或者蛋白质等量进行互换，再根据食物的类别和营养特点来规定的不同类别的食物份量基准值。例如在谷类食物中，选取消费频率高或消费量大、对营养素贡献权重大的米饭、馒头为该类食物中的代表性食物，其份量值是以等同能量（160~180kcal）来确定，相当于面粉、大米 50~60g 为"一份"。不同类别的食物"标准份量"的数值有大有小,如1份谷类为50~60g,1份蔬菜类为100g;同一类食物包含有许多品种,每份的主要营养素是一样的,如1份大豆类为20~25g,含蛋白质7g,可以是黄豆20g或北豆腐60g或豆浆360~380ml。食物标准份量见表4-2,除非特殊标明,所有食物份量均是以可食部生重给出。

表4-2　常见食物的标准份量

食物类别		标准份量/ (g/份)	能量/kcal	说明与同类互换
谷类		50~60	160~180	面粉50g=馒头70~80g=面包75g=大米50g=米饭100~120g=小米50g
薯类		80~100	80~90	红薯80g=马铃薯100g (能量相当于0.5份谷类)
蔬菜类		100	15~35	应注意甜菜、鲜豆类等高淀粉类蔬菜能量的不同,每份的用量应减少
水果类		100	40~55	梨100g=苹果100g=枣25g=柿子65g
畜禽 肉类	瘦肉(脂肪含量<10%)	40~50	65~80	瘦肉50g=禽50g=肥瘦肉25g;肥肉、五花肉脂肪含量一般超过50%,应减少食用
	肥瘦肉(脂肪含量10%~35%)	20~25	65~80	
水产 品	鱼类		50~60	鱼类蛋白质含量15%~20%脂肪1%~8%;虾贝类蛋白质含量5%~15%脂肪0.2%~2%
	虾贝类	40~50	35~50	
蛋类(含蛋白质7g)		40~50	65~80	鸡蛋50g
大豆类 (含蛋白质7g)		20~25	65~80	黄豆20g=北豆腐60g=南豆腐110g=内酯豆腐120g=豆干45g=豆浆360~380ml
坚果类 (含油脂5g)		10	40~55	淀粉类坚果相对能量低,如葵花籽仁10g=板栗25g=莲子25g(能量相当0.5份油脂类)
乳制 品	全脂(含蛋白质2.5%~3%)	200~250 (ml)	110	200ml液态奶=20~25g奶酪=20~30g奶粉
	脱脂(含蛋白质2.5%~3%)		55	全脂液态奶脂肪含量约3% 脱脂液态奶脂肪含量<0.5%
水		200~250 (ml)	0	

改编自:中国营养学会,中国居民膳食指南(2016)。

说明:1.谷类按能量一致原则或按40g碳水化合物等量原则进行代替。薯类按每份20g碳水化合物等量原则进行代替,能量相当于0.5份谷类。

2.蛋类和大豆按7g蛋白质等量原则进行代替,乳类按5~6g蛋白质等量原则进行代换。

3.畜禽肉类、鱼虾类以能量为基础进行代换,参考脂肪含量区别。

4.坚果类按5g脂肪等量原则进行代换,每份蛋白质大约2g。

　　可以利用食物标准份量估算食物的摄入量,摄入量=标准份量值 × 摄入的份数。也可以利用食物标准份量估算一日食物的能量。

　　还可利用食物的标准份量进行同类互换,在设计食谱时,可以参照各类人群推荐每日食物数量或以一日食谱为模板,通过同类互换,即以粮换粮、以豆换豆、以肉换肉,选择多样食物,变换出

Note

丰富多彩的食谱。

　　例如:建议摄入粮谷类 100g(2 份)可以选择 1 碗米饭(2 份,相当 100g 米),也可以选择 80g 馒头(1 份,相当 50g 面)和 160g 的红薯(2 份,能量相当 1 份谷类);每天 300g 奶可以选择 300g 牛奶(1.5 份),也可换为 30g 奶粉(1 份)和 10g 奶酪(0.5 份);每日 20g 大豆可以安排成早餐一杯豆浆,晚餐 60g 内酯豆腐,也可仅于中午安排 45g 豆干。

(叶蔚云)

 思考题

　　1. 说明膳食结构类型与健康关系。

　　2. 中国居民膳食指南(一般人群及素食人群膳食)的关键推荐内容有哪些? 为什么?

　　3. 根据你自身情况,设计平衡膳食。

第五章 特殊人群营养与健康

本章要点
1. **掌握** 特殊生理人群、特殊生活环境和工作环境人群、特殊职业人群的膳食和营养建议。
2. **熟悉** 特殊生理人群、特殊生活和工作环境、特殊职业接触对营养和代谢的影响。
3. **了解** 特殊人群特殊生活和工作环境暴露以及特殊职业暴露对人体生理和代谢的影响。

第一节 特殊生理人群营养与健康

一、孕妇的营养与健康

育龄妇女自妊娠开始到产后哺乳终止,身体各系统的生理状态及代谢均发生着巨大的变化。孕期妇女对能量和各种营养素的需要量均高于非孕期,不仅要满足妊娠期间子宫、乳房和胎盘、胎儿的生长发育,同时也要满足产后哺乳储备的需要。因此,孕期妇女营养状况的优劣将对自身的健康、胎儿的生长发育及其成年后的健康均产生重要的影响。

(一)孕妇的生理特点

1. **血液循环系统** 孕妇血液循环系统的变化主要表现在血容量及内容的变化上。血容量的增加包括血浆容积和红细胞数量的增加,从第6周开始逐渐增加,至怀孕第32~34周时达到高峰;血容量比妊娠前增加35%~40%,并一直维持至分娩;然而红细胞数量增加的幅度低于血浆容积,会出现血液稀释,孕妇可出现生理性贫血。在妊娠开始后的几周内,母体血中甘油三酯、胆固醇、乳糜微粒与极低密度脂蛋白减少,随着肝脏甘油三酯合成量的增加,脂肪动员作用会随之增加,导致母体后期血脂升高。妊娠期间,孕妇体内水分潴留也会明显增加,长时间站立或坐位,下肢血液循环不畅,容易出现凹陷性水肿;仅有下肢凹陷性水肿者而血压正常者,属于生理现象;但出现上肢或面部水肿者,则应密切注意,需进一步排除妊娠高血压综合征的可能。

2. **消化系统** 孕妇消化系统的变化对孕期的营养素的摄取影响较大。孕早期由于激素与代谢水平的改变,消化液分泌量减少,消化道蠕动降低,常常会出现恶心、呕吐、食欲减退、消化不良等反应。至孕中、晚期由于胃部受压、贲门括约肌松弛,胃内酸性内容物可逆流至食管下部引起不适。孕晚期子宫增大而影响肠道的活动,可引起便秘,同时食物在肠道停留时间延长,母体对某些营养素如钙、铁、维生素 B_{12} 及叶酸的吸收能力增强。

3. **泌尿系统** 妊娠期间母体和胎儿代谢产物增多,肾血流量增加,肾负担增加;肾小球滤过增多,肾小管对葡萄糖的重吸收会相应不足,导致孕妇葡萄糖、氨基酸和水溶性维生素等的丢失,孕妇会发生生理糖尿。

4. 内分泌系统 孕期内分泌的变化主要是与妊娠相关的激素水平的变化。从受孕开始,母体内的雌激素、孕激素、人绒毛膜促性腺激素、甲状腺激素等分泌增加。雌二醇、黄体酮(孕酮)等激素大量增加,刺激子宫、胎盘、乳腺增长。

5. 体重 孕妇体重随妊娠月份而增加,主要来源于胎儿、羊水、胎盘、血液和细胞外液的增加以及子宫、乳腺和母体脂肪组织的贮存。一般情况下,妊娠的前13周体重增长比较慢,妊娠13周后体重增长迅速。健康妇女平均增重12~15kg;即使是肥胖妇女也要增重也不应小于6kg。体重总增重过多或过少,对母体和胎儿均有不良的影响。孕期体重增重过少可能与胎儿生长受限、早产和围生期死亡的危险增加相关,孕期体重增重过多可能会增加分娩巨大胎儿以及母体妊娠毒血症等并发症的危险。

(二) 孕妇的营养需求

为了适应孕期母体各器官的变化以及子宫、胎盘、胎儿、乳房发育等的需要,孕期需要摄入更多的能量及营养素。

1. 能量 孕妇热能消耗要高于孕前,除了要维持自身的基础代谢、食物特殊动力作用、劳动(活动)耗能外还需要供给胎儿的生长发育的需要(包括胎儿生长以及孕妇本身构成新组织)。一般根据定期测量孕妇体重来判断和评价能量的摄入是否适宜,如孕前体重在标准范围内,孕中期和孕后期增重每周应控制在0.42kg,其变动范围以每周不超过0.35~0.50kg,中国营养学会推荐,孕中期和孕后期的孕妇膳食能量RNI是在原有的基础上每日增加1.25~1.90MJ(300~450kcal)。孕前体重轻者每周增重量可略高;而孕前体重超过正常范围者,孕期也不宜减肥,但如每周增重大于0.42kg,则须注意水肿问题。如无水肿,则表示热能摄入过高。反之,每周增重小于0.35kg,则表示热能摄入不足。

2. 蛋白质 整个孕期约需贮存900g蛋白质,满足孕妇子宫、乳房、胎盘发育、胎儿的生长发育,以及为分娩储备能量、产后恢复等的需要。由于胎儿早期肝尚未发育成熟,缺乏氨基酸合成所需的酶,因此所有氨基酸均为胎儿必需氨基酸,需母体供给。因此若母体蛋白质摄入不足,则会造成胎儿脑细胞分化缓慢,脑细胞总数减少,影响智力发育。中国营养学会建议孕妇蛋白质RNI为在非孕妇基础上孕早、孕中、孕后期每日分别增加0g、15g和30g。蛋白质在要求数量的基础上,质量也要得到保障,其摄入的蛋白质中尽可能使优质蛋白占总蛋白质量的2/3,优质蛋白质主要来源于动物蛋白和豆类蛋白,如牛奶、鸡蛋、鱼、大豆等。

3. 脂肪 孕期的脂肪需求,不仅是胎儿脑组织增殖发育及视网膜形成的重要物质基础,还是孕妇产后泌乳的必要条件,还可促进脂溶性维生素的吸收。所以,妊娠过程需要储存一定量的脂肪,来保证母体及胎儿的需要。但是脂肪总量不宜增补过多,以免引起非生理性体重增加。一般认为脂肪提供的能量以占总能量的20%~30%为适宜。摄入过多可导致孕妇血脂增高或高脂血症,此时脂肪摄入量应该控制,每天60~70g,其中必需脂肪酸3~6g。植物油中不饱和脂肪酸含量高于动物性脂肪,因此每天应食用7.5~15g的植物油。动物性食物中鱼类含有大量的不饱和脂肪酸,可以作为孕妇脂肪补充的最佳选择。

4. 糖类 妊娠期间糖类可以提供能量,也是母体代谢和胎儿生长发育所必需。胎儿脑细胞的迅速增加和整个神经系统的发育需要大量的葡萄糖。胎儿心肌发育所需要的能量也主要来源于糖类的糖酵解和乳酸氧化。当胎儿耗用母体的葡萄糖较多,母体摄入糖类不足时,为了节省葡萄糖满足胎儿需要,母体将动用自身脂肪来供给能量,然而脂肪氧化不全就会产生酮体,婴儿孕妇碳水化合物摄入不足时易发生酮症酸中毒。因此,孕早期必须保证每日糖类摄入量不得低于150~200g。但摄入过多,糖类则会转变为脂肪储存在体内导致肥胖。

5. 无机盐与微量元素

(1) 铁:妊娠期孕妇对铁的需要量高于孕前,除孕妇每日必需摄入一定量的铁以补充自身的消耗外,尚需储备相当数量的铁,以补偿分娩时由于失血造成的铁损失;同时需要确保胎儿制造血液和肌肉组织储备的铁,以及需要给胎儿肝中储存一部分铁来供给出生后前 6 个月之内的消耗。孕妇铁摄入量不足会影响胎儿铁的储备,使婴儿期较早出现缺铁及缺铁性贫血。孕妇重度贫血可引起早产或死胎,发生贫血性心脏病。贫血还容易并发妊娠中毒症,降低机体的抵抗力,引起产后感染。中国营养学会建议,孕妇膳食铁的每日摄入量为孕早期 20mg、孕中期 24mg、孕晚期 29mg。维生素 C 可促进铁的吸收,可适当摄入富含维生素 C 的食物以增加铁的吸收。为防止妊娠期缺铁,孕期应注意增加含铁丰富的食品,动物肝、动物全血、瘦肉等含铁丰富且吸收率高。

(2) 钙:胎儿约需储留 30g 钙,大部分是在孕晚期由孕妇体内转移到胎儿体内,除胎儿需要外,母体也需要储留部分钙以备哺乳期需要。由于我国人群膳食中钙普遍不足,母体平时储存钙不多,故妊娠全过程都要补充钙。孕妇膳食钙摄入不足,会引起母体血钙下降,发生小腿抽筋,或手足抽搐,产生骨质软化症,胎儿也可能产生先天性佝偻病及缺钙抽搐。钙摄入过量可能导致孕妇便秘,也会影响其他营养素的吸收。牛奶是食物钙的良好来源,虾皮、木耳、豆腐、豆浆、蛋黄、海带等含钙也较丰富。如果食物中钙摄取不足时,也可适当补充钙制剂。中国营养学会建议,孕妇膳食钙的每日摄入量为孕早期 800mg、孕中期 1 000mg、孕晚期 1 000mg。

(3) 锌:妊娠期妇女摄入足量的锌,有利于胎儿生长发育和预防先天性出生缺陷,从怀孕初期开始至足月时胎儿体内储锌量约 60mg。锌缺乏可致孕早期孕妇味觉及嗅觉异常,引起妊娠剧吐,并可能导致胎儿生长发育迟缓、胎儿畸形、死胎、早产等。植物性食物中的纤维素不利于锌的吸收利用,动物性食物中锌元素含量丰富又易吸收,是膳食锌良好的来源,例如贝类海产品、猪瘦肉、牛瘦肉、羊瘦肉等,鱼肉、耗肉等也是含锌非常丰富的食物,植物性食物则以坚果类如核桃仁等含锌元素较丰富。我国居民膳食以植物性食物为主,因而普遍存在锌摄入不足等问题。中国营养学会建议孕妇膳食中锌 RNI 为孕早、中、晚期均为 9.5mg/d。

(4) 碘:碘是甲状腺素的合成过程中的必需微量元素,甲状腺素可以促进蛋白质的合成,活化多种酶,用以调节人体的物质代谢。孕期缺碘易造成孕妇甲状腺肿,还可导致胎儿“克汀病”、中枢神经系统及听神经损害,婴儿出生后会有脑损害、甲状腺肿、甲状腺功能减退及骨骼发育不良等问题。海产品如紫菜、海带、海鱼等都含有丰富的碘,中国营养学会建议孕妇每日膳食碘的 RNI 为 230μg。

6. 维生素 孕妇对维生素的需要量增加,母体的维生素可通过胎盘进入胎体。母体的脂溶性维生素可储存在肝脏内,需要时可自肝脏释放出供给胎儿。但母体摄入过量脂溶性维生素,可致胎儿中毒。水溶性维生素在体内不能储存,必须及时供给。孕期需特别考虑维生素 A、维生素 D 和 B 族维生素的供给。

(1) 维生素 A:维生素 A 摄入过少或过多都可以引起胎儿畸形。孕妇缺乏维生素 A 与胎儿宫内发育迟缓、低出生体重及早产有关,孕早期维生素 A 摄入过量可能导致自发性流产和胎儿先天畸形,但是相同当量的类胡萝卜素无此不良作用。中国营养学会建议孕妇每日膳食维生素 A 的 RNI 为孕早期 480μgRAE,孕中、晚期为 530μgRAE。

(2) 维生素 D:妊娠期间,维生素 D 的需要量增高,维生素 D 的食物来源比较少,孕妇除多晒太阳外,还应补充富含维生素 D 的食物或维生素 D 制剂。缺乏维生素 D 可致婴儿佝偻病和孕妇骨质软化症。但也不能摄入过量,以免导致婴儿产生高钙血症。海鱼、禽、畜肝、奶中维生素 D 含量较多。中国营养学会建议孕妇在整个孕期每日膳食维生素 D 的 RNI 均为 8μg。

(3) B 族维生素

1) 维生素 B_1(硫胺素):妊娠期间维生素 B_1 的需要量增高,用于维持食欲、正常的肠道蠕动和促进产后乳汁分泌。如果孕妇维生素 B_1 供给不足,可导致多发性神经炎,易引起便秘、呕吐、倦怠、肌肉无力,以致分娩时子宫收缩缓慢,使产程延长,分娩困难。同时也可引起新生儿糖类代谢障碍,出现婴儿呕吐、腹泻、抽搐、丙酮酸升高,甚至夭折。同时维生素 B_1 缺乏也会影响胃肠道功能,特别是孕早期,因早孕反应使食物摄入减少,极易引起维生素 B_1 缺乏,从而导致胃肠道功能下降,进一步加重早孕反应,引起营养不良。动物内脏如肝、心、肾、瘦肉、豆类和粗加工的粮谷类是维生素 B_1 的良好来源。中国营养学会建议孕妇每日膳食维生素 B_1 的 RNI 为孕早期 1.0mg,中期 1.1mg,晚期为 1.2mg。

2) 维生素 B_2(核黄素):妊娠期间母体代谢旺盛,维生素 B_2 需要量增加。维生素 B_2 在体内是许多重要辅酶的主要成分,参与细胞生物氧化过程及促进糖类代谢。孕期维生素 B_2 缺乏,胎儿可出现生长发育迟缓。缺铁性贫血也与维生素 B_2 缺乏有关。食物中维生素 B_2 含量较高的为动物内脏、蛋、奶等动物性食品,豆类及绿叶蔬菜含量也很丰富。中国营养学会建议孕妇每日膳食维生素 B_2 的 RNI 为孕早期 1.0mg,中期 1.1mg,晚期为 1.2mg。

3) 维生素 B_6(吡哆醇):孕妇由于胎儿生长需要和体内雌激素影响,维生素 B_6 的需要量增加,早期妊娠反应时的恶心、食欲缺乏也与缺乏维生素 B_6 有关。维生素 B_6 是中枢神经活动、血红蛋白合成及糖原代谢所需的辅酶,可协助谷氨酸代谢生成氨酪酸(γ - 氨基丁酸),抑制神经系统活动,避免神经过度兴奋。中国营养学会建议孕妇孕期每日膳食维生素 B_6 的 RNI 均为 1.9mg。动物性食品,如蛋黄、肉类、鱼类、奶类等均含有丰富的维生素 B_6。

4) 维生素 B_{12}(钴维素):以辅酶的形式参与体内的氨基酸代谢,对神经系统及造血功能十分重要。维生素 B_{12} 具有活化氨基酸的作用和促进核酸的生物合成,可促进蛋白质的合成,它对婴幼儿的生长发育有重要作用。胎儿维生素 B_{12} 完全由母体供给,孕妇对维生素 B_{12} 的吸收增加,大部分转给胎儿,若维生素 B_{12} 缺乏时可致婴儿贫血。我国营养学会提出的建议值孕妇为每日摄入 24mg。维生素 B_{12} 的主要食物来源为动物肝、奶、肉、鱼、蛋等,植物性食物一般不含维生素 B_{12}。

5) 叶酸:是氨基酸代谢及核苷酸代谢中不可缺少的重要物质,细胞增殖、组织生长和机体发育均需要足量的叶酸。叶酸可促进胎儿的正常发育并防止巨细胞性贫血巨幼细胞贫血,叶酸摄入不足可导致出生低体重、胎盘早剥和神经管畸形。妊娠期叶酸的需要量为普通成年女子的 1 倍,叶酸的补充需从计划怀孕或可能怀孕前开始。中国孕妇膳食叶酸 RNI 值为 520μgDFE/d。各种蔬菜、动物肝、蛋黄、酵母等为富含叶酸的食物来源,豆类含量亦较多。但食物叶酸的生物利用率仅为补充剂的 50%,因此补充 400μgDFE/d 叶酸或食用叶酸强化食物更为有效。

(4) 维生素 C:胎儿生长发育需要大量的维生素 C,它对胎儿骨、齿的正常发育、造血系统的健全和机体的抵抗力等都有促进作用,孕妇缺乏维生素 C 时易患贫血、出血,也可引起早产、流产,新生儿有出血倾向。维生素 C 的主要食物来源为新鲜蔬菜和水果,如青椒、鲜枣、柑橘类含量很丰富,猕猴桃、刺梨等野果亦含有大量维生素 C。中国营养学会建议孕妇每日维生素 C 的 RNI 为孕早期 85mg、孕中晚期 95mg。

(三) 孕期营养对母体及胎儿的影响

1. 孕期营养对母体的影响 孕期,由于胎儿的生长发育以及母体内物质代谢和各器官系统功能的适应性变化,对营养的要求因而更加严格,此时期营养不足或过剩将影响母亲的健康和胎儿的正常发育。

(1) 引起母体营养不足或缺乏症:怀孕期间,胎儿从母体中吸取大量营养素以供本身生长发育。因此,如不注意孕期营养,容易造成孕妇营养不足,甚至营养缺乏。常见的孕妇营养缺乏症有:

1) 贫血:孕期由于母体血容量增加 50%,而红细胞仅增加 20%,因此血红蛋白相对不足,易形成生理性贫血;且应胎儿造血及肌肉组织形成所需,造成母体对铁的需要量增加。我国居民膳食中铁主要来源于植物性食物,铁的吸收利用率较低,所以孕妇更易患缺铁性贫血。孕期母体本身对叶酸和维生素 B_{12} 的需要量增加,且由于孕妇消化功能的改变以及早孕期间的恶心、呕吐、进食量减少等问题使其胃肠道吸收功能下降,尤其在孕末期更容易造成由于叶酸和维生素 B_{12} 的缺乏所引起巨幼细胞贫血。贫血可导致母体体质虚弱;临产时子宫收缩乏力;易发生产后出血,贫血的产妇对产后出血的耐受能力差,增加了产妇死亡的危险性;孕妇贫血,免疫功能和抵抗力皆下降,易感染;贫血还会使妊娠高血压综合征的发生率增加。

2) 缺钙症:我国居民膳食中钙的摄入量普遍偏低,孕妇对钙的需要量高,钙缺乏尤为明显。孕妇缺钙,一方面影响胎儿骨骼和牙齿的发育,使婴儿佝偻病发病率增高;另一方面,孕妇严重缺钙,分娩时可发生骨质软化性难产。孕期缺钙,更年期后则易患骨质疏松症,且与妊娠高血压综合征发病相关。研究表明,孕期补钙能有效降低妊娠高血压综合征的发生。

3) 热能及维生素 C 不足:孕妇热能摄入不足,将动员体内的糖原和脂肪来供热,因而体重增加不足,会出现精神不振、皮肤干燥、脉搏缓慢、体温降低、抵抗力减弱等症状。孕妇维生素 C 需要量增加,但摄入不足时,可出现牙龈水肿、出血等症状。

(2) 增加妊娠高血压综合征发生:目前妊娠高血压综合征的病因尚未明确,发病机制也较为复杂,研究表明,除某些营养素不足外,主要是营养不平衡所致。而孕期尤其是孕晚期,热能摄入量过多,动物脂肪摄入过多与妊娠高血压综合征的发生有明显关系;孕期蛋白质营养不足,加重妊娠高血压综合征的病程;钙的摄入量与妊娠高血压综合征的发生呈明显负相关,妊娠高血压综合征孕妇血钙水平低于正常孕妇,孕早期血钙水平越低,病情越严重;贫血孕妇中妊娠高血压综合征发病率是正常孕妇的 3.3 倍,尤其孕早期血红蛋白低于 100g/L,并伴有严重低蛋白血症者更易发病,增加铁的摄入可降低妊娠高血压综合征的发生率;锌摄入不足,对妊娠高血压综合征的发生起促进作用;维生素 B$_1$、维生素 B$_2$、维生素 C 及叶酸等的缺乏,使妊娠高血压综合征发病率增高;补充维生素 B$_6$,孕妇妊娠高血压综合征发生率显著下降;孕期维生素 A、维生素 E、维生素 C 等抗氧化营养素不足,可加重妊娠高血压综合征的进程。

(3) 造成母体肥胖:有些孕妇因饮食失调造成的肥胖,产后数年仍不能恢复,不仅影响体型,而且易于发展成为糖尿病、原发性高血压、高脂血症、动脉粥样硬化等疾病。另一方面,母亲肥胖、胎儿生长过度,不仅增加行动负担,也给分娩带来困难。

(4) 影响正常分娩进程和产后恢复:在分娩时,子宫收缩,产妇感觉疼痛,要消耗大量的体力和精力,还有创伤流血,需要有足够的热能和各种营养素的储备;分娩后,子宫腔内胎盘附着处新生内膜逐渐修复,分娩引起产道充血、水肿或不同程度产道裂伤的恢复愈合,也需要有足够的营养。如果分娩前后营养不足或缺乏,不利于母亲恢复和健康,继而影响正常的乳汁分泌,最终影响婴幼儿的生长发育。

2. 对胎儿和新生儿生长发育的影响

(1) 影响新生儿体重:孕妇营养不良,可导致胎儿生长发育迟缓,新生儿体重降低和早产等问题。足月婴儿出生的体重低于 2 500g,称为"足月小样儿",其占低体重儿的 80%。全世界有 90% 低体重儿发生在发展中国家,营养不良造成的新生儿体重降低主要是由于热能供给不足所致。研究表明,脂肪、钙和维生素 B$_1$、维生素 B$_2$ 摄入越多,新生儿体重越重。

(2) 胎儿畸形发生率和新生儿死亡率增高:孕妇营养不良导致胎儿和新生儿的生命力较差,经不起外界环境中各种不良因素的冲击,死亡率增高。出生体重低的婴儿,死亡率也高。孕妇某种营养素过多或过少,都可导致先天畸形的发生。维生素 A 过量,可导致胎儿的外耳畸形、裂腭、心脏畸形和脑组织畸形等;维生素 D 和钙缺乏,可出现骨骼畸形;维生素 K 缺乏,流产率增加;维生素 E 缺乏,损害生殖系统造成不育;叶酸和维生素 B$_{12}$ 缺乏,易致神经管畸形;缺锌导致胎儿先天性无脑、软骨发育不良性侏儒、心室缺损和主动脉狭窄、多发性骨畸形等;缺铜多出现小头畸形、局灶性大脑和小脑退行性病变,表现下肢麻痹和动作不协调;缺锰,可导致骨骼异常。另外,碘、硒、铁、维生素 B$_1$、维生素 B$_2$ 和维生素 C 的缺乏,也可引起胎儿畸形。

(3) 影响胎儿脑和智力的发育:胎儿脑的发育始于怀孕的 10~18 周,至出生后 2 周岁得以完成,此过程包括脑细胞的增殖和增长。孕期营养不良将会影响胎儿脑的发育,如果营养不良发生在脑细胞增殖期,将造成脑细胞数目永久性减少、智力发育迟缓、脑功能异常,这一缺陷是无法通过后天营养来弥补的。蛋白质、脂类、铁、锌、碘、B 族维生素的缺乏,均可影响胎儿脑和智力的发育。尤其是碘缺乏不仅造成孕妇流产、死产、小儿先天畸形,且严重影响胎儿脑的发育,造成不同程度的智力损害。

（四）妊娠期妇女膳食指南

由于孕妇在妊娠不同时期的生理状态差异明显，胎儿在发育的不同时期对营养需求也不同，按妊娠生理过程及营养需要特点，孕妇膳食指南分为孕前期（孕前 3~6 个月）、孕早期（孕 1~12 周）、孕中（孕 13~27 周）末（孕 28 周至分娩）期三部分。为了满足孕期营养的需要，保证胚胎、胎儿生长发育良好和母体的健康，不仅要保证孕妇充足、合理的营养素摄入，而且要根据妊娠不同时期进行膳食调整。

1. 孕前期（备孕期）妇女膳食指南　合理膳食和均衡营养是成功妊娠所必需的物质基础。为降低出生缺陷、提高生育质量、保证妊娠的成功，夫妻双方都应做好孕前的营养准备。育龄妇女在计划妊娠前 3~6 个月应接受特别的膳食和健康生活方式指导，调整自身的营养、健康状况和生活习惯，使之尽可能都达到最佳状态以利于妊娠的成功。在一般人群膳食指南的基础上，孕前期妇女膳食指南增加以下内容。

（1）调整孕前体重至适宜水平：孕前妇女自身体重与新生儿出生体重、婴儿死亡率以及孕期并发症等不良妊娠结局有密切关系。低体重或肥胖的育龄妇女是发生不良妊娠结局的高危人群，备孕妇女宜通过平衡膳食和适量运动来调整体重，尽量使体重指数（body mass index，BMI）达到 18.5~23.9kg/m^2 的理想范围，并维持适宜体重，以在最佳的生理状态下孕育新生命。对于低体重（BMI<18.5kg/m^2）的孕前妇女，可通过适当增加食物量和规律运动来增加体重，每天可有 1~2 次的加餐，如每天增加牛奶 200ml 或粮谷/畜肉类 50g 或蛋类/鱼类 75g。对于肥胖（BMI≥28.0kg/m^2）的孕前妇女，应改变不良饮食习惯，减慢进食速度，避免过量进食，减少高能量、高脂肪、高糖食物的摄入，多选择低 GI、富含膳食纤维、营养素密度高的食物。同时，应增加运动，推荐每天 30~90min 中等强度的运动。

（2）多摄入富含叶酸的食物或补充叶酸：妊娠的前 4 周是胎儿神经管分化和形成的重要时期，此期叶酸缺乏可增加胎儿发生神经管畸形及早产的危险。育龄妇女应从计划妊娠开始尽可能早地多摄入富含叶酸的动物肝脏、深绿色蔬菜及豆类。由于叶酸补充剂比食物中的叶酸能更好地被机体吸收利用，建议最迟应从孕前 3 个月开始每天补充叶酸 400μg，并持续至整个孕期。叶酸除有助于预防胎儿神经管畸形外，也有利于降低妊娠高脂血症发生的危险。

（3）多吃含铁丰富的食物：孕前期良好的铁营养是成功妊娠的必要条件，孕前缺铁易导致早产、孕期母体体重增长不足以及新生儿低出生体重，故孕前女性应储备足够的铁为孕期利用。建议孕前期妇女适当多摄入含铁丰富的食物，如动物血、肝脏、瘦肉等动物性食物，以及黑木耳、红枣等植物性食物。缺铁或贫血的育龄妇女可适量摄入铁强化食物或在医生指导下补充小剂量的铁剂（10~20mg/d），同时，注意多摄入含维生素 C 丰富的蔬菜、水果，或在补充铁剂的同时补充维生素 C，以促进铁的吸收和利用。

（4）多吃含碘丰富的食物：孕早期缺碘可增加新生儿发生克汀病的危险性。由于孕前和孕早期对碘的需要相对较多，除摄入碘盐外，还建议至少每周摄入一次富含碘的海产食品，如海带、紫菜、鱼、虾、贝类等，以增加一定量的碘的储备。

（5）戒烟、禁酒：夫妻一方或双方经常吸烟或饮酒，不仅影响精子或卵子的发育，造成精子或卵子的畸形，而且影响受精卵在子宫的顺利着床和胚胎发育，导致流产。酒精可以通过胎盘进入胎儿血液，造成胎儿宫内发育不良、中枢神经系统发育异常、智力低下等。因此，夫妻双方在计划怀孕前的 3~6 个月都应停止吸烟、饮酒；计划怀孕的妇女要远离吸烟的环境，减少被动吸烟的伤害。

2. 孕早期妇女膳食指南　孕早期胎儿生长发育速度相对缓慢，但是怀孕早期妊娠反应使其消化功能发生改变，多数妇女怀孕早期可出现恶心、呕吐、食欲下降等症状。因此，怀孕早期的膳食应富营养、少油腻、易消化及适口。妊娠的前 4 周是胎儿神经管分化形成的重要时期，重视预防胎儿神经管畸形也极为重要。在一般人群膳食指南的基础上,应增加以下内容。

(1) 膳食清淡、适口:清淡、适口的膳食能增进食欲,易于消化,有利于降低怀孕早期的妊娠反应,使孕妇尽可能多摄取食物,满足对营养的需求。清淡、适口的食物包括各种新鲜蔬菜和水果、大豆制品、鱼、禽、蛋以及各种谷类制品,可根据孕妇当时的喜好适宜地进行安排。

(2) 少食多餐:怀孕早期反应较重的孕妇,可以不必强调饮食的规律性,也不可强制进食,进食的餐次、数量、种类及时间应根据孕妇的食欲和反应的轻重及时进行调整,采取少食多餐的办法,保证进食量。为降低妊娠反应,可口服少量 B 族维生素,以缓解症状。随着孕吐的减轻,应逐步过渡到平衡膳食。

(3) 保证摄入含必要量碳水化合物的食物:怀孕早期应尽量多摄入富含碳水化合物的谷类或水果,保证每天至少摄入 150g 碳水化合物(约合谷类 200g)。因妊娠反应严重而完全不能进食的孕妇,应及时就医,以避免因脂肪分解产生酮体对胎儿早期脑发育造成不良影响。

(4) 多摄入富含叶酸的食物并补充叶酸:怀孕早期叶酸缺乏可增加胎儿发生神经管畸形及早产的危险。妇女应从计划妊娠开始尽可能早地多摄取富含叶酸的动物肝脏、深绿色蔬菜及豆类,但天然食物中存在的叶酸是四氢叶酸的各种衍生物,均为还原型,烹调加工或遇热容易分解,生物利用率较低,而合成的叶酸是氧化型单谷氨酸叶酸,生物利用率高,因此建议,孕期除了常吃含叶酸丰富的食物外,还应补充叶酸 400μg/d,以满足其需要。

(5) 戒烟、禁酒:孕妇吸烟或经常被动吸烟,烟草中的尼古丁和烟雾中的氰化物、一氧化碳可能导致胎儿缺氧和营养不良、发育迟缓。孕妇饮酒,酒精可以通过胎盘进入胎儿血液,造成胎儿宫内发育不良、中枢神经系统发育异常、智力低下等,称为酒精中毒综合征。为了生育一个健康的婴儿,孕妇应戒烟、禁酒,并远离吸烟环境。

3. 孕中、末期妇女膳食指南　从孕中期开始胎儿进入快速生长发育期,直至分娩。与胎儿的生长发育相适应,母体的子宫、乳腺等器官也逐渐发育,并且母体还需要为产后泌乳开始储备能量以及营养素。因此,孕中、末期均需要相应增加食物量,以满足孕妇显著增加的营养素需要。在一般人群膳食指南的基础上,孕中、末期妇女膳食指南增加以下内容:

(1) 适当增加鱼、禽、蛋、瘦肉、海产品的摄入量:鱼、禽、蛋、瘦肉是优质蛋白质的良好来源,其中鱼类除了提供优质蛋白质外,还可提供 n-3 多不饱和脂肪酸(如二十二碳六烯酸),这对孕 20 周后胎儿脑和视网膜功能发育极为重要。蛋类尤其是蛋黄,是卵磷脂、维生素 A 和维生素 B_2 的良好来源。建议从孕中、末期每日增加总计 50~100g 的鱼、禽、蛋、瘦肉的摄入量,鱼类作为动物性食物的首选,每周最好能摄入 2~3 次,每日还应摄入 1 个鸡蛋。除食用加碘盐外,每周至少进食一次海产品,以满足孕期碘的需要。

(2) 适当增加奶类的摄入:奶或奶制品富含蛋白质,对孕期蛋白质的补充具有重要意义。同时也是钙的良好来源。由于中国传统膳食不含或少有奶制品,每日膳食钙的摄入量仅 400mg 左右,远低于建议的钙适宜摄入量。从孕中期开始,每日至少摄入 250ml 的牛奶或相当量的奶制品及补充 300mg 的钙,或喝 400~500ml 的低脂牛奶,以满足钙的需要。

(3) 常吃含铁丰富的食物:伴随着从孕中期开始的血容量和血红蛋白的增加,孕妇成为缺铁性贫血的高危人群,同时胎儿也需要铁的储备。因此,孕中期需要开始增加铁的摄入量,比孕前分别增加 4mg 和 9mg,达到 24mg 和 29mg。建议常摄入含铁丰富的食物,如动物血、肝脏、瘦肉等。必要时可在医生指导下补充小剂量的铁剂。同时。注意多摄入富含维生素 C 的蔬菜、水果,或在补充铁剂时补充维生素 C,以促进铁的吸收和利用。

(4) 适量身体活动,维持体重的适宜增长:由于孕期对多种微量营养素需要的增加大于能量需要的增加,通过增加食物摄入量以满足微量营养素的需要极有可能引起体重过多增长,并因此会增加发生妊娠糖尿病和出生巨大儿的风险。因此,孕妇应适时监测自身的体重,并根据体重增长的速率适当调节食物摄入量。也应根据自身的体能每天进行不少于 30min 的低强度身体活动。

最好是 1~2h 的户外活动,如散步、做体操等,因为适宜的身体活动有利于维持体重的适宜增长和自然分娩,户外活动还有助于改善维生素 D 的营养状况,以促进胎儿骨骼的发育和母体自身的骨骼健康。

(5) 禁烟戒酒,少吃刺激性食物:烟草、酒精对胚胎发育的各个阶段都有明显的毒性作用,如容易引起早产、流产、胎儿畸形等。有吸烟、饮酒习惯的妇女,孕期必须禁烟戒酒,并要远离吸烟环境。浓茶、咖啡应尽量避免,刺激性食物亦应尽量少吃。

二、乳母营养与健康

乳母是指产后数小时开始用母乳喂养婴儿一直到婴儿断乳的整个时期的妇女。由于乳母一方面要补偿自己妊娠和分娩时所损耗的营养储备,来促进器官和系统功能的恢复;另一方面要分泌乳汁、哺育婴儿。如果乳母营养不足,将会影响乳母的康复,减少乳汁分泌量、降低乳汁质量,对婴儿的健康成长也会造成影响。因此重视乳母的合理膳食,对乳母身体恢复,乳汁的质量以及婴儿的健康成长具有重要意义。

(一) 乳母的生理特点

产妇在产后的一段时间全身各器官逐渐恢复孕前状态,而乳房则开始泌乳。目前研究表明,早期开乳有助于新生儿的生长发育及免疫力的提高,有利于产妇生殖器官和其他器官组织更快的恢复,促进产后康复。

1. 营养需求大　哺乳期的营养需要大于妊娠期的需要。需要逐步去补偿妊娠和分娩时所损耗的营养素储备,促进器官和各系统功能的恢复;同时也要满足分泌乳汁、哺育婴儿的需求。母乳是婴儿生后 4~6 个月中的唯一营养来源。在分娩后的前 4~6 个月中,婴儿比在 9 个月孕期中的体重增长一倍,所需营养皆由母乳供给。如果乳母营养不足,将会影响乳母的健康,减少乳汁分泌量、降低乳汁质量,影响婴儿健康成长。

2. 基础代谢率增高　一般基础代谢比未哺乳妇女高 20%,以保证自身机体的恢复和哺乳的顺利完成。为了保证分泌优质的乳汁,母体对能量、优质蛋白质、脂肪、无机盐、维生素和水的需求均相应增加。

3. 血中激素水平急剧降低　胎盘生乳素在 1d 之内,雌激素、孕激素在 1 周之内降到妊娠之前正常水平。分娩后,随着雌激素水平的下降,垂体分泌的催产素却持续升高,而高水平的催产素是乳汁分泌的基础。

4. 母体的子宫及其附件将逐渐恢复孕前状态,而乳房则进一步加强活动哺乳有利于使产后妇女生殖器官和机体有关部分更快的复原。在怀孕期间,母体在正常条件下可储备约 6kg 的体脂,在哺乳过程中可以逐步消耗,故一部分母亲在哺乳一年后可以恢复孕前的体重,一部分母体可因哺乳而使体重比原来减少。

(二) 乳母的营养需求

哺乳期的营养需求远大于妊娠期的营养需求,良好的乳母营养供给能保证乳汁的正常分泌,维持乳汁的质量和数量。因此,必须调整哺乳期妇女的营养需求。

1. **能量**　乳母的能量需求包括自身消耗、泌乳能耗以及供给婴儿乳汁的能量三部分。产后 1 个月内乳汁分泌每日约 500ml,至 3 个月后每日泌乳量增加到 750~850ml。若乳母每天分泌乳汁 800ml,每 100ml 乳汁含热能 272kJ(65kcal)计,共含能量为 2 176~2 312kJ(520~553kcal)。由于孕期储存了一些脂肪,可用于补充部分能量。中国居民膳食指南建议乳母 RNI 能量应为每日 2 300kcal。衡量乳母摄入热能是否充足,应以泌乳量与母亲体重为依据。如婴儿在哺乳后有满足感,能安静睡眠,在哺乳后 3~4h 内无烦躁现象,且生长发育良好,表示乳汁质量适当。如在哺乳前后各称一次体重,可知道一次母乳量,如每次在 150ml 左右,则乳量比较充足。从母亲体重来看,如乳母较孕前消瘦,则表示热能摄入不足;如乳母储存脂肪不减则表示热能摄入过多。

2. 蛋白质 蛋白质摄入量的多少,对乳汁分泌的数量和质量的影响最为明显。正常情况下,每 100ml 母乳含蛋白质 1.2g,故每日泌乳 850ml,乳汁中含蛋白质 10.2g,膳食蛋白质转为乳汁蛋白质的有效率仅 40%,需要额外补充蛋白质 25g。因此,我国乳母蛋白质的推荐每日摄入量(RNI)要比正常妇女多 20g,多吃蛋类、乳类、瘦肉类、肝脏、肾脏、豆类及其制品,使蛋白质在量和质上能得到较好的保证。

3. 脂肪 脂肪能提供较多的热能,且婴儿的生长发育也要求乳汁中有充足的脂肪。必需脂肪酸可促进乳汁的分泌,对婴儿中枢神经系统的发育和脂溶性维生素的吸收都有促进作用。乳母每日膳食中必须有脂肪,尤其是多不饱和脂肪酸,每日脂肪的摄入量以占总热能的 20%~30% 为宜。

4. 无机盐和微量元素 乳汁中钙、磷、镁、钾、钠的含量一般不受膳食的影响。乳汁中钙的含量较为稳定,每天从乳汁中排出的钙约为 300mg。当乳母的钙供给不足就会动用体内储备,导致产妇腰酸腿痛或者发生骨质软化症。中国营养学会建议哺乳期钙每日摄入量为 1 000mg,除多食用富含钙质的食物外,也可用钙剂、骨粉等补充。人乳中铁含量低,增加乳母铁的摄入可以补充母体分娩时的消耗,矫正或预防乳母贫血状态,但对乳汁中铁的增加并不明显,故婴儿若要补充铁量还需从辅食中摄入。我国乳母铁的推荐摄入量为 24mg。乳汁中的碘含量可因摄入碘增加而迅速上升,故对乳母应用放射性核素碘要谨慎,避免累及婴儿,乳母碘 RNI 为 240μg/d。

5. 维生素 哺乳期对各种维生素的需要量都增加,乳母膳食中各种维生素都应适当增加。

(1) 脂溶性维生素:维生素 A 能部分通过乳腺。乳母膳食维生素含量丰富时,乳汁中维生素 A 含量也高。乳汁中维生素 D 含量很低,因维生素 D 几乎不能通过乳腺,婴儿必须多晒太阳或补充鱼肝油或其他维生素 D 滴剂。维生素 E 有促进乳汁分泌的作用,尤其是体内处于缺乏状态时,大量补充可使奶量增加。中国营养学会推荐乳母维生素 A、维生素 D 和维生素 E 的摄入量分别为 1 300μgRE/d、10μg/d 和 17mgα-TE/d。

(2) 水溶性维生素:水溶性维生素大多数能自由通过乳腺,达一定水平不再升高,因乳腺可调控其进入乳汁的量。我国推荐乳母维生素的每日摄入量(RNI):维生素 B_1 1.5mg,维生素 B_2 1.5mg,烟酸 15mg,维生素 C 150mg。

(三) 乳母的合理膳食

因乳母对各种营养素的需要量都增加,就必须选用营养价值高的食物,并在不同时间段合理地将其调配成最佳平衡膳食。

1. 增加富含优质蛋白质及维生素 A 的动物性食物及海产品,选用碘盐 动物性食物如鱼、禽、蛋、瘦肉等提供丰富的优质蛋白质和一些重要的矿物质和维生素,乳母每天应增加 80g 的鱼、禽、蛋、瘦肉,其提供的蛋白质应占总蛋白质的 1/3 以上。使用大豆类食品也可以补充优质蛋白质。乳母还应增加海产鱼虾等食物,其脂肪富含 n-3 多不饱和脂肪酸。牡蛎还富含锌,海带、紫菜富含碘。这些营养素都是婴儿生长发育尤其是脑和神经系统发育必需的营养素。有研究显示,能量平衡时,乳汁脂肪酸含量和组成与乳母膳食脂肪摄入量和种类有关。母乳中锌、碘含量也受乳母膳食中锌、碘含量的影响。因此乳母增加海产品摄入可使乳汁中 DHA、锌、碘等含量增加,从而有利于婴儿的生长发育,特别是脑和神经系统发育。乳母的维生素 A 推荐量比一般成年女性增加 600μgRAE,因此需要适量增加富含维生素 A 的动物性食物,如动物肝脏、蛋黄等的摄入。

2. 适当增饮奶类,多喝汤水 奶类含钙量高,易于吸收利用,是钙的最好食物来源。乳母要增加奶类等含钙丰富的食物摄入,如果乳母膳食中钙摄入量不能满足需要,乳母骨骼中的钙将被动用来维持乳汁钙含量的稳定,乳母可因缺钙而易患骨质软化症,出现腰酸腿痛、肌肉痉挛等症状。为保证乳汁中钙含量的稳定及母体的钙平衡及后续骨健康,乳母应增加钙摄入量。《中国居民膳食营养素参考摄入量》建议,乳母膳食钙适宜摄入量为每日 1 000mg。由于我国大多数居民膳食中奶类摄入量少,妇女哺乳期钙的平均摄取量大多在适宜摄入量的 50% 左右,因此乳母应增加奶类等含钙丰富的食物摄入,每日饮奶约 500ml,以增加约 600mg 钙的摄入。为增加钙的吸收和利用,乳母也应注意补充维生素 D 或多做户外活动。乳母要多喝汤水,每天应摄入的水量与乳汁分泌量密切相关。摄水量不足时,可使乳汁分泌量减少。此外,由于产妇的基础代谢较高,出汗多再加上乳汁分泌,需水量高于一般人,因此产妇多喝一些汤是有益的。鱼汤、鸡汤、肉汤营养丰富,含有可溶性氨基酸、维生素和矿物质等营养成分;鱼汤、鸡汤、肉汤不仅味道鲜美,还能刺激消化液分泌,改善食欲,帮助消化,促进乳汁的分泌;用大豆、花生加上各种肉类(如猪腿或猪排骨)煮成汤,鲫鱼汤,蘑菇煨鸡汤,猪腿和鸡蛋一起煮汤均可促进乳汁分泌。

3. **产褥期食物多样,不过量**　产褥期是指从胎盘娩出至产妇除乳腺外全身各器官恢复或接近正常未孕状态的这段时间,一般为 6 周。由于承受了妊娠和分娩的巨大应激反应,其生理和心理上都发生了很大变化,体力和机体储存的营养物质也有很大消耗。乳母不仅需要恢复自身的营养需要,还要分泌乳汁,喂养婴儿,因此产褥期需要充足的食物和营养。按我国传统,很重视"坐月子"时的食补,产妇要消耗大量的禽、蛋、鱼和肉类等动物性食物。过多的动物性食物摄入,使绝大多数产妇蛋白质、脂肪摄入过量,加重其消化系统和肾脏的负担;过多的动物性食物摄入也降低产妇对其他食物的摄入,使维生素和矿物质的摄入减少,导致营养不均衡。因此,产褥期食物应均衡多样而充足,但不应过量,应多样化的平衡膳食,以满足营养需要为原则,无须特别禁忌。一般无特殊情况下产后 1h 产妇可进食流质或半流质食物,如牛奶、稀饭、面条、蛋糕等,第二天起就可进食富含优质蛋白质的合理平衡膳食。如哺乳期蛋白质每日增加 25~35g,餐次每日4~5 次,多进食汤汁食物和富含膳食纤维的食物,同时适量补充维生素和铁剂。

4. **忌烟酒,避免喝浓茶和咖啡**　乳母吸烟(包括间接吸烟)、饮酒对婴儿健康有害,喝浓茶、咖啡也可能通过乳汁影响婴儿的健康。因此,为了婴儿的健康,哺乳期应继续忌烟酒、避免饮用浓茶和咖啡。

5. **科学活动和锻炼,保持健康体重**　大多数妇女生育后,体重都会较孕前有不同程度的增加。有的妇女分娩后体重居高不下,导致生育性肥胖。研究表明孕期体重过度增加及产后不能成功减重,是导致生育性肥胖发生的重要原因。因此,哺乳期妇女除注意合理膳食外,还应适当运动及做产后健身操,这样可促使产妇机体复原。保持健康体重,同时减少产后并发症的发生。坚持母乳喂养有利于减轻体重。而哺乳期妇女进行一定强度的、规律性的身体活动和锻炼,也不会影响母乳喂养的效果。

三、婴幼儿营养与健康

婴儿是指从出生到 1 岁的孩子,其中出生后 28d 内为新生儿期;幼儿是指 1~3 岁的孩子。婴幼儿营养状况会影响个体一辈子的健康状况,如婴幼儿营养不良不仅造成体重减轻、身材矮小,而且影响其智力和免疫功能;而此时期的营养过剩也会为成人后的心血管疾病、糖尿病等埋下隐患,所以,合理的营养对婴幼儿来讲至关重要。

(一) 婴幼儿的生理特点

1. **生长发育迅速**　婴幼儿期是人一生中的第一个生长发育高峰期。正常婴儿出生时的平均体重约为 3kg,1 岁时体重增加至 9kg 左右,是出生时的 3 倍,3 岁时达到出生时的 4 倍。出生时身高平均约 50cm,到 1 岁至 75cm 左右,是出生时的 1.5 倍,3 岁时达到出生时的 2 倍,约 100cm,6 个月是脑重量是出生时的 2 倍,1 岁时,脑重达到 0.9~1kg,接近成人脑重的 2/3,其中出生后的前 6 个月是脑发育的关键期。另外,幼儿期的孩子已能独立行走,活动量也大大增加。幼儿的智力、感知、心理、语言发育也加快,思维能力增强,开始体现出个性特征和独立性。

2. **消化系统功能较差**　婴幼儿期消化系统的功能比较弱。婴儿口腔及胃肠黏膜柔嫩,血管丰富,食物的温度、硬度等不当易造成刺激或损伤。胃容量小,婴儿期仅为 30~50ml,幼儿期增至300~500ml。6 个月左右开始萌出乳牙,20 颗乳牙到 2 岁才能出齐,咀嚼食物的能力较差。神经系统发育不完善,吞咽功能不协调。婴儿期唾液腺发育不完善,唾液分泌量少且淀粉酶的含量低,胃酸和其他消化酶的分泌量也较少,对食物的消化能力较弱,故对母乳以外的食物耐受力差。

(二) 婴幼儿的营养需求

1. **能量** 适宜的能量供应是维持婴幼儿健康的必要前提,婴幼儿能量消耗包括五个方面:①基础代谢:婴幼儿基础代谢消耗的能量高,约占总能量消耗的 50%~60%。②生长发育所需:为婴幼儿所特有的能量消耗,与生长速率成正比。0~1 岁的婴儿生长发育消耗的热能占总热能消耗的 30%~50%,1~3 岁的幼儿占 15%~16%。如果能量供给不足,可导致生长发育迟缓。③活动:婴幼儿各种动作包括吸奶、啼哭、手足活动,这种热能需要变化范围大。④食物特殊动力作用:婴幼儿占总热能消耗的 7%~8%,较大儿童约为 5%。⑤排泄消耗:为部分未经消化吸收的食物随大小便排出体外所需能量,约占基础代谢的 10%。中国营养学会推荐婴幼儿能量每日摄入量(RNI):不分性别 0~6 个月为 90kcal/kg,7~12 个月为 80kcal/kg;1 岁男孩 900kcal,女孩 800kcal;2 岁男孩 1 100kcal,女孩 1 000kcal;3 岁男孩 1 250kcal,女孩 1 200kcal。

2. **蛋白质** 婴幼儿是儿童时期发育最快的阶段,要求有足量优质蛋白质提供其氨基酸需要,除了 8 种成人必需氨基酸外,组氨酸也为婴儿所必需。还必须有足够的非必需氨基酸来合成蛋白质。婴幼儿喂养不当,可发生蛋白质缺乏症,影响生长发育,特别是大脑的发育、体重增长缓慢、肌肉松弛、免疫功能降低、贫血,甚至发生营养不良性水肿。中国营养学会推荐婴幼儿蛋白质每日摄入:不分性别 0~6 个月为 9g;7~12 个月为 20g;1~3 岁为 25g。

3. **脂肪** 脂肪为婴幼儿能量和必需脂肪酸的重要来源。人乳与牛乳的脂肪能满足婴儿的需要,尤其是人乳的脂肪容易为婴儿消化吸收。婴幼儿缺乏必需脂肪酸,皮肤易干燥或发生脂溶性维生素缺乏。中国营养学会推荐脂肪能量来源占总能量(AI)为:0~6 个月占 48%,7~12 个月占 40%,1~3 岁均为 35%。

4. **碳水化合物** 是主要的产热营养素,婴儿缺乏淀粉酶,所以淀粉类辅食应该在 3~4 个月后添加。婴幼儿应当注意选择适量和适当种类的碳水化合物,长期摄入不足将导致营养不良。同时不应养成婴幼儿爱吃甜食的习惯,以预防龋齿发生。中国营养学会推荐碳水化合物能量来源占总能量为:1~3 岁均为 50%~65%,不添加糖。

5. **常量元素和微量元素**

(1) 钙:初生婴儿体内钙含量约占体重的 0.8%,到成人时为 1.5%。说明生长过程中体内需要储留大量的钙,钙大多贮存在骨骼和牙齿。母乳喂养的婴儿一般不会引起明显的缺钙。我国推荐钙的每日摄取量:0~6 个月(AI)为 200mg,7~12 个月(AI)为 250mg,1~4 岁(RNI)为 600~800mg。

(2) 铁:初生 0~4 个月的婴儿,体内贮存铁,尤其是出生前 1 个月,体内贮存最高。由于母乳含铁较低,故 4 个月后体内贮存的铁逐渐耗尽,应开始添加含铁辅助食物。人工喂养婴儿 3 个月后即应补充。可选择含铁丰富的动物性食物如肝脏、蛋黄等。缺铁可导致缺铁性贫血,严重者还可以发生智力发育损害、认知能力损害、行为异常及抵抗力低下等临床改变。我国推荐的婴儿及各年龄组儿童铁的每日适宜摄入量为:0~6 个月(AI)为 0.3mg,7~12 月(RNI)为 10mg,1~4 岁(RNI)为 9~10mg。

(3) 锌:婴儿体内无锌的储备,必须由食物供给。母乳中锌含量和利用率高于牛奶,可选择含锌高的食物如海产品、肉、禽、麦胚等。婴幼儿缺锌可表现为食欲缺乏、生长停滞、认知行为异常、味觉异常或异食癖等。我国推荐锌的每日摄入量为 0~6 个月(AI)2mg,7~12 月龄(RNI)3.5mg,1~4 岁(RNI)4~5.5mg。

6. **维生素** 各类维生素对婴幼儿的生长发育极为重要,除了母乳提供的外,还必须通过食物的补充满足需要。婴幼儿膳食中应特别注意补充维生素 A、维生素 D、维生素 C 和叶酸。维生素 A 缺乏可引起生长发育障碍、眼干燥症、夜盲症及免疫功能低下。维生素 D 缺乏可引起佝偻病,维生素 B 缺乏可能导致婴儿脚气病,维生素 C 缺乏可引起坏血病,叶酸缺乏可引起巨幼细胞贫血等。早产儿产前维生素 K 储备不足,出生后肠道亦不能很好吸收,应适当补充维生素 K。

(三) 婴儿喂养

婴幼儿生长发育所需要的能量和营养素必须通过合理的喂养来获得,应该结合母亲的生理状态、婴幼儿生长发育特点以及胃肠道功能尚未完善的特点,确定科学的喂养方式。

1. **婴儿喂养方式** 婴儿喂养方式可分为三种方式:母乳喂养(breast feeding)、人工喂养(bottle feeding)和混合喂养(mixture feeding)。

(1) 母乳喂养:母乳是 4~6 个月以内婴儿最适宜的天然食物,也是最能满足婴儿生长发育所需的营养品。应尽早喂奶,婴儿出生后 1~2h 就可进行哺乳,或在产后 5~6h 婴儿清醒时喂奶。新生儿与生俱来就有吸吮的能力,及早给婴儿吸母乳,通过吸吮可反射性的刺激垂体分泌泌乳素,使乳汁分泌增多。若在产后 12h 内不喂奶,乳房会胀大、变硬、疼痛,反而会使乳汁分泌越来越少。同时应注意按需哺乳,哺乳时不应严格规定哺乳的间隔时间,应母婴同室、按需哺乳,这样才能满足婴儿生长发育的需要。大多数婴儿每 2~3h 需哺乳一次。哺乳时,乳母的姿势要正确,应待一侧乳房吸空后换另外一侧,两乳交替进行。哺乳结束后应抱起婴儿,轻拍其背以排出胃部空气,防止溢奶。母乳喂养最符合婴幼儿的需要,应鼓励坚持喂乳至孩子 2 周岁。

1) 营养成分最适合婴儿的需要,消化吸收利用率高:母乳蛋白质含量低于牛奶,但利用率高,母乳以乳清蛋白为主,乳清蛋白在胃酸作用下形成的乳凝块细小而柔软,容易被婴儿消化吸收。母乳中必需氨基酸组成好,各种氨基酸的比例适当,牛磺酸含量较高,是牛乳的 10 倍;母乳中含有的脂肪颗粒小,并且含有乳脂酶,比牛奶中的脂肪更易被消化吸收,且含丰富的必需脂肪酸、长链多不饱和脂肪酸及卵磷脂和鞘磷脂等,比例适当,有利中枢神经系统和大脑发育;母乳中富含乳糖,有利于新生儿消化吸收;进入小肠后,促进乳酸杆菌生长,有效抑制大肠埃希菌等的生长;进入肠道内的乳糖还有助于铁、钙、锌等吸收;母乳中的矿物质含量明显低于牛乳,可保护尚未发育完善的肾功能,钙磷比例适宜(2:1),钙的吸收率高,母乳铁和锌的生物利用率都高于牛奶,其中母乳中铁的吸收率高达 50%~70%,而牛乳仅为 10%。

2) 含有大量免疫物质,有助于增强婴儿抗感染的能力:母乳中的免疫物质有:各种免疫球蛋白,包括 IgA、IgG、IgM、IgD,IgA 占总量的 90%,多为与糖蛋白相结合的分泌型 IgA,具有抗肠道微生物和异物的作用;母乳中的多种免疫物质在婴儿体内构成了有效的防御系统,保护婴儿免受感染。

3) 不容易发生过敏:牛乳中的蛋白质与人体蛋白质之间存在一定差异,再加上婴儿肠道功能的发育尚不完善,故牛乳蛋白被肠黏膜吸收后可作为过敏原而引起过敏反应。估计约有 2% 的婴儿对牛乳蛋白过敏,表现为湿疹、支气管哮喘及胃肠道症状,如呕吐及腹泻等。而母乳喂养儿极少发生过敏。

4) 有利于牙齿发育和保护婴儿:吸吮时肌肉运动有助于面部的正常发育,并且可以预防因为奶瓶喂养而引起的龋齿。

5) 促进产后恢复,增进母婴交流:有利于母亲的产后康复,哺乳时婴儿不断吸吮乳房,反射性地引起催产素的分泌,促进子宫收缩,减少产后出血,有助于母体的产后恢复。母乳喂养可促进母婴的感情交流,母乳喂养使婴儿有温暖感、安全感,通过母亲的拥抱、抚摸及母子之间密切接触,建立亲密的感情,可促进婴儿的智力发育。

6) 母乳喂养经济、方便、卫生:母乳的温度适宜,清洁卫生、新鲜而不变质、不易发生污染,健康的母乳几乎是无菌,并可随时供给婴儿,不受时间、地点的限制,故又经济又方便。母乳喂养的婴儿极少发生母乳过敏或者是不耐受,避免了许多疾病的发生。

(2) 人工喂养:因各种原因不能用母乳喂养婴儿时,采用牛乳、羊乳等动物乳或其他代乳品喂养婴儿,这种非母乳喂养婴儿的方法称为人工喂养。常用的婴儿代乳品包括配方奶粉、牛乳、豆制代奶粉。

1) 配方奶粉:绝大多数婴儿配方奶是在牛奶的基础上,降低蛋白质的总量,调整蛋白质的构成而成的,以满足婴儿的需要,如增加乳清蛋白的比例,减少酪蛋白,以利于消化吸收;模拟母乳增加婴儿需要的牛磺酸和肉碱;调配其脂肪酸的构成和比例,使之接近母乳;调整钙/磷比例,增加铁、锌等矿物质及维生素 A 和维生素 D。婴儿配方奶粉分为:①起始婴儿配方,主要适用于 1~6 个月的婴儿。②后继配方或较大婴儿配方,适用于 6 个月以后的婴儿。③医学配方,用于特殊生理上的异常所需,例如早产儿、先天性代谢缺陷(如苯丙酮尿症)等。婴儿配方奶粉配制按容积1:4,即 1 平匙奶粉加 4 平匙水。

2) 牛乳:牛乳营养成分与人乳有较大差异,需要加水稀释、加糖、加热,适当配制接近人乳后才适宜给婴儿喂养。①新鲜牛乳的配制。新生儿期应采用 2(牛奶)+1(水)稀释,以后过渡到 3(牛奶)+1(水),4(牛奶)+1(水),第二个月可以吃全奶。且由于牛乳中的乳糖为人乳的 60%,故牛乳稀释后还需加 5%~8% 的葡萄糖或蔗糖。配好的牛乳在喂给婴儿之前应煮沸 3~4min 以杀细菌,另外亦可使牛乳的蛋白质变性有助于婴儿消化。但煮沸的时间过长亦会破坏牛乳中的维生素,造成短链脂肪酸的挥发。②全脂奶粉。由鲜乳制成的干粉,按体积比 1(奶粉):4(水)或重量比1:8 溶解后成分同鲜牛奶。再按上述鲜牛奶的方法配置进一步稀释、加糖、煮沸,冷却后即可喂养婴儿。

3) 豆制代乳粉:是用加热处理的大豆粉,添加蛋黄粉以增补植物蛋白的不足,添加米粉、蔗糖、骨粉、矿物质和维生素等。其特点不含乳糖,适用于对牛乳过敏或乳糖酶活性低下的婴儿使用。

4) 人工喂养方法:人工喂养所用乳量可根据婴儿的能量需要量来计算。新生儿第 1 周的能量需要量为150kJ(60kcal)/kg,第 2 周以后新生儿及婴儿的能量约 397kJ(95kcal)/kg,再根据代乳品每 100ml(直接喂养的浓度)提供的能量来确定所需的奶量。开始每天分 6~8 次喂养,较大婴儿可逐渐减少喂养次数。人工喂养还需注意供给充足的水。婴儿的需水量取决于基础代谢率、能量需要、喂养食物的性质和环境温度等因素。如母乳喂养儿每消耗 418kJ(100kcal)能量需水约110ml,而牛乳喂养儿则需 140ml。一般足月新生儿 24h 需水量为 20ml/(kg·d),1~3d 为 20~40ml/(kg·d),4~7d 为 60~100ml/(kg·d),第 2 周达 120~150ml/(kg·d),3 个月和 6 个月分别为 120~135ml/(kg·d)和 140~160ml/(kg·d)。稀释鲜奶或溶解奶粉所用水量,加奶量应约等于每日需水量,环境气温高时应按上限供水量给予。代乳品配制后应煮沸消毒。喂前将乳液温度调至接近体温,排除乳嘴里的空气,以免烫伤和吸入空气。婴儿食品配好后应立即喂养,如配好后在 30℃ 以上室温放置超过 2h 以上应废弃。奶瓶、奶头及其他调配食物用具应每次使用后彻底清洗消毒。

(3) 混合喂养:因各种原因母乳不足或不能按时喂养,在坚持用母乳喂养的同时,用婴儿代乳品喂养以补充母乳的不足的喂养方式叫混合喂养。对于 6 个月以下,特别是 0~4 个月的婴儿,这比完全不吃母乳的人工喂养要好。母乳不足,也仍应坚持按时给婴儿喂奶,让婴儿吸空乳汁,这样有利于刺激乳汁的分泌。如母亲因故不能按时喂奶时,可用代乳品或收集的母乳代替喂养 1 次。乳母应将多余的乳汁及时挤出或吸空,一方面可以维持乳汁的分泌,另外也可用清洁的奶瓶收集,低温储存,煮沸后可以用来在不能按时喂奶时喂给婴儿。混合喂养时代乳品补充用量应以婴儿吃饱为止,具体用量应根据婴儿体重、母乳缺少的程度而定。

2. 婴幼儿辅食

(1) 婴儿辅食食品种类:婴儿辅助食品一般可分为 4 类,即补充主食的淀粉类食物,补充蛋白质的动物性食物和豆类,补充维生素和矿物质的蔬菜水果以及补充能量的植物油和食糖。

(2) 婴儿辅助食品添加的顺序:①新生儿 2~4 周起,首先添加鱼肝油 1 滴。②5~6 周添加含维生素 C 的果汁、菜汁。如人工喂养,应提前 3~4 周添加。③3~4 个月添加含铁丰富的食物如蛋黄,先用 1/4 只,以后逐渐增加摄入量。④4~5 个月,添加米糊、粥、水果泥、菜泥、蛋黄、鱼泥、豆腐及动物血。⑤6~9 个月,添加饼干、面条、水果泥、菜泥、全蛋、肝泥和肉糜。⑥10~12 个月,添加稠粥、烂饭、面包、馒头、碎菜及肉末。另外,为与肾溶质负荷相适应,婴儿1周岁前的食物应尽量避免含盐量或调味品多的家庭膳食。

添加辅助食品并不需要终止哺乳,母乳喂养时间至少应持续6个月,随着母乳量的减少,逐渐添加辅食,用牛奶或其他辅助食物替代母乳喂养,并可持续到2岁或以上。

(3) 婴儿辅助食品添加的原则:①由少到多,由细到粗,由稀到稠,次数和数量逐渐增加,待适应数日(一般为1周)后再增加新的品种,使婴儿有一个适应的过程;②应在婴儿健康、消化功能正常时添加辅助食品;③避免调味过重的食物(如高糖、盐和调味品的食物);④辅食应以小匙喂给婴儿。

3. 婴幼儿常见的营养问题　婴、幼儿的主要营养问题是由于婴、幼儿的消化器官、功能及神经系统的调节功能发育尚不完善,但又必须摄入相对比成年人更多的营养素才能满足快速生长发育的需要所引起,此时容易发生某些营养素的缺乏或营养素的失衡。

(1) 蛋白质-能量营养不良:婴、幼儿期对能量需求较高,且婴、幼儿脑细胞仍在继续增殖和长大,需要足量质优的蛋白质保证大脑良好发育。如果长期营养摄入不当、能量不足或机体消化、吸收利用功能不完善,机体将动用体内的糖原,继之消耗脂肪、蛋白质,导致负氮平衡,血浆蛋白、血糖、胆固醇均下降。这是缺乏能量和蛋白质所致的一种营养缺乏症,多见于3岁以下的婴幼儿。其主要表现为体重明显减轻、皮下脂肪减少和皮下水肿,常伴有各种器官的功能紊乱。同时营养不良小儿的消化道运动及分泌功能减弱,体液细胞免疫功能低下。临床主要表现为全身消瘦较轻,甚至由于全身水肿而体重不减。该病最易发生于未能母乳喂养,且又未能选择合格的配方奶粉喂养或母乳不足,但未添加辅食或喂养不当的婴幼儿。

(2) 佝偻病:佝偻病目前仍然是婴幼儿的常见病,本病的发生与季节、气候、喂养方式、出生情况、生活习惯、环境卫生等因素密切相关。我国北方地区佝偻病发病率高于南方。其主要原因一方面和接受日光紫外线照射时间不足有关;另一方面和钙供给不足以及食物结构不均衡有关,食物中植酸含量过多而影响钙吸收。机体缺钙时,通过反馈作用,引发甲状旁腺功能亢进,动员骨钙释放到血液,维持血钙平衡。婴、幼儿生长发育迅速,钙的需求量大,婴、幼儿膳食中钙不足可引起骨钙释放而引起骨骼变形,即发生婴、幼儿佝偻病。维生素D缺乏可影响钙的吸收,导致骨质缺钙引起佝偻病。为预防佝偻病,新生婴儿自2周开始可添加鱼肝油,同时适当晒太阳以增加皮下产生维生素D,每日适时晒1h一般可达到预防效果。

(3) 缺铁性贫血:婴、幼儿生长发育迅速,体重、身长迅猛增长,对铁的需要增加。胎儿从母体获得的铁以妊娠最后3个月为最多,主要储存在肝内,再加上出生后红细胞破坏所释放的铁,可够生后3~4个月造血的需要。未成熟儿、多胎、双胎或母亲有严重的缺铁性贫血,婴儿会很早出现贫血症状。婴幼儿体格增长时血容量也增加,因此生长越快,需铁越多,在出生4~6个月时先天储铁已经用尽。因此,缺铁性贫血多发生在6个月至3岁婴、幼儿。母乳中含铁量都较低,牛奶比人乳还少,如果单用奶类喂养而不及时添加含铁较多以及能促进铁吸收的辅助食品,也易造成缺铁性贫血。个别幼儿长期挑食或偏食,或长期腹泻、肠吸收不良、消化道畸形等都可造成缺铁性贫血。为预防缺铁性贫血,从4个月以后即应补充含铁丰富的食物,以肝泥和肉末较好,一方面可以补充铁,另一方面可以补充蛋白质,以利于形成血红蛋白。同时应增加菜末、水果等富含维生素C的食物以促进铁吸收。

(4) 锌缺乏症:锌是人体必需的微量元素,它参与蛋白质合成、核酸代谢、基因表达和免疫功能。足月新生儿体内有较好的锌储备。母乳喂养的婴儿在前几个月内因可以利用体内储存的锌而不会缺乏,但在4~5个月后也需要从膳食中补充。如添加辅食不当,容易造成婴幼儿缺锌,表现为生长发育迟缓、食欲不佳、味觉减退、异食癖、复发性口腔溃疡、免疫力低下、易感冒。为预防锌缺乏,对幼儿的膳食应增加富含锌的多种动物性食品,如猪肉、猪肝、鱼、海产品等。

(5) 肥胖:尽管婴、幼儿对能量的需求很高,但除生长发育外,还要考虑活动方面的消耗以及基础代谢的个体差异,进行热能摄入调节。如果过度喂养、摄入过多高热量饮食,造成营养过剩,会导致体内脂肪过度积聚,引起婴、幼儿肥胖。婴、幼儿营养不良不仅造成体重减轻、身材矮小,而且影响其智力和免疫功能,而婴幼儿肥胖也会导致心脑血管疾病、糖尿病、高血压等疾病,所以,合理的营养对婴幼儿来讲至关重要。

4. 婴儿喂养指南

(1) 0~6 月龄婴儿喂养指南

1) 产后尽早开奶,坚持第一口食物是母乳:初乳富含营养和免疫活性物质,有助于肠道功能发展,并提供免疫保护。母亲分娩后,应尽早开奶,让婴儿开始吸吮乳头,获得初乳并进一步刺激泌乳、增加乳汁分泌。婴儿出生后第一口食物应是母乳,有利于预防婴儿过敏,并降低发生新生儿黄疸、体重下降和低血糖的风险。此外,让婴儿尽早反复吸吮乳头,是确保纯母乳喂养成功的关键。婴儿出生时,体内具有一定的能量储备,可满足至少 3d 的代谢需求;开奶过程中不用担心新生儿饥饿,可密切关注婴儿体重,体重下降只要不超过出生体重的 7% 就应坚持纯母乳喂养。温馨环境、愉悦心情、精神鼓励、乳腺按摩等辅助因素,有助于顺利成功开奶。

2) 坚持 6 月龄内纯母乳喂养:母乳是婴儿最理想的食物,纯母乳喂养能满足婴儿 6 月龄以内所需要的全部液体、能量和营养素。此外,母乳有利于肠道健康微生态环境建立和肠道功能成熟,降低感染性疾病和过敏发生的风险。母乳喂养营造母子情感交流的环境,给婴儿最大的安全感,有利于婴儿心理行为和情感发展;母乳是最佳的营养支持,母乳喂养的婴儿最聪明。母乳喂养经济、安全又方便,同时有利于避免母体产后体质量滞留,并降低母体乳腺癌、卵巢癌和 2 型糖尿病的风险。应坚持纯母乳喂养 6 个月。母乳喂养需要全社会的努力、专业人员的技术指导,家庭、社区和工作单位应积极支持。应充分利用政策和法律保护母乳喂养。

3) 顺应喂养,建立良好的生活规律:母乳喂养应顺应婴儿胃肠道成熟和生长发育过程,从按需喂养模式到规律喂养模式递进。婴儿饥饿是按需喂养的基础,饥饿引起哭闹时应及时喂哺,不要强求喂奶次数和时间,特别是 3 月龄以前的婴儿。婴儿生后 2~4 周就基本建立了自己的进食规律,家属应明确感知其进食规律的时间信息。随着月龄增加,婴儿胃容量逐渐增加,单次摄乳量也随之增加,哺喂间隔则会相应延长,喂奶次数减少,逐渐建立起规律哺喂的良好饮食习惯。如果婴儿哭闹明显不符平日进食规律,应该首先排除非饥饿原因,如胃肠不适等。非饥饿原因哭闹时,增加哺喂次数只能缓解婴儿的焦躁心理,并不能解决根本问题,应及时就医。

4) 生后数日开始补充维生素 D,不需要补钙:母乳中维生素 D 含量低,母乳喂养儿不能通过母乳获得足量的维生素 D。适宜的阳光照射会促进皮肤中维生素 D 的合成,但鉴于养育方式的限制,阳光照射可能不是 6 月龄内婴儿获得维生素 D 的最方便途径。婴儿出生后数日就应开始每日补充维生素 D 10μg(400IU)。纯母乳喂养能满足婴儿骨骼生长对钙的需求,不需额外补钙。推荐新生儿出生后补充维生素 K,特别是剖宫产的新生儿,其肠道菌群不能及时建立,无法合成足够的维生素 K;大量使用抗生素的婴儿,肠道菌群可能被破坏,也会有维生素 K 缺乏的危险。

5) 婴儿配方奶是不能纯母乳喂养时的无奈选择:由于婴儿患有某些代谢性疾病、乳母患有某些传染性或精神性疾病、乳汁分泌不足或无乳汁分泌等原因,不能用纯母乳喂养婴儿时,建议首选适合 6 月龄内婴儿的配方奶喂养,不宜直接用普通液态奶、成人奶粉、蛋白粉、豆奶粉等喂养婴儿。任何婴儿配方奶都不能与母乳相媲美,只能作为纯母乳喂养失败后无奈的选择,或者 6 月龄后对母乳的补充。6 月龄前放弃母乳喂养而选择婴儿配方奶,对婴儿的健康不利。

6) 监测体格指标,保持健康生长:身长和体重是反映婴儿喂养和营养状况的直观指标。疾病或喂养不当、营养不足会使婴儿生长缓慢或停滞。6 月龄前婴儿应每半月测一次身长和体重,病后恢复期可增加测量次数,并选用世界卫生组织发布的《儿童生长曲线》判断婴儿是否得到正确、合理喂养。婴儿生长有其自身规律,过快、过慢生长都不利于儿童远期健康。婴儿生长存在个体差异,也有阶段性波动,不必相互攀比生长指标。母乳喂养儿体重增长可能低于配方奶喂养儿,只要处于正常的生长曲线轨迹,即是健康的生长状态。

(2) 7~24月龄婴儿喂养指南

1) 继续母乳喂养,满6月龄开始添加辅食:母乳仍然可以为满6月龄(出生180天)后婴幼儿提供部分能量,优质蛋白质、钙等重要营养素,以及各种免疫保护因子等。继续母乳喂养也仍然有助于促进母子间的亲密连接,促进婴幼儿发育。因此7~24月龄婴幼儿应继续母乳喂养。当不能母乳喂养或母乳不足时,需要以配方奶作为母乳的补充。

2) 从富含铁泥糊状食物开始,逐步添加达到食物多样化:随母乳量减少,逐渐增加辅食量。为了保证母乳喂养,建议刚开始添加辅食时,先母乳喂养,婴儿半饱时再喂辅食,然后再根据需要哺乳。随着婴儿辅食量的增加,满7月龄时,多数婴儿的辅食喂养可以成为单独一餐,随后过渡到辅食喂养与哺乳间隔的模式。每天母乳喂养4~6次,辅食喂养2~3次。

3) 提倡顺应喂养,鼓励但不强迫进食:随着婴幼儿生长发育,父母及喂养者应根据其营养需求的变化,感知,以及认知、行为和运动能力的发展,顺应婴幼儿的需要进行喂养,帮助婴幼儿逐步达到与家人一致的规律进餐模式,并学会自主进食,遵守必要的进餐礼仪。

4) 辅食不加调味品,尽量减少糖和盐分的摄入:辅食应保持原味,不加盐、糖以及刺激性调味品,保持淡口味。淡口味食物有利于提高婴幼儿对不同天然食物口味的接受度,减少偏食挑食的风险。淡口味食物也可减少婴幼儿盐和糖的摄入量,降低儿童期及成人期肥胖、糖尿病、高血压、心血管疾病的风险。

5) 注重饮食卫生和进食安全:选择新鲜、优质、无污染的食物和清洁水制作辅食。制作辅食前须先洗手。制作辅食的餐具、场所应保持清洁。辅食应煮熟、煮透。制作的辅食应及时食用或妥善保存。进餐前洗手,保持餐具和进餐环境清洁、安全。

6) 定期监测体格指标,追求健康生长:适度、平稳生长是最佳的生长模式。每3个月一次定期监测并评估7~24月龄婴幼儿的体格生长指标有助于判断其营养状况,并可根据体格生长指标的变化,及时调整营养和喂养。对于生长不良、超重肥胖,以及处于急慢性疾病期间的婴幼儿应增加监测次数。

四、儿童青少年营养与健康

满2周岁至不满18岁的未成年人,分为2~5岁学龄前儿童和6~17岁学龄儿童少年两个阶段。儿童青少年时期的营养状况与其成年后的体质及健康密切相关,很多疾病的预防应从儿童时期的合理营养做起。

(一)学龄前儿童营养与健康

学龄前儿童是指2周岁以后至未满6周岁前的儿童,这一时期儿童活动量增加,除了遵循幼儿膳食原则外,食物的份量要增加并让孩子进食一些粗杂粮,并引导其养成良好的饮食习惯。

1. 学龄前儿童的生理特点

(1) 生长发育:学龄前儿童与婴幼儿比较生长速度相对缓慢,但代谢仍比较旺盛。此时,每年体重增加约2kg,身高增长5~7cm。头围增长缓慢,每年增加不到1cm,四肢迅速加长,且活动能力加强。

(2) 神经系统:学龄前儿童的神经系统发育在逐渐完善,但脑细胞的体积和神经纤维的髓鞘化仍然继续。神经冲动的传导速度明显快于婴儿期。

(3) 咀嚼和消化功能:学龄前儿童的咀嚼和消化功能仍不够完善。3岁儿童20颗乳牙已齐,6岁时第一颗恒牙可能萌出,但这一时期的咀嚼能力仅达到成人的40%,消化能力也仍有限,尤其是对固体食物需要较长时间适应。

(4) 心理发育:2~6岁的儿童注意力分散,无法专心进食,在食物的选择上有自我做主的倾向,且喜欢模仿,因此在这一时期应特别注意培养儿童养成良好的饮食习惯。

2. 学龄前儿童的营养需求

(1) 能量：此期生长发育速度减慢，故生长发育所需能量占的比例相对减少，基础代谢的能量消耗约为总能量的60%，约为44kcal/(kg·d)。该时期孩子的活动能力提高，活动范围不断扩大，所以，每日所需能量仍高于成年人。若能量供给不足，不仅导致体重下降，其他营养素的功效也将受到影响；相反，能量摄入过多也会导致肥胖。中国营养学会推荐的学龄前儿童热量RNI为1 000~1 400kcal，男童稍高于女童。

(2) 蛋白质：学龄前儿童对蛋白质的需要量仍然较多，生长发育每增加1kg体重约需160g的蛋白质积累。膳食中应注意选择富含优质蛋白质食物。我国营养学会推荐的学龄前儿童每日蛋白质摄入量为45~55g，蛋白质供能应占总能量的14%~15%，其中优质蛋白质应占总蛋白量的50%以上。

(3) 脂肪：学龄前儿童生长发育的能量、免疫功能、脑发育和神经髓鞘的形成都需要脂肪，尤其是必需脂肪酸。我国营养学会推荐的学龄前儿童脂肪摄入量4~6g/(kg·d)，占总能量的30%~35%，亚油酸供能不应低于总能量的3%，亚麻酸供能不低于总能量的0.5%。

(4) 碳水化合物：学龄前期儿童基本完成了从以奶和奶制品为主到以谷类为主的过渡。谷类所含的丰富碳水化合物是其能量的主要来源。我国营养学会推荐学龄前儿童碳水化合物摄入量15g/(kg·d)，占总能量的50%~60%，但不宜用过多的糖和甜食，而应以含有多糖的谷类为主，如大米、面粉、红豆、绿豆等各种豆类。

(5) 维生素：维生素是促进儿童生长、维持机体生命活动、提高机体抵抗力的重要物质。由于我国居民膳食结构中动物性食物比例较低，所提供的维生素A数量不多，机体维生素A的主要来源是蔬菜中的胡萝卜素，但胡萝卜素在体内的利用率较差。因此，学龄前儿童应该注意多食用含维生素A的动物性食物。另外，维生素D对促进儿童骨骼和牙齿的正常发育起着重要的作用，缺乏容易导致佝偻病。我国营养学会推荐学龄前儿童维生素A的推荐摄入量(RNI)为360~500μgRAE/d，维生素D的推荐摄入量(RNI)为10μg/d，维生素B₁、维生素B₂和烟酸是能量代谢过程中必需的营养素，它们的推荐摄入量(RNI)分别是0.8mg/d、0.7mg/d、8mgNE/d。

(6) 矿物质：学龄前儿童骨骼发育和增长速度较快，机体对矿物质尤其是钙、磷、铁的需求量高。钙是人体中骨骼和牙齿的重要组成成分，学龄前儿童的骨骼生长需要充足的钙，为满足学龄前儿童骨骼生长的需要，我国营养学会推荐4~6岁儿童钙的适宜摄入量为800~1 000mg/d。缺铁性贫血是儿童时期最常见的营养缺乏症之一，铁缺乏不仅影响儿童的生长发育，还对儿童的免疫力、行为和智力发育产生影响，学龄前儿童铁的推荐摄入量(RNI)为10~13mg/d。碘通过甲状腺素调节能量代谢，促进儿童的体格和智力发育。碘缺乏所导致的克汀病以及因碘过多所导致的高碘性甲状腺肿都会对学龄前儿童产生严重的危害，因此碘的推荐摄入量(RNI)为90μg/d。儿童缺锌容易导致生长迟缓，学龄前儿童锌的推荐摄入量(RNI)为5.5~7.0mg/d。

3. 学龄前儿童的营养问题 此期儿童由于活动范围扩大，兴趣增多，易出现饮食无规律、偏食、吃零食过多等，影响了营养素的摄入与吸收。微量元素如铁、锌及维生素的缺乏是这一时期常见的营养问题。在贫困农村，蛋白质、能量摄入不足仍然是比较突出的问题；城市儿童因脂肪类食物摄入过多或运动减少造成的肥胖问题日趋严重。

(1) 营养不良：目前我国儿童的营养不良主要是营养素缺乏而引起的营养不良，如维生素D缺乏引起的营养不良在农村地区仍然比较严重，婴、幼儿缺锌比例高达39%；1~3岁儿童钙、锌、铁缺乏的情况较为严重。应教育儿童养成良好的进食习惯，纠正偏食、挑食的问题，及时调整营养结构，预防营养不良的发生。

(2) 肥胖：随着社会经济的发展，在发达国家和部分发展中国家，肥胖正在成为越来越令人关注的流行病。在世界上，10%的儿童属于超重和肥胖，我国一些大城市儿童肥胖检出率已高达8.1%。导致肥胖的原因有多方面，除了遗传因素外，与饮食密切相关，零食无节制、偏食、过多甜咸和油炸食品、营养过剩、缺乏运动及精神创伤等情况。儿童期肥胖与成年人肥胖有关联,儿童超重时间愈长,将来青春期或成年人时仍肥胖者愈多。相关研究证实,肥胖儿童中有 71.8% 的人在成年期持续肥胖,持续肥胖的人发生心血管疾病的风险比体重持续正常者增加了十几倍。胖儿多有糖耐量异常,有糖尿病家族史的儿童更应注意防止肥胖。对肥胖儿童饮食控制措施中既要控制总热能摄入,又要保证生长所需营养素,并且适当增加体育锻炼,使体重缓慢下降。

(3) 缺铁性贫血:铁缺乏引起缺铁性贫血是儿童期最常见的疾病。贫血对儿童发育和行为有一定的影响,铁营养状态不良的儿童,精神发育和运动发育与正常儿童之间存在显著性差异,典型的表现是容易激动或对周围的事物缺乏兴趣。贫血儿童智力较正常儿童偏低,且贫血可以改变多巴胺介导的行为活动,包括情绪改变和生理节奏倒转。贫血还可以影响神经髓鞘合成,损害神经系统的信号传递。儿童与成年人相比,内源性可利用铁相对较少,更需要依赖食物补充铁;再加上有的儿童不吃或很少吃动物全血、肝及肉类,主要以谷物、蔬菜为主膳食提供的为非血红素铁为主,容易受植酸盐、草酸盐及多酚类影响,以至于人体对铁的吸收难以满足机体对铁的生理需要。因此,在膳食中要注意补充富含维生素 A、维生素 B_1、维生素 C 及维生素 E 等鱼、禽及瘦肉的摄入,含有促进铁吸收利用因子,摄入越多,缺铁性贫血的危险性越低。

(4) 近视、弱视:近视、弱视是儿童常见的视力问题。由于儿童学习压力不断增加,读书时间延长,加上电视、计算机、游戏机等的应用,使儿童的视力问题发生率逐年增加。视力问题除遗传外,主要和营养不良有关。多数近视儿童有爱吃零食、挑食、偏食的习惯以及平时过多摄入精粮和快餐等食品,这些食品中缺乏营养物质或营养物质破坏较多,同时膳食中又缺乏乳、蛋、奶、鱼、肉、鸡等优质蛋白食品和粗粮食品。多数近视患者的血钙偏低,维生素 A 缺乏。预防儿童视力问题的发生也是一项重要任务。应注意用眼卫生;劳逸结合,睡眠充足;注意营养,加强锻炼,增强体质;定期进行视力检查,发现视力减退应及时矫正,防止近视加深。

4. 学龄前儿童的合理营养　学龄前儿童生长发育速率与婴幼儿相比略有下降,但仍处于较高水平,这个阶段的生长发育状况也直接关系到青少年和成人期发生肥胖的风险。经过 7~24 月龄期间膳食模式的过渡和转变,学龄前儿童摄入的食物种类和膳食结构已开始接近成人,是饮食行为和生活方式形成的关键时期。与成人相比,学龄前儿童对各种营养素需要量较高,消化系统尚未完全成熟,咀嚼能力仍较差,因此其食物的加工烹调应与成人有一定的差异。与此同时,学龄前儿童生活自理能力有所提高,自主性、好奇心、学习能力和模仿能力增强,但注意力易分散,进食不够专注,该时期也是避免出现不良生活方式的重要阶段。基于学龄前儿童生理和营养特点,其膳食指南应在一般人群膳食指南基础上增加以下内容:

(1) 规律就餐,自主进食不挑食,培养良好饮食习惯:学龄前儿童的合理营养应由多种食物构成的平衡膳食来提供,规律就餐是其获得全面、足量的食物摄入和良好消化吸收的保障。此时期儿童神经心理发育迅速,自我意识和模仿力、好奇心增强,易出现进食不够专注,因此要注意引导儿童自主、有规律地进餐,保证每天不少于三次正餐和两次加餐,不随意改变进餐时间、环境和进食量,培养儿童摄入多样化食物的良好饮食习惯,纠正挑食、偏食等不良饮食行为。

(2) 每天饮奶,足量饮水,正确选择零食:儿童摄入充足的钙对增加骨量积累、促进骨骼生长发育,预防成年后骨质疏松有重要意义。目前,我国儿童钙摄入量普遍偏低,对于快速生长发育的儿童,应鼓励多饮奶,建议每天饮奶 300~400ml 或相当量的奶制品。儿童新陈代谢旺盛,活动量大,水分需要量相对较多,每天总水量为 1 300~1 600ml,除奶类和其他食物中摄入的水外,建议学龄前儿童每天饮水 600~800ml,以白开水为主,少量多次饮用。零食对学龄前儿童是必要的,对补充所需营养有帮助。零食应尽可能与加餐相结合,以不影响正餐为前提,多选用营养密度高的食物如乳制品、水果、蛋类及坚果类等,不宜选用能量密度高的食品如油炸食品、膨化食品。

(3) 食物应合理烹调,易于消化,少调料、少油炸:从小培养儿童清淡口味,有助于形成终生的健康饮食习惯。在烹调方式上,宜采用蒸、煮、炖、煨等烹调方式,尽量少用油炸、烤、煎等方式。

对于3岁以下幼儿膳食应专门单独加工烹制,并选用适合的烹调方式和加工方法,应将食物切碎煮烂,易于幼儿咀嚼、吞咽和消化,特别注意要完全去除皮、骨、刺、核等;大豆、花生等坚果类食物,应先磨碎,制成泥糊浆等状态进食。在为学龄前儿童烹调加工食物时,应尽可能保持食物的原汁原味,让儿童首先品尝和接纳各种食物的自然味道。口味以清淡为好,不应过咸、油腻和辛辣,尽可能少用或不用味精或鸡精、色素、糖精等调味品。每人每次正餐烹调油用量不多于2茶匙(10ml)。优质食油含丰富不饱和脂肪,有助脂肪酸平衡,减少成年心脑血管疾病风险,可选用常温下为液态的植物油。应少选用饱和脂肪较多的油脂,如猪油、牛油、棕榈油等(常温下为固态的油脂)。长期过量食用钠盐会增加高血压、心脏病等慢性疾病的风险。为儿童烹调食物时,应控制食盐用量,还应少选含盐高的腌制食品或调味品。可选天然、新鲜香料(如葱、蒜、洋葱、柠檬、醋、香草等)和新鲜蔬果汁(如番茄汁、南瓜汁、菠菜汁等)进行调味。

(4) 参与食物选择与制作,增进对食物的认知与喜爱:学龄前儿童生活能力逐渐提高,对食物选择有一定的自主性,开始表现出对食物的喜好。鼓励儿童体验和认识各种食物的天然味道和质地,了解食物特性,增进对食物的喜爱。同时应鼓励儿童参与家庭食物选择和制作过程,以吸引儿童对各种食物的兴趣,享受烹饪食物过程中的乐趣和成就。在保证安全的情况下,帮助儿童了解食物的基本常识和对健康的重要意义,增加对食物的认知,对食物产生心理认同和喜爱,减少对某些食物的偏见,从而学会尊重和爱惜食物。

(5) 经常户外活动,保障健康生长:鼓励儿童经常参加户外游戏与活动,实现对其体能、智能的锻炼培养,维持能量平衡,促进皮肤中维生素D的合成和钙的吸收利用。此外,增加户外活动时间,可有效减少儿童近视眼的发生。学龄前儿童生长发育速度较快,身高、体重可反映儿童膳食营养摄入状况,家长可通过定期监测儿童的身高、体重,及时调整其膳食和身体活动,以保证正常的生长发育,避免消瘦和超重肥胖。学龄前儿童每天应进行至少60min的体育活动,最好是户外游戏或运动,除睡觉外尽量避免让儿童有连续超过1h的静止状态,每天看电视、玩平板电脑的累计时间不超过2h。建议每天结合日常生活多做体力锻炼(公园玩耍、散步、爬楼梯、收拾玩具等)。适量做较高强度的运动和户外活动,包括有氧运动(骑小自行车、快跑等)、伸展运动、肌肉强化运动(攀架、健身球等)、团体活动(跳舞、小型球类游戏等)。减少静态活动(看电视、玩手机、电脑或电子游戏)。

(二) 学龄儿童的营养与健康

学龄儿童是指从6岁到不满18岁的未成年人。在这期间,他们生长发育迅速,充足的营养是智力和体格正常发育、乃至一生健康的物质基础,同时,也是一个人饮食行为和生活方式形成的关键时期,培养他们从小养成健康的饮食行为和生活方式将使他们一生受益。

1. **学龄儿童的生理特点** 学龄前儿童体格发育速度相对减慢,但仍保持稳定增长,每年身高增长5~7cm,体重每年增加2.0kg左右。学龄儿童生长发育速度逐渐减慢,而后期是学龄儿童生长发育的第2个高峰期,此期各内脏器官和肌肉系统发育较快,神经系统不断完善,智力发育迅速,处于学习阶段,活动量加大,新陈代谢旺盛,对各种营养素的需求相对较高。

(1) 神经系统:儿童对外界刺激反应性强,适应能力差,抵抗力弱,因而容易受外界不良因素影响。儿童的神经系统也是随着生长发育逐渐完善的。儿童越小,大脑皮质越易兴奋,也越易疲劳。儿童主动注意力维持时间较短,并易为外来刺激所分散。年龄越小,探究反射越强,主动抑制越差。

(2) 消化系统:儿童的乳牙质软而脆,恒牙釉质比成年人薄,很容易损伤或侵蚀成龋齿。饭后漱口、晚上睡前刷牙尤为重要。6~7岁开始换恒牙,特别要注意预防,一旦发现坏牙,及时填补或拔去。儿童的胃液酸度较成年人低,为成年人的65%~70%,消化能力较成年人差,胃的容量不大,胃壁又薄,容易发生消化不良,故需注意饮食卫生和合理的营养。

(3) 呼吸系统:儿童的呼吸道比成年人要短而狭,组织柔嫩,呼吸道黏膜易受损伤,呼吸道壁的血管和淋巴管较多。肺泡比成年人小,胸廓发育与胸廓肌肉较成年人差。因此,儿童锻炼身体、劳动、户外活动,可以加强呼吸锻炼,使儿童有比较深长的均匀呼吸,以便充分供给身体需要的氧,促使体力的发育。

(4) 生殖系统:生殖系统在青春期前发育很缓慢,一般女童 10 岁、男童 12 岁之后开始迅速发育,出现第二性征。男性主要表现在出现胡须、喉结突出和嗓音低沉、体毛明显等,女性主要表现在乳房隆起、体毛出现、骨盆变宽以及臀部变大等。在性的功能上也趋于成熟,性腺的发育成熟使男性发生遗精,女性出现月经。

2. 学龄儿童营养需求

(1) 能量:此期基础代谢率较高,体力、脑力活动对能量的需求大,随生长加速其能量需求接近或超过成年人。按体重计应为每千克体重 0.27~0.40MJ(65~95kcal),随年龄增大,单位体重所需热能相对要少些。我国营养学会建议儿童热能供给量为 6~10 岁 1 800~2 100kcal,10~13 岁 2 300kcal。

(2) 蛋白质:学龄儿童正处于生长发育时期,所需要蛋白质多,各种氨基酸的需要量按单位体重计算高于成人,我国 7~12 儿童的蛋白质供给量占热能的 12%~14%,即 6~10 岁为 60~70g,10~12 岁为 70~75g。

(3) 矿物质:由于学龄期儿童骨骼生长发育快,矿物质的需要量明显增加,无机盐和微量元素中,钙、磷、铁、碘、锌、镁等均应重视,其供给量按体重计均应比成年人高。儿童中缺铁现象较为普遍,可提高动物性食物比重以及供给铁强化食物加以解决。碘缺乏对儿童生长及智力发育均有影响,我国有 30% 的儿童处于碘不足状态,已采用碘盐来预防。中国营养学会建议,儿童钙供给量 6~10 岁为每天 800mg,10~12 岁 1 000mg。学龄儿童时期生长发育旺盛,造血功能也大大增加,对铁需要较成人高。我国营养学会建议铁的供应量 6~12 岁的儿童每天 12mg,若从食物中摄入不足时,可用含铁的强化食品或铁制剂来补充,以满足生理需要。锌的摄入 7~12 岁为 15mg。儿童缺碘生长和智力发育都会受影响,因此,要多吃些海带等海产品;缺碘地区更应供给加碘的食盐。

(4) 维生素:维生素 A 可促进生长并提高儿童对传染病的抵抗力。我国儿童膳食中含丰富维生素 A 的食物较少,而胡萝卜素在体内利用率差,应注意补充。维生素 D、维生素 B_2 对生长期的儿童亦极为重要。

3. 学龄儿童常见的营养问题 学龄儿童的营养问题比较多见,主要是早餐摄入不足及早餐质量较差。因挑食、偏食等导致的营养不良,常见的有缺铁性贫血、维生素 A 缺乏、B 族维生素缺乏、锌缺乏等。看电视时间过长、体力活动减少、饮食不平衡而导致超重和肥胖在这一时期也比较突出。

4. 学龄儿童的合理营养

(1) 认识食物,学习烹饪,提高营养科学素养:提高学龄儿童的营养素养,有助于建立正确的饮食态度和形成健康的饮食行为,在这个过程中家长和学校起着重要作用。家长应将营养健康知识融入到学龄儿童的日常生活中。学校开展以学校为基础的营养宣教活动,开设符合学龄儿童特点的营养与健康相关课程,营造学校营养支持环境,通过认识食物、学习烹饪,提高中小学生的营养健康知识,改善营养健康态度,帮助他们建立健康的饮食行为。学龄儿童应了解和认识食物及其在维护健康、预防疾病中的作用,学会选择食物、烹调和合理搭配食物的生活技能,逐步培养健康饮食行为和习惯,并传承我国优秀饮食文化和礼仪。

(2) 三餐合理,规律进餐,培养健康饮食行为:学龄儿童的一日三餐的时间应相对固定,做到定时定量,进餐时细嚼慢咽。每天吃早餐,并保证营养充足,早餐提供的能量应占全天总能量的 25%~30%,应包括谷类、禽畜肉蛋类、奶类或豆类及其制品和新鲜蔬菜水果等食物,一顿营养充足的早餐至少应包括上述三类及以上食物。午餐和晚餐要做到营养均衡、食量适宜,午餐占全天总能量的 30%~40%、晚餐占 30%~35%。要清淡饮食,少在外就餐,尽量选择含蔬菜、水果相对比较丰富的食品,少吃含能量、脂肪、食盐或添加糖高的食品和饮料。

(3) 合理选择零食,足量饮水,不喝含糖饮料:学龄儿童应选择清洁卫生、营养丰富的食物作为零食,如新鲜蔬菜水果、坚果、奶及奶制品、大豆及其制品等。合理选择零食可以作为日常膳食的有益补充,可以在两餐之间吃少量零食。足量饮水可以促进学龄儿童健康成长,还能提高学习能力,建议 6 岁儿童每天饮水 800ml;7~10 岁儿童每天饮水 1 000ml;11~13 岁男生每天饮水 1 300ml,女生每天饮水 1 100ml;14~17 岁男生每天饮水 1 400ml,女生每天饮水 1 200ml。在天气炎热出汗较多时应适量增加饮水量。首选白开水,不喝或少喝含糖饮料,并禁止饮酒。

(4) 不偏食节食,不暴饮暴食,保持适宜体重增长:学龄儿童的营养应均衡,不偏食挑食、不过度节食,不暴饮暴食。学校和家长应注重培养学龄儿童树立科学的健康观念和体型认知,正确认识体重的合理增长以及青春期体型变化。一旦发现由过度节食导致的营养不良或身体不适,应及早就医,并在医生的指导下进行治疗。

(5) 保证每天至少活动 60min,增加户外活动时间:我国学龄儿童存在身体活动不足、静坐及视屏时间长、近视率高、睡眠不足的现象。2014 年在我国 13 818 名中学生中开展的调查显示,15.1% 和 58.5% 的在学习日和周末视屏时间超过每天 2h。2010~2012 年中国居民营养与健康状况监测显示,有 77.6% 的 13~17 岁学龄儿童睡眠时间不足。有规律的身体活动、充足的睡眠与减少静坐时间可促进学龄儿童生长发育、可以强健骨骼和肌肉、提高心肺功能、降低慢性病的发病风险,促进生长发育,并能提高学习效率。尤其是户外活动不仅可以改善学龄儿童维生素 D 的营养状况,减缓近视的发生发展,还可促进学龄儿童心理健康,可以减少紧张、困惑、愤怒和抑郁等负面情绪。长时间静态活动,如视屏时间长是引起抑郁的独立危险因素,也是产生焦虑情绪的危险因素,同时和身体活动不足的累积效应会增加抑郁的发病风险。学龄儿童应每天累计至少 60min 中等到高强度的身体活动,以有氧运动为主,每次最好 10min 以上。每周至少进行 3 次高强度的身体活动,如长跑、游泳、打篮球等;3 次抗阻力运动和骨质增强型运动,如伏地挺身、仰卧起坐及引体向上等。做到运动强度、形式以及部位的多样化,合理安排有氧和无氧运动、关节柔韧性活动、躯干和四肢大肌肉群的抗阻力训练、身体平衡和协调性练习等。同时,注意运动姿势的正确性,以及不同强度身体活动之间的过渡环节。运动前做好充分的准备活动,避免空腹运动,饭后 1h 再进行运动,运动后注意补充水分。增加户外活动时间,要尽可能减少久坐少动和视屏时间,视屏时间每天不超过 2h,越少越好,保证充足的睡眠。

五、老年人营养与健康

随着社会经济和医学事业的发展,老年人口比例不断增大,人类平均寿命逐渐增加,我国 65 岁以上的老龄人口占总人口的 10.1% 以上,已经进入老龄化社会。营养因素在人体的健康、疾病和长寿中有着重要的作用,合理营养可以减少疾病,增进健康,延长寿命。

(一) 老年人的生理特点

1. 机体成分改变,基础代谢率降低 进入老年阶段,人体的肌肉组织重量减少,出现肌肉萎缩;体内水分减少,主要为细胞内液减少;骨中矿物质数量减少,容易出现骨质疏松。50 岁后老年人,尤其是身体瘦小者基础代谢率将比其中年期降低 10%~15%;脂肪组织逐渐增加,加之活动量减少,容易造成肥胖。

2. 身体重要器官的生理功能降低 随着老年人年龄的增加,血管壁弹性降低,造成外周血管阻力增大;60 岁以上的老年人脑细胞减少 10%~25%,脑血管不同程度的硬化,脑血流量减少,记忆力和动作协调性下降;肾单位数量减少,肾滤过功能和重吸收功能下降;牙齿脱落,味蕾萎缩,味觉减退而影响食欲,消化酶、胆汁分泌减少,使机体对营养素的吸收能力下降,胃肠蠕动减慢,导致胃肠胀气、便秘。

3. 代谢功能降低 老年人由于各组织细胞数目减少,功能降低,其合成代谢速度也随之降低;另外,胰岛素分泌能力减弱,外周组织对胰岛素的敏感性下降,可使葡萄糖耐量下降,易引起血糖水平的升高;体内氧化损伤加重。

4. 免疫功能下降 老年人胸腺萎缩,重量减轻,T 淋巴细胞数目明显减少,因此,免疫功能下降,容易患各种疾病。

(二) 老年人的营养需求

老年人由于基础代谢降低和活动减少,故每天所需的热能减少,60 岁以上可减少 20%,70 岁以上可减少 30%。多食可使身体发胖,但也不应过度限食而导致营养不良。

1. 蛋白质 蛋白质应保证供给每千克体重 1.2~1.5g,占总热能的 15% 为宜,蛋白质和氨基酸的供给应能维持正氮平衡,故应补充优质蛋白质,但也不宜过多,以免增加肾脏的负担,老年人应多摄入豆类蛋白质。

2. 碳水化合物 碳水化合物应随热能供给相应地减少,占总热能的 50%~65% 为宜,以淀粉为主。其次为果糖,因果糖在体内转变成脂肪的可能性较葡萄糖少。尽量少食蔗糖,预防发生动脉粥样硬化、心血管疾病和糖尿病。老年人应多食膳食纤维,中国营养学会推荐适宜摄入量为 30g/d。一些多糖物质如枸杞多糖、香菇多糖能提高机体免疫功能,有益于老年人的健康长寿。

3. 脂肪 可占总热能的 20%~25%,以植物油为主。老年人应少吃胆固醇含量高的食物(如蛋黄、肾脏、肝脏、奶油、鱼子等),因胆固醇与心血管疾病有一定的关系,胆固醇的摄入量宜 <300mg/d。

4. 维生素 衰老与免疫功能下降和自由基反应增强、过氧化物增多有一定的联系,而多种维生素与之有拮抗作用。维生素 A 能促进免疫耐受性、淋巴器官增生及增强自然免疫活力。维生素 D 可促进正常粒细胞诱导分化、增加巨噬细胞及 T 细胞的作用,并可防止骨质疏松症。维生素 E 是自由基清除剂,机体组织中维生素 E 可随年龄的增长而下降,导致抗氧化能力下降,促进衰老。维生素 B_6 缺乏时,易导致细胞免疫功能障碍,老年人易患维生素 B_6 缺乏。维生素 A、维生素 C、谷胱甘肽过氧化物酶均是生物膜上自由基清除剂。维生素 C 在体液免疫和细胞免疫中均有重要作用。

5. 无机盐 老年人应供给足够的钙和硒。钙可防止骨质疏松症,但不宜过高,以免不必要的钙化,老年人的 AI 为 1 000mg/d,UL 值为 2 000mg/d。硒是重要的抗氧化剂,具有保护心血管和心肌健康的作用。

(三) 老年人常见的营养问题

1. 膳食结构不合理 由于经济发展,膳食构成变化,我国部分老年人群中已出现营养不平衡问题。主要表现为高热量、高脂肪食物摄入过多;蔬菜、水果摄入过少;精米精面摄入过多。研究表明,大量食用精米、精面、高脂和高能量食物是老人糖尿病发病率迅速上升的一个重要原因。而小米、荞麦等杂粮不仅不易导致肥胖,而且对血糖的影响也比精米、精面小得多,老年人应该多吃。

2. 营养过剩 营养素和能量摄入过多导致营养过剩,这种现象在老年人群中也较普遍。老年人肥胖率呈不断上升的趋势。与老年肥胖症密切相关的一些疾病如心血管疾病、高血压病、2 型糖尿病、肿瘤及阻塞性睡眠呼吸暂停综合征等患病率和病死率也随之增加。

3. 营养素摄入不足 体现于多种微量元素摄入不足。即使在营养状况良好,甚至营养过剩的老年人群中,仍然存在不同程度微量营养素缺乏如缺乏钙、铁、锌等。老年人常因胃酸分泌减少、肠胃功能减退,使钙的吸收减少,加上体内代谢过程中对钙的储存及利用能力下降,常发生钙负平衡状况。随着年龄增长,骨组织的重量逐渐减少,常发生骨质疏松症,特别是高龄老人更常见,严重者易发生骨折。老年人对铁吸收利用能力下降,容易发生缺铁性贫血,老年人贫血患病率在各人群中最高,贫血对健康会带来明显影响,尤其是免疫功能,老年人死于肺部感染的比例较高。老年人缺锌可致味觉失灵,严重时可使心肌梗死、慢性肾炎、关节炎等疾病的发病率增高。缺硒会引起心肌损害及使某些肿瘤发病率增加。

(四) 老年人合理膳食原则

1. **少量多餐细软,预防营养缺乏** 老年人牙齿缺损,消化液分泌减少,胃肠蠕动减弱,容易出现食欲下降和早饱现象,以致造成食物摄入量不足和营养缺乏,因此,老年人膳食更需要相对精准,不宜随意化。进餐次数可采用三餐两点制或三餐三点制;每次正餐提供的能量占全天总能量20%~25%,每次加餐的能量占5%~10%,且宜定时定量用餐。高龄和咀嚼能力严重下降的老年人,饭菜应煮软烧烂,对于有咀嚼吞咽障碍的老年人可选择软食、半流质或糊状食物,液体食物应增稠。细软食物的制作方法为:将食物切小切碎,或延长烹调时间;肉类食物可切成肉丝或肉片后烹饪,也可剁碎成肉糜制作成肉丸食用;鱼虾类可做成鱼片、鱼丸、鱼羹、虾仁等;坚果、粗杂粮等坚硬食物可碾碎成粉末或细小颗粒食用;多选嫩叶蔬菜,质地较硬的水果或蔬菜可粉碎榨汁食用;蔬菜可制成馅、碎菜,与其他食物一同制成可口的饭菜(如菜粥、饺子、包子、蛋羹等),混合食用;多采用炖、煮、蒸、烩、焖、烧等进行烹调,少煎炸、熏烤等方法制作食物。高龄和咀嚼能力严重下降的老年人,饭菜应煮软烧烂,如制成软饭、稠粥、细软的面食等;对于有咀嚼吞咽障碍老年人可选择软食、半流质或糊状食物,液体食物应适当增稠。老年人常因生理功能减退以及食物摄入不足等缘故,出现某些矿物质和维生素的缺乏,引发钙、维生素D、维生素A、维生素C缺乏以及贫血、体重过低等问题。

2. **主动足量饮水,积极户外运动** 饮水不足可对老年人的健康造成明显影响,而老年人对缺水的耐受性下降,因此要主动足量饮水,养成定时和主动饮水的习惯。正确的饮水方法是少量多次、主动饮水,每次50~100ml,如在清晨一杯温开水,睡前1~2h喝一杯水,运动前后也需要喝点水,不应在感到口渴时才饮水。老年人每天的饮水量应不低于1 200ml,以1 500~1 700ml为宜。饮水首选温热的白开水,根据个人情况,也可选择饮用矿泉水、淡茶水。适量的户外活动能够让老年人更好地接受紫外光照射,有利于体内维生素D合成,延缓骨质疏松和肌肉衰减的发展。老年人的运动量应根据自己的体能和健康状况及时调整,量力而行,循序渐进。一般情况下,每天户外锻炼1~2次,每次30~60min,以轻度的有氧运动(慢走、散步、太极拳等)为主;身体素质较强者,可适当提高运动的强度,如快走、广场舞、各种球类等,活动的量均以轻微出汗为度;或每天活动折合至少六千步。每次运动要量力而行,强度不要过大,运动持续时间不要过长,可以分多次运动,每次不低于10min,要有准备和整理活动。

3. **延缓肌肉衰减,维持适宜体重** 肌肉是身体的重要组成部分,延缓肌肉衰减对维持老年人自理能力、活动能力和健康状况极为重要。延缓肌肉衰减的有效方法是吃动结合,即一方面要增加摄入富含优质蛋白质的食物,另一面要进行有氧运动和适当的抗阻运动。老年人胖瘦要适当,体重过高或过低都会影响健康,所以不应过度苛求减重,"千金难买老来瘦"的传统观点必须要纠正。体重是否适宜,可根据自己的BMI来衡量。BMI的计算方法是体重(kg)除以身高(m)的平方。从降低营养不良风险和死亡风险的角度考虑,老年人的BMI最好不低于$20.0kg/m^2$,最高不超过$26.9kg/m^2$,鼓励通过营养师的个性化评价来指导和改善。老年人应经常监测体重变化,使体重保持在一个适宜的稳定水平。如果没有主动采取减重措施,与自身一段时间内的正常体重相比,体重在30d内降低5%以上,或6个月内降低10%以上,则应该引起高度注意,应到医院进行必要的体格检查。

4. **摄入充足食物,鼓励陪伴进餐** 老年人每天应至少摄入12种的食物。采用多种方法增加食欲和进食量,吃好三餐。早餐宜有1~2种以上主食、1个鸡蛋、1杯奶,另有蔬菜或水果。中餐、晚餐宜有2种以上主食,1~2个荤菜、1~2种蔬菜、1个豆制品。饭菜应少盐、少油、少糖、少辛辣,以食物自然味来调味,色香味美、温度适宜。良好的沟通与交往是促进老年人心理健康、增进食欲、改善营养状况的良方。老年人应积极主动参与家庭和社会活动、主动参与烹饪,常与家人一起进餐;独居老年人,可去集体用餐点或多与亲朋一起用餐和活动,以便摄入更多丰富的食物。对于生活自理有困难的老年人,家人应多陪伴,采用辅助用餐、送餐上门等方法,保障食物摄入和营养状况。社会和家人也应对老年人更加关心照顾,陪伴交流,注意老人的饮食和体重变化,及时发现和预防疾病的发生和发展。

第二节　特殊生活和工作环境人群营养与健康

一、高温环境人群的营养与健康

高温环境包括自然高温环境和工业高温环境。根据环境温度、环境湿度和人体热平衡之间的关系,通常把35℃以上的生活环境、32℃以上或30℃以上且相对湿度超过80%的工作环境称为高温环境。高温环境可引发人体代谢和生理发生一系列反应,包括体温调节、水盐代谢、循环系统和消化系统等方面的适应性改变,直接影响机体的营养素代谢和营养素需要量。

(一)高温环境中人体生理与代谢特点

1. 体温调节　机体在高温环境中通过外周和中枢温度感受器刺激下丘脑的体温调节中枢,促使机体产热活动降低,散热活动增强。在高温或者高温加高湿环境中,机体通过辐射、传导和对流散热作用减弱,蒸发散热成为机体散热的主要途径。机体表现为皮肤小动脉舒张,皮肤血流量显著增加,体热从机体内部被带到皮肤表层;同时,汗腺分泌汗液增加,通过汗液蒸发带走大量热量。反复或持续暴露于高温环境,可使机体出现适应性变化,包括引起出汗的体温阈值变低,出汗反应的潜伏期缩短,出汗量增加,汗液中钠盐含量减少,以及引起皮肤血管扩张的阈值降低,皮肤血流量增加,这种适应性变化称为热习服。

2. 心血管系统　大量出汗导致血容量降低,血液浓缩。高温环境中机体外周血管扩张,末梢阻力下降,血压下降。同时,由于末梢循环和肌肉血流量增加,心率加快,但心搏出量减少。

3. 消化系统　高温环境中,下丘脑-腺垂体-肾上腺皮质轴因热应激而活动增加,交感神经兴奋性增加,直接抑制胃肠活动;由于散热增强,血液重新分布,体表血管血流量增加,引起消化道相对缺血,消化腺功能减退,消化液分泌减少,消化液中酶的分泌也相对减少;由于大量出汗导致体液中氯离子丧失,导致胃酸合成和分泌减少,以上变化导致机体在高温环境中消化吸收功能减退。同时,高温刺激体温调节中枢,以及脱水引起的饮水中枢兴奋,均会对大脑摄食中枢产生抑制性影响,导致食欲减退,摄食量减少。

4. 神经系统　高温抑制大脑神经细胞,降低中枢运动神经细胞的兴奋性,导致肌肉收缩和协调能力下降,表现为注意力下降,反应迟钝,容易发生疲劳。

5. 泌尿系统　高温环境中机体血容量的降低和血液的重新分布,导致肾血流量减少,肾小球滤过率下降,尿量减少。

(二)高温环境对能量和营养素代谢的影响

1. 能量代谢　机体能量代谢水平受环境温度和体力活动强度共同影响。环境温度在20~30℃时,机体代谢水平最低;环境温度上升至38℃以上时,代谢水平逐渐升高。热习服后,能量代谢水平有所下降,但依然高于正常水平。体力活动进一步增加能量代谢。

2. 蛋白质　大量出汗和体温升高均导致蛋白质分解代谢增加。汗液中含有氨基酸,其中必需氨基酸约占总氨基酸的20%,以赖氨酸最多;同时,汗液中还含有尿素、氮、肌酸酐、肌酸、尿酸等含氮物质,说明大量出汗可引起氮的丢失。因此,高温环境中机体可出现负氮平衡。

3. 碳水化合物和脂肪　高温对于碳水化合物和脂肪代谢的影响尚不明确,有研究显示,在高温条件下,大鼠血液中葡萄糖、总脂肪、磷脂、胆固醇和糖原均降低;补充葡萄糖可纠正高温引起的血糖水平下降,并使其他指标也恢复正常,提示糖对于维持机体在高温条件下的耐力和健康具有作用。

4. **水和矿物质** 汗液中水分约占99%,固体成分占约1%;固体成分中大部分为氯化钠,其余还有钾、钙、镁等矿物质,乳酸以及尿素等含氮物质。高温环境中机体大量排汗散热,可导致机体水和矿物质严重丢失。机体出汗量与环境热辐射强度、湿度以及劳动强度有关,夏季正常人每天排汗1~3L,中等强度劳动者可达6~8L/d,随汗液丢失的氯化钠可达20~25g/d;同时还伴随着钾、钙、镁等其他矿物质的损失。因此,高温环境中应及时补充水和电解质,否则可出现一系列失水和失盐症状。

5. **维生素**

(1) B族维生素:除叶酸和泛酸外,B族维生素,包括维生素B₁(硫胺素)、B₂(核黄素)、烟酸、泛酸等,均参与机体能量代谢。目前没有确切证据显示在热环境中B族维生素的需要量增加。但是,在热环境中,B族维生素排出量可随汗液排出的增加而增加;同时,热环境可能导致食欲下降,食物摄入量减少,维生素的摄入量也随之减少,最终可能导致B族维生素负平衡。

(2) 维生素C:维生素C除了具有抗氧化功能外,还参与胶原合成、儿茶酚胺、5-羟色胺和肉碱的合成。在热环境中机体维生素C的消耗量增加;同时,大量出汗可导致机体维生素C排出量也增加。有研究显示,在热环境中补充维生素C有利于降低体温,促进热习服过程。因此,有建议应增加长期生活或工作于热环境中的人群的维生素C需要量。

(3) 脂溶性维生素:高温环境能引起维生素A代谢加快,消耗增多;维生素A缺乏可加快高温环境中的大鼠的热致死速度。

(三) 高温环境中的膳食和营养建议

高温环境中膳食营养的重点应是合理补充水和矿物质,维持水盐代谢平衡,同时保证能量摄入和宏量营养素的合理搭配。

1. **合理补充水和盐** 高温条件下,机体损失大量的水分和无机盐,如不及时补充,将导致水和电解质紊乱,不仅影响机体活动能力,还可导致中暑。

补水量应以补偿排汗导致的失水量,维持机体水平衡为原则,具体要考虑环境温度和身体活动水平。对于高温作业工人8h工作时间的推荐饮水量:中等气象条件中等劳动强度条件下日饮水量为3~5L;高温高辐射高强度劳动日饮水量应在5L以上。水的补充应少量多次,以减少对肠道温度的影响,同时避免因过度饮水增加心肾负担。

高温环境中大量出汗,补充水分的同时应该注意同时补充钠盐。大量补水而未及时补充钠盐,可能导致细胞外渗透压下降,细胞水肿,细胞膜电位改变,神经肌肉兴奋性增高,肌肉痉挛。机体钠的补充量应结合机体出汗量。每日出汗量为3~5L时,建议钠摄入量为5.9~7.9g(食盐15~20g),可通过增加膳食钠摄入量以满足需要量。大量出汗时,除了增加膳食钠摄入外,还应通过浓度为0.1%~0.2%的含盐饮料满足机体维持水钠平衡的需要。

2. **保证能量摄入和宏量营养素的合理搭配** 高温环境中机体能量消耗增加。当环境温度超过30℃时,温度每增加1℃,机体能量需要量应在推荐摄入量基础上增加0.5%;其中碳水化合物供能比应不低于总能量的58%;蛋白质占总能量12%,同时适当增加含优质蛋白质的食物,如瘦肉、鱼、蛋、乳和乳制品、豆类和豆制品等。高温环境对于脂肪需要量的影响尚不明确,但考虑到高温环境中常出现食欲下降,建议适当降低膳食中脂肪含量,以占总能量20%~25%为宜。

3. **满足维生素和矿物质的需求** 高温环境中大量出汗,导致维生素和矿物质排出增加;因此,应注意通过合理食物选择与搭配来满足机体维持平衡的需要。热环境中钾的适宜摄入量为2.7~3.1g/d,钙推荐摄入量为1 000mg/d,镁为350~400mg/d,铁为16~18mg/d。维生素B₁、维生素B₂和维生素C等水溶性维生素的推荐摄入量应在现有数值基础上各增加10%;维生素A推荐摄入量为1 500μgRAE/d。

4. **合理选择食物** 由于高温环境中食欲减退,摄食量减少,应选择能量密度高的食物,以满足机体能量需要。应多选择富含维生素 B_1（如全谷类、豆类和瘦肉）和维生素 B_2（如蛋类和动物内脏）的食物，以及富含钾及各种矿物质和维生素 C 的蔬菜水果类食物，以满足机体对于维生素和矿物质的需求。同时，膳食中应包含汤类，以保证水钠的补充。合理烹调，增加食物色香味，以促进食欲。

5. **合理的膳食制度** 根据环境温度、劳动或身体活动的强度、时间等情况，制定一日三餐的时间和食量，保证食物充分消化吸收和保持正常食物摄入。高温环境抑制胃肠活动和消化吸收能力，故应避免在高温环境中进食。应在离开高温环境（如下班）1h 后进餐。建议高温环境中早餐、中餐和晚餐分别占总能量的 35%、30% 和 35%。

二、低温环境人群的营养与健康

低温环境主要指温度在 10℃ 以下的外界环境，包括低温生活环境和低温工作环境。低温生活环境包括地区性低温环境（年平均气温 10℃ 以下，如我国北方地区）和季节性低温环境（冬季平均气温低于 10℃，我国大部分地区存在季节性低温环境）。低温工作环境包括冷库作业、冬季室外作业、南极考察等工作环境。

（一）低温环境中人体生理和代谢特点

1. **体温调节** 体温下降是机体在低温环境中热负平衡状态的基本表现。人体核心温度一般在 35~39.5℃ 范围内相对稳定；而体表温度由于身体表层与外界环境直接接触，变动幅度较大。在低温环境中，体表温度可随受冷的时间的延长和强度的加大而逐渐降低，持续暴露于低温环境可导致机体核心温度的下降。体表和核心温度的降低刺激中枢体温调节中枢，通过一系列行为和生理反应维持机体体温的基本恒定。机体处于低温环境中的生理反应主要包括两个方面：①外周血管收缩使从身体内部到体表的血流量减少，从而使机体通过体表损失的热量减少；②代谢产热增加弥补在低温环境中的热量损失。一般认为，骨骼肌是代谢产热的主要器官，通过自主活动（如运动或生产活动）或非自主性的战栗，骨骼肌收缩产生大量热量用于维持体温恒定。近年研究发现，低温环境可刺激机体棕色脂肪组织中脂肪代谢水平增加，通过氧化磷酸化和 ATP 合成的解偶联，直接将能量转化为热量，是机体应对低温环境，维持体温恒定的重要机制。

2. **内分泌系统** 低温环境中，甲状腺素、肾上腺素和去甲肾上腺素分泌增加，体内碳水化合物、脂肪和蛋白质的氧化分解速度加快，耗氧量增加，同时增加机体产热量。

3. **心血管系统** 低温环境中，机体心血管系统发生明显变化。由于皮肤血管收缩，外周血管阻力增大，血管收缩压和舒张压均上升，心率加快，是导致低温环境中心绞痛、心肌梗死和脑卒中等心脑血管疾病高发的因素之一。同时，由于外周血流量减少，局部体表温度降低，可导致冻伤或全身性冻僵的发生。

4. **消化系统** 低温环境使胃酸分泌增加，胃排空减缓，食物在胃肠道内消化较充分。同时，低温环境以及低温环境中能量消耗的增加，可使体内调节食欲的激素分泌增加，促进机体食物和能量的摄入。

5. **神经系统** 长期处于低温环境，可影响中枢和外周神经系统功能，神经传导速度减慢，皮肤和肢端感觉异常，肌肉收缩力和神经 - 肌肉协调能力减弱，关节灵活性降低，易发生肌肉痉挛和肌腱撕裂，导致运动功能损伤。

6. **呼吸系统** 低温刺激呼吸道上皮组织，气管收缩，气道阻力增加，增加呼吸系统疾病发生的风险。低温引起肺部血管收缩，可引发进行性肺高压，增加死亡的风险。

7. **泌尿系统** 低温环境中尿液生成增加。通常认为，外周血管收缩导致系统动脉压力增加，肾血压升高，从而抑制肾小管对水和钠的重吸收是低温诱发多尿反应的主要机制。低温多尿反应具有自限性，当机体处于缺水状态时，尿量排出可恢复正常甚至减少。

(二) 低温环境对能量和营养素代谢的影响

1. **能量** 低温环境中,机体为维持体温恒定,肌肉的自主活动产热和战栗产热,以及包括棕色脂肪组织等组织器官的非战栗产热水平均增加,使机体能量消耗增加。低温促进甲状腺素分泌,促进能量代谢和产热。此外,低温环境中防寒服装使机体额外负担加重,能量消耗也随之增加。因此,低温环境中机体能量需要量应在考虑身体活动强度、居住条件和服装保温条件后,在标准能量推荐摄入量的基础上做适当调整。

2. **碳水化合物和脂肪** 低温环境中机体总能量需要量增加,各种产能营养素的利用率和需要量也相应增加。碳水化合物是肌肉自主活动产热和战栗产热过程中能量代谢的主要底物,对于增强机体短期内对寒冷的耐受力有一定的作用。长期处于低温环境中,儿茶酚胺分泌和儿茶酚胺受体的敏感性增加,同时胰岛素水平下降,导致机体脂肪代谢酶活性增强,组织摄取和利用脂肪的速度增加。因此,长期生活于低温环境中人群应适当增加膳食脂肪摄入量,推荐脂肪功能比应从普通人群的 20%~30% 提高至 35%~40%。

3. **蛋白质** 低温环境对蛋白质需要量的影响尚无定论。低温环境中,机体肾上腺素分泌增加,促进蛋白质分解加速;此外,蛋白质消化吸收较慢,摄食热效应比脂肪和碳水化合物高。因此,有观点认为低温环境中人群蛋白质推荐摄入量应适当增加。也有研究认为,低温环境中机体对支链氨基酸(缬氨酸、亮氨酸和异亮氨酸)的利用率增加;甲硫氨酸和赖氨酸是机体肉碱合成的前体,增加甲硫氨酸和赖氨酸摄入量有助于提高机体对脂肪的利用率,从而增强机体的耐寒能力。

4. **维生素** 低温环境中,机体能量代谢加快,能量消耗增加,与能量代谢相关的维生素 B_1、维生素 B_2 和烟酸消耗量也明显增加。有推荐寒冷地区人群 B 族维生素摄入量应在普通人群推荐摄入量的基础上增加 30%~35%。维生素 C 参与肾上腺素和肉碱的合成,对于低温环境中维持体温恒定可能具有一定的作用;研究显示,给生活在低温地区的人群补充维生素 C,可提高机体的耐寒能力。因此,有建议低温地区人群应补充 70~120mg/d 的维生素 C。在低温环境中体内维生素 A 含量降低;有研究显示维生素 A 的营养状况可影响机体对低温的耐受。由于日照时间短,紫外线强度弱,户外活动减少,生活于低温地区的人群体内维生素 D 合成不足,血液中维生素 D 水平下降。近年研究显示,体内维生素 D 不足或缺乏可增加多种慢性疾病的风险。因此,生活在低温地区的人群应注意摄入足量的维生素 A 和维生素 D。

5. **水和矿物质** 低温环境中,肾脏泌尿增加,同时,由于饮水量减少,可导致机体失水量增加,钠、钙、镁等矿物质损失也相应增加。

(三) 低温环境中的膳食与营养建议

1. **保证充足能量摄入** 低温环境中能量摄入量应在普通环境基础上增加 10%~15%,碳水化合物、脂肪和蛋白质供能比应分别为 45%~50%、35%~40% 和 13%~15%。选择谷类食物为碳水化合物的主要来源,尤其应注意全谷类食物的摄入。以植物油为主要烹调用油,不饱和脂肪应占膳食总脂肪的 50% 左右。

2. **提供优质蛋白质** 低温环境应适当增加蛋白质的摄入,优质蛋白质应占总膳食蛋白摄入量的 50%。可通过选择鱼、禽、蛋和瘦肉等动物蛋白质满足低温环境中机体对优质蛋白质和必需氨基酸的需求;动物性食物中还含有较为丰富的维生素 B_1,可满足低温环境下机体需要量。此外,还可适当选择富含蛋白质和不饱和脂肪的豆类食物和坚果类食物以满足机体对蛋白质和脂类的需求。

3. **选择富含维生素和矿物质的食物** 与常温环境比较,低温环境中机体维生素和矿物质的需要量增加。蔬菜和水果中富含维生素 B_2 和叶酸等 B 族维生素、维生素 C 和 β-胡萝卜素,以及钙、钾和镁等矿物质,可以满足机体在低温环境中的需要。在我国北方地区,冬季蔬菜的种类和供应常受限,居民通常会在入冬前大量储藏蔬菜以解决需要。但是蔬菜长期储藏常导致营养成分,特别是维生素 C 的损失。在尽量保证冬季新鲜蔬菜,特别是绿叶蔬菜和水果供给的同时,可以考虑

Note

适当补充 B 族维生素和维生素 C。动物肝脏和蛋类食物中维生素 A、维生素 D 和其他 B 族维生素的含量均较高,应适当增加这类食物的摄入量。

4. 控制食盐摄入　适当增加食盐摄入量,可使机体产热功能加强。因此,低温地区食盐的建议摄入量为 15~20g/d,高于普通人群的推荐摄入量。但是,要防止过量摄入,以避免增加高血压等慢性疾病的风险。

5. 足量饮水　为防止水和电解质失衡,低温环境中应注意足量饮水,保持体液平衡。

三、高原环境人群的营养与健康

高原环境一般指海拔接近 3 000m 及以上的地区。我国高原泛指西藏,青海、甘肃和新疆南部,以及四川和云南的西北部的海拔 3 000m 左右的高山地区,占国土面积的 1/6 左右。高原环境具有特殊的气候特点,包括:①大气压低,空气中氧分压低;②气温低、温差大;③空气湿度低,气流速度快;④日照时间长,太阳辐射强。高原环境的气候特征直接影响人体各系统的生理功能,也影响人体对各种营养素的代谢和需求量。

(一)高原环境的生理和代谢特点

1. 高原反应与适应　随着海拔的升高,大气氧分压下降,高原环境对机体的直接影响表现为血氧饱和度降低,出现缺氧症状。缺氧是人类在高原环境中活动的主要制约因素。人类在海拔 3 000m 以下环境中血氧饱和度为 90%~97%,基本上无缺氧症状;海拔升高至 3 000~4 500m 时,血氧饱和度在 80%~90% 之间,机体可能出现轻度的缺氧症状,但可通过呼吸和循环系统的代偿性调节使机体维持正常功能;处于更高海拔地区时,血氧饱和度进一步下降,机体可出现中重度缺氧症状,在未完全适应之前,可能出现不同程度的生理功能障碍,严重者可导致工作能力丧失,昏迷甚至死亡。一般来说,生活于低海拔地区的人在初入高原后 6~24h 可能出现急性低氧症状(高原反应),表现为全身无力、头痛、头晕、失眠、心悸、气促、恶心和呕吐,甚至出现致死性的肺水肿和脑水肿等症状。在高原停留 24~48h 后低氧症状可缓解;经过数天到数周,机体通过代偿反应可适应高原环境,缺氧症状消失;但也可能出现血压异常、红细胞增多、心脏肥大等慢性低氧症状。

2. 呼吸系统　初入高原时,高原低氧使机体处于缺氧状态,通过颈动脉体感受器刺激呼吸中枢,呼吸加深加快,肺血流量和心排出量均增加,肺通气量和肺泡内氧分压增高;肺血管收缩,可导致肺动脉高压和肺源性心脏病。

3. 心脑血管系统　心脏是机体代谢最旺盛的器官之一,对缺氧十分敏感。缺氧可导致心肌有氧代谢抑制,能量生成减少,收缩力下降,心脏肥大。高原低氧环境中如果进行大强度运动,可能出现心肌缺血缺氧,进一步导致心血管系统功能下降,体循环、肺循环和机体微循环均发生改变,血压升高,严重的可出现心功能衰竭和猝死。长期氧分压降低可刺激机体红细胞的生成和血红蛋白合成加速,血液中红细胞增多,红细胞体积增大,血液黏度增加,但同时血氧含量和氧分压降低,有效输送氧的能力降低,导致机体其他组织和细胞代谢异常。

4. 中枢神经系统　脑组织由于其代谢率高,耗氧量大,对低氧环境尤为敏感。急性低氧时,脑组织有氧代谢降低,能量产生不足,可影响细胞膜上钠泵的功能,导致脑细胞中水和钠潴留,出现脑水肿、自主神经功能紊乱,甚至死亡。另一方面,长期处于高原低氧环境可导致脑功能慢性损害,影响机体感觉、记忆、思维和注意力等认知功能。

5. 消化系统　急性低氧时,为保证重要器官功能正常,消化系统功能受到抑制,消化液分泌减少,胃肠蠕动减弱,胃排空时间延长,出现食欲减退,摄食量减少,腹胀,便秘等症状。

(二)高原环境对能量和营养素代谢的影响

1. 能量　高原环境中机体能量消耗高于低海拔地区,可能原因主要有:①低氧导致机体基础代谢率增高;②高原气温随海拔升高而下降,机体为维持体温恒定需要增加能量消耗;③高原缺氧导致呼吸加深较快,增加机体热量损失;④高原环境中笨重的防寒装备和复杂的山区地形使身体活动耗能增加。另一方面,高原环境由于食欲下降,摄食量减少,常导致机体能量负平衡,体重下降,严重可影响生理功能。

2. **碳水化合物** 氧气以碳水化合物为底物产能效率比以脂肪为底物的产能效率高大约15%,在低氧条件下,使用碳水化合物为能量来源是一种更加经济有效的方式。研究显示,相比于生活于平原地区的小鼠,生活于高原环境的小鼠心肌耗能更加依赖于碳水化合物,并具有更强的氧化能力。同时,高碳水化合物膳食能增加动脉含氧量,增强低氧环境下机体的换气能力。因此,一般认为,高原环境中应增加碳水化合物的摄入量。

3. **脂肪** 高原环境中,脂肪的分解大于脂肪合成,机体脂肪储存量减少,血液甘油三酯、胆固醇和游离脂肪酸均升高。其原因可能与高原环境下能量的负平衡有关。另一方面,也有研究表明机体在高原环境下对脂肪的利用率仍保持在较高的水平,甚至可能有小幅度升高。

4. **蛋白质** 在初入高原时,由于食欲下降和能量代谢率升高,机体常处于能量负平衡,导致体内蛋白质降解,出现负氮平衡。提高膳食中蛋白质的摄入量即可恢复氮平衡。因此,进入高原地区应注意蛋白质,特别是优质蛋白质的摄入。

5. **维生素** 高原缺氧导致食欲减退可导致维生素摄入不足,同时,机体对缺氧的代偿反应可能使维生素需要量增加。研究显示,适量补充 B 族维生素能提高机体对缺氧的耐受,改善神经精神功能;补充维生素 C 可改善缺氧状况下的氧化还原过程,提高氧耐受力。

6. **矿物质** 高原缺氧导致机体红细胞代偿性增生,血红蛋白合成加快,增加机体对铁的需要量。一般认为,如果机体铁储备正常,每日膳食供给 10~15mg 铁足以满足机体需要。

7. **水** 高原空气干燥,同时,机体在高原环境中呼吸加深加快,肺通气量增加,二者均可能增加高原环境中机体的失水量。因此,进入高原应注意补水。但是,高原缺氧常抑制机体渴感,导致饮水量减少,易出现慢性脱水。因此,高原环境中应通过多种途径补水。

(三)高原环境中的膳食与营养建议

1. **满足机体能量需要** 高原环境中能量的供给应在非高原环境的基础上增加10%,且以碳水化合物为主。同时,应注意增加肉类、鱼类、禽类、蛋类和大豆制品的摄入,以满足机体对于优质蛋白质的需求。然而目前对于高原环境中三大产能营养素的合适比例尚无定论,有学者认为,膳食蛋白质、脂肪和碳水化合物摄入量应分别占总能量摄入的 12%~15%、20%~25% 和 60%~70%,且应包含一定量的双糖或单糖,如蔗糖、蜂蜜、糖果等。

2. **保证充足的维生素和矿物质的供给** 足量的维生素可能有助提高机体对低氧的耐受并促进高原适应,因此,应特别注意保证维生素的摄入。一般认为高原环境下维生素推荐摄入量为:维生素 A 1 000μg RE/d,维生素 B_1 2.0~2.6mg/d,维生素 B_2 1.5~2.5mg/d,维生素 C 80~150mg/d。同时,注意限制膳食盐摄入量,并给予足量的矿物质(铁、钙、锌等)维持电解质平衡并满足机体需要。高原环境中矿物质推荐摄入量为:铁 25mg/d,钙 800~1 000mg/d,锌 20mg/d。一般情况下,通过合理的食物选择和搭配,机体可以从膳食获得所需的维生素和矿物质。在新鲜食物缺乏或者食物选择有限的情况下,可以考虑适当选择营养补充剂满足机体对 B 族维生素和维生素 C 的需求。

3. **合理补水,防止代谢紊乱** 高原环境中失水量增加,饮水减少,易出现慢性脱水,故应注意补水。但应注意少量多次,防止肺水肿和脑水肿。

4. **食物多样化,少量多餐** 高原环境中能量消耗增加、食欲减退,易出现能量负平衡。应尽量食物多样化、合理搭配,并在烹饪上尽量做到色、香、味俱佳,以促进食欲。应以米饭或粥为主,多蔬菜和水果,清淡为主,少量多餐。

第三节 特殊职业人群营养与健康

一、脑力劳动者的营养与健康

脑力劳动是指从外界接收信息,对信息进行编译、整理、分析,最后作出反应的过程。脑力劳动者是指从事以脑力劳动为主的职业人群。脑力劳动者是一个比较模糊,难以确切定义的覆盖面较为广泛的概念,是与体力活动为主的职业相对而言的。一般认为,教学和科研工作者、企业技术和管理人员、行政工作者、医药卫生专业人员、文艺工作者等都属于脑力劳动者;另外,脑力劳动者还应包括在各级学校学习的大中小学生和研究生。尽管脑力活动强度各不相同,从事这些职业的人群通常存在共同特征,包括:①体力活动水平相对较低,以久坐生活方式为主;②工作时间不限于白天,且工作时间长,无法明确划分工作和休息时间;③工作压力大,易产生慢性疲劳,出现记忆力减退、注意力不集中,睡眠质量下降等症状。

(一)大脑营养代谢特点

大脑是人体代谢水平最高的器官之一。尽管大脑的重量仅占全身体重的 2% 左右,在清醒静息状态下大脑的能量代谢是全身总能量代谢的 15%,即在静息状态下大脑代谢率约是非神经系统的 7.5 倍。大脑代谢主要发生于神经元细胞,主要用于神经元细胞离子跨膜转运的能量消耗。随着大脑活动增加,神经元细胞间联系增加,细胞内外离子转运活动增加,其能量代谢也随之增加。

葡萄糖是脑细胞活动的主要能量提供者。脑组织中能量代谢以有氧代谢为主,葡萄糖与氧结合,通过氧化磷酸化产生大量 ATP 以满足脑组织活动的能量需要。同时,葡萄糖也通过一定水平的无氧酵解,经戊糖磷酸途径产生谷胱甘肽、NADPH 和核酸等物质,对于神经系统的生长发育,神经组织稳态的维持可能具有重要作用。由于脑组织内糖原的储备量低,仅能短暂维持大脑正常活动,脑组织的正常生理功能依赖于血液循环输送的葡萄糖和氧分子。因此,脑组织对于缺氧、缺血、低血糖和低血压等十分敏感。

(二)营养与脑功能

1. 能量 能量对于维持大脑神经元兴奋性和神经细胞突触功能具有关键性作用。脑细胞在能量代谢过程中,线粒体产生的 ATP 激活脑源性神经营养因子(brain-derived neurotrophic factor,BDNF)和胰岛素样生长因子 1(insulin-like growth factor 1,IGF-1),使神经细胞突触的可塑性增加,促进大脑的认知功能。长期过度进食导致能量过剩,活性氧(reactive oxygen species,ROS)在脑细胞中过度聚集;当 ROS 超过细胞耐受水平时,可以抑制 BDNF 等分子的信号通路,抑制突触可塑性,导致认知功能损害。另一方面,适当的限制能量摄入可降低 ROS 引起的细胞蛋白质、脂类和核酸的氧化损伤,刺激 BDNF 信号,提高大脑的认知能力。

2. 碳水化合物 葡萄糖是大脑细胞代谢的主要供能者,胰岛素是机体大部分组织细胞摄取和利用葡萄糖的重要调控因子;然而,大脑神经元细胞摄取葡萄糖并不依赖于血液胰岛素水平。因此,糖尿病病人在胰岛素缺乏或胰岛素信号受损的情况下,葡萄糖依然能有效进入脑神经元细胞而不易出现由于能量缺乏导致的脑功能损伤。另一方面,血糖过高时,大量葡萄糖进入神经元细胞,可能导致注意力不集中和记忆力衰退,严重时可能导致糖尿病性昏迷;同时,如果胰岛素用量过度,血液葡萄糖水平迅速下降,可能导致神经元细胞能量缺乏,影响脑功能。

3. 蛋白质 大脑旺盛的代谢活动需要大量蛋白质更新组织,其中大脑灰质中神经细胞体集中,功能活动强,蛋白质含量也较多。足量的蛋白质供给有利于增强大脑皮质的兴奋和抑制功能,提高工作效率。同时,食物中某些氨基酸,如色氨酸、谷氨酸和赖氨酸等,对于改善脑功能具有一定的作用。其中,色氨酸是神经递质羟色胺的前体,有研究显示,增加膳食色氨酸摄入量可使脑组织中色氨酸和 5- 羟色胺浓度增加,进而对情绪和认知具有改善作用。

4. **脂类**　不饱和脂肪酸、磷脂和胆固醇构成大脑的主要成分。其中,不饱和脂肪酸主要以磷脂的形式存在,以 ω-3 多不饱和脂肪酸二十二碳六烯酸(docosahexoenoic acid,DHA)和 ω-6 多不饱和脂肪酸花生四烯酸(arachidonic acid,ARA)为主。DHA 参与神经细胞的生长分化、神经信号传递和髓鞘形成等生理过程,调节突触可塑性和细胞膜的结构和信号传导等功能,DHA 在视网膜和视觉皮层还参与视觉的形成。研究显示,生命早期 DHA 缺乏可导致认知功能损伤和行为发育异常,成年人 DHA 摄入与痴呆和阿尔兹海默病的发病风险呈负相关。ARA 也是细胞膜的主要成分之一,参与调节海马区神经元细胞可塑性。因此,足量的不饱和脂肪酸摄入对于维持正常脑功能具有重要作用。另一方面,大量研究显示饱和脂肪过多摄入可降低大脑中神经营养因子水平,加速衰老导致的认知功能减退。

5. **维生素**　大脑组织中能量代谢旺盛,需要多种维生素的参与。B 族维生素中,维生素 B_1、维生素 B_2、烟酸、泛酸、生物素均参与能量代谢,是葡萄糖和脂肪酸代谢通路中的重要辅酶,B 族维生素缺乏或不足可直接影响大脑能量利用的效率。其中,维生素 B_1 通过糖酵解系统和戊糖磷酸途径参与神经递质乙酰胆碱的合成;烟酸参与大脑免疫调节和抗氧化过程。维生素 B_{12} 和叶酸通过甲硫氨酸循环参与脑细胞核酸合成和甲基化过程,缺乏可导致基因表达发生改变,其中叶酸缺乏可影响氨基酸转化为单胺类神经递质的过程,维生素 B_{12} 缺乏可导致脊柱后体束和锥体束脱髓鞘,引起中枢系统改变,出现感觉和运动障碍,导致记忆衰退。胆碱作为甲基供体,参与一碳单位代谢,为同型半胱氨酸转化为甲硫氨酸提供甲基;胆碱还是脑内重要神经递质乙酰胆碱的前体物质,参与细胞间的信号传递。研究显示,胆碱缺乏与长期记忆和认知衰退有关;在大鼠脑发育敏感阶段,补充胆碱能促进大脑记忆区胆碱能神经元形成和神经细胞间联系的建立,从而对大脑空间记忆力产生持久的促进作用。抗氧化维生素,包括维生素 C 和维生素 E 对于保护脑细胞的氧化损伤可能具有一定作用。有研究显示,联合补充维生素 C、维生素 E 和 β- 胡萝卜素能改善老年人的认知功能。

6. **矿物质**　大脑中,铁主要集中于白质少突胶质细胞,参与氧的运输、髓鞘形成和神经递质代谢。儿童缺铁可导致多巴能神经功能异常、影响海马区的大小和髓鞘生成。在衰老过程中,大脑铁的蓄积与神经退行性疾病如阿尔兹海默病、帕金森病有关。锌主要作为酶的辅基,参与细胞DNA 的复制和 RNA 合成,影响基因表达,进而可影响神经干细胞的生长,分裂和分化。大脑中,约有 5%~15% 的锌存在于谷胺能神经元的突触小泡中,调节突触间隙中神经递质的传递。由于动物性食物摄入不足或长期以玉米为主食可出现锌缺乏,导致大脑发育和功能异常。碘缺乏可导致甲状腺素合成不足,影响大脑发育。硒以辅酶的形式参与细胞内抗氧化酶活性,保护自由基诱发的氧化损伤,减少细胞死亡。铜参与细胞抗氧化功能和多巴胺代谢。铜缺乏可能影响小脑发育,导致运动功能,包括机体平衡和协同能力下降。

7. **植物化学物**　除了营养素外,食物中的植物化学物可能对大脑功能也有一定的影响。例如,人群研究显示黄酮类物质的摄入量与大脑认知能力存在正相关,并可延缓年龄相关认知能力下降的速度;动物研究则显示姜黄素可以改善阿尔兹海默病小鼠模型的认知功能损伤。

(三) 脑力劳动者的营养与膳食建议

脑力劳动者包括多种职业人群,大多数不存在特定的危险因素暴露;然而脑力劳动者却是糖尿病、冠心病、高血压等各种慢性疾病发病风险最高的人群,这可能与该人群的特定的生活行为生活方式有关。脑力劳动者的共同特点是身体活动水平相对较低,工作内容依赖大脑活动。虽然各种营养素对脑功能有所影响,但目前尚无明确的证据显示不同脑力活动水平对营养素的需要量有影响,也缺乏营养素摄入水平对脑力活动水平和效率影响的确切的数据。由于脑力劳动者体力活动少,工作时间长,其膳食在遵循《中国居民膳食指南》推荐的平衡膳食的基础上,应特别注意:

1. **注意能量摄入,防止过量** 脑力劳动者能量消耗较低,所以应注意控制总能量的摄入,防止能量过剩,以避免出现超重或肥胖,以及血糖和血脂升高等代谢性疾病。同时膳食中应保证足量的碳水化合物和优质蛋白质的摄入。建议膳食碳水化合物、脂类和蛋白质的功能比应分别为55%~60%、20%~30% 和 10%~15%。

2. **增加身体活动** 身体活动对于维持机体能量平衡具有重要意义。运动除了能改善机体的生理功能、降低体重、增加胰岛素敏感性、降低血糖、血脂和血压等作用外,适当的运动还可以调节心理健康,减轻压力,缓解焦虑,改善睡眠,有利于增强大脑的反应速度,提高工作效率。脑力工作者应坚持每天进行 30min 以上的中等强度运动。

3. **摄入优质蛋白质,增加鱼类的摄入量** 脑组织代谢旺盛,需要大量蛋白质用于神经突触的建立与重构及神经细胞间的信号传递。脑内维持大脑活动状态和参与神经传导的多种神经递质的合成需要色氨酸、酪氨酸和谷氨酸等氨基酸。摄入足够的蛋白质,特别是优质蛋白质,有利于脑力劳动者保持大脑处于良好的状态。因此,脑力劳动者应注意足量的蛋白质,特别是蛋、奶、鱼类和豆类等食物所提供的优质蛋白质。鱼类除了是优质蛋白质的重要食物来源外,还含有较高水平的 ω-3 长链不饱和脂肪酸,如 DHA。经常摄入鱼类可能有利于提高大脑的学习和记忆能力。建议优质蛋白质应占总蛋白摄入量的 1/3~1/2,每周吃 1~2 次鱼类。

4. **多吃坚果类食物** 坚果类食物,如核桃、杏仁、花生、葵花籽等,含有丰富的蛋白质,单不饱和与多不饱和脂肪酸、磷脂、各种矿物质和维生素。有研究显示,每日 25g 左右的坚果有利于降低心血管疾病风险,改善大脑认知和记忆功能。

二、接触化学毒物人群的营养与健康

化学毒物指在较低剂量下可导致机体损伤的化学物质。化学毒物的接触主要分为生产性接触和生活性接触。前者指在职业活动中接触生产过程中的原料、中间体、辅助剂、杂质、成品、副产品和废弃物等;后者指在日常生活中接触环境污染物、食品中有毒成分,以及香烟、化妆品或其他日用品中有害成分等。随着社会和科技发展,化学毒物已经严重污染了人类环境,化学毒物接触存在于人类活动的每一个角落,其中又以职业接触尤为突出。

(一)化学毒物的健康危害

1. **化学毒物代谢与解毒途径** 化学毒物可以通过胃肠道、呼吸道和皮肤等多种途径被人体所吸收,并随着血液或淋巴循环而分布到人体全身各组织细胞中。早期,毒物主要随着血流分布于高灌注量的器官,包括心、肝、肾、肺、肾上腺、甲状腺等;随后,化学毒物在体内可发生再分布,于特定组织或器官中蓄积。再分布的特征取决于毒物在不同生物膜的扩散速率和毒物与不同组织器官间的亲和力不同。某些化学毒物还可透过血脑屏障、血脑脊液屏障和胎盘屏障,损害中枢神经系统或影响胎儿发育。体内毒物可经肾脏随尿液排出、通过消化道随粪便排出或以气体形式从肺排出。

进入机体后,某些化学毒物可直接导致毒性损害;另一些化学物的毒性则取决于其在机体内生物转化所形成的终产物。生物转化指化学毒物在体内经酶促反应或非酶促反应改变其结构或理化特性,影响毒效应强度和性质,以及影响毒物在体内的分布和排泄的过程。化学毒物的生物转化可分为第一相反应和第二相反应。第一相反应包括氧化、还原和水解反应,第一相反应羟基、氨基、羧基等基团引入分子结构中,或暴露化学物本身的功能基团,从而增加化学物的极性或水溶性。第一相反应产物的毒性可能减弱(生物解毒)也可能增强(生物活化),甚至产生致癌物质。第二相反应为结合反应,是将葡糖醛酸、硫酸或氨基酸等内源性基团与第一相反应产物的功能基团结合而形成无活性、高度亲水,并有利于排出的代谢产物。因此,第二相反应多为解毒反应。

化学毒物主要分为四类:亲电子剂、亲核剂、自由基和氧化还原反应产物。不同化学毒物的毒作用机制各不相同,机体解毒的途径也各不相同。机体主要存在以下几种解毒机制:①第二相反应通过将葡糖醛酸、硫酸或氨基酸等内源性基团与亲核物结合而进行解毒;②谷胱甘肽(glutathione,GSH)参与消除亲电子剂、清除自由基和抑制脂质过氧化;③超氧化物歧化酶参与自由基的清除;④金属硫蛋白(metallothionein)与镉、汞、铜等二价阳离子结合,促进其在尿中排出。

2. 重金属的毒性与健康损害 重金属指自然界中存在的,比重大于5(密度大于$4.5g/cm^3$)的金属。有些重金属,如钴、铜、铁、锰等是人体必需微量元素,膳食中缺乏可导致一系列营养缺乏性疾病或症状。而暴露于一些广泛应用于工农业生产的重金属,主要包括铅、汞和镉等,则会导致蛋白质结构和功能改变、DNA损伤断裂、生物膜和线粒体等细胞结构破坏,从而导致系统性毒性,影响机体多个器官系统的生理功能,并可能具有致癌作用。

(1)铅:铅及其化合物在自然界中分布广泛。工业生产中接触铅及其化合物的行业包括铅锌矿的开采、蓄电池、搪瓷和陶瓷的生产,以及机械制造、电工仪表、塑料制品加工等行业。铅还广泛存在于空气细颗粒物、扬尘、污染的土壤中。铅及其化合物主要以粉尘或烟气形态,经呼吸道进入体内。血液中铅90%以上与红细胞结合,10%在血浆中与血浆蛋白结合或以可溶性磷酸铅形式存在,早期随血液分布于肝、肾、脑、皮肤和骨骼肌中,数周后以磷酸铅形式沉积于骨骼中。骨骼内铅较为稳定,可长期储存而不产生临床症状。当机体处于发热、骨折、手术、过劳等应激状态时,骨骼中的铅可转移到血液和软组织中,引发毒性作用。

铅的毒性作用主要表现为损害红细胞和血红蛋白的合成。铅能抑制血红素合成过程中δ-氨基乙酰丙酸脱水酶等一系列酶的活性,导致血红蛋白合成减少,红细胞成熟障碍。铅还可损害神经系统,引起神经衰弱症状、多发性神经炎和中毒性脑病。铅还影响消化道功能,导致食欲缺乏、胀气和腹痛。另外,生命早期接触铅可影响神经系统发育,影响智力和性格发展。

(2)汞:汞又称水银,为银白色液态金属,常温下即能蒸发。生产性接触主要有汞矿开发与冶炼、化学工业、仪表和电器等行业。日常生活中,人体通过污染的食物、空气或土壤,口腔科治疗等途径接触汞。金属汞主要以蒸汽形式进入人体,进入人体后,最初分布于红细胞与血浆中,然后达到全身各组织器官,其中以肾脏含量最高,其次为肝脏、心脏和中枢神经系统。金属汞在体内被氧化为二价阳离子。汞离子与含巯基的蛋白质或如谷胱甘肽等小分子的巯基共价结合,使细胞内具有重要生理功能的巯基失去活性,导致氧化应激和细胞损伤,是汞毒性的主要机制。机体汞中毒主要表现为肝、肾功能损害和神经系统症状。

(3)镉:镉及其化合物主要用于电镀、镉锌电池、颜料制造等。镉及其烟尘主要经呼吸道,或通过污染的食物和水经消化道进入人体。血液中镉与红细胞结合,蓄积于肝脏或肾。细胞内,镉诱导细胞产生活性氧,导致DNA断裂,影响DNA和蛋白质合成。慢性镉暴露可抑制去甲肾上腺素、5-羟色胺和乙酰胆碱等神经递质的合成。慢性镉中毒重要表现为肺受损出现肺气肿和肺纤维化;肾功能损害导致肾小管重吸收功能减退,尿中蛋白质含量升高;损伤心血管系统;增加恶性肿瘤的风险。

3. 苯的毒性和健康损害 苯是一种芳香族碳氢化合物,作为一种常见的化工原料,苯被广泛用于酚、氯苯、香料、农药、药物、塑料、合成纤维、洗涤剂、合成染料的生成;苯也是一种常用的有机溶剂,被用于制药、制革、有机合成、脂肪提炼、油漆制造等行业。苯主要通过呼吸道或者皮肤接触进入人体。苯在体内首先转化为环氧苯或甲醇苯,再进一步转化为酚、对苯二酚和邻苯二酚。环氧苯和甲醇苯在第二相反应酶作用下结合硫酸根或葡糖醛酸,经尿排出体外;邻苯二酚再经氧化断环,最终以CO_2形式,经肺排出。部分苯可直接与谷胱甘肽结合成苯基硫醚氨酸,由尿排出。

急性苯中毒主要表现为中枢神经系统的麻醉作用。慢性苯暴露主要影响骨髓造血系统。研究显示,苯中间代谢产物,如酚、氢醌、邻苯二酚在骨髓过氧化物酶作用下生成活性氧,后者导致细胞微管蛋白、组蛋白以及其他DNA复制相关蛋白质功能异常,DNA断裂、染色体异常等,最终导致骨髓造血系统异常,使全血细胞减少,发展为再生障碍性贫血,白细胞减少或白血病。

（二）营养对化学毒物代谢和毒性的影响

化学毒物进入人体后,一方面可能影响机体对营养素的吸收,或促进营养素的分解代谢,导致机体营养水平下降;另一方面,毒物在体内的生物转化所需的酶的活性受多种营养素的影响,有些营养素可能增加酶的表达水平,或者直接影响酶活性,促进机体的解毒作用。某些营养素能捕获和清除自由基,防止脂质过氧化,或破坏已形成的过氧化物,从而加速机体解毒作用。

1. **蛋白质** 膳食蛋白质的质和量可影响机体的解毒能力。食物蛋白质缺乏可能导致化学毒物生物转化所需要的酶的合成受限,使其活性降低,解毒能力下降。同时,膳食蛋白质缺乏导致机体含硫氨基酸(甲硫氨酸和半胱氨酸)摄入下降。含硫氨基酸所提供的巯基(—SH)可与汞和铅等金属毒物结合,抑制其吸收并促进排出,或拮抗金属毒物对含巯基酶的毒性作用。含硫氨基酸还为机体内源性解毒剂如谷胱甘肽和金属硫化物的合成提供原料。因此,一般来说,膳食蛋白质质量下降使机体对化学毒物的敏感性增加。

2. **脂肪** 膳食脂肪可促进脂溶性化学毒物,如有机氯农药、苯和持久性有机污染物的吸收和在体内的蓄积。磷脂是细胞内各种生物膜的主要成分,也是混合功能氧化酶系统的组成部分,后者是化学毒物生物转化过程中的主要氧化酶,广泛存在于肝脏、肾脏和肺等器官中。膳食中必需脂肪酸或胆碱缺乏可能影响微粒体中磷脂的合成,从而影响混合功能氧化酶的功能和化学毒物的代谢。

3. **碳水化合物** 生物转化的第二相结合反应是机体对化学毒物的重要解毒反应,其中葡糖醛酸结合反应中的葡糖醛酸主要来源于葡萄糖代谢过程;同时,第二相结合反应属于耗能的解毒反应,需要机体快速利用葡萄糖代谢提供的能量。研究表明,增加膳食中碳水化合物的供给量,可以提高机体对苯、卤代烃类化学毒物的解毒能力。

植物性食物中的膳食纤维属于不能被消化吸收的碳水化合物。在肠道内,膳食纤维可与某些毒物结合,降低肠道对毒物的吸收;膳食纤维增加粪便体积,刺激肠道蠕动,有利于粪便排出,因而缩短毒物在肠道的停留时间,降低潜在的毒性损伤;膳食纤维还可调节肠道菌群,促进一些化学毒物在肠道的降解。

4. **维生素**

(1) 维生素 A:机体内维生素 A 代谢和生理活性和外源性毒物代谢之间存在显著的关联。研究显示,维生素 A 可以诱导 CYP1A1 等混合功能氧化酶的表达,而混合功能氧化酶在化学毒物生物转化中具有重要的作用。动物实验中,维生素 A 可以降低二甲基肼、黄曲霉毒素 B_1 等毒物的致癌性,而双酚 A 在肝脏的解毒过程依赖于维生素 A 及其受体的功能;但也有研究显示维生素 A 可以增加对乙酰氨基酚的肝毒性。混合功能氧化酶类中 CYP26A1、CYP26B1 和 CYP26C1 是参与体内维生素 A 降解的主要代谢酶。有机氯农药、苯乙烯二聚体和苯甲酸酯等环境化学毒物可增加这类酶的表达和活性,加速维生素 A 的降解,降低其体内储存量。类胡萝卜素中,β- 胡萝卜素和 β- 隐黄素是维生素 A 的前体,除能在体内转化为维生素 A 外,还具有抗氧化功能,能捕获和消除自由基,抵抗毒物的毒作用。大量研究显示,增加膳食类胡萝卜素的摄入,可以降低外源性化学物质暴露导致的癌症的风险。

(2) 维生素 E:作为机体内重要的抗氧化分子,维生素 E 主要存在于细胞膜脂质层中,通过其抗氧化活性保护生物膜中脂质分子、细胞骨架、蛋白质巯基免受自由基攻击。因此,维生素 E 可降低化学毒物引起的氧化损伤,改善毒物引起的病理损害。有研究显示,维生素 E 对暴露于煤烟和苯并芘等化学物引起的肺氧化损伤具有保护作用。

(3) B 族维生素:维生素 B_1 是体内糖代谢所必需的,以焦磷酸硫胺素的形式作为丙酮酸脱羧酶的辅酶,催化丙酮酸氧化,快速提供组织代谢所需要的能量。维生素 B_1 缺乏可导致丙酮酸蓄积。研究显示,汞、甲醇等化学毒物引起神经炎症时,血液丙酮酸浓度升高,补充维生素 B_1 可使症状缓解,提示化学毒物可能破坏细胞内维生素 B_1 稳态。维生素 B_6 是半胱氨酸脱羧酶、胱硫醚酶、胱硫醚合成酶的辅酶,参与从甲硫氨酸合成半胱氨酸的代谢过程。维生素 B_6 缺乏可导致半胱氨酸合成不足,细胞内重要抗氧化物质谷胱甘肽,以及具有抗氧化功能的含巯基蛋白质合成受阻,可能增加机体对化学毒物的敏感性。

(4) 维生素 C:水溶性抗氧化维生素 C 对于大多数有害化学物均有解毒作用。其解毒作用可能与其提高肝微粒体混合功能氧化酶活性,促进氧化和羟化反应有关。维生素 C 有助于被氧化后的维生素 E 重新还原为有活性的维生素 E,因此维生素 C 和维生素 E 联合作用可以增强机体对导致脂质过氧化的化学毒物的抵抗作用。

5. 矿物质

(1) 铁:铁离子与卟啉结合形成的血红素,是多种重要功能蛋白质的辅基,包括细胞色素 P_{450}。细胞色素 P_{450} 主要存在于微粒体中,是混合功能氧化酶系统的主要组成部分;血红素也是过氧化物酶的辅基。因此,铁缺乏可导致多种解毒酶活性下降,影响机体对化学毒物的生物转化和解毒能力。肠道中,镉、铅和锰重金属类毒物可与二价铁离子竞争转运载体,干扰铁的吸收和利用,直接或间接导致缺铁性贫血。补充铁剂可一定程度上缓解重金属的毒性作用。

(2) 锌:锌是包括超氧化物歧化酶等多种金属酶的组成成分,可以激活细胞色素氧化酶,ATP合成酶的活性,促进细胞呼吸链的电子传递,对于维持细胞内氧化还原平衡有重要作用。消化道中,锌可以拮抗机体对镉、铅、汞、铜和铁的吸收。在肝脏,锌可以增加金属硫蛋白的合成和活性,有助于镉和汞等重金属的解毒。锌可增加谷胱甘肽过氧化物酶和谷胱甘肽转硫酶的活性,促进还原型谷胱甘肽的生成。因此,锌具有抗氧化能力,可降低自由基导致的机体损伤。

(3) 硒:硒主要以硒胱氨酸形式存在于谷胱甘肽过氧化物酶中,通过后者发挥抗氧化活性。硒还可与汞、镉和铅等重金属结合生成难溶性的硒化物,从而降低重金属的毒性。研究显示,机体良好的硒营养状况可降低一些致癌性金属暴露引起的癌症的风险。

6. 食物活性成分

研究显示,包括黄酮类、酚酸、有机硫化物、萜类化学物和类胡萝卜素等多种植物化学物具有抑制化学毒物的作用。例如,茶多酚可抑制脂质过氧化、升高超氧化物歧化酶活性,增加谷胱甘肽水平,保护铅、三氧化镍等金属毒物引起的毒性。有机硫化物可诱导细胞内二相反应相关解毒酶和抗氧化酶的表达,抑制化学毒物诱发的氧化应激和致癌作用。

(三) 接触化学毒物人群的膳食与营养建议

化学毒物种类繁多,理化性质各不相同,毒作用机制和中毒表现也不一样。目前对于大部分化学毒物中毒,特别是职业性中毒,缺乏特效治疗,因此化学毒物中毒应以预防为主。通过合理的膳食营养有助于减少化学毒物吸收,加快毒物代谢和解毒过程,降低毒物对机体的危害。接触化学毒物的人群在遵循《中国居民膳食指南》推荐的平衡膳食的基础上,应特别注意:

1. 保证优质蛋白质摄入 优质蛋白质,如畜禽肉、鱼、蛋和奶类等动物性食物,含有丰富的人体必需氨基酸,生物利用率高,能较好满足人体在解毒过程中对蛋白质合成的需要。动物性蛋白含硫氨基酸(甲硫氨酸和半胱氨酸)含量丰富,有利于机体谷胱甘肽、硫酸和金属硫蛋白的合成,而这些含硫分子对于毒物在体内的生物转化、抗氧化应激具有重要作用。另外,动物性食物中铁含量较高,有利于生物素的合成,保持混合功能氧化酶活性,促进毒物的生物转化和解毒。

2. 控制脂肪摄入量 膳食脂肪可以促进脂溶性毒物在小肠的吸收,加重毒性效应。因此,对于接触脂溶性化学毒物的人群,应该限制脂肪摄入在总能量的 20% 以下。而对于其他化学毒物接触人群,建议脂肪供能比为总能量的 20%~30%。注意摄入足量的必需脂肪酸。

3. 保证碳水化合物的摄入 碳水化合物是机体能量的主要来源,可提供机体在解毒过程中所需要的能量。碳水化合物代谢还能产生结合反应所需的葡糖醛酸。选择提供碳水化合物的粮谷类食物时,应注意适当粗细结合,合理搭配。

4. 多吃蔬菜和水果 蔬菜、水果中维生素、矿物质、膳食纤维和植物化学物含量丰富,有利于降低毒物在肠道的吸收,维持机体氧化还原平衡,增加机体解毒能力。应保证每天蔬菜摄入量

300g 以上,水果摄入量 200g 以上。

5. **适当补充抗氧化维生素** 维生素 C 对于大多数有害化学物均有解毒作用,应多选择富含维生素 C 的食物,或选择维生素 C 营养补充剂。对于汞接触人群和一些脂溶性化学毒物接触者,可以考虑联合补充维生素 C 和维生素 E,增强机体对脂质过氧化的抵抗能力。

6. 硒和锌可以降低汞的毒性,对于汞接触人员,应增加海产品、肉类、肝脏等含硒和锌的食物的摄入量。

7. 铅和苯均能影响机体造血功能,应注意增加铁含量较高的食物,如动物肝脏、蛋黄等,以预防中毒引起的贫血。

三、接触电离辐射人群的营养与健康

电离辐射指引起物质电离的粒子或电磁构成的辐射总称。常见电离辐射有 α 射线、β 射线、X 射线和 γ 射线。现代社会中有许多职业都可能接触到电离辐射,包括:核工业系统中原料的勘探、采集和加工,核燃料和核反应堆的生产、使用和研究;农业照射培育种、蔬菜水果的保藏、粮食储存;医院的放射诊断和治疗部门;工业生产中各种加速器、射线发生器及电子显微镜等。辐射的暴露方式有两种:外环境中电离辐射暴露(外暴露)和放射性核素进入体内产生的持续性的电离作用(内暴露)。

电离辐射主要作用于机体内核酸、蛋白质或脂类等生物大分子,导致其结构和功能发生改变,进而导致细胞、组织、器官、系统进而整个机体功能代谢和形态学的辐射损伤。电离辐射损伤包括直接作用和间接作用。直接作用指电离辐射直接作用于机体生物大分子,导致其电离、激发或化学键断裂。间接作用指射线作用于生物体内的水分子,使其电离产生自由基,后者继发作用于生物大分子。

电离辐射的健康效应可分为急性、亚急性、慢性效应以及暴露后发生的远期效应等。当在较长时间内连续或间断暴露于超过剂量的电离辐射中,会导致机体出现以造血系统损伤为主,伴有其他系统异常的慢性放射病。表现为头痛、头昏,睡眠障碍、疲乏、记忆力减退等神经衰弱症状,伴有消化系统障碍和性功能减退;外周血细胞,特别是中性粒细胞减少,外周淋巴细胞出现染色体畸变;骨髓造血细胞增生异常,粒细胞系统成熟障碍。电离辐射暴露还具有远期效应,包括诱发白血病、甲状腺癌、肺癌、乳腺癌和皮肤癌等恶性肿瘤。

(一) 电离辐射对人体生理、营养代谢的影响

1. **消化系统小肠黏膜** 由于肠上皮细胞分裂快,更新速度快,对于电离辐射尤为敏感。辐射暴露可导致肠上皮细胞减少,黏膜结构发生改变,引起肠道功能损伤,出现食欲缺乏、消化不良、呕吐、腹泻等症状,进而导致肠道消化、吸收和转运营养物质能力降低。

2. **能量代谢** 研究显示,电离辐射可以抑制脾脏和胸腺线粒体的氧化磷酸化,同时影响三羧酸循环,导致机体耗氧量增加但 ATP 合成减少。

3. **碳水化合物** 电离辐射导致食欲减退,消化系统功能减弱。同时,由于电离辐射抑制三羧酸循环和氧化磷酸化,ATP 合成减少,导致糖酵解作用增强。由于碳水化合物摄入量不足以满足机体需要,导致体内蛋白质降解和脂肪动员,糖异生作用增强。

4. **蛋白质和氨基酸** 机体暴露于电离辐射后蛋白质合成下降,尿氮排出增加,尿液中氨基酸以及肌酐、肌酸、牛磺酸和尿素排出增加,表明机体蛋白质分解增加,出现负氮平衡。研究显示,蛋白质和氨基酸不足或缺乏可导致机体对电离辐射的敏感性增加,组织损伤加重;而高蛋白膳食可一定程度上缓解照射后氮代谢的异常程度。

5. **脂类** 电离辐射生成的自由基作用于甘油三酯的不饱和脂肪酸,导致脂质过氧化,影响生物膜的功能。同时,暴露于电离辐射导致组织分解,甘油三酯合成加快,分解减少,血液中甘油三酯、磷脂和胆固醇含量均可能增加,易出现高脂血症。

6. 维生素　电离辐射产生的自由基导致体内抗氧化物质,包括维生素 E、维生素 C,以及类胡萝卜素消耗增加。同时,过氧化状态和食物摄入减少还可影响体内 B 族维生素的代谢,导致体内维生素 B_1 含量下降,尿液中排出增加,体内叶酸含量降低。

7. 矿物质　电离辐射导致组织分解和细胞破坏,导致细胞内钾释放,出现高钾血症,尿中钾、钠和氯排出增加。辐射损伤引起的呕吐腹泻也可增加钠和氯的损失,严重可能导致水盐代谢紊乱。

(二) 特定营养素对电离辐射健康损害的保护作用

活性氧导致生物大分子的氧化损伤是电离辐射健康危害的主要机制。氧化应激诱导细胞内抗氧化物酶的表达,使细胞内过氧化物歧化酶、过氧化氢酶和谷胱甘肽等抗氧化物质合成增加,通过这种自我保护机制减少或清除活性氧水平。当氧化应激水平超过细胞保护机制所能耐受的限度时,则会导致生物大分子氧化损伤,影响细胞和机体的功能。因此,理论上,凡是能清除自由基或有助于减轻或修复自由基所致生物分子损伤的食物及抗氧化剂、生物活性物质,均能在一定程度上保护电离辐射导致的机体损伤。

膳食中存在多种抗氧化物质,如维生素 C、维生素 E 和硒等人体必需维生素和矿物质,姜黄素、白藜芦醇、茶多酚、绿原酸和槲皮素等植物化学物,以及 α- 硫辛酸、褪黑素和辅酶 Q 等食物活性成分。大量细胞和动物实验证实,这些抗氧化物质可以抑制电离辐射引起的自由基的形成、捕获和清除自由基、诱导体内抗氧化物质合成,抑制 DNA 损伤、增强 DNA 损伤修复、抑制辐射损伤后的炎症反应,延缓细胞周期,增加 DNA 修复时间或通过细胞凋亡清除损伤的细胞。

维生素 C 和维生素 E 是膳食中最常见的抗氧化物质。研究显示,维生素 C 预处理可以降低 X 射线和伽马射线导致的氧化损伤,减少辐射导致的 DNA 双键断裂。而联合补充维生素 C 和维生素 E 对辐射损伤的保护作用更明显,可能与两种抗氧化物质的协同作用,或细胞内抗氧化物质的再生有关。但也有研究显示维生素 C 可能加重电离辐射损伤。

多酚类物质广泛存在于各类植物性食物中。已有研究显示多酚类物质具有抗氧化、抗炎、抑制肿瘤等生物学功能。已有研究证明,茶多酚、槲皮素、姜黄素和白藜芦醇等常见多酚类物质可以捕获自由基,诱导细胞内抗氧化基因表达,增加细胞内谷胱甘肽的合成,从而对电离辐射引起的 DNA 损伤具有保护作用。白藜芦醇还可抑制细胞周期,使损伤细胞周期停滞于 DNA 修复的关键节点,促进 DNA 损伤的修复,并可诱导损伤的细胞凋亡。

蔬菜和水果是膳食抗氧化物质的主要来源。动物实验显示,西瓜汁和黑葡萄汁对于电离辐射引起的损伤有保护作用,可以降低脂质过氧化,抑制辐射引起的 DNA 断裂,提高组织中超氧化物歧化酶和谷胱甘肽过氧化物酶活性,增加还原型谷胱甘肽的浓度。西瓜汁和黑葡萄汁对电离辐射损伤的保护作用可能与其中高浓度的抗氧化物质有关。

需要注意的是,大量关于食物中抗氧化物质对电离辐射保护作用的证据均来自于体外细胞实验或动物实验,其在人体中保护作用的证据仍然比较缺乏。有小样本的临床试验研究显示,联合服用含维生素 C、N- 乙酰半胱氨酸、α- 硫辛酸和 β- 胡萝卜素等多种抗氧化物质可以显著降低接受核医学检查的病人血液细胞 DNA 双链断裂的发生,提示抗氧化物质对电离辐射的保护作用具有一定的临床意义。

(三) 接触电离辐射人群的膳食与营养建议

电离辐射接触人员在遵循《中国居民膳食指南》推荐的平衡膳食的基础上,应特别注意:

1. 保证充足的产能营养素供给　电离辐射导致机体代谢加快;同时,蛋白质和氨基酸不足或缺乏可导致机体对电离辐射的敏感性增加。因此,对于暴露于电离辐射的人员应保证产能营养素的供给。一般建议蛋白质的供给量应占总能量的 12%~18%,以补充优质蛋白质为主;碳水化合物占 60%~65%,注意补充果糖和葡萄糖;脂肪供能比 20%~30%,应注意必需脂肪酸的摄入。

2. 选择富含抗氧化营养素的蔬菜和水果　保证足量的维生素 C 和适量的脂溶性维生素,特别是维生素 E 的摄入。同时,由于电离辐射影响 B 族维生素的代谢,应注意摄入富含 B 族维生素的食物。一些水果,如西瓜和葡萄等,除了抗氧化维生素外,还富含具有抗氧化活性的植物化学物,应多选择食用。

（焦凌梅　连福治）

 思考题

1. 孕妇,28 岁,现妊娠 10 周首次检查,身高 165cm,目前体重 57kg(孕前体重 56kg),出现恶心、呕吐、食欲减退、消化不良现象严重,且焦虑不安。请对该孕妇的饮食提供合理化营养健康指导。

2. 男性,72 岁,"近期因血糖控制不佳,四肢酸痛、麻木、皮肤瘙痒"就诊。身高 172cm,体重 60kg。口味重,好烟酒;患糖尿病 10 年有余,主食摄入较少,喜肉食,无水果摄入,饮水较少;日常娱乐运动少。请对该老人进行营养健康指导。

3. 足月男婴,7 月龄,纯母乳喂养,"近期异常哭闹,生长发育迟缓"就诊。请对该男婴父母进行营养健康指导。

4. 从机体生理变化角度,比较高温环境和低温环境下人群营养需求和膳食原则的差异。

5. 从大脑营养代谢特点分析脑力劳动者膳食应注意哪些问题。

061

第六章 中医食养基础

本章要点

1. **掌握** 中医食养的概念;食物的功能;四气五味的内涵;中医食养的原则;粳米、糯米、薏苡仁、绿豆、黑大豆、梨、西瓜、桂圆、胡桃仁、萝卜、山药、藕、葱白、银耳、猪肚、羊肉、鲫鱼、鸡蛋、花椒、生姜、酒、盐 22 味食物的养生作用。

2. **熟悉** 饮食的养生作用;荞麦、赤小豆、桑葚、山楂、大枣、莲子、苦瓜、芹菜、韭菜、猪蹄、牛乳、蜂蜜、赤砂糖、醋 14 味食物的养生作用。

3. **了解** 升降浮沉、归经、毒性等药性理论;白扁豆、黄大豆、甘蔗、荸荠、黑芝麻、南瓜、白菜、荠菜、鱼腥草、猪血、鸡肝、鸡肉、桂皮、茶叶 14 味食物的养生作用。

第一节 中医食养理论

一、食物的功能

中医食养,也称为中医饮食养生,是中医养生理论体系的重要组成部分。养生,是养护、保养生命,饮食摄入,不仅是维持生命的基本手段,也是养护、保养生命的重要方法。中医饮食养生,是在中医理论的指导下,以养护生命为目的,认识并使用食物的实践活动。自有文字以来,人类认识与使用食物的经验代代相传,并与不同历史时代的哲学、技术相互融合,形成具有强烈文化特征的知识系统。与从自然科学体系中发展出来的现代营养知识系统有很大的不同,中医食养既重视食物对身体的物质保障,也重视饮食对人的身心疗愈,更重要的是,它是在中国历史文化土壤上生长出来的知识系统,对它的理解和运用,必须也只能是在中医理论体系的指导之下,才能完成。

中医药理论体系和现代医药理论体系是两个不同的知识系统,对食物、药物有不同认识和应用。在中医理论体系中,食物同时具有提供水谷精微、调和五味、防治疾病等功能。食物首先是能够提供"水谷精微"以滋养人体的物品,食物最基本的功能是通过以脾胃为中心的脏腑系统的加工处理,为人体提供"水谷精微"。"水谷精微"是来源于食物的微小物质的统称,是食物的精华。对人体而言,正是人体对食物中"水谷精微"的"消"与"化",令人体能够利用食物中的精微物质供养机体,化生"气血津精"。其次,一些气味辛香、滋味浓厚而食用无毒的物品,比如食盐、蜂蜜、醋、生姜、花椒等,可用于饮食菜肴的烹饪加工,调味适口以助进食,这是食物调和五味的功能。第三,食物具有"四气五味"等药性理论赋予的特性,能够用于预防、治疗疾病。被中国人作为食物的动植物及矿物品种,绝大多数都以中药的面目出现在历代本草学著作中,如《本草纲目》谷部收录了小麦、大麦、荞麦、稻、粳、籼、稷、黍、玉蜀黍、粱、粟、大豆、赤小豆、绿豆、豌豆、豇豆、扁豆、刀豆等品种,基本囊括了中国人的主食原料,这些食物原料都像黄连、附子等药物一样,标定了性味功效,也记录了主治病证,如西瓜甘寒,能够清热解暑,可防治中暑,葱白辛温能解表散寒,用于防治风寒感冒等。当粳米、鸡蛋、食盐等日常食物被用来治疗疾病时,食物也就成为了"药物"。总之,中医理论体系中,"食物"既能提供水谷精微、调和五味,又具有"四气五味"等特性,可以作为"药物"用于"疾病"的预防和治疗。

在中华民族千百年来的健康实践中,食物与药物一直具有十分紧密的关系,"药食同源"的说法反映了食物和药物在历史源流和物质原料两方面的密切关联。一来,药物知识是从食物知识中分化出来的学问,从中医早期典籍中大量描述的食物治疗与饮食养生就可看出这一痕迹;二来,中医使用的药物和日常食用的食物都来源于天然的物品,这些用作食物的物品也能作为药物来治疗疾病。运用食物治疗疾病,称为"食疗"。不同医学体系对"食物"和"疾病"的理解不同,对"食疗"的理解也就不同。传统的中医食疗,主要是使用"药性理论"认识食物并指导食物的临床应用。

囿于历史科技水平的限制,中医理论体系对食物所含"水谷精微"等物质成分的认识无法深入到微观世界,只能在与饥饿、疾病相抗争的生存过程中,寻找可食之物,并在人类感官可感知的维度里,观察其对人体的影响。"神农尝百草"的经验代代相传,逐步形成理论假说用于指导生存实践,"药性理论"就是用于指导食物防治疾病的主要理论,主要包括四气、五味、归经、升降浮沉等内容。

二、药性理论

(一) 四气

四气,也称四性,指药物与食物具有寒热温凉的四种不同特性。实际上分两大类,即寒凉和温热,寒与凉,或温与热,都属同一性质,作用上大同小异,主要是程度上有所不同。寒凉类药食的主要作用是清热和滋阴,主要用于温热性病证或阳盛体质的调养,如薏苡仁、银花、菊花、荸荠、梨等。温热类药食的主要作用是祛寒和温阳,主要用于寒凉性病证或阴盛体质的调养,如肉桂、花椒、桂圆、生姜、韭菜、糯米、羊肉等。另外,寒热特性均不明显,介于两类之间者,称之为平性。平性药食性质平和,适用人群广泛,也适宜久服,是养生药食的主体,如粳米、山药、猪肉、鸡蛋等。

(二) 五味

五味,原指酸、苦、甘、辛、咸五种滋味,经过长期临床实践,发现同一滋味的药食,常常具有类似的治疗功能,五味就不再只是代表药食的原始滋味,也渐渐蕴含了一定的功能特性。《黄帝内经》中分别叙述了五味的功能特性,如《素问·脏气法时论》指出"辛散、酸收、甘缓、苦坚、咸软"。这是指五味具有散、收、缓、坚、软等特异性的效能。在漫长的历史发展过程中,这些性能的内涵在实践中得到渐进式的充实与发展。辛味药食"散"的作用表现为发散、行气、行血的功能,如生姜散邪、芫荽透疹,用于外邪束表或邪毒宜外散诸证;如陈皮、薤白可以疏通气血,用于气血运行不畅诸症。甘味的药食具有滋养、补脾、缓急止痛、润燥等作用,如山药、大枣、粳米、鸡肉可用于补养虚弱;饴糖、甘草等用于气滞拘急的腹痛等。酸味的药食具有收敛、固涩、止泻的作用,多用于虚汗、久泻、遗精、咳嗽,如乌梅涩肠止泻、覆盆子止遗精滑泄。苦味的药食具有清热、泄降、燥湿、健胃作用,多用于素体偏热或热邪为患的病证,如苦瓜常用于清解热毒,夏天热郁成痱时多有效验。咸味的药食具有软坚、润燥、补肾、养血、滋阴作用,如海带、昆布等有软坚散结作用,用于瘰疬、痰核、痞块;海蜇、淡盐水能通便秘,用于大便燥结;淡菜、鸭肉补肾;乌贼、猪蹄补血养阴等等。五味之外,还有淡味、涩味,根据本身滋味的相关性和临床功能的相似性,将淡味附于甘味,涩味附于酸味。味淡的药食有渗湿利尿功效,用于水肿、小便癃闭等,如冬瓜、薏苡仁、茯苓等。味涩的药食具有收敛固涩的功能,如石榴皮、白果等。

(三) 升降浮沉

升、降、浮、沉是指药食的四种作用趋势。在正常情况下,人体的阴阳气血、脏腑功能均存在升降浮沉的不同运动方式,在疾病状态下,也表现为不同的升降浮沉病情变化。如呕吐、咳喘,是胃气上逆、肺气上逆的表现,而泄泻、脱肛等则属于津液下行、中气下陷的表现。药食的升降浮沉,是指药效药性在机体内的不同功效趋向。

药食的升降浮沉,升指药效的上行,降指药效的下行,浮指药性的向外发散,沉指药性的内行下降。一般来说,凡升浮的药食,具有升阳、发表、祛风、散寒、开窍、涌吐、引药上行的作用,常用于阳虚气陷,邪郁肌表,正气不能宣发;风寒之邪郁阻经脉,气血不能畅通;痰浊瘀血上逆,蒙蔽心神;邪停胸膈胃脘,当上越而不能上越,或者病本在上焦者,均需性升的药物升发阳气,发散邪气,使药力上行以扶正和祛邪。凡沉降的药食,多主下行向内,有清热、泻下、利水渗湿、潜阳镇逆、止咳平喘、消积导滞、安神镇惊、引药下行等作用,常用于病势上逆,不能下降的各种病证。如邪热内盛的热证,胃肠热结的腑实证,肝阳上亢、肺气上逆、胃肠气逆、积滞不化等证,均需沉降类药食以清化平抑。

食物的升降浮沉特性可指导药食的选择。病变部位有上下表里的不同,病势有上逆下陷的差异,病位在胸膈者属上,慎用沉降药食以免引邪深入;病势为上逆者,慎用升浮药食以助邪势。

(四) 归经

经,虽然是以经脉为名,实际上是指以脏腑为中心、经脉相络属的功能系统。归经,指药物或食物的作用趋向于某一脏腑功能系统,对这一功能系统有较特殊的或有选择性的作用。如同为补益之品,就有龙眼补心、黄豆健脾、枸杞养肝、百合润肺、黑芝麻滋肾的区分。同为寒性药食,都具有清热作用,又有梨入肺经清肺热,西瓜入心、胃经,清心胃热的区别。

药食的这种归经理论确立甚早,在《黄帝内经》中就有具体内容了,如酸入肝、苦入心、甘入脾等,指出凡酸味的药食入肝经,苦味药食入心经,甘味入脾经等。这也是归经理论形成的基础——五味五行学说,该学说以五行理论为依据,依据五行五脏五味的关联,确定药食的归经。除五行五脏五味相关外,还存在五色、五臭入五脏的学说。五色入五脏的学说把白色药食入肺经,青色药食入肝经,黑色药食入肾经,红色药食入心经,黄色药食入脾经,如黑芝麻、黑豆入肾经等。五臭入五脏的学说内容,则是焦味药食入心经,腥味药食入肺经,香味药食入脾经等,如鱼腥草味腥,入肺经。

药食的五味、五色、五臭入五脏的归经,是通过五行理论推衍而出,它在一定程度上反映了人们对各种药食归经的原则性、理论性认识,而药食归经的界定,根本上还是在长期的生活和临床实践中形成,根据疗效来概括和确立。如药食两用的麦门冬色白入肺,但清胃热的疗效也颇好,故能入肺,亦能入胃经;莲子心虽色青,但有清心除烦的作用,故不入肝经而入心经。

由于药食的色、味、臭和功能作用往往不一定统一,色白者未必味辛,如淮山药色白,但味甘入脾;莲子心色青,而味苦归心。因而,色、味、臭只能是确定药物归经的一个方面,由于药食的成分复杂,功能是多方面的,归经的最后判定应依据生活实践和临床疗效的总结。

归经理论揭示选用药食的一般原则,对指导食养的配方具有重要意义。但病证是复杂而多变的,一个病证往往与多个脏腑相互关联,某一脏腑病证的发展转归,必受到其他脏腑的影响。因此,针对某一脏腑病证选用药食,不能仅选用归该经者,还必须根据脏腑的相关性来选择。如脾胃病证不仅需要归脾经、胃经者,还需考虑肝对脾的影响,而选用适量的肝经药;肝阳上亢,要滋肾水以涵肝木;肺病咳喘,需培脾土而生肺金。因此,归经理论是认识药食性能的前提,而生活实践中的具体选材,则需依据养生理论灵活运用。

(五) 毒性

毒性是指食养原料对人体的损伤、危害作用,是选择食养原料和配伍药膳方必须重视的方面。

"毒药"在古代是一个笼统的概念,最初是指药物的治疗作用。如《周礼·天官》所说"医师聚毒药以共医事",《素问·脏气法时论》所说"毒药攻邪,五谷为养,五果为助"等,将药物统称为

"毒"。到了《神农本草经》时代,已对药物的治疗作用和毒副作用作了区分,这里的"毒"已经是"损害"的概念。由于一些药物具有毒性作用,在运用时必须充分认识其毒性大小、毒性产生的原因及排毒解毒的方法。

中医药体系里,对"毒性"的理解具有双重性。一方面对人体可能产生损伤,如白果能燥湿止带,敛肺止咳,但加工不当,多食能致人死亡。另一方面,"毒性"可以用于治疗疾病、增进健康,运用得当,常可收到很好的效果,如蜂毒虽能造成损伤,但对关节、肌肉疼痛却有缓解效果,这就是常说的"以毒攻毒"。因此,对具有毒性的食物原料,应用时要把握好几条基本原则:一是应充分认识与掌握食物原料的毒性毒理,谨慎使用;二是应熟悉导致毒性作用产生的条件,如剂量、用法、食用者的敏感性等;三是掌握配伍、炮制等减毒方法,如白果去芯,豆类制熟等。

第二节　饮食的养生作用

一、滋养作用

饮食含有人体所必需的水谷精微物质,能够支持人体的正常需要。中医学认为构成和维系人体生命活动的基础是精、气、神,统称人身"三宝"。人体的精、气、神都离不开饮食的滋养。合理的饮食能使精足气充神旺,正如《寿亲养老新书·饮食调治》所说:"主身者神,养气者精,益精者气,资气者食。食者生民之天,活人之本也。"饮食养生主要通过水谷精微的滋养作用达到机体气血充足,五脏六腑功能健旺的目的。反之,如果缺乏了食物的滋养,则"谷不入,半日则气衰,一日则气少矣"(《灵枢·五味》)。

二、益寿作用

良好的饮食是健康长寿的重要条件。历代医家都十分重视通过饮食养生达到延衰防老、延年益寿的目的。特别是老年人,充分发挥饮食的延衰益寿作用尤为重要。《养老奉亲书·饮食调治》说:"高年之人真气耗竭,五脏衰弱,全仰饮食以资气血。"

从人体的精微物质来看,养生特别强调"精"在延衰益寿中的作用。《素问·金匮真言论》说:"夫精者,身之本也。"精是构成人体的最基本物质。精有先天之精和后天之精之分。先天之精是生命产生的本源;后天之精能够濡养全身的脏腑组织和官窍,并有化气、化血、化神的功能。很多食物有直接或间接的补精作用,如动物脊髓和肝脏等,适当服用,有助于健康长寿。从人的脏腑功能来看,养生特别强调肾和脾胃的功能在延衰益寿中的作用。肾乃先天之本,肾虚则会出现腰膝酸软、小便失常、耳鸣、耳聋、牙齿松动、须发早白或脱落、生殖功能下降、健忘等衰老的征象;脾胃乃后天之本,脾胃虚弱则会出现食欲缺乏、倦怠乏力、消化不良、消瘦等身体衰弱的表现。如果脾肾功能正常,则气血生化有源,肾精固密充实,因此,具有补养脾肾作用的食物,如牛奶、甲鱼、芝麻、桑葚、枸杞子、龙眼肉、胡桃、山药等,常用于延缓衰老、延年益寿。

三、预防作用

中医学历来重视疾病的预防,认为邪气是疾病产生的重要条件。邪气或由内、或由外侵害人体,导致生理功能失调、脏腑组织的形质损害等,从而对身体造成损害。许多食物都具有抗御邪气的功效,如生姜、大葱等具有辛温解表的功效;豆豉、薄荷等具有辛凉解表的功效;苦瓜、绿豆等具有清热解毒的功效;西瓜具有清热解暑的功效;藕节具有清热凉血的功效等。

中医学发病观认为正气是决定发病的主导因素,因此在未病先防中,特别强调饮食在扶助正气中的作用。饮食首先通过其滋养作用,达到扶助正气的目的。另外,注重在日常生活中发挥某些食物的特殊功效,直接用于疾病的预防,如食用动物的肝脏预防夜盲症,食用海带预防瘿瘤,食用麦麸、谷皮预防脚气病,食用葱白、生姜、芫荽、豆豉等预防感冒等。

四、治疗作用

饮食内禀了四气五味归经等特性,合理地运用这些特性,能够在邪气袭扰、脏腑功能失调、气血阴阳失衡时,起到祛邪扶正的治疗作用。

首先,饮食能起到祛除邪气的作用。六淫、痰瘀等邪气,皆可伤人,妥善使用食物,能够祛除邪气。如生姜辛温解表,可以发散在表之风寒,淡豆豉可以轻宣风热,藿香可以芳香化湿,柚子可以理气化痰,山楂可以活血化瘀等。

其次,饮食能调节失常的脏腑功能。中医学理论体系核心部分的藏象学说特别强调五脏在人体生理和病理活动中的中心地位,五脏能够正常发挥其功能,离不开饮食的滋养,五脏功能失常时,也可以通过饮食来调节恢复。如肺主气,有宣发肃降之功,肺气失宣而见鼻窍不通时,可用葱白宣肺通窍;肝藏血,主疏泄,肝失疏泄而见两胁不舒,心情郁烦时,可用薄荷、玫瑰花来疏肝解郁。

此外,当人体出现气血精津等人体精微物质不足或壅滞不畅时,可以通过饮食进行有目的补养和疏通。《素问·阴阳应象大论》云:"形不足者,温之以气;精不足者,补之以味。"气不足而形体衰弱者,可用粳米、糯米、小米、山药、大枣、蜂蜜等甘温或甘平的食物补气;精不足者可进食海参、紫河车等血肉有情之品以填精,或根据"精血同源"的理论用当归、猪肝等补血以养精。气滞津停血行不畅时,可用白萝卜、小茴香、生姜、白扁豆、山楂等行气除湿活血化瘀。

总之,中医学认为人体的脏腑、气血等物质或功能必须保持相对的稳定和协调,才能达到"阴平阳秘,精神乃治"(《素问·生气通天论》)的正常生理状态。《素问·至真要大论》云:"谨察阴阳所在而调之,以平为期。"当人体在受邪等因素的影响下,出现机体物质失衡、功能失调等疾病状态时,饮食可以作为干预工具,对人体进行调整,以恢复阴阳平衡。

第三节 中医食养的原则

一、辨证施食

辨证施食是中医饮食养生的重要原则。在中医理论体系里,每一味食物不仅有人体必需的"水谷精微",也有着"四气五味"等个性化的特性、功效,并承载着自古以来的应用经验。在中国的传统医学里,对食物的个性化认识和应用,都是在辨证施食的框架里展开的。辨证施食是在辨证施治原则的指导下,以饮食为研究对象和干预手段,分析和处理疾病与健康问题。辨证施治也称辨证论治,是中医学认识和处置疾病及健康问题的基本模式。辨证,是指选择适当的辨证体系,处理疾病、健康等相关信息,探寻待解决问题的本质,并据此确定处理问题的目的、方法和手段,实施有效的干预。辨证是对问题的观察与分析,施治是对问题的应对与处置,辨证施治的过程,就是认识和解决问题的过程。辨证施治的原则,不仅适用于以针药治疗疾病的过程,同时也适用于以饮食增进健康的行动。

无论是药治还是食养,首先都必须着眼于证,然后才有对应的施治。如咳嗽,是肺系的病症,但从证的分析看,咳嗽的病位在肺,但不独是肺病所致,其他病证也可引起咳嗽。《素问·咳论》就曾指出:"五脏六腑皆令人咳,非独肺也。"如脾虚生痰或肝火犯肺,都可导致咳嗽,因此,对咳嗽的处置,应当根据与其相伴的各种症状与体征,结合五脏六腑与肺的关系对咳嗽进行辨证。除肺的风寒、风热等证以外,肝火可以犯肺,脾湿生痰可以阻肺,肾中寒水可以射肺,大肠腑气不通可以气逆壅肺等等,施食当然也就不可局限于"咳为肺病",而应当依据所辨的"证"来进行干预,如肺阴不足的燥咳,可以用冰糖蒸梨润肺止咳;大便燥结、腑气不通的热咳,可以核桃仁、芝麻为主的五仁丸以润肠止咳。所以,辨证论治或者辨证施食都必须在中医整体观念的前提下,强调"证"的概念,而不是仅着眼于局部的"病",它完全区别于"见痰治痰,见血止血,头痛医头,脚痛医脚",而是一种联系的、系统的、整体的思维方式。

二、三因制宜

三因制宜包含了因时制宜、因地制宜和因人制宜。时令有四季寒暑、昼夜晦明的更迭,居地有东南西北、高下燥湿的变化,人有老幼、性别、体质的差异,这些都可能成为影响健康状况和导致疾病发生发展变化的因素,增进健康和调治疾病时,就必须根据这些差异,进行针对性的饮食养生。

(一) 因时制宜

根据四时季节的时序规律来进行饮食养生。四时气候的变化,对人体的生理功能、病理变化均产生一定的影响。故应用饮食养生法时,应注意气候特点。春季气候转温,万物生发,机体以肝主疏泄为特征,饮食应以补肝疏散为主,可选食韭菜炒猪肝、桑菊薄荷饮等;夏季炎热酷暑,万物蒸荣,腠理开泄,机体以心喜凉为特征,饮食应消暑生津为主,可选食银花绿豆饮、荷叶粥等;秋季凉爽干燥,万物肃杀,机体以肺主收敛为特征,饮食应平补润肺,可选食柿饼、银耳羹、秋梨膏等;冬季气候寒冷,万物收藏,机体以肾脏阳气内藏为特征,饮食应补肾温阳,如选食羊肉羹、狗肉汤等。对于疾病辨证施食时,也应注意季节气候特点。如春夏感冒,应选食桑菊薄荷饮、荷叶粥等辛凉食品;秋冬感冒,又应选食生姜红糖茶、葱豉粥等辛温解表食品,所以食养应适应气候,因时制宜。

(二) 因地制宜

我国地域辽阔,不同地区由于地势高低、气候条件及生活习惯各异,人的生理活动和病变特点也不尽相同,所以进行食养时,应照顾不同的地域分别配制膳食。如我国东南沿海地区,气候温暖潮湿,居民易感湿热,宜食清淡除湿的食物;西北高原地区,气候寒冷干燥,居民易受寒伤燥,宜食温阳散寒或生津润燥的食物。又如感冒病,在西北宜用神仙粥、姜糖苏叶饮等预防,在东南地区宜选食葛根粥、桑菊薄荷饮等预防。各地区口味习惯不同,如山西多喜吃酸;四川喜欢麻辣;江浙等地则喜吃甜咸;沿海居民喜吃海味,西北居民喜吃乳酪等,在选择食物配料和调味时应予以兼顾。

(三) 因人制宜

人们的脏腑功能、气血盛衰是随年龄而变化的,食养应根据年龄特征而配制膳食。儿童生机旺盛,稚阴稚阳,脏腑功能未全,易伤于食而脾胃受损,饮食应健脾消食,可选食山药粥、蜜饯山楂等,慎食温热峻补食物。老年人生机减退,气血不足,阴阳渐衰,故食宜熟软,易消化而多补益,忌食生冷和不易消化的食物。正如《寿亲养老新书·饮食调治》所云:"老人之食,大抵宜其温热熟软,忌其黏硬生冷。"可选食琼玉膏、羊肉羹等,慎食难以消化的黏腻寒凉的食物。

性别不同,男女生理各有特点,妇女有经孕产乳,屡伤于血,血偏不足而气偏有余,平时应注意食用有补血之功的膳食。在经期、妊娠期宜食鸡子羹、阿胶糯米粥等养血补肾食物,慎食苋菜粥、当归生姜羊肉汤等滑利、动血的食物。若因脾虚白带过多,宜食山药粥、益脾饼等健脾除湿的食物。产后应考虑气血亏虚及乳汁不足等,宜选食归参鳝鱼羹、花生炖猪蹄等益气血、通乳汁的食物。

体质有差异,膳食也应有宜凉宜温,宜补宜通的不同。阳盛阴虚之体,饮食宜凉,宜食养阴食品,如银耳羹、猪髓膏等,慎食温热补阳食物;阳虚阴盛之体,饮食宜温,宜食补阳食物,如羊肉羹、狗肉汤等,慎食寒凉伤阳食物。气虚之体食宜补气,如人参粥、益脾饼等。血虚之体食宜补血,如玉灵膏、当归生姜羊肉汤等。体胖者多痰湿,宜食祛湿化痰之品;体瘦者多阴虚,宜食滋阴生津之品等。

三、食饮有制

(一) 合理搭配

食物的种类繁多,特性各不相同,只有做到合理搭配,才能满足生命活动和健康长寿的需求。

合理搭配首先要食物的种类齐全,没有哪一种食物能够提供人体所需的全部精微物质,必须食用多种不同类别的食物,才能保证人体的正常需要。《素问·脏气法时论》中就提出了"五谷为养,五果为助,五畜为益,五菜为充,气味合而服之,以补精益气"的饮食养生原则,主张人们的饮食原料要以粮谷类为主体,动物类、蔬菜类、水果类食物为辅助。

合理搭配还要注意各类食物原料间的比例关系。中医对食物的分类,有不同的方法,比较常见的有荤素分类、五味分类和寒热分类。

首先,从食物原料的种类上看,饮食的合理搭配应是"荤素搭配、以素食为主"。《素问·脏气法时论》中所述五谷、五果、五菜都是素食,只有五畜是荤腥。中国古代养生家贯有"薄滋味,去肥浓"的素食主张。元代的朱丹溪还专门著有《茹淡论》,提倡荤素搭配,素食为主,少吃肉食。

其次,从食物的五味来看,合理搭配应是"谨和五味,以甘淡为宜"。食物有酸、苦、甘、辛、咸五味之分,五味与五脏的生理功能密切相关,即《素问·生气通天论》所说:"是故谨和五味,骨正筋柔,气血以流,腠理以密,如是则骨气以精,谨道如法,长有天命。"所谓谨和五味,就是审慎地做到五味调和。如果五味过偏,则不利于人体的健康甚至可以导致疾病。《灵枢·五味论》说:"五味入于口也,各有所走,各有所病。"指出五味入口后,对人体有选择性作用,过于偏嗜就会引起不同的疾病。因此,饮食养生要注意调和五味,不偏嗜、久食、过食某种食物或某种滋味。

最后,从四气理论来看,合理搭配应是"不寒不热,以暖食为佳"。寒热温凉是食物的偏性,会影响人体阴阳气血的偏盛偏衰。不寒不热,一方面指食物的寒热属性应相互协调,总体上以平为准;另一方面指食物入口时的温度要适宜。唐代养生家孙思邈指出"热无灼唇,冷无冰齿(《千金翼方·养性》)。"过食热烫食物,容易损伤脾胃阴液,甚至烫伤口咽;过食寒凉食物,则容易损伤脾胃阳气,变生各种病证。

(二) 制备得法

合理烹调加工食物也很重要。通过合理烹调加工,可以增强食物的可食性,减少食物中水谷精微的损失,令食物易于消化吸收。如煮米饭时不宜淘米次数过多,不宜用力搓洗,水温不宜过高;煮饭时如有米汤,亦应食用。又如动物性食物一般难于消化,因此烹调时应烧熟,如老人、儿童食用时,宜切碎煮烂,以利于消化吸收。

此外,采用适当的食品形态也是必不可少的。如防治感冒多采用辛味或芳香食物,宜用汤饮类,用沸水浸泡即可;若煎水,不宜煎煮过久,以免香气挥发,失去解表功效。又如脾胃病往往采用粥食,以利脾胃运化。若虚证宜补益,可采用补益类食物炖汤、蒸糕、熬膏或浸酒等。总之,应根据生活习惯及疾病的具体情况采用相应的食品形态。

(三) 食饮有节

食饮有节,是指饮食内容和行为上要有节制,进食适时适量、烹饪滋味有度的意思。《吕氏春秋·季春纪》说:"食能以时,身必无灾。凡食之道,无饥无饱,是之谓五脏之葆。"

饮食适时,就是按照一定的时间,有规律地进食。《文端集·饭有十二合说》中指出:"人所最重者,食也。食所最重者,时也……当饱而食,曰非时;当饥而不食,曰非时;适当其可,谓之时。"强调了适时进食的重要性。如果饮食不适时,或忍饥不食,或零食不断,均可导致脾胃功能失常,影响水谷精微的吸收。

饮食适量,就是按照一定的量进食,保持饥饱适度。过饥,则化源不足,精气匮乏;过饱,则脾胃负担过重,影响运化功能。《备急千金要方·养性序》中指出:"不欲极饥而食,食不可过饱;不欲极渴而饮,饮不欲过多。"历代养生家均认为食至七八分饱是饮食适量的标准。

滋味有度是指食宜清淡,不偏嗜肥甘厚味。所谓"清淡",既指日常饮食中含有的油脂,尤其是动物性油脂较少,也指食物中辛甘酸咸的调味料较少,口感较淡。清淡的饮食有利于水谷精微的消化和吸收;过食肥甘厚腻之品则易伤脾胃,导致运化失常,形成肥胖、痈疽、消渴、胸痹等病。《素问·生气通天论》中有"高粱之变,足生大丁"之说。保持食宜清淡的方法,除了常规的控糖控油控盐之外,还可采用一些能保证清淡饮食的烹饪方法。例如,以植物油替代动物油;多用蒸煮炖,少用煎炒炸,以减少用油量;做肉汤时,撇去油沫和浮油,能降低肉汤的油腻感;恰当使用辛香调料等。尤其对于老年人,由于味觉功能下降,可能有饮食口味加重的现象,更需注意清淡饮食。当然,清淡饮食并不意味着完全放弃对饮食味道的要求,无肉无油、无滋无味的饮食对人的健康也是不利的。

(四) 进食卫生

进食卫生指进食过程中应该注意一些养生保健问题。进食前应注意手和餐具的洁净,防止病从口入;餐前半小时适量饮水,令津液充足,有利脾胃受纳运化水谷;《寿世保元·饮食》中说"脾好音声,闻声即动而磨食",可在轻松整洁的进食环境中播放《胡笳十八拍》、《鸟投林》等角调、宫调的背景音乐以助进食;同时应避免在劳累和情绪异常时进食。进食时应保持精神专注,不大声交谈,做到"食不语"(《论语·乡党》)及"食勿大言"(《千金翼方·养性·养性禁忌》)。进食时要做到细嚼慢咽,如《养病庸言》所说:"不论粥饭点心,皆宜嚼得极细咽下",否则急食暴食易损伤肠胃。进食后,要漱口或刷牙,预防龋齿、口臭等口腔问题;食后宜摩腹、散步以利于消化吸收。《备急千金要方·道林养性》中说:"食毕,当漱口数过,令人牙齿不败,口香。"《千金翼方·饮食》所言"中食后,还以热手摩腹,行一二百步。缓缓行,勿令气急。行讫,还床偃卧,四展手足,勿睡,顷之气定",至今对饮食养生仍有指导意义。

(五) 慎避禁忌

饮食禁忌,最早见于《素问·宣明五气》的"五味所禁",其后在《金匮要略·禽兽鱼虫禁忌并治》中有"所食之味,有与病相宜,有与身为害,若得宜则益体,害则成疾"的记载,说明了饮食禁忌的重要性。

饮食禁忌首先是防止误食。发芽的土豆、野生毒菌、河豚的卵巢等内脏等,影响人体健康,甚至危及生命。《金匮要略》中,分别有《禽兽鱼虫禁忌并治》和《果实菜谷禁忌并治》两篇,指出"肉中有如米点者,不可食之""果子落地经宿,虫蚁食之者,人大忌食之"等等。总之,果肉蔬菜的形状、味道变化较大的食物应慎食;蚊、蝇、蚁、虫沾染,或落地果蔬,若表皮未受损,则可洗净或削皮再食;若表皮受损,则尽量不食;颜色等有异者尽量不食;放置时间过长的食物应慎食;过期变质食物绝不能吃;来自疫区、放射区的食物不要吃;野外生长的不知名的食物,不可食。

其次是病症的饮食禁忌。总体而言,热证忌食辛热之品;寒证忌食生冷之品;脾胃虚弱忌食生冷油腻之品;对于五脏之病,《灵枢五味》提出:"肝病禁辛,心病禁咸,脾病禁酸,肾病禁甘,肺病禁苦。"

最后是服药期间的饮食禁忌。《调疾饮食辩》中有:"病人饮食,借以滋养胃气,宣行药力。故饮食得宜,足为药饵之助;失宜,则反与药饵为仇。"在古代文献中有服用某些中药时忌食生冷、辛辣、肉等,还有螃蟹忌柿、荆芥,人参忌萝卜茶叶等记载,其中不少得到现代药物学研究证实,但也有不少内容需要继续深入研究。

第四节　食养原料的性能功用

中医饮食养生的原料为动植物类食物,也包括少量矿物,如食盐。早在两千多年前,《素问·脏气法时论》就结合食物原料的种属差别和膳食结构中的功能差异,作出了"五谷为养,五果为助,五畜为益,五菜为充,气味合而服之,以补精益气"的论述。这里的五谷,包含了粮谷类、薯类及杂豆类;五菜包含了蔬菜类和食用菌类;五果包含了鲜果和干果等果品类;畜有养殖之意,五畜通常指家养所得的畜禽类、蛋奶类食物,在这里将水产类食物也包含其中,泛指动物类食物。此外,还有油盐及调味品类食物,这类食物可以调节饮食口味,本身也具备一定的食养效果。

一、五谷为养

五谷为养,指粮谷类食物能滋养人体,人体生存和生长所必需的水谷之气的主要来源。粮谷类食物性味多甘平。甘,能补能缓,有健脾和胃、补中益气、缓急止痛等功效;平,不寒不热,适用人群广泛。粮谷类食物多适用于阳虚、气虚等体质的调养或预防脾胃虚弱所致的食少纳呆、神疲乏力、大便稀溏等症。

(一)粳米

1. **性味归经** 味甘,性平。归脾、胃经。

2. **功用** 补中益气,健脾止泻,除烦止渴。

(1)素体虚弱:常以米汤、糜粥形式使用,用时多视虚弱证型,搭配枸杞、鸡肝等补养药食或益气健脾之品,如《寿世青编》茯苓粥,以粳米100g煮粥,粥熟下茯苓末30g再煮至软烂,尤宜于平素大便溏薄的脾胃虚弱者使用。

(2)脾胃气虚,胃气不和,呕逆少食:本品常用作为补气健脾药如人参、山药、莲子等的辅助品,如《外科正宗》八仙糕。

3. **用法** 宜制为饮、粥、饭、糕等食用。

(二)小麦

1. **性味归经** 味甘,性凉。归心、脾、肾经。

2. **功用** 养心除烦,止渴敛汗。

(1)心脾气血两虚:小麦养心,亦能补脾,兼有除烦安神、止渴敛汗之功,适用于心脾两虚见心烦不眠,汗出等症者。用如《金匮要略》之甘麦大枣汤,或《食医心镜》之小麦粥。

(2)自汗或盗汗:病后正虚,而见自汗或盗汗,可以本品煎汁或煮粥调养。如《调疾饮食辩》小麦粥,将小麦煮熟取汁液,再加入粳米,煮粥食用。用于产后虚汗者的调养时,可用小麦麸与牡蛎等分为末,用猪肉煮汁调服。

(3)脾胃气虚,大便溏泄:如《饮膳正要》以小麦面炒黄,温水调服,用于胃肠不固之便溏泄泻。

3. **用法** 煎汁,煮粥,或小麦面炒黄,温水调服。

(三)糯米

1. **性味归经** 味甘,性温。归脾、胃、肺经。

2. **功用** 补中益气,健脾止泻,敛汗缩尿。

(1)脾胃虚寒:本品炒黄,健脾温中之力尤佳。如《本草纲目》补养虚劳,把糯米加入猪肚内蒸干,捣烂制成丸子,每天服用。

(2)脾虚腹泻:本品健脾止泻,常与山药、芡实等同用。如《婴童类萃》用糯米炒黄后,与山药、胡椒、赤砂糖相配,用于泄泻小儿的调养。

(3)自汗或老人小便频数:本品益气暖脾,有敛汗、缩尿止遗之功。气虚自汗者,可用糯米、小麦麸同炒研末,每服9g,米汤送下。老人元气不固,夜尿频数,可常以本品制作为糕点或丸子,夜间服食(《本草纲目》)。

3. **用法** 宜炒黄磨细后制粥、羹、糕、丸等。

(四)荞麦

1. **性味归经** 味甘,性寒。归脾、胃、大肠经。

2. **功用** 健脾消积,下气宽肠,解毒敛疮。

(1)胃肠积滞:荞麦味甘,健脾以助运化,下气宽肠以消积滞。如《简便方》用荞麦面做饭食,可缓解胃肠积滞、慢性泄泻。

(2) 痈肿疮疡、瘰疬:本品性寒,清热毒以消痈肿。如《日用本草》引《兵部手集方》用荞麦面和醋而调敷之,缓解小儿火丹赤肿。

3. **用法** 多用面粉制成各种食品。亦可外用。

(五) 薏苡仁

1. **性味归经** 味甘、淡,性凉。归脾、胃、肺经。

2. **功用** 健脾益气,渗湿利水,祛风湿,排脓消痈。

(1) 脾胃气虚:可炒用,与大枣配伍,以增强健脾益气之功。本品"久服益气轻身,多服开胃进食"(《本草蒙筌》),常与粳米同用煮粥食用。本品粒硬,须先煮半熟,再掺粳米同煮,粥方稠黏。

(2) 水肿、小便不利或淋证:本品能健脾助运,渗湿利水,可以与绿豆等品相配,煮粥食。

(3) 风湿痹痛:本品味甘淡,能渗利水湿、祛风湿,四肢肌肉中水湿之邪得祛,风湿痹痛可愈。如《食医心镜》载用薏苡仁500g,捣成末,每服取清水,加入两匙末,煮作粥,空腹食用,适用于有筋脉拘挛的久患风湿痹痛者。

(4) 肺痈咳吐脓痰或肠痈腹痛:本品生用,清热排脓之功更著,可以单味薏苡仁煮水喝。《范汪方》取本品以醋煮,取浓汁,微温顿服,用于肺痈咳唾,心胸甲错者的调养。

3. **用法** 宜制成食品食用。本品势力和缓,须多用见效,用量不拘。

(六) 绿豆

1. **性味归经** 味甘,性寒。归心、胃经。

2. **功用** 清热,消暑,利水,解毒。

(1) 暑热证:本品甘寒清心利水,善退热止渴除烦,其功以略煮半熟,清汤冷饮者尤佳,也可与粳米同用,煮粥食。

(2) 疮疡痈疽:本品能清热解毒,如《外科精要》护心散,以绿豆粉加乳香、灯心草同研和匀,用时以生甘草煎浓汤调匀,时时呷服,用于预防疽疾内攻。

(3) 药物中毒:本品味甘,长于和解药性,能解巴豆、砒霜、乌头等多种药毒,宜与甘草同用。

3. **用法** 内服:煎汤;研末;或生研绞汁。外用:适量,研末调敷。

(七) 赤小豆

1. **性味归经** 味甘、酸,性微寒。归心、小肠、脾、肾经。

2. **功用** 利水消肿退黄,清热解毒消痈。

(1) 水肿:本品能"消水通气而健脾胃",如妊娠水肿者,可用赤小豆加鲤鱼1条,煮食饮汁。

(2) 热淋血淋:本品色赤入血分,又能清热利水,《修真秘旨》用赤小豆慢火炒为末,加煨葱1茎,以热酒调服。

(3) 肠风下血:如《赤水玄珠》用本品炒黑为末,米饮调下,即赤豆散;或浸令芽出,晒干后与当归同磨为末,米饮调下,即赤豆当归散,调治肠风下血,先血后便者。

3. **用法** 内服:煎汤或入散剂。外用:生研调敷;或煎汤洗。

(八) 白扁豆

1. **性味归经** 味甘,性平。归脾、胃经。

2. **功用** 健脾和中,消暑化湿。

(1) 老人脾胃不和,时作溏泄:《方脉正宗》用本品与白术、山药、芡实、茯苓等,共炒研细末,早上以滚水调服。

(2) 暑天外感,湿滞脾胃:本品能解暑化湿,又能健脾和中,常与香薷、厚朴相伍,如《和剂局方》香薷散。

(3) 赤白带下:《本草纲目》以白扁豆炒研为末,米汤调服,本品亦可如法用于水肿患者的日常调养。

（4）消渴：服滋肾药前，可用白扁豆浸去皮，打为细末，以天花粉汁同蜜和丸，即《仁存堂方》金豆丸。

3. **用法**　内服：煎汤；或入丸、散。

（九）黄大豆

1. **性味归经**　味甘，性平。归脾、心、大肠经。

2. **功用**　健脾利水，宽中导滞，解毒消肿。

（1）脾胃虚弱：本品色黄入脾，中焦脾胃虚弱者尤益，如《普济方》麻豆散，以本品与芝麻同用于脾胃气弱，水谷不下，食少难消者。

（2）水肿：本品能健脾，亦能利水导滞，适于脾虚水肿之人日常使用。如《圣济总录》大豆散，针对脾虚水泛而见通身肿满、喘急、大小便涩者，以黄豆醋炒后，与大黄相配，共为散剂，临卧以葱、橘皮煎汤调服。

（3）酒毒、疔毒：如《普济方》五豆汤，以本品与绿豆、赤小豆、甘草等相合，熬煮取汁，酒后饮用，专能解酒毒，止烦渴。本品生用嚼烂或浸胖捣烂，敷涂患处，可解疔痈肿胀。

3. **用法**　宜炒黄磨细后制粥、羹、糕、丸等。外用适量。

（十）黑大豆

1. **性味归经**　味甘，性平。归脾、肾、心经。

2. **功用**　活血利水，祛风解毒，健脾益肾。

（1）肾虚：本品色黑入肾，可加盐煮熟，时常食用，亦可用如《奇方类编》乌豆方，以本品与熟地、杜仲等药同煮，去药食豆，饥时常服以补肾。

（2）风寒湿痹等：本品能祛风利水活血消结，《普济本事方》乌豆粥将本品煮粥食，用于风寒湿痹；《调疾饮食辩》豆淋酒将本品炒焦后以酒沃之，用于中风口噤、产后瘀血者的调治。

3. **用法**　内服：煎汤，或入丸、散；外用：研末掺；或煮汁涂。

二、五果为助

五果为助，指果实类食物能助养人体，是"五谷为养"的重要补充。果品种类繁多，味道以酸甜为多，性质寒凉温热各异，多具益气养阴、生津除烦、开胃消食等作用，适用于病后体虚、咳嗽、咳痰、津伤烦渴、食欲缺乏、肠燥便秘者的调养。

（一）梨

1. **性味归经**　味甘、微酸，性凉。归肺、胃、心经。

2. **功用**　清肺化痰，生津止渴，润肠通便，养血生肌，消痰醒酒。

（1）肺热燥咳：可用本品配伍浙贝母水煎食用。

（2）热病或酒后心烦口渴：《温病条辨》的雪梨浆，用大甜水梨一个，捣汁后频饮。

3. **用法**　洗净、连皮食用。生食、榨汁或制成果脯，也可和白糖调服。胃寒者或冬季食用可煨、蒸、炖熟食用。

（二）桑葚

1. **性味归经**　味甘、酸，性寒。归心、肝、肾经。

2. **功用**　滋阴补血，生津润燥。

（1）素日肝肾不足或阴血亏虚引起的失眠多梦、眩晕、耳鸣、耳聋、须发早白：可用干品煎煮后饮用，亦可熬作膏滋常服。

（2）津伤口渴或消渴：本品味甘、酸，性寒，酸甘化阴以补津液，性寒以清热。可配伍麦冬、百合等水煎调服，或选用本品鲜食。

（3）肠燥便秘：本品滋阴养血，润肠通便。可配伍麻子仁、落花生等。

3. **用法**　宜鲜食或榨汁饮服，或加蜜熬膏。桑葚膏 15~30g 温开水冲服。

（三）西瓜

1. **性味归经**　味甘,性寒。归心、胃、膀胱经。

2. **功用**　清热解暑,生津止渴,利尿,除烦。

(1) 暑热引起的口渴烦热、小便短赤:西瓜为夏季当季水果,性寒能清暑热,多汁能生津止渴,常用来清热解暑,直接食用生品或榨汁服用。

(2) 水肿、小便不利:常用本品利水消肿。

3. **用法**　宜生食,榨汁或制霜用。

（四）桂圆

1. **性味归经**　甘,温。归心、脾经。

2. **功用**　补心脾,益气血,安心神。

(1) 由心脾两虚引起的不思饮食、心悸失眠、泄泻等症:桂圆味甘,健脾助运,化生气血,宁心安神。可配伍粳米、大枣、山药等煮粥服食,用于思虑过度、劳伤心脾、虚烦不眠者的调养。

(2) 久病或脾虚致气血不足所致的面色萎黄少华、倦怠乏力或月经不调:本品益气养血,单味常食即可有效,亦可与西洋参等配伍制膏,即玉灵膏。

3. **用法**　鲜品宜生食,干品可煎汤、制膏。

（五）山楂

1. **性味归经**　味酸、甘,性微温。归脾、胃、肝经。

2. **功用**　活血化瘀,消食散积。

(1) 暴饮暴食致饮食积滞,脘腹胀满:本品健脾开胃,长于消肉食、油腻食积。可单用本品或配伍麦芽水煎调养。

(2) 产后血瘀内阻、少腹疼痛:可与赤砂糖或饴糖同用,煎汤服。

3. **用法**　生食、泡茶、作膏、水煎等。

（六）大枣

1. **性味归经**　味甘,性温。归心、脾、胃经。

2. **功用**　补中益气,养血安神,调和药性。

(1) 素日脾虚体倦乏力,头晕,食少便溏:本品味甘能补,健脾益气,常与山药、薏苡仁、粳米、黄豆等配伍熬粥调补脾胃。

(2) 素日心悸气短、失眠多梦、心神不宁:本品可益气养血,宁心安神。如《千金要方》用大枣20枚、葱白若干,水煎去渣顿服,治虚劳烦闷不得眠。

(3) 脏躁症:常配伍小麦、甘草等,如甘麦大枣汤。

3. **用法**　鲜品多生食;干品多擘开煎汤、煮粥食用。

（七）甘蔗

1. **性味归经**　味甘,性寒。归肺、脾、胃经。

2. **功用**　润燥和中,清热生津。

(1) 热病口渴,反胃呕哕:甘蔗性寒,清胃热,降胃气,止呕哕。鲜品咀嚼咽汁或捣汁饮,如《肘后备急方》用甘蔗汁,温服,治干呕不息。

(2) 阴虚肺燥,干咳少痰:本品甘寒,润燥生津。如《外台秘要》取鲜甘蔗洗净,去皮,捣烂绞汁,频频饮之。

3. **用法**　鲜品宜生服或捣汁饮。

（八）荸荠

1. **性味归经**　味甘,性凉。归肺、胃经。

2. **功用**　清热生津,化痰消积。

(1) 热病烦渴或消渴:荸荠甘凉清胃热,生津益胃阴而止咳。如《温病条辨》之五汁饮。

（2）肺热咳嗽：本品味甘性凉，清热化痰止咳。如《古方选注》载用荸荠、海蜇头煮汤，可辅助治疗慢性咳嗽、吐浓痰之症。

（3）食积：本品经常嚼服，有消积的作用，可辅助治疗食积证。

3. **用法** 生食，凉拌；或炒食。

（九）莲子

1. **性味归经** 味甘、涩，性平。归脾、肾、心经。

2. **功用** 健脾止泻，益肾固精，养心安神。

（1）脾虚腹泻、下利：常配伍炒山药、炒薏仁、粳米熬粥食用。

（2）男性梦遗、滑精：多与芡实配伍。

（3）虚烦失眠：本品能养心益肾，交通心肾，可配伍柏子仁、百合等食用。

（4）女子带下清稀量多：本品有健脾益肾，涩精止带之功，常配伍炒山药服食。

3. **用法** 用来配菜、生食、蒸食、煮粥做羹、炖汤、做糕点等。

（十）黑芝麻

1. **性味归经** 味甘，性平。归肝、肾、大肠经。

2. **功用** 补益肝肾，益精养血，润燥滑肠。

（1）由于肝肾不足引起的须发早白、头晕耳鸣、腰膝酸软：黑芝麻补肝养血，滋肾益精。常配伍大枣、蜂蜜、桑葚等食用。

（2）产妇乳汁不足：黑芝麻味甘，益精养血以资乳汁化生。常配伍落花生、猪蹄等食用。

（3）肠燥便秘：本品质地滋润、油脂丰富，可滑利肠道而通行大便。可与胡桃仁、柏子仁、粳米等煮粥食用，或直接服食芝麻油少许。

3. **用法** 多炒熟研粉、做糊、制酱、榨油等食用；也可作为蒸馒头、烙饼、烤面包、做汤圆或月饼的配料。

（十一）胡桃仁

1. **性味归经** 味甘、涩，性温。归肾、肺、大肠经。

2. **功用** 补肾益肺，纳气定喘，润肠通便。

（1）素体肺肾亏虚之咳嗽喘息：胡桃仁补肺平喘、补肾纳气。单用，生、熟食均可。

（2）素日肾虚尿频遗尿、滑精带下：胡桃仁甘温，善补肾固摄，涩精止遗。如《本草纲目》中用胡桃煨熟，卧时嚼之，温酒送下，可治小便频数。

（3）素日肠燥便秘：本品质地滋润，具有润肠通便之效。若配伍蜂蜜、松子仁、麻子仁等，效果更佳。

3. **用法** 宜生食，或炒食、煎汤。定喘止咳宜连皮食用，润肠通便宜去皮食用。

三、五菜为充

五菜为充，指蔬菜类食物能充实脾胃，疏利肠腑。蔬菜类食物多味甘辛性寒凉。味甘辛能和中健脾、消食开胃，性寒凉能清热泻火、通利二便，适用于气滞津停、阳热亢盛者的调养。

（一）萝卜

1. **性味归经** 味辛、甘，性凉；煮熟味甘，性平。归脾、胃、肺、大肠经。

2. **功用** 消食下气，清热止血。

（1）饮食积滞：萝卜味辛，善行肠胃积滞，消胀除满，生食效佳。《濒湖集简方》中记载："治食作酸：萝卜生嚼数片。"

（2）血热出血：本品性凉，清热而止血。如《仁斋直指方》用生萝卜榨汁，加盐少许，调服，可辅助治疗诸热吐血、衄血。

3. **用法** 宜生食、凉拌、炒食或煮汤等。

(二) 山药

1. **性味归经**　味甘,性平。归脾、肺、肾经。

2. **功用**　益气养阴,补脾肺肾,涩精止带。

(1) 脾虚食少、大便溏泄:山药味甘,善于健脾益气,能增强脾胃运化功能。多煮汤、粥或蒸食。

(2) 肺虚咳喘、少气懒言、语声低微:本品入肺,有养肺之功。如《简便单方》用山药100g,捣烂,加甘蔗汁100ml,和匀,温热饮之,可辅助治疗虚劳咳嗽。

(3) 肾虚尿频遗尿、滑精遗精及带下:本品入肾,能益肾固精止遗。如《儒门事亲》用干山药(焙黄)、茯苓各等份,研细末,米汁调服,用于辅助治疗小便多、滑精不止。

3. **用法**　宜煮食或炖汤。

(三) 苦瓜

1. **性味归经**　味苦,性寒。归心、脾、肺经。

2. **功用**　清热解暑,解毒明目。

(1) 暑热引起的汗出烦渴:苦瓜苦寒,功能清热解暑。如《福建中草药》用新鲜苦瓜切片泡开水,代茶饮,缓解中暑暑热。

(2) 热毒疮痈,红肿热痛:本品苦寒,故能清热解毒、消肿止痛。如《泉州本草》载用鲜苦瓜捣烂敷患处,可缓解痈肿。

(3) 目赤痛肿:内服外用均可。

3. **用法**　宜凉拌、炒食或煮汤。亦可外用。

(四) 南瓜

1. **性味归经**　味甘,性平。归脾、胃、肺经。

2. **功用**　补益脾胃,解毒消肿。

(1) 脾虚食少:南瓜味甘益脾,使脾胃健、运化良。可以蒸食用。

(2) 肺痈、咳吐浓痰:本品味甘归肺、脾、胃经,既可"补土生金"以止咳定喘,又取其甘味缓急止痛。

(3) 疮痈:如《湖南药物志》中用老南瓜晒干,研末,黄醋调敷患处,以辅助治疗肿疡。

3. **用法**　宜蒸食;炒食;煮汤。亦可外用。

(五) 藕

1. **性味归经**　味甘,性寒;煮熟味甘,性平。归心、肝、脾、胃经。

2. **功用**　生用:清热生津,凉血止血,散瘀;熟用:健脾开胃,益血补心。

(1) 热病烦渴或消渴:藕味甘性寒,能生津止渴。如《温病条辨》之五汁饮,用藕汁、梨汁、荸荠汁、鲜芦根汁、麦冬汁,和匀凉服;不甚喜凉者,汤炖温服。

(2) 血热或血瘀引起的出血:本品性寒,能清热凉血,止血散瘀。将藕节烧成炭,止血效果更佳。

(3) 脾胃虚弱:一般炖煮,或与粳米煮粥。

3. **用法**　宜生食或制熟食用。

(六) 白菜

1. **性味归经**　味甘,性凉。归胃、大肠、膀胱经。

2. **功用**　解毒除烦,生津止渴,通利肠胃。

(1) 痈肿发背、红肿热痛:白菜性凉,解热毒。可单用绞汁服,如《伤寒类要》用本品榨汁,每日饮服1L,以辅助治疗发背。

(2) 口渴心烦、小便短赤:本品质地柔润,富含液汁,性凉味甘,生津止渴。如《食物与治病》用适量白菜,煮食喝汤,辅助治疗发热口渴,大小便不利之症。

(3) 便秘:经常食用白菜,有利于通利肠胃。

3. **用法** 宜鲜用凉拌；或炒；或炖食。

(七) 芹菜

1. **性味归经** 味甘、辛、微苦，性凉。归肝、胃、肺经。

2. **功用** 清热平肝，清肺化痰，利水通便。

(1) 肝阳上亢、头晕目眩、耳鸣：芹菜性凉味甘苦，可清肝热。如《中药大辞典》用生芹菜，捣烂绞汁，加入等量蜂蜜，混匀，饮服，以缓解高血压。

(2) 肺热咳喘或肺痈：本品性凉，味辛而苦，辛开苦降，清肺化痰，止咳平喘。如《西宁中草药》中用芹菜 30g、冰糖适量，水煎服。辅助治疗肺热咳嗽、多痰等症。

(3) 湿热带下、小便淋浊：芹菜可清热利湿通淋。常用本品煮水食用可缓解湿热带下、小便淋浊之症。

3. **用法** 宜凉拌；炒食；或煮汤。

(八) 韭菜

1. **性味归经** 味辛，性温。归肾、胃、肺、肝经。

2. **功用** 温中补肾，行气散瘀。

(1) 脾肾阳虚：韭菜辛温散寒，温中益肾。如《本草纲目》取韭菜与粳米煮粥，每日服食，可缓解脾肾阳虚所致的腹中冷痛、阳痿早泄、腰膝无力、小便频数、白带过多、经漏不止。

(2) 胸痹疼痛：韭菜味辛能窜，善行气散瘀。如《食疗本草》记载用生韭菜，捣汁内服，可缓解胸痹急痛。

3. **用法** 宜炒食或作馅食用。

(九) 葱白

1. **性味归经** 味辛，性温。归肺、胃经。

2. **功用** 发汗解表，温通散寒，解毒消痈。

(1) 外感风寒：大葱味辛可发汗，性温能散寒，故能发汗解表。宜与淡豆豉配伍，如《补缺肘后方》之葱豉汤，用葱白头与豆豉合煎，可缓解风寒感冒。

(2) 疔疮痈肿：本品辛散温通，解毒消肿止痛。可单用捣烂外敷，或与蜂蜜调涂。如《外科精义》之乌金散，用葱白 30g、米粉 120g，同炒黑色，捣为细末，醋调，敷患处，以消为度，辅助治疗痈疖肿硬无头。

3. **用法** 生食或用为佐料。亦可外用。

(十) 荠菜

1. **性味归经** 味甘、淡，性凉。归肝、脾、膀胱经。

2. **功用** 凉肝止血，平肝明目，清热利湿。

(1) 肝火上炎，头晕目赤：本品性凉清肝热。如《太平圣惠方》针对暴赤眼、疼痛碜涩，用荠菜根捣绞取汁，以之点目。

(2) 血热出血：本品可凉血止血。如《湖南药物志》针对内伤吐血，用荠菜 30g、蜜枣 30g，水煎服。

(3) 水肿：本品味甘淡，渗湿利水通淋。如《三因极一病证方论》针对肿满腹大、四肢枯瘦、小便涩浊者用荠菜根、甜葶苈（隔纸炒）等份，为末，蜜丸如弹子大，每服 1 丸，陈皮汤嚼下。

3. **用法** 内服：煎汤，或入丸、散。外用：适量，捣汁点眼。

(十一) 鱼腥草

1. **性味归经** 味辛，性微寒。归肺、膀胱、大肠经。

2. **功用** 清热解毒，消痈排脓，利尿通淋。

(1) 肺热咳嗽，痰血脓臭：本品益肺，可消痈排脓。将 200g 猪肺洗净切块，除沫，与 60g 鲜鱼腥草同煮汤，加食盐少许调味，分顿饮汤，食猪肺（《饮食疗法》）。

Note

（2）痰热壅肺所致胸痛喘咳，痰黄稠黏：本品可化痰止咳。将鱼腥草、金银花、芦根、生石膏各30g，竹茹9g水煎，滤汁去渣，加粳米100g，共煮为稀粥，加冰糖30g，稍煮。每日1剂，分次食用（《中国药膳》）。

（3）热淋、白浊、白带等：本品性寒，可清热解毒、利尿通淋。将鱼腥草20~50g，水煎取汁，加白糖适量调服。每日1剂（《中国药膳大辞典》）。

3. **用法**　煎汤，鲜品捣汁服。

（十二）银耳

1. **性味归经**　味甘、淡，性平。归肺、胃、肾经。

2. **功用**　滋补生津，润肺养胃。

（1）虚劳咳嗽、阴虚口渴：本品滋养胃气，生津止渴。可用干银耳6g，糯米100g，冰糖10g，加水煮粥食用（《食疗粥谱》）。

（2）大病或久病后期，口干舌燥、体倦乏力：本品滋养胃气，生津止渴。可将银耳泡发后煮羹食用（《四川中药志》）。

3. **用法**　煎汤；或炖冰糖、肉类服。

四、五畜为益

五畜为益，指动物类食物为"血肉有情之品"，能助益人体。一般以甘咸、温为多。味甘咸能补阴血益阳气，性温能煦虚寒，适用于虚损劳倦、气血亏虚者的补养。

（一）猪肚

1. **性味归经**　味甘，性温。归脾、胃经。

2. **功用**　补虚损，健脾胃。

（1）脾虚：本品补脾益胃，配合莲子肉增强健脾之效。如《穷乡便方》猪肚补脾丸将莲子肉放入肚内，线缝水煮后，再和黄连一起捣烂为丸，米汤送服。

（2）寒凝胃痛：本品补脾益胃，配肉桂、小茴香等温脾止痛。如《串雅外编》莲花肚用猪肚、莲肉、红枣、肉桂、小茴香、白糯米煮烂，蘸甜酱、酱油食用。

（3）水泄：本品补脾，可配大蒜以止泻。如《世医得效方》肚蒜丸中以猪肚1枚，净洗去脂膜，入大蒜在内，以猪肚装满为度，煮之自晨至晚，以肚、蒜糜烂为度，杵成膏子，入平胃散同杵为丸，盐汤或米饮空腹服。

（4）遗精：本品配莲子补脾涩精。以猪肚和带心带皮红莲子，煮为糜，制丸以淡盐汤送服（《随息居饮食谱》）。

3. **用法**　炖汤或烧制、炒食。

（二）猪血

1. **性味归经**　味咸，性平。归心、肝经。

2. **功用**　补血止血，下气。

（1）血虚肠燥，大便秘结：本品补血利肠，可用猪血配当归、肉苁蓉和冬葵菜，煮熟后，调入适量香油、葱、盐、味精，做成羹服用。

（2）痔疮出血、鼻出血：本品补血止血，如菠菜猪血汤，先加水适量煮猪血，再加入菠菜和调味品，即可食用或用于佐餐。

3. **用法**　煮食或研末。

（三）猪蹄

1. **性味归经**　味甘、咸，性平。归胃经。

2. **功用**　补气血，通乳汁，托疮毒。

（1）产后气血不足，乳汁缺乏：本品补气血，通乳汁。可单用本品，如《千金方》猪蹄1具，粗切，以水煮熟,饮之,不出更作。或加黄芪、当归、通草炖熟服食。如《经效产宝》以猪蹄2枚(切),通草12g,煮羹食之。

(2) 痈疽发背或乳痈初起:本品托疮毒,以猪蹄配通草,煮羹食用(《梅师集验方》)。

3. **用法** 煎汤或煮食。

(四) 羊肉

1. **性味归经** 味甘,性温。归脾、胃、肾经。

2. **功用** 温中健脾,补肾壮阳,益气养血。

(1) 脾胃虚寒之腹胀食少或腹泻、肢冷不温:本品温中气,健脾胃。如《饮膳正要》羊肉、草果、大麦仁、食盐等品,将大麦仁煮熟,羊肉与草果一同熬煮,然后捞起羊肉,将汤与煮熟之大麦仁合并,再文火炖熬熟透。将捞出之羊肉切成小块放入大麦汤内,加食盐少许,调匀即食。

(2) 肾阳虚之阳痿、腰膝酸软、夜尿多、小便清长:本品益肾气,强阳道。如《食医心镜》用白羊肉半斤与大蒜、薤白拌食,3日1次,取壮阳益肾之功。

(3) 产后中风:《千金要方》中羊肉汤,取本品温养之功,以羊肉,加大蒜、香豉煮汤,过滤取汤汁,加奶酥再煮,汤成后温服。

(4) 产后腹中病痛、腹中寒疝、虚劳不足或血虚经寒腹痛:本品暖中止痛,利产妇,又能益气养血。如《金匮要略》中当归生姜羊肉汤,用时可取羊肉500g,剔去筋膜后,水焯去血沫,再斩成小块,与当归、生姜同煮服食。

3. **用法** 炒、炖、煮或烧制食用。或入丸剂。

(五) 鲫鱼

1. **性味归经** 味甘,性平。归脾、胃、大肠经。

2. **功用** 健脾和胃,利水消肿,通行血脉。

(1) 脾胃虚弱之不欲食,或食后不化:本品健脾和胃,如《新修本草》以本品与莼菜同作羹食。

(2) 脾虚水肿:本品健脾利水,行水而不燥,补脾而不濡,如《明州医话》中鲫鱼砂葱汤,鲫鱼1条、砂仁3g、葱10根,煮汤食。

(3) 产后乳汁不足:本品有健脾胃、通血脉之功,可与猪前蹄、黄豆、花生等共用。

(4) 热痰咳嗽:本品健脾利水,可与白萝卜相配,同煮食用。

(5) 脾虚泻痢:本品既健脾利湿,又通畅血脉,适宜久泻久痢者的调养。如《饮膳正要》鲫鱼羹,即大鲫鱼1条修净后,将大蒜、酱、盐等调味料纳入鱼腹,煎熟制羹,空腹服食,主治脾胃虚弱、泻痢久不止。

3. **用法** 煮汤食用。

(六) 鸡肝

1. **性味归经** 味甘、苦,性温。归肝、肾、脾经。

2. **功用** 补肝益肾,养血明目,消疳杀虫。

(1) 肝肾不足之筋骨痿弱、阳痿、早泄:本品补肝益肾。将鸡肝切细,与菟丝子、粟米同煮为粥,粥将熟,加入葱白2根、盐及胡椒粉适量调和,再煮沸即成。空腹食用(《太平圣惠方》)。

(2) 肝虚目暗、视力下降:本品养血明目。将鸡肝切碎,以米熬粥食之(《寿亲养老新书》)。

3. **用法** 煎汤或丸、散。

(七) 鸡肉

1. **性味归经** 味甘,雄鸡微温,雌鸡平性。归脾、胃经。

2. **功用** 益气温中,补精填髓。

(1) 产后体虚:本品选用雌鸡,益阴血,补气益脾。备黄雌鸡1只(去毛及肠肚),生百合20g,粳米100g。将粳米饭、百合入鸡腹,线缝。酌加配料煮鸡令熟,开肚取百合及粳米饭,和鸡汤、鸡肉食用(《圣济总录》)。

（2）老年脾胃虚弱之萎黄瘦弱：本品选用雌鸡补益脾胃，如《食医心镜》以黄雌鸡1只，以食盐、醋涂，煮熟空心食之。

（3）脾胃虚弱之水肿：本品选用雄鸡温中补脾，常与赤小豆等补脾利水等之品同用以利尿。如《肘后救急方》针对脾虚引起的水气浮肿，以白雄鸡加赤小豆，煮熟食用。

3. **用法**　炖汤、烧制或炒食。

（八）鸡蛋

1. **性味归经**　味甘，性平。归肺、脾、胃经。

2. **功用**　滋阴润燥，养血安胎。

（1）产后血晕、身痉挛强直：如《本草衍义》用鸡蛋1枚，去壳分离蛋清，以荆芥末6g调服蛋清。

（2）虚损赢瘦：如《太平圣惠方》鸡子索饼，即鸡子120g，白面120g，白羊肉120g，炒作肉羹。上以鸡子清，使作索饼，于豉汁中煮至熟透，空腹食用。

（3）赤白久痢、产后虚痢：久痢、虚痢之人，常伴气血不足，阴液亏耗。本品可滋阴养血，如《圣济总录》鸡子饼，用鸡蛋3枚打去壳，与醋搅匀，和少许面做饼子，烤熟，治水痢脐腹疼痛。

（4）妊娠胎动不安：本品有养血安胎之功，可以与清酒和服，治妊娠胎动不安。鸡子1枚，阿胶（炒令燥）30g，上2味，以清酒1L，微火煎胶，入盐3g，和之，分作3服（《圣济总录》）。

3. **用法**　宜素食、炒食或蒸食。

（九）牛乳

1. **性味归经**　味甘，性平。归心、肺、胃经。

2. **功用**　补虚损，益肺胃，养血生津。

（1）气血不足之头晕眼花、神疲乏力：牛乳化生于气血，能养血脉、滋五脏、补虚赢，可单用常服，如《备急千金要方》以黄牛乳煮沸饮用，用于调治病后赢弱，百病虚劳亦常配伍粳米、燕麦、大枣等补脾益胃之品煮粥食。

（2）气虚上逆反胃：本品益胃补虚，可与韭菜汁、生姜汁，和均匀，温服同用（《丹溪心法》）。

3. **用法**　温热饮用或煮粥。

五、五味调和

调味品及其他佐食之品，辛甘酸苦咸各有所长，对食品的色、香、味、质等风味特点起着重要调和作用；其五味所偏，五脏所归，能够有针对性地平调人体气血阴阳，是饮食调养的重要工具。

（一）桂皮

1. **性味归经**　味辛、甘，性温。归脾、胃、肝、肾经。

2. **功用**　温脾胃，暖肝肾，祛寒止痛，散瘀消肿。

（1）脾胃虚寒所致胃腹冷痛：本品温脾暖胃，祛寒止痛。可用本品煎服（《福建中草药》）。

（2）脾胃虚寒所致恶心呕吐：本品暖胃祛寒止呕。可将官桂、草豆蔻、藿香各等分，共研细末，开水送服（《安徽中草药》）。

（3）血瘀经闭，腹痛：本品活血化瘀，缓消瘀块。可用本品加当归等浸酒服用。

3. **用法**　煎汤。

（二）生姜

1. **性味归经**　味辛，性温。归肺、胃、脾经。

2. **功用**　散寒解表，温中止呕，化痰止咳，解鱼蟹毒。

（1）外感风寒：本品性温散寒，味辛发汗，能发散风寒解表。可用生姜6g、紫苏叶30g，水煎顿服（《本草汇言》）。

（2）脾胃虚寒所致恶心呕吐：本品善于温中散寒而止呕，被誉为"呕家圣药"。可用生姜30g（切丁）与醋浆共煮，空腹和滓食之（《食医心镜》）。

3. **用法** 煎汤或绞汁。

(三) 花椒

1. **性味归经** 味辛,性温。归脾、胃、肾经。

2. **功用** 温中止痛,除湿止泻,杀虫止痒。

(1) 中焦实寒或虚寒所致脘腹冷痛、痛经:本品辛温,温中止痛。可将生姜24g、大枣30g洗净,生姜切薄片,同花椒9g一起加水,小火煎煮,成1碗汤汁即可,痛时喝汤食枣。

(2) 胃气上逆,呃嗳不止:本品温中开胃,解郁结。如《秘传经验方》调治胃寒呃逆者,用川椒炒后,研末糊丸,以醋汤送服。

3. **用法** 煎汤或熬粥。

(四) 蜂蜜

1. **性味归经** 味甘,性平。归脾、胃、肺、大肠经。

2. **功用** 调补脾胃,缓急止痛,润肺止咳,润肠通便,润肤生肌,解毒。

(1) 肺虚久咳、燥咳:本品可滋养五脏,润利三焦,尤擅润肺止咳,对于肺阴不足之久咳、燥咳,温水兑服,单用有效。

(2) 慢性便秘:本品通利大肠。可用蜂蜜1大匙、鸡子清1个,芒硝3钱,搅合用凉开水服下(《古今医鉴》)。

(3) 气血虚弱所致皮肤枯槁、毛发不荣:本品能润泽皮肤、毛发。可将60g粳米入锅,煮沸后,加入酥油30g、蜂蜜15g,煮熟待食(《本草纲目》)。

3. **用法** 冲调服用。

(五) 赤砂糖

1. **性味归经** 味甘,性温。归肝、脾、胃经。

2. **功用** 补脾缓肝,活血散瘀。

(1) 风寒外感所致感冒、胃寒作痛:本品补脾暖胃,散寒活血。可将赤砂糖100g、鲜姜10g(切末),水煎或沸水冲服(《现代营养知识大全》)。

(2) 妇人产后:本品散寒活血,且能补脾和中。可用红糖100g、益母草30g,水煎服(《中国食疗大全》)。

(3) 肺寒咳嗽、呕逆少食、肺胃不和:本品温胃和中。红糖150g、生姜250g(绞汁),小火同煎至糖完全溶化,每次2匙,温开水送下(《本草纲目》)。

3. **用法** 开水、酒或药汁冲服。

(六) 醋

1. **性味归经** 味酸、甘,性温。归肝、胃经。

2. **功用** 散瘀消积,止血,安蛔,解毒。

(1) 食欲缺乏或饮食积滞:本品和胃消食。可将生姜捣烂,用醋调食(《日华子本草》)。

(2) 出血:本品酸敛,有止血之功,可单服本品用于吐血、便血、衄血等症。

3. **用法** 煎汤;或浸渍;或拌制。

(七) 茶叶

1. **性味归经** 苦、甘,凉。归心、肺、胃、肝、脾、肾经。

2. **功用** 清利头目,消食化痰,利尿解毒。

(1) 风热上犯、头目晕痛、多睡好眠:本品清头目、醒精神。可单用本品泡服,或与粳米做粥食。如《保生集要》茶叶粥,辅助治疗暑热轻症。

(2) 饮食积滞:本品消食行痰,释滞消壅,可清涤肠胃。单用本品冲泡浓服,或同山楂煎汤服。

(3) 小便短赤不利、赤白痢疾:本品有清热解毒、利尿之功,辅助治疗热淋时可单用冲泡。治疗白痢时,可用《方症会要》茶煎汤,以本品与生姜同煎服。

3. **用法**　宜煎汤、泡茶或入丸、散。

(八) 盐

1. **性味归经**　味咸,性寒。归胃、肾、肺、肝、大肠、小肠经。

2. **功用**　涌吐,清火,凉血,解毒,软坚,杀虫,止痒。

(1) 食积停滞不消:可用浓盐汤催吐。

(2) 肠燥便秘:本品软坚、散结、润下。可于空腹时服淡盐开水,以通利二便。

(3) 牙龈出血、牙痛:本品清火,凉血,解毒。可早晚用盐细末刷牙(《吉林中草药》)。

3. **用法**　烹饪时常用,调以咸味。内服:沸汤溶化。外用:炒热熨敷或水化点眼、漱口、洗疮。

(九) 酒

1. **性味归经**　味辛、甘、苦,性温。归心、肝、肺、胃经。

2. **功用**　和血通脉,祛寒壮神,宣导药势。

(1) 阴寒内盛:本品由粮谷类食物酝酿而成,为水谷之精、熟谷之液,其性辛烈,可通血脉、消冷积、辟阴湿。可用本品小量温服(《本草纲目》)。

(2) 正气亏虚所致胸痹心痛:本品和血脉、行药势。可用瓜蒌实、薤白与米酒同煎饮用,即《金匮要略》瓜蒌薤白白酒汤。

(3) 湿热内蕴或内有食滞,易感风疮:本品通行诸经,宣和百脉,有活血散结止痛之功。可用蜂蜜少许,和酒服食用(《奇效良方》)。

3. **用法**　温饮;或和药同煎;或浸药。

(胡　鹏)

思考题

1. 中医饮食养生理论是如何认识食物的?

2. 中医药性理论的内容有哪些?

3. 从现代营养学角度来看,中医理论体系中的"水谷精微"是什么?

第三篇

营养与疾病

| 第七章 | 临床营养干预方法

 本章要点

1. **掌握** 营养教育与营养咨询的概念以及两者的区别；肠内营养、肠外营养的特点及相关适应证、禁忌证。
2. **熟悉** 营养教育及营养咨询如何开展；医院膳食的种类、特点及相关适应证。
3. **了解** 特殊医学用途配方食品的特点。

第一节　营养教育与咨询

　　临床营养学是一门涉及预防、诊断和管理，与缺乏或过剩的能量和营养素引起的急慢性疾病相关的营养和代谢变化的学科，它包括对心血管疾病、肥胖、2 型糖尿病、血脂异常、食物过敏、不耐受、先天性代谢缺陷以及任何与营养相关的疾病（如癌症、脑卒中等）的营养护理。营养教育被定义为"旨在促进自愿采取有助于健康和福祉的食物选择及其他与食物和营养相关行为的伴有环境支持的教育策略的组合，它涉及个人、社区和政策层面的活动"，其对象包括一般人群、医护人员和疾病人群，目的是通过改变人们的饮食行为以改善营养状况。营养咨询是对健康人、病人进行营养状况调查、饮食调查、能量消耗调查、营养缺乏症的调查以及试验室的检查等，并作出营养状况评价，然后提供营养咨询意见，其对象包括疾病人群和一般人群，目的一方面是对健康人进行饮食指导，加强保健意识，纠正不合理的饮食行为，另一方面是对病人要针对具体情况给予相应的治疗饮食。

　　营养教育和营养咨询都是以营养学知识为基础，以改善人群营养状况为最终目的的干预方式，它们都能改变干预对象的饮食方式。营养教育和营养咨询的对象均包括一般人群和疾病人群，但营养教育的对象还包括医护工作者。从开展方式上来看，营养教育是对象被动地接受营养知识，其干预效果受限于对象对营养知识的知 - 信 - 行程度；而相较于营养教育，营养咨询则是一种更主动的获得营养知识的方式，并且它还能直接对饮食行为进行干预。另外，营养教育是不具有针对性的，而营养咨询则是根据不同情况的个体进行个性化的饮食指导。

一、临床上营养教育与咨询的现状

（一）营养教育的现状

　　营养教育的核心群体是医护工作者，他们一方面是营养教育的受众，另一方面又是临床营养教育的实施者。因此，医护人员群体的营养知识水平一方面反映着医学教育中营养学教育的现状，另一方面也影响着临床实践中的营养指导、干预和营养宣教。然而，当前临床医护工作者营养知识普遍不足。一项 2016 年的针对加拿大护士对医院患者营养不良患病率了解及看法的描述性研究显示，超过 50% 的护士低估了住院患者营养不良的记录，且只有 39% 的护士接受过与营养相关的教育;在2019年一项调查希腊医生的自我感知和实际临床营养知识的研究中,65.2%的参与者的临床营养知识不充分;感知和实际临床营养知识的比较显示,只有56.5%的参与者正确地估计了他们的知识,这意味着大多数参与者高估了他们的临床营养知识并开出人工营养或参与相关决策;一项2016年的针对美国实习医师的横断面研究显示,只有29%的实习生接受过充分的临床营养培训,结果提示大多数内科、外科、产科实习医师都没有接受过足够的临床营养教育。

医护工作者营养知识缺乏的原因可能在于医学教育中营养教育的缺乏。尽管美国国家科学院建议至少进行25h的营养教育,但美国大多数医学院对医学生提供的营养培训或教育很少甚至没有,并且他们接受的营养知识往往过时或不正确。另一项量化美国医学院营养教育学时数和课程类型的研究显示,学生在医学院接受营养指导的时长为19.6h,只有27%达到了国家科学院规定的最低25h的要求。而一项量化西欧医学院营养教育时数的研究显示,开设营养教育的学校在整个课程中平均授课23.68h,然而欧洲没有"足够的营养教育"基准,美国临床营养学会进行一项调查后推荐了37~44h的营养教育时长,因此欧洲的平均营养教育时长并没有达到美国的推荐水平。我国医护人员获取营养学知识最主要的途径是在校期间的学习,但当前医学教育严重忽视了营养与饮食课程的教学。一项针对我国90多所医学院校的调查显示,临床医学专业的本、专科学生,没有一所院校把"临床营养学"设为必修课,只有少数院校把它作为选修课。约有38.9%的院校把营养学作为预防医学或卫生保健课程的一部分来讲授,所涉及的营养学内容都是出自"预防医学"(或"卫生学")这门课程,而有超过四分之一的院校甚至没有给临床专业的学生开设系统的营养学知识的课程。

医护工作者营养教育的缺乏使得他们没有足够的营养知识甚至意识对患者营养状况作出评估并进行营养干预或营养教育,导致医院病患营养不良的发生率普遍较高。一项在八个拉丁美洲国家进行的横断面研究表明,在ICU环境中有40%接受营养治疗的危重病人热量摄入未能达到目标能量输送。一项2015年中国的横断面研究显示,29.3%住院患者发现营养不良。一项针对英国医院患者营养不良患病率的meta分析结果显示,英国医院患者营养不良的总体患病率为25%(18%高风险;7%中等风险)。另一项新加坡的前瞻性队列研究结果显示,有多达三分之一的住院患者存在明显的营养不良,研究还提示营养不良与住院患者死亡率升高显著相关。

(二) 营养咨询的现状

我国营养咨询工作是由医院营养科开展的。我国卫生部明确规定三级甲等医院必须设有营养科,每100~150张床位应配有1名营养师。然而,我国实际营养科建设严重不足。一项针对广西158所二级以上医院临床营养工作的现况调查显示,有104所(65.8%)医院无营养科;一项对哈尔滨市30所市级以上医院营养科进行的调查显示,30所医院中只有12所设有营养科。我国营养科设置不仅不足,而且还存在管理模式模糊、定位不明确的问题。尽管20世纪90年代以来我国医院实行标准化管理(即医院等级评审),明确规定营养科在医院中的地位,并再次重申营养科是医院医技科室之一。但在实际操作中,大部分医院将营养科划入医务科和总务科双重管理之下,在临床会诊、营养支持等方面的工作归在医务科管理即属于医技部门;在患者膳食供应、食品卫生安全等方面的工作归在总务科。这种模糊的管理模式造成"两管两不管"、员工不安心、患者不满的局面。另外,我国各个医院的营养师基本都是医学院校营养专业毕业的,而营养师不属于医师职称范围,这就意味着不具备相应的执业医师资格,在会诊、门诊等工作中不能开具营养处方,而临床专业的毕业生在医学教育中营养学教育的缺乏及主观上不愿从事营养科工作,使得营养科开展临床工作受到影响。

二、营养教育与咨询的开展

(一) 营养教育的开展

1. 设计营养教育计划

(1) 发现和分析营养健康问题：了解服务对象存在的与营养健康有关的问题，以及其发病率、患病率、死亡率以及对生活质量的影响。

(2) 分析问题的深层次原因：分析与知识、态度、行为相关的营养健康问题，如是否与知识、态度、行为有明确的因果关系，该行为是否经常发生等。

(3) 资源分析：包括人力资源、财力资源、物力资源、政策资源、信息资源和时间资源。

(4) 确定优先项目：根据与知信行关系的密切程度、行为可改变性、外部条件、死亡率、伤残率、危害性以及受累人群数量确定优先项目。

(5) 确定营养干预目标：包括总体目标与具体目标。

(6) 制定传播、教育、干预策略和实施计划：包括确定与分析目标人群、制定干预策略、组织实施人员和实施机构以及设计活动日程等。

(7) 制定评价计划：包括评价方法、评价指标、实施评价的机构和人员、实施评价的时间以及实施结果的使用等。

(8) 经费预算：预算应与实际条件相符，并考虑实际需要与客观条件。

2. 选择教育途径和资料　根据设计的计划，在调查研究的基础上，明确教育目标和对教育对象的认识，选择适宜的教育途径和制作有效的教育材料。为此需要考虑以下几个方面：①是否有现成的、可选用的营养宣教材料；如果收集不到，可以自行设计制作，如小册子、挂图、宣传传单等；②向教育对象进行营养宣教的最佳途径是哪种，如个体传播、面对面交流、讲课、大众传播等；③营养宣教的内容最适合哪种宣传途径。

3. 准备营养教育资料和预实验　根据要求编写相关的营养教育材料，要求内容科学、通俗易懂、图文并茂。为了宣传材料内容准确、合适，在大多数设计工作完成后，需要将准备好的宣传材料进行预实验，以便得到教育对象的反馈意见，进行修改完善。需要进行下列工作：①了解教育对象对这些资料的反映、意见和要求，以及对宣教内容、形式、评价等有何修改意见；②了解教育对象能否接受这些信息，能否记住宣传的要点，是否认可这种宣传方式，一般可采用专题讨论或问卷调查了解有关情况；③根据教育对象的反映，需要对教育资料的形式做出哪些修改；④信息如何推广，材料如何分发，如何追踪执行。

预实验非常重要，它可为进一步修改和完善计划提供依据。

4. 实施营养教育计划　实施营养教育计划，包括制定宣传材料和活动时间表，让每个工作者都明白自己的任务，并通过所确定的传播途径把计划中要宣传的营养内容传播给教育对象。在教育传播的过程中，要观察教育对象对宣传材料有何反映，他们是否愿意接受这些新知识，如果反对，原因是什么。要按照每一步骤查找原因，以便及时进行纠正。

5. 营养教育的评价　可通过近期、中期和远期的效果评价说明营养教育的效果。近期效果即目标人群的知识、态度、信息、服务的变化。中期效果主要指行为和危险目标因素的变化。远期效果指人们营养健康状况和生活质量的变化，例如反映营养状况的指标有身高、体重变化，影响生活质量变化的指标有劳动生产力、智力、寿命、精神面貌的改善以及卫生保健、医疗费用的降低等。

根据上述几个方面，以目标人群营养知识、态度、信息和行为的变化为重点，写出营养教育的评价报告。通过上述评价，总结项目成功与否，并将取得的教育总结归纳，以便进一步推广。

(二) 营养咨询的开展

目前我国营养咨询的开展主要包括以下步骤：

1. **详细了解病人的病情和病史**　不同疾病以及疾病的不同时期,不同的生理状况,对机体的营养状况均产生不同的影响,了解病情和病史是营养咨询的前提。

2. **对病人营养状况进行评估**　因为不同的生理状况对机体的营养状况会产生不同的影响。在详细了解病人病情后,对病人营养状况进行评估。

3. **个体膳食调查**　采用回顾法,详细了解病人的饮食史,包括餐次、饮食习惯和饮食嗜好等,同时要了解病人的经济状况。

4. **制定食谱**　据病人的病情、病史、膳食调查结果、营养状况等,充分考虑个体化因素,为病人制订出详实的、可操作性强的个体化营养治疗食谱,包括食物种类、食物量、餐次及建议烹调方法、主要营养素含量等等。

5. **规范营养咨询报告及建立信息反馈**　营养咨询报告是营养医师给病人营养治疗的凭证。报告内容包括:基本状况(姓名、性别、年龄、身高、体重、所患疾病、有无并发症)、营养状况、某病营养治疗原则、食物选择、全天需要的能量和主要营养素、建立个体化食谱、营养医师意见(指出病人存在的饮食问题以及对病情不利的饮食因素、近期内饮食注意事项、根据病情变化定期调整食谱)。病人拿到报告单,让他们感到像"药方",照"方"吃饭。营养咨询报告中关于病人的有关资料,营养医师留底案,作为病人调整食谱的依据。

三、营养教育与咨询的意义与作用

(一) 营养教育的意义与作用

营养教育能够普及营养知识,增强人们合理膳食的意识,形成科学健康的饮食习惯,改善营养状况,减少各种营养相关疾病的发生。其作用包括:①提高营养知识水平,转变营养态度,改变饮食行为。例如,在一项了解营养教育对我国中学生的意义知识、态度和行为影响的研究中,通过营养教育,中学生的营养知识、态度和行为发生了很大的变化,营养知识的知晓率从 15.2% 上升为 91.9%,营养知识得分的良好率从 16.4% 上升到 94.6%,对营养的态度良好率也从 75.4% 上升到 85.8%,某些饮食行为如早餐的品种及饮奶的人数等都有了一些改变。②改善营养及健康状况。例如:在一项了解营养教育对合肥市学龄前儿童营养状况影响的研究中,营养教育组男童和女童的体重、坐高、胸围和上臂围均高于对照组,而营养教育组患唇苍白、龋齿的比例低于对照组;自身对照显示,健康教育组女童的体重、男童和女童的身高、坐高、头围、胸围、上臂围、肺活量、握力均增加,健康教育组患面色苍白、唇干裂、唇炎的比例减少,结果提示健康教育能够改善儿童营养及健康状况。③减少营养相关疾病的发生。例如,在一项评价营养教育对改善少年儿童缺铁性贫血的干预作用的研究中,营养教育组所有年龄段学生营养知识、营养相关态度、良好膳食行为和血红蛋白浓度与对照组或自身相比均有显著提高,这提示了强化健康教育能够降低儿童少年缺铁性贫血患病率;在另一项探究孕期营养教育对妊娠结局及膳食摄入的影响的研究中,干预组孕妇妊娠合并贫血的发病率(45.8%)较对照组(59.8%)显著降低。

(二) 营养咨询的意义与作用

营养咨询是对健康人群、亚健康人群、病人进行营养知识教育和帮助,并进行合理营养与科学饮食指导的过程,它能够改变饮食行为并改善健康状况:①改变饮食行为。例如,一项比较心脏康复患者营养咨询前后膳食多样性的研究表明,心脏病患者在进行营养咨询后饮食多样性显著增加。另一项针对乳腺癌患者的随机对照试验表明,营养咨询能够鼓励患者消费更多的水果和蔬菜。②改善健康状况。例如,一项评估进行营养咨询的癌症患者是否比没有进行营养咨询的获得了更多健康益处的随机对照试验表明,营养咨询组患者营养状况、体重减轻和食物摄入恢复受到显著影响并恢复到正常水平,而对照组中只有食物摄入恢复受到显著影响,结果提示营养咨询对癌症患者健康具有显著影响;在一项分析对血脂、血压及血糖水平异常的体检人群进行营养咨询干预的临床效果的研究中,进行营养咨询干预后,31~60 岁年龄段体检者的总胆固醇水平、甘油三酯水平、舒张压、收缩压及血糖值与干预前相比明显降低。

第二节　医院膳食

一、医院膳食概述

健康人每天通过摄取平衡膳食即可获得良好的营养以维持机体的正常生理活动,但患病时,即使是与营养代谢相关性不大的疾病,在接受治疗的同时,若能在膳食中摄取适合病情的营养素,则能够促进病人早日康复。另外,一方面由于本身生理或心理的改变,影响了食欲,有效摄入不足,另一方面由于疾病的影响,或者手术及药物治疗的影响,其营养素消耗往往增加,这两方面的因素常常会严重影响病人的营养状况。所以,医院膳食是通过调整膳食营养成分及膳食的性状以适应住院病人的需要,对疾病进行治疗或辅助治疗,这是疾病综合治疗的一部分,与手术、药物、护理及心理疏导同样重要。每一种疾病或同一疾病的不同阶段,其代谢特点及营养需求也不相同,应遵从不同的膳食原则,如有可能应该对每位病人编制个性化食谱。编制食谱时首先要确定能量及各类营养素的需要量,计算出三大营养素及主食的数量,最后确定副食的数量,还要根据病人的饮食习惯,结合地域特点和不同季节,选择适宜的食物。

医院膳食包括基本膳食、治疗膳食和试验膳食,广义来说,目前应用较广的医用食品也可算作医院膳食的一类,属治疗膳食范畴,但因多为口服或管饲使用,一般纳入肠内营养制剂介绍。本节只介绍常用的基本膳食、治疗膳食和试验膳食这三部分内容。

基本膳食又叫常规膳食,是一切医院膳食的基本形式,主要特点是营养素种类及含量与健康人的平衡膳食接近,没有特殊要求。根据膳食的性状,基本膳食可分为普通膳食、软食、半流质膳食及流质膳食四种形式。

试验膳食是诊断疾病时,配合某些特殊检查所需的一类特殊膳食。临床常用的有胆囊造影试验膳食、高脂肪试验膳食、肌酐试验膳食、潜血试验膳食及葡萄糖耐量试验膳食等。

治疗膳食也称医疗膳食(therapeutic diet),是在普通膳食的基础上,根据病人的营养状况、消化吸收能力、代谢特点及疾病影响,对膳食中能量及营养素的种类或/和含量进行相应调整,或对食物的性状、能量密度进行调整的膳食。目前常用的有高能量高蛋白质膳食、低蛋白质膳食、限脂肪膳食、限脂肪限胆固醇膳食、限碳水化合物膳食、限盐膳食、调整膳食纤维膳食、中链甘油三酯膳食及高钾和低钾膳食等 20 余种,现根据其调整的成分,分类概述如下:

(一) 调整液体膳食

充血性心力衰竭和心肌梗死的病人,必须限制液体的摄入量,以减轻心脏负担。液体量应控制在 1 000ml/d 以内,可选择藕粉,苹果泥,土豆泥等食物。

慢性肾衰竭病人的液体量应视其尿量和病情而定,非透析病人的液体限制原则是出入平衡;血液透析后病人液体摄入量为 800ml+24h 尿量 + 超滤量,少尿或无尿者应严格记录进食量和含水量,无尿者液体摄入量 100ml/d;腹膜透析的病人由于除水持续进行,液体量限制相对宽松,如果超滤顺利,限制在 2 000ml/d 左右即可。

(二) 调整能量膳食

肥胖的病人应减少能量摄入,而蛋白质能量营养不良和甲状腺功能亢进的病人则应增加能量摄入。

1. 肥胖病人膳食治疗的原则是减少能量摄入,维持机体能量摄入与消耗之间的负平衡状态,但应循序渐进,逐步改变原有的生活方式和膳食习惯,要长期控制能量摄入,坚持运动以增加能量消耗。在控制能量摄入的同时,要满足机体对蛋白质及其他各类营养素的需要。

2. 对于蛋白质能量营养不良的病人,应根据营养不良程度、消化吸收功能的强弱以及对食物的耐受情况合理安排膳食,要增加能量摄入,补充足够的营养物质。对于甲状腺功能亢进的病人,能量通常是 3 000~3 500kcal/d,较正常人增加 60% 左右。

(三)调整碳水化合物膳食

糖尿病病人,高甘油三酯血症的病人都需要限制碳水化合物的摄入量。

对于糖尿病病人,应该控制总能量和碳水化合物供能比。碳水化合物摄入过多,会影响病人血糖水平。同时,食物种类、淀粉类型、食物制备方式、生熟度和加工程度对餐后血糖都有影响。病人应选择低血糖生成指数的食物,含膳食纤维多的食物。

对于高甘油三酯血症的病人,也要控制总能量和碳水化合物,适度限制脂肪总量。碳水化合物应占总能量的 50%,应禁食蔗糖和甜食,限制饮酒。

(四)调整蛋白质膳食

低蛋白质膳食用于慢性肾脏疾病或肝性脑病;高蛋白质膳食用于应激状态的病人。

慢性肾脏病(chronie kidney diseases,CKD)的病人,宜选用麦淀粉、低蛋白大米等低蛋白主食,代替部分大米和白面,以降低非优质蛋白的量,提高优质蛋白的比例。

肝性脑病的病人,合理确定膳食蛋白质供给量极为重要,供给量过低,会加剧自身蛋白质的分解,不利于肝病的恢复;供给量过多可能会导致或加重肝性脑病。各种氨基酸产氨能力不同,甲硫氨酸、甘氨酸、丝氨酸、苏氨酸、组氨酸、赖氨酸、谷氨酸及天冬氨酸等在体内产氨较多。食物蛋白质中,蛋类、乳类产氨较少。

除非在消化道出血恢复期的较短时间内,肝硬化的病人应避免限制膳食蛋白质,合理的蛋白质摄入应该是 1.2~1.5g/(kg·d)。大量证据表明,肝性脑病的病人能耐受正常蛋白质膳食并且从中受益。中国肝性脑病诊治共识意见 2013 年指出:肝性脑病 1 级和 2 级的病人推荐非蛋白质能量摄入量为 25~35kcal/(kg·d),蛋白质起始摄入量为 0.5g/(kg·d),之后逐步增加至 1.0~1.5g/(kg·d)。肝性脑病 3 级和 4 级的病人,推荐非蛋白质能量摄入量为 25~35kcal/(kg·d),蛋白质摄入量为 0.5~1.2g/(kg·d)。

蛋白质食物的选择原则是:严重肝性脑病的病人暂不给予动物蛋白食物,可应选择一些豆类及其制品以补充优质植物蛋白,避免出现负氮平衡。当病情好转,恢复给予动物蛋白时,应选择乳类、蛋类等含氨少的动物蛋白,少选肉类,并将其平均分配到三餐中,充分发挥蛋白质的互补作用,提高蛋白质的利用率。另外,肝性脑病病人血中支链氨基酸水平下降,支链氨基酸与芳香族氨基酸比值可由正常人的 3.0~3.5 下降到 1.0 以下,在选择食物时,应首选用支链氨基酸含量丰富的大豆蛋白质。

高蛋白质膳食常用于外伤和感染等应激状态的病人,此时最明显的代谢改变是蛋白质、脂肪和葡萄糖由合成向分解代谢的转变。分解代谢过度在危重病人中普遍存在。它主要来自肌肉组织,并可通过测量尿液中的尿素氮来计算。对于此类病人,要保持正氮平衡,每天摄入的蛋白质量应比蛋白质丢失量高 10g 左右。

(五)调整脂肪膳食

少量饱和脂肪酸膳食适用于高胆固醇血症;低脂肪膳食适用于吸收不良综合征。

对高脂血症的病人进行膳食治疗时全天的总脂肪摄入量应保持在占总能量的 15%~30%,饱和脂肪酸(saturated fatty acid,SFA)摄入量应低于 10%,高危人群应低于 7%。多不饱和脂肪酸(polyunsaturated fatty acid,PUFAS)摄入量应占总能量的 6%~10%,并应保证 n-6 和 n-3 脂肪酸的摄入量平衡,两者分别占总能量的 5%~8% 和 1%~2%。单不饱和脂肪酸(mono unsaturated fatty acid,MUFA)占总能量的 10%~15%。反式脂肪酸应低于全天总能量的 1%。

高甘油三酯血症病人的膳食原则是:限制总能量,控制体重至理想范围。不宜多吃蔗糖、果糖、水果糖、蜂蜜、甜点和甜饮料等含单糖高的食物。如不需要控制体重,脂肪不必严格限制。

高胆固醇血症病人的膳食原则是限制胆固醇和动物脂肪的摄入,适当增加植物油。除合并超重或肥胖者外,能量及碳水化合物不需要严格限制,蛋白质也不限制。多食新鲜的水果蔬菜,增加膳食纤维,利于胆固醇的排出。

混合型高脂血症病人的膳食原则是控制体重,使体重降低并维持在标准体重范围内。限制胆固醇的摄入,忌食高胆固醇食物,脂肪占总能量30%以内,用MUFA和PUFA代替部分饱和脂肪酸。限制碳水化合物的量,忌食蔗糖、果糖、甜点及蜂蜜等单糖食物。

低脂肪膳食适用于吸收不良综合征的病人,吸收不良综合征是由多种原因造成的小肠吸收功能障碍,营养素不能顺利通过肠黏膜进入血液,直接由粪便中排出,引起营养素缺乏。可有脂肪、碳水化合物、蛋白质、维生素、矿物质等中某种或多种营养素的吸收不良。临床以脂肪吸收不良最为常见,亦称脂肪泻。

膳食治疗原则为高蛋白质、高能量、低脂肪半流质或软饭,蛋白质100g/d以上,严格限制脂肪,最初烹饪时不用植物油,脂肪<10g/d,逐渐增至40g/d,能量为2 500kcal。选择脂肪含量少且易消化的鱼肉、鸡肉,蛋清、豆腐、脱脂奶等食物,植物油不宜过多。严重脂肪泻的病人可口服中链脂肪酸替代部分脂肪,可在保证能量供应的同时,减轻症状。

(六)调整矿物质膳食

调整矿物质膳食中,常用低盐膳食治疗高血压、充血性心力衰竭、心肌梗死和肝性脑病,限制钠、钾和磷膳食治疗肾脏疾病,高钙膳食治疗骨质疏松,高铁治疗缺铁性贫血,限碘膳食治疗甲状腺功能亢进等。

二、基本膳食

(一)普通膳食

普通膳食简称普食,基本与健康人的平衡膳食相似,主要适用于饮食不限制,体温正常或接近正常,无咀嚼或消化吸收功能障碍以及无特殊膳食要求,不需限制任何营养素的恢复期病人。但煎炸、辛辣、刺激性大的食物应少用。一般60%的住院病人都适用普食。普食的能量与营养素供给原则如下:

1. 通常能量为全天2 000~2 500kcal。
2. 蛋白质应占总能量的12%~14%,全天70~90g。其中动物性食物与豆类所提供的优质蛋白质应占40%以上。
3. 脂肪占总能量的20%~25%,以不超过30%为宜。全天60~70g。包括主食、副食中含有的脂肪以及20g左右的烹调用油。
4. 碳水化合物占总能量的55%~65%,一般全天主食450g左右。
5. 应用普食的病人完全可以满足机体对各种矿物质和维生素的需要,一般不需特殊补充。
6. 水的出入量应保持平衡,水的排出包括呼吸蒸发水350ml,皮肤蒸发水550ml,粪便排出水100ml,肾排出水1 500ml,合计约为2 500ml。水的来源通常包括食物中含水1 000ml,代谢产生水300ml,所以每天饮水1 200ml左右就可以达到水分出入平衡。
7. 每天进食300~500g新鲜蔬菜就能满足病人对膳食纤维的需要,大概每天30g。

(二)软食

软食是介于普食与半流质膳食之间的膳食,其特点含膳食纤维少,便于咀嚼,易于消化,是由半流质膳食向普通膳食过渡的中间膳食。一般采用每天五餐,三餐数量略少于正常人,同时上下午各加餐一次。

软食适用于轻度发热、消化不良、口腔溃疡、老年人以及4岁以下小儿,也可用于痢疾、急性肠炎等恢复期病人,结肠直肠肛门手术后恢复期病人等。膳食原则如下:

1. 膳食构成应符合平衡膳食原则。
2. 能量和蛋白质略低于普食,全天总能量1 800~2 200kcal,蛋白质为70~80g。因食物要求加工精细,长期应用软食的病人易导致维生素和矿物质缺乏,必要时可口服相应制剂进行补充。

3. 食物烹调和加工要细、软、烂,尽可能保证食物细软、易消化,食物要少辛辣、少油、少糖、少盐,烹调宜采用蒸、拌、炖等方法。

(三)半流质膳食

半流质膳食是比较稀软的、易于咀嚼吞咽及易消化的膳食,介于软食与流质膳食之间的过渡膳食,外观呈半流质状。半流质膳食适用于食欲差者,咀嚼吞咽不便者,高热者,腹泻、消化不良等消化道疾病的病人,手术恢复期病人以及身体虚弱者。膳食原则如下:

1. 能量不宜过高,尤其是术后早期或虚弱、高热者,一般为全天 1 500~1 800kcal,蛋白质50~60g,脂肪 40~50g,碳水化合物约 250g 左右。

2. 食物应为细、软、碎、易于咀嚼吞咽、少膳食纤维、无刺激性的半固体食物。通常每日 5~6餐,满足机体能量与营养素需要的同时,最大限度地减轻消化道负担。

3. 可选用面包、蛋糕、馒头、粥、细面条、馄饨、芝麻糊、蛋花汤等。猪肉、鱼肉、鸡肉应煮烂、切碎,也可制成肉泥。乳类、豆制品均可食用,蔬菜水果需制成蔬果汁。

(四)流质膳食

流质膳食简称流食,是极易消化、含渣很少、呈流体状态或在口腔内能融化为液体的膳食,如肉汤、米汤、牛奶、蒸蛋羹等,流质膳食是不平衡膳食,不宜长期食用。医院常用流质膳食一般分普通流质、浓流质、清流质、冷流质和不胀气流质五种形式。

流食适用于极度衰弱者,病情危重者,术后病人以及肠道手术术前准备等。由肠外营养向肠内营养过渡时,宜先采用清流食或不胀气流食;清流食也可用于急性腹泻和严重衰弱病人进食初期;口腔、颌面部及颈部术后宜进食浓流食;喉部术后宜进食冷流食。膳食原则如下:

1. 能量为全天 800~1 600kcal,蛋白质 20~40g,脂肪 30g,碳水化合物 130g。浓流食能量最高,清流食能量最低。在病情允许的情况下,可选择少量易消化的芝麻油、花生油、黄油和奶油等提供脂肪,以增加膳食能量。

2. 流食是液体状态或入口即化的食物,具有易吞咽、易消化、少渣、不油腻等特点。一般每餐液量 200~250ml,每天 6~7 次为宜。

3. 可选择牛奶、蒸蛋、米汤、土豆泥浓汤、菜汁、果汁、藕粉、肉汤、骨汤、豆浆等。

三、治疗膳食

(一)高能量高蛋白质膳食

高能量高蛋白质膳食是指膳食的能量及蛋白质供给量高于正常标准,可迅速改善病人的营养状况,满足其疾病状态下的高代谢需要。一般每日能量应大于 2 000kcal,蛋白质 1.5g/kg,达到全天 100~200g,其中优质蛋白质要占 50% 以上。适用于严重营养缺乏或术前、术后的患者;甲状腺功能亢进症、严重烧伤和创伤、高热等分解代谢亢进的病人;严重消瘦、吸收障碍综合征等合成代谢不足者。

增加能量供给的方法是在普食的基础上增加谷类、食糖和植物油等高能量食物,适当增加豆制品、奶类、蛋类、禽类、鱼类及瘦肉类等满足蛋白质的需要。增加摄入量应循序渐进,避免造成胃肠道功能紊乱,除三次正餐外,可分别在上午、下午或晚上适量加餐。

能量与氮之比应保持 150kcal:1g,蛋白质摄入过低易导致负氮平衡,而能量摄入不足则会使所摄入的蛋白质用于提供能量而被消耗。

在食谱设计时应尽量降低胆固醇、饱和脂肪酸及单糖类的含量,防止血脂升高。长期食用此类膳食易出现负钙平衡,应注意补钙。

(二)低蛋白质膳食

低蛋白质膳食中蛋白质含量低于正常标准,目的是减少体内含氮代谢产物,减轻肝、肾的负担,以低水平蛋白质摄入量维持机体接近正常生理功能。此类膳食适用于急性肾炎、慢性肾衰竭及尿毒症未透析的病人;肝性脑病或肝性脑病前期病人。膳食原则如下:

1. 蛋白质供给量应根据病情随时调整,必要时应辅助淀粉膳食,限制总量的同时要设法增加蛋、奶、瘦肉类等富含优质蛋白质的食品,避免负氮平衡。

2. 能量供给必须充足,减少蛋白质代谢供能,避免机体组织分解。若进食量难以满足需要时,可采用肠内或肠外营养补充。

3. 低蛋白质膳食会影响食欲,烹饪时需注意色香味形。

（三）限碳水化合物膳食

限碳水化合物膳食是一种限制碳水化合物类型及含量的膳食,此类膳食适用于胃部分切除术后或幽门括约肌手术后的病人,可防止因胃容积缩小而导致的倾倒综合征。

倾倒综合征的典型症状多在手术后进半流质膳食时出现,出现的时间可在进食中或饭后30min以内,表现有上腹胀满、恶心、呕吐、胃绞痛、肠鸣亢进、心慌、出汗、眩晕、面色苍白、发热、无力等。发生的原因是因大量食物快速进入肠道而引起,调整膳食中碳水化合物含量及进食方法,可以防止或缓解上述症状。

膳食结构应为低碳水化合物、高蛋白质、中等量脂肪,碳水化合物应以复合糖为主,忌用精制糖果、甜点心、甜饮料等单糖浓缩甜食。定时定量进餐以利于消化吸收,并可预防倾倒综合征和低血糖综合征。少食多餐,避免胃肠中贮积过多。以干样食物为主,餐后半小时后再进液体类食物。餐后20~30min平卧可以减轻症状,经常锻炼俯卧运动可防止或减轻症状。在症状早期及时调整膳食病情较易控制。膳食原则如下:

1. 病人术后初期应严格限制碳水化合物的摄入量,每日不超过120g为宜,此后随患者的耐受程度,逐渐增加。

2. 脂肪占总能量的40%,满足能量的需求,减缓胃排空速度。

3. 蛋白质占总能量的20%,其中优质蛋白质比例应占50%以上。

4. 宜用食物包括奶类、蛋类、细软肉类、新鲜软水果、切碎制软蔬菜类、油脂类、精细谷物。忌用各种加糖的甜食、果汁、饮料、酒类、蜂蜜、果酱等。

（四）限脂肪膳食

限脂肪膳食又称低脂膳食,此类膳食需要限制膳食中脂肪的含量,用于治疗或改善由于脂肪水解、吸收、转运及代谢不正常所引起诸多症状。不同的病人脂肪限量程度也不一样,根据限制程度,可分为以下4种:

1. **完全不含脂肪的纯碳水化合物膳食。**

2. **严格限制脂肪膳食**   限制膳食的脂肪总量,包括食物所含脂肪及烹调用油,全天不超过20g。

3. **中度限制脂肪膳食**   限制膳食的脂肪总量,不论其来源如何,全天不超过40g。

4. **轻度限制脂肪膳食**   限制膳食的脂肪总量,不论其来源如何,全天不超过50g。

限脂肪膳食适用于高脂血症I型和V型、急慢性胰腺炎、胆囊炎和胆石症、肥胖病、肠黏膜疾病、胃切除和短肠综合征等与脂肪吸收不良有关疾病所引起的脂肪泄。具体膳食原则如下:①除选用含脂肪少的食物外,还应减少烹调用油,可选用蒸、炖、煮、烩、拌等方法,食物应清淡,少刺激性,易于消化;②限制脂肪可导致必需脂肪酸、脂溶性维生素以及与游离脂肪酸共价结合的钙、铜、锌、镍等矿物质的缺乏,应注意补充。

（五）限脂肪限胆固醇膳食

此类膳食是通过限制膳食中饱和脂肪酸和胆固醇的含量,降低食用者体内血清胆固醇、甘油三酯和低密度脂蛋白的水平。膳食要求在控制总量,减少饱和脂肪酸和胆固醇摄入的同时增加多不饱和脂肪酸的摄入,适用于高胆固醇血症、高甘油三酯血症、高脂蛋白血症、高血压、动脉

粥样硬化、冠心病、肥胖病及胆石症等,膳食原则具体如下:

1. 控制总能量,达到或维持理想体重,避免肥胖。控制体重有利于降低血脂和血压,改善糖耐量。

2. 限制脂肪总量,不论脂肪的来源如何,脂肪提供的能量不应超过总能量的 25%,全天 40g 左右,最多不超过 50g。

3. 饱和脂肪酸可升高机体胆固醇水平,应减少摄入;单不饱和脂肪酸不影响机体胆固醇水平,应适当增加所占比例;多不饱和脂肪酸可降低机体胆固醇水平,但代谢后会产生较多的氧自由基,不利健康。膳食中脂肪酸较为理想的比例应该是饱和脂肪酸:单不饱和脂肪酸:多不饱和脂肪酸 =0.7:1.3:1。

4. 食物中的胆固醇全部来源于动物性食物,要达到全天膳食中胆固醇含量 300mg 以下的要求,就要严格限制动物性食物,同时增加富含优质蛋白质的植物性食物,充分满足机体优质蛋白质的需要。

5. 适当选用粗杂粮、新鲜蔬菜和水果,以满足维生素、矿物质和膳食纤维的需要。适量的脱脂乳和豆制品可提供充足的钙剂。膳食中多不饱和脂肪酸增加,代谢产生的氧自由基也增多,应适当增加维生素 E、维生素 C、胡萝卜素和硒等抗氧化营养素的供给以利于清除。

(六) 限钠(盐)膳食

限钠膳食是指限制膳食中钠的含量,适用于肝、肾疾病引起的腹腔积液、水肿的病人,心力衰竭的病人等以减轻由于水、电解质代谢紊乱而出现的水、钠潴留。限钠是以限制食盐、酱油及味精的摄入量为主,中国居民膳食指南中倡议每天 6g 食盐,但实际上全国平均每人每天 8~15g,北方地区甚至超过 20g,远远超过推荐量。

1. 限钠膳食中,应根据病人的病情来调整膳食中钠的限制程度,根据限制程度,可分如下三种类型:

(1) 低盐膳食:全天钠摄入量 2 000mg 左右,即全天烹调用食盐 3g 或酱油 15ml,忌用酱菜、大酱、咸鱼、咸肉及肉罐头等含盐高的食物。

(2) 无盐膳食:全天钠摄入量 1 000mg 左右,即全天烹调用食盐 1.5g 或酱油 7.5ml,其他要求同低盐膳食。

(3) 低钠膳食:全天钠摄入量 500mg 以内,即全天烹调忌用食盐和酱油,同时忌用钠含量高的芹菜、茴香等蔬菜以及食用碱发面的馒头、发面饼、包子等。

2. 限钠膳食原则

(1) 限钠程度要随病情变化及时调整,如当肾小球肾炎患者的血压下降、水肿消失后,就应该降低限制程度,又如心力衰竭的病人若出现食欲差,进食明显不足时,则不宜严格限盐,以增加食欲。

(2) 对于 60 岁以上贮钠能力迟缓的病人、心肌梗死病人、回肠切除手术后病人、黏液性水肿的病人等限钠要采取慎重态度,应根据相关临床指标来判定是否限钠。

(3) 根据病人实际情况调整食物的含钠量只是设计食谱的参考数据,具体应用时还要考虑患者的食量以及食物的烹调方法。对食量少者可适当放宽选食范围,芹菜、豆腐等含钠稍高的食物,经水煮或浸泡后去汤,也可选用;用酵母代替食碱制作的馒头,可以大大降低钠的量,从而在无盐膳食中亦可适当用点食盐或酱油,毕竟限钠膳食比较乏味,适口性差。

(4) 采用番茄汁、芝麻油、糖等低钠调料改善口味,或采用原汁蒸、煮、炖等方法保持食物本身的鲜美味道,都可以在限盐时增加膳食的适口性。

(七) 高钙膳食

高钙膳食是在普食的基础上提高膳食中钙的含量,适用于软骨病,高血压,关节炎,骨质疏松,透析病人,低钙抽搐等钙质流失者,以维持其正常血钙水平,改善症状。膳食原则如下:

1. 选择含钙丰富的食物,满足钙的摄入。

2. 保证食物中维生素 D 的充足,促进钙的吸收。

3. 少喝咖啡、啤酒等,减少对钙吸收的影响。

4. 必要时可口服钙片进行补充。

(八) 高钾膳食

高钾膳食是在普食的基础上增加膳食中钾的含量,用于纠正低钾血症,对预防由于服用利尿药而引起低钾血症效果较好,对于慢性或严重缺钾的病人,仍应以口服或静脉滴注钾盐为主。膳食原则如下:

1. 食物中的钾多集中于谷皮、果皮和肌肉中,所以细粮的钾含量低于粗粮,去皮水果的钾含量低于带皮的,肥肉的钾含量低于瘦肉的。罐头水果或煮水果(去除汤汁)的钾含量低于新鲜水果。浓菜汤、肉汤和果汁中均含有相当数量的钾。

2. 宜选用富含蛋白质的瘦肉、鱼、虾和豆类食物,粗粮,新鲜水果蔬菜,用含钾丰富土豆代替部分主食,浓肉汤,菜汤,鲜果汁饮料等。

(九) 高纤维膳食和低纤维膳食(少渣膳食)

1. **高纤维膳食** 也称多渣膳食,是一类增加膳食中纤维素、半纤维素、木质素和果胶等纤维含量,特别是粗纤维含量的膳食。高纤维膳食可增加粪便的体积和重量,增强肠道机械刺激,加快肠蠕动,促进粪便排出。食物中的膳食纤维可被肠道细菌分解产生挥发性脂肪酸,具有润滑作用,也可促进粪便运行。膳食纤维吸收水分,使粪便软化,促进运行和排出。果胶等可溶性膳食纤维可与胆汁酸结合,增加粪便中胆盐排出,有降低血清胆固醇的作用,利于防治动脉粥样硬化和胆石症。膳食纤维对于控制血糖,治疗糖尿病也有一定的作用。故此类膳食适用于无张力便秘、消化道憩室以及代谢综合征等。膳食原则如下:

(1) 在普通膳食的基础上,多选用富含膳食纤维的食物,如:①玉米、玉米面、玉米渣、小米等粗粮、糙米、各种杂豆等;②芹菜、韭菜、豆芽、油菜、小白菜、大白菜等粗纤维多的叶菜及笋类、芥蓝、萝卜等;③水果除了纤维素、半纤维素外,还富含果胶及有机酸,均有利于通便,鲜果、干果均可。

(2) 多饮水,尤其是晨起空腹饮 1 杯温开水,可促进肠蠕动,利于排便。

2. **低纤维膳食** 习惯上称为少渣膳食,是一类含极少量纤维和结缔组织,易于消化的膳食。此类膳食可减少对消化道的刺激,减少肠蠕动,减少粪便数量,适用于急慢性肠炎、伤寒、痢疾、结肠憩室炎、肠道肿瘤等;消化性溃疡;肠道、食管管腔狭窄及食管胃底静脉曲张等。膳食原则如下:

(1) 少用粗粮、坚果、蔬菜水果等含纤维多的食物,减少对肠道的刺激,减少粪便量。

(2) 食物应细软易于消化,少量多餐,避免单次进食太多,根据病情给予少渣半流质膳食或少渣软食。

(3) 腹泻病人对脂肪的吸收能力减弱,膳食中脂肪含量不宜过多,避免脂肪泻。

(4) 食物应切碎煮烂,做成泥状,忌用油炸、油煎的烹调方法,禁用刺激性调味品。

(5) 限制水果蔬菜易引起维生素和矿物质缺乏,必要时可补充相应制剂。

(6) 低纤维膳食宜用食物包括精细米面所制粥类、烂饭、发面蒸食、面包、软面条、面片等;蛋类除高温油煎蛋以外,其他做法均可用;鸡、鱼虾、内脏等少结缔组织的嫩瘦肉,可制成蒸肉饼、肉丸,瘦肉要炖烂;豆浆、豆腐脑、豆腐等豆制品;鲜奶、酸奶、奶粉等奶制品;胡萝卜、土豆、南瓜、冬瓜、去皮的西红柿等含纤维较低的蔬菜,用时去皮制软;少量果泥,去皮煮软的苹果等;清蛋糕、饼干、藕粉、果汁胶冻、冰激凌等甜点心。

(7) 忌用食物包括粗杂粮,整粒豆子,榛子、核桃、花生等坚果,生的水果蔬菜,尤其是芹菜、韭菜、豆芽等多纤维的蔬菜和葱头、生萝卜等易产气的蔬菜,油炸、油腻的食品,咖喱、辣椒、胡椒等具有强烈刺激性的调味品。

(十) 限酪胺、多巴胺膳食

本膳食适用于服用单胺氧化酶(MAO)抑制剂的病人,特点是限制膳食中的酪胺和多巴胺的含量,要求全部选择新鲜食材,忌用下列食物:

1. 碱或酵母制作的发面制品,啤酒、果酒、米酒及酒酿制品。
2. 发酵法制作的酱油,豆酱,豆豉及豆腐乳、臭豆腐等。
3. 腌制、熏制的各种肉类食品,肉罐头,海米、虾皮、鱼干等。

(十一) 低铜膳食

低铜膳食是在普通膳食的基础上限制膳食中的铜含量,全天不超过 2mg,此类膳食一般用于肝豆状核变性的病人,肝豆状核变性是一种常染色体隐性遗传病导致的铜代谢障碍所引起的疾病。其特征为总的血清铜含量和血清铜蓝蛋白量降低,大量铜盐慢性沉积于肝、脑、肾和角膜而使之受损。治疗措施主要是采用促进铜盐排泄的药物,同时采用低铜膳食。主要膳食原则如下:

1. 蛋白质和能量必须充足供应,奶类的铜含量甚低,可适当多用。尽量选用新鲜的水果蔬菜以保证维生素和矿物质的需要,必要时可口服相应制剂。
2. 避免选用铜含量多的食物,如豌豆、蚕豆、玉米、坚果类、蕈类;软体动物中的乌贼、牡蛎、贝螺类;甲壳类的虾、蟹以及动物的肝脏、血制品等。肉、鱼、禽、蛋类含量中等,可少量选用。
3. 禁用铜制器皿烹调食物、烧水。
4. 由于铜普遍存在于自然食物中,要保证能量和蛋白质的充足供给,很难做到每天铜的摄入量低于 2mg,可在进餐的同时服用一些抑制铜吸收的药物,减少铜的吸收。

(十二) 中链甘油三酯膳食

中链甘油三酯是中链脂肪酸的甘油酯,可由椰子油蒸气水解制成,以油的形式使用,每茶匙重 4.6g,每克供能 8.3kcal。它的分子量较小,易溶于水,胰脂酶能使它水解得更完全,易于吸收;在胰脂酶和胆盐缺乏时,也能以甘油三酯形式吸收;人摄取中链甘油三酯后,不引起胰液分泌;运输时不必与其他脂类物质形成乳糜微粒,也不易与蛋白质结合;可越过淋巴系统直接经门静脉进入肝脏,在肝内不合成脂类,不易形成脂肪肝。此类膳食适用于乳糜胸、乳糜尿、乳糜性腹腔积液、高乳糜微粒血症、I型高脂血症、局限性肠炎伴有脂肪泻、胆盐和脂酶缺乏、肠源性脂肪代谢障碍等脂肪水解、吸收和运输方面有缺陷的病人。膳食原则如下:

1. 用中链甘油三酯取代长链甘油三酯作为能量的来源,中链甘油三酯提供的能量至少占总能量的 20%,或占脂肪能量的 65%。
2. 中链甘油三酯可用来烹调肉、鱼、禽等时要确保所有烹调油吸收到食物中去,也可用来作为凉拌菜、点心的配料成分,无论怎么用,都要保证病人的有效摄入。
3. 一次摄入大量的中链甘油三酯会产生腹胀腹泻,进食速度减慢,少食多餐,或用中链甘油三酯制备的食品作为加餐,可避免或减少症状发生。
4. 宜用食物包括去脂牛奶,蔬菜水果,豆制品,蛋类(蛋黄每周不超过 3 个),精瘦肉,鱼、禽类,烹调油在规定数量之内使用,其余用中链甘油三酯替代。
5. 少用或忌用食物包括全乳脂牛奶、奶油、腊肉、加了油脂的主食与点心。

四、试验膳食

(一) 肌酐试验膳食

通过食用肌酐试验膳食控制外源性肌酐的摄入,观察机体对内生肌酐的清除能力,以评价病人肾小球滤过功能;测定肌酐系数,了解肌无力病人的肌肉功能。此类膳食适用于肾小球肾炎和重症肌无力的病人。肌酐试验膳食是严格的低蛋白膳食,在实施试验的过程中首先要控制蛋白质的总量,但也应满足病人全天的能量需要,其膳食特点是:

1. 属于低蛋白膳食,全天蛋白质摄入量不超过 40g,主食不超过 300g,可用食物有马铃薯,藕粉,淀粉,甜点心,蔬菜,水果,限量范围内可选乳类和蛋类,禁用肉类。

2. 忌饮茶和咖啡,因为茶和咖啡中均含有咖啡因,可使肾小球的血流量增加,肾小管的重吸收减少,将对本试验产生干扰。另外,咖啡因要经过肝、肾进行新陈代谢,对肝、肾功能不全的人来说,也不利于肝、肾功能的恢复。

3. 试验期共 3d,前两天为准备期,后 1d 为试验期,留置 24h 尿液。

(二) 葡萄糖耐量试验膳食

葡萄糖耐量试验膳食是空腹时食用以配合诊断糖尿病及糖尿病分型的一种试验膳食。

葡萄糖耐量试验结果受年龄、饮食情况、健康状况、胃肠道功能及精神因素等多种因素影响。营养不良、长期卧床、各种其他疾病以及精神紧张等都可出现假阳性,使用避孕药、糖皮质激素、甲状腺激素、烟酸、苯妥英钠、利尿药及单胺氧化酶抑制剂等药物者也可出现假阳性。葡萄糖耐量试验膳食的膳食要求如下:

1. 试验前 3d 里,每天的食物应能提供充足的能量,以维持病人正常活动,其中碳水化合物含量每天不低于 300g。

2. 影响试验的药物应在 3d 前停用。如正在使用胰岛素治疗,则必须在试验前 3d 停用胰岛素。整个试验期间不可吸烟、喝咖啡、喝茶或进食

3. 病人试验前 16h 禁食,空腹采血后用 300ml 水溶解一定量的葡萄糖粉,5min 内口服,其中成人 75g,孕妇 100g,儿童 1.75g/kg(总量≤75g)。服糖后 30min、1h、2h 分别采血,根据各次血糖水平绘制糖耐量曲线。

(三) 钙、磷代谢试验膳食

是一种配合诊断甲状旁腺功能亢进、骨质疏松等代谢性骨病的试验膳食,是严格的称重膳食。临床常用的钙、磷代谢试验膳食有低钙正常磷膳食、低蛋白正常钙磷膳食两种。甲状旁腺分泌过多可作用于骨骼引起溶骨,释放骨钙、骨磷,导致血钙升高,尿钙排出增多。同时甲状旁腺素作用于肾小管抑制磷的重吸收,尿磷增加,血磷随之降低。蛋白质的摄入量也影响尿钙的排出,通过调整膳食中钙、磷和蛋白质的含量,测定病人血和尿中钙、磷及肌酐等含量,有助于诊断甲状旁腺功能亢进症。钙、磷代谢试验膳食的膳食原则如下:

1. 两种试验膳食的试验期都是 5d,前 3d 为适应期,后 2d 为代谢试验期。

2. 低钙、正常磷膳食要求全天膳食中钙含量低于 150mg,磷 600~800mg,收集最后 1d24h 尿液,测尿钙排出量。正常人进食这种膳食后,尿钙量不超过 150mg,如果超过 200mg,可考虑存在甲状旁腺功能亢进。膳食宜选择低钙高磷食物,主食可选大米、白面,蔬菜可选番茄、莴笋、黄瓜、冬瓜等,也可少量选用蛋类、肉类和豆类食物,不宜选用乳类。调味可选用精盐,不宜用酱油。

3. 低蛋白、正常钙磷膳食要求全天膳食中蛋白质含量不超过 40g,钙 500~800mg,磷 600~800mg。最后 1d 测空腹血磷和血肌酐,并留 24h 尿测尿磷和尿肌酐,计算肾小管磷重吸收率。正常值为 80%,当甲状旁腺功能亢进时,吸收率降低。膳食宜选用低蛋白质的食物,主食宜用谷类,油菜、小白菜、芹菜等蔬菜,在蛋白质限制范围内可适量选用乳类、蛋类和豆类制品,忌用肉类。

(四) 吸碘代谢试验膳食

吸碘代谢试验膳食是无碘膳食,目的在于测定甲状腺摄取碘功能。吸碘试验膳食不仅要兼顾无碘的要求,还应满足患者其他营养需要。吸碘代谢试验膳食可辅助核素检查甲状腺功能,试验为期 2 周。吸碘代谢试验食的膳食原则要求如下:

1. 检查前 4 周,膳食中可选用米、面等谷类,山药、马铃薯等薯类,各种新鲜蔬菜、水果,各种豆类及其制品,各种乳类及其制品。忌用海鱼、海虾、虾皮、海蜇、海带、紫菜、海参等各种海产动植物食物,禁用碘强化食盐。

2. 检查前应停服以下药物至少 2 周。

(1) 碘化物、复方碘溶液、含碘片等含碘药物。

（2）甲状腺素片、抗甲状腺素片等影响甲状腺功能的药物。

（3）海藻、昆布、贝母、牛蒡子、木通等中草药。

3. 检查当日病人应空腹，妊娠期或哺乳期妇女禁止进行吸碘代谢试验。

第三节　肠内营养

一、概述

1957 年为解决宇航员饮食问题，美国科学家 Greenstein 发明要素膳，其成分为不需消化即可吸收的单体物质，当时包括氨基酸、单糖、必需脂肪酸、矿物质及维生素。1970 年太空饮食——要素膳在瑞典被应用于临床营养治疗，逐渐被用于多种外科手术后，改善营养状况，增强免疫力，促进手术创口的愈合，减少并发症。当今肠内营养带来的肠道复苏新概念已经成为临床尤其是重症领域继心肺复苏、液体复苏后不可或缺的三驾马车之一。

肠内营养是指经口、肠道途径为不能正常进食或进食量不足的患者提供全面的营养素，包括氨基酸、糖、脂肪、电解质、维生素的混合物，达到无需消化液消化而能直接或接近直接吸收的程度，提供较高的能量和氨基酸入量，使患者达到正氮平衡，能够维护修复肠道正常功能，满足机体营养需求，避免肠道黏膜失用性萎缩，对全身免疫及营养代谢造成的损害。

临床上，因原发疾病或因治疗的需要而不能或不愿经口摄食患者，在其肠道情况允许、患者能够耐受肠内营养治疗的前提下，均可采取肠内营养。肠内营养符合生理功能，有多种肠道营养剂可选，简便、安全、经济、高效，可保护肠黏膜结构和功能完整，防止细菌移位，刺激消化性激素分泌。

二、肠内营养的临床应用

（一）适应证

肠内营养治疗主要取决于胃肠道是否能够吸收，主要适应证有：

1. **摄入能量不足**

（1）进食困难：由上消化道梗阻、神经系统疾病、手术、意识障碍等引起的咀嚼和吞咽困难，或无法正常进食。

（2）不愿经口进食：神经性厌食、重度抑郁症等。

（3）高代谢状态：如严重烧伤、创伤、严重感染、甲亢等。

2. **消化系统疾病**　如短肠综合征、肠瘘、吸收不良综合征、炎症性肠病、急性胰腺炎恢复期、肝病等，也可以通过选择合理的途径来给部分有功能的肠道提供营养支持。

3. **围手术期**　结直肠手术的术前肠道准备及术后营养支持。

4. **其他可引起营养风险或常伴营养不良的疾病**　如肿瘤放/化疗、糖尿病、慢性肾衰竭、慢性阻塞性肺疾病、心功能衰竭等。肠内营养还可作为肠外营养的补充或向正常饮食的过渡。

（二）禁忌证

1. **以下情况不宜应用肠内营养治疗**

（1）年龄小于 3 个月的婴儿不能耐受。

（2）完全性肠梗阻及胃肠蠕动严重减慢者。

（3）小肠广泛切除 4~6 周以内。

（4）严重应激状态、重症胰腺炎急性期、上消化道活动性大出血、严重腹泻或腹膜炎等。

（5）因疾病特点所致的部分禁忌，如糖尿病患者不宜用高糖要素膳。

2. **下列情况应慎用肠内营养治疗**

（1）严重代谢紊乱的病人。

(2) 切除手术后小肠缺乏足够吸收面积的肠瘘病人。

(3) 严重吸收不良综合征及长期少食衰弱的病人。

三、肠内营养制剂

肠内营养膳食的组成成分中分子与离子浓度决定渗透浓度,是其重要理化性质,可影响患者的耐受性。肠内营养膳食中离子、单糖、蔗糖、氨基酸、双肽等对渗透浓度的影响很大,其最适宜膳食 pH 是在 5~7 之间。

大多数肠内营养膳食是无渣型的,只有匀浆膳和含多种食物纤维素的要素膳含少量残渣。匀浆膳是一种根据病情配制成糊状、浓流体平衡膳食,可经鼻饲胃和空肠置管滴入和以灌注的方式给予的经肠营养剂。

肠内营养制剂根据其组成成分可分为要素型、非要素型、组件型及疾病专用型肠内营养制剂四大类。

(一) 要素型

1. **营养成分**　化学上定义的低聚和单体配方主要是要素制剂,也称单体膳,是由不同程度水解的宏量营养素组成。该制剂是氨基酸和多肽类、葡萄糖、脂肪、矿物质和维生素的混合物,又称化学组成明确制剂(chemically defined diet, CDD)。分为高脂肪和低脂肪 2 种,高脂肪要素制剂中脂肪含量达 18%~30%,后者仅占 0.2%~2%。

2. **优缺点**　配方营养全面,不需要消化即可直接或接近直接被小肠吸收,无乳糖,无渣/少渣,但其口感较差、渗透压高等。

3. **适应证**　适合于胃肠道消化、吸收功能部分受损的患者,如短肠综合征、胰腺炎等;手术前后,营养不良,食欲低下,但有一定吸收功能者;脂肪泻、脑出血、偏瘫、重症肌无力等患者。

4. **注意事项**

(1) 室温下存放不超过 8h,可放至冰箱内冷藏,用前摇匀、加温。

(2) 要素膳的渗透压较高,管饲时应放置于十二指肠、空肠段。应用制剂时需要稀释、少量、慢速开始,逐步增加待患者可以耐受。停用时也应逐渐减量,以免出现低血糖反应。

(3) 应用要素膳食期间,做好评估工作,定期检查血糖、尿糖、血尿素氮、电解质、肝功能等指标,注意观察尿量,大便次数及性状,并记录体重等。

(二) 非要素型

1. **营养成分**　多聚配方,是以整蛋白和蛋白质水解物为氮源的制剂,也称为整蛋白型制剂。广义的还包括流质、混合奶、匀浆膳食和市售的各种肠内营养制剂。多以乳、乳蛋白或大豆分离蛋白为氮源,其中以未加工蛋白为氮源的包括混合奶和匀浆制剂。分为含乳糖类和不含乳糖类 2 种。

2. **优缺点**　非要素制剂的渗透压接近等渗,口感较好,适合口服也可管饲,具有使用方便、耐受性强、适用范围广等优点。

3. **适应证**　非要素型制剂是应用最广泛的肠内营养制剂。水解蛋白为氮源基础的肠内营养,适用于胃肠道消化功能不全者。氨基酸为氮源基础的肠内营养,适用于胃肠消化功能障碍者。

4. **注意事项**

(1) 餐具严格消毒,剩余混合奶应放冰箱内保存。

(2) 酸性果汁不易与奶类同煮,防止凝块。

(3) 食用盐过多也会使混合奶凝结成块,可在菜汁、肉汤内加入部分食盐。

(4) 灌注混合奶后再给温开水 30~50ml 冲洗鼻饲管,定期更换鼻饲管,保持清洁。

(三) 组件型制剂

1. **营养成分**　是仅以某种或某种营养素为主的肠内营养制剂,也称为不完全制剂。主要包括蛋白质组件、脂肪组件、糖类组件、维生素组件、矿物质组件、益生菌组件和增稠组件等。以上各组件膳均可加入流质、半流质中补充营养,如米汤、藕粉、果汁、面条、粥等。

2. **适应证**　①糖类组件膳:主要补充糖类摄入不足、能量不足的患者,如半乳糖血症;②脂肪组件膳:用于肝胆胰疾患的脂肪消化吸收和利用不良情况;③蛋白质组件膳:适用于营养不良、烧伤、手术前后的蛋白质补充。

3. **注意事项**　组建配方治疗时应注意补充维生素,矿物质和微量元素。

(四)疾病专用型制剂

1. **营养成分**　根据患者所患疾病的特点,给予个体化的营养治疗。针对特殊病人专用制剂的成分及含量也不尽相同,主要有糖尿病、肝病、肿瘤、婴幼儿、肺病、肾病、创伤等。

2. **举例**　①糖尿病制剂:降低碳水化合物比例,添加抗性淀粉/糊精、膳食纤维、低聚糖等有助于调节血糖的营养成分;②肝病制剂:增加支链氨基酸,降低芳香族氨基酸,降低脂肪含量,添加膳食纤维等,补充营养的同时保护肝脏功能,防止肝性脑病;③肾病制剂:包括低蛋白、低钠、低磷,氮源通常只包括必需氨基酸。④灌注混合奶后再给温开水 30~50ml 冲洗鼻饲管,定期更换鼻饲管,保持清洁。

附:

特殊医学用途配方食品(food for special medical purpose,FSMP),简称特医食品。

2016 年 7 月 1 日,《特殊医学用途配方食品注册管理办法》正式实施,特医食品将会成为不同于普通食品、保健品和药品的新型产品,是指为了满足进食受限,消化吸收障碍,代谢紊乱和特定疾病状态等人群对营养素或膳食的特殊需要,专门加工配制而成的配方食品,其生产标准要高于保健品,低于或等于药品。

FSMP 明确归属特膳食品管理,必须在医生或临床营养师指导下食用。FSMP 分为两大类,一类是特殊医学用途配方食品,用于大于 1 岁的人群,另一类是特殊医学用途婴儿配方食品,用于 0~12 月龄婴儿。按其提供营养素是否全面分为三类:全营养特殊医学用途配方食品、特定全营养特殊医学用途配方食品和非全营养特殊医学用途配方食品。

全营养配方食品可以"当饭吃",可作为单一营养来源,满足目标人群的营养需求,主要针对有医学需求且对营养素没有特别限制的人群,如体质虚弱者,严重营养不良者等。

特定全营养配方食品也可作为单一营养来源,主要针对有某些疾病的患者,如脏器功能不全、代谢障碍、对某营养素的需求增加或限制的特殊状况而设计。我国在标准中列出了 13 类常见的特定全营养配方食品类型,如糖尿病型、呼吸系统疾病型、肾病型等,可应用于糖尿病、呼吸系统疾病、肾病、肿瘤、食物蛋白过敏、肥胖、炎性肠病、先天性代谢缺陷等情况的临床营养治疗。

非全营养配方食品主要包括营养素组件(维生素、微量元素、蛋白质等)、电解质配方、增稠组件、流质配方、氨基酸代谢障碍配方,此类和母乳补充剂一样,不能作为单一营养来源,需要与其他配合使用。营养素的含量也是按照患者个体的特殊状况和需求而制定。

FSMP 作为新型的肠内营养制剂,国内医疗界对它的认识也是刚刚开始,可以对某些疾病或特殊健康人群起到营养"治疗"的作用,同时具有免疫调控、维护胃肠功能、降低炎症反应、促进伤口愈合、缩短住院时间、减少相关花费等作用。

四、肠内营养的给予方式

(一)给予途径

根据患者所患疾病状况、营养治疗时间长短、精神状态及胃肠道功能等情况不同,选择不同的输入途径,包括口服、鼻胃置管、鼻十二指肠置管、鼻空肠置管、胃造口、空肠造口等。

1. **口服**　口服营养是指在非自然饮食情况下,口服由极易吸收的中小分子营养素配制的营养液。口服的肠内营养液不一定要求等渗性,应能满足营养素的需要并纠正过去的缺乏。对于意识清楚、吞咽正常、消化功能正常或轻微障碍者均可选择口服途径。术后何时进食、何种饮食为宜，需要根据患者身体状态及手术具体情况而定。冷饮、热饮、加调味剂或以其他饮料配制都可随病人的喜爱。起始剂量和浓度需要根据病人胃肠道耐受情况而定，大部分病人能够在 1~3d 内达到目标量。如果病人有早饱或腹胀症状，或需限制液体入量，可配制小体积高营养密度的浓缩营养液予以口服。

2. **置管**　对于上消化道通过障碍者，可采用鼻胃或鼻肠置管输注肠内营养制剂的营养支持方法，其简单易行，是临床应用最多的方法。适合于需要短时间（<2 周）营养支持的情况。鼻胃管喂养的优点在于胃容量大，对营养液的渗透压不敏感，适合于各种安全性营养配方，缺点是有反流与吸入气管的风险，长期置管可出现咽部红肿不适、增加呼吸系统的相关并发症。

3. **造口**　可采用手术造口或经皮内镜辅助胃 / 空肠造口，常用于需要较长时间进行肠内营养治疗的患者。

（二）输注方式

肠内营养的输注方式有一次性投给，间歇性重力滴注和连续性经泵输注三种。选择哪种取决于肠内营养液的性质、喂养管的类型与大小、管端的位置及营养素的需要量。

1. **一次性投给**　将配好的肠内营养液用注射器缓慢注入喂养管内，每次 200ml 左右，每天 6~8 次。该方法常用于需长期家庭肠内营养的胃造瘘病人，因为胃容量大，对容量及渗透压的耐受性较好。部分病人初期不耐受，可出现恶心、腹胀、腹痛及腹泻等，应用一段时间后一般都能逐渐适应。

2. **间歇性重力输注**　将配制好的营养液经输液管与肠道喂养管连接，借重力将营养液缓慢滴入胃肠道内，每次 250~400ml 左右，每天 4~6 次，滴速一般为 30ml/min。此法优点是病人有较多自由活动时间，类似正常饮食，缺点是可能发生胃排空延缓。

3. **连续性经泵输注**　应用输液泵在泵的动力作用下连续输注，可 12~24h 均匀持续输注，是临床上推荐的肠内营养输注方式，优点是输注速度慢，最大限度地减轻胃肠道负担，胃肠道不良反应较少，利于营养物质的充分吸收，营养效果好。适用于危重病人及十二指肠或空肠近端喂养者。其缺点是患者不易离床活动，可能加重病人焦虑、烦躁的情绪。

肠内营养液输注时应循序渐进，初期宜缓慢，采用低浓度、低剂量、低速度，随后再逐渐增加营养液浓度、滴注速度以及投给剂量，以使病人适应，一般需要 3~4 天的适应期。若肠道旷置 2 周以上，则适应期还应适当延长。开始时一般第 1 天用 1/4 总需要量，营养液浓度可稀释一倍，如病人能耐受，第 2 天可增加至 1/2 总需要量，第 3 天、第 4 天增加至全量，使胃肠道有逐步适应、耐受肠内营养液过程。开始输注时速度一般为 25~50ml/h，以后每 12~24h 增加 25ml/h，最大速率为 125~150ml/h。

采用推注法或重力滴注法进行营养支持时，病人应采取半卧位，尤其是老年、体弱、痴呆及昏迷的病人，以免发生误吸或反流。肠内营养液的浓度、输入速度和输入量必须由低到高逐渐增加，直至能够满足需要，以免引起不良反应。输入体内的营养液的温度应保持在 37℃ 左右，过凉易引起胃肠道并发症。

五、肠内营养的并发症及防治

常见的肠内营养并发症主要有胃肠道、代谢、感染及置管所致的机械性并发症。

（一）胃肠道方面的并发症

胃肠道并发症是肠内营养最常见的并发症，临床上常见的消化道并发症主要有恶心、呕吐、腹泻、腹胀、反流、肠痉挛等症状。

引起腹胀、腹泻的常见原因有肠内营养制剂选择不当、肠内营养液渗透压高、浓度大、温度低、输注速度快等，以及低白蛋白血症、胃轻瘫、菌群失调、乳糖不耐症等非营养制剂原因。引起恶心、呕吐、反流的常见原因有营养不良、贫血、不耐受肠内营养制剂的气味、胃肠动力差、喂养体位不正确等,大多数能够通过合理的操作来预防和及时纠正、处理。

(二) 代谢方面的并发症

最常见的症状是脱水和高血糖,但发生率低于肠外营养,而且只要肠道有部分功能,对症状的处理也较容易。预防及治疗代谢并发症的关键是监测水的出入量、电解质、血糖、血脂、肝功能等指标,及时纠正。

(三) 感染方面的并发症

常见原因有肠道菌群易位、吸入性肺炎,处置方法相关的腹泻和反流。另外,配制、输注营养液的器具的污染也可造成病人感染,应注意配制中的无菌操作,定期更换输注器具。注意,配制后的营养液应放入 4℃冰箱中保存,并在 24h 内使用完毕。

老年和极度衰弱者易致吸入性肺炎,输注时宜抬高头部及躯干约 30°或半卧位,夜间滴速缓慢,并注意监测。

(四) 机械性并发症

主要有鼻翼部糜烂、黏膜损伤、咽喉部溃疡、声音嘶哑、鼻窦炎中耳炎等;喂养管堵塞;喂养管拔出困难;造口并发症等。

六、肠内营养的监测

对接受要素膳等肠内营养治疗的患者应进行监测,主要监测内容如下:

1. 记录每日要素膳中所含蛋白质、脂肪、糖类及总能量,计算氮平衡,并记录 24h 液体出入量,肠内营养液与额外摄入的液体应分开记录,计算液体平衡。

2. 结合病情测定定期测定体重、三头肌皮褶厚度、上臂肌围、肌酐/身高指数等。

3. 监测肠内营养制剂的浓度和滴注速度。胃内喂养初始 48h 内,每隔 4h 检查胃残留物的体积与颜色,其量不应大于前 1h 输注量的 1.5 倍。每日检查胃残留物量及性质 1 次,其量不应大于150ml,如残留物过多,应降低滴速或停止输注数小时。

4. 监测鼻饲管位置 在喂养以前,必须确定管端的位置。胃内喂养以吸出胃内容物证实;如胃内无内容物或管端在十二指肠或空肠,则依靠 X 线片证实。

5. 胃内喂养时,床头要抬高 30~45cm。每袋/瓶肠内营养液应在 8h 之内输注完毕。间歇输注时,每次喂养后应以 30~50ml 温水脉冲式冲洗饲管。

6. 实验室检查 定期监测血生化指标包括血清总蛋白、清蛋白、前清蛋白、运铁蛋白、视黄醇结合蛋白、血清总胆固醇等。肝功能如丙氨酸转氨酶,肾功能如血尿素氮;血糖、尿糖、酮体等;血清电解质如钾、钠、氯、钙、镁、磷等;其他如血红蛋白、淋巴细胞总数。有条件还可以作免疫功能的监测,观察疗效。

7. 根据各指标的变化特点,结合临床用药情况,定期检查血钠、钾、钙、磷、镁、总的并发症,及时记录并发症并给予相应的处理。

七、规范化应用肠内营养

(一) 选择肠内营养物质的影响因素

选择肠内营养物质应考虑以下因素:根据病情评估患者的营养状况,确定需要量;根据肠道消化吸收能力,确定营养素的形式。消化功能受损(如胆道梗阻、胰腺炎)或吸收功能障碍(如广泛肠切除、放射性肠炎)的患者,可能需要简单、易吸收的配方(如水解蛋白、肽或氨基酸、低聚糖、低脂);如消化功能完好,则可选择含完整蛋白质、多聚糖或较多脂肪的肠内营养配方。还应考虑患者肠内营养的输注途径,直接输入小肠的营养液应尽可能选用等渗的配方。考虑患者对某些营养物质过敏或不耐受,又不能停止营养支持治疗的,可改用肠外营养。

(二) 营养教育

肠内营养能否顺利实施,提高肠内营养耐受性,其中患者营养教育及规范操作是其关键。患者营养教育是最为重要的营养干预措施,内容大致包括营养筛查与评估的目的,解释血液及生化检验结果,完成生活质量评估,讲解营养知识,提出营养建议,讨论个体化营养干预目标,回答患者及其亲属的问题,共同制定营养治疗方案,监督实施情况及反馈。

(三) 肠内营养临床应用总结

实施肠内营养支持治疗时,要注意掌握"12345"核心内容。

1. 一个原则,即个体化原则。根据每一位患者的实际情况选择合适的营养制剂及其量、输注途径及方法。

2. 了解两个不耐受,胃不耐受及肠不耐受。前者多与胃动力有关,后者多与使用方法不当有关。

3. 观察上、中、下三个部位 上,即上消化道表现,如恶心、呕吐;中,即腹部,观察腹痛、腹胀、肠型、肠鸣音;下,即下消化道表现,如腹泻、便秘,大便次数、性质与形状。

4. 特别重视四个问题 即误吸、反流、腹胀、腹泻。

5. 注意五个度 输注速度、液体温度、液体浓度、耐受程度(总量)及坡度(患者体位)。

第四节 肠 外 营 养

一、概述

临床营养治疗中,如果患者无法通过胃肠道吸收营养素或摄取的营养无法满足机体需求时,则肠外营养是可靠的营养治疗方式。

肠外营养是指通过肠道外的通路(静脉途径)输注营养素来提供机体所需的能量,包括氨基酸、脂肪、碳水化合物、维生素及矿物质,改善营养状态,并使胃肠道得到充分休息的营养治疗方法。可分为中心静脉营养和周围静脉营养两种,前者多由上腔静脉穿刺置管,而周围静脉营养多由外周静脉穿刺置管,多在病人肠内营养摄入不足的情况下应用。

临床上,根据病人的营养需求程度,可将肠外营养分为完全肠外营养和部分肠外营养,完全肠外营养是指患者所需要的营养物质全部由静脉途径输注提供,而无任何肠内营养输入。当患者肠内营养不足时,部分机体能量的需求由肠外营养来补充,被称为部分肠外营养。

肠外营养可以避免可能出现的肠内营养并发症,可调节补液配方,纠正体液丢失,电解质紊乱,但必须根据患者的需求和代谢能力进行周密计划。

二、肠外营养的临床应用

(一) 适应证

凡是患者存在营养风险或营养不良,肠内营养不可用或者估计1周以上无法经肠道满足60%目标需要量的患者,都有肠外营养治疗的指征。可作为肠内营养的补充或向正常饮食的过渡。

1. 消化系统疾病

(1) 临床上最常应用于肠梗阻、消化性溃疡、消化道出血、重症胰腺炎等消化系统疾病的患者,尤其对于需要禁食超过1周的,需要胃肠得到充分休息的情况。

(2) 胃肠消化吸收障碍时,比如短肠综合征、炎症性肠病、顽固性恶心呕吐的患者。

(3) 消化道瘘,特别是高位小肠瘘的患者,为防止水和电解质紊乱、感染及脓肿等情况发生,需要启动肠外营养。

2. 高代谢或应激状态,如大手术的围手术期、大面积的烧伤、多发性创伤等。

3. 重要器官功能衰竭,如严重的肝、肾衰竭患者因水肿、营养不良等无法经肠道摄取充足营养。

4. 严重营养不良肿瘤患者,大剂量化疗、放疗患者。

5. 其他,如妊娠剧吐,神经性厌食也是肠外营养的适应证。

(二)禁忌证

1. 生命体征不稳定时,如严重的器官功能衰竭,严重的水电解质代谢紊乱。

2. 胃肠道功能正常或有一定的胃肠道功能,且经肠道摄入的营养能够满足目标量90%以上者。

3. 患者一般状况较好,预估需要肠外营养时间少于5d者。

4. 需急诊手术者。

5. 营养支持治疗对疾病转归无明显益处的情况,如恶性肿瘤终末期患者。

6. 预估发生肠外营养并发症的危险性极大者。

(三)停用指征

当肠道功能逐渐恢复时,肠内营养可提供大于60%能量及蛋白质目标需要量时,可逐渐停止肠外营养。当出现肠外营养禁忌证时,如肠外营养并发严重胆淤、高甘油三酯血症等,需要停用。

三、肠外营养制剂

因静脉输注途径,故肠外营养制剂需要无菌、无毒、无热原、适宜的pH和渗透压、良好的相容性、稳定性、无菌无热原包装等基本要求。

肠外营养主要根据病人的年龄、性别、体重、体表面积以及病情需要等进行配制,提供患者每日所需的能量及各种营养物质,维持正常代谢。其制剂的组成成分均是中小分子营养素,包括氨基酸、脂肪、糖类、多种维生素、微量元素、水和电解质等,必须按需求量来提供。

(一)主要营养成分

1. **氨基酸**　氨基酸是肠外营养的氮源,临床上应尽可能选用所含氨基酸种类完整的平衡型氨基酸溶液,对特殊疾病患者选择适用的复方氨基酸溶液,提高氨基酸利用率,维持正氮平衡,促进蛋白质合成。复方氨基酸是根据临床需要以不同模式配制,包括必需氨基酸和某些非必需氨基酸。同时应提供足量非蛋白热卡,以保证氨基酸能被机体有效利用。

肠外营养时推荐的氨基酸摄入量为 $1.2\sim1.5g/(kg\cdot d)$,机体处在严重分解代谢状态下时需要量可增至 $2.0\sim2.5g/(kg\cdot d)$。

2. **脂肪**　肠外营养中所应用的脂肪多是经卵磷脂乳化制成的脂肪乳剂,进入机体后,脂肪乳剂颗粒立即获得游离胆固醇载脂蛋白与胆固醇酯,其组成结构与代谢与人体乳糜微粒相同。脂肪乳剂是肠外营养中较理想的能源物质。常用的脂肪乳剂有长链脂肪乳剂、中/长链脂肪乳剂、含橄榄油的脂肪乳剂以及含鱼油的脂肪乳剂。不同的脂肪乳剂各有其特点。重症患者选用中/长链脂肪乳剂较选用长链脂肪乳剂更有助于改善氮平衡。

肠外营养中脂肪乳剂应占30%~40%总热卡,每天剂量为每千克体重0.7~1.3g甘油三酯。含脂肪乳剂营养液的输注速度不宜过快,输注时间可在16h以上,最好能够24h均匀输注,输入太快可能出现急性反应,如发热、畏寒心悸、呕吐等。

3. **糖类**　葡萄糖是肠外营养中最主要的能源物质,到目前为止,葡萄糖也是肠外营养液中添加的唯一糖类。肠外营养时葡萄糖的供给量一般在 $3\sim3.5g/(kg\cdot d)$,供能约占总热卡的50%。经周围静脉输注葡萄糖浓度不超过10%。而高浓度(25%~50%)葡萄糖渗透压高,只能经中心静脉途径输注,若经周围静脉输注容易导致血栓性静脉炎。由于机体利用葡萄糖能力有限,推荐成人葡萄糖的最大输注速度为 5mg/(kg·min),若输入太快,可发生高血糖、糖尿及高渗性脱水等情况。

4. 水和电解质　水、电解质对人体内环境稳定、各种酶的活性和神经肌肉的应激性均有重要作用。水的需要量与能量的摄取量有关,成人每提供 1kcal 热量需要 1ml 的水,婴儿是 1.5ml/kcal,成人每天大约需水 2 500~3 000ml,如有额外丢失,需要及时补充。

常用的肠外营养的电解质溶液有 10% 氯化钠、10% 氯化钾、10% 葡萄糖酸钙、25% 硫酸镁及有机磷制剂等。在无额外丢失的情况下,按生理需要量补给即可。电解质的补给量不是固定不变的,因病人的病情及血清和 24h 尿中的电解质结果予以调整用量。

5. 维生素和微量元素　一般提供生理需要量,有特殊营养需求的病人,如烧伤,肠瘘等需要额外补充。

(二) 营养液配制

肠外营养配方分个体化配方和标准化配方。所谓个体化配方是指针对个体病人的特殊病情、代谢和年龄等特点而形成的。标准化配方是指可适用于多数无明显代谢紊乱、病情相对单纯的营养不良病人或高风险者,临床上多用即用型预混式多腔袋形式的标准化配方。

肠外营养最主要的是掌握好营养液的用量。首先需要确定当天拟补充的总能量、总氮量及总入水量,再根据总能量和入水量来确定葡萄糖液的浓度及量,根据总氮需要量来选用合适的氨基酸液,最后加入适量电解质、复合维生素及微量元素,其中电解质按病情而定,后二者则给予每天常规需要量即可。

为输入的营养物质在体内获得更好的代谢、利用,减少污染等并发症,多将各种营养制剂混合配制后输注,称为全合一营养液系统。

四、肠外营养的给予方式

(一) 给予途径

肠外营养的输注途径主要有中心静脉和周围静脉途径。中心静脉适用于需要长期(超过 2 周以上)肠外营养或需要高渗透压营养液的病人,2 周以内者经外周静脉肠外营养支持。周围静脉途径可以选择走向直且粗大、远离关节的进行穿刺,首选上肢远端。

临床上常用的静脉导管穿刺点各有特点:①经锁骨下静脉比较常用,易于活动和护理;②经颈外静脉,其静脉瓣多,不易置入;③经颈内静脉较常见,但转颈和贴敷料稍有受限;④经股静脉导管易感染;⑤经外周静脉至中心静脉(PICC):贵要静脉较头静脉容易置入,是最直和最直接的途径,经腋静脉、锁骨下静脉、无名静脉,至上腔静脉,感染率低,但穿刺点不如头静脉表浅,需触摸定位;⑥经外周静脉 / 中心静脉皮下埋置导管,用于肿瘤终末期患者。

周围静脉输注操作比较简单,并发症少而轻,但是不能耐受高渗透液体,长期应用会引起静脉炎。中心静脉有留置时间长、减少穿刺次数、并发症发生率较低的特点,可输入高渗液体,但是如果护理不当可能会引起导管阻塞、血栓性静脉炎等并发症,故应严格按规范操作。

(二) 输注方式

肠外营养的输注方式有重力滴注和泵输注两种。泵输注可精确计算输注速度和用量多用于危重病人。

肠外营养的输注有持续输入法和循环输入法。前者是指一天营养液在 24h,对机体能量的供给处于持续状态,对代谢及内环境的影响较少。但是输注速度不能过快,一般 1ml/min 开始,然后根据患者反应及耐受性调整速度。后者多在营养液稳定的基础上,缩短输入时间,此法适用于病情稳定、需要长期肠外营养、肠外营养素量无变化的患者。

(三) 注意事项

输注时间越长,肠外营养应用时间越长,静脉的损伤越大,可能导致或加重相应并发症。需要注意:①导管皮肤入口处的伤口每天换药 1 次,检查有无红肿热或渗出等炎症情况;②检查留置的导管体外段的长度,有无导管脱出情况;③周围静脉应选用较粗血管,每天更换使用不同的静脉,减少静脉炎的发生;④输入营养液的中心静脉导管不应做抽血、输血、临时给药及测量中心静脉压等其他用途;⑤营养输液管道每天更换,更换时要夹闭静脉导管,防止空气进入管内。

五、肠外营养的并发症及防治

肠外营养的并发症主要有静脉导管相关并发症、代谢性并发症、脏器功能损害,大多数是可以预防和处置的。

(一)静脉导管相关并发症

分为非感染性并发症及感染性并发症两大类,前者多与中心静脉导管的置入技术及护理有关,常见有气胸、血胸、血肿,损伤动脉、神经以及空气栓塞等。借助 X 线检查可确定深静脉导管放置部位,需要严格按照操作规程和熟练掌握操作技术。在营养液配制过程、输入过程及导管置入状态均易发生感染。导管性败血症是肠外营养常见的严重并发症。在中心静脉营养治疗过程中突然出现寒战高热,需要考虑是否为导管性败血症,排除其他原因后,可拔除旧导管,改为周围静脉营养替代,并作相关细菌培养,必要时应根据药物敏感试验配合抗生素治疗。

(二)代谢并发症

肠外营养时营养液直接进入血液循环,如果过量或不足均可引起或加重机体代谢紊乱和器官功能异常,如低血糖、高血糖、电解质及酸碱代谢失衡、氨基酸代谢紊乱、高脂血症、必需脂肪酸缺乏、再喂养综合征、维生素及微量元素缺乏症等。电解质紊乱在肠外营养时较易发生,最常见的是低钾、低镁及低磷。这类并发症多与治疗方案选择不当、对病情动态监测不够或未及时纠正有关。另外,需要注意长期应用肠外营养可出现骨钙丢失、骨质软化症、骨质疏松症、高钙血症、尿钙排出增加、四肢关节疼痛甚至骨折等佝偻病表现,称之为代谢性骨病。

(三)脏器功能损害

1. **肝脏损害**　营养液用量越大,肝功能异常的发生机会就越多。主要病理改变为肝脏脂肪浸润和胆汁淤积,一般表现为转氨酶和碱性磷酸酶升高。随着中/长链脂肪乳、结构脂肪乳制剂的开发应用,肝功异常已不再是肠外营养的禁忌证。

2. **肠道并发症**　长期禁食使肠内缺乏食物刺激、肠道激素的分泌受抑制、肠道黏膜屏障功能受影响,导致肠道细菌易位而引发肠源性感染。较长时期的肠外营养,特别是不能经口摄食者,容易发生胆囊结石及肠道黏膜萎缩。

六、肠外营养的监测

为预防并发症的发生或及早发现有关并发症,需要对进行肠外营养治疗的患者进行全面系统持续的动态监测,以防发生严重后果。同时也可以了解治疗效果,调整治疗方案。

(一)临床观察内容

每天测生命体征、体重、记录 24h 液体出入量。观察患者神志及精神情况,有无水钠潴留或脱水,有无黄疸等。

(二)导管护理情况

胸部 X 线监测导管是否置入正确部位。每天检查导管有无扭曲或脱出,皮肤出口处有无红肿等感染迹象,导管插入部位应每天做局部皮肤严格消毒处理。

(三)实验室监测

1. **常规监测指标**　血糖、血清电解质包括血清钾、钠、氯、钙、镁、磷浓度,在开始使用肠外营养治疗前 3 天,应每天测 1 次,待测定值稳定后可改为 1 周 1~2 次;尿糖每天测定 2~4 次;每周查 1~2 次血常规、肝肾功能;每周或每 2 周查 1 次血脂、凝血酶原时间等;开始时每天测 1 次血气分析,稳定后在必要时监测。

2. 特殊监测指标

（1）对于危重患者，如有明显钠、钾代谢紊乱时，需每天测定 1 次 24h 尿钠和尿钾的排出总量。

（2）怀疑患者有血液高渗情况时，应及时测血清渗透压，也可按下列公式估算。血清渗透压（mmol/L）=2［血清钠（mmol/L）+ 血清钾（mmol/L）］+ 血糖（mmol/L）+ 血清尿素氮（mmol/L）。

（3）对于肠外营养治疗超过 2 周的患者，可以每 1~2 周行 B 超探测胆囊容积、胆汁稠度等情况，结合肝功能评估肝胆系统是否受损或有无淤胆情况。

3. 营养监测指标　主要包括体重、上臂围、肱三头肌皮褶厚度、肌酐 / 身高指数、血浆清蛋白浓度、血清运铁蛋白浓度、免疫功能试验（血白细胞计数、皮肤超敏反应）等。

（1）每周测量 1~2 次体重，可直接反映成人的营养状况。

（2）测量上臂围即上臂中点周径，可反映全身骨骼肌蛋白含量的变化；每周 1 次测量三头肌皮褶厚度，可反映全身脂肪储量变化。

（3）可每 2 周测定 1 次肌酐 / 身高指数：测定 24h 尿液中肌酐排出量，除以理想肌酐值。如小于 0.8 提示营养不良。

七、规范化应用肠外营养

合理的肠外营养治疗可以改善患者的临床结局，临床实践中需要综合考虑疾病严重程度、机体代谢情况及营养治疗的方式，选择合理的营养液成分配制及输注途径，需要遵循个性化原则，使患者获益最大化。1972 年法国 Montpelier 的 Solassol 和 Joyeux 介绍，为使肠外营养更方便，将营养液配方中所有的营养素混合在一个容器中，即目前肠外营养规范化应用所提倡的全合一系统，进行经中心静脉、外周静脉或外周 - 中心静脉输注。

（荣　爽　焦广宇　任菁菁）

思考题

1. 营养教育与营养咨询的概念分别是什么？有什么区别和联系？
2. 营养教育和营养咨询是如何开展的？
3. 医院膳食主要包括哪几方面内容？请简述各自的适应证。
4. 选择肠内营养物质应考虑哪些因素？
5. 肠外营养的并发症及相应处置措施有哪些？

|第八章| 常见慢性病的营养干预

本章要点
1. **掌握** 常见慢性病的营养治疗原则。
2. **熟悉** 常见慢性病的膳食指导。
3. **了解** 常见慢性病的营养代谢特点。

第一节 慢性阻塞性肺疾病

一、概述

慢性阻塞性肺疾病(chronic obstructive pulmonary disease,COPD)是一种对有害气体和/或有害颗粒发生异常气道炎症反应的慢性呼吸道疾病,肺功能的特征性表现为气流受限且不完全可逆,即吸入支气管舒张剂后1秒钟用力呼气容积(FEV_1)与用力肺活量(FVC)之比仍然<70%。COPD与慢性支气管炎和肺气肿有着密切的联系,通常也可以认为后两种疾病出现气流受限且不完全可逆时可诊断为COPD。WHO估计,到2020年COPD将成为世界第三大死亡原因,该病容易遭到肺炎链球菌的侵袭而导致肺炎,可引起急性呼吸衰竭,严重者危及病人生命。

COPD主要症状:常晨间咳嗽明显,夜间有阵咳或排痰,痰一般为白色黏液或浆液性泡沫性痰,偶可带血丝。急性发作期痰量增多,可有脓性痰。早期在劳力时出现,后逐渐加重,以致在日常活动甚至休息时也感到气短,是COPD的标志性症状。部分患者特别是重度患者或急性加重时出现喘息。晚期患者有体重下降、食欲减退等。

COPD诊断:主要根据吸烟等高危因素史、临床症状、体征及肺功能检查等综合分析确定。不完全可逆的气流受限是COPD诊断的必备条件。吸入支气管舒张药后FEV_1/FVC<70%及FEV_1<80%预计值可确定为不完全可逆性气流受限。有少数患者并无咳嗽、咳痰症状,仅在肺功能检查时FEV_1/FVC<70%,而FEV_1≥80%预计值,在除外其他疾病后,亦可诊断为COPD。

二、营养代谢特点

COPD是呼吸系统最常见的慢性疾病,吸烟与大气污染是COPD发病的主要因素之一。

COPD合并营养不良的发生率很高,稳定期营养不良的发生率约占20%,而急性发作期营养不良发生率可超过50%。营养不良对COPD患者的主要影响表现以下几个方面:营养不良可使病人骨骼肌和膈肌萎缩,直接损害病人的呼吸肌力量和膈肌功能,使病人通气动力减弱。许多权威机构制定的相关诊疗指南中均强调:体重下降和骨骼肌功能障碍、去脂体重减少是COPD预后不良的重要指标之一,且不受肺功能影响。COPD合并营养不良的机制十分复杂,主要原因是由于以下两方面:

1. **能量摄入不足**   部分 COPD 病人由于心、肺功能不全和进食活动受限,限制了其能量和营养物质的摄入,尤其在疾病的中、晚期或急性发作期,病人的食欲锐减,能量摄入严重不足;在 COPD 的中晚期由于长期慢性缺氧、二氧化碳潴留和心功能不全,导致胃肠道淤血和积气。

2. **机体能量消耗和分解代谢增加**   近年来发现部分 COPD 病人具有超高能量代谢的特点,其基础能量消耗、运动的生热效应、食物的热效应等均比正常人为高。其在急性发作期,由于体温升高、组织氧耗增加、蛋白质加速分解的热效应以及糖异生等因素导致病人能量消耗显著增加。另外 COPD 病人经常合并呼吸道感染,在急性感染时机体产生应激反应,导致一系列神经内分泌改变。如血中肾上腺素、去甲肾上腺素、儿茶酚胺,血中皮质醇、生长激素、甲状腺素、抗利尿激素水平升高,胰高血糖素明显增加,而胰岛素分泌则明显受到抑制。以上这些改变引起机体糖原分解和糖异生加速、脂肪动员及周围组织蛋白质分解增加。

3. **药物影响**   如抗生素、平喘等药物的长期使用会影响病人的食欲。

三、营养治疗原则

慢性阻塞性肺疾病的膳食营养治疗建议采用高蛋白质、高脂肪、低碳水化合物的膳食。

1. **能量**   临床上测定能量需求和消耗的标准方法是间接测热法,通过间接测热卡仪测量呼吸的氧耗量（VO_2）和二氧化碳产生量（VCO_2）,计算出静息能量消耗（rest energy expenditure,REE）。同时,由于间接测热法设备昂贵,导致其无法普遍应用。长期以来,临床上一直沿用 Harris-Benedict 公式［估算机体的基础能量消耗（BEE）］,并以此作为营养支持治疗时的基本供热量的依据。病人每日总能量的需求应考虑基础能量消耗、活动及疾病等因素。其公式为:

（1）BEE 的计算可采用 Harris-Benedict 公式计算

男:66.473+（13.751 6 × 体重 kg）+（5.003 3 × 身高 cm）-（4.675 6 × 年龄）

女:665.095+（9.563 4 × 体重 kg）+（1.849 6 × 身高 cm）-（4.675 6 × 年龄）

（2）COPD 病人能量需要可按下列公式计算

能量 =BEE × C × 1.1 × 活动系数

公式中 C 为校正系数,用于校正较高的基础能量消耗,男性为 1.16,女性为 1.19;1.1 为纠正 COPD 病人体重减轻,增加 10%BEE;活动系数按卧床状态为 1.2、轻度活动为 1.3、中度活动为 1.5、剧烈活动为 1.75。

COPD 急性加重期患者,急性应激期进行营养支持可采用"允许性低热量喂养"的原则［83.7~104.6kJ/（kg·d）］,在应激与代谢状态稳定后,能量供给量需要适当增加［125.5~146.4kJ/（kg·d）］。

2. **蛋白质**   由于 COPD 病人蛋白质分解代谢亢进,为促进合成代谢应供给充足的蛋白质,尤其注意支链氨基酸的供给,因为支链氨基酸可改善呼吸肌的收缩力。但应避免过度摄入蛋白质,蛋白质摄入过多可增加呼吸驱动力并使病人产生呼吸困难。蛋白质每日摄入量应为 1.0~1.5g/kg,占全日总能量的 15%~20%,当病人继发呼吸道感染,甚至呼吸衰竭等应激状态时,能量消耗增加,蛋白质的热能比可适当提高至 30%。亦可根据 24h 尿素氮排出量来评价其分解代谢状况及能量需要（表 8-1）。

表 8-1   高分解代谢状态病人的能量和蛋白质需求

24h 尿素氮排出量 /g	能量供给（BEE+%REE）	蛋白质需求 /（g/d）
<5	BEE+0	1.0 × 体重
5~10	BEE+（0~20%）REE	（1.0~1.2）× 体重
10~15	BEE+（20%~50%）REE	（1.2~1.5）× 体重
>15	BEE+（>50%）REE	1.5 × 体重

3. 脂肪 脂肪的呼吸商在三大营养物质中最低,故高脂饮食可减少 CO_2 的生成,从而降低通气的需求。但脂肪过高会加重消化道负担引发消化不良。对 COPD 稳定期的病人脂肪供能应占全日总能量的 20%~30%,应激状态管饲营养时,脂肪供给量可相应增加,以 40%~45% 为宜,适当添加中链脂肪酸,以提高脂肪的代谢率及利用率。

4. 碳水化合物 呼吸商最高,在体内代谢产生较多 CO_2,故碳水化合物不易供给过高,稳定期可占总能量的 50%~60%,而在应激状态下供给量应在 40% 以下,因为碳水化合物可导致或加重体内 CO_2 潴留,使呼吸困难症状加重,从而加剧呼吸衰竭。

5. 维生素与矿物质 COPD 病人体内抗氧化剂水平降低,如维生素 A、维生素 C、维生素 E 及 β- 胡萝卜素、辅酶 Q 等,故饮食中应供给富含此类营养素的食物必要时可给予肠内营养制剂以应对机体高代谢状态。COPD 患者合并代谢紊乱,易出现电解质缺乏和紊乱,血钙、镁、磷水平下降,维生素 D 的缺乏等,可导致心律失常、肢体抽搐、骨质疏松、神志异常等,应注意补充、及时纠正。一些必需微量元素铜、铁、硒等具有抗氧化作用,可抑制肺部炎症反应,应注意补充。

6. 水 由于病人呼吸困难及气促可引起水分丢失过多,体内缺水易致痰液黏稠而不易咳出,应保证机体水分的补充,不能经口摄入足够水分者,可通过管饲或静脉补足。每日至少饮水 2 500~3 000ml,这样能够促使痰液稀释,利于咳出,改善咳嗽、咳痰症状。

7. 膳食纤维 按中国居民膳食指南推荐量供给 25~35g/d。

8. 产热营养素比例 食物摄入后氧化释放能量时会产生一定量的二氧化碳,二氧化碳的产生量与氧耗的比值称为呼吸商。如某食物的呼吸商是 1,即 1 分子葡萄糖产生 1 分子的二氧化碳。脂肪的呼吸商仅为 0.7,蛋白质的呼吸商为 0.8,碳水化合物的呼吸商为 0.8。

9. 根据 COPD 病人的特点,全日总能量分多次供给,增加餐次,以避免食欲下降和高能量负荷所致的通气需要增加。

10. 补充与特异性营养支持有关的营养成分,如精氨酸、谷氨酰胺、核苷酸等。有文献研究显示,谷氨酰胺和重组人生长激素联用,对于改善 COPD 患者急性加重期的营养状态及免疫功能有显著作用。

四、膳食指导

COPD 患者应选择营养丰富、含热量高的食物,以最大化保证热量及营养物质的摄入,同时尽量减少过多水分的摄入。

第二节 高 血 压

一、概述

高血压(hypertension)分为原发性高血压和继发性高血压,其发病与环境、膳食、睡眠及体重均有一定相关性,其中高血压发病与盐的过多摄入已引起临床广泛的重视。高血压病是常见病,患者在接受药物治疗前,应该重视营养治疗,其原则包括限制钠的摄入,适当增加钾、钙的摄入均有利于高血压病的防治。

高血压不仅是心血管病的一个独立的危险因素,而且也是一种常见的慢性病,已经成为全球性的公共卫生问题。目前,估计全球有超过 15 亿人患有高血压。研究表明,与血压值低于 120/80mmHg 相比,血压值在 (120~139)/(80~89)mmHg 范围时极易进展为临床高血压,其心血管病的发病和死亡风险也显著增加。

高血压病既是一种疾病又是多种疾病的危险因素。其确切的发病机制至今还没有一个完整统一的认识,目前对其认识主要集中在以下环节:①交感神经系统活性亢进;②肾性水钠潴留;

③肾素 - 血管紧张素 - 醛固酮系统（RAAS）激活；④细胞膜离子转运异常；⑤胰岛素抵抗等。久病可以引起多系统损害，导致心脏、肾脏、脑、眼等的实质病变和血管病变，并引起脏器功能不全及衰竭。

大多数起病缓慢、渐进，一般缺乏特殊的临床表现。约 1/5 患者无症状，仅在测量血压或发生心脑等并发症时才被发现，一般常见症状有头晕、头痛、颈项板紧、疲劳、心悸等，呈轻度持续性，多数症状可自行缓解，在紧张或劳累后加重，也可出现视力模糊、鼻出血等较重症状。典型的高血压头痛在血压下降后即可消失。高血压患者可以同时合并其他原因的头痛，往往与血压高度无关。高血压患者还可以出现受累器官的症状，如胸闷、气短、心绞痛、多尿等。另外，有些症状可能是降压药的不良反应所致。

目前结合中国实际情况，高血压诊断标准仍采用收缩压≥140mmHg 或舒张压≥90mmHg 的标准，降压目标值为收缩压 <140mmHg 和舒张压 <90mmHg。

二、营养代谢特点

高血压的发生与很多矿物质元素有关：

1. **钠**　钠以食盐的形式被广泛应用于烹饪。钠不仅可以维持人体细胞渗透压，而且还参与调节体液的酸碱平衡。高血压的发病与每日钠的摄入量有关，如每日摄入食盐 10g 者，高血压发病率约为 8.6%；每日摄入食盐 26g 者，高血压发病率可高达 39%。当人体摄入含钠较高的食物会增加对钠的吸收，并促使其在人体内积蓄，导致血容量增加，心脏收缩加强，血管平滑肌细胞反应增强，同时也增加肾脏负荷以排出过量的钠和水。钠还会增加血管对升压物质的敏感性引起小动脉痉挛、外周血管阻力增高，而导致高血压。长期的高血压未能有效控制还会损害肾脏，当肾脏功能受损时，钠的摄入量更需调整。过多的钠潴留体内还易导致水肿，甚至发生心功能不全。

2. **钾**　钾对人体内酸碱平衡起着重要的作用。钾不仅可减少体内钠的不良作用，能阻止过多食盐引起的血压升高，这可能与肾素释放减少相关。钾对轻型高血压具有调节作用，饮食中增加钾摄入量有利于水与钠的排出，对防治高血压有一定的好处。

3. **钙**　钙的摄入量与血压呈负相关，当钙摄入不足，在细胞外液中的钙含量相对较低，致使血管壁平滑肌细胞膜的通透性增加，细胞外的钙向细胞内流，促使平滑肌细胞收缩，阻力增加使血压上升。钙还与血管的收缩和舒张有关，当钙摄入量增加时，促进钠的排泄可以降低血压。

高血压病营养治疗是综合治疗中十分重要的组成部分。合理营养可以减轻高血压症状，降低和稳定血压，预防高血压并发症。在做好营养治疗基础上，可以减少降压药物的用量，从而减轻药物的不良反应。

三、营养治疗原则

（一）减少或限制钠的摄入

高血压的发病与钠过多摄入直接有关，因此应尽可能减少钠盐的摄入量。世界卫生组织推荐钠盐摄入量应小于 5g/d。高血压患者血压易受钠盐影响，推荐每日摄入量应低于 2 000mg。

（二）适当增加钾与钙的摄入

钾与钙的合理摄入有利于高血压的防治。每日的钾摄入量要保证，成年人 3.5~4.7g，特别在多尿、多汗时，要及时监测补充钾。钙可以缓解血管平滑肌的收缩，增加尿钠的排泄，有利于血压的降低，建议摄入量为 800~1 000mg/d。

（三）控制能量

高血压病患者中部分合并超重或肥胖症。超重或肥胖症患者是高血压的高危人群，做好高血压的防治，首先要控制体重，使体重维持在标准体重的 ±5%。三大营养素供能比例为蛋白质 10%~15%，脂肪 20%~30%，碳水化合物 55%~60%。

(四)营养护理

1. 积极开展营养健康教育　对高血压患者要主动地开展健康教育或营养咨询,设法加强患者的主动参与意识。尤其应教会患者控制每日膳食钠的摄入量,并适量增加钾摄入量,正确推荐富含钠、钾、钙的食品。

2. 普及高血压病的防治　高血压是常见病,通过膳食营养治疗往往可以减少药物治疗的剂量,理想控制高血压,从而减少高血压的并发症,如高血压肾病、高血压脑病及高血压心脏病,积极做好预防。一旦发生这些并发症不仅病人深受痛苦,而且会给社会、家庭带来很大的经济负担,如留有后遗症则生活很有可能不能自理,影响生活质量。

3. 加强饮食心理护理　高血压病人常见有抑郁症,对疾病产生恐惧感、缺乏信心,特别是重症高血压病人与治疗效果欠佳等病人,有时会产生对饮食的某种嗜好或过度摄入食物来缓解自己的不良心理状态。医护人员应要关照重视病人与规范治疗、定期复查,并学会作病情记录,寻找与高血压有关的饮食、社会、环境、运动等因素,在医生指导下及时调整治疗方案,有效控制高血压。

四、膳食指导

(一)宜选食物

富含钾的食物,如瓜子、青椒、黑枣、番茄、香蕉等;富含钙的食物如牛奶、虾皮、鱼、蛋等;富含镁的食物如香菇、菠菜、桂圆等。

(二)少选或忌选食物

酒精饮料、过咸食品或腌渍食品,如榨菜、咸菜、咸肉等。每日盐控制在3g左右,少用味精、酱油及辛辣调味品。

第三节　冠　心　病

一、概述

冠心病(coronary heart disease)是冠状动脉粥样硬化致血管腔阻塞导致心肌缺血缺氧而引起的心脏病。其危险因子有高血压、脂代谢异常、糖尿病、肥胖症、膳食不平衡、吸烟等。营养治疗是通过膳食中各种营养素的合理调整,预防动脉粥样硬化的发生和发展,防止冠心病的病情恶化。对危险因子进行饮食干预治疗可防止疾病反复,减少死亡率,延长寿命。

(一)病因和发病机制

不合理的饮食结构和不良的饮食习惯是诱发冠心病的根本原因,然而现阶段人们的生活水平提高,机体摄入丰富多样的食物后会不断地增加热量,这也是导致高血脂、高血糖、糖尿病患者不断增加的原因,进而诱发冠心病。诱发冠心病的主要因素包括高血压、吸烟、高血脂、糖尿病。

1. 高血压　高血压与冠心病的关系非常密切,根据相关数据统计在冠状动脉粥样硬化患者中伴有高血压人群占60%以上,通常情况下高血压合并冠心病患者的血压值与正常人相比高4倍以上。高血压容易导致患者左心室肥厚,并随病程延长而加重。其并发症(糖尿病、高脂血症)的出现,会加重对心脏的伤害。

2. 吸烟　吸烟者患冠心病的概率是正常人的3~4倍。吸烟人群患冠心病的危险明显增加应引起高度重视。

3. 高血脂　总胆固醇、甘油三酯、低密度脂蛋白(或极低密度脂蛋白)的升高是冠心病发病的主要原因,而高密度脂蛋白中亚组分Ⅱ降低,则会提高冠心病的发病率。高血脂能够导致纤维蛋白溶酶原激活剂的抑制剂增多,并导致纤溶性下降,加大冠心病的危险率。因此,在对患者进行冠心病冠脉病变预测时,可以根据患者的高脂蛋白水平进行评定。

4. 糖尿病　糖尿病患者患上冠心病的风险较高,是正常人的 7~8 倍。由于糖尿病患者的代谢混乱、血红蛋白糖化、血小板功能异常,促进糖尿病变性微血管与大血管发生病变,并伴随神经与心肌病变,诱发冠心病。

(二) 临床表现

1. 心肌梗死　由于冠状动脉斑块破裂,在血管内形成血栓,从而形成心肌梗死。心肌梗死的典型症状包括:患者出现全身发热症状,心跳加速,患者体内白细胞迅速增加,红细胞沉降率较快,患者体内心肌酶活力有所增高,患者还会容易出现恶心、呕吐、上腹胀痛、肠胀气、呃逆等现象,严重者更会导致昏迷。该疾病通常持续的时间较长、容易导致患者烦躁不安。值得注意的是,一部分患者在患病期间无症状显示,一部分患者的疼痛不典型,因此很容易造成误诊,在诊断的时候必须要多加留意。

2. 心绞痛　心绞痛是由于冠状动脉的供血不足,从而引起心肌缺血和缺氧情况。该症状主要发生在 40 岁以上的男性身上。另外,由于生活劳累、情绪激动、受寒等情况下,也很容易诱发心绞痛。心绞痛的主要发病部位在于患者的胸骨体上段。在患病期间,患者经常有压榨性和窒息性疼痛,在疼痛的过程中,痛感会影响到左肩和左上肢。心绞痛严重者更会出现濒死感,因此必须多加留意。

3. 缺血性心肌病　缺血性心肌病主要是因为冠状动脉粥样硬化导致人体心肌的供血量不足,部分心肌逐渐出现坏死现象,最终导致纤维组织增生。

4. 猝死　猝死是冠心病中最严重的表现。常因发生冠状动脉痉挛,导致心肌缺血严重,并引起严重的室颤,该症状的预后情况不良。

(三) 诊断

根据典型心绞痛的发作特点和体征,含用硝酸甘油后缓解,结合年龄和存在冠心病危险因素,除外其他原因所致的心绞痛,一般即可建立诊断。发作时心电图检查可见以 R 波为主的导联中,ST 段压低,T 波平坦或倒置,发作过后数分钟内逐渐恢复。心电图无改变的患者可考虑作心电图负荷试验。发作不典型者,诊断要依靠观察硝酸甘油的疗效和发作时心电图的改变,或作 24h 的动态心电图连续监测。诊断有困难者可行放射性核素心肌显像、MDCT 或 MRI 冠脉造影,如确有必要可考虑行选择性冠状动脉造影。

二、营养代谢特点

(一) 胆固醇和低密度脂蛋白胆固醇

胆固醇在冠心病的进展中起着核心作用,血清总胆固醇 >5.2mmol/L 时,其发病风险至少增加一倍。

(二) 脂肪

脂质和脂蛋白有重要的影响。主要致动脉粥样硬化的脂蛋白是低密度脂蛋白(LDL),血清 LDL 升高,促进动脉粥样硬化,与发生冠心病的危险性呈正相关。其机制主要是血中的 LDL 滤过动脉内膜进入内膜下间隙,促进斑块形成。凡是年龄大于 40 岁人群,每天要注意限制饱和脂肪酸的摄入,避免血胆固醇增高。要多选用不饱和脂肪酸摄入,因其有增加胆酸合成,促进胆固醇分解而降低血胆固醇的作用。

(三) 碳水化合物

碳水化合物摄入超过了生理需要量,将以糖原的形式储存,最终转变为脂肪,在脂肪组织中 90% 以上的能量以甘油三酯的形式存在。过多的碳水化合物摄入易导致血中的甘油三酯升高。甘油三酯水平增高可能会导致形成小的致密的 LDL 颗粒,从而会增加冠心病的危险性,同时还可伴有较低的 HDL 水平,这也是冠心病的危险因素。蔗糖和果糖有可能促使甘油三酯的增加,应注意限制摄入。中老年人群胰岛功能对超负荷碳水化合物摄入的血糖调节能力较差,有可能会导致糖耐量减退或糖尿病,这也增加患冠心病的风险。

(四)膳食纤维

膳食纤维中可溶于水的膳食纤维可降低血胆固醇水平,主要通过吸附胆固醇,阻碍胆固醇吸收和促进胆酸的排泄,减少了胆固醇的合成。

三、营养治疗原则

(一)营养治疗原则

1. **控制总能量**　一般患者宜以低于标准体重的 5% 供能,对超重或肥胖症者应以标准体重供能。在冠心病发生急性心肌梗死时,能量摄入更应严格控制,原则上每天供能一般在 1 000kcal 左右,以减轻心脏的负担。

2. **限制脂肪摄入**　每天脂肪的摄入量中动物脂肪应低于 10%。胆固醇的日摄入量应低于 300mg。如脂代谢异常者则日摄入量应低于 200mg。40 岁以上血脂正常者,也应避免过多食用动物性脂肪和高胆固醇的食物,如肥肉、动物内脏、鱼子、蟹黄等。提倡选用低脂肪低胆固醇食物,如鸡肉、鱼肉、鸭肉、豆腐等。

3. **适量碳水化合物和蛋白质**　尽量少选用单糖和双糖食品,肥胖者的蛋白质供给要注意动物性蛋白和植物性蛋白的合理搭配。动物性蛋白摄入时饱和脂肪酸和胆固醇的摄入也相应增加,故动物性蛋白摄入量应占总蛋白摄入量的 30%~50%。大豆制品有助于降低血胆固醇的水平,可提倡食用。

4. **适当增加膳食纤维摄入**　多选富含水溶性纤维的食物,如燕麦、荚豆类、蔬菜类等,能使血浆胆固醇水平降低 5%~18%。但要注意过量膳食纤维摄入会影响对某些矿物质和微量元素的吸收。

5. **补充维生素**　维生素能改善心肌代谢和心肌功能。维生素 B_6 能降低血脂的水平。维生素 C 不仅能使部分高胆固醇血症者血胆固醇水平下降,还能增强血管的弹性,保护血管壁的完整性而防止出血。尤对心肌梗死患者,维生素 C 能促进心肌梗死的病变愈合。维生素 E 是抗氧化剂,能防止脂质过氧化,改善冠状动脉血液供应,降低心肌的耗氧量。在平时应注意补充富含维生素 B 族、维生素 C、维生素 E 的食物。

6. **限制盐的摄入**　盐的主要元素是钠,部分冠心病患者患有高血压,应坚持每日盐摄入量低于 5g。部分人群合并心功能不全,临床表现有水肿现象,更应采用低钠饮食,以减轻水肿与减轻心脏负担。

(二)营养护理

1. **积极开展健康教育**　对冠心病患者及其高危人群,要积极主动开展健康讲座。加强患者主动参与冠心病防治和提高自我保健意识,尤其是掌握科学饮食,知晓总能量限制的重要性,增加膳食纤维摄入的好处及补充维生素的必要性,以防止严重并发症发生,减轻医疗费用,减少死亡率。

2. **纠正不良的生活习惯**　避免暴饮暴食可防止人体内血流速度增加,加重心脏负担,诱发心绞痛或心肌梗死;选用清凉的食物,忌用热性食物,保持稳定的情绪、良好的心态、乐观的精神有利于病情的稳定和康复;少用咖啡和浓茶,同时要做到工作有序,劳逸结合,睡眠充足,避免过劳;主动适量参加体育锻炼,活动量可因人而异,宜安排散步、太极拳、保健操等,既可防止肥胖又可锻炼心脏功能。

3. **宣传戒烟与控烟**　吸烟会促进肾上腺释放儿茶酚胺,增加血小板黏稠度,易诱发心律失常甚至猝死。吸烟时吸入一氧化碳使碳氧血红蛋白增加,影响了血携氧能力,易出现心肌缺氧,加重冠心病。戒烟或控烟可预防动脉硬化。

四、膳食指导

(一) 宜选食物

增加富含维生素 B、维生素 C、维生素 E 的食物,多吃新鲜不同颜色的时令蔬菜类、水果类,如芹菜、莴苣、茭白、芦笋、青辣椒、西红柿、香菇、木耳、洋葱、大蒜、苹果、梨、香蕉、橘子、猕猴桃等;干果类,如开心果、杏仁、核桃等。

(二) 少选或忌选食物

动物性食物和胆固醇高的食物,如肥肉、动物内脏、鱼子、蟹黄、油条、炸鸡腿、炸鸡翅及腌渍品、咸肉、咸鱼、腐乳、咸菜等。高糖饮料、碳酸饮料、咖啡与浓茶。

第四节　脑　卒　中

一、概述

卒中(stroke)为脑血管疾病的主要临床类型,包括缺血性卒中和出血性卒中,以突然发病、迅速出现局限性或弥散性脑功能缺损为共同临床特征,为一组器质性脑损伤导致的脑血管疾病。脑卒中具有发病率高、致残率高、死亡率高和复发率高的"四高"特点。

我国第三次死因抽查显示,脑血管疾病以 22.45% 的死亡率位列我国疾病死因第一位。我国每年死于脑血管疾病近 300 万人,高于欧美国家 4~5 倍,是日本的 3.5 倍,甚至高于泰国、印度等发展中国家;发病率以每年 8.7% 的速率上升,复发率超过 30%,5 年内再次发生率达 54%;脑卒中患者幸存者中 75% 不同程度丧失劳动能力,40% 重残。

(一) 病因和发病机制

1. 发热　发热是导致进展性卒中的主要原因,尤其是在发病 24h 内,体温升高对脑损伤更严重。患者发热可导致机体发生多种变化,因此诱发进展性卒中的机制也十分复杂。

2. 感染　感染主要以炎症反应的方式参与卒中进程,可表现为白细胞数量增加、黏附,聚集和活性细胞因子级联反应等。感染可导致患者出现凝血功能亢进,血管内皮功能紊乱,粥样硬化斑块不稳定性增高和促进动脉粥样硬化形成,因此需引起临床医生的充分重视。有研究指出,进展性卒中与肺部感染具有显著相关性,此外,巨噬细胞病毒和单纯疱疹病毒感染等均可促进卒中进展。

3. 血糖　持续的血糖升高是导致脑梗死扩大的关键因素,并与神经功能的恶化息息相关。糖尿病患者的高血糖和高胰岛素血症可通过抑制 tPA,进而促进纤溶酶原激活物抑制剂的合成与释放,对纤溶系统活性进行抑制,这将利于进展性卒中的发生与恶化。研究发现糖尿病可导致卒中进展的发生风险增加 1.9 倍。

4. 血压　血压异常是进展性卒中另一大高危因素,血压过高或过低,均与卒中进展存在密切关联。对这一因素加以分析,发现如患者出现动脉粥样硬化,血压下降可导致狭窄远端血流灌注下降,并促使半暗带血供加重,导致侧支循环不良部位出现新发梗死,推动脑卒中的发生与进展。

5. 医源性因素　可诱发脑卒中的医源性因素较多,主要是临床治疗措施或药物选择不当。如针对脑梗死急性期的患者,通常会出现血压升高,这是十分常见的机体应激反应,如采取不当的降压治疗,则会促进脑卒中进展。针对急性脑卒中患者,应用甘露醇等脱水剂治疗,应选择恰当时机,一般为发病后 24h,如使用过久或用药过晚均可加重脑损害。过度抗凝或滥用抗凝剂则可明显增加出血发生率,并可造成栓子脱落,加重脑损害,应引起临床医生充分重视。

(二) 临床表现

1. 突然发生的偏侧肢体乏力或者麻木,或者其他的感觉异常。

2. 出现言语的问题,表现为言语表达的问题,对语言的理解出现了问题。

3. 凝视,眼睛看东西的时候,方向可能朝一方看事物。

4. 发生突发的、剧烈的、爆裂样的头痛,同时合并恶心呕吐和意识障碍。

5. 视野出现了缺损。

(三) 诊断

根据《中国急性缺血性脑卒中诊治指南 2014》的定义,急性缺血性脑卒中(急性脑梗死)诊断需符合如下标准:急性起病;局灶神经功能缺损(一侧面部或肢体无力或麻木,语言障碍等),少数为全面神经功能缺损;症状或体征持续时间不限(当影像学显示有责任缺血性病灶时),或持续 24h 以上(当缺乏影像学责任病灶时);排除非血管性病因;脑 CT/MRI 排除脑出血。

二、营养代谢特点

(一) 分解代谢增加

作为一种应激源,卒中可在基因、分子和细胞水平启动机体内一系列复杂的级联反应,促使下丘脑 - 垂体 - 肾上腺轴以及交感神经系统激活,最终导致糖皮质激素和儿茶酚胺分泌增多,激发脂肪、蛋白质等大量分解。

(二) 神经功能缺损

卒中可累及脑内相关功能区,导致患者肢体、吞咽、认知等功能障碍,使患者能量摄入不足,显著增加患者营养不良的发生率。

(三) 肠道功能紊乱

卒中可导致肠黏膜屏障发生缺氧、缺血等障碍,影响机体的消化和吸收功能,致使患者营养不良发生率增高。

(四) 年龄

随着年龄的增加,消化吸收功能降低,导致营养素摄入不足。

(五) 精神心理因素

卒中可能使患者对进食或疾病产生恐惧、抑郁等异常情绪,导致患者摄食不足。

(六) 照护人营养知识缺乏或看护不当

患者长期摄入不足导致的营养不良。

三、营养治疗原则

(一) 能量

脑卒中患者的基础能量消耗约高于正常人的30%。建议能量摄入为83.68~146.44kJ(35kcal)/(kg·d),再根据患者的身高、体重、性别、年龄、活动度、应激状况进行系数调整。稳定期患者的能量供给量可与正常人相同,体重超重者应减少能量供给。发病后能量需要量应按照公式"BEE × 活动系数"计算。

(二) 蛋白质

脑卒中患者的蛋白质摄入量至少 1g/(kg·d),存在分解代谢过度的情况下(如有压疮时)应将蛋白摄入量增至 1.2~1.5g/(kg·d)。动物蛋白与植物蛋白比例为 1∶1 左右。

(三) 脂肪

总脂肪能量占一天摄入总能量的比例不超过 30%,对于血脂异常的患者,不超过 25%。

(四) 碳水化合物

在合理控制总能量的基础上,脑卒中患者膳食中碳水化合物应占每日摄入总能量的 50%~65%。

(五) 维生素、矿物质

均衡补充含多种维生素和矿物质的食品和特殊医学用途配方食品,尤其是富含维生素 B_6、维生素 B$_{12}$、维生素 C、叶酸等维生素的食品,预防微量元素的缺乏并降低患者的发病风险。

(六) 膳食纤维

脑卒中患者膳食纤维每日摄入量可为 25~30g/d,卧床或合并便秘患者应酌情增加膳食纤维摄入量。

(七) 胆固醇

限制胆固醇摄入,每日不超过 300mg,血脂异常者不超过 200mg。

(八) 水

无限制液体摄入状况下,在温和气候条件下,脑卒中患者每日最少饮水 1 200ml,对于昏迷的脑卒中患者可经营养管少量多次补充,保持水电解质平衡。

四、膳食指导

(一) 宜用食物

1. 含优质蛋白丰富的食物,如乳类及其制品、豆类及其制品。
2. 新鲜蔬菜、水果,尤其是各种绿叶类蔬菜,如菠菜、油菜、空心菜、生菜、莴笋叶等。
3. 脑血管疾病患者临床常用肠内营养制剂为安素、能全素等,其供能营养素均为水解蛋白、游离脂肪酸(含中链脂肪酸)与糊精,且不含乳糖。

(二) 忌(少)用食物

肥肉、动物油、动物内脏、鱼子、食用糖、糖果、咸菜、腌渍食物、熏酱食物、油炸食物、烟、酒、茶叶、咖啡、辛辣调味品等。

第五节 慢 性 肝 炎

一、概述

肝炎是指各种原因引起的,以肝实质细胞变性坏死为主要病变的肝功能损害。根据病程长短可分为急性肝炎和慢性肝炎;根据发病原因又可分为病毒性肝炎、酒精性肝炎、药物性肝炎、自身免疫性肝炎、代谢障碍引起的肝炎以及原因不明的肝炎等。虽然病因不同,但各种类型的肝炎营养治疗原则相似。

(一) 病因和风险因素

目前按病原学明确分类的有甲型、乙型、丙型、丁型和戊型五型肝炎病毒。慢性肝炎除肝炎病毒以外,还可由以下病因导致:化学药物和毒物、酒精中毒、营养不良等。

(二) 临床表现

如果急性肝炎迁延半年以上,反复乏力、食欲差、肝大压痛、低热、血清肝酶活性反复波动,其他肝功能基本正常则为慢性迁延性肝炎。若慢性活动性肝炎,则消化系统症状明显,肝大中等以上,可伴有肝掌、蜘蛛痣、进行性脾大,肝功能多项异常。

二、营养代谢特点

慢性肝炎的营养代谢特点国内外报道较少。慢性肝炎患者在病情稳定期肝功能基本正常,营养状况和物质能量代谢指标也大致在正常范围。

三、营养治疗原则

(一) 营养治疗原则

1. **能量** 能量供给要防止过剩和不足,能量过剩不仅加重肝脏负担,也易发生肥胖、脂肪肝和糖尿病。一般是 30~35kcal/(kg·d),可根据患者卧床休息或体力活动情况增减。

2. **蛋白质**　病毒性肝炎不仅能引起血浆清蛋白水平下降,重症肝炎更能引起多种血浆蛋白代谢紊乱。供给足量的优质蛋白质可提高酶的活力,改善肝细胞脂肪浸润,以利于肝细胞修复和肝功能恢复。通常采用高蛋白膳食,蛋白质 1.5~2.0g/(kg·d),占总能量的 15% 以上,优质蛋白占50%。另外,蛋白质代谢过程中产生一些废物,如超出肝肾功能负担,可使血氨升高,成为肝性脑病的潜在诱因。因此,不仅要多选用优质蛋白质,而且还要注意保持各种氨基酸的适当配比,供给产氨少的蛋白质。大豆蛋白中含支链氨基酸较多,是肝炎患者良好的蛋白质来源。甲硫氨酸、胆碱、卵磷脂称为抗脂肪肝物质。

3. **脂肪**　肝炎患者血中亚油酸浓度下降,食用植物油,可供给必需脂肪酸。患淤胆型肝炎者容易发生脂肪痢,减少脂肪摄取可以改善症状。发生严重脂肪痢时,可采用中链甘油三酯作为烹调油。通常脂肪占总能量 20%~25%。

4. **碳水化合物**　碳水化合物能促进肝脏对氨基酸的利用、增加肝糖原的储备、增强肝细胞抗毒能力和维护肝微粒体酶的活性。但过多的碳水化合物易转化为脂肪积存,引起高脂血症及肥胖。一般每天供给 300~400g/d 的碳水化合物,或占总能量 60%。

5. **维生素**　膳食中应摄入富含维生素 B_1、维生素 C、维生素 E、维生素 K 等的食物,有利于肝细胞的修复、解毒功能的增强和免疫能力的提高。

6. **矿物质**　硒是谷胱甘肽过氧化物酶的组成成分,参与机体自由基的清除。锌作辅酶参与体内重要生物酶的组成,如 DNA 的复制、超氧化物歧化酶(SOD)的合成。

7. **忌酒及含酒精饮料、辛辣及强烈刺激的调味品、霉变食物**

8. **少食多餐**　每日可用 4~5 餐,减少肝脏负担。

(二) 营养治疗的实施

若患者有厌食、食欲减退或脂肪吸收障碍时,不宜强迫进食。食物供给宜量少、质精和易消化;尽可能照顾患者口味,并注意其吸收利用情况,如进食过少,可采用肠内营养及肠外营养加以补充,以满足患者营养需要。

四、膳食指导

慢性肝炎患者宜采用蒸、炖、煮、烩、熬等方法,食物柔软、易消化,忌用油炸、煎和熏制食品。

第六节　消化性溃疡

一、概述

消化性溃疡(peptic ulcer,PU)是指在幽门螺杆菌感染、胃酸过多或胃肠道黏膜保护作用减弱等因素导致胃肠道黏膜被胃酸和胃消化酶消化而发生的溃疡,好发于胃和十二指肠,也可发生在食管下段、小肠、胃肠吻合术后的吻合口以及异位胃黏膜,其中以胃溃疡(gastric ulcer,GU)和十二指肠溃疡(duodenal ulcer,DU)最常见。食物中不同营养成分可影响胃酸和胃消化酶分泌,在消化性溃疡的不同病理生理表现应适应性调整营养治疗方案。

消化性溃疡是一种常见病,病因多样,发病具有一定的季节性,易影响患者进食和食物的消化。严重颅脑疾病或创伤下以及不规律的生活方式及心理应激等也会引起应激性溃疡。

消化性溃疡常以慢性中上腹痛、反酸为典型症状,疼痛的特征为慢性、周期性、节律性。腹痛发生与餐后时间的关系认为是鉴别胃与十二指肠溃疡病的临床依据。胃溃疡的腹痛多发生在餐后半小时左右,而十二指肠溃疡则常发生在空腹时,制酸剂常能缓解疼痛。常见并发症有消化道出血、穿孔、幽门梗阻和癌变,易合并贫血或营养不足。

二、营养代谢特点

(一)食物对消化性溃疡发生的影响

饮食对胃分泌功能的影响主要在于某些食品及调味品具有刺激胃酸分泌的作用,如咖啡、浓茶、酒精、黑胡椒、大蒜、丁香、辣椒、肉汤和蛋白胨等,尤其对于十二指肠球部溃疡患者,能引起强烈的胃酸分泌。消化性溃疡的发生、发展与膳食因素密切相关。膳食中的脂肪能抑制胃排空,使食物在胃中停留过久,促进胃酸分泌,加剧胆汁反流,可诱发或加重溃疡。过分粗糙的食物,过咸食物,过冷/过热饮食及饮料都可引起胃黏膜物理和化学性的损伤。不规则进餐也可破坏胃分泌的节律,削弱胃黏膜的屏障作用。酒精对胃黏膜有直接损伤作用,并可消耗体内大量的能量,引起胃黏膜的营养障碍和屏障功能削弱。进食时的情绪变化会导致胃功能紊乱而发生溃疡。

(二)食物对抗溃疡药的影响

H_2-受体拮抗剂对食物刺激的分泌酸作用的抑制取决于所用 H_2-受体拮抗剂的剂量及用药时间。在小剂量应用时,抑制作用可被食物刺激的泌酸作用所超过。质子泵抑制剂的抑酸作用时间较长可能较少受到食物刺激的泌酸作用的影响。进食期间(大量壁细胞被食物激活而泌酸)服用质子泵抑制剂将能更充分地发挥其抑制作用。研究还证明,餐前 15~30min 为最佳服药时间。因为食物刺激可使贮备的质子泵进入分泌膜激活,这一过程若与质子泵抑制剂的吸收峰相平行,则其抑酸效果最佳。也有研究报道进餐同时添加一些酸性饮料,诸如果汁或酸奶等,或许可有促进营养素吸收的作用。

三、营养治疗原则

1. **能量及其构成**　患者能量摄入在 25~35kcal/(kg·d),以维持适宜体重为目标,三大产能营养素配比合理。蛋白质每日的摄入量占总能量的 10%~15%,脂肪的每日摄入量占总能量的 20%~25%,碳水化合物产能占总能量的 55%~60%。

2. **蛋白质**　供应与健康人基本一致,蛋白质可促进溃疡愈合;但蛋白质消化产物具有增加胃酸分泌作用,要避免摄入过多。可选择易消化的蛋白质食品,如豆腐、瘦肉、鸡肉、鱼肉、鸡蛋、牛奶等。

3. **脂肪**　脂肪摄入量应适量,注重脂肪酸摄入平衡。脂肪有抑制胃酸的作用,但可刺激胆囊收缩素分泌,导致胃排空延缓和胆汁反流。

4. **碳水化合物**　碳水化合物对胃酸的分泌没有明显的作用,是消化性溃疡患者能量的主要来源。因单糖和双糖可刺激胃酸分泌,建议少选用含单、双糖的食物。

5. **膳食纤维**　膳食纤维在口腔中被充分咀嚼后可刺激唾液的分泌,可对胃黏膜起保护作用。因而,患者膳食纤维需求量与健康人基本一致,每日 20~35g。但在消化性溃疡发作期应减少膳食纤维摄入量。

6. **微量营养素**　矿物质的供应与健康人基本一致,需要量可参考中国居民营养素参考摄入量中的 RNIs 或 AIs 来确定。服用 H_2 受体阻滞剂时会减少铁的吸收,故还应提供富含铁的食物。过多的钠会增加胃酸的分泌,患者每天食盐摄入应控制在 6g。富含维生素 A、B 族和维生素 C 的食物有助于修复受损的胃黏膜和促进溃疡愈合。

7. **水**　水的需要量与健康人基本一致,应保证每日饮水约 2 000ml。

四、膳食指导

1. **消化性溃疡急性期发作时,或出血刚停止后的患者**　饮食特点是完全流体状态,或到口中即溶化为液体。食物宜选用富含易消化而无刺激性的食品,以蛋白质和糖类为主。可选用米汤、水蒸蛋、蛋花汤、藕粉、杏仁茶、豆腐脑、牛奶、豆浆,或者全营养特殊医学用途配方食品。

2. **消化性溃疡病情已稳定、自觉症状明显减轻或基本消失的患者**　饮食特点是少渣半流体状态。食物选择仍应为极细软、易消化、营养较全面的食物。除流质食物外，还可食虾仁粥、清蒸鱼、软烧鱼、氽鱼丸、面条、碎嫩菜叶等；主食可用馒头片、面包、大米粥、面片汤、馄饨、挂面等。每日 5~6 餐。

3. **消化性溃疡时不宜或需避免的膳食**　应避免机械性和化学刺激性食物：不宜食用含粗纤维多的食品，如粗粮、干黄豆、茭白、竹笋、雪菜、芹菜、韭菜、藕、黄豆芽、金针菜，以及坚硬食物如火腿、香肠、蚌肉等；不宜食用产气多的食物，如生葱、生蒜、生萝卜、洋葱、蒜苗等；忌用强刺激胃酸分泌的食品和调味品，如浓肉汤、肉汁、味精、香料、辣椒、咖喱、浓茶、浓咖啡和酒等；食品不宜过分味鲜（加调味品）、过冷、过热、过硬、过酸、过甜和过咸。烹调方法宜选用蒸、煮、氽、烧、烩、焖等方法，不宜采用爆炒、滑溜、干炸、生拌、烟熏、腌腊等法。

第七节　炎症性肠病

一、概述

炎症性肠病（inflammatory bowel diseases，IBD）是一组病因未明的慢性非特异性肠道炎症的总称，可分为溃疡性结肠炎（ulcerative colitis，UC）和克罗恩病（Crohn disease，CD）两个亚型。患者以年轻人居多，男女发病率无明显差异。饮食和营养不但与炎症性肠病（inflammatory bowel diseases，IBD）起病相关，而且贯穿了疾病的治疗、诱导缓解和康复等各个阶段。

（一）疾病危险因素及临床表现

IBD 病因不明，基因和环境因素均参与疾病发生。肠道菌群改变和通透性增加导致肠道免疫功能紊乱在 IBD 的发生过程中占十分重要的作用。饮食风险因素主要包括精制糖、含果糖的糖浆或软饮料、饱和脂肪酸、"红肉"等。以消化系统症状表现为主，最常见为腹痛、腹泻和腹部肿块或持续或反复发作的腹泻、腹痛和黏液血便；伴里急后重和不同程度的全身症状。有些患者表现为不同程度的发热、消瘦和贫血。

（二）诊断

IBD 的诊断缺乏"金标准"，诊断需结合临床表现、内镜、影像学以及病理组织进行综合分析。

二、营养代谢特点

1. **能量代谢**　缓解期 IBD 患者的能量需求与健康成年人并无明显差异。但活动期 IBD 患者代谢率是否增加尚存争议。疾病活动期的基础代谢较静止期增强，其原因与炎症反应、活动期体温升高和体温升高导致的心动过速有关。疾病导致的摄入量减少、消化吸收功能降低和肠道丢失增加均导致患者出现负能量平衡。利用间接测热法估算患者的能量需求仍然是最准确的方法。对于无法或没有条件进行间接测热法的患者，也可以利用能量预测公式进行估算。日均供能在 25~30kcal（105~125kJ）/（kg·d）能够满足绝大多数 IBD 患者的能量需求。

2. **蛋白质代谢** IBD　一般认为缓解期的 IBD 患者与普通人群的蛋白质需求无明显差异，日均蛋白质摄入量在 1.0g/（kg·d）即可维持氮平衡。而疾病活动期则要求增加至 1.2~1.5g/（kg·d）方可满足患者需要。

3. **糖代谢**　中重度营养不良的 IBD 患者其糖代谢的调节功能降低。感染、使用激素时可导致 IBD 患者出现应激性高血糖。

4. **铁代谢**　膳食铁摄入减少、肠道消化吸收铁能力减弱以及肠黏膜溃疡致慢性失血均是 IBD 患者铁缺乏的重要原因。除上述因素外，IBD 患者还存在铁的生物利用度降低以及维生素 B_{12} 和叶酸的缺乏，从而加重贫血症状。对于存在轻度缺铁性贫血的非活动性 IBD 患者，首选口服补充有机铁制剂；但对于不能耐受或者存在口服禁忌证、血红蛋白低于 100g/L 或需使用促红细胞生成素的患者,应考虑静脉补铁。静脉补铁可以使患者血红蛋白和铁储备更快地恢复正常。补铁剂量依据性别、基础血红蛋白水平和体重进行计算。但如果患者并无铁缺乏而盲目进行补铁可能增加患者感染性并发症的发生。如果患者同时存在叶酸和维生素 B₁₂ 的缺乏,可同步进行补充。

5. 维生素和微量元素 应按成人日均需要量供给。建议对活动期或使用激素治疗的 IBD 患者常规测定血浆钙和维生素水平;对明确存在严重丢失或缺乏的患者应增加补充剂量。

三、营养治疗原则

可采用经口营养补充及管饲肠内营养的方法补充足够的能量。当肠内营养不能满足需要时,可给予补充性肠外营养。确诊为肠道梗阻、出血、严重腹泻无法使用肠内营养时,可考虑使用全肠外营养(total parental nutrition,TPN)。

四、膳食指导

保护性饮食因素主要为蔬菜、水果、鱼和膳食纤维。在摄入天然食物时应遵循"个体化"和"无伤害"原则。IBD 患者的饮食原则包括:自我监控和管理;规避可能加重症状的食物;补充新鲜的蔬菜和水果,适当限制饱和脂肪酸和 n-6 多不饱和脂肪酸。

第八节 糖 尿 病

一、概述

糖尿病(diabetes mellitus)是由遗传因素、内分泌功能紊乱等各种致病因子作用,导致胰岛功能减退、胰岛素抵抗等而引发的糖、蛋白质、脂肪、水和电解质等一系列代谢紊乱综合征。临床上以高血糖为主要特点,分为 1 型糖尿病、2 型糖尿病、妊娠糖尿病以及其他特殊类型糖尿病四种类型。医学营养治疗是临床条件下对糖尿病的营养问题采取的特殊干预措施,包括对患者进行个体化营养评估、营养诊断、制订相应的营养干预计划并在一定时期内实施及监测,是糖尿病及其并发症的预防、治疗、自我管理以及教育的重要组成部分。医学营养治疗通过调整营养素结构,有利于血糖控制,有助于维持理想体重并预防营养不良发生。

(一) 病因

糖尿病的病因和发病机制尚未完全阐明。糖尿病不是单一疾病,而是复合病因引起的综合征,是包括遗传及环境因素在内的多种因素共同作用的结果。胰岛素由胰岛 β 细胞合成和分泌,经血液循环到达体内各组织器官的靶细胞,与特异受体结合并引发细胞内物质代谢效应,这整个过程中任何一个环节发生异常均可导致糖尿病。最常见的 2 型糖尿病是由多个基因及环境因素综合引起的复杂病,在遗传因素和环境因素共同作用下所引起的肥胖,特别是中心性肥胖密切关系;因胰岛素抵抗和胰岛素分泌不足引起的葡萄糖毒性和脂毒性,可在糖尿病发生发展过程中所出现的高血糖和脂代谢紊乱可进一步降低胰岛素敏感性并损伤胰岛 β 细胞功能。

(二) 临床表现

1. 代谢紊乱症状 渐见乏力、消瘦、儿童生长发育受阻;为了补偿损失的糖,维持机体活动,患者常易饥、多食,故糖尿病的临床表现常被描述为"三多一少",即多尿、多饮、多食和体重减轻,同时可伴有皮肤瘙痒。血糖升高较快时可使眼房水、晶体渗透压改变而引起屈光改变致视力模糊。然而,也有许多患者无任何症状,仅于化验时发现高血糖。

2. 糖尿病并发症和 / 或伴发病 包括急性严重代谢紊乱,如糖尿病酮症酸中毒和高血糖高渗状态;感染并发症;慢性并发症,包括大血管病变、糖尿病肾病、糖尿病性视网膜病变等微血管病变;神经系统并发症;糖尿病足等。

二、营养代谢特点

糖尿病饮食治疗的作用应当起到控制血糖、血脂,预防或延缓并发症的发生与发展。维持正常体重,使肥胖者减体重以改善身体对胰岛素的敏感性;使消瘦者体重增加,增强对疾病的抵抗力,最终维持健康,使患者从事正常的活动。现代糖尿病的饮食治疗采取控制食物总热能、降低饱和脂肪、摄取适量优质蛋白、相对提高碳水化合物的摄入,有效控制血糖。

血糖升高后因渗透性利尿引起多尿,继而口渴多饮;外周组织对葡萄糖利用障碍,脂肪分解增多,蛋白质代谢负平衡。血糖升高较快时可使眼房水、晶体渗透压改变。

三、营养治疗原则

(一) 能量

采用通用系数方法,按照[105kJ(25kcal)~126kJ(30kcal)]/kg 标准体重 /d 计算推荐能量摄入,再根据患者身高、体重、性别、年龄、活动度、应激状况等进行系数调整。

能量控制对于糖尿病乃至预防糖尿病相关风险均至关重要。一方面要求符合中国居民膳食推荐摄入量,满足营养需求,防止营养不良的发生;另一方面需要控制相应的能量摄入,以期达到良好的体重以及代谢控制。能量摄入的标准,在成人以能够达到或维持理想体重为标准;儿童青少年则保持正常生长发育为标准;妊娠期糖尿病则需要同时保证胎儿与母体的营养需求。

最理想的基础能量需要量测定为间接能量测定法,并结合患者的活动强度、疾病应激状况确定每日能量需要量。但由于间接能量测定法受仪器、环境等因素的限制,也可以采用多元回归的经验公式进行估计,或者采用通用系数方法,每人按照 25~30kcal/kg IBW/d 计算基本能量摄入推荐,再根据患者的身高、体重、性别、年龄、活动度、应激状况调整为个体化能量标准。

由于近 60% 的糖尿病患者属于超重或肥胖,因此其能量推荐标准需要考虑能量平衡代偿和减肥等因素。短期研究表明,适度减肥可使 2 型糖尿病患者胰岛素抵抗减轻,并有助于改善血糖和血脂状况,降低血压。长期研究(≥52 周)表明,药物减肥对于 2 型糖尿病患者,可适度减轻体重,降低 HbA1C 水平。运动不但具有减肥效果,还可改善胰岛素敏感性、降糖及有助于长期维持减肥效果等功能。但是,大多数人不能长期坚持减肥计划,这与中枢神经系统在调节能量摄入和消耗方面发挥重要作用有关。运动结合饮食生活方式调整,有更好的减肥效果。极低能量饮食(≤800kcal/d),可迅速减轻 2 型糖尿病患者体重、改善血糖和血脂状况。但该疗法非常难以坚持且终止后容易出现体重反弹。因此,极低能量饮食不适宜用于长期治疗 2 型糖尿病,应当考虑结合其他生活方式干预措施。根据患者的体型和理想体重,估计每日能量供给量,见表 8-2。

表 8-2　成年糖尿病患者每日能量供给　　　　　　　　　　单位:kJ(kcal)/kg

体型	卧床	轻体力劳动	中体力劳动	重体力劳动
消瘦	105~125(25~30)	146(35)	167(40)	188~209(45~50)
正常	84~105(20~25)	125(30)	146(35)	167(40)
肥胖	63(15)	84~105(20~25)	125(30)	146(35)

注:标准体重参考 WHO1999 计算方法:(男性)标准体重 =(身高 cm−100)×0.9(kg);(女性)标准体重 =(身高 cm−100)×0.9(kg)−2.5(kg)。

(二) 脂肪

每日摄入总脂肪量占总能量比不超过 30%,对于超重或肥胖者,总脂肪不超过 25%。饱和脂肪酸占每日总能量比不超过 10%,反式脂肪酸不超过 1%。适当提高多不饱和脂肪酸摄入量,但占总能量不宜超过 10%。单不饱和脂肪酸每日摄入占总能量比 10%~20% 为宜。限制高胆固醇食物摄入。

（三）蛋白质

占总能量的 15%~20%，成年患者推荐 0.8~1.0g/（kg·d），其中至少 1/3 来自动物类食物和 / 或大豆制品。临床糖尿病肾病者应进一步限制总蛋白质入量。

（四）碳水化合物

占总能量的 50%~60%。多选择低血糖指数 / 血糖负荷（GI/GL）食物，限制精制糖摄入。中国营养学会在普通人每日膳食推荐量中提出碳水化合物应占成人每日摄入总能量的 55%~65%，糖尿病患者的碳水化合物推荐摄入量比普通人群略低。除碳水化合物的摄入量外，食物种类、淀粉类型（直链淀粉和支链淀粉）、烹调方式和时间以及加工程度等对餐后血糖均有影响。

食物血糖指数（GI）可用于比较不同碳水化合物对人体餐后血糖反应的影响。欧洲糖尿病营养研究专家组以及 WHO 均推荐低 GI 食物。低血糖指数食物包括燕麦、大麦、谷麦、大豆、小扁豆、豆类、裸麦粗（粗黑麦）面包、苹果、柑橘、牛奶、酸奶等。

临床研究表明，蔗糖引起的血糖升高幅度并不比相同能量的淀粉引起的升幅更高，因此，不必因为担心蔗糖会加重高血糖，而绝对禁止糖尿病患者摄入蔗糖或含蔗糖的食物。在制订和实施饮食计划时，也可用其他碳水化合物食物替代蔗糖。此外，仍需考虑伴随蔗糖同时摄入的其他营养素（例如脂肪）的入量，应注意避免过多的能量摄入。在糖尿病患者中，用部分果糖代替饮食中的蔗糖或淀粉，也可降低餐后血糖反应。但需要指出，由于过量果糖不利于血脂代谢，因此不推荐在糖尿病饮食中常规添加大量果糖作为甜味剂。

（五）矿物质、维生素

糖尿病患者容易缺乏 B 族维生素、维生素 C、维生素 D 以及铬、锌、硒、镁、铁、锰等多种微量营养素，应根据营养评估结果适量补充。长期服用二甲双胍者应防止维生素 B_{12} 缺乏。不建议常规大量补充抗氧化维生素制剂。糖尿病患者由于代谢障碍，加之饮食控制，常会引起无机盐和微量元素的代谢紊乱，而这些无机盐和微量元素本身对胰岛素的合成、分泌、贮存、活性以及能量代谢起着重要的作用。

调查研究发现，锌、铬、硒、镁、钙、磷、钠与糖尿病的发生、并发症的发展之间有密切关系。对 2007 年以来观察性研究的 meta 分析显示，钙的低摄入与 2 型糖尿病和代谢综合征的风险增加有关，钙缺乏可能对血糖产生不良影响，联合补充钙与维生素 D 可有助于改善糖代谢，提高胰岛素的敏感性。为预防或纠正无机盐与微量元素的代谢紊乱，医生、营养师和护士应将工作重点放在预防方面，一方面告知糖尿病患者均衡饮食是预防微量元素缺乏的基本办法。另一方面在日常生活中可适当补充含多种微量元素的营养制剂，而非大量补充某一种元素，以免造成代谢失衡，反而对人体有害。

糖尿病患者应认识到从天然来源和均衡饮食中获得维生素以达到每日需求量的重要性。在某些群体中，如老年人、孕妇或哺乳期妇女，严格的素食者，或采用限制能量饮食的个体，可能需要补充复合维生素。

（六）膳食纤维

根据每日摄入能量，推荐膳食纤维摄入量 14g/4 200kJ（1 000kcal）。膳食纤维有助于维持肠道健康，预防疾病发生。高膳食纤维食物具有能量密度低、脂肪含量低、而体积较大的特点。进食膳食纤维含量丰富的食物，有助于预防和治疗肥胖、心血管疾病和 2 型糖尿病。传统的膳食纤维是指植物的结构成分和无能量储存的多聚糖，且不能被人类消化酶水解，其定义的主要依据是物质的化学结构。

膳食纤维又可根据其水溶性分为不溶性膳食纤维和可溶性膳食纤维，前者包括纤维素、木质素和半纤维素等，存在于谷类和豆类的外皮及植物的茎叶部，可在肠道吸附水分，形成网络状，使食物与消化液不能充分接触，减慢淀粉类的消化吸收，可降低餐后血糖、血脂，增加饱腹感并软化粪便;后者包括果胶、豆胶、藻胶、树胶等,在豆类、水果、海带等食品中较多,在胃肠道遇水后与葡萄糖形成黏胶,从而减慢糖的吸收,使餐后血糖和胰岛素的水平降低,并具有降低胆固醇的作用。

2008 年营养与特殊膳食食品法典委员会(Codex Committee on Nutrition and Foods for Special Dietary Uses,CCNFSDU)对膳食纤维给出了最新定义:即膳食纤维是指含 10 个或以上单体单位的碳水化合物聚合体,在人类的小肠不被内源性酶水解。属于下列类别:①作为食品中自然存在的可食用的碳水化合物聚合体。②碳水化合物的聚合体,它是从食品原料中用物理、酶、或化学手段获得的。根据普遍接受的科学证据被证明对人体健康有利。③合成碳水化合物的聚合体,根据普遍接受的科学证据被证明对人体健康有利。豆类、富含纤维的谷物类(每份食物≥5g 纤维)、水果、蔬菜和全麦食物均为膳食纤维的良好来源。总的来说,提高纤维摄入量对糖尿病患者是有利的,首先应鼓励他们达到为普通人群推荐的膳食纤维每日摄入量,即 14g/1 000kcal。

四、膳食指导

(一) 膳食指导原则

1. **平衡膳食**　选择多样化,营养合理的食物,每日推荐摄入谷薯类,蔬菜、水果类,肉、禽、鱼、乳、蛋、豆类,油脂类共四大类食品,做到主食粗细搭配;副食荤素搭配。

2. **合理计划餐次及能量分配**

(1) 糖尿病患者的餐次和每餐的食物量要遵守定时定量、相对稳定的原则,并根据血糖水平和用药情况及时调整。不可一成不变。也不可随心所欲。

(2) 一日 3 餐:适用于症状轻、体重正常的糖尿病患者。3 餐适合于大多数人的工作和生活节奏,也容易坚持。并能和胰腺分泌胰岛素的节律相吻合。将全天的主食、副食、蔬菜、油分成 5 份或 3 份,按早、中、晚餐分配,分别占 1/5、2/5、2/5 或 1/3、1/3、1/3。冬季还可以按照 2/5、2/5、1/5 分配。蔬菜可增加含糖少的,副食应相对固定。3 餐的食量不同,但供应的营养成分应该相同,每餐都应有主食(供应糖类)、副食(供应蛋白质、脂肪和无机盐)、蔬菜(供应维生素、无机盐和膳食纤维)、油(供应脂肪)和水。这就是平衡膳食。

一日 5~6 餐:这种分配方法适用于小孩、孕妇、乳母和病情较重者。那些糖耐量异常或有低血糖反复发作的人也可将全天食物分成 5~6 餐食用。这种方法可使餐后血糖不会升得很高,可减少胰岛素的消耗,减轻胰腺的负担,可使病情稳定。具体方法是,将全天食物量分成 7 份,早餐占 1/7,午餐 2/7,晚餐 2/7,下午 3:00~4:00 吃 1/7,晚睡前 1/7。这种方法既可使餐后血糖不会升得太高,还可预防低血糖。

(3) 加餐:加餐时间最好是上午 9:00~10:00、下午 3:00~4:00 和晚睡前 2h。加餐食物一般用主食。如馒头、咸面包片、苏打饼干、米粥、全麦粥、燕麦粥,也可用无糖牛奶、鸡蛋和无糖豆浆。平时吃 3 餐的患者如遇特殊情况,如远距离乘车、参加庆典活动或参加使人过度兴奋或过度悲伤的活动、加班等,应从 3 餐中留出 25~50g 主食作加餐,预防低血糖的发生。

3. **膳食计划个体化及营养教育**　根据文化背景、生活方式、血糖控制方法及状况、经济条件和教育程度进行合理的个体化膳食安排和相应营养教育。

4. **体力活动**　膳食摄入与体力活动相配合,做到吃动两平衡,保持运动前、中、后适宜的心率,将进食能量与消耗量相匹配,减轻胰岛素抵抗,改善代谢状态。

5. **食物选择**　在严格遵循膳食原则的基础上,严格控制摄入量。根据不同食物的营养特点将常见食物按照类别分为以下几种:

(1) 优选食物:多是低脂食物、高膳食纤维食物或低 GI/GL 食物,但仍应在总能量控制范围内选食。

(2) 限制选择食物:需适量选择的食物或者需要通过烹调方法改进营养价值的食物,包括中等或高 GI 食物、中等脂肪食物、较低膳食纤维食物。

（3）不宜食物：应尽量少吃的食物，包括高脂肪高胆固醇食物、精制糖食物和高 GI 食物以及低膳食纤维食物。

6. 应用 GI/GL 选择食物　在考虑营养平衡总量控制的基础上，将 GI/GL 用于选择富含碳水化合物的食物，如谷薯类、蔬菜、水果类，尽可能多选择低 GI/GL 的食物。

（二）糖尿病患者膳食指导处方的制定

1. 按食物交换份法制定　采用五步法，根据患者身高、体重、活动强度等，计算患者每日需要的总能量，并计算出食品交换份的份数，最终分配至一日三餐。

2. 应用碳水化合物计数法制定　参照四步碳水化合物计数法，安排饮食。同样根据患者身高、体重、活动强度等，计算患者每日需要总能量，按照推荐碳水化合物比例确定每日所需碳水化合物总量，按照食物中所含碳水化合物数量进行分配。

3. 应用专业营养计算软件编制标准化膳食指导处方　目前实际工作中也可按照食物成分表中的各种食物营养素含量，运用专业营养计算软件，将患者个人数据录入后，通过软件自动计算得出标准化的膳食处方。优点是方便、快捷、准确，不足之处在于难以满足复杂病例的个体化要求。

第九节　痛　风

一、概述

痛风（gout）是嘌呤代谢紊乱和/或尿酸排泄减少，血尿酸增高引起组织损伤的一种代谢性疾病。其临床特点为高尿酸血症、反复发作的特征性关节炎、痛风石、间质性肾炎和尿酸肾结石，严重者可致关节强直或畸形及功能障碍。

（一）病因机制

正常人每天产生的尿酸如果生成速率与排出率水平相当，则血尿酸值可保持在恒定状态，如嘌呤合成代谢增高和/或尿酸排泄减少是血清尿酸值增高的重要机制，高尿酸血症分为原发性和继发性两种。

1. 遗传因素　原发性痛风患者中，10%~25% 有痛风阳性家族史，而痛风患者近亲中发现有 15%~25% 患高尿酸血症。高尿酸血症的遗传可能为多基因并受种族、年龄、性别、饮食及肾功能等多种因素影响。

2. 环境因素　凡对嘌呤合成代谢或尿酸生成增加，和/或使尿酸排泄减少的缺陷、疾病或药物产生影响的均可导致高尿酸血症，例如高嘌呤饮食、酒精、饥饿；疾病如肥胖、高血压、慢性肾功能不全、糖尿病；药物如利尿剂、小剂量水杨酸、滥用泻药等。在原发性高尿酸血症和痛风患者中 90% 是由于尿酸排泄减少，尿酸生成多数正常，患者的肾功能其他方面均正常，尿酸排泄减少主要是由于肾小管分泌尿酸减少所致，肾小管重吸收增加亦可能参与。

（二）临床表现

典型的痛风的自然病程一般经历四个阶段：①无症状性高尿酸血症；②急性痛风性关节炎；③间歇期；④痛风石与慢性痛风性关节炎。慢性痛风的诊断依据是病史和痛风石。

二、营养代谢特点

（一）尿酸及嘌呤代谢

人体尿酸来源有两个途径。外源性占 20%，来自富含嘌呤或核蛋白食物在体内的消化代谢；内源性占 80%，是由体内氨基酸、磷酸核糖和其他小分子化合物合成的核酸所分解而来。从食物摄取或体内合成的嘌呤最终代谢产物是尿酸。高尿酸血症主要是内源性嘌呤代谢紊乱、尿酸排出减少与生成增多所致。在原发性痛风中，80%~90% 的发病直接机制是肾小管对尿酸的清除率下降。因尿酸易溶于碱性液中,多食用成碱性食物,可使尿液偏碱性,促进尿酸的排泄。虽然高嘌呤饮食并不是痛风的致病原因,但可使细胞外液尿酸值迅速增高,诱发痛风发作。停止摄入嘌呤,可使痛风患者血尿酸降低 $29.5\sim89.3\mu mol/L(0.5\sim1.5mg/dl)$。

(二) 宏量营养素代谢

高尿酸血症和痛风患者常伴有肥胖和高脂血症。食物中的嘌呤多与蛋白质共存,高蛋白饮食不但嘌呤摄入增多,而且可促进内源性嘌呤的合成和核酸的分解。脂肪摄入过多,血酮浓度增加,会与尿酸竞争并抑制尿酸在肾排泄。碳水化合物丰富,可使 5′- 磷酸核糖增加,继而转化为磷酸核糖焦磷酸(此为嘌呤合成的底物)。不过糖类也有增加尿酸排泄的倾向,并可减少体内脂肪氧化而产生过多的酮体,故应是能量的主要来源。但果糖促进核酸分解,增加尿酸合成,应减少摄入。

(三) 维生素代谢

B 族维生素和维生素 C 可促进组织沉积的尿酸盐溶解,有利于缓解痛风。

三、营养治疗原则

营养治疗应以限制外源性嘌呤的摄入为主要目标,减少尿酸的来源并增加尿酸的排泄,以降低血清尿酸水平,从而减少急性发作的频率和程度,防止并发症。

(一) 适宜能量

患者多伴有超重或肥胖,应控制能量摄入尽量达到或稍低于理想体重,体重最好能低于理想体重 10%~15%。能量供给平均为 25~30kcal/(kg·d)。超重肥胖者应适当减重,减少能量应循序渐进,切忌猛减快速降低摄入,否则引起体脂分解过快会导致酮症,抑制尿酸的排出,诱发痛风急性发作。

(二) 适量蛋白质

食物中的核酸多与蛋白质合成核蛋白存在细胞中,适量限制蛋白质供给可控制嘌呤的摄取。其供给量约为 0.8~1.0g/(kg·d) 或 50~70g/d,并以含嘌呤少的谷类、蔬菜类为主要来源。优质蛋白质优先选用不含或 / 和少含核蛋白的乳类、干酪、鸡蛋等,其次选用适量的肉、鱼、禽类等,肉类烹饪前煮沸弃汤可除去部分嘌呤。

在痛风性肾病时,应根据尿蛋白的丢失和血浆蛋白质水平适量补充蛋白质;但在肾功能不全,出现氮质血症时,应严格限制蛋白质的摄入量。慢性高尿酸血症肾病如出现中度或重度肾功能不全,应给予低蛋白饮食,蛋白质给予 0.6g/(kg·d),其中至少 0.35g/(kg·d) 属高生物效价。如无肥胖等因素,能量应充足,一般给予 30~35kcal/(kg·d),以保证氮正平衡。对大多数患者,钠摄入 1 000~3 000mg(40~130mmol/d),水摄入 1 500~3 000ml,钾不超过 70mmol/d,但应检测各项指标并注意放到个体化。

(三) 低脂饮食

脂肪可减少尿酸排泄,应适量限制,可采用低量或中等量,为 40~50g/d,占总能量的 20%~25%,并用蒸、煮、炖、卤、煲、焯等用油少的烹调方法。

(四) 适量供给碳水化合物

碳水化合物有抗生酮作用和增加尿酸排泄的倾向,故应是能量的主要来源,占总能量的 55%~60%。但果糖会增加痛风的风险,应减少其摄入量。

(五) 充足的维生素和矿物质

各种维生素,尤其是 B 族维生素和维生素 C 应足量供给。尿液的 pH 与尿酸盐的溶解度有关。pH 在 5.0 时,每分钟只能溶解尿酸盐 60mg,而 pH 在 6.6 时,几乎所有的尿酸盐均呈游离状态。急性痛风性关节炎病人尿 pH 最好保持在 6.5~6.8,这样不仅可以防止尿酸盐结晶,而且可以使已形成的尿酸盐结石溶解。由于痛风患者易患高血压、高脂血症和肾病,应限制钠盐摄入,通常用量 2~5g/d。

(六) 水分摄入要充分

每天摄入充足的水分有利于体内尿酸的排出,痛风病人只要肾功能正常,每天饮水应达到

2 000ml 以上,8~10 杯水,伴肾结石者最好达到 3 000ml。睡前或夜间亦应补充水分以防止尿液浓缩。水分摄入应以白开水、淡茶水、矿泉水等为主。近年来研究证实,适量饮用咖啡也是痛风的保护因素。

(七) 戒酒

酒精不仅增加尿酸合成,而且使血乳酸浓度升高,抑制肾小管分泌尿酸,造成肾脏排泄尿酸减少。近年来研究发现,痛风与饮酒的相关性不仅与酒量有关,而且与酒的类型也有关。啤酒与痛风的相关性最强,烈酒次之,中等量以下的红酒并不增加痛风的危险性。啤酒中含有大量嘌呤,且主要是鸟嘌呤核苷。鸟嘌呤核苷比其他核苷、核苷酸或者碱基更容易吸收。另有研究发现,啤酒中来自啤酒花的特殊成分——异葎草酮可能对尿酸代谢有影响。

(八) 适当运动

运动对痛风病人非常重要。适当的运动可预防痛风的发作,减少内脏脂肪,减少胰岛素抵抗。运动的种类包括散步、游泳、健美操、太极拳及羽毛球等有氧运动。注意需避免与体力不相称的剧烈运动,因剧烈运动是无氧运动,可产生大量乳酸与尿酸竞争排泄,同时由于肌肉 ATP 的分解加速而导致尿酸生成增加。

(九) 培养良好的饮食习惯

一日三餐应有规律,也可少食多餐。千万不要暴饮暴食或随意漏餐。烹饪方法也应注意,一些调味品如辣椒、胡椒、芥末及生姜等能兴奋自主神经诱导痛风急性发作,故烹饪时应尽量避免使用。另外,因 50% 的嘌呤可溶于汤内,故肉类煮后弃汤而食可减少嘌呤摄入量。

四、膳食指导

尽管高尿酸血症的发生主要是由于内源性代谢紊乱所致,但高嘌呤饮食可使血尿酸浓度升高,甚至达到痛风病人的水平,常可造成急性痛风性关节炎的发作。一般人日常膳食嘌呤摄入量为 600~1 000mg。在急性期应严格限制嘌呤摄入少于 150mg/d,可选择嘌呤含量低的食物。在缓解期,视病情可适量增选嘌呤含量中等的食物,确保正常平衡膳食。无论在急性期还是缓解期,均应避免嘌呤含量高的食物。

现根据嘌呤含量的高低将食物分类,见表 8-3~ 表 8-5。

表 8-3   嘌呤含量高的食物(每 100g 食物嘌呤含量为 150~1 000mg)

类别	品种
内脏	牛肝,牛肾,猪肝,猪小肠,胰脏,脑
水产类	凤尾鱼,沙丁鱼,白带鱼,白鲳鱼,鲭鱼,鲢鱼,小鱼干,牡蛎,蛤蜊
肉汤	各种肉,禽制的浓汤和清汤

表 8-4   嘌呤含量较高的食物(每 100g 食物嘌呤含量为 50~150mg)

类别	品种
肉类	猪肉,牛肉,羊肉,兔肉,火腿,牛舌,鹿肉
禽类	火鸡,鸡,鸭,鹅,鸽,鹌鹑
水产类	鲤鱼,鳕鱼,大比目鱼,鲈鱼,草鱼,鳗鱼,鳝鱼,金枪鱼,小虾,鱼卵,龙虾,乌贼,蟹
干豆类及其制品	扁豆,豌豆,黄豆,黑豆,赤豆,青豆,四季豆,豆腐干,豆腐
谷类	麦麸,米糠,麦胚
蔬菜类	芦笋,菠菜,蘑菇

表 8-5　嘌呤含量很少的食物(每 100g 食物嘌呤含量为 <50mg)

类别	品种
谷类	大米,玉米,米粉,大麦,小麦,荞麦,富强粉,玉米,面粉,面包,面条,蛋糕,饼干,通心粉,馒头,芋头,白薯
蔬菜类	白菜,卷心菜,芥菜,芹菜,青菜,空心菜,芥蓝,胡萝卜,黄瓜,茄子,莴苣,南瓜,丝瓜,西葫芦,番茄,甘蓝,萝卜,泡菜,咸菜,洋葱,葱,姜,蒜头
水果类	橙,橘,梨,苹果,桃,西瓜,香蕉,哈密瓜等
干果类	花生,核桃,杏仁,葡萄干,栗子,瓜子
乳类	鲜奶,炼乳,奶酪,酸奶,奶粉,适量奶油,冰激凌
蛋类	鸡蛋、鸭蛋等
其他	海参、海蜇皮、海藻、猪血、猪皮、枸杞、木耳、红枣、蜂蜜、茶、咖啡、可可、巧克力等,各类油脂,花生酱、果酱、洋菜冻、糖及糖果等

第十节　骨 质 疏 松

一、概述

　　骨质疏松症(osteoporosis,OP)是一种以骨量减少,骨组织微结构损坏,导致骨脆性增加,易发生骨折为特征的全身性骨病。骨质疏松症分为原发性和继发性两大类。原发性骨质疏松症包括绝经后骨质疏松症(Ⅰ型)、老年骨质疏松症(Ⅱ型)和特发性骨质疏松症(包括青少年型)。骨质疏松症可发生于不同年龄段,但多见于绝经后女性和老年男性。骨质疏松作为一种进行性进展又不可逆转的病理过程,一旦发生很难恢复正常结构,是严重危害老年人身心健康的常见病、多发病,其发病率日益提高,仅次于心脑血管疾病,给社会带来极大经济负担。因此正确认识骨质疏松并加以预防尤为重要。

　　骨质疏松症一方面由于增龄造成骨重建失衡,骨吸收/骨形成比值升高,引起进行性骨丢失,最终导致骨量减少、骨质疏松发生;另一方面增龄和雌激素缺乏使免疫系统持续低度活化,处于促炎性反应状态,刺激破骨细胞,并抑制成骨细胞,使骨量减少。雌激素和雄激素在体内均具有对抗氧化应激的作用,老年人性激素结合球蛋白持续增加,使睾酮和雌二醇的生物利用度下降,体内的活性氧类(reactive oxidative species,ROS)堆积,促使间充质干细胞、成骨细胞和骨细胞凋亡,也使骨形成减少。维生素 D 缺乏和钙摄入不足导致的负钙平衡,也是其诱因。

　　骨质疏松症初期通常没有明显的临床表现,因而被称为"寂静的疾病"或"静悄悄的流行病",但随着病情进展、骨量不断丢失、骨微结构破坏,患者会出现骨痛、脊柱变形,甚至发生骨质疏松性骨折等后果,部分患者可能没有临床症状,仅在发生骨质疏松性骨折等严重并发症后才被诊断为骨质疏松症。骨质疏松症的临床表现主要有周身疼痛、身高降低、脊柱变形、驼背等,易发脆性骨折,以及椎体压缩骨折致胸廓畸形,呼吸和消化等功能受影响,表现为胸闷、气短、肺活量减少、食欲减退、腹痛、便秘等。

二、营养代谢特点

(一)蛋白质

　　蛋白质对骨健康的影响存在矛盾。一方面,骨基质主要是由胶原蛋白构成,作为合成骨基质的原料蛋白质作用非常重要。当饮食中的蛋白质摄入不足时会引起不适当的蛋白质代谢,可导致骨微结构的不利变化,从而降低骨强度。另一方面,蛋白质吸收后释放的酸性氨基酸,如半胱氨酸和甲硫氨酸,能刺激破骨细胞骨吸收,从而减少骨密度。过高的蛋白质饮食会促进尿液中钙的排泄。

(二) 钙与维生素 D

钙是人体内重要的、含量最多的矿物元素,其中 99% 存在于骨骼和牙齿之中,用于维持人体骨骼的物理强度,而且与循环中可溶性钙保持动态平衡。维生素 D 对促进钙的吸收和维持钙及磷酸盐动态平衡至关重要,其缺乏或代谢异常,会降低肠道对钙的吸收。1,25- 二羟维生素 D 的合成是调节骨吸收和促进骨形成所必需的。

(三) 磷

磷是骨质中仅次于钙的第二大无机盐,与钙以一个适宜的比值构成羟基磷灰石,以维持骨骼健康。每天磷的最低需要量为 800mg,因此每天摄入 1.5g 即可。

(四) 镁

镁离子是人体细胞中第二丰富的阳离子。正常成人体内一半的镁存在于软组织细胞内,另一半镁以二价阳离子、表面结合及可交换的形式存在于骨骼中,能作为维持正常细胞外镁水平的储藏库,或者作为骨基质中羟基磷灰石的重要组成部分,可在骨吸收过程中释放。

(五) 锌

锌是增加成骨细胞的数量和骨形成的必需微量元素。Zn^{2+} 是骨中最丰富的微量元素,质量浓度每克骨可高达 300μg,是骨代谢中的一个重要因素。锌缺乏伴随着骨重塑的不平衡。WHO 建议每天需摄入 6.5mg 锌。

(六) 钠

尿钠排出增加必然伴随着尿钙增加,肾脏每排出 2 300mg 钠,就要排出 20~60mg 的钙。高钠摄入可导致尿中钠、钙增加,血钙减少,血甲状旁腺素(PTH)增加与骨丢失。在我国北方地区与沿海地区普遍存在高钠摄入的问题,应该适量摄入钠盐。

(七) 维生素 C

维生素 C 能促进成骨细胞生长,增加机体对钙的吸收。骨基质中含有超过 90% 的蛋白质,如胶原蛋白等,维生素 C 是胶原蛋白、羟脯氨酸、羟赖氨酸合成必不可少的辅助因子。因此,维生素 C 可能有助于加强骨质量和预防骨折。

(八) 维生素 K

维生素 K 是具有叶绿醌生物活性的一类物质。有维生素 K_1、维生素 K_2、维生素 K_3、维生素 K_4 等几种形式,其中维生素 K_1、维生素 K_2 是天然存在的,是脂溶性维生素,即从绿色植物中提取的维生素 K_1 和肠道细菌(如大肠杆菌)合成的维生素 K_2。而维生素 K_3、维生素 K_4 是通过人工合成的,是水溶性的维生素。维生素 K 在骨代谢中起重要作用。作为羧化酶活动的辅因子,维生素 K 是骨钙素的 γ 羧化所必需的。Cheung 等在对 440 名骨量减少的绝经后妇女的研究中得出结论:每天补充 5mg 维生素 K_1 持续 2~4 年可以预防骨量减少的绝经后妇女骨折的发生。

三、营养治疗原则

营养治疗的目的是通过饮食补充钙、磷和维生素 D,有效防治骨质疏松症。充足而合理的营养素摄入对维持骨骼的健康十分必要,调整膳食结构和各种营养素的摄入量在一定程度上可以预防和减缓骨质疏松的发生。

(一) 能量供应

能量供应与个人生理需要相适应,蛋白质的量适中。一般认为健康成年人每日摄入 1.0g/kg 蛋白质比较合适,个别老年人可达每日 1.2~1.5g/kg。

(二) 加强钙的营养,科学补钙

目前,单用维生素 D 预防骨质疏松性骨折的疗效还不清楚,但在饮食中补充足够的钙和维

Note

生素 D 可以逆转年龄相关的甲状旁腺亢进症、增加骨密度,进而降低跌倒和骨质疏松性骨折的风险。对大多数老年人来说,目前推荐老年人每日需要钙 1 000~1 500mg,维生素 D 每日推荐需求量为 400~800U。同时,适当增加日光浴,可增强钙的吸收能力。每日摄入 1~1.5g 磷有益于防止骨质疏松。

(三) 适量而平衡的无机盐

血钙、血磷离子浓度的乘积 <35 时妨碍骨的钙化,甚至可使骨盐溶解,影响成骨作用。但过量摄入磷可能诱发骨质疏松症,因此应注意磷的适量摄入。同时也应注意镁、锌、铜、锰等微量元素的摄入。

(四) 丰富的维生素

骨的生长与代谢受多种维生素的影响,其中与维生素 D、维生素 K、维生素 C、维生素 A 的关系最为密切。

四、膳食指导

膳食调配和烹饪加工:应尽量消除和避免干扰钙质吸收的膳食因素。

(一) 合理搭配

人体健康状态的维持,依赖于身体从外界摄取全面、平衡、合理的营养素。平时应多吃含钙、磷、维生素较多的食物。牛奶是食物中最理想的钙磷来源,每日喝 2 杯(约 500ml)牛奶可有效预防骨质疏松。膳食中应含有足够蛋白质,因为蛋白质是组成骨基质的原料,可增加钙的吸收和储存,有利于体内血钙水平稳定。不必要的饮食限制对骨骼健康极为不利。日常生活中必须合理选择和搭配食物,主食应以米、面、杂粮为主,注意粗细搭配,副食以高蛋白质、低脂肪饮食为主,尽可能做到食物多样化并能满足人体对各类营养的需求。在饮食中钙摄入不足的情况下,适时适量补充钙制剂也是改善机体内钙营养状态的一种有效措施。研究发现,骨质疏松发生与否,与年轻时骨钙含量的多少直接相关,年轻时骨骼含钙量多就会延缓甚至防止骨质疏松发生。因此,补钙是治疗和预防骨质疏松的基础方法之一。

(二) 在其他饮食因素方面

食盐摄入过量、吸烟、酗酒、饮用咖啡和过多饮用碳酸类饮料等,均不利于骨质疏松预防,应注意避免。应尽量少吃酸性食品,因为摄入酸性食品过多,机体需要消耗大量钙、钾、镁、钠等碱性元素来中和这些酸性物质,导致血钙水平降低,骨骼中钙质被释放来维持血钙水平稳定,导致骨强度降低,骨脆性增强。同时不能偏食,应多吃蔬菜和水果,保持体内酸碱平衡。

(三) 食物选择

含钙高的食物如牛奶、鱼类、虾蟹、豆类、坚果类、青菜、乳制品等;富含维生素 D 的食物,如沙丁鱼、鳜鱼、青鱼、牛奶、鸡蛋等,也可以加用适量的鱼肝油,但需注意不能过量摄入。此外,硬水中含有相当量的钙,也不失为一种钙的来源。

第十一节 慢性肾衰竭

一、概述

广义慢性肾衰竭(chronic renal failure,CRF)指为各种慢性肾脏病持续进展的共同结局。它是以代谢产物潴留,水和电解质及酸碱代谢失衡和全身各系统症状为表现的一种临床综合征。近 20 年来慢性肾衰在人类主要死亡原因中占第五位至第九位,是人类生存的重要威胁之一。各种原因引起的慢性肾脏结构和功能障碍(肾脏损伤病史 >3 个月),包括 GFR 正常和不正常的病理损伤、血液或尿液成分异常,及影像学检查异常,或不明原因的 GFR 下降(GFR<60ml/min)超过 3

个月,称为慢性肾脏病(chronic kidney diseases,CKD)。我国部分报告,慢性肾脏病的患病率约为8%~10%。2006年经国际肾脏病学会与国际肾脏基金联盟联合提议,决定将每年3月份的第二个星期四确定为世界肾脏日。

目前国际公认的慢性肾脏病分期是美国肾脏病基金会K/DOQI专家组对慢性肾脏病(CKD)的分期,分为1~5期。该分期方法将GFR正常(≥90ml/min)的肾病视为1期CKD,同时将终末期肾脏病(end stage renal disease,ESRD)的诊断放宽到GFR<15ml/min。单纯肾小球滤过率轻度下降(GFR 60~89ml/min)而无肾损害其他表现者,不能认为有明确CKD存在;只有当GFR<60ml/min时,才可按3期CKD对待。根据GFR水平一般分为5期(表8-6)。1期及2期是早期,其特征为血尿、蛋白尿及组织病理损伤;3期与4期是进展期;5期CKD如不进行透析或肾移植将致死。狭义慢性肾衰竭则代表慢性肾脏病中GFR下降至失代偿期的那一部分群体,主要为CKD 4~5期。

表8-6   慢性肾脏病分期

分期	肾功能不全程度	GFR/[ml/(min·1.73m²)]	分期	肾功能不全程度	GFR/[ml/(min·1.73m²)]
1	正常或增加	>90	3b	中~重度	30~44
2	轻度	60~89	4	重度	15~29
3a	轻~中度	45~59	5	晚期(ESRD)	<15

按其病因CKD可分为原发性、继发性和遗传性。发病机制包括:肾单位血流动力学改变、肾小球基底膜通透性改变、脂质代谢紊乱、肾小管的高代谢以及尿毒症毒素影响。CKD早期临床表现可不典型,后期可涉及多个系统,包括胃肠道、神经系统、心血管、造血、呼吸系统以及代谢性酸中毒、水和电解质失衡和矿物质代谢异常,主要症状有疲倦、乏力、厌食、恶心、呕吐、头疼、嗜睡、抽搐、瘙痒、出血倾向等。

二、营养代谢特点

1. **蛋白质代谢**　因病人食欲低下,蛋白质及热量摄入不足而出现负氮平衡及低蛋白血症。尿毒症患者中必需氨基酸降低,而苯丙氨酸升高,酪氨酸降低。

2. **脂肪代谢**　尿毒症患者可能由于高胰岛素血症而促进肝脏对甘油三酯合成增加,同时组织清除脂蛋白酶的活力降低而易发生高脂蛋白血症。

3. **糖代谢改变**　CKD时内分泌紊乱,出现胰岛素抵抗,胰高血糖素增加、继发性甲状旁腺功能亢进。胰高血糖素和甲状旁腺激素则可增进氨基酸分解代谢和糖异生。同时,甲状旁腺功能亢进本身可以抑制胰腺β细胞分泌胰岛素。

4. **水、电解质紊乱**　由于长期忌盐及利尿剂的应用,可导致低钠、低钾血症,也可因尿少及代谢性酸中毒,促进细胞内钾外溢,出现高钾血症。

5. **钙、磷代谢紊乱**　磷的排泄途径是肾脏,当肾小球滤过率下降至30%以下时血磷可升高。肾小球毁损也可累及肾小管,致使肠道钙吸收减少,出现低钙血症及骨骼病变。

三、营养治疗原则

营养治疗的目的在于延缓肾衰竭的进展,推迟开始透析的时间,减少体内毒素,减轻病人症状,改善生活质量,纠正各种代谢紊乱,减少并发症,改善营养状况,提高患者生存率。基本原则:充足热量,优质低蛋白,钾、磷、钠、维生素平衡膳食。

能量:充足能量对于CKD至预防CKD相关风险均至关重要。一方面要求符合中国居民膳食推荐摄入量,满足营养需求,防止营养不良的发生;另一方面需要控制相应的能量摄入,以期达到良好的体重以及代谢控制。能量摄入的标准,目标体重可以参考国际推荐适用于东方人的标准体重计算方法:(男性)标准体重=(身高cm-100)×0.9(kg);(女性)标准体重=(身高cm-100)×0.9(kg)-2.5(kg)。当体重下降或出现其他营养不良表现时,还应增加能量供给。最理想的基础能量需要量测定为间接能量测定法,并结合患者的活动强度、疾病应激状况确定每日能量需要量。但由于间接能量测定法仪器受环境等因素的限制,可以采用通用系数方法,每人按照30~35kcal/(kg·d)计算能量摄入推荐。

蛋白质:理论上讲,摄入蛋白质越多,随尿排出的尿素氮就越多,肾脏的负担就越重。低蛋白饮食(low protein diet,LPD)是由肾脏科医生和营养师处方一并监控的,一种限制饮食中的蛋白质,补充或不补充酮酸/氨基酸,同时保证足够能量摄入的饮食治疗方法。LPD根本目的在于降低患者机体不能排泄废物的过多积聚;维持一个相对良好的营养状态;尽可能改善尿毒症的有关症状。在实行低蛋白饮食,尤其极低蛋白饮食治疗时,应严密监测营养指标,防止营养不良发生。可同时给病人同时补充复方α-酮酸制剂或必需氨基酸制剂。已有的证据表明低蛋白饮食加复方α-酮酸制剂治疗有如下益处:①减轻氮质血症,改善代谢性酸中毒;②补充机体必需氨基酸,改善蛋白质代谢;③减轻胰岛素抵抗,改善糖代谢;④提高脂酶活性,改善脂代谢;⑤降低高血磷,改善低血钙,减轻继发性甲状旁腺功能亢进;⑥减少蛋白尿排泄,延缓CKD进展。

根据各国指南推荐情况,在本标准中推荐,CKD1~2期患者,不论是否患有糖尿病,蛋白质摄入推荐量为0.8~1.0g/(kg·d)[其中包含0.8g/(kg·d)]。对于CKD 3~5期没有进行透析治疗的患者,蛋白质摄入推荐量为0.6~0.8g/(kg·d)。血液透析及腹膜透析患者,蛋白质摄入推荐量为1.0~1.2g/(kg·d),当合并高分解代谢急性疾病时,蛋白质摄入量推荐增加到1.2~1.3g/(kg·d)。其中至少50%来自优质蛋白质。可同时补充复方α-酮酸制剂0.075~0.12g/(kg·d)。实施优质低蛋白治疗可参考(表8-7)。

表8-7　2005中国慢性肾脏病蛋白营养治疗专家共识

类别		分期	蛋白质/ [g/(kg·d)]	酮酸/ [g/(kg·d)]	热量/ [kcal/(kg·d)]
透析前	非DN	CKD1,2期	0.8	—[a]	30~35
		CKD3期	0.6	0.12	
		CKD4,5期	0.4(若耐受)	0.2	
	DN	显性蛋白尿	0.8		30~35(T2DM肥胖患者热量适当减少)
		GFR开始下降	0.6	0.12	
透析后		维持性血液透析	1.2	0.12	30~35
		维持性腹膜透析	1.2~1.3	0.12	

注:[a]代表无。

脂肪:患者因低蛋白饮食造成的能量摄入不足的情况,推荐CKD患者每日摄取脂肪的供能比应占总能量的25%~35%,其中饱和脂肪不超过10%。反式脂肪酸不超过1%。并适当提高n-3脂肪酸和单不饱和脂肪酸摄入量。应减少胆固醇的摄入,胆固醇摄入低于200mg/d。

碳水化合物:由于多数CKD患者接受限制蛋白饮食,因此可根据所需能量适当增加碳水化合物供能比例。由于CKD患者容易出现胰岛素抵抗,因此在具有糖代谢异常的患者不建议以精制糖作为能量补充的主要来源。

微量元素:CKD患者通常以肾功能损伤为主,很容易引起某些血清微量营养素的潴留和丢失,电解质紊乱。对于CKD病人应注意钾、磷、钙的摄入调整。CKD患者,由于肾脏受到损伤,肾小球滤过功能障碍,磷的排出量减少,导致血磷升高。磷在肠道以代偿形式排出而与钙结合,而限制了钙的吸收。建议磷摄入应低于800mg/d。当GFR降至20~25ml/min或更低时,肾脏排钾能力逐渐下降,此时易出现高钾血症。钙摄入不超过2 000mg/d。当出现肾性贫血时,应补充含铁量高的食物。其他微量元素常规补充以维持血液中正常范围为宜,避免发生血液电解质异常。

维生素:CKD患者常伴有维生素缺乏,这一方面与饮食限制有关,另一方面与疾病引起的代谢异常有关。补充维生素D可以通过多种途径减少蛋白尿,降低PTH水平,抑制肾脏纤维化,延缓慢性肾脏病向终末期肾脏病的发展及调节免疫的作用等。

限制钠和液体摄入:肾功能不全时,主要表现为水钠潴留,或低血容量和低钠血症。水钠潴留可表现为不同程度的皮下水肿和/或体腔积液。对于CKD病人,无论其GFR如何,均应将摄钠量定为低于100mmol/d,即约6g食盐。钠摄入包括食盐、碳酸氢钠、静注生理盐水及其他一些含钠的调味剂、营养添加剂和保健品。有水肿和高血压者,限盐2~3g/d;水肿严重时,<2g/d或无盐饮食。当CKD患者出现少尿(每日尿液量小于400ml)时或合并严重心血管疾病、水肿性疾病时需限制水的摄入量,以维持出入量平衡,并推荐使用护腿长筒袜。

膳食纤维:通过膳食补充膳食纤维可增加粪便中的氮质排泄,从而降低CKD病人的血清尿素氮水平。高膳食纤维食物具有能量密度低、脂肪含量低、而体积较大的特点。

四、膳食指导

(一) 膳食指导原则

慢性肾脏病患者的食物选择往往依据病情不同而有较大变化,应根据疾病需要选择食物。CKD患者宜选食物:麦淀粉、玉米淀粉、马铃薯粉、澄粉、藕、粉丝、南瓜、地瓜、土豆、芋艿、山药等富含淀粉的食物替代普通主食,也可选用低磷、低钾、低蛋白质的米类、面类食品替代普通主食。将适量的奶类、蛋类、瘦肉、鱼肉、大豆蛋白等优质蛋白质的食品,作为蛋白质的主要来源。选用含钙丰富的食物如牛奶等。CKD患者慎用食物:当CKD病情需要限制含磷高的食品时,应避免含磷高的食物,如发酵乳、动物内脏(肝、心、肠、脑、肾)、坚果类(花生、核桃)、菌类(香菇、蘑菇)、全麦面包、全麦饼干、薏米仁、汽水、可乐等。当CKD病情需要限制含钾高的食品时,应避免含钾高的食物,如海产品(紫菜、虾米)、香菇、木耳、冬笋、盐腌制的菜、榨菜、雪菜、泡菜、哈密瓜、奇异果、香蕉、番茄、草莓、榴莲等。可通过减少水果的摄入量、蔬菜焯水等方法去除饮食中部分磷、钾。此外,慢性肾病患者常因促红细胞生成素的减少而并发贫血症状,补充适量维生素和矿物质。这些维生素大多存于水果蔬菜中,如西红柿、油菜、韭菜、柑橘、山楂等,应在每日饮食中添加新鲜蔬菜和水果。当患者能量摄入不足时,可在食物中增加部分碳水化合物及植物油摄入以达到所需能量。

(二) 膳食指导处方的制定

采用五步法,根据患者身高、体重、活动强度、CKD分期等,计算患者每日需要总能量及蛋白质,并计算出以食物蛋白质为基础的交换份的份数,最终分配至全日各餐。

为了便于理解,标准中以病例的形式对于制定方法进行分别描述。

举例:张先生,67岁,男,公务员,慢性肾脏病CKD 4期,身高172cm,现体重60kg,无下肢水肿,采用饮食治疗,未出现明显并发症。

制定膳食指导处方的步骤:

第一步:计算标准体重:(172~100)×0.9=64.8(kg),实际体重60kg,职业属轻体力劳动,低于标准体重7.7%,BMI=20.8kg/m²,判断为正常。

第二步:计算每日所需总能量:每日应摄入能量标准为126~146kJ(30~35kcal)/kg,全天所需总能量8 190~9 490kJ(1 950~2 275kcal)。

第三步：计算每日蛋白质的摄入量：每日蛋白质推荐摄入 0.6~0.8g/kg，要求 50%~70% 来自于优质蛋白质。张先生每日应摄入蛋白质标准为 39~52g。

第四步：计算每日所需以食物蛋白质为基础的交换份份数：将蛋白质按照 0~1g/ 份，4g/ 份，7g/ 份进行分配，其中谷薯类 2 份(100g，约合蛋白质 8g)，瓜类蔬菜 250g(0~1g 蛋白质)，叶类蔬菜 200g(1g 蛋白质)，水果 1 份(0~1g 蛋白质)，肉、蛋、奶、大豆类 4 份(28g 蛋白质)，总计 42g 蛋白质。

第五步：达到充足总能量，根据目标蛋白质食物所提供的能量值，不足部分以植物油和淀粉类食物补充，如增加油脂类 4 份(近 40g 植物油)，淀粉 8 份(200g)。根据上述标准结合患者的饮食习惯和嗜好，以及参考食物钾、钠、磷选择并安排餐次及交换食物。参见表 8-8。

表 8-8　慢性肾脏病参考食谱

早餐	牛乳 100ml，麦淀粉馒头(麦淀粉 100g)，西蓝花 100g，盐 0.5g
午餐	低蛋白米 150g，山药肉片(瘦肉 25g，山药 200g)，盐 1.0g
晚餐	低蛋白米 150g，西红柿炒蛋(西红柿 250g，鸡蛋 50g)，盐 1.0g
加餐	苹果 200g
全日	烹调油 35g
能量 9.2MJ (2 182.5kcal)	蛋白质 31.41g(5.8%)
脂肪 46.0g(19.5%)	碳水化合物 377.6g(69.2%)
钠　1 620mg	

第十二节　肥　　胖

一、概述

肥胖(obesity)是一种慢性代谢性疾病，以体重超常、体内脂肪过多为特征。其中体脂过多可表现为脂肪细胞数目增多和 / 或脂肪细胞体积增大而引起的体重增加，还可表现为脂肪分布的异常，如腹型肥胖、内脏脂肪面积(或指数)超常，这类患者的体重可能在正常范围内，因此容易被忽视，也被称为隐性肥胖。近几年研究发现，有一类肥胖与肌肉含量减少、力量减弱有关，被称为肌少性肥胖。

(一) 流行病学

肥胖已成为全球最大的慢性疾病。根据 WHO 2017 年的报道，截至 2016 年，全球 18 岁及以上的成人中肥胖者超过 6.5 亿，5~19 岁儿童、青少年中超重 / 肥胖者超过 3.4 亿。2016 年 *LANCET* 发表的数据显示，中国以 8 960 万肥胖人口总数成为全球肥胖第一大国，且肥胖人口的增速也位居全球首位。我国肥胖人口的分布具有城市高于农村、北方高于南方、由东向西逐渐减低的地域特征。

(二) 病因和发病机制

按病因和发病机制，肥胖可分为单纯性肥胖和继发性肥胖，本节只介绍单纯性肥胖。

产生肥胖的根本原因是能量代谢失衡，是因能量摄入超过能量消耗引起的多余能量的蓄积。导致能量代谢失衡的因素分为内在因素和外在因素，前者以遗传因素为主，后者以生活方式为主，是导致肥胖患病率增加的主要原因，也是管理体重的必要与重要着手点。

遗传因素对肥胖的影响达 40%~70%，多为多基因遗传，瘦素、瘦素受体等基因突变引起的肥胖是近年发现的常见单基因遗传因素。节俭基因学说提出节俭基因会在食物短缺时提高能量利用率、在食物富足时易引起胰岛素抵抗与腹型肥胖，这被认为是肥胖的重要发病机制。备孕期超重 / 肥胖(包括男性)、孕期营养不良或营养过剩可通过影响胎儿的代谢表型，从而增加幼年期或成年期肥胖、糖尿病等慢性病的风险。

引起肥胖的生活方式问题主要是多吃少动。饮食方面的影响因素包括：①进食量过多（包括正餐和零食）；②饮食结构不合理：如高油、高糖、高盐、低纤维；③进食不规律：如饥饱不定、晚餐进食过晚。

除生活方式外，神经 - 内分泌调节异常、炎症、肠道菌群也与肥胖密切相关。炎症反应已被确认为是胰岛素抵抗的重要发病机制之一，胰岛素抵抗可与肥胖互为因果，肥胖已被认为是一种慢性低度炎症反应。

在肥胖相关研究中，心理因素、经济因素、社会因素等外在因素越来越受重视。由生活/工作压力引发的焦虑、抑郁状态多与肥胖相生相伴，健康、教育、就业、保险等社会支持直接或间接地影响着国家和个体的肥胖问题改善成本，因此低收入国家和中等收入国家更易面临营养不足和肥胖的双重疾病负担。

（三）临床表现

超重或轻度肥胖者多无不适症状，常规体检多不能检出异常指标。中/重度肥胖者，尤其是长期肥胖者，多见气急、体能下降、肌骨疼痛、骨关节炎（承重关节受累）等表现，和/或易反酸、大便次数增加、大便不成形等表现。还可出现颈部、腋下皮肤角化过度、色素沉着、疣状或乳头样增生等假性黑棘皮病表现。育龄肥胖患者不孕不育的风险高于体重正常者，男性可有乳房发育、阴茎短小等表现，女性可见月经紊乱、多毛、多发痤疮，均与性激素水平异常有关。

常见于肥胖患者的共病有高血压、血脂异常、非酒精性脂肪肝、高尿酸血症/痛风、糖耐量异常或糖尿病、冠心病等，因而患代谢综合征的风险增加。其他常见共病有胃食管反流病、阻塞性睡眠呼吸暂停综合征、多囊卵巢综合征、甲状腺功能减退等。肥胖还可引发抑郁、焦虑、厌食症和/或贪食症等精神心理问题，增加乳腺癌、结直肠癌等恶性肿瘤的患病风险。

（四）诊断

1. **病史采集**　不仅要了解超重/肥胖患者本人的饮食史与饮食习惯、体力活动、疾病与用药史、体重变化，还应了解其家族史、出生体重、母体孕期健康状况与体重变化、婴儿期喂养史等信息，以帮助判断患者肥胖的病因、类型，为进一步检查提供依据。

2. **实验室检查**　除血常规、尿常规、肝功能、肾功能、离子等基础检查之外，患者还应进行下列代谢相关检查：

（1）糖代谢检查：空腹血糖和糖化血红蛋白是糖代谢的基础检查，糖耐量试验和胰岛素释放试验、C肽释放试验有助于筛查糖调节受损（即糖尿病前期）和糖尿病，了解胰岛素分泌水平与分泌时相特点，为制定个体化食谱提供依据。

（2）脂代谢检查：包括血脂（甘油三酯、胆固醇）与脂蛋白的检查。

（3）甲状腺激素检查：甲状腺激素与新陈代谢密切相关，检测结果有助于为患者制定合理的能量目标。

（4）性激素检查：儿童、青少年及育龄期肥胖患者应检查性激素水平，检出异常值时应注意鉴别原发性肥胖与继发性肥胖，必要时进行垂体相关激素的全面检查及影像学检查。

对于长期肥胖者、中/重度肥胖患者，需进行24h尿蛋白定量检测和/或尿蛋白/肌酐检测，为制定个体化食谱提供依据。

3. **影像学检查**　临床常用的是超声检查，可了解脂肪在内脏的沉积程度，肥胖对心脏、肝胆胰腺、卵巢等重要脏器结构和功能的影响。

4. **身体测量**

（1）实时体重：当实时体重超过理想体重10%~20%时为超重，大于20%时为肥胖。

（2）体质指数（BMI）：$24.0 \leq BMI \leq 27.9$时为超重，$BMI \geq 28.0$时为肥胖。

（3）体脂率：可用人体成分检测仪检测，检测方法为生物电阻抗法，是一种无创、简便、快捷的检测方法。除体脂率外,还可获得瘦体重、肌肉量/率、内脏脂肪面积(或指数)、细胞内/外水分等数据,并对基础代谢情况进行分析。通常认为健康成年男性的体脂率为15%~20%、健康成年女性为20%~25%。男性体脂率超过25%、女性超过30%时可视为肥胖。

(4)皮下脂肪的检测:如上臂围、肱三头肌皮褶厚度、腰围、臀围等。其中腰围是评价腹型肥胖的首选指标,与内脏脂肪、胰岛素抵抗有显著相关性。成年男性腰围≥85cm、成年女性腰围≥80cm时视为腹型肥胖。

(5)肌肉的检测:包括肌肉含量和功能的检测,其中含量的检测可通过体成分仪测得,也可进行围度测量。上肢肌肉含量可计算上臂肌围,或测量上臂紧张围与松弛围;下肢肌肉含量可测量小腿围。上肢肌肉功能常用握力计检测,下肢肌肉功能常用步行试验检测。

上述身体测量指标中,体成分检测结果是诊断肥胖的主要依据,腰围、体脂率、内脏脂肪面积(或指数)可识别隐性肥胖,肌肉率、肌肉功能的检测可识别肌少性肥胖。皮褶厚度、围度、握力等检测均缺乏可供比对的标准值或范围,在减重治疗中更关注其数值的变化。

二、营养代谢特点

(一)能量

长期能量摄入大于能量消耗量,多余的能量,不管来自哪一类能源物质(脂肪、碳水化合物或蛋白质)均可转变成脂肪储存在体内,过量的体脂储备即可引起肥胖。摄入过多能量可发生在任何年龄,生命早期、婴儿期对肥胖的发生更为重要,因此孕前体重适宜、孕期体重合理增加是避免子代肥胖的重要关口。成年起病者多为脂肪细胞体积增大,而幼年起病者多为脂肪细胞数量增多和体积增大,更不易控制。体力活动不足引起的能量消耗下降可能是肥胖的一个原因,也可能是肥胖的后果,因为肥胖患者常受到嘲笑,自卑感强,逐渐形成内向抑郁、不愿活动,因而耗能减少,形成恶性循环。因此,应控制能量摄入和增加能量消耗,才能纠正能量代谢的失衡。

在肥胖发生发展过程中基础代谢能量会随脂肪的增加而增加,在减重过程中亦会随脂肪和体重的下降而下降,直至达到适宜体重下的基础代谢能量水平。

(二)脂肪和碳水化合物

膳食脂肪的能量密度高,过多摄入易使能量超标,且易引起内脏、血管结构和功能的损伤。饱和脂肪酸更易转化为体脂,引起肥胖。有学者认为,机体有一控制系统可调节体脂含量固定在某一水平,从而保持特定的体重,即调定点(set point)假说。肥胖患者的调定点较高,因而难以减重,或减重后难以维持,这可能是减重后复胖的病理因素。

单、双糖消化吸收快,易引起餐后血糖的快速上升,胰岛素反应性过度分泌,容易促进葡萄糖转化为脂肪储存。

(三)蛋白质

炎症因子水平增高、胰岛素抵抗的存在都可引起肥胖患者肌肉组织分解代谢增强、合成代谢紊乱,出现肌肉含量下降、功能减低,脂肪更易在体内蓄积。

减重过程中由于限制膳食能量摄入量,身体总重量(包括肌肉重量)下降。如果肌肉减少量多于脂肪减少量,不仅容易发生蛋白质营养不良,还可能促使机体建立新的反馈调节,降低基础代谢率、降低新陈代谢水平以维持生命必需的营养需求,这是不利于减脂减重的。因此减重中应提高低能量膳食中蛋白质,尤其是优质蛋白质的比例。

三、营养治疗原则

(一)营养治疗的目的

肥胖的医学营养治疗是通过改变患者进食行为实现降低能量摄入量、增加能量消耗量,从而达到降低体重的目标。肥胖是一种代谢性疾病,营养治疗时不仅要关注体重的变化,更要关注代谢指标、组织器官功能的变化。对于多病共存的中、重度肥胖患者,代谢指标的改善可减轻甚至逆转已经出现的病症,增强治疗效果,提高患者对减重治疗的依从性。

1. 减少体脂、减轻体重。降低皮下脂肪和/或内脏脂肪是改善胰岛素抵抗及与之相关的代谢性疾病的核心。

2. 改善或纠正肥胖相关的异常代谢指标,如血糖、血脂、血尿酸、肝功能、性激素等,避免肥胖对健康造成进一步的损伤。

3. 改善或逆转肥胖并发症或共病的检测指标,如高血压、脂肪肝、肌骨疼痛、阻塞性睡眠呼吸暂停综合征等,缓解由肥胖带来的不适症状与健康危害。

4. 学习有益健康的生活方式模式,掌握长期维持体重的基本技能,以便在体重达标后减少反弹、避免重复。

(二)营养治疗原则

医学营养治疗是肥胖的基础治疗,也是核心治疗。国内外指南中均推荐,无论是对肥胖及其共病进行药物治疗还是代谢手术治疗,都应先进行生活方式干预;在药物治疗过程中及代谢手术后,仍要坚持生活方式干预。

1. **确定合理的减重目标和减重速度**　肥胖是一种慢性、全身性疾病,中/重度肥胖患者常见多病共存、互相影响,生活方式的变化、体重的下降不仅会给患者本人带来生理病理改变、情绪或精神心理变化,还会对患者及其家庭的日常生活、社会活动带来改变。因此,营养治疗时应结合患者个体情况制定合理的减重目标和减重速度。对于减重量较大、或并发症/共病较严重的患者,宜根据治疗目的分解目标,阶段性、持续性完成减重治疗。建议与患者共同商议阶段性减重目标,帮助患者正确了解减重目标和减重进度,增加患者在减重治疗决策中的参与感有助于提高其主观能动性和依从性。

通常肥胖患者减重量达初始体重10%以上时,血压、血糖、血脂、血尿酸等代谢指标会得到明显改善,因此可以将该值作为营养治疗的初期目标。

对于绝大部分肥胖患者,医学营养治疗可帮助他们每月减少3%~5%的体重,体重下降过慢或过快时都要重新评估患者的疾病风险和减重风险,以免诱发或加重代谢紊乱。

2. **限制能量摄入量**　减重时能量摄入量应低于能量消耗量。成年超重或轻度肥胖者,每日能量摄入量可较平日减少125~250kal,成年中/重度肥胖者宜减少500~1 000kcal,不建议长期连续使用极低能量摄入(能量摄入量≤800kcal/d)。

肥胖患者的能量摄入量也可以通过体脂率计算,使营养治疗方案实现个体化,医生可以结合患者的实际情况对计算结果进行必要的经验性调整。

$$能量摄入量(kcal/d)=[(1-体脂率)\times 实际体重(kg)\times 21.6+370]\times 1.2-500$$

3. **选择适宜的减重治疗膳食模式**　《中国超重/肥胖医学营养治疗专家共识(2016)》(后面简称《共识》)提出了三种适合中国超重/肥胖患者的、有充分循证医学依据的、安全有效的减重治疗膳食模式,分别是限能量平衡膳食、限能量高蛋白膳食和轻断食。三种膳食模式有各自的营养学特点和适应证,可用于各种类型、各个生理阶段的减重患者,既可单独使用也可联合使用。

(1)限能量平衡膳食:每日蛋白质摄入量宜为1.2~1.5g/kg,或供能比15%~20%(含20%);脂肪供能比占20%~30%,碳水化合物供能比占40%~55%。该模式几乎适用于所有减重患者。

(2)限能量高蛋白膳食:每日蛋白质摄入量宜为1.5~2.0g/kg,或供能比20%~30%;脂肪25%~30%,碳水化合物40%~50%。该模式具有饱腹感好、胰岛素改善作用明显、减脂量更高、反弹率更低等特点。经典的高蛋白膳食配方中,蛋白质、脂肪、碳水化合物的供能比分别为30%、30%、40%,改善胰岛素抵抗的作用尤为显著,是多囊卵巢综合征患者的首选治疗方案。肾功异常者、痛风患者急性发作期、老年心衰患者应慎用。

(3)轻断食:也称间歇性断食,即1周内5d正常进食、其余2d只摄入平日能量的1/4(男性约为 600kcal/d、女性约为 500kcal/d)。《共识》推荐每周非连续性轻断食 2d,一般认为间隔 2d 效果最佳。虽然该模式获得的平均减重量不如前两种显著,但也能获得明显的改善代谢和炎性反应的作用,可单独使用或与前两种模式联合使用。使用前应评估患者对饥饿感的耐受性,血糖严重升高者、频繁发作低血糖者、甲状腺功能严重减退者应慎用。

4. 合理应用膳食补充制剂　肥胖患者多伴微量营养素的不足或缺乏,营养治疗时限制进食量也可能带来某种 / 某类营养素的摄入不足,因此应予以补充。在减重膳食的基础上,可口服复合矿物质维生素、维生素 D、可溶性膳食纤维等膳食补充制剂。部分患者患有乳糖不耐受症、不能饮用足够的乳类,易导致钙摄入量不足,需额外补充钙制剂。有些营养补充制剂具有辅助治疗作用,如乳清蛋白补充制剂具有改善胰岛素抵抗、缓解肌肉分解、增加饱腹感、抑制促食欲激素等作用,鱼油具有抗炎抗氧化作用,益生菌与可溶性膳食纤维具有调节肠道菌群的作用,在减重治疗中应结合患者情况合理应用,以增强饮食减重效果。对于有原发疾病、且经饮食治疗后代谢指标仍不理想的患者,如 2 型糖尿病、慢性肾病,应予以相应疾病的全营养特殊医学用途配方食品进行干预治疗,必要时应及时使用药物。

5. 定时定量进餐　肥胖与神经 - 内分泌紊乱相互影响,体重变化与进食节律亦密切相关。长期随意减餐、饥饱不定、进食过晚都是易导致肥胖的不良饮食习惯。因此减重时应强调规律进餐,定时与定量同等重要。医生和营养师在制定饮食方案时应考虑患者的起居时间,患者应根据医生的建议对每日时间安排进行必要的调整。

6. 保证优质睡眠,安全有效运动,积极乐观生活　生活方式除饮食外,还包括睡眠、运动、情绪等,措施得当均可增加饮食减重的效果,对长期维持体重尤为重要。医生应在诊疗过程中让患者对生活方式有全面、必要的了解,并通过多学科团队为患者提供必要的技术支持,如睡眠障碍的诊治、心理评估与疏导、运动康复评估与训练等,帮助患者改善可能存在或出现的生活方式问题。

7. 保持密切沟通,定期随访 / 复诊　对绝大部分超重 / 肥胖患者而言,减重非一朝一夕即成之事,维持体重更是与人类健康始终相伴,生命不息、控制体重不止。因此,在减重治疗中教会患者掌握控制饮食和体重的知识与技能,是减重治疗的远期效果评价指标及终极目标,也是在减重治疗中重要的管理内容。在减重过程中,应由接受过医学营养学教育培训的专业技术人员对患者的日常饮食行为、体力活动与运动等生活细节进行监督、指导、鼓励,督促患者定期复诊以便及时调整治疗方案,及时发现异常行为或不良反应,并根据医生的建议进行处理。这种由专业技术人员提供的心理陪伴与技术支持可以改善患者减重中对"走出舒适圈"的不适感,加快对新建生活方式的适应性,提高患者对减重治疗的依从性。与减重治疗团队沟通越密切、复诊越及时,减重效果越好。

8. 重视日常生活中有益体重的细小改变　日常生活中影响体重的因素很多,关注其中任何一个细节并坚持作出有益的改变,都可以达到"积跬步以至千里"的效应。如细嚼慢咽、选择少油的烹调方式、少吃咸食、少喝饮料、减少在外就餐、避免久坐等。

(三) 营养监测

1. 日常监测　包括体重、饮食日记、运动日记、情绪变化等记录,饮食日记中应包括每日进食的所有食物的名称和重量,并辅以食物称重图片和 / 或进餐图片。有代谢性疾病且指标控制未达标者,应监测相关指标,如血压、血糖。要强调的是,餐后血糖升高是糖化血红蛋白升高的主要原因之一,糖化血红蛋白水平又与糖尿病慢性并发症的发生发展呈正相关。我国糖尿病前期、2 型糖尿病患者的血糖水平具有餐后血糖升高者居多的特点,因此,在对肥胖患者进行医学营养治疗和体重管理时,无论是筛查糖尿病还是监测、评估营养治疗效果,都应关注餐后血糖,根据治疗需要监测、记录并依此及时、合理地调整营养治疗方案。

2. 定期复查　一般建议患者每周复诊,重复身体测量,了解体成分、肌肉与脂肪的变化,并依此对营养治疗方案进行必要的调整。建议每 4 周复查血、尿、影像学、情绪评估等检查,以评估营养治疗的安全性、有效性,依此制定后续的治疗方案。医生和患者可以结合具体情况制定个体化的复诊／复查周期。

四、膳食指导

(一) 宜用食物

1. 主食类 用粗杂粮替代 1/3~1/2 或全部细粮。粗粮可用糙米、黑米、燕麦、干玉米粒、硬质小麦粉(意大利面)、薏米等粮谷类食物,其淀粉分解、释放速度较细粮慢,对餐后血糖影响小。杂粮可用鲜玉米,红小豆、绿豆、腰豆等干豆类,土豆、地瓜、芋头、山药等芋薯类,具有能量密度小、体积大、饱腹感强的特点。

2. 蛋白质类食物 优先选择脂肪含量低的优质蛋白质食物,如白肉(鸡／鸭肉、鱼虾肉)、蛋／奶类、豆腐、红肉。减重时推荐优先选择脱脂牛奶、无糖酸奶等奶类食品。

3. 蔬菜类食物 多选用体积大、能量低的叶菜类。

4. 水果类食物 在提供等量能量的前提下,多选择水分高、甜度低、体积大的水果,如苹果、梨、桔橙类、瓜类等。

5. 油脂类 烹调油应选择植物油,可定期更换品种或使用调和油。与烹调油的种类相比,烹调油的用量更为重要。

6. 饮用水 煮沸的自来水、瓶装水(如矿泉水、纯净水、苏打水)、淡茶水等均可。

(二) 忌(少)用的食物

1. 主食类食物 少用纯淀粉类食物,如粉条、粉丝、淀粉。如食用,应按量减少主食摄入量。

2. 蛋白类食物 少用高脂食物、加工肉类,如五花肉、全脂奶、肉类罐头或肉肠、市售的熏酱类肉制品等。

3. 蔬菜、水果类食物 水分少、能量高的果蔬类食物,如胡萝卜、香蕉、葡萄等,应限量食用,以尽量保证足够的进食体积。高血糖的肥胖患者,水果宜分次食用。

4. 油脂类 减重期间慎用坚果类食物及富含动物脂肪、反式脂肪酸的食物。

5. 饮料类 少用饮料,包括碳酸和非碳酸性饮料、很甜或不太甜的饮料。慎用配料表中标注高聚糖、糖浆、甜味剂(或代糖)等字样的饮料。

6. 零食类 除食谱中规定的加餐外,慎用其他零食。如欲食用,应仔细阅读该食品的配料表和营养成分表,在医生或营养师帮助下计算进食量,同时减少食谱中主食或其他食物的进食量。尤其要警惕某些名为减肥、实则高能量、高脂肪的无糖食品、粗纤维饼干、网红减肥食品等。

(三) 食谱举例

食谱举例见表 8-9。

表 8-9 成年肥胖患者限能量平衡膳食参考食谱

餐时	菜品名称	食材与重量
早餐 (28%)	地瓜粥	粳米 25g,地瓜 100g
	荷包蛋	鸡蛋 50g
	腐竹拌瓜片	黄瓜 100g,腐竹 20g,豆油 3g,盐 1g
加餐	脱脂牛奶 200g	
午餐 (37%)	二米饭	黑米 25g,粳米 25g
	肉丝炒芹菜	鸡胸肉 75g,西芹 100g,彩椒 20g,豆油 5g,盐 1g
	黑白菜	白菜 100g,水发木耳 20g,豆油 2g,盐 0.5g
	香梨	100g
加餐	脱脂牛奶 200g	

续表

餐时	菜品名称	食材与重量
晚餐 (35%)	煮玉米	鲜玉米(带芯)200g
	苏伯汤	卷心菜100g,西红柿100g,土豆100g,豆腐100g,豆油7g,盐1.5g
	橙子	100g

注:能量1 366kal,蛋白质73.2g(21%),脂肪38.0g(25%),碳水化合物182.9g(54%),膳食纤维17.9g,钠2 370.6mg,钙870mg,嘌呤25.9mg。

(骆　彬　周　莉　陈　伟　周春凌)

 思考题

1. 张某,65岁,身高168cm,体重75kg,目前退休在家,十年前被诊断为糖尿病,近来血糖控制不佳,同时发现伴有高脂血症,请根据糖尿病营养治疗原则制定一份营养治疗方案。

2. 简要说明骨质疏松的营养代谢特点有哪些,为骨质疏松患者制定营养治疗方案时需注意什么?

3. 了解身边一位肥胖患者的饮食情况,给予其减重建议。

| 第四篇 |

营养学方法与应用

第九章 营养流行病学

本章要点
1. **掌握** 营养流行病学的概念以及研究方法。
2. **熟悉** 循证营养学的概念及方法;膳食因素的描述和统计分析。
3. **了解** 营养流行病学数据的解释。

第一节 概 述

营养流行病学(nutritional epidemiology)是应用流行病学方法研究膳食因素在疾病发生、发展中的作用,监测人群营养状况,制定和评估人群健康的膳食模式,研究健康和疾病状态下膳食因素与体力活动的关系及协同作用的科学,是营养学与流行病学的交叉学科。其研究对象是人群,研究目的主要是确定膳食因素在人类与营养有关疾病中的作用,特别是在慢性疾病中的重要作用,在确定膳食与疾病的因果关系后,根据流行病学的研究结果来制定面向大众的膳食建议以预防营养不良,预防疾病,降低慢性疾病发生的危险(图9-1)。

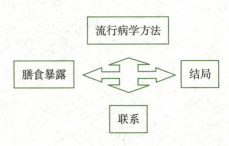

图9-1 营养流行病学概念

一、营养流行病学的发展

营养流行病学起源于人们对于饮食和人类健康及疾病之间关系的认识。约1 000多年前,阿维森纳(Avicenna)就认为膳食是健康的主要基础之一,在其著作《医典》中他提到"大多数疾病都是由长期错误的饮食和饮食习惯引起的"。而在中国古医书《素问》中,不仅提到了膳食对健康的重要性,如"五谷为养,五果为助,五畜为益,五菜为充,气味合而服之,以补精益气",还认为不合理的膳食会导致疾病的发生,如"饮食自倍,肠胃乃伤"。发展到了近代,人们开始运用基本的流行病学方法来探究膳食营养素与疾病的关系。18世纪中叶,英国医生詹姆斯·林德(James Lind)认为坏血病的发生与食物中某种物质的缺乏有关,他通过临床试验的方法发现柠檬和橘子能够很好地治疗坏血病,并指出在海上航行的水手患坏血病是因为缺乏新鲜的蔬菜水果。直到约一个世纪后,该物质才被分离了出来,并被命名为"抗坏血酸",即维生素C。到了19世纪后期,人们发现经常吃精米的人易发生脚气病,日本学者认为,这类人群可能缺乏维生素B_1,并提出通过添加奶及蔬菜可有效防治脚气病。类似的营养缺乏疾病相关的研究还有很多。例如,铁缺乏不仅可导致缺铁性贫血,还会影响儿童的行为和智能;碘缺乏可导致甲状腺肿大,还会损害人类大脑的发育,影响智力。这类由于营养素缺乏而引起的疾病,其发病率在相应营养素摄入量低的人群中较高,而在该营养素摄入量充足的人群中发病率则较低或不发病。并且,营养缺乏引起的疾病潜伏期往往较短,其症状可能在某营养素摄入不足几个月后就表现出来,而在补充该营养素一段时间后即可逆转。

尽管当下依然存在着某些营养缺乏疾病的流行,但随着社会文明的发展及生活水平的提高,营养缺乏引起的疾病已不再是营养流行病学研究的主要方向,营养流行病学的研究焦点转移到了饮食与各种慢性非传染性疾病(简称慢性病)的关系上,其中最突出的是癌症和心血管疾病。人们普遍认为,膳食和营养素在癌症的整个过程中起到风险调节的作用,包括癌症的发生、发展和转化。1981年,两位英国的流行病学家研究发现35%的癌症可归因于饮食。此后,越来越多的流行病学研究揭示了膳食与癌症之间的关系。比如,一项综述表明酒精是乳腺癌最一致的危险因素,而富含蔬菜水果、全麦和纤维的膳食模式能够降低绝经后乳腺癌的风险;另外一项meta分析显示,红肉和加工肉类摄入量与结直肠癌风险呈正相关,红肉和加工肉类每增加100g/d,结肠癌的风险增加37%,结直肠癌的风险增加是:红肉每增加100g/d,风险增加29%,加工肉每增加50g/d,风险增加21%;还有病例对照表明,红肉和脂肪物品的摄入显著增加前列腺癌风险,而蔬菜、液体和水果的摄入则显著降低前列腺癌的风险;另一项病例对照研究发现,脂肪、油炸、腌制或熏制食品会增加卵巢癌的发病风险,而蔬菜水果则会降低卵巢癌的风险。类似的膳食与癌症的研究有很多,膳食在癌症中有时充当着危险因素,有时又扮演着保护因素,不管是哪种角色,这种暴露通常都需要较长的时间来积累其在癌症中的效应。膳食对于心血管疾病也是如此。例如,高胆固醇血症或脂蛋白功能障碍通常被认为是动脉粥样硬化发展的必要条件,而高胆固醇血症的主要饮食决定因素是脂肪,特别是饱和脂肪和膳食胆固醇,因此,饮食中的饱和脂肪酸与不饱和脂肪酸相对水平显著影响着动脉粥样硬化的发病风险;而食用富含类黄酮物质的蔬菜、水果、豆类等食物则对心血管疾病具有保护作用。需要注意的是,与营养缺乏相关疾病不同,这些慢性病通常具有多种危险因素,其潜在病因不仅包括膳食因素,还包括遗传、种族、生活方式、职业等,这些因素可能单独或联合作用于疾病的发生和发展。

尽管在过去很长一段时间里我们对饮食和疾病的关系有较多了解,但我们对膳食因素与现代文明社会中许多重要的疾病或健康状况之间关系的认识还远远不够。在可见的未来,我们对膳食因素与疾病关系的了解将在很大程度上取决于流行病学数据。

二、营养流行病学的应用

营养流行病学主要应用于监测和评价人群营养状况,调查与营养有关疾病的分布,研究膳食因素与疾病的相关性,确定营养相关疾病的病因,研究营养在慢性病中的作用,制定膳食指南和人群营养干预措施,以及对营养干预措施的效果进行评价等。

(一)人群营养评价及营养相关疾病分布的调查

采用流行病学方法定期对全国或地区性人群的营养状况及相关疾病的患病情况进行调查,可对人群的营养状况进行监测与评价,了解营养状况的变化趋势。例如,中国居民营养与健康状况监测报告(2010—2013年)显示,与2002年相比,我国城市男生身高平均增长2.3cm,女生增长1.8cm;与1992—2002年10年间的变化相比,近10年来儿童青少年身高增长幅度降低;城市儿童青少年生长迟缓率为1.5%,消瘦率为7.8%,与2002年比,儿童青少年生长迟缓率和消瘦率有所下降,降幅分别为25%和14%。营养监测不仅针对一般人群,对特殊人群的意义可能更大,可以此为基础制定相应的膳食干预措施来改善该群体的营养状况及疾病预后。营养流行病学还可对营养相关疾病的分布进行调查,为营养相关疾病的病因研究提供线索。如,一项了解广东省经济欠发达地区农村3~6岁儿童贫血及饮食行为情况的横断面研究显示,该地区3~6岁儿童贫血发生率为10.73%,父母均外出打工儿童贫血发生率(15.5%)和父亲外出打工儿童贫血发生率(10.8%)高于父母均未外出打工儿童(8.8%);3~6岁儿童贫血发生率随每月吃肝脏、肾脏次数降低而增加,每周吃禽蛋类(尤其是蛋黄)的天数增加而降低;研究提示了儿童贫血与其饮食行为和家长外出打工情况之间可能存在着相关性。

(二) 营养相关疾病的病因探索

营养流行病学研究能够探究膳食因素与疾病之间的相关性,并进一步作出因果推断,对膳食因素与疾病之间关联的时序性、关联的强度、关联的特异性甚至剂量反应关系进行判断。例如,有研究显示过多摄入加工过的畜肉,即对畜肉进行烟熏、腌渍或添加化学防腐剂等制成咸肉、腊肠、香肠、热狗、午餐肉等,可增加冠心病发病风险,每天摄入加工畜肉每增加 50g 可导致冠心病发生风险增加 42%,其原因可能与加工过程中使用的某些化学物品(如高钠、硝酸盐等)有关。而关于酒精与肝损伤的研究发现,过量饮酒能够增加肝损伤的发病风险,男性酒精摄入大于 69g/d 时肝癌的发病风险增加 76%,女性酒精摄入大于 23g/d 时肝癌的发病风险增加 260%。当然,膳食不仅与发病风险有关,许多食物作为保护因素能够降低某些疾病的风险。例如,增加蔬菜摄入量可降低心血管疾病(cardiovascular disease,CVD)的发病及死亡风险,每日每增加摄入 1 份蔬菜,CVDs 死亡的风险降低 4%;适量摄入坚果可以降低心血管疾病的发病风险,与几乎不摄入坚果的人群相比,每天摄入坚果 28g 可以使心血管疾病的发病风险降低 28%。在对膳食因素和疾病之间的因果关系进行推断后,可通过实验方法以膳食因素作为干预进一步对因果关系进行论证。例如,采用随机对照试验,以膳食纤维作为干预物开展研究观察其是否能够改善便秘,结果显示干预组的排便次数和排便状况较对照组显著改善。这种以人群作为干预对象的实验性研究,其研究的膳食因素往往都是保护因素,因为对人群施加可能致病的危险因素显然是不符合医学伦理的。人群干预实验不仅能够论证膳食因素和疾病的因果关系,还能为人群膳食干预措施的制定和实施积累经验和奠定基础。

(三) 制定膳食指南

膳食指南是以食物为基础,以营养科学为依据的群众宣传教育手段,它的目的在于指导大众合理用餐以改善营养,预防与膳食有关的疾病,增进人群的健康。膳食指南的制定是以食物和健康关系的最新科学证据为依据,其许多建议都是建立在营养流行病学研究的基础之上的。例如,《中国居民膳食指南(2016)》的第二条"多吃蔬菜、奶类和大豆",正是基于许多流行病学研究证实蔬菜水果的摄入量不仅与心血管疾病的发病率和死亡率显著负相关,而且蔬菜水果的摄入还能降低消化道癌症的发生风险;而牛奶不仅与儿童少年的生长发育及体格相关,还能有效预防佝偻病及骨质疏松,降低骨折的发生风险;大豆不仅能够补充人体所需的蛋白质,大豆中的低聚糖能够降低心血管疾病的风险,大豆中富含的植物化学物大豆异黄酮具有抗肿瘤和降低血胆固醇的作用。一项前瞻性流行病学研究结果显示,中国人群遵照《中国居民膳食指南(2007)》(中国膳食宝塔)的建议后,降低了 15%~30% 因慢性病(尤其是心血管疾病)引起的死亡,这在一定程度上验证了以营养流行病学研究为依据的膳食指南作为一种公共营养干预措施的有效性。

(四) 人群营养干预及干预效果评价

在确定膳食因素和疾病的关系后,可以对人群进行膳食指导及营养干预以改善人群的营养状况和健康状况,预防疾病的发生或改善疾病的预后,这也是营养流行病学研究的目的之一。在一项评估补充鸡蛋与牛奶对贫困农村地区儿童体格发育及体成分影响的干预研究中,干预方式为每个学习日给学生发放鸡蛋和牛奶,1 枚鸡蛋的净重为 50g,牛奶为超高温瞬时灭菌(ultra-high temperature instantaneous sterilization,UHT)的学生奶,净重 200g,干预期为 1 年;干预结束后发现干预组男生体重平均增加 3.6kg,高于对照组(2.9kg);干预组学生营养不良检出率较基线降低 11.8%,高于对照组(4.7%);与对照组相比,干预组儿童营养不良的风险降低了 63.0%。该研究提示补充鸡蛋和牛奶能够改善贫困农村儿童的营养状况。营养干预不仅针对营养缺乏人群,还针对疾病人群,对于慢性病患者尤其重要。以肿瘤患者为例,他们经常伴有不同程度的营养不良,而不良的营养状况可能使肿瘤患者的代谢状态变得更差,因此需要对他们进行合理的膳食干预来补充其机体所需能量及营养,从而降低患者因营养不良诱发各种并发症的风险。针对慢性病患者的营养干预有时在于"补充",而有时则在于"减少"。如对于糖尿病人,要减少他们膳食中糖分的摄入;对于高血脂病人,要减少他们饮食中脂肪所占的比例。一项针对高脂血症患者的膳食干预研究中,按照《血脂异常防治建议》中的高脂血症膳食控制方案进行膳食干预并随访6个月,干预后患者的平均总胆固醇、低密度脂蛋白胆固醇和甘油三酯水平分别下降4.2%、5.9%和15.0%;有60.3%的个体总胆固醇水平下降,30.1%的个体总胆固醇测定低于高脂血症诊断值。人群营养干预的另一重要方式是食品强化。食品强化是在食品中添加营养素,以加强食品的营养价值。例如,我国开展食盐加碘以改善人群碘的营养状况,预防碘缺乏病。自1996年我国开始普遍实施食盐加碘(universal salt iodization,USI)以来,在全国范围内,人群碘营养水平得到了显著改善,解决了多数碘摄入不足的问题。食品强化有时不只是为了补充食品中某些营养素的缺乏,也是因为某些营养素与食物一起摄入时容易被更好地吸收。例如,相较于单独服用钙片制剂,钙与食物一起摄入时更好,在果汁中强化钙是一种较为常见的做法。食品强化要求该营养素在食品中能够稳定保持,在加热或其他加工方式下不会发生明显的损失;同时还要求该营养素不会与食品中的其他成分发生反应而导致感官及营养价值的降低。

在进行人群营养干预后通常都要对干预效果进行评价,一方面是对干预方式的反馈,以确定干预方式的合理性及有效性;另一方面能够为公共营养决策的制定提供依据。

第二节　营养流行病学的研究方法

尽管生物学研究和基础医学研究能够阐述某一营养素的作用机制,但是生理和代谢变化只是人类疾病发生过程中的几个环节,只有通过以人群为研究对象的营养流行病学研究,才能直接论述膳食与人类疾病关系。营养流行病学的实质是将流行病学的方法应用于膳食因素与疾病之间关系的研究,因此,营养流行病学的研究方法实际上还是流行病学的研究方法。营养流行病学的研究方法可分为:描述性研究、分析性研究、实验性研究三类,下面将阐述营养流行病的主要研究方法。

一、描述性研究

描述性研究是将通过实验检测或专门调查得到的数据资料按照不同地区、不同时间以及不同人群特征进行分组,描述人群中营养相关疾病或营养状况和膳食因素的分布情况,在此基础上进行比较分析,获得营养相关疾病或营养状况三间(人群、地区、时间)分布的特征,进而获得病因线索,提出病因假设和线索。描述性研究主要包括横断面研究(cross-sectional study)和生态学研究(ecologic study)。

(一) 横断面研究

横断面研究又称现况调查(prevalence survey),是按照事先设计好的要求,在某一段时间内或某一时点,对某一特定人群的疾病或健康状况及相关因素进行调查,从而描述该病或健康状况的分布及其与相关因素的关系。研究的目的和用途包括:①描述目标人群中疾病的患病率及其分布情况;②提供病因线索,形成初步的病因假设;③确定高危人群;④评价疾病防治措施的效果;⑤了解人群健康水平,为卫生决策提供科学依据;⑥确定人群中的各种生理指标和正常参考范围。例如,一项了解中国农村留守儿童膳食营养状况的横断面研究结果显示,农村留守儿童膳食以粮谷类和蔬菜类为主,留守儿童肉禽水产类、水果类及零食类等食物的摄入量低于对照儿童;农村留守儿童能量、三大产热营养素及部分矿物质(钙、锌、硒、钾)和维生素(维生素A、维生素B_1、维生素B_2)的摄入量均低于推荐摄入量;农村留守儿童能量及主要营养素普遍摄入不足,能量摄入不足率在50%以上,蛋白质摄入不足率达80%以上,而钙、锌等矿物质和维生素B_1、维生素B_2等维生素的摄入不足率达90%以上;蛋白质来源中,优质蛋白质摄入量仅占总蛋白质摄入量的 35%,而植物蛋白质占 65%;此外植物性铁的摄入比例明显偏高,达到 87%。横断面调查的主要局限性在于不能确定暴露与疾病的时间关系,因而不能得出因果关系,只能提供初步的病因线索。另外,它不用于调查患病率很低的疾病及其影响因素,因为所需的样本量很大。

(二) 生态学研究

生态学研究是在群体水平上研究膳食因素与疾病或健康之间的关系,不是以个体为分析单位,而是以群体为一个生态学分析单位,研究不同的生态学群体的膳食特征与疾病或健康状态发生频率之间的关系。其目的与用途包括:①提出与疾病分布有关的病因假设;②评价人群干预措施的效果;③估计疾病的发展趋势。例如,在一项了解中国不同地区农村居民主要摄入的蔬菜类食物的膳食纤维含量分布特点的研究中,使用 1983 年的全国 65 个县生态学调查资料中农村居民主要摄入的蔬菜类食物的膳食纤维数据,结果发现不同蔬菜类食物的消费在全国的分布是不同的,其中只有萝卜、芸豆、茄子、红辣椒、南瓜、萝卜缨、油菜、大白菜、圆白菜、芹菜和韭菜的食用范围在全国分布较广,其他蔬菜类则仅限于部分地区食用;各种食物中膳食纤维和/或其单体的含量分布也存在不均衡的现象,其中萝卜、芸豆、红辣椒、南瓜、葫芦、圆白菜、甜土豆叶、菠菜和韭菜的纤维或其单体的含量在不同地区间存在明显差异。生态学研究的缺点是易产生"生态学谬误",即得出的结论可能不适于个体水平的结果,此种研究常见的逻辑错误是把从群体数据所得到的因果关系推论到个体。例如,在一项 2004—2009 年西安市沙门氏菌流行病学生态学研究中,所有样品均来自西安市,包括农贸、市场、超市和餐饮行业,结果显示 2004—2009 年沙门氏菌总检出率 6.8%,2006 年沙门氏菌检出率最高为 13.7%,2007 年沙门氏菌检出率最低为 0.8%,如果因此得出结论说西安市某一个餐厅 2006 年沙门氏菌检出率最高而 2007 年检出率最低,显然是错误的,因为该研究的数据来源于整个西安市,因此其结果也是针对西安市整体而言的。

二、分析性研究

分析性研究是在描述性研究的基础上,进一步分析膳食因素与营养相关疾病或营养状况间的相关性及关联程度。描述性研究中不能对膳食因素与疾病的关联作出因果推断的局限性,可在分析性研究中得以避免。分析性研究包括病例对照研究和队列研究。

(一) 病例对照研究

病例对照研究(case-control study)是将某种疾病患者与未患该病的对照组先前的膳食相关资料作比较,调查各组人群过去暴露于某种或某些可疑危险因素的比例或水平,通过比较各组之间暴露比例或水平的差异,判断暴露因素是否与研究的疾病有关联及其关联程度大小的一种分析流行病学的研究方法。病例对照研究是一种回顾性调查研究,研究者不能主动控制病例组和对照组对危险因素的暴露,因为暴露与否已既成事实;病例对照研究是一种从果到因的调查,在疾病发生之后去追溯假定的病因因素的方法;研究对象是按发病与否分成病例组与对照组,所需研究对象较少,无须进行随访;通过比较患某病病例组和不患该病对照组与可疑致病因素间的暴露情况,分析判断暴露与疾病的关系。病例对照研究主要应用于:①广泛探索疾病的影响因素;②深入研究疾病发生的影响因素;③研究健康状况的影响因素。例如,为确定某地区个体饱和脂肪酸及其食物来源消费相关的非致命性急性心肌梗死(myocardial infarction,MI)的风险,选择第一次急性 MI 的幸存者作为病例组,选择年龄、性别及居住面积等相匹配的人群作为对照组,在对混杂因素进行调整后,结果显示总的饱和脂肪酸和个体饱和脂肪酸的消耗与 MI 风险增加相关:总饱和脂肪能量增加 1%,MI 风险增加 12%;月桂酸 + 肉豆蔻酸、棕榈酸和硬脂酸的摄入分别使 MI 风险增加 51%、14% 和 100%;相对于不吃奶酪的人,每天消费奶酪 1~2 份 MI 风险增加 207%。病例对照的局限性包括:它不适用于暴露比例很低的因素的人群研究,因为需要很大的样本量;难以避免选择偏倚;暴露与疾病的先后顺序难以确定;难以避免回忆偏倚。

（二）队列研究

队列研究（cohort study）是收集未患某种疾病人群的膳食资料,按是否暴露于某可疑因素或暴露程度分为不同的亚组并对其进行随访,追踪各组的结局并比较其差异,从而判定暴露因素与结局之间有无关联及关联程度大小的一种分析流行病学的研究方法。队列研究由因到果的研究,研究人群在开始均是未患病的个体,但是每位进入研究的个体都有可能发生该研究的疾病。队列研究主要用于检验疾病的病因假设,确定膳食因素与营养相关疾病的因果关系及关联强度。例如,一项研究肉类消费和结直肠癌风险的大型前瞻性研究结果提示,食用红肉和加工肉类可分别增加结直肠癌风险 24% 和 16%;另一项日本的研究饮用绿茶和咖啡是否可以降低脑卒中风险的队列研究结果提示,与不经常饮茶者相比,每天饮用绿茶超过 8g 可降低脑卒中发病风险 20%。在研究膳食因素与疾病的因果关系中,队列研究是较好的研究方法,其暴露与疾病发生的时间顺序非常明确,论证因果关系的能力较强;只要基线调查时调查项目比较全面,就可以同时研究多种慢性病的病因;通过队列研究还可以了解疾病的自然史。队列研究也存在着一些局限性:对研究对象的依从性要求较高,若随访率低则会使结果发生偏倚;不适用于发病率低的疾病,因为这需要非常庞大的队列,实际很难实现;耗费时间、人力和财力较多。

三、实验性研究

实验性流行病研究（experimental epidemiology）是按随机分配的原则将研究对象分为研究组与对照组,将某种干预措施施予研究组,并给对照组以安慰剂,同时随访并比较两组的结果,以判断干预措施的效果,也称干预试验（intervention trial）。

实验性研究包括:临床试验、现场试验和社区试验,其中以临床试验中的随机对照试验（randomized controlled trial,RCT）最为常用。相较于描述性研究和分析性研究,实验性研究最大的特点在于施加人为的干预。干预试验的原则包括:来自总体的随机抽样人群须随机分配到实验组和对照组中;除了有施加干预的实验组,还必须设置对照组,且两组在有关各方面必须相当近似或可比;必须施加一种或多种干预处理,干预措施是人为施加的;干预试验需采用盲法收集资料,从而避免出现信息偏倚。干预试验的主要优点是,潜在的混杂变量随机分布在治疗组和对照组之间,从而最大限度地减少这些外部因素引起关联扭曲的可能性;此外,实验性研究也具有前瞻性,研究因素事先设计,结局变量和测量方法事先规定,研究中能观察到干预前、干预过程和效应发生的全过程,因果论证强度高。例如,在一项膳食干预防治儿童缺铁性贫血的研究中,选择辖区内坚持实行代量食谱合理膳食的幼儿园儿童作为膳食干预组,而未坚持实行代量食谱的幼儿园儿童作为对照组,结果显示各年龄组儿童随着年龄增长其贫血患病率逐渐下降,膳食干预组儿童贫血总患病率为 1.58%,年龄组之间比较无显著性差异;对照组儿童贫血总患病率为 5.29%,年龄组之间比较无显著性差异。对照组儿童贫血总患病率为 5.29%,年龄组之间比较差异有显著性。结果提示实行代量食谱合理膳食,为儿童提供符合生理需要的热量和各种维生素,能有效的预防缺铁性贫血的发生;为探究营养膳食干预对老年骨折术后病人疗效的影响,将 83 例老年骨折择期手术的病人随机分为对照组和试验组,对照组病人实施常规饮食,试验组在实施常规饮食的基础上给予营养膳食干预,结果显示试验组病人手术前后血清清蛋白水平差值和切口愈合情况均好于对照组,两组比较均有显著性差异,提示老年骨折术后病人实施营养膳食干预,可提高血清清蛋白水平,增强机体抵抗力,促进切口愈合。

有关膳食因素与疾病关系的干预试验虽然在理想条件下因果关系论证力强,但在实际实施中存在着一些限制。首先,探究膳食因素与疾病关联的干预试验往往需要持续很长时间,若干预时间不足,就算实际存在因果关系也可能导致组间缺乏差异;其次,随着试验时间的延长,干预饮食的依从性可能会降低,毕竟一个人原有的饮食习惯是在其长年累月的生活中形成且适应的,而且如果对照组认为干预饮食是有益的,就很可能采用干预组的饮食行为;再者,这类研究的参与者往往有着较好的健康意识和动机,研究人群在实验开始前可能已经通过其常规饮食获得了这种营养素的最大益处,因而在实验中可能看不到明显的干预效果。

另外,尽管在理想情况下所有假设都可以在随机试验中得到证实,但出于实际或伦理的原因,这是不可能的。例如,吸烟对肺癌风险影响的知识是基于观察性研究,同样不可能进行随机试验来检查酒精使用对人类乳腺癌风险的影响。因此,这类以人群为研究对象的干预试验,其施加的干预往往都是保护因素。

第三节　循证营养学

20世纪后叶发展起来的循证医学(evidence-based medicine,EBM)被定义为"慎重、准确和明智地应用目前可获取的最佳研究证据,同时结合临床医师个人的专业技能和长期临床经验,考虑患者的价值观和意愿,完美地将三者结合在一起,制定出具体的治疗方案",其核心思想是任何医学决策都必须建立在最新最佳的医学研究证据上。而在营养学领域,不管是膳食因素与疾病关系科学结论的产生,还是膳食营养素参考摄入量等科学参数的确定,抑或是居民膳食指南以及营养相关决策的制定,都需要将循证医学的思想与营养学相结合,因此,循证营养学便应运而生。循证营养被定义为:"系统收集来的现有最佳证据在制定营养政策和营养实践中的应用"。循证营养的重要意义在于其提供了一个客观的框架,在这一框架下,所有可获得的证据被收集和评价,从而帮助制定营养政策与建议,并且有可能为那些存在争议的营养问题提供决定性的证据。

循证医学强调对证据的界定和重视,不同的证据具有不同的论证强度,因此各种来源的研究证据被循证医学分成不同的等级,以便利用最佳或相对较优的研究证据进行决策。不同来源的研究证据根据论证强度的不同通常按等级依次被分为9类:①系统综述(systematic review)和meta分析(meta analysis);②随机对照试验(randomized controlled trial,RCT);③队列研究(cohort study);④病例-对照研究(case-control study);⑤病例系列研究(case series);⑥病例报告(case report);⑦想法、评论、观点;⑧动物实验;⑨体外实验。证据资源以原始研究为基础,以证据系统为终端,自下而上形成一个证据资源金字塔(pyramid of evidence)(图9-2)。

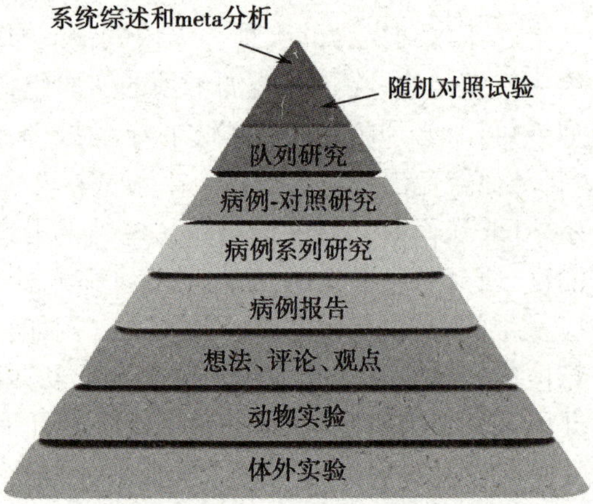

系统评价和meta分析已被公认为客观评价和合成针对某一特定问题的研究证据的最佳手段,通常被视为最高级别的证据,因此系统评价和meta分析也是循证营养学的主要方法。

图 9-2　证据金字塔

一、系统评价和 meta 分析的基本概念

系统综述是指针对某个主题进行的二次研究,在复习、分析、整理和综合针对该主题的全部原始文献的基础上进行,综述过程要按照一定的标准化方法。一个系统综述可能只包括一种类型的研究,也可以是不同研究方法的综合。meta分析是系统综述中使用的一种统计方法,用来比较和综合针对同一科学问题所取得的研究结果,比较和综合的结论是否有意义,取决于这些研究是否满足特定的条件。系统综述常和meta分析共同或交叉使用,如果精确区分的话,当系统综述用了定量合成的方法对资料进行统计学处理时可称为meta分析,而未使用统计学方法的则称为定性的系统综述。

在这个知识爆炸的时代,针对某一个研究目的可能会有许多质量参差不齐的研究产生,单独的任一研究都可能因为研究样本量不足或研究范围及研究方法的局限而很难得到一个明确的或一般性的结论。另外,由于随机误差的存在,并且由于研究对象、研究设计等方面的不同,针对同一问题的研究结果常常不一致,甚至相互矛盾。若只根据一个或少数几个研究结果得出结论或制定决策,很可能会管中窥豹,导致决策的失误。系统综述和 meta 分析可以对这些研究证据进行仔细检索、严格评价和系统综合,整合后得到的综合结果无疑要比任何一个单独的研究结果更具说服力。

二、系统综述和 meta 分析的步骤与方法

系统综述和 meta 分析的步骤主要包括:提出问题、制定方案、检索文献、收集和评价原始研究、提取数据、汇总结果以及撰写报告等步骤。

(一) 选题和研究方案的制定

确定选题非常重要,应注意以下几个方面:首先,研究选题应具有比较重要的临床或者公共卫生意义,且目前尚没有肯定一致的结论;其次,选题应宽窄适宜,研究目的简单明确,不宜过于庞大宽泛,如"不饱和脂肪酸对健康有益吗?"对此可以采用 PICO 格式将研究问题结构化,即对研究对象(participants)的特征、干预措施(intervention)、与什么进行比较(comparison)和观察的结局指标(outcome)进行定义,从而精炼研究目的。

选题确定后,就要制定研究方案,并撰写一个详细的课题计划书。以 Cochrane 系统综述为例,其计划书中要求阐明:本次系统综述和 meta 分析的背景:选题、立题的依据,系统综述的目的;纳入原始研究的标准;检索策略;系统综述的方法:选择、评价、收集数据、结果分析;其他:封面、致谢、利益冲突、参考文献;时间安排、人员、经费、结果传播等。

(二) 检索和收集原始文献

1. 制定综合检索策略　根据研究问题确定检索词,不同的检索词的不同组合就形成了检索策略,检索策略越好,检索的灵敏度和特异度就越高。灵敏度是指文献查全的能力,特异度是指文献查准的能力。若文献检索的灵敏度高,通常不会漏掉相关文献,但势必会收纳进一些无关的文献,增加筛选的工作量;若文献检索的特异度高,则命中的文献会基本符合要求,但漏检率增加。

2. 文献来源　系统评价和 meta 分析数据的主要来源是已经发表的相关文献,资料收集原则是多途径、多渠道、最大限度地收集相关文献,以计算机检索为主,并辅以参考文献的追溯和手工检索等,必要时联系作者获得原文或原始数据。常用于检索文献的中文数据库包括:中国生物医学文献数据库(GBM)、中文生物医学期刊文献数据库(CMCC)、中国期刊全文数据库(CNKI)、中文科技期刊全文库(VIP)和万方数据库;英文数据库主要包括:PubMed、Embase、OVID、Cochrane Library。

检索时要注意那些未正式发表的所谓"灰色文献(grey literature)",如会议专题论文、未发表的学位论文、专著内的章节、制药工业的报告等很难检索到的文献,因为这些文献中可能包含阴性研究结果。阴性试验一般较少被投稿和发表,其他来源的资料对这些未发表的试验也较少提及,因此若系统综述只包含那些有限的已发表的试验,则可能会导致假阳性结果。

(三) 根据入选标准选择合适的研究

经各种途径检索到的文献须根据本次研究的纳入排除标准进行仔细地筛选,挑选出合格的研究进行系统综述和 meta 分析。一般遵循"PICOST"原则(participants、interventions、comparisons、outcomes、study design、time),主要从研究人群、干预措施、对照和研究类型、结局类型4个方面考核,此外还可以根据研究目的,结合研究类型和发表时段。

选择文献时首先要进行初筛,通过阅读题目和摘要排除不相关的、重复表达的、综述类等文

章;然后进一步精读,通过阅读全文排除不符合纳入标准的文章;对信息不全面的文章,尽可能与作者联系,获得相关资料。

在文献筛选过程中避免偏倚十分重要,一般要求至少有 2 名评价者独立选择,出现分歧要进行讨论或由研究负责人仲裁。

(四) 对原始文献进行质量评估

系统综述和 meta 分析是对原始研究结果的汇总分析,实际上是一种观察性研究设计,它不仅不能排除原始研究中存在的各种偏倚,当原始研究质量不高时,合并的结果会遭受"垃圾进,垃圾出"的质疑,因此,对原始研究进行质量评估非常重要,只有基于高质量的独立研究才能获得可信的综合结论。

质量评估包括对研究的内部真实性(internal validity)和外部真实性(external validity)的评价,前者涉及研究的方法学质量,即研究设计和实施过程中避免或减小偏倚的程度;后者涉及研究结果外推的程度。目前已经发表了上百种质量评价工具来评价各种涉及类型的文献,没有哪一个是金标准,研究者应该根据研究目的选择恰当的评价工具。

对随机对照试验的方法学质量可以考察:①受试者分组是否真正随机;②随机方案是否隐藏;③是否详细说明入选标准;④组间基线是否可比;⑤研究过程中是否使用盲法;⑥对失访、退出及不良反应病例是否进行了详细记录,⑦是否报告失访原因;⑧是否采用意向分析(intention to treat,ITT)法分析结果;⑨患者的依从性(compliance)如何,进一步可以采用定量或定性的方法进行质量评价。

(五) 提取资料,建立数据库

资料提取是系统评价和 meta 分析过程中的重要步骤,提取的资料将作为数据分析和合成提供直接证据,也为系统评价和 meta 分析的结果、讨论及参考文献等部分提供支持。资料提取时,每一个研究都应按照事先制定的资料摘录表内容提取相应信息并填表,这些信息通常包括原始研究的一般资料、计算总效应值的有关数据、原始研究的临床特征和方法学质量四部分。资料提取应遵循客观的原则,在提取数据时,除了提取效应统计量,尽可能提取原始数据,数据提取应至少由两名评价员独立进行,并交叉核对。当评价员提取资料出现分歧时,常见的原因是由于一方的疏忽或失误,这样的分歧通过讨论很容易解决,如果讨论不能达成一致意见时,需要第三方的介入。

资料提取后,录入 meta 分析的专用软件,如 RevMan、Stata 和 SAS 等。提取效应统计量时,应选择合适的效应指标,如 OR、RR 等;在对原始数据的计量资料进行提取时,必须注明单位,以便合并结果时使用统一的单位。资料计算机录入时也应由双人独立进行,以保证资料摘录和输入的质量。

(六) 汇总结果

对收集的资料,可采用定性或定量的方法进行汇总分析,以获得相应的结果。定性分析(qualitative synthesis)是叙述性合成证据的方法,即通过表格对合格研究的研究特征(如研究设计、研究对象、研究结局、研究质量等)与研究结果进行结构化的比较和总结,定性评价研究结果在不同研究特征上是否相似(即研究结果是否与某些研究特征有关)。定性分析为定量分析打下了基础。并且,当原始研究存在较大的异质性,不适合定量合并时,只能通过定性分析汇总结果。定量分析(quantitative synthesis)是用统计学方法汇总研究结果,涉及异质性检验、meta 分析、敏感性分析和亚组分析等。

1. **异质性检验** 即统计量的齐性检验,目的是检查各个独立研究的结果是否可以合并。由于各独立研究的设计不同,进行试验的条件不同,试验所定义的暴露、结局及其测量方法不同,以及协变量的存在均可能导致异质性的产生。在进行 meta 分析时要特别注意资料的可合并性,如果原来各个独立研究的结果缺乏一致性,调查者对资料的汇总要慎重。因为 meta 分析是对干预措施效果作平均估计,如同所有的平均值,如果合并生成的均值来源差异太大,得出的均值将毫无意义。这时重点要探讨造成差异的可能原因,是研究之间存在:①临床异质性:如对象特征、诊断、干预、对照、研究地点、评价结局等不同;②方法学异质性:研究设计与质量不同;③还是统计学上的异质性:不同试验中观察得到的效应,其变异性超过了机遇(随机误差)本身所致的变异性。

异质性检验的方法有很多,通常可以采用卡方检验,检验的零假设为各项研究的总体效应值相同。meta 分析的常用软件均具有自动进行异质性检验的功能,作者只需要根据 χ^2 值、P 值和 I^2 来评价有无异质性及其大小就可以了。其中 I^2 是定量衡量异质性大小的指标,表示由于异质性而非抽样误差导致的研究间变异占总变异的百分比。$I^2 = [(Q-df)/Q] \times 100\%$,此处的 Q 是卡方检验的统计值,df 是其自由度。I^2 值大于 50% 时,可认为有明显的异质性。若各研究间无统计学异质性($P>0.1$,$I^2 \leq 25\%$),采用固定效应模型(fixed effect model);若存在异质性($P<0.1$,$25\%<I^2<50\%$)时,但合并资料仍具有临床上的意义,则采用随机效应模型(random-effects model)进行合并分析,并谨慎解释研究结果。若存在严重异质性,则建议不进行 meta 分析,而是根据试验特征如性别、年龄、病情严重程度、疾病分期、基线危险度、干预强度和时间等进行亚组分析,或进行敏感性分析,或考虑协变量的影响进行 meta 回归分析,以解释异质性的来源(图 9-3)。

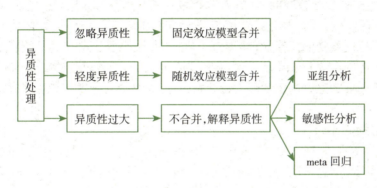

图 9-3 异质性处理

2. meta 分析 在数据合并之前,应根据资料的类型及评价目的选择效应量。通常两组间比较时,计数资料或二分变量用危险差(risk difference,RD)、比值比(OR)、相对危险度(RR)等来表示效应的大小。计量资料或连续变量用平均差值(mean difference,MD)表示效应的大小:当采用同样的测量方法测量同一指标时使用权重的均数差(weighted mean difference,WMD);当对同一治疗效应采用不同的测量方法或单位时则使用标准化的均数差(standardized mean difference,SMD)。

3. 敏感性分析和亚组分析 敏感性分析(sensitivity analysis)是用来评价某个 meta 分析或系统评价结果是否稳定和可靠的分析方法。其目的是发现影响 meta 分析研究结果的主要因素,解决不同研究结果的矛盾性,发现产生不同结论的原因。敏感性分析通常是采用剔除具有某些特点的研究后再次进行分析的方法。这些特点是可能影响合并结果的因素,如方法学质量低、小样本量、未采取盲法等。

亚组分析(subgroup analysis)是指针对不同研究特征进行资料的分析,例如将研究对象根据年龄、性别、病情轻重、干预措施不同的剂量或疗程等进行比较,主要目的是探讨临床异质性的来源。亚组分析对临床指导个体化处理有重要意义,但因为亚组的样本量通常很小,容易因偶然性大而得出错误结果。通常,在方案制定阶段就应该确定做哪些亚组分析,而不是资料分析阶段的随意分组探索。

(七) 总结报告

meta 分析的结果可以使用直观的图示方法,即森林图(forest plots)表示。森林图的水平线代表每个研究的结果,线中间的方块代表研究结果的点估计值,方块的大小代表该研究在 meta 分析中的权重,线宽代表研究结果的 95% 可信区间;垂直线代表"无效应线",如果一个研究水平线穿过垂直线,表明该研究结果的 95% 可信区间包含 0,说明研究的效应在比较的两组间差异无显著性;图中的菱形块代表各个研究合并后的效应估计值,即采用固定效应模型或随机效应模型合并各研究结果后的值,该综合值也可以有 95% 可信区间。

三、循证营养学的应用

循证营养学可以应用在营养学理论研究和指导实践的多个领域,主要包括以下几个方面:

(一) 临床营养上的应用

临床营养分为肠内营养和肠外营养,是较多应用循证方法的研究领域之一,循证营养学常用于临床营养风险的评价与筛查。例如,美国胃肠病学会也在 2001 年报道了对肠外的评价,该评价共纳入了 84 个主要在无明显营养不良患者中进行的临床研究,与对照组相比,肠外营养对术后死亡率和总的并发症发生率无影响;肠外营养组与感染有关并发症发生率明显高于对照组,绝对危险差值为 +5%;此外,在几乎所有的亚组分析中,均发现肠外营养和与感染有关并发症的发生率增加有关,肠外营养组的与感染有关并发症的发生率与未使用脂肪乳亚组相比,差异具有显著性意义。21 世纪初成立的欧洲肠外肠内学会的专题工作小组分析了已发表的 128 个 RCT 的结果制定了国际上第一个采用循证医学资料开发的营养风险筛查工具,它能较好地预测营养不良的风险,已成为广泛接受的营养筛查标准。按目前的证据,循证应用肠外或肠内营养的具体办法是:先对住院患者进行营养风险筛查(经患者知情同意),有营养风险的患者,结合临床的实际情况,就可判定是否需要为患者制定营养支持计划,必要时可加营养评定和适当时机执行营养支持计划。

(二) 营养素标准的制定

类似于膳食营养素参考摄入量等营养素标准的制定,是营养学循证实践的重要方向。膳食营养素参考摄入量是指导一个国家的居民营养素摄入量目标的重要文件,它是依据大量营养学的研究结果制定的,人体的营养素需要量、推荐的营养素摄入量安全范围以及为预防生活方式相关疾病而建议的营养素摄入量目标等,都是在收集充分的、系统的营养科学研究资料并对资料进行比较、筛选和分析的循证基础上制定和修订的。例如《中国居民膳食指南(2016)》的修订,工作人员按照循证营养学的原则,检索和使用系统评述和荟萃分析、RCT 研究等高质量的研究资料,而一般不用动物实验或体外实验等论证强度较小的资料。

(三) 膳食指南

膳食指南的制定和修订,是以食物和健康关系的最新科学证据为根据的。膳食指南专家委员会最大限度地收集和检索最近几年相关的中英文文献,包括人群研究的系统综述和 meta 分析,如随机临床对照研究、队列研究或前瞻性研究、病例 - 对照研究或回顾性研究等,然后以循证医学的方式对这些研究证据进行评价,通过对每篇文献的试验设计、研究质量、效应量和结局变量的健康相关性进行评价,将某食物与健康包含的所有研究的平均分进行分级。通过研究评价后所获得的所有文献,作为一个证据体,综合评价其所有研究的证据等级、一致性、健康影响、研究人群及适用性共五项进行分级评价,从而得出综合评价等级,不同等级的证据体其结论可信度及科学价值是不同的。

循证营养学除了以上应用,还可应用于食物指导、有关食物成分的健康声称等方面,并且还为国家膳食营养政策的制定、营养科研方向以及营养科普宣传依据提供有力的支持。循证营养学的产生和发展,一方面是由于循证医学的示范和推动作用,更重要的原因是营养学本身对循证实践的客观需要。

第四节 膳食因素的描述和统计分析

一、膳食暴露的描述与评价

(一)膳食暴露的描述

营养流行病学研究中的暴露是膳食摄入。自由生活的不同个体以不同的组合每天摄入不同的膳食成分,膳食因素相当于一个由很多相互关联的暴露因素组成的复合体,因此个体膳食是非常复杂的暴露。要研究膳食因素与疾病之间的关系,首先要对膳食暴露进行测量。

膳食暴露通常有两种表示方法:一是以化学成分或成分组表示,二是以食物或食物组表示。化学成分通常指的是营养素。营养素是食物中固有的、具有为人体提供所需的热量,维持或调节生理功能和修补细胞组织,促进生长发育的物质,可分为五大类:蛋白质、脂类、碳水化合物、矿物质和维生素。用营养素中的某种特殊成分或成分组来表示膳食可以直接将信息与我们对生物学的基础认识联系起来。在流行病学研究中,对某种营养素总摄入量的计算与测量(与一次摄入一种食物的所提供的量相比)可对研究假设提供最有力的证明,尤其是当多种食物都含有这种适量的营养素的时候。但营养素成分并不能完全代表食物,就比如牛奶和酸奶,尽管两者的营养成分相似,但它们会产生不同的生理效应。此外,根据食品消费数据对营养素摄入量的有效计算要求提供合理准确的食品成分信息,这明显限制了可能调查的膳食的范围,因为此类信息仅存在于几十种常用研究营养素和一些额外的食品的成分。

与以营养素为基础的研究不同,以食物来表示膳食暴露的流行病学研究通常最直接地与膳食指导联系起来。不管是个体还是人群最终都主要通过选择食物的种类和数量来对营养摄入量进行调整,即使某一特定营养素的摄入与疾病风险之间的关系已经非常令人信服,但这对制定膳食建议来讲还是不够的。由于食物是复杂的化学物质的组合,不仅涉及食物中的各种化学成分的单独作用,还涉及食物中不同化学成分之间所存在的竞争和对抗的关系,而这些都可能改变其生物利用率。因此,不可能仅仅根据其某一特定营养素的含量来确切地预测任何食物对健康的影响。例如,人们担心高硝酸盐摄入量可能是有害的,特别是在胃肠道癌症方面。然而,在我们的饮食中,硝酸盐的主要来源是绿叶蔬菜,然而,绿叶蔬菜又与多个部位的癌症风险降低有关。同样,由于鸡蛋中胆固醇含量高,所以人们为了降低冠心病风险拒绝吃鸡蛋;然而,鸡蛋中除含胆固醇外,还含有丰富的必需氨基酸和微量营养素,而且饱和脂肪含量相对较低,因此很难预测鸡蛋摄入对冠心病风险的净效应,也无法确定少吃鸡蛋对总体健康的影响。

由于膳食的复杂性,各种食物及营养素互相关联和影响,单一分析某一种或几种食物或营养素与疾病的关系往往不能全面反映膳食因素对疾病的综合作用。因此,近年来,国内外学者基于现代营养流行病学方法,提出并建立了综合评价个体食物及营养素摄入状况的指标——膳食模式(dietary patterns)。膳食模式是指膳食中各类食物的种类、数量及其比例和消费的频率,其形成是一个长期的过程,受一个国家或者地区的人口、农业生产、食物流通、食品加工、消费水平、饮食习惯、文化传统、科学知识等多种因素的影响。世界各国膳食模式主要包括以下四种:以动物性食物为主的西方膳食模式、以植物性食物为主的东方膳食模式、动植物性食物均衡的膳食模式以及地中海膳食模式,此外还有得舒饮食(DASH diet)、弹性素食饮食(flexitarian diet)、体重观察饮食(weight watchers diet)、健脑饮食(MIND diet)、TLC饮食(TLC diet)、容积式饮食(volumetrics diet)及梅奥饮食(Mayo clinic diet)等饮食模式。膳食模式不仅包括营养素和食物的单一作用,还考虑到食物与食物、营养素与营养素的交互作用,它是从整体上考虑相关的某类或几类食物或营养素摄入与健康的关系。由于膳食模式反映的是研究对象的综合饮食情况,因此可更全面的评价膳食对健康的影响,弥补营养素研究的不足。

(二) 膳食暴露的评价

膳食暴露的评价包括膳食调查、生化指标的测量和人体测量,其目的是了解对象的营养摄入、利用及储备状况,以及了解其膳食结构、饮食习惯等。

1. 膳食调查　了解不同地区、不同生活条件下某人群或某个人的饮食习惯、膳食构成,了解其健康或疾病状态以及经常所吃的食物种类和数量,再根据食物成分表计算出每人每日各种营养素的平均摄入量。目前,常用的膳食调查的方法包括:①24h 膳食回忆法:由接受过训练的膳食调查员通过进行深度访谈来收集膳食信息,要求调查对象回顾和描述过去 24h 内所摄入的所有食物种类和数量(24h 一般是指最后一餐开始向前推 24h,也可以是从当天午夜到前一天午夜的 24h),然后根据通常的食物成分表计算分析营养素摄入量。②膳食记录法:是由受试者记录一天或几天内摄入的所有食物的详细清单以及重量或体积,对其食物和营养摄入进行计算和评价的一种膳食调查方法。③食品频率法:是以问卷形式调查个体在一定时期内膳食摄入频率以评价其膳食营养状况的一种膳食调查方法,调查个体经常性的食物摄入种类,根据每日、每周、每月甚至每年食用各种食物的次数或食物的种类和数量来评价膳食摄入情况。基本的食物问卷由食物清单和每种食物的食用频率两部分组成。④称重法:是对某一膳食单位消耗的食物全部称重的方法,可应用于集体食堂、家庭以及个人的膳食调查。⑤记账法:适用于有详细账目集体单位的膳食调查,根据该单位每日购买食物的发票和账目,出勤人数的记录,得到在一定期限内的各种食物消耗总量和就餐者的人日数(一个人一天吃早午晚三餐时算一个人日),从而计算出平均每人每日的食物消耗量。⑥双份饭法:收集调查对象在调查期间消费的所有食物然后进行实验室的测定的方法。准备好两份膳食,一份供调查对象食用,并准确称量调查对象实际消费的食物重量,另一份混合成一个或多个食物样品进行实验室测定,最后将得到的化学污染物和营养素的含量与调查对象实际的食物重量相乘,即算出每个调查对象的膳食摄入量(详见第十一章)。

2. 生化指标的测量　使用各种膳食评估工具对膳食摄入信息进行调查,需要估算食物消耗的分量、种类以及食物消耗的频率,还要收集食物组合及食物的烹饪方法等信息,在调查过程中不可避免会产生随机误差和系统误差;并且膳食调查很难对某一特定膳食成分的暴露情况进行评估,它往往要根据食物成分表进行计算,从而得到膳食中营养成分摄入的估计值,但不同产地、不同季节、不同加工方式的同种食物营养成分可能大相径庭,因此千篇一律地使用食物成分表进行估算,得到的营养素摄入信息可能与实际相去甚远。因此,当能够收集到膳食调查对象的生物标本时,可以通过测定生物标志物来评估膳食摄入量。

生物标志物可被定义为可以客观地测量不同生物样品的特征,并被评估为正常或致病生物过程的暴露标志物或对某种干预的反应。膳食生物标志物是反映膳食摄入或营养状况的指标,反映营养代谢的指标,也是反映膳食摄入的生物学后果的指标。膳食生物标志物可分为四类:恢复生物标志物、浓度生物标志物、替代生物标志物和预测生物标志物。恢复生物标志物基于固定时间段内摄入和排泄之间代谢平衡的概念,并因此提供绝对摄入水平的估计值。例如,用双标记的水测量代谢率和总能量消耗,用尿总氮和钾分别估计每日总蛋白质消耗和钾摄取量。浓度生物标志物(如血清维生素、血脂、尿液电解质)由于受新陈代谢或个人特征(性别、年龄、吸烟、肥胖等)的影响,它们不能用来估计绝对摄入量,但浓度生物标志物确实与相应食物或营养素的摄入量相关,因此可用于分析某些组织中某些营养素浓度与健康状态变量之间的关系。替代生物标志物与浓度生物标志物密切相关,是指食物成分数据库中的信息不令人满意或不可获得的化合物,如黄曲霉毒素和一些植物雌激素,替代生物标志物常于分析膳食因素与疾病风险相关性的人群研究。预测生物标志物是最近被定义的一类标志物,也可用于评估膳食摄入测量方法中的测量误差程度。与恢复生物标志物一样,预测性生物标志物很敏感且具有时间依赖性,并且与摄入水平呈剂量 - 反应关系,但区别在于它们的总体恢复较低,目前唯一的例子是 24h 尿蔗糖和果糖,它们与糖的摄入量密切相关。

生物标志物的应用包括:①替代膳食摄入测量。通过测量相应的生物标志物可以准确地得到某营养素的摄入情况,甚至能替代通过膳食调查来计算摄入水平的方法;②作为参考以评估膳食调查方法的有效性和准确性;③反映机体营养状况,如常把血清铁蛋白作为判断机体铁营养状况的指标。

生物标志物一个最主要的优点是,能够客观地没有偏差地测量膳食暴露情况。然而,生物标志物也存在着局限性。例如,许多食物和营养素缺乏敏感或特定的生物标志物,它们可能因其他的食物来源而被检测到,并且它们也可能不被调查对象长期摄入的;而且,各种个体间因素,如性别、年龄、吸烟、饮酒、吸毒、体力活动、生活方式因素、饮食因素(营养 - 营养相互作用)、生物样本类型及样本的收集和储存条件等均可能影响生物标记物的膳食摄入量;另外,采集和测量生物标记物的成本昂贵且工序烦琐,因而难以被广泛应用。

3. 人体测量 人体测量的指标主要包括:身高、体重、腰围、臀围、上臂围和体脂率。身高是指头、脊柱、下肢长度的总和,它受遗传及环境因素的影响,处于生长发育阶段的人群,其身高可反映营养状况;而对于成年人而言,已完成身高的发育,单纯的身高测量不能反映营养状况,需与体重相结合计算标准体重及体质指数来反映能量和蛋白质的营养状况。体重反映了身体各部分及各种组织重要的总和,在构成体重的各成分中,骨骼发育趋于稳定,肌肉和内脏变化居中,水分和体脂变化最为活跃。对于成年人而言,体重变化可以反映能量的营养状况,长期能量过剩引起体重增加,而长期能量不足则可导致体重降低;对于婴幼儿而言,体重信息在一定程度上可以反映其营养状况和骨骼、肌肉、皮下脂肪及内脏质量的综合情况。身高和体重的联合应用还可以得到体质指数(body mass index,BMI)等信息,用以衡量人体胖瘦程度以及是否健康。腰围测量是判断成人超重和肥胖(尤其是腹型肥胖)的重要指标,它可以很好地预测腹部脂肪是否堆积过多。臀围可反映髋部骨骼和肌肉的发育情况,与腰围一起计算腰围臀围比可以很好地评价和判断腹型肥胖。上臂围测量点为上臂自肩峰至尺骨鹰嘴连线中点的位置,它可以反映人体的营养状况并与人体重密切相关。体脂率是反映肥胖程度的一个测量指标,其测量方法包括水下称重法、皮褶厚度法和生物电阻抗法。(详见第十一章第二节)

二、膳食数据的统计描述

进行膳食暴露评价获得的营养素和食物摄入量、生化指标及人体测量数据都是连续型变量,如猪肉 30g、身高 175cm 等,而传统的流行病学数据又常常以暴露水平的率比或是率差的形式来进行统计分析,因此,大多数营养流行病学中的连续型膳食数据也被转化为分类变量来进行分析。连续型膳食数据转变为分类变量的方法包括定义分位数法(如四分位数,五分位数),应用标准整数分界点;或者使用有意义的生物学分界值,如推荐的每日允许量或酶活性达到饱和时的摄入量。

使用分类变量对数据进行描述具有以下优点:首先,调查者可直观地看出不同摄入水平的病例和非病例的实际数量;其次,应用多变量分析时,对剂量反应关系无需进行统计学假设,还能看出该关系是否为线性或非线性关系。在营养流行病学中,对一个摄入量范围较宽的数据而言,表现为简单的线性剂量关系的可能性不大,因为大多数膳食成分在吸收、转运、代谢或储存过程中受到限制,它们的作用需要酶的参与,而酶的活性受酶的饱和度调节;最后,应用分类变量还可以限制数据中任何极值的不当影响,这些极值通常是与数据收集和处理过程的误差有关。需要注意的是,使用分类变量描述时,应先决定分界值,然后再做初步分析,而不是去找分界点以获得具有统计学意义的结果。

采用连续变量进行描述分析的优势在于:首先,在数据做趋势拟合时,与分类变量相比,使用连续变量进行分析可以获得更大的统计学功效;其次,在用作协变量时,如果简单地把连续变量转换成分类变量,常不能充分地反映改变了的效应,还可能导致残差的混杂;最后,多个研究结果相比较时,使用连续变量可能更为方便,因为相对危险度可以根据任意指定的摄入量增加值给出,它不依赖于特定人群膳食因素的分布情况,也不用顾及各项研究中所用的分界点的差异。

无论是使用分类变量还是使用连续型变量进行统计描述和分析,都有其各自的优缺点,在进行定量比较时需慎重选择。由于每种食物都有自己的分布,在分析多种食物时,变量的表述可能会涉及多种可选择的方式,例如,分类变量表述可以提供每天或每周每份食物相对应的危险度,非线性检验,比如加上二次项,可以用来检验是否存在线性关系,但是在检验数据是否显著偏离线性时需要大量数据资料。只用统计学方法检验是否偏离线性,有可能导致对数据的错误描述。例如,通过五分位数分析可以发现在第一和第二分位数之间危险度存在显著差异,但在第二到第五分位数之间差异不显著。如果采用连续型数据分析来检验它的简单线性关系,可能就没有显著性,从而引出一个没有关联的结论;或者可能有显著性,但在增加一个指数项后可能就变得没有显著性了,引出一个有限性关联的结论;但这两个结果对数据的描述都是不正确的。而局部使用光滑的回归曲线,可以把分类变量和连续变量各自的优势结合起来。

三、膳食数据的统计分析方法

(一) 单因素分析方法

单因素分析是用来研究某一个因素对结果影响的统计方法,如冠心病和胆固醇摄入量的关系。单因素分析方法主要有 t 检验、χ^2 检验、单因素方差分析、秩和检验、简单线性相关和简单线性回归。

1. ***t* 检验** 用来比较两个样本所代表的总体均数是否相同,应用条件:计量资料且服从正态分布,比较的总体只能是两个。t 检验有以下三种类型:①单样本 t 检验:用来推断某样本来自的总体均数和已知的某一总体均数有无差别。例如,研究某地 50~60 岁男性血脂是否高于标准值,在该地随机抽取一定数量的 50~60 岁男性,测得他们的血脂值并与标准值作比较。②配对 t 检验:用来检验两种处理的效应有无差别或处理前后的均值是否相同,即处理是否有效。例如,随机抽取年龄在 50 岁以上的老年人作为一个样本,收集他们在原花青素干预前后的血脂水平然后进行比较,即自身配对设计。③成组 t 检验:又称两独立样本的 t 检验,用来检验两个样本所代表的总体均数有无差异,适用于完全随机设计两组资料的比较,要求两个样本均来自正态分布且两总体方差相等。如要比较某两地青少年钙的摄入有无差别,分别随机在该两地各自抽取一个青少年人群样本,评估他们的钙摄入水平并进行比较。

2. **χ^2 检验** 用来比较两个或多个计数资料的率或构成比之间的差别有无统计学意义。常用的 χ^2 检验分为三种:①独立样本四格表 χ^2 检验:用于检验两个样本的总体频率分布,如要比较两个地方成年男性饮酒情况是否相同,分别在两地抽取一定数量的成年男性样本并统计各自饮酒的人数,制成四格表并进行分析;②行 × 列联表 χ^2 检验:是完全随机设计的多个率或多个频率分布的比较,与独立样本四格表 χ^2 检验类似,区别在于四格表 χ^2 检验用于二分类变量计数资料,而行 × 列联表 χ^2 检验则用于多分类的计数资料;③配对资料的 χ^2 检验:用于配对设计的计数资料率的比较,例如,研究母亲怀孕期间吸烟情况和新生儿疾病状况的相关性,或研究母亲文化程度与新生儿体重的相关性,都可以使用配对资料的 χ^2 检验。

3. **单因素方差分析** 是通过对数据变异的分解,判断不同样本所代表的总体均数是否相同,用来对多个样本均数进行比较,要求每个样本均来自于正态分布总体,且总体方差相等。例如,要比较三个不同民族的成年男性胆固醇摄入量有无差异,从三个不同民族中随机抽取一定数量的成年男性,测定胆固醇的摄入量并进行比较。

4. **秩和检验** 适用于计量资料中的非正态分布资料、方差不齐的资料或等级资料的比较。它属于非参数统计方法,对资料的分布没有要求,针对总体的分布而非总体的参数作假设。在营养流行病学中,常见营养素的摄入大多服从正态分布,但有部分营养素的摄入不是正态分布,且在膳食调查过程中,食物摄入频率常用等级资料表示,如摄入频率选项为:从不、每周一次或少于1次、每周 2~4 次、每周 5 次及以上,此资料为等级资料。

5. 简单相关　是分析两个随机变量间是否有直线相关关系以及相关的密切程度和相关方向的一种统计分析方法。相关关系有正相关和负相关,正相关是指两个变量的变化趋势相同,负相关是指两个变量的变化趋势向相反。常用的两变量间的直线相关分析有两种:Person 直线相关和 Spearman 秩相关。Pearson 直线相关是参数统计分析方法,要求两变量都服从正态分布;Spearman 秩相关是非参数检验方法,变量可为等级资料或非正态分布资料。

6. 简单直线回归　是研究一个因变量 y 和一个自变量 x 之间依存关系的统计方法。线性回归分析的前提条件包括:因变量 y 需服从正态分布,若不服从,可尝试做变量变换让因变量满足正态性的条件;因变量 y 的总体平均值和一组自变量间需是线性关系;任意两个观察值互相独立;当自变量取不同值时,因变量应该具有方差齐性。

（二）多因素分析方法

统计分析中控制其他因素影响的方法主要有两种,一种是研究设计时采用一些方案控制混杂因素,一种是分析时用多因素分析方法。研究设计时常采用的方案有随机区组设计、析因设计、重复测量。统计分析方法有分层 χ^2 检验、偏相关和多个自变量的回归分析。根据因变量的变量类型和特征回归分析主要有三类:线性回归、logistic 回归和 Cox 回归,线性回归有简单线性回归和多重线性回归。

1. 随机区组设计　是将性质相同或相近的受试对象划分为不同的区组,每个区组中的观察对象随机分配到不同的处理组中,其中区组因素就是平衡的混杂因素。例如,为了解不同营养素增重的效果,给小白鼠喂以 A、B、C 三种不同的营养素,若采用完全随机设计,只把基本条件相同的老鼠随机分到三个组中,没有考虑到遗传因素对体重增长的影响。为了平衡遗传因素的影响,可采用随机区组设计方法,以窝别作为划分区组的特征,再随机分到三个营养素组。

2. 析因设计　可分析交互效应,它是将两个或多个因素的各水平组合后进行试验。如两因素 A、B 两水平 1、2 的析因设计,即 2×2 析因设计有四种组合 A1B1、A1B2、A2B1 和 A2B2 四个试验组。2×2 析因设计的方差分析可分析 A 因素、B 因素的主效应和两因素的一阶交互效应。当两因素间存在交互效应时,说明一个因素的单独效应随另一因素变化而变化,两种因素的联合使用与各因素单独使用的效应是不一样的。由于主效应是因素各水平的单独效应的均值,此时分析主效应失去了意义,则需要分析各因素的单独效应;而如果两因素间不存在交互效应,则只需考虑各因素的主效应。

3. 重复测量　是同一受试对象的同一观察指标在不同时间点上测量所得到的资料,营养流行病学上常用重复测量资料的均值来估计营养素的真实摄入量,可控制随机误差的影响。如果重复测量资料服从正态分布,可用重复测量的方差分析。如果是两因素的重复测量资料,可分析处理因素、时间因素、处理和时间的交互效应三个因素的作用。重复测量方差分析在营养流行病学中的一个用途是用于标准差的校正中个体间和个体内的方差分解。

4. 分层 χ^2 检验　在病例对照研究中,分析某膳食暴露与疾病的关系时,如果不控制其他膳食暴露的影响,只分析该膳食暴露与疾病的关系,容易得到虚假的暴露与疾病关系。如果分析的膳食暴露为二分类变量有、无时,可把可能的混杂因素分层,对每一层进行四格表 χ^2 检验,估计出各层的 OR 值和公共优势比 OR_{M-H},如果各层的 OR 值明显不同,且公共优势比 OR_{M-H} 的假设检验结果为拒绝 H_0,可认为分层后该暴露与疾病仍然有关联,即该膳食暴露与疾病相关。

5. 偏相关　是控制其他变量的影响后,分析两个随机变量间的线性关系。例如,要分析收缩压与 BMI 之间的关系,年龄可能是混杂因素,要控制年龄对收缩压和 BMI 相关性的影响,可做偏相关分析。

6. 多重线性回归　在营养流行病学中,一个指标的影响因素往往会同时涉及多个自变量,应用多重回归分析可预测、寻找影响因素,控制混杂因素。多重线性回归分析的目的是用一组自变量估计一个因变量及其变异性的统计方法。

7. logistic 回归   适用于因变量为计数资料的多因素分析方法,特别是在病例对照研究和队列研究中,常用 logistic 回归分析多个因素对结果的影响。根据因变量的分类和设计方案,logistic 回归分为非条件 logistic 回归、条件 logistic 回归、多分类 logistic 回归和等级资料的 logistic 回归。如果因变量为计数资料且为二分类,设计方案为完全随机设计,用非条件 logistic 回归;如果设计方案为匹配设计,用条件 logistic 回归;如果因变量为多分类的计数资料,用多分类 logistic 回归;如果因变量为等级资料,用等级资料的 logistic 回归。

8. Cox 回归   当因变量包含两方面的信息:事件的结局和事件经历的时间时,可以 Cox 回归分析,它可同时分析众多因素对生存期的影响,分析带有删失生存时间的资料,且不要求资料服从特定的分布类型。在队列研究中常用 Cox 回归来探索病因。

(三) 膳食模式分析

如前所言,传统营养流行病学研究主要是探讨单一营养素或食物与疾病的关系,没有考虑到营养素或食物之间的相互作用,具有一定的局限性。而最近兴起的膳食模式分析正逐渐成为传统单一营养素或食物研究的补充方法,它是将所有食物、营养素作为整体进行分析,从而更全面实际地分析反映食物和营养素的综合效应,膳食模式研究方法能够帮助我们全面理解膳食与人体健康的关系。目前常用膳食模式统计学分析方法包括评分法(先验法)、数据驱动法(后验法)。

1. 评分法   是以现有的膳食指南或其他科学的饮食建议为基础,通过将个体的饮食与之比较进行评分的推理方法,也被称为"先验法"。通常情况下分为营养充足或营养密度评分、膳食多样化评分、食物组评分和指数型评分四种。营养充足评分是通过比较实际营养素摄入量和推荐摄入量来评价人群或个体的膳食质量,指标包括营养素充足比和平均充足比。营养密度评分是通过总能量中的营养素含量来评价个体的膳食质量。膳食多样化指的是膳食中包含不同类别的食物,或者同类别中不同的食物。通过对一定期间内膳食中食物数量或食物组数量的评分来评价膳食质量。另外,还有以食物指南金字塔中水果、蔬菜、谷类、乳制品以及肉类 5 种食物组为基础的评分。

评分法主要指膳食指数法(dietary indices),指数型评分是以目前的膳食指导为基础建立的,主要包括膳食平衡指数(diet balance index,DBI)、膳食质量指数(diet quality index,DQI)和健康膳食指数(healthy eating index,HEI)。

2. 数据驱动法   是以膳食调查数据为基础运用统计学方法来确定膳食模式的种类,也称为"后验法"。包括聚类分析(cluster analysis)、因子分析(factor analysis)和潜类别分析(latent class analysis,LCA)等。

聚类分析是一种多变量统计分析方法。聚类分析是根据膳食特征将个体归为相互独立的类别,膳食相近的归于一类,膳食差别较大的归在不同类。在膳食模式研究中,聚类分析法根据研究对象的饮食特点,将其聚成不同类别,然后根据各类别人群的饮食特点,确定各类别的膳食模式特征,揭示不同人群膳食模式的特点及其与各种疾病间的关系。经常使用的膳食特征包括食物消费频率,食物能量百分比和食物平均摄入量等。

因子分析也是一种多变量统计分析方法,它是根据食物变量之间的相关程度,将食物变量聚类成几个主要的类别(因子),再根据专业知识确定这些公因子代表的实际含义。因子分析利用膳食频率表法或膳食记录法提供的膳食信息来确定公因子(膳食模式),每个公因子表示了某些特定食物或食物组,它可以克服食物或食物组间的相互关系。然后,计算每个公因子(膳食模式)的得分,以进一步研究膳食模式与健康结局的关系。

潜在类别分析是以模型为基础的聚类方法,是利用潜在类别解释食物摄入量之间的复杂关联。虽然这种分析方法能更灵活地运用膳食数据,是反映疾病与膳食间关系的有用的方法,但目前单独应用不多。

3. 综合方法 是综合后验法和先验法的方法,包括降秩回归法(reduced rank regression,RRR)和偏最小二乘回归法(partial least-squares regression,PLS),既利用了先验信息,又基于当前的研究,综合了先验法和后验法的优点。

降秩回归法是分析膳食模式的一种新方法,类似于因子分析,是通过建立食物摄入变量的线性函数解释反映变量(如营养素、生物标志物等)的变异。因为疾病相关营养素和疾病特异生物标志物与疾病的发展具有相关性。该法需要收集两方面的信息,一是自变量,即食物摄入情况的信息;二是因变量,即与感兴趣健康结局变量相关的营养素或营养素之比或某些生物学标志物的信息。

偏最小二乘回归法是介于主成分分析和降秩回归之间的一个折中方法,通过建立有预测能力的回归模型解释营养素或生物标志物的变异,主要适用于多因变量对多自变量的线性回归建模。

第五节 营养流行病学数据的解释

在流行病学研究中观察到某种关联时,我们通常会考虑它是否代表了暴露和疾病之间真正的因果关系,即暴露发生改变,疾病的发病频率是否也会随之改变。Hill(1965)曾经对判断因果关系的标准条件进行过讨论,这些条件包括联系的强度、不同研究和不同人群研究结果的一致性、是否存在剂量反应梯度、适宜的时间关系、生物合理性以及与现有数据的连贯性。但有其他学者指出,这些不能被认为是明确的标准,因为例外的情况太多了,这在营养流行病学中尤其如此。由于膳食暴露的普遍性,相对危险度为 0.7 或 1.5 就已经很重要了。如果在不同人群中得到的相关性结果一致(其他因素无法解释这种一致性),说明因偶然因素得到相同结果的可能性很小,因此因果关系的可能性较大。在营养流行病学研究中,剂量-反应关系很可能是非线性的,其形状取决于所假设的暴露范围的起点。而且,即便是清晰的剂量-反应关系也可能是偏倚或混杂因素的结果。对因果关系所作的生物学解释也要进行谨慎考虑,即使新的研究发现与已知发病机制支持这种因果关系,但是这些解释的支持依据来源于各种研究中观察到的结果,其中可能包括有些在以后的研究中又被否定的例子。此外,我们对大多数癌症和许多其他慢性疾病的病理生理学知之甚少,因此缺乏明确的机制理论用来否定这种因果关系。由于以疾病发生率作为结果的随机试验通常是不可行的,在许多情况下,因果关系的最有力证据是将多个队列研究中已证实的关联与以中间终点作为结果的随机对照研究的数据相结合。

已知存在相关关系,即使认为这种关系是因果关系,也不足以用来作为制订公共或个人计划的依据,还需要一些关于剂量-反应关系的定性和定量方面的知识。例如,已知脂肪总摄入量与结直肠癌危险性有关,但作为提出普遍降低膳食脂肪摄入量建议的基础是不够的,还需要提供更多有用的信息。此外,对膳食变化与疾病发生率变化间隔的时间长短的估计也很重要。如果潜伏期是几十年,那么对老年个体而言就没有必要对其膳食做任何调整了。

即使膳食暴露和疾病的关联确实存在,但研究所观察到的相关性也有可能不具有统计学意义,原因可能有以下几种:一种可能性是膳食的变异不足,在极端情况下,如果研究人群摄入膳食相同,则可能看不到膳食与疾病间存在任何关联。其次,研究人群可能存在变异,但变异出现在总的剂量反应关系的平台部分。第三种可能性是,测量膳食摄入量的方法不够精确,无法衡量真实存在的差异。第四,由于患病和未患病的受试者数量不足,统计效力较低,可能会遗漏关联。第五,一种关系可能未被发现,因为暴露测量与发病的时间没有包括真正的潜伏期,故膳食与疾病的关系无法检测出来,如主要的膳食暴露发生在儿童期,而疾病的诊断发生在成年,就容易出现这种情况。第六,因为一些未测量的第三变量与暴露和疾病均有关,并且作用方向相反,换句话说,如果存在负混杂时,膳食与疾病关系也不能检验出来。以上六点是难以观察到相关性的主要生物学原因,除此之外,源自方法学的偏倚也可以使膳食与疾病关系难以确定。

除了以上的论述外,目前尚没有其他资料对无效或无显著意义的研究结果进行描述。很明显,没有一个研究可以涵盖人类膳食所有内容,也没有一项研究可以绝对精确地检测膳食所有方面、测定所有可能的潜伏期以及控制所有潜在的混杂因素。那么,得到无效结果后必须对无效结果的条件和局限性进行描述。首先,要证实研究人群的膳食确实存在变异,并且证实膳食测量方法有区分研究对象的能力。仅利用一种测量方法来证明膳食变异是不够的,因为这种变异可能只是误差。只有同时证明了用该方法得到的测量值与用另一种误差来源完全独立的方法得到的测量值相关,才能认为该研究人群的膳食确实存在变异,研究中所使用的测量方法确实有能力检测到这种变异。

可信区间对描述正相关结果很重要,但对接近无效假设(例如,相对危险度 =1.0)或无统计学意义的结果描述更为关键,因为这个与资料一致的数值范围具有一定的意义。应对可信限进行测量误差调整,因为测量误差可以使可信区间真值变大,宽于计算的可信区间(假设测量误差不存在的前提下)。这种调整测量误差计算可信区间的方法在最近才开始使用,目前使用者越来越多,甚至一些杂志编辑也开始要求发表研究结果时要有先验把握度的计算内容。可信区间不但取决于观察值,而且还受机会的影响,所以在研究结束时再估计先验把握度的意义就不大了(把握度用于解释无显著意义的结果时常会得出错误结论。一个先验把握度较低的研究,也极可能得到正相关的结果,但可信区间非常宽,如果呈负相关,则可能得到的正相关便被排斥在外)。还应该描述研究所涵盖的潜伏期范围,而这在膳食研究中通常只能粗略地估计。如果该研究是一个前瞻性群组研究,或可得到过去某些时点的数据,就可根据这些时点将潜伏期不同时段分开来进行相关性研究。最后,对与主要暴露因素有关的膳食和非膳食因素的描述也非常重要,这些因素将作为可能的混杂变量用于分析。

没有一项研究可以对假说的所有问题同时进行论述,所以有必要阐明哪些问题在研究中得到或未得到论证。例如,只是简单地报道某研究膳食得到维生素 C 摄入量和结肠癌负相关的结果,这样的信息利用价值就很小,应该对更多的信息进行描述,例如"用某具体的定量检测方法得到,第 10 百分位膳食维生素 C 摄入量为每天 40mg,第 90 百分位为每天 200mg。5 年随访期间,维生素 C 摄入量每增加 50mg/d,人群平均摄入水平上升 50%,暴露测量误差调整后相对危险度为 1.0,95% 可信区间为 0.8~1.3。在对父母有结肠癌病史、膳食纤维素和钙摄入量等因素进行调整后结果未发生改变"。从这一描述中可以清楚地看出,维生素 C 摄入量非常低和非常高对结肠癌的影响以及儿童时期膳食的影响在本研究中未作评价,同时可以推断如果老年人群的维生素 C 摄入量增加 50%,则有可能使结肠癌危险性降低 10%,而不是 30%。

由于生物学和行为学因素,使得膳食与疾病之间的关系变得极为复杂。所摄入的食物种类和数量可能与疾病的一些重要非饮食影响因素有关,如年龄、吸烟、运动和职业,这些因素可能会扭曲或混淆并改变疾病与膳食的关系。营养素的摄入量往往是相互关联的,因此与一种营养素的关联可能会被膳食的其他方面干扰。此外,摄入一种营养素可能会改变对另一种营养素的吸收、代谢或需求,从而产生生物学相互作用。由于这些复杂性,单独地研究一种营养素与疾病之间的关系通常是不令人满意的。实际上,必须应用多因素技术,包括分层分析和统计学模型,以调整潜在的混杂因素并检验其交互作用。应用多因素分析法必须仔细考虑精确度问题,以及那些潜在的协变量是否真正是与主要暴露因素作用相反的混杂因素。有关体脂与冠心病关系的争论表明,多因素分析如果使用不当,将会混淆结果。在许多文献中,血压、糖耐量、血脂水平和体脂测量值一起被代入多因素模型。因为这些危险因素与肥胖密切相关,因此也与相对体重(与冠心病发病有关)相互关联。这些因素同时代人多因素模型后大大削弱了相对体重的作用。如果得出肥胖与冠心病无关的结论显然是不对的。今后营养流行病学在应用多因素分析时,必须充分利用现有有关膳食因素作用的全部知识,并注意避免类似问题的出现。

（荣　爽）

 思考题

1. 营养流行病学的概念是什么? 应用有哪些?
2. 营养流行病学的研究方法有哪些? 各自有何局限性?
3. 循证营养学的概念是什么? 请简述系统综述和 meta 分析的步骤。
4. 膳食暴露的评价方法有哪些?
5. 膳食暴露和疾病的关联存在,但研究观察到的相关性不具有统计学意义的原因有哪些?

第十章 分子营养学

1. **掌握** 分子营养学的概念、营养素对基因表达的作用特点。
2. **熟悉** 分子营养学的研究方法与技术。
3. **了解** 营养素对基因表达的调控途径。

第一节 概　　述

分子营养学是应用分子生物学技术和方法从分子水平上研究营养学的一个新领域,是营养科学的一个重要组成部分或分支。

一、分子营养学的概念与研究对象

分子营养学(molecular nutrition)主要研究营养素与基因之间的相互作用。一方面研究营养素对基因表达的调控作用,另一方面研究遗传因素对营养素的消化、吸收、分布、代谢和排泄的影响及决定作用。在此基础上,探讨二者相互作用对生物体表型特征(如营养充足、营养缺乏、营养相关疾病、先天代谢性缺陷)影响的规律,从而针对不同基因型及其变异、营养素对基因表达的特异调节,制定出营养素需要量、供给量标准和膳食指南,或制订特殊膳食平衡计划,为促进健康,预防和控制营养缺乏病、营养相关疾病和先天代谢性缺陷提供真实、可靠的科学依据。

人们对营养素与基因之间相互作用的最初认识,开始于对先天代谢性缺陷(inborn errors of metabolism)的研究。1908 年,Dr.Archibald E.Garrod 在研究尿黑酸尿症(alcaptonuria)的病因时,首先使用了"先天代谢性缺陷"这个名词,第一个提出了基因 - 酶的概念(理论),即一个基因负责调控一个特异酶的合成。该理论认为,先天代谢性缺陷的发生是由于基因突变或缺失,导致某种酶缺乏、代谢途径某个环节发生障碍、中间代谢产物发生堆积的结果。

1917 年,F.Goppert 发现了半乳糖血症,半乳糖血症是一种罕见的半乳糖 -1- 磷酸尿苷转移酶(galactosyltransferase,GALT)隐性缺乏病。GALT 缺乏可导致半乳糖在血中堆积,并可导致许多健康问题,包括神经发育迟缓。1934 年 Asbjorn Folling 发现了苯丙酮尿症(phenylketonuria,PKU)。1948 年 Gibson 发现隐性高铁血红蛋白血症(recessive methemoglobinemia)是由于依赖 NADH 的高铁血红蛋白还原酶所致;1952 年 Cori 的研究表明葡糖 -6- 磷酸酶缺乏可导致冯奇尔克症(Von Gierke disease);1953 年 Jervis 研究发现 PKU 的发生是由于苯丙氨酸羟化酶缺乏所致。到目前为止,已发现了 300 多个先天代谢性缺陷。

先天代谢性缺陷的病因是由于基因突变,导致某种酶缺乏,从而使营养素代谢和利用发生障碍;反过来讲,可针对代谢缺陷的特征,利用营养素来弥补或纠正这种缺陷。如典型的 PKU,由于苯丙氨酸羟化酶缺乏,使苯丙氨酸不能代谢为酪氨酸,从而导致苯丙氨酸堆积和酪氨酸减少,因此可在膳食配方中限制苯丙氨酸的含量,增加酪氨酸的含量。先天代谢性缺陷的治疗就是营养素与基因之间相互作用的一个早期例子,虽然营养素没有对基因产生直接作用,但营养素可弥补基因的缺陷。由于在先天代谢性缺陷研究与治疗方面积累了丰富的经验,并获得了突出成就,1975年春天,美国实验生物学科学家联合会第59届年会在亚特兰大举行了"营养与遗传因素相互作用"专题讨论会,这是营养学历史上具有里程碑意义的一次盛会。

然而,由于当时受分子生物学发展的限制,分子营养学的发展还是非常缓慢的。尽管20世纪50年代Watson和Crick提出了DNA双螺旋模板学说;60年代Monod和Jacob提出了基因调控控制的操纵子学说;以及70年代初期DNA限制性内切酶的发现和一整套DNA重组技术的发展,推动了分子生物学在广度和深度两个方面以空前的速度发展,但在一段时间并没有广泛应用于营养学研究。1985年Artemis P. Simopoulos博士在西雅图举行的"海洋食物与健康"的会议上,首次使用了分子营养学这个名词术语。由于分子生物学、分子遗传学、生理学、内分泌学、遗传学的渗透,从1988年开始,分子营养学研究进入了黄金时代。1988年以前有关营养素与基因之间相互作用的研究文章寥寥无几,而从1988年以后,该领域研究的论文与综述骤然增多,并逐年呈几何增加的趋势。

1990年由美国科学家牵头,世界上十几个大国科学家联合,开始了人类基因组计划(human genome project,HGP)。2000年6月完成了人类基因组全部序列测序工作。人类基因组计划完成过程中所出现的新技术新理论,极大推动了生命科学各个领域的快速发展,其标志就是相继出现了很多"计划"和"组学"。如环境基因组计划(environmental genome project,EGP),食物基因组计划(food genome project,FGP);蛋白质组学(proteomics),代谢组学(metabolomics)和营养基因组学(nutrigenomics)。

2001年以后,营养基因组学这个名词在国外的重要期刊上频繁出现。正是在这种大的背景下,分子营养学研究又进入了一个黄金时期。如果将营养学未来的发展方向总结成一句话,那就是营养基因组学,是营养学研究的下一个浪潮,并且该领域研究将使普通百姓对营养与膳食的认识产生革命性的变化。

分子营养学的研究对象主要包括与营养相关的基因结构及其相关的DNA和染色体结构;基因表达的过程及其产物(mRNA、蛋白质);膳食因素(营养素、植物化学物等其他非营养素)和膳食构成与机体的健康关系等。

二、分子营养学的研究内容与方法

(一) 分子营养学的研究内容

1. 筛选和鉴定机体对营养素作出应答反应的基因,明确营养素对基因表达的调控作用及调节机制,一方面可从基因水平深入理解营养素发挥已知生理功能的机制,另一方面有助于发现营养素新的功能,从而对营养素的生理功能进行更全面、更深入的认识。

2. 明确受膳食因素调节的基因功能,鉴定与营养相关疾病有关的基因,并明确在疾病发生发展和严重程度中的作用,利用营养素修饰基因表达或基因结构,以促进有益健康基因的表达,抑制有害健康基因的表达。

3. 研究基因多态性对营养素需要量及营养相关疾病发生发展和严重程度的影响,筛选和鉴定机体对营养素反应存在差异的基因多态性或变异,了解基因多态性或变异对营养素消化、吸收、分布、代谢和排泄的影响及对生理功能的影响。

4. 研究营养素与基因相互作用导致营养相关疾病和先天代谢性缺陷的过程、机制及膳食干预措施。

5. 根据基因与营养素相互作用的原理,构建转基因动物,开展基因治疗和以营养素为母体开发治疗营养相关疾病的药物。

6. 营养素需要量存在个体差别的遗传学基础及生命早期营养对成年后营养相关疾病发生的影响及机制。制定膳食干预方案、个体化的营养素需要量、特殊人群的特殊膳食指南及营养素供给量及营养相关疾病病人的特殊食疗配方等。

(二) 分子营养学的研究方法与技术

分子营养学的研究方法主要有分子遗传学方法、分子流行病学方法、生物化学方法和细胞生物学等方法。近年来，基因芯片、反转录 PCR、蛋白质组学、代谢组学等技术已成为营养学家和相关科研工作者的有力研究工具，基因工程技术的不断进步，推动了分子生物学的迅猛发展，使整个生命科学的研究上升到一个全新的阶段。

分子营养学从提出至今已有 30 余年，随着流行病学、基因组学、转录组学、蛋白质组学和代谢组学等领域分析技术的发展，以及影像学、系统生物学和微生物学等相关领域的进步，分子营养学也获得了迅猛的发展，使营养科学的研究更为系统和深入，能够为临床营养干预、个体化精准预防以及饮食相关疾病的治疗提供更为科学的指导。人们每天摄入的食物中包含了成千上万种成分复杂的化合物，这些化合物中有的结构清楚，其生物学功能已知，但更多的是结构和功能都未知的物质。同时，人体约有 30 亿对碱基、约 3 万个基因以及数以亿计的 SNP，还有因环境改变而出现的大量表观遗传学变化，再加上体内种类众多的共生菌（肠道菌群）、细胞、蛋白以及代谢产物等，使得分子营养学的研究变得极其复杂，因此，可靠有效的研究方法及技术是推动分子营养学发展的重要保障。

1. 流行病学，可分为观察描述型和实验干预型两种，包括横断面研究、病例对照研究、队列研究、临床干预实验研究等。主要用于发现饮食与健康的关系以及控制饮食对健康的影响，为深入阐明疾病的分子机制研究提供假设，从而弥补体外细胞实验和动物实验的不足。

2. 基因组学，常用方法有微孔芯片和第二代测序分析等，研究等位基因和 SNP 等遗传变异和表型特征的关系，阐明不同的基因型和饮食环境的交互作用，为精准的个体化营养干预提供科学依据。

3. 转录组学，目前的技术有微孔芯片和 RNA 测序，主要研究 mRNA 水平和剪接变异体，观察它们的变化是否与饮食作用相关，有助于发现营养素参与调控的信号通路，阐明饮食或营养素调控基因表达的作用机制及发现疾病的生物标志物。

4. 蛋白质组学，常用的方法有色谱、电泳、质谱和蛋白质芯片等，主要研究蛋白质的结构构成以及翻译后的修饰。蛋白质的功能受到翻译后修饰的影响，有时其基因的表达与蛋白质的丰度并不相关，膳食成分对蛋白质的翻译后修饰有影响。因此，蛋白质组学的研究对了解饮食的生物功能有很大的帮助。

5. 代谢组学，分析技术主要有气相色谱、液相色谱、质谱以及磁共振等，主要研究饮食的代谢产物对基因表达的影响，有助于深入了解饮食的代谢产物与机体的相互作用，以及早期发现特异性的生物标志物。

6. 表观遗传学，常用的研究技术包括焦磷酸测序和染色体免疫共沉淀测序分析等，主要研究 DNA 甲基化水平、组蛋白修饰以及 miRNA 的变化对基因表达的影响。表观遗传学的变化与环境密切相关，饮食是其中最重要的因素之一。因此，研究饮食与表观遗传学变化的关系对理解营养素的生物学功能很有意义。

7. 系统生物学，主要使用数学建模及统计学方法，对大量的实验研究数据进行分析整合。由于人体组成及环境、饮食等因素异常复杂，目前的科学研究都是从不同的角度对机体的功能有了一定的认识；但机体是一个整体，集体的结构功能不能简单地认为是这些研究结果的加和，而应该是系统性的整合，系统生物学的研究从全局出发能够更好地理解复杂的生理系统。

8. 影像学，使用荧光探针和报告基因，结合 CT、MRI、PET、SPECT 以及光学成像等技术对体内物质组成、基因表达调控以及分子探针等进行动态的无损检测分析，是与传统的影像技术不同的分子成像领域。

（三）分子营养学的应用

1. 制定个体化的营养素需要量和供给量　一方面通过研究营养素对基因表达和基因组结构的影响,在制定营养素需要量和供给量时,要考虑有利于有益健康基因表达和结构稳定,抑制有害基因的表达;另一方面通过研究基因多态性对营养素消化、吸收、代谢和排泄以及生理功能的影响,在制定营养素需要量和供给量时,要考虑不同基因型的影响,即针对不同的基因型制定不同的 RDA。

2. 个体化的疾病预测及预防　将来我们每个人都会有自己的基因谱图,根据基因型的特点,就会确定哪些膳食因素是哪些疾病的危险因素,从而指导人们在实际生活中加以避免。

3. 临床上对病人的饮食指导　未来临床医生要给病人开两张处方,一张是治疗处方,一张是膳食指导处方,而膳食指导处方的依据就是病人的基因型和营养素对基因表达和结构稳定性的影响。

4. 开发治疗慢性病的药物　根据营养素调控基因表达机制的研究,可针对一些特定受体或转录因子等为靶点,开发安全有效的治疗药物。例如不饱和脂肪酸是过氧化物酶体增殖剂激活受体(peroxisome proliferator activated receptor,PPAR)的天然配体,可激活脂肪和糖代谢相关基因表达,从而具有降脂降糖功能;根据这一现象,可将不饱和脂肪酸结构进行修饰,从而开发出了一系列降糖降脂药物,如 WY1463、吉非诺奇、氯贝特(曲格列酮和匹格列酮)。同样原理,维生素 D 的衍生物可用于治疗银屑病和一些肿瘤。

第二节　营养素对基因表达的调控

一、基因表达的概念

基因表达是指按基因组中特定的结构基因上所携带的遗传信息,经转录、翻译等一系列过程,指导合成特定氨基酸序列的蛋白质而发挥特定生物学功能的过程。

人体细胞中大约含有 10 万个基因,而且对某一个体而言,每一种细胞中都携带相同的表达人体所有特征的各种基因,但并不是所有这些基因在所有细胞中同时表达;而是根据机体的不同发育阶段、不同的组织细胞及不同的功能状态,在特定细胞中选择性、程序性地表达特定数量的特定基因。一般认为同时表达的基因仅占基因总数的 10%~15%,这表明存在着控制基因表达的机制。正是由于不同发育阶段和不同组织细胞存在着基因表达的不同调控机制,才决定哪种基因表达或不表达,从而决定了在不同发育阶段同一组织细胞具有不同的功能,不同组织细胞具有不同的结构和功能,即基因表达存在发育阶段特异性和组织细胞特异性。

二、基因表达调控的基本理论

了解基因表达的一些基本理论,对于理解营养素对基因表达的调节是至关重要的。真核基因的表达是一个多阶段过程,因此,真核基因表达的调控也是通过多阶段水平实现的,即大致可分为转录前、转录、转录后、翻译和翻译后等五 5 个水平。

（一）转录前调控

转录前调控是指发生在基因组水平基因结构的改变。这种调控方式较稳定持久,甚至有些是不可逆的,主要见于机体发育过程中体细胞的分化。其调控方式主要包括:基因丢失、基因扩增、基因重排、甲基化修饰及染色体结构改变等。

（二）转录水平调控

转录水平调控是指以 DNA 上的特定基因为模板,合成初级转录产物这一过程的调节。转录水平的调控是真核基因表达中最重要的环节,主要涉及以下三种因素的相互作用。

1. **RNA 聚合酶**(RNA polymerase,RNA Pol)　真核生物的 RNA 聚合酶有 3 种,即 RNA 聚合酶Ⅰ、Ⅱ、Ⅲ。其中聚合酶Ⅱ的转录产物为 mRNA。基因转录是由 RNA 聚合酶催化完成的,转录水平的调控实质就是对 RNA 聚合酶活性的调节。因此凡是可影响 RNA 聚合酶活性的内外因素,均可对基因转录进行调节。

2. **顺式调控元件**(cis-acting element)　是与结构基因串联的特定的 DNA 序列,它们对基因转录的精确起始和活性调节起着举足轻重的作用。顺式调控元件一般含有蛋白结合位点。顺式调控元件又包括:

(1) 启动子(promoter):启动子是与基因启动有关的核酸序列,位于基因转录起始位点 5′ 端,只能在近距离起作用(一般在 100bp 之间),有方向性,空间位置较恒定。启动子又分为以下几种:①Goldberg-Hogness 盒(Hogness 盒,TATA 盒):其核心序列为 TATA,位于转录起始位点上游 –30bp 附近区域。TATA 盒决定了基因转录的精确起始。②上游启动子元件(upstream promoter element):主要包括 CAAT 盒和 GC 盒。CAAT 盒位于转录起始位点上游 –70~–80bp 区域,其核心序列为 GGCAATCT。GC 盒核心序列为 CCGCCC,位置不固定。CAAT 盒和 GC 盒与 TATA 一样,都是普通启动子元件,它们的协同作用决定了基因的基础转录效率。③组织特异性启动子:每一种组织细胞都有自身独有的启动子,调控细胞特异性功能蛋白的表达。如肝细胞特异性启动子元件 HP1,它们位于清蛋白、抗胰蛋白酶和 AFP 等肝细胞特异性基因的调控区,与这些基因在肝细胞的特异性表达有关。④诱导性启动子:如 cAMP 反应元件等,介导对 cAMP、生长因子等信号的反应。

(2) 增强子(enhancer):增强子是一类能促进转录活性的顺势调控元件,其特点是无方向性;远距离作用,距靶基因可近可远,甚至远至几十个 kb 也同样能发挥作用,可位于基因的上游、下游或内部;无基因特异性,对各种基因启动子均有作用;具有组织特异性;有相位性,它的作用虽然与距离无关,但只有当它位于 DNA 双螺旋的某一相位时,才具有较强活性。

(3) 沉默子(silencer)或衰减子:其作用是抑制基因的转录,作用方式与增强子相似。

(4) 加尾信号及转录终止信号:在加 PolyA 尾基因的终止信号是 G/T 簇,其通式为:YGTGTTYY。

3. **反式作用因子**(trans-acting factor)　又称为反式作用转录因子,是由位于不同染色体或同一染色体上相距较远的基因编码的蛋白质因子。反式作用因子一般含有两个结构域:一是 DNA 结合结构域(DNA-binding domain),该结构域能与 DNA 的特定序列结合,因此习惯上反式作用因子也被称为 DNA 结合蛋白(DNA-binding protein);另一个是转录活化结构域,即调节转录活性。反式作用因子与顺式调控元件相结合,从而调节基因表达。

根据其作用方式,反式作用因子可分为以下 3 类:①普通转录因子,这是在多数细胞中普遍存在的转录因子,参与基因的基础表达。②组织特异性转录因子,只在特定细胞存在,并诱导特定基因表达的转录因子。基因表达的组织特异性在很大程度上取决于组织特异性转录因子的存在。③诱导性反式作用因子,这些反式作用因子的活性可被特异的诱导因子所诱导。这种活性的诱导可以是新蛋白质的合成,也可是已存在蛋白质的翻译后修饰。

反式作用因子的活性调节主要包括:磷酸化 - 去磷酸化、糖基化、蛋白质 - 蛋白质相互作用。

(三) 转录后水平的调控

真核基因转录后,必须经过一系列的加工过程才能成为成熟的 mRNA,对此过程的调节,称为转录后水平的调控。其调控方式主要包括戴"帽"、加"尾"、拼接(splicing)等。

(四) 翻译水平的调控

翻译过程主要涉及 mRNA、tRNA、核糖体和可溶性蛋白因子四大类物质。其中可溶性蛋白因子可分为肽链起始因子、肽链延长因子和肽链终止因子等。翻译水平的调控主要涉及以下环节:

1. 对 mRNA 从细胞核迁移到细胞质过程的调节。

2. 对 mRNA 稳定性的调节。许多因素可影响 mRNA 稳定性,从而影响作为翻译模板的 mRNA 的数量、最终影响蛋白质表达的数量。

3. 对可溶性蛋白质因子的修饰。主要是通过磷酸化作用对肽链起始因子、延长因子和终止因子进行修饰,从而影响翻译效率。

4. 对特异 tRNA 结合特异氨基酸运输至 mRNA 过程的调节。

(五) 翻译后水平的调控

蛋白质合成后,还需经过一系列的加工过程才能成为有活性的功能蛋白质,包括切除信号肽、磷酸化、糖基化、乙酰化等化学修饰,以及蛋白质切割后的连接等。

第三节 营养素对基因表达的调控机制

一、营养素对基因表达的作用特点

几乎所有营养素对基因表达都有调节作用。其作用特点是,一种营养素可调节多种基因的表达;一种基因表达又受多种营养素调节。一种营养素不仅可对其本身代谢途径所涉及的基因表达进行调节,还可影响其他营养素代谢途径所涉及的基因表达。营养素不仅可影响细胞增殖、分化及机体生长发育有关的基因表达,而且还可对致病基因表达产生重要调节作用。

二、营养素对基因表达调控水平

营养素可在基因表达所有水平,包括转录前、转录、转录后、翻译和翻译后修饰等 5 个水平上对其进行调节,虽不同营养素各有其重点或专一调节水平,但绝大多数营养素对基因表达调控主要在转录水平。

三、营养素对基因表达的调控途径

营养素本身或其代谢产物可作为信号分子,作用于细胞表面受体或直接作用于细胞内受体,从而激活细胞信号转导系统,并与转录因子相互作用激活基因表达,或直接激活基因表达。

(一) 营养素对基因表达的主要途径

主要途径有:① cAMP 蛋白激酶途径;②酪氨酸激酶系统;以上两个途径主要是通过对某些转录因子和(或)辅助因子磷酸化和去磷酸化作用,影响这些因子激活基因转录的活性;③离子通道;④磷酸肌苷酸介导的途径;⑤细胞内受体途径,细胞内受体可以是催化反应酶,也可以是基因表达调控蛋白。大多数营养素对基因表达调控通过细胞内受体途径实现。实际上,营养素对基因表达调控过程相当复杂,可简化为如下步骤见图 10-1。

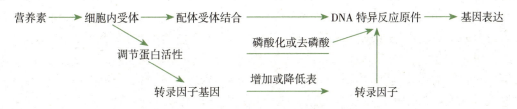

图 10-1 营养素对基因表达的调控过程

在原核细胞中,一些营养素或其相关代谢产物通过操纵子发挥调控基因表达的作用;在真核细胞中,一些营养素或其相关代谢产物直接与特异性蛋白质(如受体等)结合形成转录因子或称为反式作用元件(trans-acting elements),作用于其他转录因子或基因组中顺式作用元件(cis-acting elements),从而发挥调控基因表达的作用,一些营养素可能直接结合于基因组中顺式作用元件发挥作用;另外,营养素还通过激素、细胞因子或转录因子等间接调控基因表达。

1. **蛋白质与氨基酸**　尿素循环为氮代谢过程中的重要环节,蛋白质摄入量对尿素循环中有关酶基因的表达具有调控作用。大鼠摄入高蛋白饲料后,尿素循环中氨甲酰磷酸合成酶、鸟氨酸氨甲酰转移酶、精氨酸代琥珀酸裂解酶、精氨酸代琥珀酸合成酶、精氨酸酶的 mRNA 水平升高,酶活性增加,从而使尿素合成增加;摄入蛋白质的质量对基因表达也有调控作用,如含酪蛋白饲料喂养的大鼠肝脏 c-myc 和 IGF-1(insulin-like growth factor-1)的 mRNA 水平要高于含玉米蛋白饲料喂养的大鼠。蛋白质的调控作用部分可能是通过氨基酸来实现的。足够的氨基酸的存在是细胞内 mRNA 翻译为蛋白质过程所必需,氨基酸缺乏与不足或氨基酸平衡失调必然会影响翻译过程。一些氨基酸对转录过程具有特异性影响,如原核细胞中的色氨酸、组氨酸对相关操纵子的调控作用。真核细胞中的情况较为复杂,大鼠肝细胞原代培养试验结果表明,氨基酸缺乏对 IGF-1 和 IGFBP-1(insulin-like growth factor binding protein-1)的 mRNA 水平及其稳定性具有调控作用。目前已经发现相关的基因组中确实存在有氨基酸反应元件(amino acid response elements)。

2. **脂类**　大鼠摄入高脂饲料后,肝脏和脂肪组织中的脂肪酸合成减少,肝脏中参与脂肪酸合成的酶的含量下降。尽管高脂肪摄入可以影响体内一些激素如胰岛素水平,从而改变脂肪酸合成的速率。但是,一些研究结果表明多不饱和脂肪酸对肝脏脂肪酸合酶的基因表达具有直接的调控作用。一些实验证实 n-3 和 n-6 多不饱和脂肪酸能够显著抑制脂肪酸合酶的合成,主要表现为脂肪酸合酶的 mRNA 水平下降,说明脂肪酸合酶基因的转录过程受到抑制。大鼠摄入多不饱和脂肪酸后,肝脏脂肪酸合酶基因的转录过程很快受到抑制,将多不饱和脂肪酸从饲料中撤掉后,脂肪酸合酶的 mRNA 水平又很快恢复到原有水平;而且多不饱和脂肪酸的抑制作用与多不饱和脂肪酸长度和所含双键数目有关,与碳水化合物的摄入量无关。鱼油所含的多不饱和脂肪酸的抑制作用最为明显,饱和脂肪酸和单不饱和脂肪酸无明显的抑制作用;多不饱和脂肪酸对肝脏脂肪酸合酶基因表达的抑制作用具有组织特异性;除了肝脏以外,对其他组织如肺、肾、小肠等的脂肪酸合酶的基因表达无明显抑制作用。此外,多不饱和脂肪酸对其他基因如 S14(一种对脂肪酸合酶和许多糖代谢酶 mRNA 转录有调节作用的基因)、p- 肌动蛋白和 LDL 受体表达也有调控作用。

多不饱和脂肪酸对肝脏脂肪酸合酶基因表达的抑制作用在体外培养的肝细胞中也得到了证实,由此说明多不饱和脂肪酸的上述作用并不是完全通过其代谢产物或有关激素实现的。但是,18:2(n-6)和 18:3(n-3)脂肪酸必须转变为 18:3(n-6)和 18:4(n-3)才能表现出调控作用。因此,n-3 和 n-6 十八碳脂肪酸没有相应的二十碳脂肪酸的作用明显。已有学者推测多不饱和脂肪酸对脂肪酸合酶基因表达的抑制作用可能是通过与特异性反式调控核蛋白结合,再与基因组中 5′- 侧翼区(5′-flank-ing region)顺式调控元件结合,从而影响相关基因的转录。外源性胆固醇的摄入抑制体内胆固醇的合成,原因是摄入的胆固醇对肝脏甲基羟戊二酰辅酶 A 还原酶基因的转录和翻译过程具有抑制作用,胆固醇首先在线粒体内经 25/26 羟化酶催化下形成氧化产物,再与核类固醇结合蛋白(nuclear sterol binding protein)结合影响甲基羟戊二酰辅酶 A 还原酶基因的表达。

3. **碳水化合物**　大量摄入碳水化合物后肝脏中糖酵解和脂肪合成的酶类含量增加,上述反应与碳水化合物对相关基因的转录、mRNA 加工修饰和稳定性的直接调控作用有关。碳水化合物对有关基因表达的调控作用极其迅速,空腹大鼠摄入高碳水化合物饲料 4~6h 后,肝脏磷酸果糖激酶和丙酮酸激酶的 mRNA 水平显著升高。给空腹大鼠喂饲蔗糖后 2h,肝脏脂肪酸合酶和 S14 mRNA 水平升高 10~15 倍。碳水化合物调控作用并不局限于糖酵解和脂肪合成的酶类基因,而且作用部位除了肝脏外,还包括其他如脂肪组织、胰腺等,摄入高蔗糖饲料的大鼠肝脏表现出高水平的 Apo E 基因转录和 Apo E 蛋白合成;胰腺 B 细胞胰岛素基因转录对葡萄糖的反应也极其明显;高蔗糖饲料还有助于 S1 mRNA 的前体转变为成熟的 S14 mRNA,对 Apo B 基因的转录后修饰也有显著影响。

碳水化合物对有关基因表达的调控作用已经在体外试验中得到验证。但是,碳水化合物在体内的作用还与一些激素的作用有关,例如碳水化合物与 T3 具有协同调控,包括 S14、脂肪酸合酶和苹果酸酶基因的表达;一些碳水化合物的调控作用可能是通过其代谢产物实现。基因结构研究结果表明,一些基因如丙酮酸激酶、胰岛素基因中存在有碳水化合物反应元件(carbohydrate response elements)。

4. 维生素 一些维生素作为辅酶参与核酸代谢,如叶酸、维生素 B_{12} 缺乏引起 DNA 合成障碍,导致贫血;叶酸缺乏引起的神经管畸形也与基因表达改变有关;一些具有抗氧化作用的维生素如维生素 C 和 E、β-胡萝卜素等具有保护 DNA 免受自由基攻击;烟酸还参与 DNA 损伤修复过程,以保证基因表达过程的正常进行。维生素 A 对细胞的发育和分化具有显著的调控作用;维生素 A 调控作用主要通过视黄醇的代谢产物视黄酸实现,视黄酸可与细胞内视黄酸受体结合,视黄酸受体分为两大家族,即 RAR(retinoic acid receptor)和 RXR(retinoid X receptor),视黄酸与视黄酸受体结合后作用于 DNA 基因组中的启动子,该启动子一般均含有 GGTCA 序列,通过该启动子启动或抑制相应 DNA 序列的转录。视黄酸受体结构与类固醇和甲状腺素受体相似,均为配基激活型转录因子。因此,视黄酸与类固醇激素、甲状腺素、维生素 D 之间具有交互作用;例如,视黄酸与视黄酸受体结合后可作用于生长激素基因中的甲状腺素反应元件;视黄酸与糖皮质激素协同刺激 373-P412A 细胞和 L1 细胞 S14 基因的表达;视黄酸与维生素 D 协同调控钙结合蛋白的合成。钙结合蛋白的合成一般是由维生素 D 调控,但是,脑组织中钙结合蛋白的合成主要受视黄酸的调控。视黄酸对脂肪细胞的脂肪酸合酶和 B-肌动蛋白基因的表达没有调控作用,而对磷酸甘油脱氢酶的基因表达具有显著抑制作用。所以,视黄酸具有抑制脂肪细胞前体转变为成熟脂肪细胞作用。此外,视黄酸对鸟氨酸脱羧酶基因转录也有调控作用,因此,视黄酸还具有调节细胞生长的作用。

动物和人体细胞培养试验结果表明,类胡萝卜素(carotenoids)如番茄红素对连接因子 43(connexin 43)的基因表达具有上调作用,该基因与细胞间隙连接通讯(gap junctional communication)有关,许多人类肿瘤细胞株缺乏连接因子 43 基因的表达。因此,对连接因子 43 基因表达的上调作用可能与类胡萝卜素肿瘤防治作用有关。

维生素 D 在体内活性形式是 1,25-二羟维生素 D,通过与核维生素 D 受体结合发挥作用,维生素 D 受体属于类固醇激素受体家族,含有三个锌指结构,其中 N 端锌指结构结合于 DNA 特异性序列,另一个锌指结构起稳定作用。维生素 D 受体对 DNA 亲和力受磷酸化影响,其中 51 位丝氨酸残基在蛋白激酶 C 催化磷酸化后,受体对 DNA 亲和力下降;而 208 位丝氨酸残基磷酸化后,相关基因的转录被激活。维生素 A 与维生素 D 之间具有相互作用,9-顺式视黄酸与 RXR 结合后,作用于基因组中维生素 D 反应元件,阻止维生素 D 与受体复合物发挥作用。

维生素 B 不仅参与 DNA 的合成,而且还与核类固醇激素受体结合,抑制类固醇激素受体复合物与 DNA 结合,由此削弱类固醇激素的作用。维生素 C 对原胶原蛋白和赖氨酰氧化酶的转录和翻译过程具有促进作用。维生素 K 参与钙结合蛋白翻译后的修饰,钙结合蛋白含有大量谷氨酸残基,维生素 K 通过促进谷氨酸残基羧基化,使钙结合蛋白结合钙的能力显著提高。

5. 矿物质 矿物质对基因表达调控作用较为显著的例子是对金属硫蛋白基因表达的影响。锌、铜等具有诱导金属硫蛋白基因转录的作用,锌对肝脏缺血再灌注损伤的防护作用部分也与锌对金属硫蛋白基因表达的诱导作用有关;铜除了具有诱导金属硫蛋白基因转录的作用外,还参与对其他十余种基因表达的调控。

锌与一些特异性蛋白质中的组氨酸和半胱氨酸残基共价结合形成锌指结构,对一些基因的表达具有调控作用;如将锌指结构中的锌除去,脱锌的蛋白质失去对相关基因表达的调控作用。现有的实验证据表明,锌缺乏对一些基因的表达也具有显著影响,如锌缺乏对小鼠中枢神经系 α-

和 β- 微管蛋白基因表达具有明显的抑制作用。

运铁蛋白受体基因在铁缺乏时表达升高,此时,铁蛋白的基因表达反而降低。铁营养状况改善后,运铁蛋白受体基因表达水平降低,铁蛋白的基因表达反而升高。因此,运铁蛋白受体以及铁蛋白基因表达高低与铁营养状况直接相关。进一步研究结果表明,铁营养状况对运铁蛋白受体基因的转录无显著影响,铁是通过胞质内铁调节蛋白(iron regulatory proteins)的作用来调控运铁蛋白受体 mRNA 的稳定性;铁营养状况对铁蛋白 mRNA 水平也无直接影响,铁也是通过胞质内铁调节蛋白作用于铁蛋白 mRNA 5′- 非翻译区中的顺式铁调控反应元件(cis-acting iron response elements)来调控铁蛋白 mRNA 的翻译过程。

硒在体内绝大部分与蛋白质结合形成"含硒蛋白",其中,硒以硒代半胱氨酸(selenocysteine)形式参与体内一些蛋白质的翻译合成过程,所合成的蛋白质称为硒蛋白。硒缺乏使谷胱甘肽过氧化物酶的 mRNA 水平下降,补硒后谷胱甘肽过氧化物酶的基因表达趋于恢复,硒可能也是通过调节谷胱甘肽过氧化物酶 mRNA 的稳定性来调控谷胱甘肽过氧化物酶的基因表达。

(二) 几种营养素对基因表达的调控

1. 碳水化合物对基因表达调控　碳水化合物主要在胃肠消化成葡萄糖及吸收入血后,葡萄糖刺激脂肪组织、肝、胰岛 β 细胞中脂肪酶合成体系和糖酵解酶基因转录。

2. 胆固醇对基因表达的调控　所有哺乳动物都需要胆固醇进行生物膜和某些激素生物合成。因此,应适量摄入胆固醇,维持正常生理功能;而过量摄入可导致动脉粥样硬化,引起冠心病和脑卒中。人体内的胆固醇来源于食物摄入和体内合成,机体可以通过负反馈机制调节胆固醇摄入和代谢的几个关键基因,调节胆固醇的来源。LDL 受体在细胞摄取胆固醇时起关键作用;HMG-CoA 还原酶和 HMG-CoA 合成酶是胆固醇的从开始生物合成的关键控制点。当细胞内胆固醇水平低时,参与胆固醇生物合成和摄取这些基因被激活;反之,当细胞内胆固醇充足时,这些基因表达被抑制。胆固醇对上述 3 个基因表达调控水平包括转录和转录后两个水平。

3. 脂肪酸对基因表达调节　膳食脂肪是所有生物生长和发育重要营养素。除作为功能物质和构成生物膜成分外,膳食脂肪还可通过对基因表达、代谢、生长发育及细胞分化发挥重要调控作用。实际上,这种调控作用是脂肪水解变成脂肪酸后发挥作用。尤其是 n-3 和 n-6 系列多不饱和脂肪酸(PUFA)与基因调节关系最为密切。

脂肪被肝脂酶和脂蛋白酶水解后产生游离脂肪酸,通过细胞膜转运载体,如与脂肪酸结合蛋白(fatty acid-binding protein,FABP)、脂肪酸转位酶、56-KD 肾脂肪酸结合蛋白、脂肪酸转运蛋白等结合后进入细胞。细胞内大多数脂肪酸与蛋白质,如 FABP 以非共价键形式结合;部分经脂酰辅酶 A(FA-CoA)合成酶催化成 FA-CoA,部分仍是游离形式。FA-CoA 和游离脂肪酸在细胞内浓度虽很低,通常 <10μmol/g,但却是发挥调节基因表达的主要形式。

30 多年前就发现 n-6 系列十八碳二烯酸可抑制肝内脂肪合成,但在相当长时间内,一直认为脂肪酸对基因表达调节是通过改变细胞膜脂中脂肪酸构成,从而影响细胞膜激素受体信号传导发挥作用。后来研究发现,PUFA 在数分钟内就能调节基因转录,发挥作用时间如此短,不能只用膜成分改变和改变激素释放或信号传导来解释。1990 年克隆了过氧化物酶体增殖剂激活受体(peroxisome proliferators activated receptor,PPAR),1992 年发现脂肪酸可活化 PPAR,而 PPAR 作为核受体又是调节基因转录的转录因子。随后发现脂肪酸可活化其他某些转录因子,如肝核因子 4α、核因子 κB(nuclear factor κB,NFκB)和 SREBPLc。因此,脂肪酸可与细胞膜受体发生作用,还可通过与细胞内转录因子相互作用,而调节基因表达。

4. 维生素 D 对基因表达调控　维生素 D 的主要生物活性形式是 1,25-$(OH)_2$-D_3,后者有维持钙磷动态平衡、调节骨代谢和促进多种组织细胞生长、分化等多种功能。这些作用大部分是通过活化细胞核内受体,即维生素 D 受体(vitamin D receptor,VDR),进而调节维生素 D 靶基因转录水平来实现。

VDR 对基因表达调控机制是:VDR 是配体激活转录因子,与甲状腺素受体、视黄酸受体、过氧化物酶体增殖剂激活受体等一样,均属于Ⅱ型核受体。VDR 可自身形成同源二聚体,也可与类维生素 A 受体(RXR)形成异源二聚体(VDR-RXR),较短 A/B 序列中不含 AF1;C 结构域由 2 段高度保守"锌指结构"构成,且该结构域还含细胞核定向信号;D 结构域即铰合部分主要是调节受体的柔韧性,以改变受体空间构象;E/F 结构域是多功能区,包含有配体结合结构域、二聚体表面及 C 末端(螺旋 12)配体依赖活化功能区(AF2)。此外,VDR 还有 2 个磷酸化位点,通过酪蛋白激酶进行正向调节,或蛋白激酶 A 或 C,对其自身功能进行负向调节。当 VDR 与其配体 1,25-(OH)$_2$-D$_3$ 结合后,致 VDR 构象改变,并与未结合配体 RXR 形成异源二聚体(VDR-RXR)。后者再作用于维生素 D 靶基因启动子区上维生素 D 反应元件(VDREs),并解释辅助抑制因子复合物,同时募集某些辅助激活因子及普通转录因子,共同形成活性转录复合体。推测在上述时 1,25-(OH)$_2$-D$_3$ 可能是诱导 VDREs 在其螺旋结构 12 位置上发生分子内折叠等微小变化;如关闭配体结合"口袋",同时暴露 VDRAF2 位点,才能使 VDR 与辅助激活因子相互作用;同样 RXRAF2 位点也必须暴露,以便与辅助激活因子相互作用。这些辅助激活因子可称为"搭桥"因子,即将 VDR-RXR(已与 VDRE 结合)与转录起始复合物前体连接起来,并稳定转录起始复合物前体。这些辅助激活因子属类固醇受体辅助激活因子家族,且有或兼有组蛋白-以酰基转移酶活性,可使组蛋白在维生素 D 靶基因附近就与 DNA 分离,有利于其进入转录过程。除上述间接作用外,VDR 还可通过转录因子ⅡB 直接作用于转录起始复合前体,以便进入转录过程。

辅助抑制因子可募集组蛋白-脱乙酰基酶,并与类固醇受体结合,使该受体处于失活状态,同时使染色质处于转录抑制状态。视黄酸和甲状腺素受体抑制介质可与 VDR-RXR 相互作用,从而抑制转录。SUG1 是 26S 的蛋白水解酶,其亚单位可与辅助激活因子共同竞争结合 RXRAF2 位点而抑制转录;另外,SUG1 可直接降解 VDR。其他还有某些因子如 Calreticulin(为多功能钙结合蛋白)和翻译调节因子 L7,均可与 VDR 相互作用,阻止其与 DNA 结合。在核受体蛋白信号调节途径中,辅助激活因子和辅助抑制因子复合物平衡,决定 DNA 转录是开始还是关闭。

(潘洪志)

思考题

1. 什么是分子营养学?
2. 营养素对基因表达调控作用有何特点?
3. 分子营养学的研究方法与技术有哪些?
4. 营养素对基因表达的主要途径有哪几种?

第十一章 营养调查

本章要点

1. **掌握** 营养调查的概念、内容、方法;问卷的评价。
2. **熟悉** 营养调查的程序;问卷的结构和内容。
3. **了解** 营养调查的目的。

第一节 概　述

近年来,我国经济社会发展和卫生服务水平不断提高,居民人均期望寿命逐年增长,健康状况和营养水平不断改善。但是老龄化、城镇化、工业化以及不健康生活方式等也深刻地影响着人们的健康,居民营养与慢性病状况呈现出新的变化。因此,营养调查对于及时掌握居民营养和健康状况至关重要。

一、营养调查的概念

营养调查(nutrition survey)是通过运用各种科学手段了解某人群或个体的膳食摄入状况以及各种营养指标的水平,以准确评估某人群或特定个体的营养和健康状况及其变化规律。营养调查是个体营养咨询、人群营养干预以及国家制定相关政策及发展规划的基础。良好的营养和健康状况既是社会经济发展的基础,也是社会经济发展的重要目标。世界上许多国家,尤其是发达国家均定期开展国民营养与健康状况调查,及时颁布调查结果,据此制定和评价相应的社会发展政策,以改善国民营养和健康,促进社会经济的协调发展。我国分别在 1959 年、1982 年、1992 年和 2002 年进行了四次全国营养调查。

二、营养调查的目的

营养调查的目的与调查对象、调查规模以及组织调查的部门有关,主要包括以下六个目的:

(一)了解不同地区、年龄和性别人群的能量和营养素摄入状况

能量和营养素的摄入状况是评价营养和健康状况的重要指标,通过营养调查可以了解不同地区、年龄和性别人群的能量和营养素的摄入状况。例如,2002 年原卫生部组织全国 31 个省、自治区、直辖市相关部门开展的中国居民营养状况调查发现,我国城乡居民能量 - 蛋白质缺乏引起的营养不良患病率显著下降,但仍存在钙摄入不足、维生素 A 缺乏、叶酸缺乏等微量营养素缺乏问题。

(二)了解与能量和营养素摄入不足、过剩有关营养问题的分布和严重程度

合理的能量和营养素摄入是人类健康的基石,能量和营养素摄入不足、过剩均会导致营养问题。通过营养调查可以了解与能量和营养素摄入不足、过剩有关营养问题的分布情况和严重程

度。例如,2002 年全国营养调查发现,我国人群贫血患病率为 15.2%,女性贫血患病率明显高于男性,农村人群贫血患病率略高于城市;同时发现,我国人群超重率为 17.6%,肥胖率为 5.6%,随年龄增长,超重率和肥胖率都逐渐升高,经济越发达地区的超重率、肥胖率越高,且年龄越大,这种趋势越明显。

(三)分析营养相关疾病的病因以及影响因素

病因是产生疾病过程中的一个事件、条件、特性或起重要作用的多因素的综合作用,想确定某一因素是否是疾病的病因,应符合因果关联推断的标准,如关联的时序性、强度、可重复性、特异性、剂量 - 反应关系、生物学合理性以及实验证据等。流行病学中对病因的阐述是:"凡能促使疾病发生的因素均应视为病因"。而影响因素则指与疾病发生概率升高与降低有关的因素。通过营养调查可以分析营养相关疾病的病因与影响因素。例如,微量元素碘的缺乏是地方性甲状腺肿的直接病因,而饮食习惯则是营养相关疾病的重要影响因素。

(四)监测膳食结构变迁及其发展趋势

膳食结构是指膳食中各类食物的数量及其在膳食中所占的比重,由于影响膳食结构的因素逐渐变化,所以膳食结构也会发生变化。通过营养调查,可以监测膳食结构的变迁以及发展趋势,例如,2002 年全国营养调查发现,我国居民膳食结构发生明显变化,动物性食物、水果、奶类食物的摄入量均有所增加,优质蛋白比例加大,但贫困地区的农村居民膳食中优质蛋白比例、矿物质及维生素的摄入量仍有待进一步提高。

(五)提供居民营养与健康状况数据

居民营养与健康状况是经济社会可持续发展的重要基础,营养调查可以提供居民营养与健康状况的数据。例如,2002 年全国营养调查发现,我国人群高血压患病率达到 18.8%,患病人数达 1.6 亿;全国 18 岁以上成人人群血脂异常总患病率为 18.6%,糖尿病患病率为 2.60%,超重率为 22.8%,肥胖率为 7.1%。

(六)为国家或地区制定干预策略和政策提供信息

2002 年全国营养调查中获得的大量营养素摄入量数据为世界卫生组织(World Health Organization,WHO)《中国妇女儿童生存发展战略》提供儿童生长发育及营养状况的资料;为原卫生部法监司修改《食品添加剂食用卫生标准》(GB2760)提供食品消费量的数据;此外,为"健康中国 2020""中国营养条例"、血脂防治指南等的制订提供了可靠的科学依据。

三、营养调查的内容

营养调查主要由膳食调查、人体测量、人体营养水平的生化检验以及营养相关疾病临床体征及症状检查四部分内容构成,各内容间相互联系与验证,通常应同时进行。

(一)膳食调查

膳食调查是指对某群体或特定个体每天进餐次数、摄入食物的种类和数量等进行的调查,目的在于与推荐供给标准进行比较,评价膳食能量和营养素摄入量是否满足人体健康的需要。

(二)人体测量

人体测量又称作人体体格测量,是根据调查对象的年龄、性别等选择相应的人体测量指标以较好地反映调查对象的营养状况。

(三)人体营养水平的生化检验

人体营养水平的生化检验是借助实验室检测了解营养储备水平、营养素缺乏或过剩的种类与程度,以为人体营养评价提供客观的依据。

(四)营养相关疾病临床体征及症状检查

营养相关疾病临床体征和症状检查是判断是否存在营养缺乏或过剩以及严重程度的重要依据。某种营养素缺乏或过剩引起的营养相关疾病,在不同疾病发展阶段呈现出相应的特征性体征和症状。此外,不同种类营养素的缺乏可以具有相同的体征和症状。

四、营养调查的程序

营养调查在营养学实践中具有广泛的应用,为了更好地开展营养调查,必须在调查开始之前详细了解营养调查的程序,以保证调查的顺利实施并得出真实可靠的调查结果。

(一) 确定营养调查的目的

调查者通常根据实际工作需要或从文献中选择需要应用营养调查解决的问题,然后明确调查目的。例如,要了解不同地区、年龄和性别人群的能量和营养素摄入状况,或是分析营养相关疾病的病因以及影响因素。明确的调查目的有利于指导调查设计和实施,确保调查的质量。例如,2002 年中国居民营养与健康状况调查目的包括:①掌握我国城乡及不同地区居民营养状况及其差异;②掌握我国城乡及不同地区居民高血压、糖尿病、肥胖及血脂异常患病状况及其差异;③了解我国城乡儿童青少年营养与健康状况及其差异;④了解我国妇女特别是孕妇、乳母营养与健康状况及其影响因素;⑤了解我国老年人营养与健康状况及其影响因素;⑥分析影响我国居民营养及健康状况的主要因素,并提出可行的改善及控制措施;⑦了解膳食营养、生活方式及经济状况等对慢性病的影响;⑧及时了解和掌握我国城乡居民膳食营养与健康状况的现状、变化趋势及其影响因素,为国家制订和评价相关政策及发展规划提供及时、准确、可靠的信息,不断提高我国居民体质及健康水平。

(二) 确定营养调查的对象

根据调查目的选择适宜的人群作为调查对象,人群可以是社区人群、有组织的人群(如某机关、企业),也可以是医院的患者。无论是何种来源的调查对象,均应注意调查对象的代表性。通常易于获得、具有良好的依从性、符合医学伦理学是确定调查对象时应考虑的因素。例如,2002年中国居民营养与健康状况调查对象包括全国 31 个省、自治区和直辖市(不含我国台湾、香港和澳门地区)抽中样本住户的常住人口,包括居住并生活在一起半年以上的家庭成员和非家庭成员(如亲戚、保姆等其他人)。

(三) 确定营养调查的抽样方法

抽样调查是指仅调查目标人群中的一部分有代表性的个体,即样本。根据调查结果估计出该人群营养素摄入状况及其相关营养疾病的患病率与影响因素的分布情况。选择合适的抽样方法可以获得一个代表性良好的样本。营养调查的研究者应根据调查目的、调查人群的分布特征以及营养调查实施的科学性来选择抽样方法。常用的抽样方法有简单随机抽样、系统抽样、整群抽样、分层抽样和以上几种方法联合应用的多阶段抽样。例如,2002 年中国居民营养与健康状况调查采取多阶段分层整群随机抽样的方法。

(四) 制订营养调查的工作内容、方法

营养调查的工作内容应根据调查目的、经费情况以及实施的可行性等方面确定,通常由膳食调查、人体测量、人体营养水平的生化检验以及营养相关疾病临床体征及症状检查四部分内容构成。调查的方法根据调查内容不同而有所差异,膳食调查多由经过培训的调查员入户进行询问或采取称重的方法进行调查;人体测量(如身高、体重等)多采用国家标准的测量方法,运用特定的仪器或器材统一测量;人体营养水平的生化检验多采用实验室的标准方法进行统一检测,而营养相关疾病临床体征及症状检查则由专业的医疗技术人员进行询问和临床检查。

(五) 制订质量控制措施

调查的质量控制直接决定营养调查结果的可靠性,通常可以采用提高被调查者应答率、合理确定调查问卷的完成时间、对调查员进行培训等措施控制调查质量。在具体实践中可以设立质量控制领导组织机构,在调查方案设计、预调查、抽样、询问调查、体格检查、实验室检测、膳食调查、数据管理等各环节、各阶段确定统一的质量控制方法,并统一配备工作手册和调查物品,强调

现场质量控制的示范效应。

(六) 调查前人员准备

人员准备包括组织动员调查对象与培训调查员两方面工作。组织动员调查对象可以提高调查对象的应答率。按照标准方法对调查员进行培训可以使其掌握统一的调查方法，保证收集资料方法和标准的一致性。

(七) 现场调查、体格检查、样本采集及指标检测

做好前期准备工作后，即可按照制定的营养调查方案进行现场调查，同时对调查对象进行体格检查和样本采集，并做好指标的检测。

(八) 营养调查资料的整理与分析

营养调查获得的资料，应先仔细进行整理与分析。具体步骤主要有：①仔细检查原始资料的完整性和准确性，对原始资料进行检查与核对，并进行逻辑检错，以提高原始资料的正确性；②对原始资料进行整理，如划分组别、制定整理表和统计表；③对于连续变量的数据，了解数据的分布类型，非正态分布的数据，进行适当的数据转换以求转换后数据呈正态或近似正态分布。如果数据仍呈非正态分布，可以考虑将数据转化成分类变量进行统计分析，或者用非参数统计分析。

(九) 调查报告的撰写

资料整理分析后，应根据营养调查目的撰写调查报告，主要内容包括营养调查的内容与方法、抽样方法、质量控制方案、研究结果及其成果应用情况等，核心为营养调查结果的分析与评价，具体可包括下列内容：

(1) 食物来源、摄入量和消费频率。

(2) 能量、营养素摄入量及与 DRIs 比较。

(3) 能量、蛋白质、脂类和碳水化合物的食物来源和各餐能量分配比例。

(4) 人体体格检查情况，如身高、体重、腰围、体质指数。

(5) 行为、生活方式情况，如吸烟、饮酒、身体活动、营养补充剂消费行为。

(6) 营养相关疾病的患病情况，如肥胖、糖尿病、高血压。

(7) 膳食、生活方式对常见慢性病的影响。

第二节　营养调查的方法

一、膳食调查

膳食调查的目的是了解调查对象在一定时间内通过膳食摄入能量、营养素的数量与质量，据此评价调查对象能量和营养素需求获得满足的程度，膳食调查的方法有称重法、记账法、回顾法、食物频率法和化学分析法。

(一) 称重法

对个体或某一群体(集体食堂、家庭)一日三餐中每餐各种食物的食用量进行称重，再根据食物成分表计算出每人每日能量与各种营养素的平均摄入量。

1. **适用对象**　可用于个体，家庭或集体单位。

2. **优点和缺点**　优点是能准确反映调查对象的食物摄取及一日三餐食物分配情况；缺点是耗费人力、物力，不适合大规模的营养调查。

3. **调查时间**　一般可调查 3~7d 食物的食用量。

4. **应用步骤**　①准确记录每餐各种食物及调味品的名称；②准确称量每餐各种食物烹调前的毛重、可食用部的重量、烹调后的重量与剩余饭菜的重量；③根据公式(生食物重量/熟食物重量)计算生熟比；④将调查期间实际摄入的食物按品种分类、综合，计算每人每日的食物消耗量；

⑤利用食物成分表计算每人每日能量、营养素的摄入量。

5. 注意事项　①集体单位（如幼儿园、寄宿制学校、部队）应用称重法时，如果被调查单位进餐人员的年龄、性别和劳动强度差异较小时，可以不作个人进餐记录，只准确记录进餐总人数，再根据食物的总消耗量求出每人每日各种食物的平均摄入量；②被调查单位人员的年龄、性别、劳动强度差异较大时，不能用人数的平均值作为每人每日营养素的摄入水平，而是应选用混合系数算出相应"标准人"（指轻体力劳动的 60kg 成年男子）的每人每日营养素摄入量。计算方法为将"标准人"的能量推荐量作为 1，再将不同年龄、性别、职业与生理状况人的能量推荐量与标准人的能量推荐量比较折算出系数。各类人群的人数分别乘以各自的系数，其总和除以总人数，即混合系数。

（二）记账法

通过查阅伙食账目计算出过去一定期间某单位食堂的食物消费总量，再根据相同时期内进餐的人数，粗略计算出每人每日各种食物的摄取量，再利用食物成分表计算出这些食物所供给的能量与各类营养素的量。

1. 适用对象　建有伙食账目的集体食堂。

2. 优点和缺点　优点是简单、快速，缺点是获得的结果不够准确。

3. 调查时间　一般可统计 1 个月，一年四季各进行一次。

4. 应用步骤　①查阅一定期间内伙食账目中各类食物的消费总量；②统计同时期用餐的人数，计算每人每日各种食物的摄入量；③根据食物成分表计算出每人每日能量、各种营养素的摄入量。

5. 注意事项　①准确的膳食账目是运用记账法的基础，因此要求食堂账目应有逐日分类记录的食物消费量，账目中要写出具体食物名称，如猪肉、鸡肉、鲫鱼、芹菜、油菜等；②要准确统计进餐人数，按调查对象不同特征分别记录，如按年龄、性别、职业以及班次等；③自制食品分别登记原料、产品及食用数量；④如果被调查对象在年龄、性别、劳动强度上差别较大，与称重法一样，也要使用折算成"标准人"的每人每日各种食物摄入量；⑤家庭一般无可查的食物消耗账目，可在调查开始之前登记现存及新近购入的食物种类和数量，调查期间购入的食物，在调查结束时再次称重全部剩余食物的重量，然后计算出调查期间消费的食物总量。

（三）询问法

询问法又称 24h 回顾法，是指通过问答的方式回顾性地了解调查对象每日各种食物的摄入量，然后根据食物成分表计算出能量和营养素的摄入量。

1. 适用对象　个人。

2. 优点和缺点　优点是简便易行，缺点是所得资料比较粗略，有时需要借助食物模具或图谱来提高准确性，仅在无法应用称重法与记账法的情况下使用。

3. 调查时间　通常对被调查者连续 3d 各种主副食摄入情况进行回顾调查（包括在外就餐）。

4. 应用步骤　①调查前的准备，如问卷、食物模具或谱图；②正式调查；③资料整理和分析。

5. 注意事项　①一般是指从最后一餐吃东西开始向前推 24h，通常用家用量具、食物模型或图谱进行估计；②可以面对面询问、开放式表格或事先编码好的调查表通过电话、录音机或计算机程序等进行；③调查主要依靠调查对象的回忆描述膳食，不适合年龄在 7 岁以下的儿童与年龄大于 75 岁的老人；④调查时，建议不事先通知调查对象是否要或在什么时候来询问其食物摄入，因为有些人会因此而改变他们的日常膳食；⑤调查员需要掌握一定的调查技巧，如态度诚恳、了解市场上主副食供应的品种和价格，食物生熟比和体积之间的关系，即按食物的体积能准确估计其生重值；⑥家庭就餐，一家人共用几盘菜肴时，询问时要耐心询问每人摄入的比例，以能算出每人的实际摄入量。在询问过程中，要求调查人员要有熟练的专业技巧和良好的沟通能力。

（四）食物频数法

根据调查对象过去一段时间（数周、数月或数年）内各种食物消费频率及消费量，从而获得个人长期食物和营养素平均摄入量，反映长期膳食行为，其结果可以作为研究慢性病与膳食模式关系的依据，也可为膳食咨询提供指导。

1. **适用对象**　个人。

2. **优点和缺点**　优点是可快速得到日常各种食物摄入的种类和数量、费用相对低，缺点是需要调查对象对过去较长时期内的食物进行回忆，此外对食物份额的量化准确度不高会影响调查结果的准确性。

3. **调查时间**　根据调查目的确定回顾的时间间隔，可以是数周、数月或数年。

4. **应用步骤**　①工作准备：培训调查员，内容包括理论与方法、现场操作技能等；②确定调查对象；③签署知情同意书；④询问基本情况；⑤询问膳食摄入情况；⑥核查调查结果；⑦结束访谈。

5. **注意事项**　①应该进行多次讨论与一定次数的验证，确保包括调查对象常食用的食物种类；②食物频率法调查和分析出的信息只能反映一定时期内的饮食习惯，而不能提供每天饮食的变异信息，所以在选择该方法时要注意调查目的；③调查时应考虑特定文化习俗地区调查对象的食物特殊性，包括特殊食物品种和食用频率；④应提供标准食物份额大小的食物模型或图谱，供调查对象作为估计食物量的参考。

（五）化学分析法

通过化学分析方法测定调查对象一日膳食中所摄入的全部主副食品的能量与营养素的数量。

1. **适用对象**　个人或群体。

2. **优点和缺点**　优点是结果准确，缺点是分析过程复杂、费用昂贵，除非特殊需要，一般不使用。

3. **调查时间**　一日膳食。

4. **应用步骤**　①采集食物样品；②分析检测；③资料整理和分析。

5. **注意事项**　①采集样品应严格按照食物采样的原则进行；②营养素的测定采用国家标准方法，无国际标准方法应采用公认、可靠的检测方法。

二、人体测量

人体测量又称体格测量，其可作为营养状况的综合观察指标。常用指标包括身高、体重、上臂围以及皮褶厚度。当进行专题调查时，也可选用胸围、头围，骨盆径、小腿围、坐高，肩峰距和腕骨 X 线等指标，见表 11-1。

表 11-1　人体体格检查项目

年龄/岁	常用指标	深入调查指标
0~	身高、体重	背高、头围、胸围、骨盆径、皮褶厚（肩胛下、三头肌腹部）
1~	身高、体重、皮褶厚度（三头肌）、上臂围	坐高（3 岁以下为背高）、头围、胸围、骨盆径、皮褶厚（肩胛下、三头肌腹部）、小腿围、手腕 X 线（前后方向）
5~20	身高、体重、皮褶厚度（三头肌）	坐高、骨盆径、二肩峰距、皮褶厚、上臂围、小腿围、手腕 X 线
≥20	身高、体重、皮褶厚度（三头肌）、上臂围、小腿围	

（一）身高与体重

身高与体重（height and weight）是人体测量资料中最基础的数据，能够比较准确反映人体的营养状况。与体重相比,身高可以反映较长时期的营养状况。

1. **年龄别身高**(height for age)　反映较长期的营养状况,应用于儿童。例如,长期慢性营养不良可导致儿童生长发育迟缓,表现为与同龄儿童相比,身高矮小。

2. **身高别体重**(weight for height)　反映当前营养状况,应用于儿童。可用于区别急性和慢性营养不良。

3. **理想体重**(ideal weight)　或称标准体重,应用于成人,用来衡量体重是否在适宜范围。理想体重的概念虽容易被接受,但其“真值”难以估计。因此理想体重的准确性有时会受到质疑,作为判断标准已较少使用。常用计算公式如下:

Broca 公式:理想体重 = 身高(cm)−100。

Broca 改良公式:理想体重(kg)= 身高(cm)−105。

平田公式:理想体重(kg)=［身高(cm)−100］×0.9。

我国多采用 Broca 改良公式。判定标准如下:

正常范围:实际体重在理想体重的 ±10%。

超重或瘦弱:实际体重在理想体重的 ±10%~20%。

肥胖或极其瘦弱:实际体重在理想体重的 20% 以上,其中 ±20%~±30% 为轻度肥胖,±30%~±50% 为中度肥胖,±50% 以上为重度肥胖。

4. **体质指数**(body mass index,BMI)　是目前评价人体营养状况最常用的指标之一。BMI=体重(kg)/［身高(m)］^{2}。WHO 建议,BMI<18.5 为消瘦,18.5~24.9 为正常,25~29.9 为超重,≥30 为肥胖;亚洲标准为:BMI 位于 18.5~22.9 为正常,23.0~24.9 为超重,≥25.0 为肥胖。2003 年“中国肥胖问题工作组”根据我国 20 多个地区流行病学数据与 BMI 的关系分析,提出适合我国成人的 BMI 标准:BMI<18.5 为消瘦,18.5~23.9 为正常,24.0~27.9 为超重,≥28.0 为肥胖。

(二) 腰围、臀围及腰臀比

腰围(waist circumference)、臀围(hip circumference)以及腰臀比(wais-to-hip ralio,WHR)也是评价人体营养状况的重要指标之一。测量腰围时受检者应空腹站立,双臂自然下垂,双脚分开25~30cm。测量时平稳呼吸、不要收腹或屏气,在肚脐以上 1cm、以腋中线肋弓下缘和髂峰连线中点的水平位置为测量点。WHO 规定:腰围男性≥102cm、女性≥88cm 作为上身性肥胖的标准;我国提出:男性≥90cm、女性≥85cm 为成人中心型肥胖。臀围是耻骨联合和背后臀大肌最凸处的水平周径,反映髋部骨骼和肌肉的发育情况。腰臀比是腰围(cm)和臀围(cm)的比值。腰臀比男性≥0.9、女性≥0.8 作为上身性肥胖的标准。

(三) 皮褶厚度

皮褶厚度(skinfold thickness)是通过测量皮下脂肪厚度来估计体脂含量的方法。测量点常选用肩胛下角,肱三头肌和脐旁。实际测量时常采用肩胛下角和上臂肱三头肌腹处的皮褶厚度之和,并根据相应的年龄、性别标准来判断。皮褶厚度一般不单独作为肥胖的标准,通常与身高标准体重结合起来判定。

(四) 上臂围和上臂肌围

上臂围(upper arm circumference)一般测量左上臂肩峰至鹰嘴连线中点的臂围长。我国 1~5 岁儿童上臂围 <12.5cm 为营养不良,12.5~13.5cm 为营养中等,>13.5cm 为营养良好。上臂肌围(upper arm muscle circumferencel)= 上臂围 −3.14× 肱三头肌皮褶厚度,成年人正常参考值为:男25.3cm、女 23.2cm。

三、生化检验

生化检验又称人体营养水平的生化检验,是指借助实验室检测发现人体营养储备水平低下、营养不足或营养过剩等状况,以便早期发现营养失调与动态变化,便于及时采取预防措施,其可为观察某些因素对人体营养状况的影响提供科学依据。常用指标见表 11-2 和表 11-3。由于民族、体质、环境、测定方法、测定技术等均可影响生化检验的数值，因而各指标的参考值范围只是相对的。

表 11-2　人体营养水平生化检验指标及参考值

营养素	指标	范围
蛋白质	1. 血清总蛋白	60~80g/L
	2. 血清清蛋白	30~50g/L
	3. 血清球蛋白	20~30g/L
	4. 清蛋白/球蛋白（A/G）	1.5~2.5∶1
	5. 空腹血中氨基酸总量/必需氨基酸量	>2
	6. 血液比重	>1.015
	7. 尿羟脯氨酸系数	>2.0~2.5mmol/L 尿肌酐系数
	8. 游离氨基酸	40~60mg/L（血浆），65~90 mg/L（红细胞）
	9. 每日必然损失氮（ONL）	男 58mg/kg，女 55mg/kg
血脂	1. 总脂	4.5~7.0g/L
	2. 甘油三酯	0.2~1.1g/L
	3. 高密度脂蛋白	1.0~1.6mmol/L
	4. 低密度脂蛋白	0.0~3.36mmol/L
	5. α 脂蛋白	30%~40%
	6. β 脂蛋白	60%~70%
	7. 胆固醇酯	1.1~2.0g/L（70%~75%）
	8. 游离脂肪酸	0.2~0.6mmol/L
	9. 血酮	<20mg/L
钙、磷、维生素 D	1. 血清钙（其中游离钙）	90~110mg/L（45~55mg/L）
	2. 血清无机磷	儿童 40~60mg/L，成人 30~50mg/L
	3. 血清钙磷乘积	>30~40
	4. 血清碱性磷酸酶	儿童 5~15 菩氏单位，成人 1.5~4.0 菩氏单位
	5. 血浆 25-(OH)-D$_3$	36~150nmol/L
	6. 1,25-(OH)$_2$-D$_3$	62~156pmol/L
铁	1. 全血血红蛋白浓度	成人男 >130g/L，女、儿童 >120g/L，6 岁以下小儿及孕妇 >110g/L
	2. 血清运铁蛋白饱和度	成人 >16%，儿童 >7%~10%
	3. 血清铁蛋白	>10~12mg/L
	4. 血液血细胞比容（HCT 或 PCV）	男 40%~50%，女 37%~48%
	5. 红细胞游离原卟啉	<70mg/L RBC
	6. 血清铁	500~1 840g/L
	7. 平均红细胞体积（MCV）	80~90μm^3
	8. 平均红细胞血红蛋白量（MCH）	26~32μg
	9. 平均红细胞血红蛋白浓度（MCHC）	32%~36%

续表

营养素	指标	范围
锌	1. 发锌	125~250μg/mL
	2. 血浆锌	800~1 100μg/L
	3. 红细胞锌	12~14mg/L
	4. 血清碱性磷酸酶活性	成人 1.5~4.0 菩代单位，儿童 5~15 菩氏单位
维生素 A	血清视黄醇	儿童 >300μg/L，成人 >400μg/L
	血清胡萝卜素	>800μg/L
其他	尿糖 (−)；尿蛋白 (−)；尿肌酐 0.7~1.5g/24h 尿；尿肌酐系数，男 23mg/（kg·bw），女 17mg/（kg·bw）；全血丙酮酸 4~12.3mg/L	

表 11-3　人体营养水平生化检验指标及参考值

营养素	范围			
	24h 尿	4h 负荷尿	随机一次尿 /（g/ 肌酐）	血
维生素 B₁	>100μg	>200μg（5mg 负荷）	>66μg	RBC 转羟乙醛酶活力 TPP 效应 <16%
维生素 B₂	>20μg	>800μg（5mg 负荷）	>80μg	红细胞内谷胱甘肽还原酶活力系数 ≤1.2
烟酸	>1.5mg	>3.5~3.9mg（5mg 负荷）	>1.6mg	
维生素 C	>10mg	5~13mg（5mg 负荷）	男 > 9mg，女 > 15mg	3mg/L（血浆）
叶酸				3~16μg/L（血浆） 130~628μg/L RBC

四、临床检查

临床检查是根据症状或体征判断人体是否存在营养不足或过剩所致营养相关疾病以及严重程度的一种方法。营养素缺乏或过剩引起的相关疾病在不同发展阶段可以呈现出相应的特征性症状与体征。现实生活中，由于同一个体可能存在多种营养素摄入不足或过剩，因此表现出的症状和体征可能并不典型。常见营养不足或缺乏的症状与体征见表 11-4。

表 11-4　营养素缺乏与相应临床体征

部位	缺乏营养素	体征
全身	能量、蛋白质、锌	消瘦或水肿、发育不良
	蛋白质、铁、叶酸、维生素 B₁₂、维生素 B₆、维生素 B₂、维生素 C	贫血
骨骼	维生素 D	颅骨软化、方颅、鸡胸、串珠肋、O 型腿、X 型腿
	维生素 C	骨膜下出血
指甲	铁	舟状甲
头发	蛋白质、维生素 A	稀少、失去光泽
皮肤	维生素 A	干燥、毛囊角化
	维生素 C	毛囊四周出血点
	烟酸	癞皮病皮炎
	维生素 B₂	阴囊炎、脂溢性皮炎

续表

部位	缺乏营养素	体征
口腔	维生素 C	齿龈炎、齿龈出血、齿龈松肿
	维生素 B_2、烟酸	舌炎、舌猩红、舌肉红
	维生素 B_2、烟酸、锌	地图舌
唇	维生素 B_2	口角炎、唇炎
眼睛	维生素 A	比托斑、角膜干燥、夜盲
神经	维生素 B_1	肌肉无力、四肢末端蚁行感、下肢肌肉疼痛

第三节　营养调查问卷的设计

在营养调查过程中,应用营养调查问卷收集调查对象的食物摄入量,进而计算膳食能量和营养素摄入状况是最直接和有效的手段之一,营养调查问卷质量的高低直接关系到营养调查的成败以及调查的结果的可靠性。

一、问卷的概念与类型

(一) 概念

问卷(questionnaire)又称调查表,是研究者根据研究目的设计一系列的问题,按一定的次序排列,向调查对象收集相关信息的一种测量工具。

(二) 类型

根据不同的研究目的,问卷有不同的分类方法。可以按调查方式、问卷结构进行分类。按调查方式可分为面访问卷、信访问卷和电话访问问卷。按问卷结构可分为开放型问卷、封闭型问卷和混合型问卷。

二、问卷设计的主要步骤

(一) 确定研究目的

明确的研究目的是设计问卷的首要工作。在确定研究目的后,要结合营养调查的内容、研究对象的性质和数量、调查方式、组织实施的形式等,全面查阅相关文献,对国内外的研究现状及发展趋势进行系统分析,建立理论假设,制订出合理可行的营养调查计划。

(二) 制定问卷的框架和内容

营养调查目的和计划确定后,接下来的工作就是制定问卷的框架和内容,这是问卷设计的核心部分。首先要确定收集哪些资料,然后按照资料类别分成若干具体的指标,围绕这些指标编制合适的问题,最后根据调查所采用的方式、统计分析方法等因素决定问卷的形式和结构,将问题按一定的原则组合形成问卷初稿。问卷的框架一般包括题目、指导语、填写说明、问题及核查项目等。在设计初稿时,就要充分考虑问题的提问语言是否准确,备选答案是否全面,问题的排列顺序是否合适等。在设计过程中,可先在课题组内部充分讨论,形成调查项目池(item pool),然后再对项目进行加工和取舍。

(三) 预调查

调查问卷初稿完成后,一方面送给营养学、流行病与卫生统计学、临床医学等相关领域的专家或研究人员,必要时也可以邀请心理学、社会学专家,请他们对问卷的内容逐一审核并结合自己的专业特点和工作经验提出修改意见,问卷设计者汇总专家意见后对问卷逐一进行完善。在正式开展调查前,根据课题确定的研究对象,选择小样本人群进行预调查,同时对问卷的信度和效度进行评价。预调查的目的在于发现问卷的内容、调查的组织方式、调查对象的合作程度、答案的准确性、完成调查的时间、调查数据的可利用分析程度等方面的问题,以进一步修改完善,使之更科学合理,使调查的组织方式更为可行,从而提高调查质量和应答率。例如,对应答率较低的问题,就要推敲问题的语言是否易于被调查对象理解,答案是否全面,从而作出进一步的修改。

(四) 确定问卷

根据预调查中发现的问题对问卷作出最终的修改,使之趋于完善,然后定稿印制或制作成电子问卷,在正式调查的过程中不可以再对问卷随意更改。

三、问卷的结构和内容

(一) 标题

问卷的标题应简明扼要,能够反映调查的基本内容,例如,"中国居民营养与健康状况调查表""社区居民营养与健康状况调查表"。但是在调查一些敏感问题时,问卷的标题应模糊一些,避免调查对象一看题目就不想接受调查,影响应答率,例如,"艾滋病患者膳食营养素摄入量评估""抑郁症患者营养状况调查"。

(二) 说明信

说明信是指在询问正式问题之前,给调查对象的一封简短的信,主要说明调查者的身份、调查的目的和意义、保密问题等,取得调查对象的信任和支持后完成本次访谈。说明信的文字应简练,不宜过长。内容一般包括以下几个部分:

1. 介绍调查者的身份　说明调查项目的来源、研究机构的名称、调查者的身份,从而增强调查对象的安全感,使其易于合作。

2. 介绍本次调查的目的与意义　通过此项内容的开展,目的在于提高调查对象的合作程度。

3. 请求合作　请求调查对象合作,完成问卷调查。

4. 匿名保证　向调查对象承诺所调查内容仅供研究使用,所有信息绝不向外泄露和传播,打消调查对象的顾虑。结合调查目的,能不填写姓名、联系方式尽量不要填写,这样调查对象就不担心隐私外泄,可以获得相对真实可靠的问答。但在一些随访研究中,姓名与联系方式等资料则必不可少,这时应尽量争取调查对象能够留下这些联系资料。

5. 知情同意和致谢　在不单独填写知情同意书的情况下,可在说明信里补充调查对象同意请签字的话语并留出签字的地方和时间。对调查对象的合作表示谢意。

(三) 填表说明

为了能使调查员及调查对象正确理解和回答问题,在说明信后或调查表后可以附有研究者专门设计的填写说明,包括对问题回答的方法、某些问题的解释等。

(四) 问题和答案

问题部分是问卷设计的核心,直接反映研究者的研究目的和内容,也是研究者花费时间最多的工作。

1. 问题的种类　问卷中的问题类型可分为特征型、行为型和态度型。特征型问题主要反映调查对象的基本情况,例如,年龄、性别、职业等。行为型问题主要描述调查对象过去或现在正在发生的某些行为和事件,例如,吸烟、饮酒、饮食习惯、运动情况等。态度型问题是反映调查对象对一些或某一事情的看法、认识和意愿等,例如,调查对象对额外选择营养补充剂的态度。

按照课题的研究内容,在问卷设计时,问题主要集中在调查对象的基本情况和研究相关项目。

(1) 调查对象基本情况:用以了解调查对象基本人口社会学的基本信息,例如,姓名、性别、年龄、文化程度、婚姻状况等。收集这些信息,可以在以后的资料分析中作为分组变量,描述疾病或健康状况的分布情况,也可便于以后的随访查找。

（2）研究相关项目：这一部分的问题设置与课题的研究目的息息相关，不同研究目的，其问卷的调查项目不尽相同。主要包括临床症状和体格检查项目、实验室检测项目、膳食摄入项目、治疗和用药情况。

2. 问题和答案的编写格式 问卷设计中，较为常用的问题和答案的编写格式有以下几种：

（1）二项式：问题只有相互对立的两种答案可供选择，通常是"是/否""有/无""同意/不同意""接受/不接受"等。这种类型的问题简单明了，易于回答，但是获得的信息量较少，容易产生偏倚。

（2）多项式：即一个问题提出后，提供多种答案供选择，既可以单选，也可以多选，但是以单选居多，这是问卷中采用较多的一种类型。如果一个问题有较多选项而不可能全部列出时，只列出几个常见选项，在最后一个项目用"其他"列出，供调查对象填写。

（3）填空式：只提出问题而不提供答案，向调查对象询问后将答案直接填入空格中。

（4）自由式：提出问题后，调查对象可自由回答。

（5）矩阵式：将一组相同类型的问题集中在一起排列，共用相同的答案。

（6）序列式：指所选答案具有不同程度的差异并排列，如"从未、很少、有时、经常、总是"。

（7）尺度法：在调查中有些需要量化的指标，如认可程度，可以将答案分为两个极端，用一条线段的两端表示，中间划分为若干等距离的部分表示不同的程度，根据调查对象的感受程度在适当的地方上作为标记。

（8）关联式：在设计一些相互衔接的问题时，后一问题的回答如果与前一问题有关那么继续询问，若无关则跳过这一系列问题。在需要跳转的地方有明确的说明语，提醒调查员和调查对象注意，可以用粗体表示或加下划线表示。

3. 问题的语言 问题语言的表达效果关系到调查对象对问题的理解及回答效果。因此在问题的陈述上，应尽量做到以下几点：

（1）问题简单易懂：调查对象的文化程度、年龄等背景各不相同，如果问题过于复杂，专业术语较多，容易导致回答的不准确甚至拒答而影响调查质量，

（2）用词要准确：问题用语的意思不明确，导致有不同的理解。

（3）避免复合性或双重含义问题：例如，"您经常食用蔬菜和水果吗？"这一问题包括了摄入蔬菜和水果两种行为方式，问题不明确。

（4）避免倾向性或诱导性的问题：诱导性是指在所提出问题中添加有暗示调查对象如何回答的内容。

四、问卷的评价

问卷设计好后，还需进行效度和信度的评价，以判定问卷是否合理，一般可借助专业软件完成，如 SAS、SPSS、STATA。

（一）问卷信度的评价

信度（reliability）即问卷的可信程度，对同一批调查对象应用相同的问卷进行重复调查，检测其结果是否一致。主要用于评价问卷的精确性、稳定性和一致性，是评价问卷测量质量的重要指标之一，一致性好则信度高。常用的信度指标有以下几种：

1. 内部一致性信度 用克龙巴赫 α 系数（Cronbach α coefficient）来表示。该系数反映的是调查项目内部的同质性。α 系数取值在 0~1 之间，α 系数达到 0.7 或更高，可认为问卷的内部一致性信度较好，达到 0.8 或更高则内部一致性信度很好。

2. 分半信度 将问卷的问题分为数目相等的两半，例如，将项目按奇数偶数分为两部分或分为前后两部分，计算两部分相关系数。常用的指标为皮尔曼 - 布朗系数（Spearman-Brown）。

3. 重测信度 应用相同问卷对某个（些）调查对象进行第一次测试，相隔一段时间后再对其

进行重复测量,然后计算两次测量的相关系数(r)或 Kappa 值。相关系数一般要求达到 0.7 以上。重测信度反映问卷在不同测试时间的稳定性,也称稳定性系数。

4. **调查员信度**　两个或多个调查员使用相同问卷对同一批调查对象进行调查,然后分析得分的相关情况,常用指标包括组内相关系数或 Kappa 值。

(二) 问卷效度的评价

效度(validity)即问卷调查结果与客观真实结果的符合程度,主要评价问卷的准确性、有效性和真实性,是最重要的客观性指标。常用的效度指标分为以下几种:

1. **内容效度**　指调查对象对问题的回答能否达到研究者所希望的测试结果。确定内容效度的方法有逻辑法和经验法。逻辑法,即咨询有关专家对问卷条目内容进行评价考核;经验法,即通过实践检查测验,看能够检测出研究者想要测试的内容。

2. **结构效度**　指将问卷中的每个问题看作是一个变量,然后通过调查结果得分对所有问题做因子分析,提取一些较为显著的因子,通过各个问题在每个因子上的载荷将问题分类。在因子分析的结果中,用于评价结构效度的主要指标有累计贡献率、共同度和因子负荷。累计贡献率反映公因子对量表或问卷的累计有效程度,共同度反映由公因子解释原变量的有效程度,因子负荷反映原变量与某个公因子的相关程度。

3. **效标效度**　又称准则关联效度,即用一个公认的量表作为标准,检验新问卷与标准量表测试结果的相关性。效标应客观、可靠,最好是该领域内公认最可靠的金标准。

(三) 问卷可行性分析

问卷的可行性是指问卷的可接受程度。主要包括问卷的回收率、应答率、完成时间等。问卷的回收率是指调查结束后最终收回的问卷占实际发放问卷的比例,通常要达到调查对象的 85% 以上,否则结果的可靠性就值得怀疑。问卷的应答率是指收回的问卷中,合格的问卷所占的比例。应答率过低一方面与调查对象不配合、调查员不认真等人为因素有关,另一方面也可能与问卷的设计不合理,问题过多或不明确等问卷因素有关。

五、问卷设计示例——食物频率法调查问卷

食物频率法调查问卷应考虑调查对象摄入的食物种类。应以调查个体或群体经常摄入食物种类和频率为基础,根据每日、每周、每月,甚至每年所食用的各种食物的次数或食物的种类来评价个体或群体的膳食营养状况。

(一) 食物频率法调查问卷的内容、原则与分类

包括两方面内容:一是食物名单;二是食用频率,即在一定时期内所食用某种食物的次数。食物名单的确定要根据调查目的,选择调查对象经常食用的食物,含有所要研究营养成分的食物或调查对象经常食用的食物,含有所要研究营养成分的食物或调查对象之间摄入状况差异较大的食物。食物频率调查问卷有定性和定量两种,定量食物频率调查问卷更常用。

(二) 定量食物频率调查问卷的设计程序

1. **工作准备**　笔、尺、计算机、食物成分表等。

2. **确定食物频率法调查的目的**　根据调查目的不同,食物频率法调查问卷的设计有所不同。在设计时要考虑是选择定性食物频率问卷还是定量食物频率问卷、是进行综合膳食分析还是特殊食物摄入分析,此外应根据调查目的确定膳食回顾的时间间隔,如 1 个月、半年、1 年等。

3. **确定食物频率调查问卷中的食物名称**　根据调查目的和内容,利用已有资料确定调查对象经常食用的食物种类。选择时要注意食物种类不宜列出过多,通常以 25~30 种为宜,具体步骤如下:

(1) 列出各类经常摄入的食物大类:例如,谷类、禽类、畜类、蛋类、奶类、豆类、蔬菜、水果等。

(2) 列出各类经常摄入食物的小类:同类食物不宜选择太多,只选择经常食用的即可,例如,

肉类食物可选择猪肉、牛肉、鸡肉、羊肉等。

（3）考虑目标人群状况：调查对象是婴幼儿，应在食物种类中增加"配方奶""普通奶粉""米粉"等特殊食物。食物的具体名称根据《食物成分表》核查。

（4）确定各种食物的食用频率：各种食物的食用频率可采用不同方式，可以将次数分成多个选项，如询问过去1个月内的摄入情况，可以将频率设计为"每天""3~6次／周""1~2次／周""3~4次／月""1~2次／月""1次／月"或者可以根据调查对象进食量划分等级，调查询问时，在不同等级下填写进食次数，有时为定量分析，也要对每次的摄入的食物量进行确定。

（5）设计表格、说明与注释：表格应简明、对比鲜明、表达力强、便于计算和分析与单位准确。根据确定的食物类别和摄入频率设计主语和谓语，填写在表格的纵向和横向。此外，应在表格的下方对表格的内容进行说明和注释，为使用者统一方法提供方便和质量保障。

（6）调查表的修改与完善：设计完调查表后，应对表格内容，如食物名称、摄入频率、单位等进行小组讨论修改，完善后印制，也可制作成电子问卷，并进行预调查，以对问卷的效度、信度以及可行性进行评价。

（荣胜忠）

思考题

1. 称重法、记账法、询问法、食物频数法以及化学分析法各有哪些特点？
2. 怎样分配膳食调查、人体测量、生化检验以及临床检查在营养调查中的比重？
3. 如何对营养调查问卷的信度和效度进行评价？

第十二章 | 营 养 监 测

本章要点

1. **掌握** 营养监测的概念和内容。
2. **熟悉** 营养监测的目的和特点。
3. **了解** 营养监测的程序;营养监测系统与评价。

第一节 概 述

国民营养与健康状况是反映一个国家或地区社会经济发展、卫生保健水平和人口素质的重要指标之一,也是公共卫生及疾病预防控制工作中不可缺少的信息基础。为了更好地反映我国居民在膳食模式变迁与疾病谱改变关键时期的营养与健康状况变化。2010—2013 年原国家卫生与计划生育委员会疾病预防控制局将中国居民营养与健康监测列入国家重大医改项目,决定将每 10 年开展一次的中国居民营养与健康状况调查方式更改为每 3~4 年完成一个周期的常规性营养与健康状况监测。2010—2014 年的总体方案设计为:2010 年在全国 31 个省、自治区、直辖市中开展 34 个大城市点和 16 个中小城市点监测,2011 年开展 26 个中小城市点和 30 个贫困农村点监测,2012 年开展 45 个普通农村点监测,2013 年开展 55 个监测点的婴幼儿及乳母的专项调查,2014 年形成一个 25 万样本人群的、具有全国代表性的膳食营养与健康数据库。

一、营养监测的概念

营养监测(nutrition surveillance)是指长期动态监测人群的营养状况,同时连续、系统收集影响人群营养状况的相关环境和社会经济条件等方面的资料,经过科学分析和解释后获得重要的信息,并及时反馈给需要这些信息的人或机构,用以探讨从政策、措施上改善营养状况的条件与途径。营养监测还收集与食物生产、消费以及分配有关的信息,因此营养监测又称食物营养监测(food and nutrition surveillance,FNS)。

营养监测具有三个基本特征或包含三阶段的工作任务:一是连续、系统地收集人群营养状况以及影响因素的资料,以发现人群营养状况的分布特征与变化趋势;二是对所收集的资料进行科学的整理、分析和解释,使其转化为有价值的、重要的信息;三是及时地将信息反馈给有关部门和人员,并充分合理地利用,从而实现监测的最终目的。

二、营养监测的目的

营养监测数据能反映特定人群的营养状况与影响因素现状,可为探寻相关问题发生的原因与影响因素提供线索、为制定相应控制措施提供参考,并为评价控制措施是否得当提供有效依据,主要有以下三个目的:

1. **及时了解和掌握社会发展过程中居民食物消费及营养状况的变化与趋势** 通过动态的监测和数据整理与分析,有助于及时了解和掌握居民食物消费及营养状况,并预测人群营养状况的变化趋势。例如,《中国居民营养与健康状况监测报告(2010—2013)》显示,自2002—2012年,我国城市居民的食物需要得到了满足,营养状况进一步改善,营养不良和营养缺乏的患病率明显下降。但是膳食结构仍然不合理,不健康生活方式比较普遍,超重肥胖、高血压、糖尿病等营养相关疾病的患病率呈现上升趋势,我国城市居民主要面临营养失衡的严峻挑战。

2. **为决策者提供信息,有针对性地调整食物生产、流通政策,有针对性地解决营养问题,预防疾病的发生** 决策者可以依据营养监测数据制定相应的策略和措施以解决居民营养问题,预防疾病的发生。例如《中国居民营养与健康状况监测报告(2010—2013)》中建议:①加快营养立法,使营养工作法制化、制度化;②强化政府主导作用,把营养工作纳入各级政府的发展规划,并列入考核体系;③国家加大营养与健康改善的投入,针对不同人群的营养问题实施切实有效的营养改善行动;④逐步完善我国居民营养与健康状况监测体系,及时为政府和社会提供准确、科学、全面的信息;⑤在各级疾病预防控制机构建立营养工作队伍,加强能力建设;⑥充分发挥城市社区卫生服务机构在营养改善中的作用;⑦加强营养健康的科学传播,为农业、食品加工等部门提供科学指导,引导城市居民养成合理食物消费和健康生活方式。

3. **为制定策略或措施提供数据支持,保证社会发展过程中食物生产、人群健康与环境的平衡发展和优化提高** 通过营养监测,可为多家机构的不同项目提供基础数据的支持。例如,中国居民营养与健康状况监测项目为国务院发展研究中心的"西部地区农村卫生事业发展"研究、北京大学医学部"中国妇女儿童生存发展战略回顾"课题、原卫生部监督中心"我国食品安全风险评估中膳食暴露评估"、中国疾病预防控制中心免疫规划中心"中国3岁以上人群乙型肝炎流行状况"等提供了可靠的基础数据支持,并为国家发布《中国心血管病报告2005》《中国慢病报告2006》等相关健康报告提供了基础数据;为WHO、联合国儿童基金会等国际组织提供了中国居民营养不良、贫血、肥胖等疾病的基础数据,加强促进了同国际组织的交流与合作。营养调查所获得信息和数据不仅在科学研究上具有较大意义,还为政府部门制定营养与健康相关政策和疾病防控措施提供基础数据,包括:中国营养改善行动计划、《九十年代中国食物结构改革与发展纲要》《营养改善工作管理办法》《国家中长期科学和技术发展规划纲要(2006—2020)》《卫生事业发展"十一五"规划纲要》《中国食物与营养发展纲要(2011—2020)》、"2020健康中国"战略、农村义务教育学生营养改善计划、《中共中央 国务院关于深化医药卫生体制改革的意见》《2007年中国居民膳食指南》《中国成人血脂异常防治指南》《中国高血压防治指南》《中国成人超重和肥胖症预防控制指南》《中国学龄前儿童少年超重和肥胖预防与控制指南》《中国居民膳食营养素参考摄入量》等。

三、营养监测的特点

1. **突出重点** 如以妇女和儿童等需要重点保护的人群为对象,分析影响其营养状况的社会因素和探讨能采取的社会性措施。

2. **动态监测** 以有限的人力物力尽可能搜集现成资料,分析掌握一个国家或地区的常年动态。将营养状况信息向上反馈并为制定营养政策提供科学依据。

四、营养监测的内容

(一)居民营养及健康状况的监测

居民营养及健康状况是营养监测的主体内容,通过对监测数据的分析,可以对居民营养及健康状况进行纵向比较,分析出变化趋势。例如,《中国居民营养与健康状况监测报告(2010—

2013)》表明,与 2002 年相比,我国城市居民人均谷类食物摄入量未见明显变化,而蔬菜摄入量比 2002 年增加了 32g。此外,与 2002 年相比,我国城市儿童男生身高平均增长 2.3cm,女生增长 1.8cm。

(二) 居民食物、能量和营养素摄入情况的监测

在获得居民食物消费量数据的基础上,可以实现居民食物、能量和营养素摄入情况的监测。例如,《中国居民营养与健康状况监测报告(2010—2013)》表明,我国城市居民人均能量摄入量为 8 522.8kJ,略低于 2002 年的 8 932.8kJ。蛋白质的摄入量为 65.5g,略低于 2002 年的 69.0g。脂肪的摄入量为 81.9g,比 2002 年下降了 3.7g。维生素 C 摄入量为 85.4mg,比 2002 年的 82.3mg 有所增加;硫胺素的摄入量为 0.9mg,核黄素摄入量为 0.8mg,铁的摄入量为 21.9mg,锌的摄入量为 10.6mg,均与 2002 年基本持平。

(三) 居民营养知识、营养态度、饮食行为和生活方式的监测

知识、态度、行为是进行营养干预的基础,因此在进行营养监测时,可对此方面内容进行监测,不健康的生活方式也是重要的监测内容。例如,《中国居民营养与健康状况监测报告(2010—2013)》表明,我国城市成年居民的吸烟率为 26.5%,男性高达 50.2%,女性为 2.3%,吸烟率比 2002 年增加了 12%。

(四) 食物成分和营养数据库变化的监测

食物成分数据对指导居民树立良好的食物消费观念以及科学选择至关重要,我国 2010 年起陆续在全国 19 个省启动全国食物营养监测,评估覆盖各地居民主流消费食物、地方特色食物的营养富集状况,分析可能存在的健康问题。中国疾病预防控制中心营养与健康所负责制定监测规划和实施方案,组织和推动监测技术,建立和评估质量控制,收集、审核与发布监测数据信息,着手开展和建立实验室网络。目前已经完成近 5 000 种常见食物常规营养成分测评,为营养与慢病监测提供更为实时、有效的数据。随着《“健康中国 2030”规划纲要》《国民营养计划(2017—2030 年)》等一系列政策的颁布,营养立法工作在逐步推进,食物成分监测项目将作为关键工作长期进行。

(五) 食品供应情况及其影响因素的监测

食品供应及影响因素直接决定居民的营养与健康状况,因此在进行营养监测时,通常也对食品供应情况及其影响因素进行监测。

(六) 社会经济发展水平的监测

居民营养与健康状况会随着社会经济发展水平的改变而变化,因此除以上五项监测内容外,通常也对此方面的内容进行监测。

一项综合性营养监测的内容是对以上几个方面的营养监测活动进行数据收集数据分析信息发布以及利用,三者之间相互联系便于数据交流及信息传递。

第二节　营养监测的程序

在营养监测实践中,营养监测目的的确定、监测人群和监测点的选取、监测指标的确定是开展营养监测的重要前期工作。营养监测工作的程序还包括营养监测的核心内容,即数据收集、数据分析、信息发布以及利用。

一、确定营养监测的目的

营养监测的目的直接决定营养监测的内容。通常,营养监测的总目的是为政府有关部门决策、制定干预项目提供信息。常见的营养监测目的包括以下几方面:①分析人群营养状况及人群、时间、地理位置的分布;②动态监测人群营养状况的变化趋势;③找出营养状况不良的易感人群;

④确定影响人群营养状况的有关因素;⑤分析、评价营养干预措施的效果;⑥确定预防策略,制定工作重点。每次营养监测的重点都会有所不同,因此营养监测的目的是选择监测方式和监测内容的前提。例如,中国居民营养与健康状况监测 2010—2013 的目的为"开展覆盖全国城乡居民营养与健康的监测工作,定期收集居民的营养与健康状况信息,分析和发现存在的营养健康问题及相关危险因素,建立国民营养与健康状况监测体系和信息数据库,为政府部门制定营养与健康相关政策提供基础信息"。

二、监测人群和监测点的选取

监测人群的确定和监测点的选择是建立营养监测系统的基本环节。监测人群的选择既要保证样本的代表性,又要避免过多耗费人力、物力和财力。监测点的选择可以是随机抽样,也可以根据监测目的选择其他抽样方法。选择监测点时要考虑监测点的基本条件,确保能够收集到真实、准确的数据。确定监测点的标准通常包括:①领导重视、组织健全;②有健全的监测工作网络;③具体监测工作有经过培训的专人负责;④有健全的工作制度,工作程序、工作质控和考核制度,资料管理制度;⑤能保质保量完成监测任务;⑥能分析利用当地的营养监测资料,为制定政策提供科学依据。如果抽到的监测点不能胜任监测工作时,可以在同类地区进行调换。监测点选择后必须经过建设才能成为一个合格的监测点,建设内容包括工作制度的建立,必要设备的配备以及人员培训等。例如,中国居民营养与健康状况监测 2010—2013 在全国按照代表性原则设计为 150 个监测点(区 / 县),每个监测点的样本人群设计为 1 000 人以上,150 个监测点的样本人群总数为 16 万 ~18 万人,加上婴幼儿童和乳母专项监测,样本总体约为 18 万 ~20 万人。将城乡分为 4 层,分别是大城市、中小城市、农村和贫困农村。监测点分配为大城市 34 个、中小城市 41 个、农村 45 个和贫困农村 30 个。每个监测点(区 / 县)中抽取 6 个居委会(村),每个居委会(村)抽取75 户家庭(按 2009 年监测结果每户人口 2.6 人计算)。每个被抽中家庭中所有常住家庭成员在签署"知情同意书"后确认为调查对象。为保证孕妇和儿童青少年的调查人数,以满足各年龄组样本量的要求,在样本点地区适当补充上述人群的调查人数。以监测点为单位,当所调查 450 户中孕妇人数不足 30 人,从所在区 / 县的妇幼保健院补足。另外,6~17 岁每个年龄组儿童青少年不足 20 人,从附近的中小学校补充。婴幼儿、儿童及乳母专项营养监测全国共有 60 个监测点,城市婴幼儿童年龄范围为 0~6 岁,农村为 0~7 岁。每个监测点样本人群为 600 名儿童及其 2 岁以内婴幼儿的乳母至少 100 名。计划监测婴幼儿、儿童约 24 000 人,乳母 4 000~5 000 人。

三、监测指标的确定

选择营养监测指标时应考虑其灵敏性、特异性与可行性。指标宜少不宜多,以便营养监测容易进行,并尽可能多的选择无损伤性的监测指标。在实践中还要考虑到所需的人力、物力及调查对象的接受程度。监测食物营养现状时,一般需要较大的样本;而在监测营养状况的变化趋势或作预测时,只采用一个有代表性的小样本即可。

营养监测常用指标包括健康指标、社会经济指标和饮食行为与生活方式指标。

1. **健康指标**　健康指标应根据可得到的资料和基线调查数据确定。根据监测目的和监测人群选择合适指标。

(1) 一般健康指标:WHO 推荐的指标有体重、身高、0~4 岁死亡率,婴儿哺乳 / 喂养方式、某种营养缺乏病的新病例。

(2) 特殊情况下的附加指标:上臂围、比奥斑伴有结膜干燥症、角膜瘢痕、血清维生素 A、血红蛋白、地方性甲状腺肿。

(3) 肥胖和慢性疾病人群的指标:血清胆固醇和甘油三酯、血压、三头肌皮褶厚度,成年人身高别体重及慢性病死亡率。

2. 社会经济指标　常用的指标为经济状况指标、环境指标和各种服务指标。

（1）经济状况指标：①再生产的物质财富如住房（房间、人数、电器、供水）、耐用消费品（电视机、机动车、家畜）、储蓄存款、设备（农具、经商用具）；②不再生产的自然财富如拥有土地面积、农业供水；③无形的财富如教育水平、受教育年限、文化程度等。

在反映个人收入方面，常见的指标有 Engel 指数、收入弹性和人均收入及人均收入增长率，这些调查资料主要来自国家发展和改革委员会和国家或地方统计局。①Engel 指数（Engel index）：食物支出占家庭总收入的比重称作 Engel 指数，Engel 指数 = 用于食品的开支 / 家庭总收入 × 100%，它是衡量一个国家或地区居民消费水平的标志，是反映贫困富裕的指标。该指数在 60% 以上者为贫困，50%~59% 为勉强度日，40%~49% 为小康水平，30%~39% 为富裕，30% 以下为最富裕。②收入弹性（income elasticity）：收入弹性 = 食物购买力增长（%）/ 收入增长（%）。收入弹性指标在贫困地区相当于 0.7~0.9，即如果收入增长 10%，用于购买食品的增长率增加 7%~9%。在富裕的地区收入弹性值减小。③人均收入及人均收入增长率：人均收入 = 实际收入 / 家庭人口数，人均收入增长率（%）=［（第二年度人均收入 – 第一年度人均收入）/ 第一年度人均收入］× 100%。

（2）环境指标：包括供水、粪便及垃圾处理、拥挤情况。

（3）各种服务指标：包括卫生机构、农业推广、灌溉、信贷、生产投资（种子、化肥）。

3. 饮食行为与生活方式指标　饮食行为和生活方式影响人们对食物的选择和营养素的摄取，因而与营养状况及许多慢性疾病的发生、发展密切相关。饮食行为与生活方式的常见监测指标为吸烟、饮酒、身体活动、锻炼、生活规律以及知识、态度和行为的改变等。

四、营养监测的数据收集

营养监测的数据收集有以下几种常见方式：①人口普查资料；②政府部门的统计资料；③国家卫生行政部门常规收集的资料；④社区资料；⑤监测过程中调查获得的家庭资料和个人资料，如食物消费和营养素摄入情况，体格检查和生化检查数据等。在数据收集过程中，必须进行营养监测资料的质量控制，达到正确性、完整性、可靠性和可比性的控制标准。质量控制是全面、系统的工作，它不仅是简单地核对数据，找出并修改差错，而是贯穿于整个监测工作的全过程。

五、营养监测的数据分析

根据营养监测系统收集的资料性质、涉及人群、营养素摄入状况、相关的影响因素及其趋势、干预的效果评价等，可以从多方面对数据进行分析。分析方法一般有描述性分析方法、趋势性分析方法和干预性分析方法。

六、营养监测资料的信息发布及利用

营养监测的结果可以通过监测系统、正式简报、非正式报告（会议、专业接触）、出版物等综合方式发布。营养监测结果的利用包括：发现高危人群，制定或评价营养目标以及监测食物的生产和销售；制订营养干预措施；制定相关法律、政策和指南；营养的科学研究。此外，还可用于建立国家营养领域的信息系统，加强营养信息交流，促进营养信息资源共享。

第三节　营养监测系统与评价

一、营养监测系统

营养监测系统需要建立组织机构，配备人员，提供所需物资和经费；制定政策，建立工作程序和工作制度，以保证数据的准确性，设置和完善监测质量的评价体系。营养监测系统的功能概

括如下：①制定国家及部门的规划和政策；②项目监控与评价；③食物短缺的预警；④确定问题与宣传动员；⑤监测结构调整政策的效应。一般一个营养监测系统很难完成所有的功能。世界上许多国家都设立了营养监测系统，不同国家由于其营养问题、任务及目的不同，营养监测系统的设计与特征各异，其中美国营养监测系统比较完善。中国的营养监测系统始于 1998 年，2010—2012 年中国居民营养与健康状况监测是我国首次开展全国常规性营养监测，选取的监测人群具有良好的代表性，在内容上较以往的监测项目更为全面。

二、营养监测系统的评价

当前，我国营养监测系统尚无可靠的评价指标，可根据我国公共卫生监测系统的评价指标对营养监测系统进行评价。

(一) 质量评价

对营养监测系统的质量评价，包括完整性、敏感性、特异性、及时性、代表性、简单性、灵活性等多个方面。

1. **完整性** 是指监测系统所包含的监测内容或指标的多样性。

2. **敏感性** 是指监测系统发现和确认食物短缺、居民营养和健康问题的能力。

3. **特异性** 是指监测系统排出非居民营养和健康问题的能力，例如，监测系统能够正确识别营养和健康问题的随机性波动，从而避免或减少发生预警误报的能力。

4. **及时性** 是指从某营养和健康问题发生到监测系统发现并反馈给有关部门的时间间隔。

5. **代表性** 是指监测系统发现的营养和健康问题在多大程度上代表目标人群的实际发生情况。缺乏代表性的监测信息可能导致卫生决策的失误和卫生资源的浪费。

6. **简单性** 是指监测系统的资料收集、监测方法和系统运作简便易行，具有较高的工作效率，省时且节约卫生资源。

7. **灵活性** 是指监测系统能针对操作程序或技术要求进行及时的调整或改变的能力，以适应新的需要。

(二) 效益评价

对监测系统的效益评价，除了卫生经济学的成本 - 效益、成本 - 效用分析外，还有监测系统间的互联与共享功能等指标。

1. **卫生经济学评价** 任何监测系统的建立与运行都需要成本投入，有时甚至耗资巨大，监测系统的效益、效用和效果主要反映在对营养与健康问题的早期预警与及时处置以及对相关问题的指导与人群健康水平的提高，因此卫生经济学的评价必不可少。但评价时应注意，监测系统的效益可以是直接的也可以是间接的，且经常需要较长时间才能显现。

2. **监测系统间的互联和共享性** 多数监测系统是针对某一特定目的而开展监测工作的，在获取信息和利用上都可能存在一定的局限性，因此建立监测系统间的互联与共享，可极大地提高各监测系统的工作效率和信息利用率，减少资源浪费。能否较为便捷地实现监测系统间的互联与共享是评价监测系统效益的重要指标之一。

（荣胜忠）

 思考题

1. 营养监测与营养调查有何区别？
2. 如何合理选择营养监测中的指标？
3. 如何看待我国营养监测系统的发展？

|第十三章| 营养改善

 本章要点

1. **掌握** 营养教育的概念以及具体实施步骤；食物交换份法的实施步骤；营养干预的步骤及方法。
2. **熟悉** 食谱编制的基本意义和理论原则；营养干预需收集资料的分类及方法。
3. **了解** 营养教育相关理论；营养与健康档案的建立和管理。

第一节 营 养 教 育

一、概述

(一) 营养教育的概念、对象与主要工作内容

营养教育是一种有效的营养干预手段，是健康教育的分支和组成部分，主要指通过营养信息交流，帮助个体和／或群体获取食物与营养知识、养成健康生活方式的教育活动过程。其具有易实施、低成本、高效益以及受益面广等特点，对居民营养状况的改善和健康水平的提高具有重要作用。美国饮食协会提出：营养教育是根据个体的需要与食物来源，通过认识、态度、环境作用以及对食物的理解过程，形成科学、合理的饮食习惯，从而达到改善人们营养状况的目的。世界卫生组织对营养教育的定义是通过改变人们的饮食行为而达到改善营养状况目的的一种有计划活动。调查研究表明，我国居民目前的营养状况仍不尽如人意，而营养教育已成为改善国民营养状况的有效手段之一。

1. **主要对象**

(1) 个体层：指公共营养和临床营养工作者的工作对象。

(2) 各类组织机构层：包括学校、部队或企业。

(3) 社区层：包括餐馆、食品店、医院、诊所等各种社会职能机构。

(4) 政策和传媒层：包括政府部门、大众传播媒介等。

2. **主要内容**

(1) 营养知识培训：有计划地对从事餐饮业、农业、商业、轻工、医疗卫生、疾病控制、计划等部门的有关人员进行营养知识培训。要将营养工作内容纳入到初级卫生保健服务体系，提高初级卫生保健人员和居民的营养知识水平，合理利用当地食物资源，改善营养状况。

(2) 营养知识教育：将营养知识纳入中小学的教育内容和教学计划，要安排一定课时的营养知识教育，使学生懂得平衡膳食的原则，培养良好的饮食习惯，提高自我保健能力。

(3) 营养知识宣传：利用各种宣传媒介、广泛开展群众性营养宣传活动、倡导合理的膳食模式和健康的生活方式、纠正不良饮食习惯等。

3. 营养教育工作者需要具备的技能

(1) 有丰富的专业知识和社会、文化知识:如掌握营养学、食品卫生学、食品学、卫生经济学等方面的专业理论知识;了解经济、政策、社会与文化因素对膳食营养状况的影响,具备宏观分析的能力。

(2) 具有较好的语言表达力和信息传播能力。

(3) 具有社会心理学、认知、教育以及行为科学的基础。

(4) 具有一定的科学研究能力和组织协调能力。

(5) 具有一定的统计分析能力,能通过恰当的统计描述和统计推断解释结果。

(二) 营养教育的目的与意义

营养教育的目的是消除或减轻影响健康的膳食营养危险因素,改善营养状况,预防营养相关疾病的发生,提高人们健康水平和生活质量。按照现代健康教育的观点,营养教育并非仅仅传播营养知识,还应提供促使个体、群体和社会改变膳食行为所必需的营养知识、操作技能和服务能力。

营养教育是有计划、有组织、有系统和有评价的干预活动,其核心不仅是提供膳食行为改变所必需的知识、技能和社会服务,还应该帮助人们树立食品与营养的健康意识,养成良好的饮食行为与生活方式,使人们在面临营养与食品卫生方面的问题时,有能力作出有益于健康的选择。营养教育具有多途径、低成本和覆盖面广等特点,对提高广大群众的营养知识水平、合理调整膳食结构以及预防营养相关疾病切实有效,对于提高国民健康素质、全面建成小康社会具有重要意义。

(三) 营养教育的现状与发展趋势

1. 学生营养教育现状　我国学生营养教育起步相对较晚,是近十年伴随着健康教育的发展而发展起来的。2008 年《中小学健康教育指导纲要》提出面对不同年龄阶段学生的营养指导;2014 年《中国食物与营养发展纲要(2014—2020)》中明确提出"将食物与营养知识纳入中小学课程";2016 年北京市顺义区启动"城市中小学生'校园营养食育'策略研究"试点工作,创建多部门联动、家长和教师互动、中小学生主动参与、学校负主责的校园营养食育模式,获得了各方面支持和社会好评。这些营养教育的有效开展,在一定程度促进了我国学生营养和健康状况的改善。2017 年由国家卫生和计划生育委员会牵头,国家疾病预防控制中心营养所组织实施了"营养校园"试点工作,在全国 8 个区县学校启动建设。当地卫生、教育和食药管理等相关部门联合行动,出台相关措施,如营造校园营养健康氛围、建设标准化食堂、营养食育信息化互动平台、制订学生餐地方性法规、开展营养配餐、食育课堂、学生参与式活动等,全面提高中小学生膳食营养水平,提升营养健康知识知晓率和行为形成率。

我国学生营养健康教育仍存在以下问题:一是政府支持力度较小,缺乏相关的法律法规,中央及地方的教育经费支出比例较低,资金多来自公益机构、社会组织和相关企业。二是缺乏统一的营养教学大纲等指导性文件,尚未针对性地开展学生营养系统教育,课时分配较少,学校评估体系中也没有专门的营养教育考核标准。三是不同地区的饮食习惯和经济发展存在差异,因此不同地区的学生营养状况也存在较大差异。四是缺乏专业的营养教育人才,参与其中的工作人员缺乏专业素养及相关培训。五是缺乏相对安全的营养餐厅等配套设施及严格的卫生监管环境。六是没有做到学校、家长、社区三者联动的营养教育宣传模式,教育方法比较单一。

2. 营养教育的发展趋势　1989 年我国首次发布《中国居民膳食指南》,1997 年和 2007 年进行了两次修订。2014 年起,原国家卫生与计划生育委员会委托中国营养学会组织专家根据我国居民膳食结构变化,历时两年,修订完成《中国居民膳食指南(2016)》,为我国居民提供食物营养和身体活动的指导,减少或预防慢性病的发生。同时提供了配套营养教育资料如特殊人群膳食指南、视图、宣传折页和挂图等。《中国居民膳食指》是引导全民合理膳食、营养健康的指导性文件，是全民营养课的必修内容，也是各级营养工作者从事营养教育的重要依据。

2015 年 12 月 30 日，国家卫生与计划生育委员会办公厅印发了《中国公民健康素养基本知识与技能(2015 版)》《中国居民健康素养 66 条(2015 版)》，提出了现阶段我国城乡居民应该具备的基本健康知识和理念、健康生活方式与行为、健康基本技能，是各级卫生与计划生育委员会、医疗卫生专业机构、社会机构，大众媒体等向公众进行健康教育和开展健康传播的重要依据。与 2008 年相比，《健康素养 66 条(2015 版)》重点增加了近几年凸显出来的健康问题，如精神卫生问题、慢性病防治问题、科学就医和合理用药问题等。此外，还增加了关爱妇女生殖健康，健康信息的获取、甄别与利用等知识，从基本知识和理念，健康生活方式与行为、基本健康技能三个方面界定了我国公民健康素养的基本内容，是评价我国公民健康素养水平的重要依据。

2016 年党中央和国务院发布《"健康中国 2030"规划纲要》，健康中国建设成为国家战略，"共建共享、全民健康"，是建设健康中国的战略主题。纲要强调要"建立健全健康促进与教育体系，提高健康教育服务能力""将健康教育纳入国民教育体系，把健康教育作为所有教育阶段素质教育的重要内容。"为贯彻落实《"健康中国 2030"规划纲要》，2017 年国务院办公厅印发《国民营养计划(2017—2030 年)》，从我国国情出发，立足我国人群营养健康现状和需求，明确了今后一段时期内国民营养工作的指导思想、基本原则、实施策略和重大行动。而"加强营养人才培养""推动营养健康科普宣教活动常态化"是保障工作目标实现的重要策略。

二、营养教育相关理论

(一) 健康传播理论

随着传播学在公共卫生与健康教育领域的引入，健康传播(health communication)于 20 世纪 70 年代中期诞生。进入 21 世纪，健康教育与健康促进已被确立为卫生事业发展的战略措施，在医疗预防保健中的作用日益加强。健康传播是健康教育与健康促进的基本策略和重要手段，是健康教育方法学研究的重要内容。

1. **传播**　传播是人类通过符号和媒介交流信息，以期发生相应变化的活动。其特点是社会性、普遍性、互动性、共享性、符号性和目的性。

传播分为自我传播、人际传播、组织传播、群体传播和大众传播。人们最常用的传播手段是人际传播和群体传播。

2. **健康传播**　健康传播是指以"人人健康"为出发点，运用各种传播媒介渠道和方法，为维护和促进人类健康的目的而获取、制作、传递、交流、分享健康信息的过程。健康传播活动应用传播策略来告知、影响和激励公众、社区、组织机构人士、专业人员及领导，促使相关个人及组织掌握知识信息、转变态度，作出决定并采纳有利于健康的行为活动。它要求从业者不仅具备新闻与传播方面的素质，而且要掌握公共卫生、社会学、心理学、教育学、市场营销和公共政策等方面的知识。

国际上以信息传播为主要干预手段的健康教育及作为采用综合策略的健康促进项目的一个部分而开展的传播活动，被称为健康传播活动或项目。健康传播活动是应用传播策略来告知、影响、激励公众、社区、组织机构人士、专业人员及领导，促使相关个人及组织掌握知识与信息、转变态度、做出决定并采纳有利于健康的行为的活动。

由于不良行为和生活方式与疾病之间的密切关系，健康教育与健康促进成为 21 世纪公共卫生战略性策略。健康传播活动作为医学研究成果与大众健康知识、态度和行为之间的重要联结，在内容上实现了从"提供生物医学知识"到"促进行为和生活方式改变"的重要转变。倡导合理营养和良好的饮食习惯等对慢性非传染性疾病的预防控制具有积极作用，健康传播在其中扮演着重要角色。

营养信息传播是健康传播的一个组成部分,是通过各种渠道,运用各种传播媒介和方法,为维护、改善个人和群体的营养状况与促进健康而制作、传递、分散和分享营养信息的过程。营养信息传播是一般传播行为在营养与食品卫生领域的具体体现和深化,是营养教育与营养改善行为的重要手段和策略之一。营养信息传播理论在提高大众的营养知识水平,端正对营养科学的态度及改变不良的饮食行为,营养教育项目的执行和有效完成等方面具有极为重要的作用,并已成为公共营养事业改善和干预的重要方法,也是广泛开展营养与健康知识宣传教育的理论基础。

(二) 行为改变理论

健康教育的目的是帮助人们形成有益于健康的行为和生活方式,进而预防疾病、促进健康、提高生活质量。为此,需要研究人们的行为生活方式形成、发展和改变的规律,发现影响健康相关行为的因素,为采取有针对性的健康教育干预措施提供科学依据。目前运用较多且相对成熟的行为理论包括知信行理论模式(knowledge,attitude and practice,KAP)、健康信念模式(health believe mode)与自我效能理论。

1. **知信行理论模式**　知信行理论模式是将人们行为的改变分为获取知识、产生信念及形成行为3个连续过程。"知"是知识和学习,"信"是正确的信念和积极的态度,"行"指的是行动。

知信行理论认为,信念是动力,行为改变过程是目标。知识是行为的基础,通过学习改变原有目标,消除过去旧观念的影响,重新学习获取达到新目标的知识和技能。信念或态度,是行为改变的动力,通过对知识进行有根据的独立思考,逐步形成信念与态度,由知识转变为信念和态度就能支配人的行动。所谓行动就是将已经掌握并且相信的知识付之行动,促成有利于健康的行为形成。

该理论模式认为行为的改变有三个关键步骤:接受知识、确立信念和改变行为。这种理论模式直观明了,应用广泛。但在实践中,要使获得的知识和信息最终转化为行为改变仍然是一个漫长而复杂的过程。有很多因素可能影响知识到行为的顺利转化,任何一个因素都有可能导致行为形成/改变的失败。只有全面掌握知、信、行转变的复杂过程,才能及时、有效地消除或减弱不利影响,促进形成有利环境,进而达到改变行为的目的。

2. **健康信念模式**　健康信念模式强调感知在行为决策中的重要性。影响感知的因素很多,是运用社会心理学方法解释健康相关行为的理论模式。该理论认为信念是人们采纳有利于健康行为的基础,人们如果具有与疾病、健康相关的信念,他们就会采纳健康行为,改变危险行为。人们在决定是否采纳某健康行为时,首先要对疾病的威胁进行判断,然后对预防疾病的价值、采纳健康行为对改善健康状况的期望和克服行动障碍的能力做出判断,最后才会作出是否采纳健康行为的决定。

在健康信念模式中,是否采纳有利于健康的行为与下列因素有关:

(1) 感知疾病的威胁:对疾病威胁的感知由对疾病易感性的感知和对疾病严重性的感知构成。对疾病易感性和严重性的感知程度高,即对疾病危险的感知程度高,是促使人们产生行为动机的直接原因。

1) 感知疾病的易感性:指个体对自身患某种疾病或出现某种健康问题的可能性的判断,人们越是感到自己患某疾病的可能性大,越有可能采取行动避免疾病的发生。

2) 感知疾病的严重性:疾病的严重性既包括疾病对躯体健康的不良影响,如疾病会导致疼痛、伤残和死亡,还包括疾病引起的心理、社会后果,如意识到疾病会影响到工作、家庭生活、人际关系等,人们往往更有可能采纳健康行为,以防止严重健康问题的发生。

(2) 感知健康行为的益处和障碍

1) 感知健康行为的益处:指人们对采纳行为后能带来的益处的主观判断,包括对保护和改善健康状况的益处和其他边际收益。一般而言,人们认识采纳健康行为的益处,或认为益处很多时,比如可缓解病痛,减少疾病产生的社会影响等,则更有可能采纳该行为。

2) 感知健康行为的障碍:指个体对采纳健康行为会面临的障碍的主观判断,包括行为复杂、时间花费以及经济负担等。感知到障碍多,会阻碍个体对健康行为的采纳。

因此,个体对健康行为益处的感知越强,采纳健康行为的障碍越小,个体采纳健康行为的可能性越大。

(3) 自我效能:也称为效能期待,是指对自己实施和放弃某行为的能力的自信。个体对能力的评价和判断,即是否相信自己有能力控制自己和外在因素而成功采纳健康行为,并取得期望结果。自我效能的重要作用在于当认识到采取某种行动会面临的障碍时,需要有克服障碍的信心和意志,才能完成这种行动。自我效能高的人,更有可能采纳所建议的有益于健康的行为。

(4) 社会人口学因素:包括人口特征(年龄、性别、种族)和社会心理因素(人格、社会地位、同事、团体等)。具有卫生保健知识的人更容易采纳健康行为。对不同类型的健康行为而言,不同年龄、性别、个体特征的人采纳行为的可能性也不同。

(5) 提示因素:是指诱发健康行为发生的因素,如大众媒介的疾病预防与控制运动、医生建议采纳健康行为、家人或朋友患有此种疾病等,都有可能作为提示因素诱发个体采纳健康行为。提示因素越多,个体采纳健康行为的可能性越大。

上述因素均可作为预测健康行为发生与否的因素。在健康教育实施过程中应重视个体的主观心理过程;并在行为预测的基础上,制定有针对性的健康相关行为干预措施,以改变不利于健康的行为生活方式,促进健康。

3. **自我效能理论** 自我效能是美国心理学家班杜拉在 1977 年提出来的。自我效能(self-efficacy)指个体对自己组织、执行某特定行为并达到预期结果能力的主观判断,即个体对自己有能力控制内、外因素而成功采纳健康行为并取得期望结果的自信心、自我控制能力。自我效能是人类行为动机、健康和个体成就的基础,是决定人们能否产生行为动机和产生行为的一个重要因素。因为只有人们相信他们的行动能够导致预期结果,才愿意付出行动。否则人们在面对困难时就不会有太强的动机,也不愿长期坚持。自我效能高的人,更有可能采纳所建议的有益于健康的行为。

自我效能可以通过以下 4 种途径产生和 / 或提高:①自己成功完成过某行为:一次成功能帮助人们增加其对熟练掌握某一行为的期望值,是表明自己有能力执行该行为的最有力的证据;②他人的间接经验:看到别人成功完成了某行为并且结果良好,进而增强了自己通过努力和坚持也可以完成该行为的自信心;③口头劝说:通过别人的劝说和成功经历的介绍,对自己执行某行为的自信增加;④情感激发:焦虑、紧张、情绪低落等不良情绪会影响人们对自己能力的判断。因此,可通过一些手段消除不良影响,激发积极的情感,从而提高人们对自己能力的自信心。

三、营养教育的方法和步骤

(一) 营养教育基本方法

营养教育方法大致可分为营养信息交流和营养行为干预两类。

1. **营养信息交流** 信息交流通常是指人与人之间通过一定的符号进行的信息交流与分享,是人类普遍存在的一种社会行为。正确的信息交流是改变行为的基础,营养信息交流是健康交流的组成部分,是营养教育和营养改善行动的重要手段和策略。

2. **营养行为干预** 营养健康教育的重点之一是行为的改变与调节。行为改变是实现营养教育计划目标的重要手段,通过具体指导、技能训练与帮助,促使受教育者实现特定饮食行为的改变,如模拟、示范、实际操作、个别指导、小组讨论等均属于干预范畴。此外,还包括一些行为矫正技术。

营养信息传播和行为干预可利用营养学术会、营养知识研讨会等方式,利用报纸、电视、电台等媒体和宣传标语、宣传画、展板、专栏、宣传橱窗等形式,充分利用国家科技周、科普活动日和全民营养周等大型活动,结合营养现场调查、监测等工作,采取人际传播的方法传播营养知识、营养改善方法措施和营养改善政策。只有通过营养教育,使公众在营养知识接受的态度上发生转变,才有可能使健康行为发生变化,才能真正达到营养教育的目的。

(二) 营养教育的实施步骤

一个完整的营养教育项目应当包括以下几个方面的工作:

1. 营养教育计划的设计

(1) 确定教育对象:对教育的目标人群进行简略的调查和评估,发现和分析其主要健康问题,及其对生活质量的影响,进一步从知识、态度、行为等方面分析问题的深层次原因。同时对与营养有关的人力、财力、物力资源,以及政策和信息资源进行了解和分析,知道该人群在膳食营养方面哪些行为可以改变、哪些行为不能改变或很难改变。以便充分认识教育对象特别需要的营养健康信息,为制订计划提供可靠依据。例如针对学生不吃早餐的问题,发现不吃早餐的问题在小学生中比较突出,他们大部分因起床迟,或父母工作忙照顾不周而经常不吃早餐,确定教育对象是小学生。

(2) 确定教育目的:营养教育的目的是通过宣传营养知识,使教育对象纠正不良的饮食行为,形成科学合理的饮食习惯。例如通过宣传营养知识,使小学生了解不吃早餐的危害,纠正不吃早餐的不良饮食行为。目标是使小学生的早餐就餐率提高。

(3) 确定宣传内容:哪些知识应宣传给教育对象,如要求教育对象了解营养需要量、营养与健康、合理的膳食结构和饮食行为方面的基本知识。并且应掌握教育对象关于这些知识已知多少,他们还需要了解哪些信息,例如吃零食和吃保健食品等问题的相关信息。

(4) 实施计划安排:包括实施计划的日程、人员安排和经费预算等。

2. 选择教育途径和资料 根据设计计划,在调查研究的基础上,明确教育目标和教育对象,选择适宜的交流途径和制作有效的教育资料。为此,需要考虑以下几个方面:

(1) 确定是否有现成的、可选用的营养教育资料:能收集到相关的营养宣传材料可直接选用;如果收集不到,可以自行设计制作,如小册子、挂图、传单等。

(2) 确定对教育对象进行营养教育的最佳途径:宣传途径包括个体传播、大众传播、对面交流、讲座等。

(3) 确定营养教育最合适的宣传方式:宣传方式包括小册子、幻灯、录像带、讲课等。

3. 准备营养教育资料和预试验 根据要求编写相关的营养教育材料,要求内容科学、通俗易懂、图文并茂。为了宣传材料内容准确、合适,在设计完初稿后,需要利用准备好的宣传材料进行预试验,以便得到教育对象的反馈意见,进而对资料进行进一步的修改完善。

这时需要进行下列工作:①了解教育对象对这些资料的反映,有哪些意见和要求,对宣教内容、形式、评价等有何修改意见;②了解教育对象能否接受这些信息,能否记住宣传的要点,是否认可这种宣传方式,一般可采用专题讨论或问卷调查了解有关情况;③根据教育对象的反映,需要对教育资料的形式做出哪些修改? 例如宣教材料中宣传少吃动物性食物,画面是猪肉等食物,引起了某些忌食猪肉的宗教人士的不满,就需要及时进行修改;④信息如何推广、材料如何分发、如何追踪执行。

预试验非常重要,它可为进一步修改和完善计划提供依据。

4. 实施营养教育计划 实施营养教育计划,包括制定宣传材料和活动时间表,让每个工作者都明白自己的任务,并通过所确定的传播途径把计划中要宣传的营养内容传播给教育对象。在教育传播的过程中,要观察教育对象对宣传材料有何反映、他们是否愿意接受这些新知识。如果反对,要查找原因是什么,以便及时进行纠正。

5. 营养教育的评价 可通过近期、中期和远期的效果评价说明营养教育的效果:①近期效果即目标人群的知识、态度、信息、服务的变化;②中期效果主要指行为和危险目标因素的变化;③远期效果指人们营养健康状况和生活质量的变化。例如:反映营养状况的指标有身高、体重变化;影响生活质量变化的指标有劳动生产力、智力、寿命、精神面貌的改善以及卫生保健、医疗费用的降低等。

根据上述几个方面,以目标人群营养知识,态度、信息和行为的变化为重点,写出营养教育的评价报告。通过上述评价,总结项目成功与否,并将取得的经验总结归纳,以便进一步推广。

第二节 食谱的编制

一、营养配餐的概念、意义

(一) 概念

营养配餐是指按照人体需要,根据食物中各种营养素的含量,设计出一天、一周或一个月的食谱,保证人体摄入的多种营养素达到平衡,是实现平衡膳食的一种措施。

根据合理营养、平衡膳食的原则,把一日或一周中各主、副食的品种、数量、烹调方法、用餐时间做详细的计划并排列成表格形式,称为营养食谱编制。食谱有一日食谱、一周食谱和一月食谱。

食谱编制是实现平衡膳食的重要手段。在食谱编制过程中既要了解服务对象的年龄、性别、劳动强度、健康状况等,又要考虑经济条件、饮食习惯和食品资源等因素,通过对食物品种和用量进行调整,科学搭配成可口饭菜并适当地分配在各个餐次。

(二) 目的和意义

1. 营养配餐是将"中国居民膳食指南"和"中国居民膳食营养素参考摄入量"具体落实到用餐者每餐的膳食中,使其按照人体生理需要摄入足够的能量和营养素,同时防止营养过剩或摄入能量过高,以达到合理营养、促进健康的目的。

2. 营养配餐是有计划调配膳食,在结合当地食物的种类、生产季节、经济条件和厨房烹调水平的基础上,合理选择各类食物,保证膳食多样化,达到平衡膳食。

二、食谱编制的理论依据

食谱的编制是一项重要而又比较复杂的工作,其理论基础和依据涉及中国居民膳食指南、平衡膳食宝塔、中国居民膳食营养素参考摄入量和食物成分表等多种营养学理论。

(一) 中国居民膳食指南

膳食指南(dietary guideline,DG)是根据营养学的原则,结合国情,教育人们采用平衡膳食,以达到合理营养、促进健康为目的的指导性意见。它是合理膳食的基本原则,它将复杂的营养理论转化为通俗易懂、简单明了且操作性强的指南。因此,中国居民膳食指南是食谱编制的依据,可指导人们合理选择食物的种类和数量。

(二) 中国居民平衡膳食宝塔

中国居民平衡膳食宝塔(chinese food guide pagoda)是根据《中国居民膳食指南(2016)》的核心内容和推荐,结合中国居民膳食的实际情况,把平衡膳食的原则转化成各类食物的数量和比例并以图形化表示,是膳食指南的量化和形象化的表达,是人们在日常生活中贯彻膳食指南的工具。

平衡膳食宝塔建议的各类食物的数量既以人群的膳食实践为基础,又兼顾食物生产和供给的发展,具有实际指导意义。同时平衡膳食宝塔还提出了实际应用时的具体建议,如同类食物互换的方法,方便制定出营养合理、搭配适宜的食谱。

(三) 中国居民膳食营养素参考摄入量

膳食营养素参考摄入量(dietary reference intakes,DRIs)是一组每日平均膳食营养素摄入量的参考值,它是在推荐的每日膳食营养素供给量(recommended dietary allowance,RDA)的基础上逐渐发展而来的,其目的是为了保证人体摄入合理的营养素,避免缺乏和过量。DRIs 是营养配餐中能量和主要营养素需要量的确定依据。主要包括七项指标:平均需要量(EAR)、推荐摄入量(RNI)、适宜摄入量(AI)、可耐受最高摄入量(UL)、宏量营养素可接受范围(AMDR)、预防非传染性慢性病的建议摄入量(PI-NCD)和特定建议值(SPL)。

在编制营养食谱时,首先需要以 RNI 为依据确定膳食中能量和各种营养素的需要量。制订食谱后,还需要以各营养素的 RNI 作为参考评价食谱的制定是否合理。

(四) 食物成分表

食物成分表(food composition tables,FCT)是描述食物成分及其含量数据的表格,是食谱编制的工具。通过食物成分表,才能将营养素的需要量转换为食物的需要量,从而确定食物的品种和数量。在评价食谱所含营养素摄入量是否满足需要时,同样需要参考食物成分表中各种食物的营养成分数据。

(五) 营养平衡理论

1. 膳食中三种宏量营养素需要保持一定的比例平衡,以提供合理的能量来源。

2. 优质蛋白质与一般蛋白质要保持一定的比例,在膳食构成中,动物性蛋白、一般植物性蛋白和大豆蛋白要进行适当搭配,并保证优质蛋白的比例。

3. 合理的脂肪来源及脂肪酸的比例,要保证饱和脂肪酸、单不饱和脂肪酸和多不饱和脂肪酸之间的平衡。

4. 关于酸碱平衡理论,需要正确认识。在食物化学研究中,食物分为成酸性食物和成碱性食物,是按照食物燃烧后所得灰分的化学性质而定。含硫、磷、氯等元素高的为成酸性食物,含钾、钠、钙、镁等元素高的为成碱性食物。这种分类主要用于区分食物的化学组成,在营养学上并没有实际意义。因为正常人体具有完整的缓冲系统和调节系统,具有自我调节酸碱平衡的能力,人体的酸碱平衡状态不会因为摄入食物不同而被打破。只有在患代谢性疾病或患有严重疾病造成代谢紊乱时,才会在人体内出现酸碱不平衡问题,这种情况不是调整膳食能解决的,需要药物治疗。

三、食谱编制的基本原则

食谱编制的总原则是满足服务对象平衡膳食和合理营养的需求。

(一) 满足每日膳食能量及营养素的供给量

根据食谱编制对象的年龄、生理特点、劳动强度等情况,膳食应满足人体对能量、蛋白质、脂肪、碳水化合物以及各种矿物质和维生素的需求。对于一些特殊人群,营养素和能量的供给要符合其生理特点。

(二) 各营养素之间的比例要适宜

膳食中能量来源及其在各餐中的分配比例要合理。要保证膳食蛋白质中优质蛋白质的比例。充分利用不同食物营养素之间的互补作用,使其发挥最佳协同作用。

(三) 食物多样

食物多样是平衡膳食模式的基本原则,而平衡膳食模式是最大程度保障人体营养和健康的基础。要注意主食与副食、杂粮与精粮、荤与素等食物的平衡搭配。

（四）膳食制度要合理

应该定时定量进餐，一般成人一日三餐，儿童、老人等特殊人群根据实际情况可以设计 1~2 次加餐。

（五）照顾饮食习惯，注意饭菜口味

食物多样化的同时要照顾就餐者的饮食习惯。注意烹调方法，做到色香味形俱佳。

（六）兼顾经济条件

食谱要符合营养需求，也要考虑成本，成本可接受才能切实可行。

四、食谱编制的方法

食谱编制的方法可分为两种，一种是营养素计算法，另一种是食物交换份法。从操作的角度，也可以分为手工计算方法和软件设计方法。

（一）计算法

营养素计算法是食谱编制最基本的方法。是根据用餐对象的年龄、性别、身高、体重、劳动强度等，依据食物成分表中的数据，计算其营养素需要量。该方法的特点是计算步骤严谨、数值准确，但工作效率较低，所反映的营养数据有限。近年来，由于营养配餐软件的使用，极大方便和简化了操作，也使营养食谱更加科学和准确。

不同能量需要水平下的平衡膳食模式所提供的能量和营养素水平见表 13-1，不同能量需要量水平的平衡膳食模式所提供能量和来源构成比见表 13-2。

表 13-1 不同能量需要水平下的平衡膳食模式所提供的能量和营养素

	1 000 kcal	1 200 kcal	1 400 kcal	1 600 kcal	1 800 kcal	2 000 kcal	2 200 kcal	2 400 kcal	2 600 kcal	2 800 kcal	3 000 kcal
能量 /kcal	1 020	1 194	1 414	1 603	1 800	1 990	2 209	2 401	2 595	2 807	2 992
蛋白质 /g	37	47	54	60	67	72	86	90	95	106	114
脂肪 /g	40	45	50	56	64	66	75	80	82	89	96
胆固醇 /mg	206	28	242	353	374	432	485	485	485	537	566
碳水化合物 /g	130	153	191	221	245	284	30	338	380	406	430
维生素 A/μgRE	416	474	499	547	658	752	766	831	834	856	966
维生素 B$_1$/mg	0.57	0.69	0.84	0.96	1.09	1.24	1.36	1.47	1.6	1.75	1.84
维生素 B$_2$/mg	1.02	1.11	1.00	1.04	1.14	1.25	1.35	1.42	1.46	1.55	1.64
维生素 C/mg	80.0	93.0	110	126	150	187	187	215	222	230	255
烟酸 /mg	4.8	6.3	8.5	10.5	12.2	13.5	15.7	16.8	17.8	20.1	21.7
钙 /mg	723	80	697	673	736	784	859	897	910	949	1 026
铁 /mg	9.1	12.1	14.0	15.6	17.9	20.1	22.6	24.5	26.1	28.0	30.3
锌 /mg	5.8	7.5	8.1	8.9	10.1	11.1	12.8	13.6	14.4	15.9	17.1
硒 /mg	26.0	32.3	39.0	43.3	49.5	53.5	64.9	67.3	70.5	81.8	90.7

Note

表 13-2　不同能量需要量水平的平衡膳食模式所提供能量和来源构成比

能量需要水平 /kcal	营养素来源占总能量			其中优质蛋白质 /%
	碳水化合物 /%	蛋白质 /%	脂肪 /%	
1 000	50	15	35	66
1 200	50	16	34	67
1 400	54	16	30	62
1 600	54	15	31	56
1 800	54	15	31	55
2 000	55	15	30	52
2 200	54	16	30	57
2 400	55	15	30	55
2 600	57	15	28	53
2 800	57	15	28	52
3 000	56	15	28	54

营养素计算法的实施步骤如下：

1. 确定用餐对象全日能量供给量　能量是维持生命活动正常进行的基本保证,编制食谱首先应考虑的是保证能从食物中摄入适宜的能量。

确定成人每日能量供给标准有两种方法：

（1）查表法：直接从《中国居民膳食参考摄入量》(2013 版)中查表获得,见表 13-3。例如 30 岁办公室男性职员按轻体力活动计,其能量供给量为 9.41MJ/d(2 250kcal/d)。

表 13-3　中国成年人膳食能量推荐摄入量

年龄 / 岁	劳动强度	RNI/（MJ/d）		RNI/（kcal/d）	
		男	女	男	女
18~	轻体力活动	9.41	7.53	2 250	1 800
	中体力活动	10.88	8.79	2 600	2 100
	重体力活动	12.55	10.04	3 000	2 400
50~	轻体力活动	8.79	7.32	2 100	1 750
	中体力活动	10.25	8.58	2 450	2 050
	重体力活动	11.72	9.83	2 800	2 350
65~	轻体力活动	8.58	7.11	2 050	1 700
	中体力活动	9.83	8.16	2 350	1 950
80~	轻体力活动	7.95	6.28	1 900	1 500
	中体力活动	9.20	7.32	2 200	1 750

（2）计算法：根据用餐对象标准体重、劳动强度和每千克体重能量需要量计算获得,见表 13-4。

能量供给量 = 每日每千克体重能量需要量 × 标准体重

表13-4 不同体力劳动强度的能量需要量

劳动强度	举例	所需能量 / [kcal/(kg·d)]		
		消瘦	正常	超重
卧床	休息	20~25	15~20	15
轻	工作时 75% 时间坐或者站立,25% 时间站着活动,如办公室职员、教师、销售员、钟表修理工	35	30	20~25
中	工作时 40% 时间坐或者站立,60% 时间站着活动,如学生、司机、电工、车工、外科医生	40	35	30
重	工作时 25% 时间坐或者站立,75% 时间站着活动,如农民、建筑工、搬运工、伐木工、舞蹈演员	45~50	40	35

2. 确定提供能量的三大营养素的供能比及质量

(1) 供能比:能量的主要来源为蛋白质、脂肪和碳水化合物。为了维持身体健康,这三种产能营养素占总能量的比例要适宜。按照 WHO 推荐的正常成年人每日膳食中三大产能营养素的供能比应为:蛋白质 11%~15%,脂肪 20%~30%,碳水化合物 50%~65%。

(2) 计算供能数量与营养素质量:确定供能比后,即可计算出三种营养素的一日能量供给量,然后根据三大营养素的能量系数将其折算为需要量,即具体的质量,这是确定食物品种和数量的重要依据。

$$营养素提供的能量 = 总能量 × 供能比$$
$$营养素质量 = 能量 ÷ 能量系数$$

蛋白质的能量系数 4kcal/g,脂肪的能量系数 9kcal/g,碳水化合物的能量系数 4kcal/g。

3. 确定主副食品种和数量 确定了三种能量营养素的需要量,根据食物成分表,就可以确定主食和副食的品种和数量了。

(1) 主食品种、数量的确定:由于粮谷类是碳水化合物的主要来源,因此主食的品种、数量主要根据各类主食原料中碳水化合物的含量确定。主食的品种主要根据个人的饮食习惯来确定。根据膳食平衡原则的要求,每日至少吃 2 种以上食物,不要长期食用大米、白面等细粮,要粗细结合,适当食用粗粮如糙米、全麦粉等,以增加膳食纤维、B 族维生素和其他营养素的摄入。

(2) 副食品种、数量的确定:副食的确定首先需要考虑蛋白质的食物来源。蛋白质广泛存在于动植物性食物中,除了谷类食物能提供的蛋白质,各类动物性食物和豆制品是优质蛋白质的主要来源。因此副食品种和数量的确定应在已确定主食用量的基础上,依据副食应提供的蛋白质量确定。确定了动物性食物和豆制品的重量,就可以保证优质蛋白质的摄入。最后是选择蔬菜、水果的品种和数量,蔬菜、水果可结合用餐对象的生活习惯和习俗以及平衡膳食宝塔的要求进行搭配,尽量选择常用、应季、容易获得的食物。

4. 确定纯能量食物的量 油脂的摄入应以植物油为主,有一定量动物脂肪摄入。由食物成分表可知每日摄入各类食物提供的脂肪含量,将需要的脂肪总含量减去食物提供的脂肪量即为每日植物油供应量。精制糖类宜小于总能量的 10%。

5. 确定三餐营养食谱 将确定好的各类食物分配至三餐,并搭配形成一日食谱。一日三餐的能量分配应为早餐占 25%~30%,午餐占 30%~40%,晚餐占 30%~40%,可根据职业、劳动强度等进行调整。

6. 食谱的评价与调整 根据以上步骤设计出营养食谱后,还应该对食谱进行评价以确定编制的食谱是否科学合理。应参照食物成分表初步核算该食谱提供的能量和各种营养素的含量,与 DRIs 进行比较,相差在 10% 上下,可认为合乎要求,否则要增减或更换食品的种类或数量。值得注意的是,制定食谱时,不必严格要求每份营养餐食谱的能量和各类营养素均与DRIs保持一致。一般情况下,每天的能量、蛋白质、脂肪和碳水化合物的量出入不应该很大,其他营养素以一周为单位进行计算、评价即可。

根据食谱的制订原则,食谱的评价应该包括以下几个方面:

(1) 食谱中所含五大类食物是否齐全,是否做到了食物种类多样化?

(2) 各类食物的量是否充足?

(3) 全天能量和营养素摄入是否适宜?

(4) 三餐能量摄入分配是否合理,早餐是否保证了能量和蛋白质的供应?

(5) 优质蛋白质占总蛋白质的比例是否恰当?

(6) 三种产能营养素(蛋白质、脂肪、碳水化合物)的供能比例是否适宜?

(二) 食物交换份法

食物交换份法简单易行,易于被非专业人员掌握。该法首先将常用食物按其所含营养素量的近似值归类,计算出每类食物每份所含的营养素和食物质量,然后将每类食物的内容列出表格供交换使用,最后计算出各类食物的交换份数和实际重量后,进行同类互换,灵活组织配餐,以达到合理营养的目的。

食物交换份法编制食谱时,需要先了解用餐对象的个体情况,确定能量和三大产能营养素的需要量后,计算出各类食物的交换份,并按每份食物的等值交换表选择食物。将所选择的食物按照一定的比例分配到每日膳食中,形成一日食谱。

食物交换份法的实施步骤如下:

1. **能量单位** 将每份食物的能量单位确定为377kJ(90kcal)。

2. **食物分类** 根据《中国居民膳食指南(2016)》,按常用食物所含的营养素的特点划分为五大类食物。

第一类:谷薯类,包括谷类(包含全谷物)、薯类和杂豆类。谷类包括米,面,杂粮;薯类包括马铃薯、甘薯、木薯等。主要提供碳水化合物、蛋白质、膳食纤维和B族维生素。

第二类:蔬菜水果类,包括鲜豆、根茎、叶类、茄果等。主要提供膳食纤维、矿物质、维生素C和胡萝卜素。

第三类:动物性食物,包括畜、禽、鱼、蛋、奶类。主要提供蛋白质,脂肪、矿物质、维生素A和B族维生素。

第四类:大豆及坚果类,包括大豆及其制品和坚果。主要提供蛋白质、脂肪、膳食纤维、矿物质和B族维生素。

第五类:纯能量食物,包括动植物油、淀粉、食用糖和酒类。主要提供能量,植物油还可提供维生素E和必需脂肪酸。

3. **计算各类食物每份的数量及提供产能营养素数量** 按每份食物能量交换单位,计算出各种食物每个交换份的数量及产能营养素的数量,并以表格的形式列出,见表13-5。

表13-5 90千卡食物交换份表

食物类别	食物亚类	每份质量/g	蛋白质/g	脂肪/g	碳水化合物/g
谷薯类	谷薯类	25	2.0	—	20.0
蔬菜水果类	蔬菜类	500	5.0	—	17.0
	水果类	200	1.0	—	21.0
动物性食物	肉蛋类	50	9.0	6.0	—
	鲜奶类	160	5.0	5.0	6.0

续表

食物类别	食物亚类	每份质量/g	蛋白质/g	脂肪/g	碳水化合物/g
大豆和坚果类	大豆类	25	9.0	4.0	4.0
	坚果类	15	4.0	7.0	2.0
纯能量食物	油脂类	10	—[a]	10.0	—
	精制糖	22	0.0	0.0	22.0

注:[a] 代表无。

4. **计算每类食物不同品种的重量** 按每份食物能量交换单位,计算每类食物不同品种的重量,并以表格形式列出,见表 13-6~ 表 13-12。

表 13-6 谷薯类食物的能量等值交换份

食物	重量/g
饼干、蛋糕、江米条、麻花、桃酥、油条、油饼等	20
大米,小米,糯米,薏米,米粉	25
面粉、各种挂面、龙须面、通心粉	25
高粱米、玉米、燕麦、荞麦、莜麦	25
绿豆,红豆、芸豆、干豌豆、蚕豆	25
馒头、花卷、面包、窝头、烧饼、烙饼、切面	35
马铃薯、红薯、白薯	100
鲜玉米(中间带棒心)	200
煮熟的面条	75

表 13-7 蔬菜类食物的能量等值交换份

食物	重量/g
大白菜、圆白菜、菠菜、油菜、韭菜,茴香、茼蒿、芹菜等	500
西葫芦、西红柿、冬瓜、苦瓜、黄瓜、茄子、丝瓜	500
倭瓜、南瓜	350
菜花,绿豆芽	300
白萝卜、青椒、冬笋	400
胡萝卜	200
鲜豇豆、扁豆、洋葱、蒜苗	250
山药、藕	150
百合、芋头	100
毛豆、鲜豌豆	70

表 13-8 肉蛋类食物的能量等值交换份

食物	重量 /g
热火腿、香肠	20
肥瘦猪肉	25
熟叉烧肉、午餐肉、熟酱牛肉、熟酱鸭、大肉肠	35
瘦猪、牛、羊肉、鸡肉、鸭肉、鹅肉	50
兔肉	100
鸡蛋、鸭蛋、鹌鹑蛋	60
草鱼、带鱼、鲤鱼、甲鱼、比目鱼、大黄花、鲫鱼、对虾、鲜贝	80
水发海参	300
蛋白粉	15

表 13-9 水果类食物的能量等值交换份

食物	重量 /g
柿子、香蕉、鲜荔枝	150
梨、桃、苹果、橘子、橙子、柚子、猕猴桃、李子、杏	200
葡萄	250
草莓	300
西瓜	500

表 13-10 大豆类食物的能量等值交换份

食物	重量 /g	食物	重量 /g
腐竹	20	豆腐	100
大豆、大豆粉	25	嫩豆腐	150
豆腐丝、豆腐干、油豆腐	50	豆浆	400

表 13-11 奶类食物的能量等值交换份

食物	重量 /g	食物	重量 /g
全脂奶粉	20	无糖酸奶	130
奶酪、脱脂奶粉	25	牛奶、羊奶	160

表 13-12 纯能量食物的能量等值交换份

食物	重量 /g	食物	重量 /g
各种植物油、动物油	10	白糖、红糖	22

5. **编制一日食谱** 将所选择的食物品种和数量按比例分配至三餐中,合理搭配,编制成一日食谱。将多种食物与同类的一种食物进行交换,可形成多样化的食谱。

6. 从多个方面对食谱进行评价。

五、营养食谱举例

乳母全日食谱举例：

1. 乳母全日食物参考量设计 见表 13-13。

表 13-13 食物参考量设计

食物类别	重量 /g	备注
谷类	350	杂粮不少于 1/5,适当增加饮水量
蔬菜	300~500	各种新鲜蔬菜,绿色蔬菜占 2/3
水果	200~400	各种新鲜水果
禽畜肉 鱼虾类 蛋类	200~300	包括鱼、禽、蛋、肉类,含动物内脏 其中鱼、禽、蛋各 50g
奶类	300~500	各种奶类及其制品,包括纯牛奶、酸奶和干酪等
豆类	40~60	各种坚果、大豆类及制品
植物油	25~30	各种植物油,如豆油、菜籽油、葵花籽油等
盐	6	碘盐

2. 食谱编制 见表 13-14。

表 13-14 乳母参考日食谱

食用时间	食物名称	食物原料与用量(可食部)
早餐	麻酱花卷	富强粉 50g,芝麻酱 3g
	红豆红枣粥	稻米 50g,红小豆 10g,红枣 10g
	木须瓜片	黄瓜 100g,鸡蛋 25g,瘦猪肉 25g
	牛奶	牛奶 200g
加餐	海鲜面	鲜扇贝 50g,西蓝花 50g,挂面 30g
午餐	二米饭	大米 75g,小米 75g
	黄豆芽炖猪蹄	黄豆芽 75g,猪蹄 50g
	炝甘蓝	甘蓝 100g
	西红柿蛋花汤	西红柿 75g,鸡蛋 10g
加餐	酸奶	酸奶 100g
	白梨	白梨 150g
晚餐	混合面发糕	富强粉 50g,小米面 15g,玉米面 15g,黄豆面 5g
	鲫鱼豆腐汤	鲫鱼 35g,豆腐 50g
	香菇扒油菜胡萝卜	香菇 50g,油菜 150g,胡萝卜 25g
	苹果、木瓜	苹果 75g,木瓜 75g
能量 9.19MJ(2 197kcal)	蛋白质 85.7g(16%)	脂肪 66.2g(27%) 碳水化合物 314.7g(57%)

注:全日烹调用油 30g,食盐 6g。

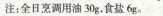

第三节 营养干预

一、营养与健康信息的收集

营养与健康信息的收集是指对个体及群体的饮食营养及相关状况进行的全方位信息调查及系统、连续、综合的分析及处理,包括膳食营养问卷调查及处理、与膳食相关的调查及食物膳食测试及处理。信息收集是开展营养干预的前提和基础手段,目的是通过各种不同的方法对膳食摄入和营养状况进行评估,从而了解其膳食结构和习惯,以此评定营养得到满足的程度。

(一) 需要收集的资料

1. **一般情况**　了解居民的自然情况,如年龄、性别、职业等。

2. **膳食营养状况**　了解居民的食物摄入种类和数量,通过体检了解人体营养状况。对农村居民还需要了解当地不同季节的食物生产、储存和食用情况。这些资料是衡量营养状况的重要指标。

3. **健康状况**　包括不同年龄人群的身高、体重和其他体格测量资料,营养相关疾病的发病率、死亡率及死亡原因等资料,以便研究营养与生长发育或疾病之间的关系。

4. **经济状况**　通过人们的职业、收入情况,辅助了解当地居民是否有足够的购买力。

5. **文化教育程度**　为制定有针对性的、适合群众水平的宣传教育材料提供依据。

6. **宗教信仰**　了解不同宗教信仰人所消耗的食物品种及差别。

7. **生活方式**　包括个人卫生状况、饮食行为、吸烟、饮酒及个人嗜好等。

8. **供水情况**　有助于鉴别可能传播疾病的水源或有无清洁卫生饮用水供给,是否有足够的水源供农作物的生长等情况。

9. **食物生产和储存**　了解当地有哪些可供食用的食物,以及这些食物在不同季节的供应及储藏情况。该资料可反映当地粮食及其他食物的购销情况。

10. **可能的资金来源**　帮助估计营养干预计划的经费预算。

(二) 获得资料的途径

1. **收集、利用现有的资料**　可从政府行政机构(如卫生、财政、统计、环境、交通等部门),卫生服务机构(如医院、疾病控制中心、健康教育所、妇幼保健院),科研学术部门(如院校、研究所等部门)现有的统计报表、体检资料、学术研究报告或调查数据中获得所需的信息。需要注意的是在利用这些资料时应对资料进行质量评价,核实发表的时间是否符合客观实际,在确定资料可靠后再进一步分析数据。同时要注明各项资料的来源,尊重原著作者或调查者的知识产权。

2. **专题讨论**　专题讨论是指组织调查对象在特定时间内围绕主题进行讨论。若以社区为单位开展调查,参加专题讨论的人员可以是本社区的居民代表、社区领导和社区卫生服务中心人员等。通过充分的沟通交流,可以获得丰富的信息资料。

3. **访谈**　访谈是收集人群健康资料的一个重要途径。在开始访谈前,要预先制定好访谈提纲,被访的对象包括领导者、社区居民、医务人员及相关专家等。访谈的优点是可以快捷、准确地获得信息,缺点是时间、精力和经费投入较大。

4. **问卷调查**　问卷式调查通常采用现场调查、信函调查、电话调查等方法,是调查研究中广泛应用的一种资料收集方法。问卷填写方法有调查者面对面访谈后填写和被调查者自填式两种方式。面对面调查形式比较灵活,对调查对象文化程度要求不高,问卷回收率较高,准确性也比较高。自填式调查比较节省时间及人力、物力,涉及个人隐私的调查可选用此方式,但自填式问卷回收率较低,准确性也比较差。信函调查覆盖面较广,但同样存在回收率较低的问题。

二、营养与健康档案的建立和管理

营养与健康档案(以下简称健康档案)是记录个体和群体营养健康状况的系统化文件,科学地管理和有效地使用健康档案,是营养与健康工作的一项重要内容。健康档案可分为个人健康档案、家庭健康档案和社区健康档案,其中个人健康档案是建立健康档案最基础的工作。而健全的社区健康档案,可为居民享受到高质量的卫生保健服务提供重要依据。

(一) 个人健康档案的主要内容

个人健康档案的内容主要包括两部分:一是有关健康问题的"个人健康问题记录",包括个人基础资料、问题目录、问题描述、病情流程表等内容;二是用以观察和预防疾病的"周期性健康检查记录",包括预防接种、健康体检、危险因素筛查及评价等内容。

1. 个人健康问题记录

(1) 个人基础资料:个人基础资料一般包括:

1) 人口学资料:包括姓名、性别、出生日期、籍贯、民族、文化程度、职业、婚姻状况、家庭关系、家庭经济状况、宗教信仰、身份证号码及家庭住址等。

2) 健康行为资料:包括饮食习惯、体力活动及锻炼、精神和睡眠情况、行为习惯(如吸烟、酗酒等个人嗜好)、有无慢性病等内容。

3) 人体生物学资料:包括身高、体重、血压、血型、各种检查结果等指标。

4) 临床资料:包括主诉、现病史、既往史、家族史、药物过敏史、生育史、检查结果、心理评估等资料表。

(2) 问题目录:所记录的问题是指过去影响过、现在正在影响或将来还可能影响病人健康的异常情况。可以是明确的诊断,可以是不明确的诊断或无法解释的症状、体征、实验室检查结果,也可以是社会、经济、心理和行为问题。问题目录通常以表格的形式记录,将确认后的问题按发生的时间顺序逐一编号记入表中。为了便于查询,可以分成主要健康问题目录和暂时性健康问题目录两大类,前者多指长期的、慢性的健康问题,后者包括急性的、一过性的健康问题。问题目录常置于健康档案之首,便于了解个人整体状况。

(3) 问题描述及问题进展记录:问题描述即将问题目录表中的每一问题按序号顺序以 S-O-A-P 的形式进行描述。

1) S(Subjective)- 代表主观资料:如病人的主诉、现病史、态度和行为等。

2) O(Objective)- 代表客观资料:如病人的体征、实验室检查结果、影像学检查结果等。

3) A(Assessment)- 代表评估:根据主客观资料进行分析,对病人的情况作出全面的评价。包括诊断、鉴别诊断、与其他问题的关系、疾病的严重程度及转归等。

4) P(Plan)- 代表计划:包括诊断计划、治疗计划、健康教育、营养指导和康复指导等。

问题进展记录是根据上述问题顺序,对各种问题的进展情况加以记录。若某一问题有更进一步的诊断名称时,则以新的名称替换旧的名称,并将新的资料添入各种疾病的 SOAP 中,如在跟踪中发现新的问题,则在进展记录中添加新的问题及编号。

(4) 病情流程表:以列表形式对主要健康问题在一段时间内的变化情况进行描述,目的是为了对主要健康问题实施动态监测和连续性管理,包括症状、体征、检验、用药、行为等的动态变化,见表 13-15。

表 13-15　病情流程表

问题 1　糖尿病							
日期	症状	血压 /mmHg	体重 /kg	BMI	足背动脉搏动	空腹血糖 /(mmol/L)	用药及建议

2. **周期性健康检查记录**　周期性健康检查记录是针对个人健康危险因素制定的综合性健康检查方案。周期性健康检查首先需要为服务对象设计好健康检查计划,内容主要包括两个方面:一是针对致病因素采取的预防措施中的计划免疫、生长发育评估、健康教育等;二是为了预防疾病而设置的定期体检项目。

周期性健康检查记录是将检查的项目、时间、各项检查结果及所采取的应对措施等信息详细填入健康档案,以便系统、全面地观察和分析问题。

(二) 个人健康档案的建立方法

1. **健康数据的收集**　健康数据的收集可通过以下几种方式:

(1) 利用现存资料:各个部门和系统都有常规性的报表,如保健卡、体检表之类,从中可以得到大量信息。

(2) 经常性工作记录:例如医院的病历、卫生监测记录等,定期对这些资料进行分析,可以获得一些规律性的信息。

(3) 社区调查:以特定社区的全体居民为调查对象,可以了解该社区人群的健康状况及社会因素、环境因素、遗传因素对人群健康的影响。大规模的人群调查可以得到较为全面和可靠的信息。

(4) 健康筛查:通过体检确定受检者有无疾病和健康问题以及疾病严重程度。体检项目比较全面,一般包含内科、外科、妇科、眼科、耳鼻咽喉科、皮肤科、口腔科以及实验室检查等多项内容,可以充分利用这些资料丰富个人健康档案的内容。

2. **资料的核查和录入**　原始数据是数据汇总、分析的基础。资料收集后首先要核查数据的内容,其次要对数据的完整性和准确性进行复核,检查有无漏项和编码错误等,复核无误后方可保存文本档案,同时要将收集的数据录入计算机系统,形成电子档案数据库,并对录入数据进行验证与核对。

数据验证与核对注意以下几个要点:

(1) 人工核对调查表:虽然调查表在前期已由调查员、审核员进行过核查,录入员还应再次核对,注意是否有缺项、错项。

(2) 设置数据录入范围:在建立数据库时,对各数据类型和取值范围进行设定,如身份证号码设置为 18 位,输入错误导致多或少一位数都是不允许的。

(3) 双人双录入:同一资料由 2 人同时录入,计算机自动比对两次录入数据的差异,如有不同,计算机会有提示,可以将录入误差降至最低。

(4) 抽样检查:随机抽取部分调查表进行核对,以检查录入错误、评价录入质量。

(三) 个人健康档案的管理

1. 健康档案应采取科学的管理方法,可参照档案管理办法,实行统一编码、标识清晰、库藏有数、排架合理,便于查找和使用。对于数据档案,可按照社区分类或者按疾病分类,如可将糖尿病人建立一个数据库,要注意数据的备份。对于文本档案,需要编号、装订贴上封面,在档案柜中按顺序摆放,卷内文案也应按一定顺序排列。

2. 健康档案要专人负责,用后及时归档。

3. 档案保存环境要符合要求,防潮湿、防虫蛀、防损毁,保障档案的完整与安全。

三、营养干预方案的设计与实施

营养干预是指在社区中,有组织有计划地开展一系列与健康营养和疾病预防有关的活动。目标是提高社区人群的营养、改善膳食结构、预防和控制营养不良、增进健康、提高生活质量,同时为国家或当地政府制定膳食营养政策、经济政策及卫生保健政策提供科学依据。

(一) 营养干预的内容

营养干预的内容和形式很多,包括营养强化、营养教育、供应、政策、行为等。

1. **政策环境干预** 制定有利于营养干预的政策、规定等,创造政府支持、政令畅通、群众参与度高的积极氛围。如推动社区教育部门和卫生部门建立学龄儿童缺铁性贫血的监测系统、营养宣传周等大型宣传活动等。

2. **营养教育干预** 通过公共信息、小传媒、人际交流等进行传播,提高人群的营养知识,促进人们态度和行为的改变。

3. **行为干预** 通过提供信息、示范、咨询等,帮助人们进行健康生活方式的选择,学习改变行为的必要技能,促进不良饮食行为的改变和保持良好的生活方式。如使用限盐勺控制食盐摄入量等。

4. **食物营养干预** 指通过改变人们的膳食结构来达到减少营养缺乏病、慢性病的目的。如提供铁强化酱油或碘盐、增加富含铁和碘的食物摄入等。

(二) 营养干预方案设计

营养干预试验是一项较大的系统工程,涉及大量的人力、物力,而且需要较长的时间。如果没有科学严谨的实验设计,就很难得出客观真实的结果。因此,在干预试验前,应做好实验方案的设计。

1. **营养干预方案设计的原则**

(1) 干预的目标要明确,设计方案中的每一步都要具体。

(2) 干预措施要具体,可操作性强,干预措施的实施要有针对性,而且保证安全。

(3) 人群的选择要与干预措施对应,还应考虑人群对干预措施的接受度。

(4) 随访的期限,应该以出现某种可测量的结果为期限。

(5) 干预效果的评价指标应客观、特异、易观察且最好能定量观察。

(6) 应根据资料的性质选择相应的统计学方法进行分析处理。

(7) 符合伦理,现场干预试验的对象是人群,所以必须考虑伦理问题,整个实验要符合《赫尔辛基宣言》中的伦理问题。

(8) 经济,应本着有效、经济的原则,尽可能用较少的费用获得较大的利益。

2. **营养干预方案设计的类型** 营养干预试验设计的类型在研究层面上常采取随机对照方案和类实验设计方案。

(1) 随机对照试验:是指在人群中进行的、前瞻性的、用于评估营养干预措施效果的实验性对照研究,即把干预人群随机分成2组,一组施加干预措施,另一组施加对照措施,然后追踪观察两组人群的结局。此种试验如严格遵循盲法、随机、对照的设计原则,可得到较真实可信的结果,但设计和操作较复杂,费用高。

(2) 类试验:如果受实际条件限制人群无法随机分组或不能设立平行的对照组,则把此类实验设计称为类试验。其特点是研究对象不作随机分组,但数量大、范围广,可设内对照或自身对照,适合在实际工作中应用。

3. **营养干预对象的选择** 干预对象的选择取决于干预措施针对的条件和干预试验的目的,干预试验对象的选择应注意以下几点:

(1) 选取高危人群:可通过筛查或社区诊断来获取高危人群。

(2) 选择能从干预试验中获得最大利益的人群:这种人群既代表了公共卫生规划实施干预的目标人群,也是疾病受累最严重的人群。

(3) 选择稳定的人群:进行干预试验时,应选择人口相对稳定、流动性较小的人群,避免因人口流动而影响干预措施的效果。

(三) 营养干预的步骤与方法

1. **社区诊断** 社区诊断是通过社区咨询、收集现有资料、专题小组讨论和深度访谈等定性研究方法以及问卷调查等收集社区资料并进行分析,了解需要优先解决的卫生问题、健康问题、资源问题等,了解干预的可行性和障碍、主要策略以及如何开始等。

2. **制定目标**

(1) 总目标:即总的长期目标。

(2) 分目标:通过一定时间干预能达到的可测量的目标。

(3) 确定目标人群

一级目标人群:指建议健康行为改变的实施对象,即受影响最大或处于该营养问题的高危人群。

二级目标人群:指对一级目标人群有重要影响(如能激发、教育、支持和加强一级目标人群的信念和行为)的人,如卫生保健人员、家庭成员等。

三级目标人群:包括决策者、领导、提供资助者等。

分类列出目标人群:包括年龄分类(婴幼儿、学龄儿童、青少年、孕妇、乳母、老年人)、职业分类(工人、农民等)、经济水平(低收入、中等收入、高收入)、民族、文化程度(文盲、小学、初中、高中、大专、大学本科及以上)、居住情况(移居、定居)等。

3. **营养干预计划和选择** 营养干预常常针对不同营养问题的危险因素而采取不同的干预措施。由于受人力、资金等诸多条件的限制,措施不宜选得过多,只需选用主要的干预措施,力争做到事半功倍。在干预前,首先进行现状调查,以发现主要营养问题,以问题为导向设计切实可行的干预模式。

(1) 选择营养干预措施的原则

1) 重要性:要优先解决重要的营养问题。

2) 实用性:采取的干预措施应能在解决营养不良问题中发挥最佳的作用。

3) 可行性:应对干预措施在实施上的难易程度进行评估,选择具有操作可行性的方案。

4) 经济性:要考虑成本和效益,使干预措施兼具经济效益和社会效益。

(2) 选择营养干预的步骤

1) 确定营养不良的高危人群:目标人群可根据以下特征确定:①根据年龄分组,如学龄儿童、哺乳妇女、更年期女性、老年人等,不同的年龄阶段由于生理特点不同,营养问题各有特点;②根据职业分组,如脑力劳动者、农民、商务人员、进城务工人员等,由于职业不同,生活习惯和营养问题差别很大;③社会经济水平,如低保人员和高收入人员将会有不同的营养问题;④受教育程度,不同的文化程度生活习惯不同,对营养教育的接受态度和程度有所不同;⑤民族、信仰等,不同的民族和信仰有不同的生活习惯,对健康的影响各有特点。

2) 选择营养干预的问题:选择营养干预的问题应主要考虑以下几个方面:①特定目标人群营养不良程度、性质和原因;②干预项目涉及的范围、已经拥有的资源、社区参与的程度等因素;③干预措施的意义、干预的有效性、实施的可行性、成本效益。

(3) 确定干预手段:全面深入分析社区存在的营养问题,确定最有意义的干预手段。干预手段要能解决相应的社区营养问题,如营养教育、强化食品等。

(4) 确定营养干预方案:将已选定的干预方法在纳入项目前,按标准要求仔细分析项目的可行性。同时参考有关文献,向有关专家、社区营养师和居民代表咨询,最终确定营养干预方案并实施。

(欧凤荣)

 思考题

1. 营养教育的主要对象及内容。
2. 营养教育的步骤包括哪些?
3. 尝试为自己编制一天的食谱。
4. 营养干预方案如何实施?

第十四章 | 现代技术与营养

🍁 **本章要点**

1. **掌握** "互联网＋营养"的概念；"互联网＋营养"在科研、教育、医疗的应用模式；高科技穿戴设备的分类。

2. **熟悉** "互联网＋营养"在科研、教育、医疗等方面的优势；高科技穿戴设备在营养领域的具体应用。

3. **了解** "互联网＋营养"和高科技穿戴设备的应用前景。

第一节 互联网传播平台

随着信息科技的飞速发展,互联网已经成了学习、生活、工作的必需品,它是数据、知识的载体,是信息传播、交流的平台。"互联网＋"正是互联网技术的进一步发展,它将互联网的创新成果融入各个领域,充分发挥互联网在社会资源配置中的优化和集成作用,是社会进步发展的新形态。2015 年 7 月 4 日国务院印发了《关于积极推进"互联网＋"行动的指导意见》。近年来,随着我国大数据、云计算信息化技术越来越成熟,以及智能可穿戴设备和移动 APP 等物联网的广泛普及,互联网与多个领域的深度融合也在积极推进。在营养领域,"互联网＋营养"正在从宣传教育、科学研究、医疗健康等多个方面对传统营养工作进行着不断的提升和改善,这也为我们营养工作者提供了新思路、新方法以及更广阔的发展空间。

一、"互联网＋营养"——科研数据的收集与利用

我国目前正处于高速发展的时期,居民经济水平和生活水平都在不断提高,居民的膳食结构、营养情况和营养相关慢性病也在逐年变化。但是,受到传统营养工作模式的限制,我国营养信息收集的时效性无法紧跟时代的需求,例如中国居民营养与健康状况监测工作于 2010 年开始历时数年在 2013 年结束,而其结果在 2 年后的 2015 年才公布。这是由于传统的营养信息收集工作主要依靠调查员以入户询问、纸质问卷等形式,而后期录入的电子数据库又无法相互联通共享,使整个工作耗费大量人力和时间,导致科研人员无法及时获取有价值的参考数据,公共卫生机构在制定相关政策和标准时也缺少充足的循证依据。

"互联网＋营养"将彻底改变传统营养调查的思维理念和工作模式,通过高科技可穿戴设备监测人体相关指标、移动智能 APP 填写电子问卷等物联网的各种形式将收集到的大量信息上传汇总至云端数据,云平台系统将自动对这些数据进行分类整合,最后在互联网数据库中共享反馈给使用者,构建起互联网营养数据收集工作的循环机制。这种"互联网＋营养"的工作模式在采集数据阶段借助了多媒体技术、可穿戴设备传感技术以及无线互联技术等,不仅节约了大量的时间和人力,而且其数据来源于机器自动采集和即时填报,提升了调查结果的真实性和准确性。

互联网的营养数据共享,对于广大群众而言,它能够增加人们获取营养信息的途径,正确传播科学营养知识,破除错误的营养观念和知识误区,培养人们良好的营养饮食习惯,最终达到全民营养健康的目的。对于科研工作者而言,它是营养信息交流的桥梁,将真实准确的数据加工整理后作为科研依据,使科研人员能够及时加以利用并结合人体营养健康情况进行分析,最终将研究成果反馈给社会,加速营养工作的发展。对于公共卫生机构而言,它能够高效全面的反映出全民营养健康水平和波动变化趋势,为制定科学的营养干预政策和相关参考标准提供了充分的支持和依据。

二、"互联网 + 营养"——营养知识的普及与教育

随着互联网技术的发展以及移动手机网络的逐渐普及,网络在科学知识的传播中起到了重要作用,网上查阅相关信息已经成了人们获取知识的常用渠道。互联网能够提供图、文、声、像等各种形式的知识素材,承载的信息量巨大,信息更新速度快,而且提供给使用者互动交流的机会,具有很高的受众黏合度。"互联网 + 营养"在营养知识的普及传播方面能够充分利用互联网的这些优势,为生命周期各个阶段的人群提供不同需求的营养健康信息。目前比较常见的是各种类别的传统网站和移动互联APP,这些网站和APP定期发送给使用者最新的营养短文,使人们有效利用碎片时间了解知识;通过连接云数据营养信息库,使用者能很方便地查询食物营养成分信息,结合个人身体指标,用于控制体重或补充营养等目的;还能够与专业的营养师和医生进行互动交流,为使用者提供个性化的营养指导和营养干预。这些方式进一步促进了群众形成良好的饮食习惯和生活方式,推动了全民营养健康新格局的形成。

在营养教学方面,传统的教学模式是单一的教师讲解和学生接受;而营养专业的教学内容涉及范围广、领域多,但又受到了总体课时数的限制,因此教师不得不在有限的时间内压缩大量的内容,更多的是填鸭式教学,导致无法有更多的时间与学生进行互动交流。而近年来,"互联网 + 营养"给教学方面带来了巨大的变革,例如网络慕课和精品微课等线上教学,这些形式是将整体知识细化拆分成若干短小视频放在互联网上播放,使学生利用课余碎片时间就能够学习消化与营养主题内容相关领域的知识点,是对课堂内容的重要补充和完善。智能网络教学平台的应用也使教学模式更加丰富多样,例如各种课程教学管理平台,课前教师可以通过平台上传教学大纲、PPT、营养相关知识背景等内容,方便学生预习参考多学科知识;课后教师可以在平台上留作业或是与学生互动交流,答疑解惑。线上与线下教学模式的结合,加深了学生对营养知识的理解,提高了学生的积极性和自律性,增进了师生之间的交流和沟通,有效地培养了学生的独立学习、综合应用多学科知识以及和解决问题的能力。

三、"互联网 + 营养"——营养疾病的监测和诊疗

近年来,随着国家对"互联网 + 医疗健康"发展的大力推动,智能互联医疗模式逐渐发展成型,这种模式是指在智能移动终端的支持下,依靠无线和互联网技术进行信息收集与交换,利用大数据技术对所有收集的数据信息分析处理,然后精准、有效、及时的共享结果。在临床营养领域,这种模式具体表现为,存在营养风险的高危人群或是营养科的就诊患者,通过手机端智能APP建立个人疾病信息档案,录入日常膳食信息,上传智能可穿戴设备采集的日常身体指标,结合数据库进行连续动态的综合分析,总结规律发现异常,医生以此为依据提出营养改进建议和干预措施,见图14-1。

多项研究显示,对于血脂、血糖等异常的慢性病患者,使用互联网结合饮食健康管理的方式,能够起到持续性的监督、跟踪作用,以互联网作为纽带,加强了医生与患者之间的沟通交流,提高了患者的信任度和依从性,有效的促进患者培养良好的健康行为,改善患者的病情。这种"互联网 + 营养"的诊疗模式在发现和消除各种营养不良相关危险因素方面起到积极作用,能够有效地

图 14-1　"互联网＋营养"诊疗模式图

预防疾病的发生发展,节约患者的就医时间,一定程度上缓解了看病就医难题,提高了人们营养健康水平。

四、"互联网＋营养"的展望

"互联网＋营养"的发展有赖于科学技术的支撑,随着计算机处理能力和相关算法的不断进步,计算机图像识别能力也在不断提高,自动实时监控分析膳食摄入情况的处理技术(拍照识别食物)也在日趋成熟;随着生物传感技术与移动互联技术的发展,可穿戴智能设备在制作成本上逐渐降低,采集数据的准确度也在逐渐提高;智能 APP 的改进与网络宽带的提速,更能够在电子病历,远程诊疗等方面与营养健康管理相结合,提高患者就医质量;扩大这些物联网设备的覆盖范围,将在营养健康管理、营养数据采集、患者诊疗等方面,从量变到质变促进传统营养工作的改善和提升。未来营养工作范畴甚至会逐步拓展至餐饮业、农业等多个行业,利用互联网大数据对营养信息的分析与共享,从目前的营养均衡化发展到营养精准化。

第二节　高科技穿戴设备

自 2012 年 Google 公司发布了智能眼镜开始,到 2014 年苹果公司发布的 Apple Watch,三星公司及国内的华为、小米公司也陆续推出了多种可穿戴智能设备。随着可穿戴智能设备种类的增多,它正在慢慢地从多个领域改变人们的生活方式,而医疗健康则是智能可穿戴的主要应用领域。智能可穿戴医疗设备的具体展现形式多种多样,主要是与人们的日常穿戴相结合,如手表、眼镜、配饰、便携小物件等,可以十分便捷的在人们日常生活中采集相关信息,实时监测人体各项指标,通过与互联网大数据相结合对人体生理数据进行分析,目前已经广泛地应用于婴幼儿、老年人及慢性病患者,成为重要的健康管理工具。

可穿戴智能医疗设备按照医疗用途大致可分为三个类别:第一类是健康管理类辅助设备,例如智能手环、体成分仪器等。这类设备主要面向的是身体健康的人群,作为生活、运动的辅助类产品,人们通过这类设备对人体相关信息进行实时采集和监测,达到自行健康管理的目的。第二类是针对某种疾病指标的监测设备,例如血糖仪、心电仪等。这类设备主要面向有某种慢性疾病的人群,通过获得官方医疗认证的设备,定期监控自身疾病相应的生理指标,用以作为临床参考,得出更加精准的诊断治疗方案。第三类是具备医疗健康应用场景的穿戴类设备,如智能眼镜、智能耳机等,这类设备主要面向需要远程诊断、远程会诊的患者,通过智能设备构建医疗应用场景,是远程医疗精准化个性化的未来发展。

近年来,随着人们的健康意识的增强、人口老龄化引发的慢性病增多,大众对自身健康营养管理以及慢性病营养管理的需求日益迫切。为了更加广泛的在人们日常生活中获取营养相关信息,同时也要确保营养相关信息的准确性,高科技穿戴设备技术在营养相关领域的发展也备受关注。高科技智能可穿戴设备在营养专业领域的具体应用主要体现在对营养健康管理、营养相关信息的采集以及慢性病相关营养指标的监控,以下将就这些方面进行着重介绍。

一、营养健康管理

随着人们生活水平的不断提高,健康意识逐渐增强,人们对自身营养及健康状况也越来越重视,可穿戴设备的出现满足了人们对自身营养健康管理的需求。通过这些设备中内置软件,人们可以录入个人信息(如性别、年龄、身高、体重等),软件通过结合大数据初步给出营养健康状态评价及指导意见,并随时随地获得运动状态和身体变化情况,通过采取主动性的个人营养健康管理改变人们生活方式和日常行为,预防疾病和保持良好的营养状态。

目前最普及的可穿戴设备是在健康管理方面,例如运动手表、手环等,把这类设备携带在手腕处,设备上的各类电极传感器会监测佩戴人的体温、心率、运动状态等数据,结合个人基本信息分析得出运动消耗的能量。人们还能够通过设备上的各类 APP 获取体重管理和营养摄入方面的指导意见。这类设备通过丰富的画面设计以及多样化的身体指标极大提高了人们对自身营养健康管理的兴趣;此外在肥胖儿童的防治及干预方面,这类设备能够通过记录儿童的心率变化、活动方式和能量消耗等指标,为医生判断患儿的营养状态及运动量提供了全面有效的参考数据。

对于肥胖、孕产妇等特殊人群,则需要更加准确的体成分数据作为参考,例如脂肪含量及肌肉含量等。适用于这种情况的可穿戴设备目前多数是小型的便携式设备,例如美国某公司生产的一款设备,利用生物电阻法测量原理,根据人体内各类体液及组织的生物学性导电差异,推算机体脂肪含量、肌肉含量及其他身体成分如蛋白质、无机盐等的含量,进而推算得出各项身体指标指数,这种方法简便、安全、准确度高,已经较为广泛的在人们日常生活中得到应用。人们可以通过这类便携式小型体成分设备及时有效的获得体脂率、肌肉强度等动态指标,结合活动量给出运动方案及营养方面的指导建议。

二、营养信息采集

近年来,我国经济发展迅速,但是地域广阔造成了经济水平的不平衡,由此引发的我国居民的营养状况呈现贫困地区营养不足而发达地区营养过剩的现象;大数据的出现能够对多个地区居民的营养状况、膳食结构等数据进行比对分析,为营养工作者提供了更多的参考信息和工作思路。对现有数据库进行扩充和更新,并且保证营养相关数据采集的真实性、准确性是我们目前面临的问题。

可穿戴设备的出现能够实现对广泛人群的健康数据采集,而且还能够收集个人活动轨迹、生活习惯等这些重要而琐碎的信息,从而确保收集到的个人数据的连续性、完整性,例如项链式照相机、手环式照相机等。通过这种方式采集数据能够更好地体现人们营养健康状况的波动特征和发展趋势,对营养工作者的研究分析起到了重要的帮助,也为医疗大数据提供了重要支撑。

有一项实验就是利用了可穿戴相机跟踪学龄儿童膳食情况。一般情况下,对于儿童膳食情况的信息采集是采用回顾法,但是由于儿童的知识水平和描述水平有限,又经常存在遗忘或隐瞒的现象,容易造成膳食信息的不完整、不准确。因此通过佩戴随身相机能够定时拍摄儿童全天的进食情况,能作为回顾法的重要补充,不仅能够额外了解更多的信息,还能够有效地减少膳食信息的误报和漏报,提高了信息的真实性和准确性。

三、营养相关慢性疾病的管理

大数据在医疗领域尤其是营养领域的广泛应用,一方面,营养工作者可以对通过对大量数据的分析,并且作为依据开展营养健康调查,再对数据进行更新和补充;更一方面,可以利用大数据实现个人监测数据和医疗机构信息的互通,使营养专业医生能够更加全面的了解病人的膳食、运动等情况和相关生理指标,既可以监测患者的病情,也可以及时的给予个性化的指导;从而可以推动营养相关慢性疾病的管理。

可穿戴监测设备就是患者与医生之间互通的良好载体,很多疾病的早期都是很容易治疗控制的,如果发病初期未能检测出,那么之后将会付出更大的代价;而如果高危人群能够及早的使用可穿戴设备对相关指标进行监测,那么首先这会直观的提高人们的警惕性和自觉性,接下来设备会将采集到的信息上传至云端数据,医生就能够实时了解患者健康状况并给出指导建议,再通过 APP 反馈给使用者,形成促进健康的良性循环,从而达到对慢性病进行管理控制的目的,这样一来不仅降低了患者的医疗花费,也为社会节约了医疗资源。

营养相关的慢性病管理主要表现在高危人群或慢性病患者在血糖方面的营养管理,对于需要实时监测血糖的患者,目前有一款美国公司生产的仪器,通过利用贴在患者腹部的细小金属丝,连续对皮下间质液的葡萄糖浓度进行测量,通过这种设备每天监测到的信息量是指血测试法的 100 多倍。随着生物传感技术的发展,未来还将生产非侵入式的血糖监测设备,例如一款无需采血的监测血糖设备设计,通过接触手指测量血糖,并与手机 APP 相连,将数据上传至云端,结合医生的建议,提供营养干预手段。

四、可穿戴医疗设备的前景

高科技可穿戴健康设备在医疗以及营养领域的发展前景十分广阔。随着人类科技的不断革新,目前,计算机、互联网络和无线通信技术被广泛地应用到医疗营养领域中,而便携式可穿戴医疗健康设备的应用正是属于互联网 + 医疗中的一种重要模式。这种模式的优势在于能够为使用者提供实时数据,减少了使用者去医院进行检查的时间和费用,节约了医疗资源;同时也为医疗及科研机构提供了重要参考数据。近年来国内膳食结构和疾病发展变化迅速,通过这种模式,公共卫生部门能够加快我国营养数据库的更新和完善,为营养相关疾病的干预和制定营养相关标准、政策提供循证依据。

（欧凤荣）

思考题

1. "互联网 + 营养"在营养数据收集方面对传统工作模式有哪些提升和改变?
2. "互联网 + 营养"的诊疗模式是什么?
3. 可穿戴智能设备按照医疗用途分为哪几个类别? 分别有什么作用?

| 第五篇 |

营养政策与法规

第十五章 | 营 养 立 法

本章要点
1. **掌握** 《中华人民共和国食品安全法》主要内容。
2. **熟悉** 我国食品安全法规的发生发展。
3. **了解** 新《中华人民共和国食品安全法》亮点。

第一节 《中华人民共和国食品安全法》相关知识

一、食品安全法的产生和发展

我国高度重视食品安全,早在 1995 年颁布了《中华人民共和国食品卫生法》。在此基础上,2009 年 2 月 28 日,十一届全国人大常委会第七次会议通过了《中华人民共和国食品安全法》,并于 2009 年 6 月开始实施,对规范食品生产经营活动、保障食品安全发挥了重要作用,食品安全整体水平得到提升,食品安全形势总体稳中向好。

2012 年 2 月 8 日,国务院食品安全委员会第四次全体会议提出食品安全是关乎人人的重大基本民生问题,依法重点治乱绝不手软,确保人民群众"舌尖上的安全"。

2013 年《中华人民共和国食品安全法》再次启动修订,国务院食品安全委员会第五次全体会议指出要建立最严格的食品药品安全监管制度,完善食品药品质量标准和安全准入制度。2013年 5 月 6 日,国务院常务会议第十二届全国人大常委会第九次会议初次审议了《中华人民共和国食品安全法(修订草案)》。

2014 年 12 月 25 日,食品安全法修订草案二审稿提请全国人大常委会审议。草案二审稿增加了关于食品贮存和运输、食用农产品市场流通、转基因食品标识等方面内容。二审稿规定,生产经营转基因食品应当按照规定进行标识。2015 年 4 月 24 日,新修订的《中华人民共和国食品安全法》经第十二届全国人大常委会第十四次会议审议通过,自 2015 年 10 月 1 日起施行。《中华人民共和国食品安全法》适应新形势发展的需要,为了从制度上解决现实生活中存在的食品安全问题,更好地保证食品安全而制定,其中确立了以食品安全风险监测和评估为基础的科学管理制度,明确食品安全风险评估结果作为制定、修订食品安全标准和对食品安全实施监督管理的科学依据。

二、食品安全法的主要内容

(一) 主要内容

《中华人民共和国食品安全法》共十章,包括总则、食品安全风险监测和评估、食品安全标准、食品生产经营、食品检验、食品进出口、食品安全事故处置、监督管理、法律责任及附则,共 154 条。

1. **总则** 包括本法的立法目的、对象、主要任务等。

2. **食品安全风险监测和评估** 对食品安全风险监测和评估规定了具体制度。

3. **食品安全标准** 规定了食品安全标准包含的内容。

4. **食品生产经营** 规定了食品生产经营质量要求、过程控制、上市细则等。

5. **食品检验** 规定了食品检验的具体制度。

6. **食品进出口** 规定了食品进出口具体制度。

7. **食品安全事故处置** 规定了食品安全事故的处理细则。

8. **监督管理** 对食品安全监督管理的监管部门及重点工作作出了具体规定。

9. **法律责任** 对违反本法的单位或者个人,可以根据情节严重给予警告、罚款或刑事处罚。

10. **附则** 对本法的用语做具体注释,对本法生效日期作了规定。

(二) 食品安全制度概述

1. **执法机构及其职责和职权** 国务院卫生行政部门承担食品安全综合协调职责,负责食品安全风险评估、食品安全标准制定、食品安全信息公布、食品检验机构的资质认定条件和检验规范的制定,组织查处食品安全重大事故。省、自治区、直辖市卫生行政部门承担组织制定食品安全地方标准,对本行政区域内的企业标准予以备案。县级以上卫生行政部门承担本行政区域内食品安全综合协调职责,组织制定、实施本行政区域的食品安全风险监测方案,公布本行政区域的食品安全信息,组织查处本行政区域内发生的食品安全事故,参与制定并实施本行政区域的食品安全年度监督管理计划,受理本部门职责内的咨询、投诉和举报。

2. **食品安全标准** 食品卫生法对食品安全相关标准作如下规定:

(1) 食品相关产品中的致病性微生物、农药残留、兽药残留、重金属、污染物质以及其他危害人体健康物质的限量规定。

(2) 食品添加剂的品种、使用范围、用量。

(3) 专供婴幼儿的主辅食品的营养成分要求。

(4) 对与食品安全、营养有关的标签、标识、说明书的要求。

(5) 与食品安全有关的质量要求。

(6) 食品检验方法与规程。

(7) 其他需要制定为食品安全标准的内容。

(8) 食品中所有的添加剂必须详细列出。

(9) 食品生产经营过程的卫生要求。

3. **食品生产经营**

(1) 一般规定:规定了食品生产的质量要求。

(2) 生产经营过程控制。

(3) 标签、说明书和广告。

(4) 特殊食品:对特殊食品的生产经营作出具体规定。

4. **食品检验**

(1) 食品检验机构按照国家有关认证认可的规定取得资质认定后,方可从事食品检验活动。但是,法律另有规定的除外。

(2) 食品检验由食品检验机构指定的检验人独立进行。

(3) 食品检验实行食品检验机构与检验人负责制。

(4) 县级以上人民政府食品药品监督管理部门应当对食品进行定期或者不定期的抽样检验,并依据有关规定公布检验结果,不得免检。

(5) 复检机构与初检机构不得为同一机构。复检机构名录由国务院认证认可,监督管理、食品药品监督管理、卫生行政、农业行政等部门共同公布。

(6) 食品生产企业可以自行对所生产的食品进行检验,也可以委托符合本法规定的食品检验机构进行检验。

(7) 食品添加剂的检验,适用本法有关食品检验的规定。

5. **食品进出口** 规定了食品进出口具体制度。

(1) 国家出入境检验检疫部门对进出口食品安全实施监督管理。

(2) 进口的食品、食品添加剂、食品相关产品应当符合我国食品安全国家标准。

(3) 进口尚无食品安全国家标准的食品,由境外出口商、境外生产企业或者其委托的进口商向国务院卫生行政部门提交所执行的相关国家(地区)标准或者国际标准。

(4) 境外出口商、境外生产企业应当保证向我国出口的食品、食品添加剂、食品相关产品符合本法以及我国其他有关法律、行政法规的规定和食品安全国家标准的要求,并对标签、说明书的内容负责。

(5) 境外发生的食品安全事件可能对我国境内造成影响,或者在进口食品、食品添加剂、食品相关产品中发现严重食品安全问题的,国家出入境检验检疫部门应当及时采取风险预警或者控制措施,并向国务院食品药品监督管理、卫生行政、农业行政部门通报。接到通报的部门应当及时采取相应措施。

(6) 向我国境内出口食品的境外出口商或者代理商、进口食品的进口商应当向国家出入境检验检疫部门备案。

(7) 进口的预包装食品、食品添加剂应当有中文标签;依法应当有说明书的,还应当有中文说明书。

(8) 进口商应当建立食品、食品添加剂进口和销售记录制度,如实记录食品、食品添加剂的名称、规格、数量、生产日期、生产或者进口批号、保质期、境外出口商和购货者名称、地址及联系方式、交货日期等内容,并保存相关凭证。

(9) 出口食品生产企业应当保证其出口食品符合进口国(地区)的标准或者合同要求。

(10) 国家出入境检验检疫部门应当收集、汇总下列进出口食品安全信息,并及时通报相关部门、机构和企业。

(11) 国家出入境检验检疫部门可以对向我国境内出口食品的国家(地区)的食品安全管理体系和食品安全状况进行评估和审查,并根据评估和审查结果,确定相应检验检疫要求。

6. **食品安全事故处置** 规定了食品安全事故的处理细则。

7. **监督管理** 对食品安全监督管理的监管部门及重点工作作出具体规定。

8. **法律责任** 对违反本法的单位或者个人,可以根据情节严重给予警告、罚款或刑事处罚。

9. **附则** 对本法的用语做具体注释,对本法生效日期作了规定。

第二节 新食品安全法解读

一、食品安全工作的新理念

《中华人民共和国食品安全法》确立了食品安全工作的新理念,在总则中规定了食品安全工作要实行预防为主、风险管理、全程控制、社会共治的基本原则,要建立科学、严格的监管制度。

1. 在预防为主方面,强化了食品生产经营过程和政府监管中的风险预防要求。

2. 在风险管理方面,提出了食品药品监管部门根据食品安全风险监测、风险评估结果和食品安全状况等,确定监管重点、方式和频次,实施风险分级管理。在全程控制方面,提出了国家要建立食品全程追溯制度。食品生产经营者要建立食品安全追溯体系,保证食品可追溯。

3. 在社会共治方面,强化了行业协会、消费者协会、新闻媒体、群众投诉举报等方面的规定。例如规定在制定食品安全标准时,食品安全国家标准审评委员会中要增加食品行业协会、消费者协会的代表参加,充分发挥行业组织、消费者组织的作用。

二、推进食品安全社会共治

食品安全是一个系统工程,需要全社会共同努力对食品安全实行社会共治,这已经成为社会各界的共识。《中华人民共和国食品安全法》将社会共治作为食品安全工作遵循的总原则写入,并在具体条文中从五个方面作了具体规定。

1. 强化行业自律。在继续强化行业自律要求的同时,增设食品行业协会应当依照章程建立健全行业规范和奖惩机制。

2. 强化消费者协会监督。增设消费者协会和其他消费者组织对侵害消费者合法权益的食品安全违法行为,进行社会监督。

3. 强化有关行业主管部门的职责。学校、托幼机构、养老机构、建筑工业等集中用餐单位的主管部门应当加强食品安全知识教育和日常管理,降低食品安全风险,及时消除食品安全隐患。

4. 强化群众监督。为增强投诉举报的积极性,特别是企业内部人员举报的积极性和主动性,新修订的《中华人民共和国食品安全法》增设有关部门应对举报人的相关信息予以保密,保护举报人的合法权益。举报人举报所在企业的,该企业不得以解除、变更劳动合同或者其他方式对举报人进行打击报复。

5. 强调新闻媒体的监督和自律。新闻媒体一直是发现和揭露食品安全违法问题、推进我国食品安全进步的主要力量之一。

新修订的《中华人民共和国食品安全法》在继续强化新闻媒体进行监督的同时,提出有关食品安全的宣传报道应当真实、公正,并规定媒体编造、散布虚假食品安全信息的,由有关主管部门依法给予处罚,并对直接负责的主管人员和直接负责人员给予处分。

三、完善统一权威的监管体制

体制是机构设置、人员编制和权责关系等组织制度的总称,本质上是一种资源配置方式。新一轮食品药品监管机构改革通过整合职能、下沉资源、强化监管,旨在构建统一权威的监管机构。

在纵向体制改革基础上,探索推进横向分区域配置监管资源。我国城乡间、区域间经济社会发展存在巨大差异,决定了食品安全风险主要类型不同,监管资源不能"撒胡椒面"。可根据产业发展与监管资源的匹配程度并结合"一带一路"、三大经济发展区域,将全国 31 个省级行政区域划分为不同监管功能区,通过设置区域性监管派出机构协调区域内监管事务,开展飞行检查,办理重大案件。

四、实施最严格的监管制度

食品安全是"产"出来的,也是"管"出来的。应当从"产""管"两个方面实施最严格的监管制度,用最严谨的标准、最严格的监管、最严厉的处罚、最严肃的问责提升食品安全保障水平。

一方面是落实生产经营者主体责任。在民事义务和责任方面,科学划分政府和市场的边界,督促企业严格落实培训考核、风险自查、产品召回、全过程记录、应急处置等管理制度,建立重点产品追溯体系,加强覆盖生产经营全过程的食品安全管控措施。同时积极引入市场机制,加强食品安全信用体系建设,开展食品安全承诺行动,完善食品安全守信激励和失信惩戒机制,并鼓励食品生产经营企业参加食品安全责任保险。在刑事责任方面,保持严惩重处违法犯罪的高压态势。继续严厉打击非法添加、制假售假、违法使用禁限用农药兽药等严重违法行为。以查处走私冻品、利用餐厨和屠宰废弃物加工食用油、互联网食品安全违法犯罪等案件为重点,强化部门间、区域间案件移送、督办查办、联合惩处、信息发布等沟通协作。

另一方面是落实食品安全监管责任。引导地方政府和监管部门落实属地责任,是防止食品安全在一线失守的重要保障。强化食品安全责任制,制定食品安全工作评议考核办法,将食用农产品质量和食品安全工作全面纳入地方政府绩效考核、社会管理综合治理考核范围,考核结果作为综合考核评价领导班子和相关领导干部的重要依据。同时深入推进食品安全城市、农产品质量安全县创建试点工作,及时总结推广试点经验。尤为重要的是,制定食品安全责任追究制度,严格食品安全责任追究,严肃追究失职渎职人员责任。

五、强化企业主体责任

《中华人民共和国食品安全法》在以下三个方面强化了食品生产经营者的主体责任。

1. 要求健全落实企业食品安全管理制度。提出食品生产经营企业应当建立食品安全管理制度,配备专职或者兼职的食品安全管理人员,并加强对其培训和考核。要求企业主要负责人对本企业的食品安全工作全面负责,认真落实食品安全管理制度。

2. 强化生产经营过程的风险控制。提出要在食品生产经营过程中加强风险控制,要求食品生产企业建立并实施原辅料、关键环节、检验检测、运输等风险控制体系。

3. 增设食品安全自查和报告制度。提出食品生产经营者要定期检查评价食品安全状况;条件发生变化,不再符合食品安全要求的,食品生产经营者应当采取整改措施;有发生食品安全事故潜在风险的,应当立即停止生产经营,并向食品药品监管部门报告。

六、强化地方政府属地管理责任

《中华人民共和国食品安全法》有针对性地强化了地方政府食品安全管理责任。

1. 强化食品安全保障能力。针对一些地方不重视食品安全工作,食品安全监管能力不足的问题,新修订的《食品安全法》提出县级以上人民政府要将食品安全工作纳入本级国民经济和社会发展规划,将食品安全工作经费列入本级政府财政预算,加强食品安全监管能力建设。

2. 实行食品安全管理责任制。新修订的《食品安全法》要求上级人民政府要对下一级人民政府和本级食品安全监管部门的工作作出评议和考核。

3. 强化对小作坊、食品摊贩等监管。新修订的《中华人民共和国食品安全法》要求省级人大或省级人民政府制定食品生产加工小作坊和食品摊贩等的具体管理办法。

4. 强化责任追究。新修订的《中华人民共和国食品安全法》强化了地方政府的食品安全责任追究,要求对不依法报告、处置食品安全事故,或者对本行政区域内涉及多环节的区域性食品安全问题未及时组织进行整治,未建立食品安全全程监管工作机制和信息共享机制等情形,设立了相应的行政处分。

七、有的放矢,开展专项治理活动

专项治理或综合整治体现了风险分级管理的理念,即根据食品安全风险程度,集中有限的监管资源有针对性地用在风险较大、问题较多的领域。针对食品安全风险较高的环节或区域开展重点整治,重点加强农村食品安全治理,规范农村集体聚餐管理,开展学校食堂和校园周边食品安全整治,开展旅游景区、铁路运营场所等就餐重点区域联合督查。

八、打造职业化检查员队伍

我国是食品产业大国而非强国,农业和食品工业基础与发达国家相比有较大差距。全国有约1 200万获证的食品生产经营者,但监管力量薄弱,专业人员缺乏,大产业和弱监管的结构性矛盾突出。监管的实际效果多依赖监管经验,缺乏技术含量高、靶向性强的专业手段,一些系统性风险和跨领域问题难以被发现。笔者分析了三个县级食品药品监督管理局 2015 年食品安全监管检查工作构成,其中行政许可现场核查占 30%,各类专项检查占 35%,处理投诉举报占 10%,日常监督检查和监督抽检占 25%。由于工作精力所限,日常监督检查往往难以开展深入细致全面的排查,发现的风险主要集中在证照、进货查验、标签标识、保质期等面上的问题,而非法添加、微生物超标等关键风险点则容易被忽略。

强大的监管与强大的产业相互支撑。随着供给侧结构性改革推动食品产业转型升级,专业监管能力必须与产业素质同步提升。《2016 年食品安全重点工作安排》前瞻性地提出,建立职业化检查员队伍,研究与食品安全监管工作特点相适应的技术职务体系。可参照法官、检察官的做法,将检查员分为初级、中级、高级、专家级等职级。不具备相应知识和能力的,依法不得从事食品安全检查和执法工作。实施以现场检查为主的监管方式,推动监管力量下沉,逐步实现各级食品药品监管部门"全员检查、全员执法"。在此基础上应科学划分监管事权,省级食品药品监管部门主要负责组织高级以上检查员开展食品生产企业检查;市县级食品药品监管部门主要负责开展食品流通、餐饮企业检查;乡镇监管派出机构主要负责开展小作坊、小摊贩、小餐饮检查。

九、关于加快完善食品安全法规制度

新修订的食品安全法已经实施,在这一背景下,完善食品安全法规制度就变得十分必要和紧迫,主要体现在以下几个方面:

1. 社会共治的现代食品安全治理理念,需要在现行法规制度中充分体现。社会共治理念不同于单一的管理理念。社会共治必须发挥各方面社会主体的主动性、积极性。社会共治的核心是基于各方面社会主体的地位、性质、功能,合理配置各自的权利、义务,各自行使自己的权利,履行自己的义务。社会共治既不同于单一的管理,也并非各方面处于完全平等的地位。例如,作为监督管理部门仍然需要具有执法权和强制权,与被监管对象之间处于不平等的地位。但是,无论是监管部门,还是被监管对象都具有自己的权利、义务。需要通过完善相关法规制度,以充分体现这一理念。

2. 落实食品安全法的各项规定,需要修订完善具体的法规、规章和规范性文件。食品安全法属于食品安全领域的基本法。食品安全涵盖的领域广阔,相关法律法规的调整对象,既涉及广泛的社会主体,又涉及从农田到餐桌的不同环节;既涉及专业、严谨的技术标准,又涉及不同的利益相关方,不可能在一部法律中作出明确、具体的规定,因此,需要通过更具体的法规、规章、规范性文件,使相关要求制度化,具有操作性。与此同时,食品安全法基于我国的具体情况和国际上的先进经验,新增加了一些食品安全领域的基本制度。例如,连带责任制度、终身禁业制度、统一信息平台发布制度、先行赔付制度等。这些食品安全领域的基本制度,在食品安全法中作出了规定,需要进一步制定具体的规章、规范性文件。

3. 现行规章制度中与食品安全法规定相冲突的内容,需要修改完善,使其符合新法的精神。例如,新修订的食品安全法体现了"四个最严"的理念,这些要求需要通过修改原有的规章、规范性文件,以与食品安全法相一致。十八大以来,中央反复提出要以法治思维、法治方式处理问题,而法治思维和法治方式的核心是严格依据规则办事。因此,完善食品安全法规制度的建设,是做好食品安全工作的基本前提和首要任务。

十、保持严惩重处违法犯罪高压态势

目前我国处于社会转型期,部分社会成员的规则意识、道德意识缺乏,道德失范,法律的规范作用降低。法律是最低限度的道德。在这一背景下,急需强化法律的社会作用和功能,对食品安全方面的违法犯罪行为保持高压态势,提升人们保障食品安全的意识是非常必要的。必须通过保持严惩重处违法犯罪的高压态势,划清食品安全违法犯罪行为的底线和红线,同时,培养社会

成员食品安全意识与习惯。保持严惩重处违法犯罪的高压态势,一是要强化监督管理。应当毫不松懈地、全流程、全过程、全方位地加强监督管理。二是严格依法进行行政处罚。对于违反食品安全法的行为,在强化教育的同时,坚决进行行政处罚。三是食品安全监督管理部门必须及时将可能构成犯罪的行为人移送司法机关。如何移送司法机关,何时移送,移送哪些材料,司法机关不予定罪的情况下行政机关如何处理等等,这些问题需要进行研究。四是要做好舆论宣传工作。对于具有典型性、代表性的食品安全方面的案例,要作为反面典型及时、充分地进行宣传。

(李增宁)

 思考题

1. 国务院哪些部门负责食品安全监管工作? 分工如何?
2. 对食品生产加工小作坊和食品摊贩从事食品生产经营活动如何管理?
3. 哪些人员不得从事接触直接入口食品工作?

第十六章 营养政策与法规

本章要点

1. **掌握** 我国目前主要营养政策的基本原则。
2. **熟悉** 我国目前主要营养政策的发展重点和具体实施策略。
3. **了解** 特殊医学用途配方食品注册管理办法的基本内容。

政策是党和国家以权威形式标准化地规定在一定历史时期内,应该达到的奋斗目标,遵循的行动原则,完成的明确任务,实行的工作方式,采取的一般步骤和具体措施。营养学的社会实践不能仅仅停留在调查人群营养现状上,而是应该综合考虑产生营养问题的社会经济和自然环境因素,制定相应的营养政策和法律法规来改善人民群众的营养状态,最终达到促进健康的目的。

1992 年在罗马召开的第一届国际营养大会(international conference on nutrition,ICN1)上发布了《世界营养宣言》和《世界营养行动计划》,奠定了全球营养政策的基础。2000 年联合国发布千年发展目标(millennium development goals,MDGs),旨在将全球贫困水平在 2015 年之前降低一半,消除极端贫穷和饥饿。与此同时,我国也相应建立了一系列的营养政策和法规,1997年我国制订了《中国营养改善行动计划》,将提高居民的营养水平作为国家长期发展战略中的一部分。

在全世界范围内,21 世纪之前的营养政策旨在消除全球范围内由饥饿和贫穷造成的营养不良。而进入 21 世纪之后,随着全球经济的发展和科技的进步,由饥饿造成的营养不良得到了极大的改善,全球疾病谱也在发生改变,肥胖和由肥胖造成的慢性疾病在全球范围内流行。因此,营养政策也随着社会、经济、疾病谱以及人们膳食结构的改变在不断调整和完善。当然,随着我国经济的快速发展,社会生产及人们的生活方式也发生了极大的改变,对于我国经济社会的发展来讲,人们对美好健康生活的追求和向往,既是机遇也是挑战。我国政府长期以来都高度重视国民的营养问题,近几年来更是将营养健康问题提到了一个新的高度,制定和颁布了一系列的政策、法规和国家标准。因为越来越多的营养学家、经济学家、社会学家和政府官员意识到,营养问题不单单与食物有关,更多的可能与经济、教育、环境卫生、社会福利等因素有关。实践证明,如果政府积极参与营养工作,即使经济增长缓慢,人群营养状况仍能得到有效的改善,进而也能促进社会发展。相反,如果国民的营养健康状况未得到政府的重视,则即使经济得到了发展,但整体社会发展的水平仍不能得到有效提升。国家和政府层面的政策法规可以调动全社会各个方面的力量来促进相关营养工作的开展,促进相关营养改善措施的实施,为营养工作和措施的实施提供法律保障,从而达到推动营养学科发展和促进全民健康的目的。因此,我国政府结合我国具体国情和科学发展规律,推出了一系列的政策法规,为进一步指导国民营养改善和提高整体人口健康水平提供了科学化、规范化的指导方针和基本原则。下面简单介绍《中国食物与营养发展纲要(2014—2020 年)》《国民营养计划(2017—2030 年)》和《特殊医学用途配方食品注册管理办法》的相关知识。

第一节 《中国食物与营养发展纲要(2014—2020 年)》相关知识

随着经济、文化全球化进程的不断推进,生产生活方式的巨大变革,科学技术日新月异的发展,我国居民的膳食结构和营养水平发生了极大的变化。21 世纪初,针对我国当时存在的主要问题制定了《中国食物与营养发展纲要(2001—2010)》,并于 2001 年 12 月由国务院发布。这是一部关于我国食物发展和营养改善的纲领性文件,对于优化我国居民的食物结构、提高居民的营养健康水平、指导食物发展方向、确保新形势下中国食品安全具有重大的现实意义和深远的历史影响。近十年来,我国经济取得飞速发展,人民生活水平得到了极大的提高,营养缺乏问题在全国范围内得到了极大的改善,但是就目前来讲,随着人们工作生活方式的转变,饮食结构的调整,超重、肥胖和由肥胖导致的慢性疾病呈高发态势。针对我国目前食物生产尚不能满足营养需求,居民营养不足和营养过剩并存及营养与健康知识缺乏等主要问题,为顺应社会经济的发展和城乡居民的期待,2014 年 2 月 10 日,国务院办公厅正式发布了《中国食物与营养发展纲要(2014—2020 年)》,立足食物保障,优化食物结构,强化营养改善,绘制食物与营养发展的新蓝图。

一、总体要求

(一) 指导思想

以邓小平理论、"三个代表"重要思想、科学发展观为指导,顺应各族人民过上更好生活的新期待,把保障食物有效供给、促进营养均衡发展、统筹协调生产与消费作为主要任务,把重点产品、重点区域、重点人群作为突破口,着力推动食物与营养发展方式转变,着力营造厉行节约、反对浪费的良好社会风尚,着力提升人民健康水平,为全面建成小康社会提供重要支撑。

(二) 基本原则

坚持食物数量与质量并重。实施以我为主、立足国内、确保产能、适度进口、科技支撑的国家粮食安全战略。在重视食物数量的同时,更加注重品质和质量安全,加强优质专用新品种的研发与推广,提高优质食物比重,实现食物生产数量与结构、质量与效益相统一。

坚持生产与消费协调发展。充分发挥市场机制的作用,以现代营养理念引导食物合理消费,逐步形成以营养需求为导向的现代食物产业体系,促进生产、消费、营养、健康协调发展。

坚持传承与创新有机统一。传承以植物性食物为主、动物性食物为辅的优良膳食传统,保护具有地域特色的膳食方式,创新繁荣中华饮食文化,合理汲取国外膳食结构的优点,全面提升膳食营养科技支撑水平。

坚持引导与干预有效结合。普及公众营养知识,引导科学合理膳食,预防和控制营养性疾病;针对不同区域、不同人群的食物与营养需求,采取差别化的干预措施,改善食物与营养结构。

(三) 发展目标

食物生产量目标:确保谷物基本自给、口粮绝对安全,全面提升食物质量,优化品种结构,稳步增强食物供给能力。到 2020 年,全国粮食产量稳定在 5.5 亿吨以上,油料、肉类、蛋类、奶类、水产品等生产稳定发展。

食品工业发展目标:加快建设产业特色明显、集群优势突出、结构布局合理的现代食品加工产业体系,形成一批品牌信誉好、产品质量高、核心竞争力强的大中型食品加工及配送企业。到2020 年,传统食品加工程度大幅提高,食品加工技术水平明显提升,全国食品工业增加值年均增长速度保持在 10% 以上。

食物消费量目标:推广膳食结构多样化的健康消费模式,控制食用油和盐的消费量。到 2020 年,全国人均全年口粮消费 135kg、食用植物油 12kg、豆类 13kg、肉类 29kg、蛋类 16kg、奶类 36kg、水产品 18kg、蔬菜 140kg、水果 60kg。

营养素摄入量目标:保障充足的能量和蛋白质摄入量,控制脂肪摄入量,保持适量的维生素和矿物质摄入量。到 2020 年,全国人均每日摄入能量 2 200~2 300kcal,其中,谷类食物供能比不低于 50%,脂肪供能比不高于 30%;人均每日蛋白质摄入量 78g,其中,优质蛋白质比例占 45% 以上;维生素和矿物质等微量营养素摄入量基本达到居民健康需求。

营养性疾病控制目标:基本消除营养不良现象,控制营养性疾病增长。到 2020 年,全国 5 岁以下儿童生长迟缓率控制在 7% 以下;全人群贫血率控制在 10% 以下,其中,孕产妇贫血率控制在 17% 以下,老年人贫血率控制在 15% 以下,5 岁以下儿童贫血率控制在 12% 以下;居民超重、肥胖和血脂异常率的增长速度明显下降。

二、主要任务

(一) 构建供给稳定、运转高效、监控有力的食物数量保障体系

稳定耕地面积,加快高标准农田建设,积极调整农业结构,提高粮食等重要农产品综合生产能力。大力发展畜牧业,提高牛肉、羊肉、禽肉供给比重。大力发展海洋经济,保障水产品供应。广辟食物资源,因地制宜发展杂粮、木本粮油等生产。大力发展农产品储藏、保鲜等产地初加工。积极推进物联网等信息技术应用,加强市场网络和配送服务体系建设,加快形成安全卫生、布局合理的现代食物市场流通体系。加强农产品数量安全智能分析与监测预警,健全中央、地方和企业三级食用农产品收储体系,增强宏观调控能力。更加积极地利用国际农产品市场和农业资源,有效调剂和补充国内食物供给。

(二) 构建标准健全、体系完备、监管到位的食物质量保障体系

建立最严格的覆盖全过程的食物安全监管制度,健全各类食物标准,落实地方政府属地管理和生产经营主体责任,规范食物生产、加工和销售行为。加快推进原料标准化基地建设,集中创建一批园艺作物标准园、畜禽养殖标准化示范场、水产标准化健康养殖示范场和农业标准化示范县。完善投入品管理制度,加强农产品质量安全监管,推进农产品质量安全监管示范县创建活动。推进食物生产、加工和流通企业诚信制度建设,加大对失信企业惩处力度,增强企业诚信经营意识。加强食物安全信息共享与公共管理体系建设,健全快速反应机制,加强应急处置,强化舆论监督和引导。

(三) 构建定期监测、分类指导、引导消费的居民营养改善体系

建立健全居民食物与营养监测管理制度,加强监测和信息分析。对重点区域、重点人群实施营养干预,重视解决微量营养素缺乏、部分人群油脂摄入过多等问题。开展多种形式的营养教育,引导居民形成科学的膳食习惯,推进健康饮食文化建设。

三、发展重点

(一) 重点产品

食用优质农产品。全面推行食用农产品标准化生产,提升"米袋子"和"菜篮子"产品质量。大力发展无公害农产品和绿色食品生产、经营,因地制宜发展有机食品,做好农产品地理标志工作。积极培育具有地域特色的农产品品牌,严格保护产地环境。

方便营养加工食品。加快发展符合营养科学要求和食品安全标准的方便食品、营养早餐、快餐食品、调理食品等新型加工食品,不断增加膳食制品供应种类。强化对主食类加工产品的营养科学指导,加强营养早餐及快餐食品集中生产、配送、销售体系建设,推进主食工业化、规模化发

展。发展营养强化食品和保健食品,促进居民营养改善。加快传统食品生产的工业化改造,推进农产品综合开发与利用。

奶类与大豆食品。扶持奶源基地建设,强化奶业市场监管,培育乳品消费市场,加强奶业各环节衔接,推进现代奶业建设。充分发挥我国传统大豆资源优势,加强大豆种质资源研究和新品种培育,扶持国内大豆产业发展,强化大豆生产与精深加工的科学研究,实施传统大豆制品的工艺改造,开发新型大豆食品,推进大豆制品规模化生产。

(二) 重点区域

贫困地区。采取扶持与开发相结合的方式,提高贫困地区居民的食物消费水平。创新营养改善方式,合理开发利用当地食物资源。动员社会各界参与扶贫开发,采取营养干预措施,实现贫困人口食物与营养的基本保障和逐步改善。

农村地区。加快农村经济社会发展,增加农民收入。加强农村商贸与流通基础设施建设,将城镇现代流通业向广大农村地区延伸,推进"万村千乡"市场工程,开拓农村食物市场,方便农村居民购买食物。

流动人群集中及新型城镇化地区。改善外来务工人员的饮食条件,加强对在外就餐人员及新型城镇化地区居民膳食指导,倡导文明生活方式和合理膳食模式,控制高能量、高脂肪、高盐饮食,降低营养性疾病发病率。

(三) 重点人群

孕产妇与婴幼儿。做好孕产妇营养均衡调配,重点改善低收入人群孕妇膳食中钙、铁、锌和维生素 A 摄入不足的状况,预防中高收入人群孕妇因膳食不合理而导致的肥胖、巨大儿等营养性疾病。大力倡导母乳喂养,重视农村地区 6 个月龄至 24 个月龄婴幼儿的辅食喂养与营养补充,加强母乳代用品和婴幼儿食品质量监管。

儿童青少年。着力降低农村儿童青少年生长迟缓、缺铁性贫血的发生率,做好农村留守儿童营养保障工作。遏制城镇儿童青少年超重、肥胖增长态势。将食物与营养知识纳入中小学课程,加强对教师、家长的营养教育和对学生食堂及学生营养配餐单位的指导,引导学生养成科学的饮食习惯。强化营养干预,加大蛋奶供应,保障食物与营养需求。

老年人。研究开发适合老年人身体健康需要的食物产品,重点发展营养强化食品和低盐、低脂食物。开展老年人营养监测与膳食引导,科学指导老年人补充营养、合理饮食,提高老年人生活质量和健康水平。

四、政策措施

(一) 全面普及膳食营养和健康知识

加强对居民食物与营养的指导,提高全民营养意识,提倡健康生活方式,树立科学饮食理念。研究设立公众"营养日"。开展食物与营养知识进村(社区)入户活动,加强营养和健康教育。发布适宜不同人群特点的膳食指南,定期在商场、超市、车站、机场等人流集中地发放。发挥主要媒体对食物与营养知识进行公益宣传的主渠道作用,增强营养知识传播的科学性。加大对食物与营养事业发展的投入,加强流通、餐饮服务等基础设施建设。

(二) 加强食物生产与供给

全面落实"米袋子"省长负责制和"菜篮子"市长负责制,强化地方人民政府的食物安全责任。加大对食用农产品生产的支持力度,保护农民发展生产的积极性。加大对食物加工、流通领域的扶持力度,鼓励主产区发展食物加工业,支持大中城市食品加工配送中心建设,发展共同配送、统一配送。加强农业生态环境保护,有效治理面源污染。支持到境外特别是与周边国家开展互利共赢的农业生产和进出口合作。

(三) 加大营养监测与干预

开展全国居民营养与基本健康监测工作,进行食物消费调查,定期发布中国居民食物消费与营养健康状况报告,引导居民改善食物与营养状况。加大财政投入,改善老少边穷地区的中小学校和幼儿园就餐环境。

(四) 推进食物与营养法制化管理

抓紧进行食物与营养相关法律法规的研究工作,适时开展营养改善条例的立法工作。针对食物与营养的突出问题,依法规范食物生产经营活动,开展专项治理整顿,营造安全、诚信、公平的市场环境。创新食物与营养执法监督,提高行政监管效能。弘扬勤俭节约的传统美德,形成厉行节约、反对浪费的良好社会风尚。

(五) 加快食物与营养科技创新

针对食物、营养和健康领域的重大需求,引导企业加大食物与营养科技投入,加强对食物与营养重点领域和关键环节的研究。加强对新食物资源开发和食物安全风险分析技术的研究,在科技创新中提高食物安全水平。加强食物安全监测预警技术研究,促进食物安全信息监测预警系统建设。深入研究食物、营养和健康的关系,及时修订居民膳食营养素参考摄入量标准。

(六) 加强组织领导和咨询指导

由农业部、原卫生计生委牵头,发展改革委、教育部、科技部、工业和信息化部、财政部、商务部、食品药品监管总局、林业局等部门参加,建立部际协调机制,做好本纲要实施工作。继续发挥国家食物与营养咨询委员会的议事咨询作用,及时向政府提供决策咨询意见。省级人民政府要根据本纲要确立的目标、任务和重点,结合本地区实际,制订当地食物与营养发展实施计划。

第二节　《国民营养计划(2017—2030 年)》相关知识

随着我国经济社会的不断发展,人民的生活水平得到了极大的提高。营养不良的问题在全国范围内得到了有效的解决。但是目前由于我国老龄化问题的不断加剧,城镇化和工业化进程的不断推进,相应的人们的工作生活方式和营养膳食结构发生了转变。超重、肥胖及由此造成的相关慢性疾病呈高发态势。为此,党中央、国务院高度重视国民的营养健康问题,习近平总书记在 2016 年召开的全国卫生与健康大会上发表了重要讲话,深刻阐述了新形势下的卫生工作方针和政策。在"健康中国 2030 规划纲要"的指导原则下,制订出相应的《国民营养计划(2017—2030 年)》,以期达到保障人民健康,推进建设健康中国的目的。

一、总体要求

(一) 指导思想

全面贯彻党的十八大和十八届三中、四中、五中、六中全会精神,深入贯彻习近平总书记系列重要讲话精神和治国理政新理念新思想新战略,紧紧围绕统筹推进"五位一体"总体布局和协调推进"四个全面"战略布局,认真落实党中央、国务院决策部署,牢固树立和贯彻落实新发展理念,坚持以人民健康为中心,以普及营养健康知识、优化营养健康服务、完善营养健康制度、建设营养健康环境、发展营养健康产业为重点,立足现状,着眼长远,关注国民生命全周期、健康全过程的营养健康,将营养融入所有健康政策,不断满足人民群众营养健康需求,提高全民健康水平,为建设健康中国奠定坚实基础。

(二) 基本原则

坚持政府引导。注重统筹规划、整合资源、完善制度、健全体系,充分发挥市场在配置营养资源和提供服务中的作用,营造全社会共同参与国民营养健康工作的政策环境。

坚持科学发展。探索把握营养健康发展规律,充分发挥科技引领作用,加强适宜技术的研发和应用,提高国民营养健康素养,提升营养工作科学化水平。

坚持创新融合。以改革创新驱动营养型农业、食品加工业和餐饮业转型升级,丰富营养健康产品供给,促进营养健康与产业发展融合。

坚持共建共享。充分发挥营养相关专业学术团体、行业协会等社会组织,以及企业、个人在实施国民营养计划中的重要作用,推动社会各方良性互动、有序参与、各尽其责,使人人享有健康福祉。

(三) 主要目标

到 2020 年,营养法规标准体系基本完善;营养工作制度基本健全,省、市、县营养工作体系逐步完善,基层营养工作得到加强;食物营养健康产业快速发展,传统食养服务日益丰富;营养健康信息化水平逐步提升;重点人群营养不良状况明显改善,吃动平衡的健康生活方式进一步普及,居民营养健康素养得到明显提高。实现以下目标:

降低人群贫血率。5 岁以下儿童贫血率控制在 12% 以下;孕妇贫血率下降至 15% 以下;老年人群贫血率下降至 10% 以下;贫困地区人群贫血率控制在 10% 以下。

孕妇叶酸缺乏率控制在 5% 以下;0~6 个月婴儿纯母乳喂养率达到 50% 以上;5 岁以下儿童生长迟缓率控制在 7% 以下。

农村中小学生的生长迟缓率保持在 5% 以下,缩小城乡学生身高差别;学生肥胖率上升趋势减缓。

提高住院病人营养筛查率和营养不良住院病人的营养治疗比例。

居民营养健康知识知晓率在现有基础上提高 10%。

到 2030 年,营养法规标准体系更加健全,营养工作体系更加完善,食物营养健康产业持续健康发展,传统食养服务更加丰富,"互联网 + 营养健康"的智能化应用普遍推广,居民营养健康素养进一步提高,营养健康状况显著改善。实现以下目标:

进一步降低重点人群贫血率。5 岁以下儿童贫血率和孕妇贫血率控制在 10% 以下。

5 岁以下儿童生长迟缓率下降至 5% 以下;0~6 个月婴儿纯母乳喂养率在 2020 年的基础上提高 10%。

进一步缩小城乡学生身高差别;学生肥胖率上升趋势得到有效控制。

进一步提高住院病人营养筛查率和营养不良住院病人的营养治疗比例。

居民营养健康知识知晓率在 2020 年的基础上继续提高 10%。

全国人均每日食盐摄入量降低 20%,居民超重、肥胖的增长速度明显放缓。

二、完善实施策略

(一) 完善营养法规政策标准体系

推动营养立法和政策研究。开展营养相关立法的研究工作,进一步健全营养法规体系。研究制定临床营养管理、营养监测管理等规章制度。制定完善营养健康相关政策。研究建立各级营养健康指导委员会,加强营养健康法规、政策、标准等的技术咨询和指导。

完善标准体系。加强标准制定的基础研究和措施保障,提高标准制修订能力。科学、及时制定以食品安全为基础的营养健康标准。制修订中国居民膳食营养素参考摄入量、膳食调查方法、人群营养不良风险筛查、糖尿病人膳食指导、人群营养调查工作规范等行业标准。研究制定老年人群营养食品通则、餐饮食品营养标识等标准,加快修订预包装食品营养标签通则、食品营养强化剂使用标准、婴儿配方食品等重要食品安全国家标准。

(二) 加强营养能力建设

加强营养科研能力建设。加快研究制定基于我国人群资料的膳食营养素参考摄入量,改变依赖国外人群研究结果的现状,优先研究铁、碘等重要营养素需要量。研究完善食物、人群营养监测与评估的技术与方法。研究制定营养相关疾病的防控技术及策略。开展营养与健康、营养与社会发展的经济学研究。加强国家级营养与健康科研机构建设,以国家级和省级营养专业机构为基础,建立3~5个区域性营养创新平台和20~30个省部级营养专项重点实验室。

加强营养人才培养。强化营养人才的专业教育和高层次人才培养,推进对医院、妇幼保健机构、基层医疗卫生机构的临床医生、集中供餐单位配餐人员等的营养培训。开展营养师、营养配餐员等人才培养工作,推动有条件的学校、幼儿园、养老机构等场所配备或聘请营养师。充分利用社会资源,开展营养教育培训。

(三) 强化营养和食品安全监测与评估

定期开展人群营养状况监测。定期开展具有全国代表性的人群营养健康状况、食物消费状况监测,收集人群食物消费量、营养素摄入量、体格测量、实验室检测等信息。针对区域特点,根据需要逐步扩大监测地区和监测人群。

加强食物成分监测工作。拓展食物成分监测内容,定期开展监测,收集营养成分、功能成分、与特殊疾病相关成分、有害成分等数据。持续更新、完善国家食物成分数据库。建立实验室参比体系,强化质量控制。

开展综合评价与评估工作。抢救历史调查资料,及时收集、系统整理各类监测数据,建立数据库。开展人群营养健康状况评价、食物营养价值评价。开展膳食营养素摄入、污染物等有害物质暴露的风险-受益评估,为制定科学膳食指导提供依据。

强化碘营养监测与碘缺乏病防治。持续开展人群尿碘、水碘、盐碘监测以及重点食物中的碘调查,逐步扩大覆盖地区和人群,建立中国居民碘营养状况数据库。研究制定人群碘营养状况科学评价技术与指标。制定差异化碘干预措施,实施精准补碘。

(四) 发展食物营养健康产业

加大力度推进营养型优质食用农产品生产。编制食用农产品营养品质提升指导意见,提升优质农产品的营养水平,将"三品一标"(无公害农产品、绿色食品、有机农产品和农产品地理标志)在同类农产品中总体占比提高至80%以上。创立营养型农产品推广体系,促进优质食用农产品的营养升级扩版,推动广大贫困地区安全、营养的农产品走出去。研究与建设持续滚动的全国农产品营养品质数据库及食物营养供需平衡决策支持系统。

规范指导满足不同需求的食物营养健康产业发展。开发利用我国丰富的特色农产品资源,针对不同人群的健康需求,着力发展保健食品、营养强化食品、双蛋白食物等新型营养健康食品。加强产业指导,规范市场秩序,科学引导消费,促进生产、消费、营养、健康协调发展。

开展健康烹饪模式与营养均衡配餐的示范推广。加强对传统烹饪方式的营养化改造,研发健康烹饪模式。结合人群营养需求与区域食物资源特点,开展系统的营养均衡配餐研究。创建国家食物营养教育示范基地,开展示范健康食堂和健康餐厅建设,推广健康烹饪模式与营养均衡配餐。

强化营养主食、双蛋白工程等重大项目实施力度。继续推进马铃薯主食产品研发与消费引导,以传统大众型、地域特色型、休闲及功能型产品为重点,开展营养主食的示范引导。以优质动物、植物蛋白为主要营养基料,加大力度创新基础研究与加工技术工艺,开展双蛋白工程重点产品的转化推广。

加快食品加工营养化转型。优先研究加工食品中油、盐、糖用量及其与健康的相关性,适时出台加工食品中油、盐、糖的控制措施。提出食品加工工艺营养化改造路径，集成降低营养损耗和避免有毒有害物质产生的技术体系。研究不同贮运条件对食物营养物质等的影响，控制食物贮运过程中的营养损失。

(五) 大力发展传统食养服务

加强传统食养指导。发挥中医药特色优势，制定符合我国现状的居民食养指南，引导养成符合我国不同地区饮食特点的食养习惯。通过多种形式促进传统食养知识传播，推动传统食养与现代营养学、体育健身等有效融合。开展针对老年人、儿童、孕产妇及慢性病人群的食养指导，提升居民食养素养。实施中医药治未病健康工程，进一步完善适合国民健康需求的食养制度体系。

开展传统养生食材监测评价。建立传统养生食材监测和评价制度，开展食材中功效成分、污染物的监测及安全性评价，进一步完善我国既是食品又是中药材的物品名单。深入调研，筛选一批具有一定使用历史和实证依据的传统食材和配伍，对其养生作用进行实证研究。建设养生食材数据库和信息化共享平台。

推进传统食养产品的研发以及产业升级换代。将现代食品加工工业与传统食养产品、配方等相结合，推动产品、配方标准化，推进产业规模化，形成一批社会价值和经济价值较大的食养产品。建立覆盖全国养生食材主要产区的资源监测网络，掌握资源动态变化，为研发、生产、消费提供及时的信息服务。

(六) 加强营养健康基础数据共享利用

大力推动营养健康数据互通共享。依托现有信息平台，加强营养与健康信息化建设，完善食物成分与人群健康监测信息系统。构建信息共享与交换机制，推动互联互通与数据共享。协同共享环境、农业、食品药品、医疗、教育、体育等信息数据资源，建设跨行业集成、跨地域共享、跨业务应用的基础数据平台。建立营养健康数据标准体系和电子认证服务体系，切实提高信息安全能力。积极推动"互联网＋营养健康"服务和促进大数据应用试点示范，带动以营养健康为导向的信息技术产业发展。

全面深化数据分析和智能应用。建立营养健康数据资源目录体系，制定分级授权、分类应用、安全审查的管理规范，促进数据资源的开放共享，强化数据资源在多领域的创新应用。推动多领域数据综合分析与挖掘，开展数据分析应用场景研究，构建关联分析、趋势预测、科学预警、决策支持模型，推动整合型大数据驱动的服务体系，支持业务集成、跨部门协同、社会服务和科学决策，实现政府精准管理和高效服务。

大力开展信息惠民服务。发展汇聚营养、运动和健康信息的可穿戴设备、移动终端（APP），推动"互联网＋"、大数据前沿技术与营养健康融合发展，开发个性化、差异化的营养健康电子化产品，如营养计算器，膳食营养、运动健康指导移动应用等，提供方便可及的健康信息技术产品和服务。

(七) 普及营养健康知识

提升营养健康科普信息供给和传播能力。围绕国民营养、食品安全科普宣教需求，结合地方食物资源和饮食习惯，结合传统食养理念，编写适合于不同地区、不同人群的居民膳食指南等营养、食品安全科普宣传资料，使科普工作更好落地。创新科普信息的表达形式，拓展传播渠道，建立免费共享的国家营养、食品安全科普平台。采用多种传播方式和渠道，定向、精准地将科普信息传播到目标人群。加强营养、食品安全科普队伍建设。发挥媒体的积极作用，坚决反对伪科学，依法打击和处置各种形式的谣言，及时发现和纠正错误营养宣传，避免营养信息误导。

推动营养健康科普宣教活动常态化。以全民营养周、全国食品安全宣传周、"5·20"全国学生营养日、"5·15"全国碘缺乏病防治日等为契机，大力开展科普宣教活动，带动宣教活动常态化。

推动将国民营养、食品安全知识知晓率纳入健康城市和健康村镇考核指标。建立营养、食品安全科普示范工作场所,如营养、食品安全科普小屋等。定期开展科普宣传的效果评价,及时指导调整宣传内容和方式,增强宣传工作的针对性和有效性。开展舆情监测,回应社会关注,合理引导舆论,为公众解疑释惑。

三、开展重大行动

(一) 生命早期 1 000 天营养健康行动

开展孕前和孕产期营养评价与膳食指导。推进县级以上妇幼保健机构对孕妇进行营养指导,将营养评价和膳食指导纳入我国孕前和孕期检查。开展孕产妇的营养筛查和干预,降低低出生体重儿和巨大儿出生率。建立生命早期 1 000 天营养咨询平台。

实施妇幼人群营养干预计划。继续推进农村妇女补充叶酸预防神经管畸形项目,积极引导围孕期妇女加强含叶酸、铁在内的多种微量营养素补充,降低孕妇贫血率,预防儿童营养缺乏。在合理膳食基础上,推动开展孕妇营养包干预项目。

提高母乳喂养率,培养科学喂养行为。进一步完善母乳喂养保障制度,改善母乳喂养环境,在公共场所和机关、企事业单位建立母婴室。研究制定婴幼儿科学喂养策略,宣传引导合理辅食喂养。加强对婴幼儿腹泻、营养不良病例的监测预警,研究制定并实施婴幼儿食源性疾病(腹泻等)的防控策略。

提高婴幼儿食品质量与安全水平,推动产业健康发展。加强婴幼儿配方食品及辅助食品营养成分和重点污染物监测,及时修订完善婴幼儿配方食品及辅助食品标准。提高研发能力,持续提升婴幼儿配方食品和辅助食品质量。

(二) 学生营养改善行动

指导学生营养就餐。鼓励地方因地制宜制定满足不同年龄段在校学生营养需求的食谱指南,引导学生科学营养就餐。制定并实施集体供餐单位营养操作规范。

学生超重、肥胖干预。开展针对学生的"运动 + 营养"的体重管理和干预策略,对学生开展均衡膳食和营养宣教,增强学生体育锻炼。加强对校园及周边食物售卖的管理。加强对学生超重、肥胖情况的监测与评价,分析家庭、学校和社会等影响因素,提出有针对性的综合干预措施。

开展学生营养健康教育。推动中小学加强营养健康教育。结合不同年龄段学生的特点,开展形式多样的课内外营养健康教育活动。

(三) 老年人群营养改善行动

开展老年人群营养状况监测和评价。依托国家老年医学研究机构和基层医疗卫生机构,建立健全中国老年人群营养筛查与评价制度,编制营养健康状况评价指南,研制适宜的营养筛查工具。试点开展老年人群的营养状况监测、筛查与评价工作并形成区域示范,逐步覆盖全国80%以上老年人群,基本掌握我国老年人群营养健康状况。

建立满足不同老年人群需求的营养改善措施,促进"健康老龄化"。依托基层医疗卫生机构,为居家养老人群提供膳食指导和咨询。出台老年人群的营养膳食供餐规范,指导医院、社区食堂、医养结合机构、养老机构营养配餐。开发适合老年人群营养健康需求的食品产品。对低体重高龄老人进行专项营养干预,逐步提高老年人群的整体健康水平。

建立老年人群营养健康管理与照护制度。逐步将老年人群营养健康状况纳入居民健康档案,实现无缝对接与有效管理。依托现有工作基础,在家庭保健服务中纳入营养工作内容。推进多部门协作机制,实现营养工作与医养结合服务内容的有效衔接。

(四) 临床营养行动

建立、完善临床营养工作制度。通过试点示范,进一步全面推进临床营养工作,加强临床营养科室建设,使临床营养师和床位比例达到 1∶150,增加多学科诊疗模式,组建营养支持团队,开展营养治疗,并逐步扩大试点范围。

开展住院患者营养筛查、评价、诊断和治疗。逐步开展住院患者营养筛查工作,了解患者营养状况。建立以营养筛查 - 评价 - 诊断 - 治疗为基础的规范化临床营养治疗路径,依据营养阶梯治疗原则对营养不良的住院患者进行营养治疗,并定期对其效果开展评价。

推动营养相关慢性病的营养防治。制定完善高血压、糖尿病、脑卒中及癌症等慢性病的临床营养干预指南。对营养相关慢性病的住院患者开展营养评价工作,实施分类指导治疗。建立从医院、社区到家庭的营养相关慢性病患者长期营养管理模式,开展营养分级治疗。

推动特殊医学用途配方食品和治疗膳食的规范化应用。进一步研究完善特殊医学用途配方食品标准,细化产品分类,促进特殊医学用途配方食品的研发和生产。建立统一的临床治疗膳食营养标准,逐步完善治疗膳食的配方。加强医护人员相关知识培训。

(五) 贫困地区营养干预行动

将营养干预纳入健康扶贫工作,因地制宜开展营养和膳食指导。试点开展各类人群营养健康状况、食物消费模式、食物中主要营养成分和污染物监测。因地制宜制定膳食营养指导方案,开展区域性的精准分类指导和宣传教育。针对改善居民营养状况和减少特定污染物摄入风险,研究农业种植养殖和居民膳食结构调整的可行性,提出解决办法和具体措施,并在有条件的地区试点先行。

实施贫困地区重点人群营养干预。继续推进实施农村义务教育学生营养改善计划和贫困地区儿童营养改善项目,逐步覆盖所有国家扶贫开发工作重点县和集中连片特困地区县。鼓励贫困地区学校结合本地资源、因地制宜开展合理配餐,并改善学生在校就餐条件。持续开展贫困地区学生营养健康状况和食品安全风险监测与评估。针对贫困地区人群营养需要,制定完善营养健康政策、标准。对营养干预产品开展监测,定期评估改善效果。

加强贫困地区食源性疾病监测与防控,减少因食源性疾病导致的营养缺乏。加强贫困地区食源性疾病监测网络和报告系统建设,了解贫困地区主要食源性疾病病种、流行趋势、对当地居民营养和健康状况的影响,重点加强腹泻监测及溯源调查,掌握食品污染来源、传播途径。针对食源性疾病发生的关键点,制定防控策略。开展营养与健康融合知识宣传教育。

(六) 吃动平衡行动

推广健康生活方式。积极推进全民健康生活方式行动,广泛开展以"三减三健"(减盐、减油、减糖,健康口腔、健康体重、健康骨骼)为重点的专项行动。推广应用《中国居民膳食指南》指导日常饮食,控制食盐摄入量,逐步量化用盐用油,同时减少隐性盐摄入。倡导平衡膳食的基本原则,坚持食物多样、谷类为主的膳食模式,推动国民健康饮食习惯的形成和巩固。宣传科学运动理念,培养运动健身习惯,加强个人体重管理,对成人超重、肥胖者进行饮食和运动干预。定期修订和发布居民膳食指南、成年人身体活动指南等。

提高运动人群营养支持能力和效果。建立运动人群营养网络信息服务平台,构建运动营养处方库,推进运动人群精准营养指导,降低运动损伤风险。及时修订运动营养食品相关国家标准和行业标准,提升运动营养食品技术研发能力,推动产业发展。

推进体医融合发展。调查糖尿病、肥胖、骨骼疾病等营养相关慢性病人群的营养状况和运动行为,构建以预防为主、防治结合的营养运动健康管理模式。研究建立营养相关慢性病运动干预路径。构建体医融合模式,发挥运动干预在营养相关慢性病预防和康复等方面的积极作用。

四、加强组织实施

(一) 强化组织领导

地方各级政府要结合本地实际,强化组织保障,统筹协调,制定实施方案,细化工作措施,将国民营养计划实施情况纳入政府绩效考评,确保取得实效。各级卫生部门要会同有关部门明确职责分工,加强督查评估,将各项工作任务落到实处。

(二) 保障经费投入

要加大对国民营养计划工作的投入力度,充分依托各方资金渠道,引导社会力量广泛参与、多元化投入,并加强资金监管。

(三) 广泛宣传动员

要组织专业机构、行业学会、协会以及新闻媒体等开展多渠道、多形式的主题宣传活动,增强全社会对国民营养计划的普遍认识,争取各方支持,促进全民参与。

(四) 加强国际合作

加强与国际组织和相关国家营养专业机构的交流,通过项目合作、教育培训、学术研讨等方式,提升我国在营养健康领域的国际影响力。

第三节　《特殊医学用途配方食品注册管理办法》相关知识

特殊医学用途配方食品是指为满足进食受限、消化吸收障碍、代谢紊乱或者特定疾病状态人群对营养素或者膳食的特殊需要,专门加工配制而成的配方食品,包括适用于 0 月龄至 12 月龄的特殊医学用途婴儿配方食品和适用于 1 岁以上人群的特殊医学用途配方食品。参考国外特殊医学用途食品注册管理的优秀经验和我国实际,制定出台了《特殊医学用途配方食品注册管理办法》,为规范特殊医学用途配方食品注册行为,加强管理,保证特殊医学用途配方食品的质量安全奠定了基础。

一、《特殊医学用途配方食品注册管理办法》总则

第一条　为规范特殊医学用途配方食品注册行为,加强注册管理,保证特殊医学用途配方食品质量安全,根据《中华人民共和国食品安全法》等法律法规,制定本办法。

第二条　在中华人民共和国境内生产销售和进口的特殊医学用途配方食品的注册管理,适用本办法。

第三条　特殊医学用途配方食品注册,是指国家食品药品监督管理总局根据申请,依照本办法规定的程序和要求,对特殊医学用途配方食品的产品配方、生产工艺、标签、说明书以及产品安全性、营养充足性和特殊医学用途临床效果进行审查,并决定是否准予注册的过程。

第四条　特殊医学用途配方食品注册管理,应当遵循科学、公开、公平、公正的原则。

第五条　国家食品药品监督管理总局负责特殊医学用途配方食品的注册管理工作。

国家食品药品监督管理总局行政受理机构负责特殊医学用途配方食品注册申请的受理工作。

国家食品药品监督管理总局食品审评机构负责特殊医学用途配方食品注册申请的审评工作。

国家食品药品监督管理总局审核查验机构负责特殊医学用途配方食品注册审评过程中的现场核查工作。

国家食品药品监督管理总局组建由食品营养、临床医学、食品安全、食品加工等领域专家组

成的特殊医学用途配方食品注册审评专家库。

第六条 国家食品药品监督管理总局应当加强信息化建设,提高特殊医学用途配方食品注册管理信息化水平。

二、特殊医学用途配方食品的分类

(一) 适用于 0 月龄至 12 月龄的特殊医学用途婴儿配方食品

适用于 0 月龄至 12 月龄的特殊医学用途婴儿配方食品包括无乳糖配方食品或者低乳糖配方食品、乳蛋白部分水解配方食品、乳蛋白深度水解配方食品或者氨基酸配方食品、早产或者低出生体重婴儿配方食品、氨基酸代谢障碍配方食品和母乳营养补充剂等。

(二) 适用于 1 岁以上人群的特殊医学用途配方食品

适用于 1 岁以上人群的特殊医学用途配方食品,包括全营养配方食品、特定全营养配方食品、非全营养配方食品。

全营养配方食品是指可以作为单一营养来源满足目标人群营养需求的特殊医学用途配方食品。

特定全营养配方食品是指可以作为单一营养来源满足目标人群在特定疾病或者医学状况下营养需求的特殊医学用途配方食品。常见特定全营养配方食品有:糖尿病全营养配方食品,呼吸系统疾病全营养配方食品,肾病全营养配方食品,肿瘤全营养配方食品,肝病全营养配方食品,肌肉衰减综合征全营养配方食品,创伤、感染、手术及其他应激状态全营养配方食品,炎性肠病全营养配方食品,食物蛋白过敏全营养配方食品,难治性癫痫全营养配方食品,胃肠道吸收障碍、胰腺炎全营养配方食品,脂肪酸代谢异常全营养配方食品,肥胖、减脂手术全营养配方食品。

非全营养配方食品是指可以满足目标人群部分营养需求的特殊医学用途配方食品,不适用于作为单一营养来源。常见非全营养配方食品有:营养素组件(蛋白质组件、脂肪组件、碳水化合物组件),电解质配方,增稠组件,流质配方和氨基酸代谢障碍配方。

三、发展特殊医学用途配方食品的重要性

营养不良是病人在医院发病甚至致死的危险因素。从婴幼儿到老年病人,营养问题都已经成了比专业级诊断和医疗照顾更重要的问题。基于许多世界范围内的研究报告,13%~69% 的住院病人有营养不良的状况发生,而且引起了住院时间延长、致死率增长、呼吸系统和心脏功能受损、免疫功能下降以及婴幼儿的生长不良。营养不良的原因很多,包括躯体因素、代谢障碍、器官功能障碍和疾病、心理因素及药物因素等等。营养不良会影响住院患者的术后并发症、住院时间、感染率和死亡率以及治疗费用等。因此改善病人的营养状况是十分重要的,因此,发展和规范使用特殊医学用途食品对于病人及整个社会经济来讲都是非常重要的。

四、特殊医学用途配方食品立法展望

我国营养立法相对比较滞后,因此,国务院《国民营养计划(2017—2030 年)》的制定,在一定程度上将促进我国与营养相关立法的进程,更加重视营养补充的支持作用,规范营养评估、营养支持的流程标准,完善营养师的队伍建设。营养立法的推进对特医食品的销售使用影响密切,监管部门应关注我国的营养立法,适时调整对特医食品销售使用的相关规定,推动特医食品监管与国民营养发展相融合,为实现健康中国这一伟大战略奠定基础。

(李增宁)

思考题

1.《国民营养计划(2017—2030 年)》中开展的重大计划有哪些？

2.《中国食物与营养发展纲要(2014—2020 年)》中提出的基本原则是什么？同时请结合你对营养学的思考,谈一谈个人对该纲要的理解。

3.《中国食物与营养发展纲要(2014—2020 年)》和《国民营养计划(2017—2030 年)》中,对于一些具体的措施、行动,请你结合日常生活实际,能不能想出一些更好的办法来让这些措施、行动落到实处,使大众受益呢？

推荐阅读

[1] 孙长颢. 营养与食品卫生学. 8版. 北京:人民卫生出版社,2017.

[2] 李铎. 食品营养学. 北京:化学工业出版社,2011.

[3] 蔡威. 临床营养学. 上海:复旦大学出版社,2012.

[4] 中国营养学会. 中国居民膳食指南(2016). 北京:人民卫生出版社,2016.

[5] 杨月欣. 中国食物成分表. 6版. 北京:北京大学医学出版社,2018.

[6] 中国营养学会. 中国居民膳食营养素参考摄入量速查手册(2013版). 北京:中国标准出版社,2014.

[7] 中华人民共和国卫生部. 国家标准GB 29922—2013食品安全国家标准特殊医学用途配方食品通则. 2013.

[8] 国家卫生计生委. 中国居民营养与慢病状况报告2015. 北京:人民卫生出版社,2015.

[9] WS/T476-2015.中华人民共和国卫生行业标准—营养名词术语.

[10] 孙丽红,何裕民. 中西方营养学之差异探析及启示. 中华中医药学刊,2015,33(10):2338-2340.

[11] 周芸. 临床营养学. 4版. 北京:人民卫生出版社,2017.

[12] 李增宁,石汉平. 临床营养操作规程. 北京:人民卫生出版社,2016.

[13] 葛俊波. 内科学. 9版. 北京:人民卫生出版社,2018.

[14] 中国营养学会. 食物与健康:科学证据共识. 北京:人民卫生出版社,2015.

[15] 吕全军. 营养流行病学. 北京:科学出版社,2017.

[16] 玉崧成,王艳,李文杰. 分子营养学及其研究方法. 科学技术创新,2016,29:104-105.

[17] 杨月欣. 公共营养师. 北京:中国劳动社会保障出版社,2014.

[18] 曾渝. 健康管理学. 北京:人民卫生出版社,2013.

[19] 崔宇儇,金环. 便携式可穿戴医疗健康设备市场分析. 时代金融,2018,17(669):296-297.

[20] 任向楠,丁钢强,彭茂祥,等. 大数据与营养健康研究. 营养学报,2017,39(1):5-9.

[21] 文栋,雷健波. 可穿戴设备在医疗健康领域的应用与问题综述. 中国数字医学,2017,12(8):26-28.

[22] 王烨,于欣平,曹薇,等. "互联网 + 营养健康"的设想与应用. 营养学报,2016,38(4):322-325.

[23] 新修订《食品安全法》分类解读. 吉林农业,2016,9:54-55.

[24] 俞雪如. 中医学食养、食治、药膳的起源与发展史. 中药材,2002,25(5):359-362.

[25] 孙丽红,何裕民. 中西方营养学之差异探析及启示. 中华中医药学刊,2015,33(10):2338-2340.

[26] 裴兰英,牛乐,刘颖. 整合医学视角下的中医和营养. 医学争鸣,2018,9(1):56-58.

[27] GOYAL MS,IANNOTTI LL,RAICHLE ME.Brain nutrition:A life span approach.Annu Rev Nutr,2018,38:381-399

[28] SATIJA A,YU E,WILLETT WC,et al.Understanding nutritional epidemiology and its role in policy.Adv Nutr.2015,6(1):5-18.

[29] YOST G,GREGORY M,BHAT G.Nutrition assessment with indirect calorimetry in patients evaluated for left ventricular assist device implantation. Nutr Clin Pract,2015,30(5):690-697.

[30] BISHOP KS,FERGUSON LR.The interaction between epigenetics,nutrition and the development of cancer.Nutrients,2015,7(2):922-947.

[31] NISHI A,MILNER DA JR,GIOVANNUCCI EL,et al. Integration of molecular pathology,epidemiology and social science for global precision medicine.Expert Rev Mol Diagn,2016,16(1):11-23.

[32] BURKE LE,MA J,AZAR KMJ,et al.Current science on consumer use of mobile health for cardiovascular disease prevention.Circulation,2015,132(12):1157-1213.

[33] WOODBERRY E,BROWNE G,HODGES S,et al.The use of a wearable camera improves autobiographical memory inpatients with Alzheimer's disease.Memory,2015,23(3):340-349.

中英文名词对照索引

彩图 4-2　中国居民平衡膳食餐盘

彩图 4-3　中国儿童平衡膳食算盘